著

清代
NOTES ON THE
后妃
IMPERIAL CONSORTS
杂识
OF THE QING DYNASTY

前言

从古至今,"皇帝的后宫"似乎都颇受关注,人们津津乐道地渲染出各种"宫廷秘闻",这些秘闻通过民间传说或文人笔记流传于世。然而,学界对历朝后妃的研究却十分有限,主要原因是相关史料过少,难以展开讨论。清代是距离我们最近的朝代,各类史料数量颇巨,宫廷的一手档案也大量遗存,即便如此,学界对清代后妃的研究也并不丰富。

在清代后妃的研究中,学者们主要取材于《清史稿·后妃传》《清皇室四谱》《清列朝后妃传稿》,这三者均与民国年间的清史纂修有关。清帝退位之后,北洋政府设立清史馆纂修清史,最终编成《清史稿》行世。清史馆臣中,吴昌绶、金兆蕃、张尔田、唐邦治等人,均参与过《后妃传》的撰写或资料整理工作。其中,张尔田所撰之稿未被馆内采用,经由张氏增补,自行刊印为《清列朝后妃传稿》;唐邦治主修表谱,以《玉牒》为来源,自行编出《清皇室四谱》刊印;至于《清史稿·后妃传》,内容颇为简约,与张、唐二氏皆异。但无论是《清史稿·后妃传》,还是《清皇室四谱》《清列朝后妃传稿》,均以清代官修的《实录》与《玉牒》为主要史源,从某个角度而言,可谓"同出一源",且三者各具特点,颇可互补,故而被学者广为引用。

20世纪80年代,学界开始关注清代后妃群体,并对一些后妃的基本情况进行记叙,取材仍以《清史稿·后妃传》《清皇室四谱》《清列朝后妃传稿》为主。到20世纪90年代之后,随着历史档案的开放,部分学者开始尝试立足宫廷档案,加大清代后妃研究的广度和深度,其中具有代表性的是杨珍和于善浦。杨氏取材于满汉朱批奏折,着重研究清初后妃在宫廷政治史中的角色与作用,著有《康熙皇帝一家》《清前期宫廷政治释疑》等书。于氏取材于宫中簿册,或立足于陵寝实情统计后妃群体,或就某个知名后妃展开具体分析,著有《清代帝后的归宿》《光绪皇帝的珍妃》等书。杨、于二氏用力颇深,考证精当,廓清了清代后妃的诸多问题。而在2010年之后,学界对清代后妃的研究转入沉寂,罕有力作问世。

由于档案利用条件有限,学界既存的清代后妃研究仍遗留不少问题,很多后妃只知姓氏,其出身及履历均属阙载,难以深入分析。近年来,清代宫廷档案不断得到整理和利用,一些后妃档案也逐渐浮出水面,使进一步研究成为可能,本书即是以此为背景写就。全书内容分为上、下两部,上部旨在梳理清代后妃的各项制度,并讨论清代后妃的生活状态。下部归纳整理清代列帝后妃的人物信息,并加以考辨。希望读者借此形成对清代后妃的整体印象。

本书在2019年完成初稿,由于篇幅较长,且是笔者第一次按照学术标准撰写著作,行文问题颇多。加之,随着档案整理的深入,笔者也数次对文稿进行添改。这些情况均为审校工作增添了困难,亦使得本书的出版不断推迟,笔者在此深表歉意。另外,由于清代宫廷档案的主要藏地中国第一历史档案馆从2010年开始停止开放利用档案原件,致使一些档案目前处于原件已经封存而电子化尚未完成的状态。截至本书出版前,如《赏赐底档》《用药底簿》《膳底档》等内务府及宫中簿册大多尚未开放利用,对研究也造成了一定的不便。一些前辈学者在原档封存前曾抄录过的内容,也因原档封存和卷宗重整导致无法核对,变得无可印证,书中只能存疑处理,有待今后补充。

本书从签约到出版,均由编辑刘欢欣女士负责,工作甚为辛劳。撰写的过程中,中国第一历史档案馆利用处及国家图书馆的工作人员,均为资料查询提供大量帮助。初稿完成后,曾经郑小悠老师、杨原世兄、苏日朦世妹以及夏天、韵之寒冰等网络好友审读,赐予颇多建议。在此,谨对以上师友表示衷心的感谢。限于学识水平,本书难免存在疏漏与不足之处,敬请广大读者批评指正。

王冕森

2022年1月于北京璩璇阁

目 录

前言 ………………………………………………………………… 1

上　部

第一章　清代后宫的形成与发展 ………………………………… 3

第二章　清代后宫主位制度流变 ………………………………… 6
　　第一节　入关前清廷后宫主位的制度流变 …………………… 6
　　第二节　入关初清廷后宫主位的制度流变 …………………… 15
　　第三节　乾隆朝定制之后清代后宫主位的制度流变 ………… 31

第三章　乾隆朝定制之后清代后宫主位的各项制度 …………… 39
　　第一节　清代后宫主位的封谥与称呼 ………………………… 39
　　第二节　清代后宫主位的仪制 ………………………………… 47
　　第三节　清代后宫主位的宫分 ………………………………… 64

第四章　清代后宫主位的来源 …………………………………… 74
　　第一节　通过八旗选秀入宫 …………………………………… 74
　　第二节　通过内务府秀女入宫 ………………………………… 83
　　第三节　潜邸旧人入宫 ………………………………………… 90
　　第四节　蒙古王公之女入宫 …………………………………… 92
　　第五节　民籍汉人之女入宫 …………………………………… 93
　　第六节　关于"直接入宫" …………………………………… 97

第五章　清代后宫主位的生活 ·· 99
　　第一节　"高标准"的物质生活 ·· 99
　　第二节　"物权"与其他权益 ··· 103
　　第三节　"礼仪"与"规矩" ·· 111
　　第四节　时代的变化 ·· 116

下　部

第六章　清太祖之前列帝妻妾 ·· 124
　　第一节　肇祖原皇帝与肇祖原皇后 ····································· 124
　　第二节　兴祖直皇帝与兴祖直皇后 ····································· 125
　　第三节　景祖翼皇帝与景祖翼皇后 ····································· 126
　　第四节　显祖宣皇帝的妻妾 ·· 127

第七章　清太祖的后宫 ·· 132
　　第一节　清太祖的四位嫡室 ·· 132
　　第二节　清太祖的五位侧室 ·· 143
　　第三节　清太祖的妾室 ·· 148
　　第四节　清太祖的谱外妾室以及"叶赫老女" ························ 151

第八章　清太宗的后宫 ·· 156
　　第一节　清太宗即位前的两位嫡室 ····································· 156
　　第二节　清太宗的"崇德五宫" ·· 159
　　第三节　清太宗的两位侧妃 ·· 175
　　第四节　清太宗的庶妃及其他 ··· 179

第九章　清世祖顺治帝的后宫 ·· 184
　　第一节　清世祖顺治帝的四位皇后 ····································· 185
　　第二节　清世祖顺治帝的七位有号之妃 ······························· 199
　　第三节　清世祖顺治帝的庶妃们 ·· 211

第四节　清世祖顺治帝的"东宫皇妃"……………………… 226

第十章　清圣祖康熙帝的后宫…………………………………… 230
　　第一节　清圣祖康熙帝的四位皇后……………………… 231
　　第二节　清圣祖康熙帝后宫中三位丹阐出身的主位…… 247
　　第三节　清圣祖康熙帝后宫中三位蒙古出身的主位…… 252
　　第四节　清圣祖康熙帝的惠、荣、宜三妃与端、僖二嫔… 257
　　第五节　清圣祖康熙帝的安嫔、敬嫔等六位格格………… 270
　　第六节　清圣祖康熙帝中期的有号主位………………… 282
　　第七节　清圣祖康熙帝后期的有号主位………………… 293
　　第八节　清圣祖康熙帝身后得位的有号主位…………… 303
　　第九节　清圣祖康熙帝的庶妃们………………………… 310
　　第十节　关于"老贵人"………………………………… 328

第十一章　清世宗雍正帝的后宫………………………………… 331
　　第一节　清世宗雍正帝的两位皇后……………………… 332
　　第二节　清世宗雍正帝潜邸时的四位有号主位………… 339
　　第三节　清世宗雍正帝即位后的两位有号主位………… 347
　　第四节　清世宗雍正帝的低级主位们…………………… 350

第十二章　清高宗乾隆帝的后宫………………………………… 358
　　第一节　清高宗乾隆帝的三位皇后……………………… 360
　　第二节　清高宗乾隆帝潜邸时娶纳的后宫……………… 379
　　第三节　清高宗乾隆帝即位后娶纳的外八旗出身的后宫… 392
　　第四节　清高宗乾隆帝即位后娶纳的内务府出身的后宫… 410
　　第五节　清高宗乾隆帝即位后娶纳的特殊出身的后宫… 415
　　第六节　清高宗乾隆帝即位后娶纳的其他后宫………… 431

第十三章　清仁宗嘉庆帝的后宫………………………………… 439
　　第一节　清仁宗嘉庆帝的两位皇后……………………… 440
　　第二节　清仁宗嘉庆帝潜邸时娶纳的后宫……………… 449

第三节　清仁宗嘉庆帝即位后娶纳的后宫⋯⋯⋯⋯⋯⋯⋯⋯⋯⋯459

第十四章　清宣宗道光帝的后宫⋯⋯⋯⋯⋯⋯⋯⋯⋯⋯⋯⋯⋯⋯471
　第一节　清宣宗道光帝的四位皇后⋯⋯⋯⋯⋯⋯⋯⋯⋯⋯⋯⋯472
　第二节　清宣宗道光帝潜邸时娶纳的后宫⋯⋯⋯⋯⋯⋯⋯⋯⋯485
　第三节　清宣宗道光帝即位后娶纳的八旗秀女出身的后宫⋯⋯492
　第四节　清宣宗道光帝即位后娶纳的内务府秀女出身的后宫⋯507

第十五章　清文宗咸丰帝的后宫⋯⋯⋯⋯⋯⋯⋯⋯⋯⋯⋯⋯⋯⋯520
　第一节　清文宗咸丰帝的三位皇后⋯⋯⋯⋯⋯⋯⋯⋯⋯⋯⋯⋯521
　第二节　清文宗咸丰帝的七位八旗秀女出身的后宫⋯⋯⋯⋯⋯538
　第三节　清文宗咸丰帝的八位内务府秀女出身的后宫⋯⋯⋯⋯555

第十六章　清穆宗同治帝的后宫⋯⋯⋯⋯⋯⋯⋯⋯⋯⋯⋯⋯⋯⋯574
　第一节　清穆宗同治帝时期的挑选八旗秀女⋯⋯⋯⋯⋯⋯⋯⋯574
　第二节　清穆宗同治帝的皇后⋯⋯⋯⋯⋯⋯⋯⋯⋯⋯⋯⋯⋯⋯579
　第三节　清穆宗同治帝的四位后宫⋯⋯⋯⋯⋯⋯⋯⋯⋯⋯⋯⋯585

第十七章　清德宗光绪帝的后宫⋯⋯⋯⋯⋯⋯⋯⋯⋯⋯⋯⋯⋯⋯600
　第一节　清德宗光绪帝时期的挑选八旗秀女⋯⋯⋯⋯⋯⋯⋯⋯601
　第二节　清德宗光绪帝的皇后⋯⋯⋯⋯⋯⋯⋯⋯⋯⋯⋯⋯⋯⋯609
　第三节　清德宗光绪帝的两位后宫⋯⋯⋯⋯⋯⋯⋯⋯⋯⋯⋯⋯618

第十八章　清宣统帝的后宫⋯⋯⋯⋯⋯⋯⋯⋯⋯⋯⋯⋯⋯⋯⋯⋯641
　第一节　清宣统帝"选妃"的情况与背景⋯⋯⋯⋯⋯⋯⋯⋯⋯⋯641
　第二节　"皇后"婉容⋯⋯⋯⋯⋯⋯⋯⋯⋯⋯⋯⋯⋯⋯⋯⋯⋯⋯644
　第三节　"淑妃"文绣⋯⋯⋯⋯⋯⋯⋯⋯⋯⋯⋯⋯⋯⋯⋯⋯⋯⋯647

参考文献⋯⋯⋯⋯⋯⋯⋯⋯⋯⋯⋯⋯⋯⋯⋯⋯⋯⋯⋯⋯⋯⋯⋯⋯⋯650

附录：清代后妃一览表⋯⋯⋯⋯⋯⋯⋯⋯⋯⋯⋯⋯⋯⋯⋯⋯⋯⋯662

上部

第一章　清代后宫的形成与发展

与清代其他制度一样,清代后宫的制度也有着一个形成和发展的过程。在这过程之中,不同时点的后宫情况可能有很大差异。故而,如果想要了解清代后宫,首先要对清代后宫整体的发展变化有一个大致的了解。

一般认为,清代后宫体系直接继承自入关前后金大汗的内宅系统,而入关前二帝三朝①的内宅系统也是不断变化的。

清太祖高皇帝弩尔哈齐称汗的天命朝,其内宅尚无后宫之名。《满文老档》提到汗王的后宫时,多称为"han i hūwa"②,直译为"汗之院子"或"汗之庭院"。其妻妾名号等级即如《清史稿》所言:"太祖初起,草创阔略,宫闱未有位号,但循国俗称福晋。"③基本按照当时女真贵族的妻妾体系进行称呼。如果以事实待遇进行区分的话,其妻妾等级可以分为嫡室(元妃、继妃、大妃、大福晋)、侧室(侧妃、侧福晋)以及庶妾(庶妃、庶福晋、小福晋)三个等级,其中,嫡室在同一时期内一般只有一位,侧室和庶妾则可以复数存在。至于《满洲实录》等书汉译本内曾出现的"后妃"等词汇,一旦落实回满文之原文,即可知均为后世修饰所致。如《满洲实录》天命六年(1621年)三月,汉文本有"遂遣人迎后妃皇子"一句,满文则写为"niyalma takūrafi fujisa juse be ganabume unggihe"④,直译为"遣人将福晋们、孩子们接来",汉文"后妃"一词即满文"fujisa"一词,意为"福晋们",其实并无"后妃"之称。

清太宗文皇帝皇太极称汗的天聪朝,虽然在《满文老档》等书汉译本中出现了"内廷"等词汇,但是依然属于后世翻译时所进行的修饰。如天聪六年(1632年)二月十二日,清太宗于"后宫"设宴,《满文老档》汉文译本称"汗

---

① 谨按,"二帝"指清太祖高皇帝与清太宗文皇帝;"三朝"指天命、天聪、崇德三个年号。
② 中国第一历史档案馆编:《内阁藏本满文老档》,沈阳:辽宁民族出版社,2009年,第17册,第85页。谨按,本书所用满文均使用穆麟德夫式转写方案。
③ 《清史稿》卷214,北京:中华书局,1977年点校本,第30册,第8897页。
④ 《满洲实录》卷7,《清实录》,北京:中华书局,1986年影印本,第1册,第331页。

集诸贝勒大臣于内廷筵宴"①,而满文本"内廷"一词则作"han i boo"②,直译为"汗之家""汗之房"。至于妻妾名号等级方面,天聪朝虽然整体上因循了天命朝嫡室(元妃、继妃、大妃、大福晋)、侧室(侧妃、侧福晋)以及庶妾(庶妃、庶福晋、小福晋)三个等级,但是却明显有了新的发展,出现了"备三宫""三福晋"等模式。这些模式究竟是源自汉地《礼记》等儒家经典,还是源自"三宫六院"等民间俗说,抑或只是发展自满蒙国主多妻制度,目前尚不可知。

到了清太宗文皇帝改国号为清,并且大规模仿照中原王朝建立制度的崇德年间,清朝后宫的制度则从"备三宫""三福晋"发展为"崇德五宫"。虽然"崇德五宫"内部分为"国君福晋""大福晋""侧福晋"三个名分,必然有身份的差距,但是从事实上来看,五宫应该都有近乎嫡室的地位。至于那些没有被算入五宫的真正的侧室和妾室,则在官书中几乎不予提及。

总而言之,嫡室、侧室以及庶妾这种三等级划分,是清代入关之前汗王内宅的基本情况,也在入关之后一定时间内被宫廷所继承。此外,"崇德五宫"这种同一时间内多位嫡室的"多妻""并后"行为,与后来清廷所避讳的"再醮"和"收继婚"都是清朝入关之前其后宫所持有的特点,应当引起重视。《清史稿》说"崇德改元,五宫并建,位号既明,等威渐辨"。③ 虽然有些夸大了崇德建制的制度明确性,但是也基本反映了当时制度开始建立、等级逐渐明确的整体发展趋势。

顺治一朝,随着清廷入关,对于中原王朝的制度接触的更加广泛和深入,直接导致其后宫制度愈发中原化。

顺治八年(1651年),后宫的舆服仪制建立。与此同时,在皇后之外正式设立了"皇妃"一级,并在顺治十一年(1654年)增设了次于"皇妃"的"九嫔"一级。不过这两种等级都是先在制度上规定出来,并没有在实际中执行。顺治十三年(1656年),清廷决定施行新规定的后宫等级制度,首先要册封东西二宫皇妃,其余"九嫔"等则暂时搁置。在后来的执行中,因为"东宫皇妃"孔四贞最终没能成为后宫主位,"东西二宫皇妃"也成为废案,只册

---

① 《内阁藏本满文老档》,第20册,第618页。
② 《内阁藏本满文老档》,第18册,第877页。
③ 《清史稿》卷214,第30册,第8897页。

封了一位"贤妃"。后来,这位贤妃得到了世祖顺治帝的盛宠,以至于专门为其增设了皇贵妃一级。正如世祖自己所说:"宫中庶务,曩皆后经理。尽心检核,罔不当。虽未晋后名,实后职也。第以今后(孝惠章皇后)在,故不及正位耳。"①这位皇贵妃即是孝献皇后董鄂氏,她也成为清代皇贵妃在事实上成为"副后"的缘起。

在庶妃方面,依然继承了入关前的习惯,由上至下有福晋(fujin)、小福晋(buya fujin)、格格(gege)三个等级,反映顺治朝在高级后宫主位制度逐渐依据中原习惯进行发展的同时,低级后宫主位制度的变化则趋于保守。

至于《清史稿》中提到的"顺治十五年,采礼官之议,乾清宫设夫人一,淑仪一,婉侍六,柔婉、芳婉皆三十,慈宁宫设贞容一、慎容二,勤侍无定数",②根据《世祖章皇帝实录》里的原文来看,应该属于女官制度,而不是后宫主位制度,是《清史稿》的编纂者将二者进行了混淆。而且这套女官制度是否真的实际执行过,也是一个需要探讨的问题。

到了康雍两朝,如《清史稿》中所说:"康熙以后,典制大备。"③"皇后""皇贵妃""贵妃""妃""嫔""贵人""常在"七个等级在康熙朝已经逐步建立并施行,只有"答应"这个等级尚与后世不同。"答应"一称在当时的档案内有"大答应""小答应"④之分,其中"小答应"似乎主要是对宫女的称呼。关于后宫主位们的仪制等级、年例口分等待遇,也在这两朝形成了大量"先例"。最终在乾隆朝,"答应"一级正式确定为后宫的一级,被后世所熟知的八级后宫制度正式确立,其仪制、宫分等各种制度也被正式写入《宫廷现行则例》等典章内,形成了明确的制度体系,并在宫内形成了大量档案,一直延续到清帝退位的小朝廷时期。

之后的嘉庆、道光、咸丰、同治、光绪、宣统几朝,都是在乾隆朝的架构之下不断完善的。从前三朝的"草创"到乾隆朝的"定制",这一百余年的时间,清代后宫制度才逐渐形成了一般人所了解的样子。

---

① 《孝献庄和至德宣仁温惠端敬皇后行状》,民国七年仁和吴昌绶双照楼刻本,国家图书馆藏,第 8 页 b。
② 《清史稿》卷 214,第 30 册,第 8897 页。
③ 《清史稿》卷 214,第 30 册,第 8897 页。
④ 《呈报遵查康熙四十六年雍正十三年乾隆二十年五十三年六十年宫分银数清单》,嘉庆元年,档案号:05-0462-044,中国第一历史档案馆藏。

第二章 清代后宫主位制度流变

第一节 入关前清廷后宫主位的制度流变

一、清太祖努尔哈齐时期

清太祖努尔哈齐的后宫大体遵循当时满蒙国主的妻妾模式,可以从事实待遇和实际称呼两方面进行讨论。

(一)事实待遇

以事实待遇进行讨论,实际是以清太祖不同妻妾所生育之子所获得的待遇来进行逆推。清代入关之后,成年皇子无论嫡庶,多数均可封王,但是入关之前则不然。在当时满蒙国主的婚姻生活习惯内,嫡室所出之子、侧室所出之子、妾室所出之子、侍婢所出之子,四者待遇截然不同。清太祖生有十六子,谨将其情况通过表2-1整理如下,即可以发现明显规律。①

表2-1 清太祖十六子待遇

类 别	皇 子	生 母	待 遇
嫡室所出	第一子褚英	元妃佟佳氏	旗主 太祖时入八分
	第二子代善	元妃佟佳氏	旗主 太祖时入八分
	第五子莽古尔泰	继妃富察氏	旗主 太祖时入八分
	第八子皇太极	孝慈高皇后	旗主 太祖时入八分
	第十子德格类	继妃富察氏	领主、旗主 太祖时入八分
	第十二子阿济格	大妃乌喇纳喇氏	领主、旗主 太祖时入八分
	第十四子多尔衮	大妃乌喇纳喇氏	领主、旗主 太祖时入八分
	第十五子多铎	大妃乌喇纳喇氏	领主、旗主 太祖时入八分

---

① 表格中史料整理自《爱新觉罗宗谱》《宗室王公世职章京袭次简明全册》《宗室王公世职章京爵秩袭次全表》《星源集庆》。

（续表）

类　别	皇　子	生　母	待　遇
侧室所出	第七子阿巴泰	侧妃伊尔根觉罗氏	小领主 太宗时入八分
妾室所出	第三子阿拜	庶妃兆佳氏	未入八分 死后追晋镇国公
	第四子汤古代	庶妃钮祜禄氏	未入八分
	第六子塔拜	庶妃钮祜禄氏	未入八分 死后追晋辅国公
	第九子巴布泰	庶妃嘉穆瑚觉罗氏	未入八分 顺治四年（1647年）晋辅国公
	第十一子巴布海	庶妃嘉穆瑚觉罗氏	未入八分
侍婢所出①	第十三子赖慕布	庶妃西林觉罗氏	未入八分 死后追晋辅国公
	第十六子费扬古	庶妃某氏	未入八分

由表 2-1 可知，清太祖嫡室所出之子，一般在成年前后即被分与八旗内的大量旗分，②参与八分，所封爵位在无亲王时期是大贝勒、和硕贝勒，在有亲王时期③则是和硕亲王或多罗郡王。侧室所出之子，可以获得一部分旗分，比嫡室所出之子所分要少得多。④ 妾室所出之子，则基本上不会被分与旗分，也不参与八分，所封爵位多为"将军"级别。⑤ 至于侍婢所出之子，地位最为卑微，甚至不能列名于皇子名单。

---

① 谨按，侍婢一级的提出源自杜家骥：《清朝满族的皇家宗法与其皇位继承制度》，《清史研究》2005 年第 1 期。其文指出，清代皇族之妾室，有"另室所居"和"未另室所居"之分。所谓"另室"，即纳入妻妾范畴，拥有独立居室。在入关之前，未另室所居之妾室所生子女，皇室谱牒不予收录。这种规定至顺治十八年（1661 年）才修改。在初修本《清太祖实录》即《清太祖武皇帝实录》中，提及太祖诸子时，并未包含赖慕布及费扬古，由此可知其二人之生母身份即属未另室所居之妾室，故称为侍婢。
② 谨按，旗分，即佐领，或理解为牛录数量。清代八旗，每旗由数十个牛录组成，每个牛录都隶属某位宗室王公，称为"属主"或者"领主"。一旗数十个牛录，可能分别属于数位"领主"，其中拥有牛录数量最多的"领主"即称为"旗主"。另外，如果只拥有一两个牛录，只称为"专管牛录"，并不算"入八分"。而拥有数个牛录，便可以"领主"的身份参与"八分"，称为"入八分"。故而旗主一定是领主之一，且一定"入八分"；领主不一定是旗主，但是一般"入八分"。
③ 谨按，崇德元年（1636 年）建制之前并无亲王爵位，以大贝勒或和硕贝勒为第一等爵。崇德元年建制之后以和硕亲王为第一等爵，故称为"无亲王时期"和"有亲王时期"。
④ 谨按，如太祖第七子饶余敏亲王阿巴泰，原本只获得了六个牛录。关于阿巴泰作为侧室所出所带来的待遇问题，具体可参见杜家骥：《清皇族与国政关系研究》，第一章"努尔哈齐家族成员的嫡庶之分与八旗分封"，台北：五南图书出版公司，1998 年。
⑤ 谨按，崇德元年建制之后，辅国公之下有镇国将军、辅国将军、奉国将军、奉恩将军四等爵位。

（二）实际称呼

以实际称呼进行讨论，清太祖的妻妾大致亦可分为嫡室、侧室、妾室、侍婢四个明显等级。

嫡室方面，目前已知清太祖先后有过四位嫡室，即元妃佟佳氏哈哈纳札青、继妃富察氏衮代、孝慈高皇后叶赫纳喇氏孟古姐姐、大妃乌喇纳喇氏阿巴亥。其中已知继妃与大妃均曾作为清太祖的侧室，之后才被立为嫡室。① 对于她们的称呼，后世史料分别称为"元妃""继妃""孝慈高皇后""大妃"，而在《满洲实录》内，元妃被称为"先娶之后"，满文作"neneme gaiha fujin"，直译为"原先娶的福晋"；继妃被称为"继娶后"，满文作"jai gaiha anggasi fujin"，直译为"再（第二）娶的寡妇福晋"；孝慈高皇后被称为"中宫皇后"，满文作"dulimbai amba fujin"，直译为"中部（中室）的大福晋"；大妃被称为"继立之后"，满文作"amaga amba fujin"，直译为"后来的大福晋"。② 亦即前二者均被称为"福晋"，后二者均被称为"大福晋"。称号中是否带有"大"字，可能与太祖当时是否已经称汗有关，但是从她们所生诸子的待遇来看，均为嫡室身份无疑。

侧室方面，后世史料如《玉牒》《星源集庆》《清皇室四谱》等均以"侧妃"进行统称，而在时代更近的《满洲实录》中，汉文本提到太祖第七子和硕饶余敏亲王阿巴泰为"皇妃"所生，其"皇妃"，满文作"ashan i fujin"，直译为"侧福晋"。③ 而对侧室的"侧福晋"称谓，亦可以简称为"福晋"。

妾室方面，后世史料如《玉牒》《星源集庆》《清皇室四谱》等均以"庶妃"进行统称，或者简称为"妃"。而在时代更近的《满洲实录》中，提及太祖第三子奉恩辅国勤敏公阿拜、第四子镇国克洁将军汤古代、第六子奉恩辅国愨厚公塔拜、第九子奉恩镇国恪僖公巴布泰、第十一子镇国将军巴布海时，称他们为"又三妃"所生。"又三妃"，满文作"buya fujisa"，直译为"众小福晋"。④ 同书提及清太祖崩逝之后，"又有二妃阿吉根、代因扎亦殉之"。这里的"二妃"，满文作"han i juwe buya fujin"⑤，直译为"汗之二位小福晋"。直到天聪

---

① 关于清太祖的四位嫡室的分析，可参见杜家骥：《清太宗出身考》，《史学月刊》1998 年第 5 期。其中孝慈高皇后叶赫纳喇氏是否做过侧室尚不清楚。
② 四者皆见《满洲实录》卷 8，《清实录》，第 1 册，第 416 页。
③ 《满洲实录》卷 8，《清实录》，第 1 册，第 420 页。
④ 《满洲实录》卷 8，《清实录》，第 1 册，第 420 页。
⑤ 《满洲实录》卷 8，《清实录》，第 1 册，第 418 页。

八年(1634年)四月初六日,清太宗册封汤古代、阿拜、巴布泰等太祖妾室所生诸子时,其称谓亦是"父汗诸小福晋所生诸子"①,满文作"han ama i buya fujisa banjiha juse"②。

至于身份最低的侍婢级别,由于目前所知资料有限,其称谓尚不明确。如前文所述,根据《满文老档》天命五年(1620年)三月初十日条,清太祖的妾室塔因查举发后宫大福晋行为不端。其中,主人公塔因查原为太祖的"小妻",满文作"buya sargan",后来"以举发故,着加荐拔,陪汗同桌用膳而不避",并被《满文老档》称为"ajige fujin"③,意思也是"小福晋"。④ 此处"小妻"(buya sargan)是否即是侍妾的称谓,尚不明确。

综上所述,以目前已知的信息来看,清太祖的后宫主要分为嫡室、侧室、妾室、侍婢四个等级,其中嫡室一般同时只有一位,可以由侧室内扶正,有"元妃""继妃""中宫福晋""大妃(大福晋)"等称呼,亦可简称为"福晋"。侧室后世多称为"侧妃",当时则称为"侧福晋",亦可简称为"福晋"。妾室与侍婢后世多称为"庶妃",其中妾室在当时被称为"小福晋"(buya fujin),侍婢可能被称为"小妻"(buya sargan)。

表2-2 清太祖后宫分类

类 别	位分大类	位分称呼	附 注
嫡室	统称"福晋"	大福晋(amba fujin)	
侧室		侧福晋(ashan fujin)	简称为福晋时常加前缀
妾室	存疑⑤	小福晋(buya fujin)	疑似又作(ajige fujin)
侍婢	不入"福晋"	小妻(buya sargan)	

---

① 中国第一历史档案馆:《清初内国史院满文档案译编》,北京:光明日报出版社,1986年,上册,第73页。
② 中国第一历史档案馆藏:《满文内国史院档(缩微胶卷)》,第1盘。
③ 谨按,目前已知在康熙朝《奏销档》中,曾经有用过"ajige fujin"一词代替"buya fujin"的例子。故目前认为两者可能是同一身份。
④ 中国第一历史档案馆编:《内阁藏本满文老档》,第17册,第85、86页;第19册,第47、48页。
⑤ 谨按,目前对于小福晋是否属于福晋的范围,定宜庄曾经指出:"这些后妃虽然也有正、侧或高下之分,但在身份上,却一概被称为'福晋',在《老档》中常将她们并称为'fujinsa'即'众福晋',而与庶妃绝不混同。"可参见定宜庄:《满族的妇女生活与婚姻制度研究》,北京:北京大学出版社,1999年,第59页。但是,以康熙朝《奏销档》的使用情况来看,小福晋是否被统称为"众福晋"(fujisa)似乎并不一定,亦未必与"庶妃"一词严格区分。

太祖时期的后宫还秉持着北方民族的传统,常见有"寡妇再醮""收继婚"等行为。例如,太祖的第二位嫡妻继妃富察氏,原本是太祖堂兄弟威准的继妻,在万历十三年(1585年)威准阵亡后被太祖收继,之后更立为嫡室。

二、清太宗皇太极时期后宫主位的制度流变

清太宗皇太极继承其父的大汗地位,其后宫也基本延续了嫡室、侧室、妾室、侍婢四个等级。同时,清太宗时期亦有新的发展,即在嫡室和侧室之间,又形成了一个"并嫡"等级。这种等级的差异,依然可以从不同妻妾所生育之子所获得的待遇来进行逆推。

表2-3 清太宗皇太极时期后宫等级差异

类 别	皇 子①	生 母	待 遇
嫡室所出	第一子豪格	继妃乌喇纳喇氏	旗主 亲王 入八分
并嫡所出	第九子福临	孝庄文皇后 博尔济吉特氏	皇帝
	第十一子 博穆博果尔	懿靖大贵妃 博尔济吉特氏	领主 亲王 入八分
侧室所出	第五子硕塞	侧妃叶赫纳喇氏	领主 郡王晋亲王 入八分
妾室所出	第四子叶布舒	庶妃颜扎氏	未入八分 康熙年间晋辅国公
	第六子高塞	庶妃纳喇氏	未入八分 康熙年间晋镇国公
	第七子常舒	庶妃伊尔根觉罗氏	未入八分 康熙年间晋辅国公
侍婢所出	第十子韬塞	庶妃某氏	未入八分 康熙年间晋辅国公

其中,孝庄文皇后原为"西宫福晋",后被封为"西侧福晋""庄妃",懿靖大贵妃原为"西大福晋""贵妃"。以嫡室唯一的视角来看,她们均不属于嫡室,但是她们所生之子都获得嫡室所出之子的待遇,与侧室所出之子迥异。学者们一般认为这是一种多妻并嫡的制度,而这种多妻并嫡的情况也是在

---

① 谨按,清太宗诸子之中,第二子洛格、第三子洛博会、第八子均早夭,故未列入。表格中史料整理自《爱新觉罗宗谱》《宗室王公世职章京袭次简明全册》《宗室王公世职章京爵秩袭次全表》《星源集庆》。

太宗朝逐步形成的。

天聪年间,首先出现了"备三宫"或"三福晋"之说。①

天聪六年二月十二日,清太宗迎娶蒙古扎鲁特部贝勒戴青之女博尔济吉特氏作为"东宫福晋",即后来的侧妃博尔济吉特氏。其迎娶之理由,在《满文老档》中有如下记载:"汗已立有中宫福晋、西宫福晋,唯东宫未立福晋。故选其优,遣人往聘此福晋。"②原文满文作:"han de dulimbai fujin, wargi fujin bi, dergi fujin akū bihe. tuttu ofi sain be sonjome bifi, tere fujin be ganabure de ganabuha."③其中"中宫福晋"满文作"dulimbai fujin",直译为"中间(中室)福晋",可以看到太祖朝制度的延续,而"西宫福晋"满文作"wargi fujin",直译为"西边福晋","东宫福晋"满文作"dergi fujin",直译为"东边福晋"。其后文原注明确指出,"非好多娶,乃拟按例备三福晋也"④,原文满文作"sargan de amuran i gaihangge waka, doro be gūnime ilan fujin be yongkiyaki sehengge."⑤直译为"并非是喜欢(多)娶妻,(而是)于礼(理)⑥考虑,齐备三位福晋"。由此处三福晋并称且均称"福晋"而不称"侧福晋"来看,"三宫"中三位福晋的地位可能十分接近。而由"于礼(理)考虑"一词可知,当时清廷已经把"备三宫"或"三福晋"作为"合礼(理)"情况。至于这种"备三宫"或"三福晋"的理论是如何在清廷中形成的,是受到汉地王朝所用儒家经典影响,或是受到"三宫六院"等民间俗说的影响,还是受到满蒙传统上多妻并后制度的影响,则不可确知。⑦

崇德元年,清太宗改国号为清,改汗王为皇帝,清廷的各项制度都参照中原王朝做了新的变化,而后妃制度的变化即形成了"崇德五宫"。

---

① 谨按,有学者提出,在"备三宫"之前,天聪三年(1629年)时已经有"二宫妃"之说。可参见张杰:《皇太极"东宫妃"改嫁史事考》,《沈阳故宫博物院院刊》2007年第2期。其史料源自《太宗文皇帝实录》卷5天聪三年闰四月丙辰"中宫皇后之母科尔沁国大妃"条,但是《满文老档》中并未提及此事,故而存疑。
② 中国第一历史档案馆编:《内阁藏本满文老档》,第20册,第618页。
③ 中国第一历史档案馆编:《内阁藏本满文老档》,第18册,第877页。
④ 中国第一历史档案馆编:《内阁藏本满文老档》,第20册,第618页。
⑤ 中国第一历史档案馆编:《内阁藏本满文老档》,第18册,第877页。
⑥ 谨按,满语中,"doro"一词有礼仪、道理两种含义,此处翻译皆通。
⑦ 谨按,定宜庄认为,这种三福晋制度以及之后的崇德五宫制度,均是清代宫廷从满蒙旧俗的并后制度向汉地王朝嫡庶分明发展的表现。参见定宜庄:《满族的妇女生活与婚姻制度研究》,第61页。张杰则认为,迎娶东宫只是因为清太宗扩建汗王宫的缘故。见张杰:《皇太极"东宫妃"改嫁史事考》,《沈阳故宫博物院院刊》2007年第2期。

崇德元年五月十四日，清太宗颁布旨意，"制定汗之福晋、女儿格格、女婿名号"。《满文老档》汉译本称："汗之清宁宫正宫大福晋为国君福晋，东关雎宫福晋为东大福晋，西麟趾宫福晋为西大福晋。东衍庆宫福晋为东侧福晋，西永福宫福晋为西侧福晋。"①原文满文作"han i genggiyen elhe booi dulimbai amba fujin be gurun i ejen fujin, dergi hūwaliyasun doronggo booi fujin be dergi amba fujin, wargi da gosin i booi fujin be wargi amba fujin, dergi urgun i booi fujin be dergi ashan i fujin, wargi hūturingga booi fujin be wargi ashan i fujin sembi."②直译为"将汗之清明平安宫（清宁宫）的中间（中室）大福晋称为国主福晋，将东面和谐有礼宫（关雎宫）的福晋称为东大福晋，将西面根本仁爱宫（麟趾宫）的福晋称为西大福晋，将东面欢乐宫（衍庆宫）的福晋称为东侧福晋，将西面有福宫（永福宫）的福晋称为西侧福晋"。分为"国主福晋""大福晋""侧福晋"三个等级。

崇德元年七月初七日，清太宗正式对五宫后妃进行册封，并于初十日颁布册封诏书。此次册封与之前五月份的定名有所区别，除清宁宫国主福晋外，其余四宫均被赐予封号以及"妃"的名号。《满文老档》汉译本称她们为"东宫关雎宫大福晋宸妃""西宫麟趾宫大福晋贵妃""东宫衍庆宫侧福晋淑妃""西宫永福宫侧福晋庄妃"，③原文满文却分别称为"hanciki amba fujin""wesihun amba fujin""ijishūn fujin""jingji fujin"，④直译为"近处大福晋""尊贵大福晋""淑顺福晋""端庄福晋"。即分为"国君福晋""大福晋""福晋"三个等级。

侧室、妾室和侍婢方面，以目前已知资料来看，与太祖时期相差不大。如根据内国史院档案记载，太宗庶妃纳喇氏在顺治十一年七月薨逝，在其祭文中，即以世祖顺治帝的口吻称她为"皇考之小福晋"⑤，原文满文作"buya fujin"⑥。而在康熙朝的档案之中，提及太宗后宫中有"小福晋"（ajige fujin），应该即"buya fujin"的别称。另外还有"格格"（gege），地位在小福晋

---

① 中国第一历史档案馆编：《内阁藏本满文老档》，第20册，第705页。谨按：此汉译本为今人翻译。
② 中国第一历史档案馆编：《内阁藏本满文老档》，第18册，第1017页。
③ 中国第一历史档案馆编：《内阁藏本满文老档》，第20册，第731页。
④ 中国第一历史档案馆编：《内阁藏本满文老档》，第18册，第1063—1065页。
⑤ 中国第一历史档案馆编：《清初内国史院满文档案译编》，下册，第320页。
⑥ 中国第一历史档案馆藏：《顺治朝满文内国史院档（缩微胶卷）》，第3盘。

之下，亦是对妾室的称呼。至于侍婢一级，由于在顺治十八年时已经正式承认其妾室身份，故而在后世档案中逐渐与妾室混同。

康熙三十年（1691年）三月十三日，太宗的庶妃奇垒氏在慈宁宫薨逝。她生前的位分等级是"格格"，因其闺名为"德恩"（den），所以当时的档案内将她称为"德恩格格"（den gege）。在办理其丧仪的过程中，遗留下来不少档案，其中一些内容反映了太宗时期后宫主位等级的区别。

档案内记载，庶妃奇垒氏薨逝后，内务府原打算按照服三十匹缎格格之等级为她办理丧仪，而圣祖康熙帝对庶妃奇垒氏的位分记忆出错，想要将她按照顺治十七年（1660年）时薨逝的一位太宗小福晋（ajige fujin）的先例办理丧仪。为确定庶妃奇垒氏究竟是格格级还是小福晋级，圣祖康熙帝特地让内务府去咨询原任总管内务府大臣图巴以及慈宁宫内苏麻喇姑等高级妇差。得到的回复为：

> 原任总管内务府大臣图巴称："太宗时之小福晋系呼为小福晋，德恩格格系呼为德恩格格，（两者）并不相符。"
>
> 苏麻喇妈妈、哲库讷妈妈称："德恩格格非系福晋，系称格格。小福晋者，系自太宗时已呼其为小福晋，福晋①之管领下有人三十对，服三十匹缎。德恩格格虽已分有管领，（却只有）人二十对，服二十匹缎。起居服用均未及福晋，只系格格等级。"②

由此可见，即使同处庶妃或妾室等级之中，具体位分等级不同，身份差异亦十分明确，绝不混同。这也显示出当时清廷后宫位分等级制度愈益严格化。

表2-4 崇德时期后宫位分等级

类别	位分大类	崇德定制前位分称呼	崇德定制后位分称呼	附注
嫡室	统称"福晋"	中宫福晋（dulimbai fujin）	满：国主福晋（gurun i ejen fujin） 汉：皇后	

---

① 谨按，此处"福晋"应为"小福晋"的略称，而并非指位分上高于"小福晋"的"福晋"。
② 《口奏绿头牌白头本档案》，康熙三十年三月十三日条，中国第一历史档案馆编：《内务府奏销档（缩微胶卷）》。原档案为满文，书中所用为作者自译，下不赘述。

(续表)

类别	位分大类	崇德定制前位分称呼	崇德定制后位分称呼	附注
并嫡	统称"福晋"	西宫福晋 东宫福晋	满：大福晋（amba fujin） 福晋（fujin） 汉：妃	
侧室		侧福晋（ashan fujin）	侧福晋（ashan fujin）	推测
妾室	存疑	小福晋（buya fujin/ajige fujin）	小福晋（buya fujin/ajige fujin）	
	统称"格格"	格格（gege）	格格（gege）	
侍婢	不明	不明	不明	逐渐与妾室一级混同

同时，从崇德五宫的名号上，亦可以看到一些矛盾之处。例如，孝端文皇后作为皇后，称为国主福晋，从中原文化的嫡室唯一视角来看处于独尊的地位，其余四宫均只称"妃"，明显有着中原王朝制度的影响。但是，四宫与侧室和妾室的身份待遇迥异，其所生诸子均享有嫡出待遇，故一些学者认为虽然崇德五宫内部有高低之分，但是在嫡庶上均为嫡室，孝端文皇后为嫡室，其余四宫为"并嫡"，这种"并嫡"的情况又与中原王朝制度明显相背。这种矛盾实际显示出当时新旧习俗、制度同时共存的一种醍醐感。与此同时，"寡妇再醮"等习俗一样被太宗朝继承。崇德五宫之中的懿靖大贵妃和康惠淑妃均为察哈尔蒙古林丹汗之遗孀。甚至，还有明确记录称太宗曾将后宫主位转嫁与他人。例如，太宗侧妃博尔济吉特氏，原本嫁与太宗为东宫福晋，档案内记载，天聪九年（1635年）十月初七日，"汗的第三福晋是扎鲁特部的巴雅尔代青的女儿，因不合汗的意，给了叶赫的德尔格尔台吉的儿子南褚"；①太宗侧妃叶赫纳喇氏，原嫁乌喇纳喇氏喀尔喀玛，后入太宗内廷，生育和硕承泽裕亲王硕塞之后，被改嫁给内大臣詹土谢图。② 亦可见当时清廷尚未深浸汉习。

---

① 《汉译〈满文旧档〉》，沈阳：辽宁大学历史系，1979年，第135、136页。
② 满文奏折，康熙朝，档案号：04-02-002-000068-0077，中国第一历史档案馆藏。

第二节　入关初清廷后宫主位的制度流变

一、清世祖顺治帝时期

清世祖顺治帝即位之后，达成入关大业，也开始进一步参照中原王朝旧例，进行新体系的建设。整体而言，顺治一朝的后宫制度在继承入关前"嫡室""侧室""妾室（含侍婢）"三个等级的基础上，呈现两个新趋势：其一，从官方制度上，按照中原王朝的旧例，逐步建立高级主位的位分等级，形成制度。其二，继承入关前的低级主位的位分等级，并加以细化。

高级主位的位分等级方面，正如世祖后来在遗诏中所说的："纪纲法度、用人行政，不能仰法太祖太宗谟烈。渐习汉俗，于淳朴旧制日有更张。"[①]作为入关之后的第一朝，顺治朝在广泛接触中原王朝旧制的背景之下，的确有相当多的"习汉"行为。

顺治八年，随着后宫舆服仪制的建立，[②]后宫形成了"皇太后""西宫大妃""皇后""皇妃"四个位分等级，并且给予西宫大贵妃"皇考懿靖大贵妃"、淑妃"皇考康惠淑妃"的尊号。"懿靖大贵妃"的满文作"fujurungga ujen amba guifei"，"康惠淑妃"的满文作"nesuken fulehun ijishūn fei"，[③]满汉文上均称为"妃"，并开始逐渐分化成"贵妃"和"妃"两个不同的位分等级。从崇德朝"妃"这一称谓在满汉文上的不一致，到顺治朝的整齐划一，可以看到清廷在吸取中原王朝制度上的发展。

顺治十一年，礼部更定后宫冠服制度，其中除"皇后""皇妃"之外，还多出了"九嫔"一级。[④] 所谓"九嫔"一词，典出《礼记·昏义》："古者天子后立六宫、三夫人、九嫔、二十七世妇、八十一御妻，以听天下之内治，以明章妇顺，故天下内和而家理。"明显是参考中原王朝习俗而设立。顺治十三年四

---

① 《圣祖仁皇帝实录》卷3，顺治十八年六月丁酉条，《清实录》，第4册，第72、73页。
② 《世祖章皇帝实录》卷52，顺治八年正月辛未条，《清实录》，第3册，第412、413页。
③ 《为列祖列宗册封妃嫔字号事咨覆》，嘉庆六年正月，档案号：03-0197-3622-027，中国第一历史档案馆藏。
④ 《世祖章皇帝实录》卷83，顺治十一年五月癸丑条，《清实录》，第3册，第655页。

月,礼部奏言内称:"册封中宫已照例举行,妃嫔尚未册封。"①可知所谓"皇妃"和"九嫔"只是在制度上设立,实际上并未执行。针对制度上的"皇妃"和"九嫔",世祖在顺治十三年六月下达上谕:"今先册立东西二宫皇妃。应行事宜,尔部即照例酌议具奏。余著候旨。"②由此可见,当时的制度实际上是"二妃九嫔制"。

从相关记录来看,顺治十三年出现"二妃九嫔制"之后,东宫皇妃的人选为孔有德之女孔四贞,③西宫皇妃的人选有可能即后来的孝献皇后董鄂氏,至于"九嫔"则尚"候旨"。后来,孔四贞因故未能成为后宫主位,东宫皇妃的缺位,使得原本"二妃"的体制发生变化,于是孝献皇后直接获封为"贤妃"。之后,随着孝献皇后获得盛宠,在顺治十三年九月,于皇后之次、皇妃之上设立皇贵妃之位。如后来世祖自己所说,这是世祖在当时废后阻力较大的背景下做出的一种权衡,也开创了清代有"副后"身份的皇贵妃这一位分等级。

顺治朝的后宫高级主位,实际上最终形成了"虚五实三"的位分等级。其五级由上至下为皇后、皇贵妃、贵妃、妃(皇妃)、嫔。但是,一方面,当时贵妃一级只用于尊封懿靖大贵妃;另一方面,当时贵妃还没有完全从妃中分立出来成为独立位分,嫔一级则虽有制度却无实封,故而五级之中贵妃与嫔均为虚位,实际执行的只有皇后、皇贵妃、妃三级。④

低级主位即未获朝廷正式册封的后宫主位,清代官书统称为"庶妃"。其位分等级方面,以前因史料有限,只能通过《陵寝事宜易知》等史料隐约了解到其中有"福晋""格格"等位分等级。⑤ 而目前经过梳理清初内务府《奏销档》,可以对当时低级主位的位分等级有进一步的了解。

以目前已知的信息来看,世祖顺治帝后宫中的低级主位依然继承入关前的习惯,由上至下有福晋(fujin)、小福晋(buya fujin)、格格(gege)三个等

---

① 《世祖章皇帝实录》卷100,顺治十三年四月壬申条,《清实录》,第3册,第776页。
② 《世祖章皇帝实录》卷102,顺治十三年六月甲申条,《清实录》,第3册,第788页。
③ 《世祖章皇帝实录》卷102,顺治十三年六月癸卯条:"定南武壮王女孔氏,忠勋嫡裔,淑顺端庄,堪翊壸范。宜立为东宫皇妃。"《清实录》,第3册,第791、792页。
④ 谨按,实际上,对于顺治朝的妃一级是否确实存在,也有一定争议。目前已知孝献皇后董鄂氏做过一月有余的"贤妃",废皇后博尔济吉特氏做过一段时间的"静妃",但是当时关于这些妃的档案目前未见,所以顺治朝的妃一级,也比较模糊。
⑤ 《陵寝事宜易知》,转引自于善浦:《清代帝后的归宿》,北京:紫禁城出版社,2006年,第92页。

级,其中小福晋的满文又写作"ajige fujin"。在统称上,福晋统称为"众福晋"(fujisa);格格统称为"众格格"(gegese);而小福晋则既可以简称为"福晋"、统称为"众福晋",亦可简称为"格格"、统称为"众格格"。这种称谓的不确定性也凸显了当时制度并未固化的一面。

  低级主位的三个等级在顺治朝的执行情况具有明显规律。根据档案显示,康熙朝初期,世祖顺治帝的遗孀中只有四位为福晋级,分别是恪妃石氏、恭靖妃浩齐特博尔济吉特氏、端顺妃阿巴垓博尔济吉特氏、淑惠妃博尔济吉特氏。这四位中有三位为蒙古王公之女,另一位则是特殊的民籍汉女,她们虽然均未生育子女,却以出身的原因得以位列福晋级。小福晋级,已知有宁悫妃董鄂氏、庶妃穆克图氏、唐氏、杨氏、巴氏、纳喇氏,均是为世祖生育过子女的妾室,大多为八旗出身。至于其余未能为世祖生育子女的妾室,则均为格格级。

  即使同为小福晋级的后宫主位,其内部似乎也有细微的待遇区别。如康熙九年(1670年)时,内务府档案曾经提及:"《玉牒》见载之现在长春宫之小福晋五位、现在隅房之杨氏小福晋一位。此内,董鄂氏、穆克图氏、唐氏三位小福晋,经分配饭茶妇人、乳牛后,各配给桌张、值班桌张一桌。巴氏、纳喇氏、现在隅房之杨氏小福晋,现均未配给桌张、值班桌张。"内务府官员们将此事奏上后,太皇太后(孝庄文皇后)下达懿旨道:"巴氏、纳喇氏小福晋,其各项物品,照三位(小)福晋之例配给。杨氏小福晋,照旧例配给。"①

  除此之外,顺治朝后宫中还有一种重要的制度,即"服缎匹数"。所谓"服缎匹数",指的是后宫人员每年从宫廷获得缎匹、布匹的数量。若每年获得五匹缎,则称"服五匹缎";若每年获得五匹布,则称"服五匹布"。② 当时的宫廷通过服缎匹数这种数字化的标准来衡量后宫人员的等级,并以此来决定各种礼仪待遇。值得注意的是,顺治朝的服缎匹数并不是后宫主位所专有,内廷的妇差、使女,以至于临时由外藩来到清廷

---

① 《口奏绿头牌白本档案》,康熙九年九月初一日条,中国第一历史档案馆编:《内务府奏销档(缩微胶卷)》。
② 谨按,服缎者身份高于服布者,后宫主位一般均服缎。故而在当时的宫廷中,一位后宫人员"服缎"还是"服布",是十分重要的分野。

的公主、福晋等,也均拥有服缎匹数。在康熙朝之后形成的宫分制度中,虽然亦规定了官女子以及乳母等妇差的宫分,但是在宫分制度中,使女和妇差的宫分水平均明显低于后宫主位。顺治朝的服缎匹数则不然,当时宫中的高级妇差的服缎匹数可能还要高于一些后宫主位,所享受的待遇亦是如此。

如前文所叙,太宗的庶妃奇垒氏在康熙三十年薨逝,她的位分等级是格格级,生前服二十匹缎,薨逝后按照服三十匹缎的标准治丧。而在康熙四十四年(1705年)薨逝的苏麻喇额涅格格(sumala eniye gege),即苏麻喇妈妈、苏麻喇姑,她的身份只是孝庄文皇后身边的高级妇差,但是其生前亦服二十匹缎,薨逝后也是按照服三十匹缎的标准治丧。单以服缎匹数来讲,太宗庶妃奇垒氏与苏麻喇姑的等级相同,但是以身份来讲,前者作为太宗庶妃属于后宫主位,后者则仅是妇差。在此背景之下,如果单凭服缎匹数进行分析,研究者很难区分二者身份的不同,这也是目前利用《奏销档》等档案整理后宫主位信息的重要障碍。

顺治朝这种服缎匹数制度,实际上是细化后宫位分等级制度的一种尝试。自康熙朝之后,服缎匹数制度被融入宫分制度之内,成为宫分制度的理论基础。但是,对于世祖顺治朝后宫主位的位分等级,亦很难使用清中后期所固化的"贵人""常在"等位分进行简单、直接的比对。以后宫主位专属内管领[①]为例,乾隆朝定制之后,只有嫔以上位分的后宫主位才分配有专属内管领。而内务府《奏销档》等档案显示,顺治朝晚期,福晋级庶妃各分配有一位或两位专属内管领,小福晋及以下则无。康熙朝中前期,妃位各分配有一位专属内管领,嫔位则每两位分配有一位专属内管领。康熙中后期,改为嫔位各分配有一位专属内管领。以此推算,顺治朝福晋级庶妃的待遇几乎超过后来的妃位,与贵妃位相近。而在服缎匹数上,顺治朝福晋级庶妃服五十匹缎,与康乾时期妃位相等。这即是具体时间不同所带来的差异,无法简单地进行比对。

---

① 谨按,后宫主位专属的内管领,在乾隆朝之后称为"专奉内管领",指的是由内务府派出一位或数位内管领以专门服务于某位高级后宫主位。但需要指出的是,乾隆朝之后的"专奉内管领",在功能等方面已经与清初不同。

表 2-5 顺治一朝的后宫制度

类　　别	位分大类	位分称呼	附　　注
嫡室		皇后	
有册封之主位		皇贵妃	
		贵妃	实际未执行
		皇妃(妃)	实际执行情况不明
		嫔	实际未执行
无册封之主位 (庶妃)	福晋	福晋	多为蒙古王公之女
	福晋或格格	小福晋	多为生育过子女之庶妃
	格格	格格	一般未生育过子女

顺治一朝的后宫制度具有相当的草创性质。不过,这种以入关前"嫡室""侧室""妾室(含侍婢)"三个等级为基础,发展为皇后、皇贵妃、贵妃、妃、嫔、福晋、小福晋、格格八等级的结构,正是康熙、雍正两朝的进一步细化后宫主位位分等级的基础。与此同时,对于入关前的"再醮"等习俗,顺治朝后宫依然采取容许态度,最为世祖所宠爱的孝献皇后,目前即被认为是作为寡妇再醮而入宫的。

二、清圣祖康熙帝时期

清圣祖康熙帝在位长达六十一年,清代后宫主位的位分等级制度在这一时期经过长足的施行和调整,开始逐渐规范化。

清圣祖对其后宫主位进行册封,经常是采取"批次"的方法。除个别情况为单独册封外,其余均是在同一批次内册封数人。从康熙四年(1665年)娶进元后孝诚仁皇后开始,康熙朝后宫一共进行过四次大型册封,分别是康熙十六年(1677年)、康熙二十年(1681年)、康熙三十九年(1700年)、康熙五十七年(1718年)。此处以这四次册封作为节点,将康熙一朝划分为几个时间段,简述其后宫主位位分等级之发展。

(一) 第一阶段・康熙四年至十五年(1676年)

康熙四年,圣祖康熙帝迎娶孝诚仁皇后之后,其后宫主位逐渐增多,却均没有进行正式册封。康熙八年(1669年)档案内,提及圣祖位下有两位

"格格"(gege)。① 康熙九年档案内,提及圣祖位下有"众小福晋"(buya fujisa),②还提及当年薨逝的慧妃博尔济吉特氏在宫内已经被尊称为"福晋"(fujin),③可知她们当时均属于未经册封的庶妃,且从称谓来看,明显是继承顺治朝的旧俗。

康熙十年(1671年),有六位八旗秀女进入宫廷,这是已知档案内,自迎娶孝诚仁皇后以来,康熙朝第一次正式迎娶八旗出身的后宫主位。在档案中,这六位八旗秀女被称为"六(位)格格"(ninggun gege)。④ 这也使得后宫主位内"格格"(gege)一词出现两种含义。第一种含义,是延续顺治朝的旧例,系指位次在福晋、小福晋之下的一种庶妃等级。第二种含义,则是康熙朝的新例,系指出身较高的女子刚刚入宫,未获正式位分时的一种尊称。康熙十年(1671年)入宫的这六位格格即是后一种情况,她们当时的口分待遇是每日二十斤猪肉⑤,与后来正式册封的嫔位基本相同⑥。

康熙十五年,档案内提及圣祖位下有一位"妃"(fei),⑦既无封号,亦未举行过册封典礼。这位"妃"应该是在第二年册立为皇后的孝昭仁皇后,其"妃"的称呼,显示出她在宫内身份的特殊之处。

(二) 第二阶段·康熙十六年至十九年(1680年)

康熙十六年八月,圣祖册立第二任皇后(孝昭仁皇后),同时册封了佟佳氏为贵妃(孝懿仁皇后),还有安、敬、端、荣、惠、宜、僖七位嫔,⑧正式将"贵

---

① 《口奏绿头牌白本档案》,康熙八年九月初十日条,中国第一历史档案馆编:《内务府奏销档(缩微胶卷)》。
② 《口奏绿头牌白本档案》,康熙九年九月初三日条,中国第一历史档案馆编:《内务府奏销档(缩微胶卷)》。
③ 《口奏绿头牌白本档案》,康熙九年四月十二日条,中国第一历史档案馆编:《内务府奏销档(缩微胶卷)》。
④ 《奏销绿头牌白本档案》,康熙十年六月十三日条,中国第一历史档案馆编:《内务府奏销档(缩微胶卷)》。
⑤ 《口奏绿头牌红白本档案》,康熙十九年十月十五日条,中国第一历史档案馆编:《内务府奏销档(缩微胶卷)》。
⑥ 谨按,同一时期,福晋(fujin)的口分为每日猪肉二十四斤,小福晋(buya fujin)的口分为每日猪肉五斤,格格(庶妃最低一级)的口分则更在小福晋之下,可以看到明显的差距。需要注意的是,这种地位较高的"格格"并不是在康熙朝任何时期都是与嫔相仿的身份,此处只讨论康熙十年(1671年)时入宫的六位格格。
⑦ 《口奏绿头牌白头本档案》,康熙十五年四月十四日条,中国第一历史档案馆编:《内务府奏销档(缩微胶卷)》。
⑧ 《圣祖仁皇帝实录》卷68,康熙十六年八月丙寅条,《清实录》,第4册,第876页。

表 2-6　康熙四年至十五年的后宫位分类别

类　别	位分大类	位分称呼	案　例
嫡室		皇后	孝诚仁皇后
无册封之主位（庶妃）		妃	孝昭仁皇后（推测）
	福晋	福晋	慧妃
	格格	格格	康熙十年"六格格"
	福晋或格格	小福晋	
	格格	格格	

妃"以及"嫔"两个位分等级从制度转为实践，从而进入后宫发展的第二个阶段。

在正式册封之前的康熙十六年五月三十日，内务府奏上新拟的后宫人员口分，档案内称："现皇后处每日六十斤的猪一口、鹅三只、鸡六只。妃处每日猪肉二十四斤、鹅一只、鸡二只。嫔处每日猪肉二十斤，鹅一只、鸡二只。贵格格（wesihun gege）处每日猪肉五斤，鸡一只，每两日鹅一只。常侍女子（kemuni takūrabure sargan juse）①处每日猪肉四斤，鸡一只。使唤大女子（takūrašara ambakasi sargan juse）处每日猪肉二斤。使唤小女子（takūrašara buya sargan juse）处每日猪肉一斤。"②

由此可见，当时已经对顺治朝所遗留下来的"福晋""小福晋""格格"三个庶妃位分等级进行修改，形成了新的庶妃位分等级。通过对服缎匹数和口分的整理对比，可以推知原本之"福晋"级经过调整后改为"妃"级，"小福晋"级改为"嫔"级，"格格"级则拆分为"贵格格""常侍女子""使唤大女子""使唤小女子"四个位分等级。

至于档案里提及的"妃"，其实指的是孝懿仁皇后所获封的贵妃位。这显示出，一方面，当时依然有因循顺治朝旧俗，将"贵妃"视为"妃"之一种的倾向。另一方面，前一时期出身较高的女子刚刚入宫时尊称的"格格"一级也发生了变化，并不固定与嫔位等同。如康熙十九年十月，有两位出身名门

---

① 谨按，满文"kemuni takūrabure sargan juse"，直译为"时常使唤之女子们"。
② 《口奏绿头牌白本档案》，康熙十六年五月三十日，中国第一历史档案馆编：《内务府奏销档（缩微胶卷）》。

表 2-7　康熙十五年至十六年后宫位分等级

	鹅	鸡	猪肉	羊肉	服缎匹数
福晋 （康熙十五年）	一只	二只	二十四斤	一盘	五十匹
小福晋 （康熙十五年）	半只	一只	五斤	一盘	三十匹
妃（贵妃） （康熙十六年）	一只	二只	二十四斤	不明	五十匹
嫔 （康熙十六年）	一只	二只	二十斤	不明	三十匹
贵格格 （康熙十六年）	半只	一只	五斤	不明	二十匹

的"格格"嫁入宫廷，内务府上奏询问分别给予何等级之口分，而圣祖康熙帝的意见是，"一位格格照妃之等级，一位格格照贵格格之等级"①进行了区别对待。

表 2-8　康熙十六年至十九年后宫位分等级

类　别	位分称呼	口分（每日）	附　注
嫡室	皇后	六十斤猪一口 鹅三只 鸡六只	孝昭仁皇后
有册封之主位	妃（贵妃）	猪肉二十四斤 鹅一只 鸡二只	孝懿仁皇后 尚未与"妃"等级完全分离
有册封之主位	嫔	猪肉二十斤 鹅一只 鸡二只	七嫔
特殊	格格	不定	刚入宫之称呼 具体位分不定

---

① 《口奏绿头牌红白本档案》，康熙十九年十月十五日条，中国第一历史档案馆编：《内务府奏销档（缩微胶卷）》。

(续表)

类　　别	位分称呼	口分(每日)	附　　注
无册封之主位 (庶妃)	贵格格	猪肉五斤 鸡一只 鹅半只	
	常侍女子	猪肉四斤 鸡一只	
	使唤大女子	猪肉二斤	
其他	使唤小女子	猪肉一斤	推测为官女子(宫女)

(三) 第三阶段·康熙二十年至三十八年(1699年)

康熙二十年十二月,圣祖晋封贵妃佟佳氏为皇贵妃(孝懿仁皇后),册封钮祜禄氏为贵妃(温僖贵妃),并且晋封了惠、宜、德、荣四位嫔为妃。① 重新启用了顺治朝"皇贵妃"的位号,"妃"的位号也正式开始使用,进入了后宫发展的第三个阶段。

在正式册封之前的康熙二十年十月三十日,内务府奏上新拟的后宫人员口分,档案内称:"现皇贵妃处,每日猪肉三十斤、鹅二只、鸡四只、奶牛七头。贵妃处,每日猪肉二十七斤、鹅二只、鸡三只、奶牛六头。再,惠妃、宜妃、德妃、荣妃处,每日猪肉各二十四斤、鹅各一只、鸡各二只、奶牛各五头。"② 于是"皇贵妃""贵妃"的口分得以正式确定,"贵妃"也彻底与"妃"摆脱关联。同时,在这个阶段内,庶妃的等级名号也开始规范化。康熙三十一年(1692年)的一份档案中,出现"贵人"(gui žin)、"常在"(cang dzai)位号,用以取代之前的"贵格格"(wesihun gege)及"常侍女子"(kemuni takūrabure sargan juse)。③

在这一阶段中,圣祖还开始对后宫主位的宫分,特别是口分进行削减。如康熙三十九年的一份档案内提及:"查得。二十八年定,贵妃处猪肉十四

---

① 《圣祖仁皇帝实录》卷98,康熙二十年十二月己亥条,《清实录》,第4册,第1250、1251页。
② 《奏销档》,康熙二十年十月三十日条,中国第一历史档案馆编:《内务府奏销档(缩微胶卷)》。
③ 大连图书馆编:《大连图书馆藏清代内务府档案》,北京:国家图书馆出版社,2010年,第5册,第517页。

斤、鹅一只、鸡二只、笋鸡一只、乳猪半只,产奶牛六头。妃等处猪肉各十二斤、鹅各一只、鸡各二只、笋鸡各一只、乳猪各半只,产奶牛各五头。三十七年定,妃等处猪肉各八斤、鹅各一只、鸡各二只、笋鸡各一只、乳猪各半只,产奶牛各五头。故,贵妃处猪肉十斤、鹅一只、鸡二只、笋鸡一只、乳猪半只,产奶牛六头。"① 由此一端,可见当时对宫分以及口分削减之大。

表2-9 康熙二十年至三十八年后宫位分等级

类　别	位分称呼	康熙二十年每日口分	康熙二十八年（1689年）每日口分	康熙三十七年（1698年）每日口分	附　注
嫡室	皇后	六十斤猪一口 鹅三只 鸡六只	不明	不明	
有册封之主位	皇贵妃	猪肉三十斤 鹅二只 鸡四只	不明	不明	
	贵妃	猪肉二十七斤 鹅二只 鸡三只	猪肉十四斤 鹅一只 鸡二只	猪肉十斤 鹅一只 鸡二只	已经与"妃"等级完全分离
	妃	猪肉二十四斤 鹅一只 鸡二只	猪肉十二斤 鹅一只 鸡二只	猪肉八斤 鹅一只 鸡二只	
	嫔	猪肉二十斤 鹅一只 鸡二只	猪肉十斤 鹅半只 鸡一只半	猪肉六斤 鹅半只 鸡一只半	
特殊	格格	不定	不定	不定	刚入宫之称呼具体位分不定
无册封之主位（庶妃）	贵格格	猪肉五斤 鹅半只 鸡一只	猪肉六斤八两 鹅半只 鸡一只	猪肉五斤 鹅半只 鸡一只	开始改称为"贵人"

---

① 《口奏绿头牌白本档案》,康熙三十九年十月十八日条,中国第一历史档案馆编:《内务府奏销档(缩微胶卷)》。

(续表)

类别	位分称呼	康熙二十年 每日口分	康熙二十八年 (1689年) 每日口分	康熙三十七年 (1698年) 每日口分	附注
无册封 之主位 （庶妃）	常侍女子	猪肉四斤 鸡一只	猪肉五斤 鸡一只	猪肉四斤 鸡一只	开始改称为 "常在"
	使唤大女子	猪肉二斤	猪肉一斤八两	猪肉一斤八两	
其他	使唤小女子	猪肉一斤	猪肉一斤	猪肉一斤	推测为官女子 （宫女）

（四）第四阶段·康熙三十九年至六十一年(1722年)

康熙三十九年十二月，圣祖册封佟佳氏为贵妃（悫惠皇贵妃），同时册封了和嫔（惇怡皇贵妃）和良嫔（良妃）两位嫔。① 康熙五十七年十二月，又册封了宣妃、和妃（惇怡皇贵妃）、成妃三位妃，以及定嫔、密嫔（顺懿密妃）、勤嫔（纯裕勤妃）三位嫔，② 形成了康熙朝后宫的第四个阶段。

在这个阶段内，后宫位分等级没有再发生大的变化。在嘉庆元年(1796年)，朝廷曾经调查康、雍、乾三朝宫分用度，对于康熙朝的宫分用度，内务府呈报了康熙四十六年(1707年)的宫分。其底本名为《呈报康熙四十六年乾清宫毓庆宫贵妃妃嫔等人数清单》，内记为：

康熙四十六年
乾清宫主位
贵妃
惠妃、宜妃、德妃、荣妃四位
端嫔、和嫔、良嫔三位
苏贵人、仙贵人、尹贵人三位
布常在、牛常在、查常在、尧常在、新常在五位
大答应十人

---

① 《圣祖仁皇帝实录》卷201，康熙三十九年十二月丁巳条，《清实录》，第6册，第65页。
② 《圣祖仁皇帝实录》卷282，康熙五十七年十二月辛未条，《清实录》，第6册，第760页。

景阳宫主位

大答应四十七人

小答应四十人

家下跟来小答应四十二人

毓庆宫主位

妃一位

嫔一位

贵人一位

大答应七人

小答应十人

家下跟来小答应十二人

女子一百十三人

三宫共三百人①

而最终呈报上去的版名为《呈报遵查康熙四十六年雍正十三年乾隆二十年五十三年六十年宫分银数清单》，其中提及："遵旨查得：康熙四十六年，乾清宫主位十六位、大答应十人。"②从排列的方式和称谓来看，"使唤大女子"(takūrašara ambakasi sargan juse)改称为"大答应"，其应该是后来后宫主位之一级"答应"的由来。但是，亦应注意的是，当时"大答应"的身份界定还比较模糊。同档案内显示，宫中一共有"大答应"六十一位，其中乾清宫位下十人、景阳宫位下四十七人、毓庆宫位下七人。目前研究认为，所谓"乾清宫"指代的是当时的皇帝圣祖康熙帝无疑，"毓庆宫"指代的是当时的太子允礽，至于"景阳宫"为东六宫之一，有可能指代的是东西六宫主位位下有相当身份的使女。如果确系如此，那么前两者分别是圣祖康熙帝以及太子允礽的妾室，而后者则只是身份较高之使女，凸显出"大答应"一词既可以称呼低级后宫主位，亦可以称呼高级使女，这也与康熙年间曾有上谕指出"女子等在宫内答应"③的形容相呼应。

---

① 《呈报康熙四十六年乾清宫毓庆宫贵妃妃嫔等人数清单》，嘉庆元年，档案号：04-01-14-0015-018，中国第一历史档案馆藏。
② 《呈报遵查康熙四十六年雍正十三年乾隆二十年五十三年六十年宫分银数清单》，嘉庆元年，档案号：05-0462-044，中国第一历史档案馆藏。
③ 《国朝宫史》卷2，北京：北京古籍出版社，1994年点校本，上册，第12页。

表 2-10　康熙三十九年至六十一年后宫主位具体称呼

类　　别	具 体 称 呼	附　　注
嫡室	皇后	空闲
有册封之主位	皇贵妃	空闲
	贵妃	悫惠皇贵妃
	妃	
	嫔	
特殊	格格	刚入宫之称呼 具体位分不定
无册封之主位 （庶妃）	贵格格	有时改称为"贵人"
	常侍女子	有时改称为"常在"
	使唤大女子	开始改称为"大答应"
其他	使唤小女子	推测为官女子（宫女） 开始改称为"小答应"

　　经过以上四个阶段的发展，康熙朝后宫主位的位分等级制度趋于成熟，已经开始浮现后来定制内的基本形态。除去位分等级本身的发展更变之外，康熙朝后宫位分等级制度中还有两点值得注意：

　　其一，随着康熙朝后宫位分等级的逐步发展，顺治朝时期的"服缎匹数"也发展为正式的宫分制度。如康熙二十一年（1682年）内务府档案提及当时后宫主位的服缎匹数称："贵妃、妃各服五十匹缎……嫔各服三十匹缎……贵格格各服二十匹缎……常侍女子各服九匹缎……使唤大女子，各服八匹缎……使唤小女子各服六匹缎。"①这已经与乾隆之后定制内的后宫主位宫分基本一致。而顺治朝时，福晋级和小福晋级之下的格格级庶妃虽然均称"格格"，服缎匹数却并不统一，有服十余匹者，有服五六匹者，各不相同。康熙朝则通过宫分制度将其统一化，均以位分名号决定服缎匹数，体现了位分等级的优先性。

---

① 《奏销档》，康熙二十一年七月二十一日条，中国第一历史档案馆编：《内务府奏销档（缩微胶卷）》。

表 2-11　康熙朝与乾隆朝之后宫宫分对比

具 体 称 呼	康熙二十一年宫分	乾隆朝之后定例①
贵妃	五十匹	六十匹
妃	五十匹	五十匹
嫔	三十匹	三十匹
康熙朝贵格格（贵人） 乾隆朝贵人	二十匹	二十匹
康熙朝常侍女子（常在） 乾隆朝常在	九匹	十一匹
康熙朝使唤大女子（大答应） 乾隆朝答应	八匹	七匹
康熙朝使唤小女子（小答应） 乾隆朝官女子	六匹	六匹

其二，自入关之前便存在的"再醮"现象，至康熙朝初期依然持续。例如，康熙十六年五月，圣祖挑选内务府秀女时，内务府除报上五百余位内务府秀女之外，还报上了"守寡、离异妇人共八位"。这八位中的一位是"拖尔弼管领盛京佐领三官保之女寡妇，巳年，二十五岁，无疮、气味，满洲"。在此次挑选中被选入宫中，即是后来的贵人郭络罗氏。② 而从康熙朝中后期开始，中原的纲常伦理影响逐渐加深，寡妇再醮等情况便逐渐从宫中消失。

三、清世宗雍正帝时期

清世宗雍正一朝虽然比较短暂，但是在这一时期内，后宫的制度也进一步完善。从后世史料来看，泰陵妃园寝内的低级主位与景陵妃园寝不同，其等级只有"贵人""常在""格格"三级。③ 但是与景陵一样，依然要从当时的档案中进行分析。

---

① 谨按，根据清宫的制度，宫分内的高丽布、三线布、粗布、夏布、金线、绒、棉花线、棉花、貂皮等，均不计算入表里（匹缎）数。
② 《口奏绿头牌白本档案》，康熙十六年五月二十三日条，中国第一历史档案馆编：《内务府奏销档（缩微胶卷）》。
③ 《陵寝事宜易知》，转引自于善浦：《清代帝后的归宿》，北京：紫禁城出版社，2006 年，第 127、128 页。

有一份档案体现了雍正十三年(1735年)时后宫的宫分情况。根据档案内的内容来看,具体体现的应该是世宗雍正帝已经崩逝,而高宗乾隆帝尚未即位时的后宫情况:

雍正十三年

乾清宫主位:

裕贵妃

齐妃 谦妃

郭贵人 安贵人 李贵人 海贵人

李常在 马常在 春常在 吉常在

大答应一人 照大答应例女子一人

永安亭二处学生一百五十二人

女子五十二人

宁寿宫主位:

皇贵妃

贵妃 宣妃 成妃 密妃 勤妃

(这列之后又开列了顺懿太妃 纯裕太妃 成妃三位 不知何意)

通嫔 襄嫔 熙嫔 谨嫔 静嫔

尹贵人 老贵人 倩贵人 秀贵人 玉贵人 绮贵人

令答应 智答应 所内答应四十一人

所内学生三十八人

女子呼里等九人

女子富姐等三人

家下女子五人

女子六十三人

使女八人①

---

① 《呈报雍正十三年乾清宫宁寿宫皇贵妃贵妃妃嫔等缎布等项分例清单稿》,嘉庆元年,档案号:05-0462-052,中国第一历史档案馆藏。

同时，还有一份档案与之对应，其中提及："遵旨查得：雍正十三年，乾清宫，主位十一位，大答应二人，永安亭二处学生一百五十二人。宁寿宫，主位十七位，大答应二人，所内学生十一人，女子共一百三十六人。"①虽然其中"学生""女子"等总数有差异，但是主位数量基本吻合。

从档案中可以得知，与康熙朝相比，"大答应"之名尚在，"小答应"之名则已经消失。对于这份档案里各种后宫主位及人员的情况，依然通过她们的服缎匹数进行统计对比。②

表2-12 雍正朝与乾隆朝之后后宫宫分比较

具 体 称 呼	雍正十三年宫分	乾隆朝之后定例
皇贵妃	九十匹	七十二匹
贵妃	六十匹	六十匹
妃	五十匹	五十匹
嫔	三十匹	三十匹
贵人	二十匹	二十匹
常在	九匹	十一匹
雍正朝大答应、令答应、智答应、所内答应 乾隆朝答应	八匹	七匹
雍正朝女子、所内学生 乾隆朝官女子	六匹	六匹
家下女子	二匹	二匹

若是再将答应、女子、家下女子等低级后宫主位及人员进行细致对比，更能发现其一致性。（见表2-13）

由此可知，在雍正朝时期，康熙朝的"大答应"逐渐向"答应"过渡，而康熙朝的"小答应"以及雍正时期的"女子"则逐渐形成"官女子"。

---

① 《呈报遵查康熙四十六年雍正十三年乾隆二十年五十三年六十年宫分银数清单》，嘉庆元年，档案号：05-0462-044，中国第一历史档案馆藏。
② 谨按，原档内"永安亭二处学生"名下记录宫分不清楚，难以识别，所以这里不讨论其身份。"女子呼里等九人""女子富姐等三人"，与"女子五十二人""女子三十六人"宫分待遇一致。

表 2-13 乾隆朝与雍正朝答应、女子、家下女子等
低级后宫主位及人员领有匹缎之比较

大　类	具体称呼	领　有　匹　缎
答应	乾隆朝 答应	云缎 1、彭缎 1、宫绸 1、潞绸 1、纱 1、绫 1、纺丝 1、棉花 3
	雍正朝 大答应 所内答应	衣素缎 1、云缎 1、彭缎 1、宫绸 1、潞绸 1、纱 1、绫 1、纺丝 1、棉花 3
女子	乾隆朝 官女子	云缎 1、春绸 1、宫绸 1、纱 1、纺丝 1、杭绸 1、棉花 2
	雍正朝 女子 所内学生	云缎 1、彭缎 1、宫绸 1、纱 1、纺丝 1、杭绸 1、棉花 2
家下女子	乾隆朝	春绸 1、绵绸 1、毛青布 2、深蓝布 1、夏布 1、棉花 2
	雍正朝	彭缎 1、绵绸 1、毛青布 2、深蓝布 1、夏布 1、棉花 2

第三节　乾隆朝定制之后清代后宫主位的制度流变

在清高宗乾隆一朝,随着各方面制度的进一步确定,后宫主位的位分等级也基本固定为八级,即皇后、皇贵妃、贵妃、妃、嫔、贵人、常在、答应。其中,唯有答应一级在乾隆朝后还有细微变化。现将这些位分等级分别简述如下:

一、皇后

皇后,满文作"hūwangheo"[①]。其职责是"居中宫,主内治",[②]在后宫位分等级之中身份最高,服缎匹数为九十匹。其身份由太祖朝的"中宫大福晋"(dulimbai amba fujin)、太宗朝的"国主福晋"(gurun i ejen fujin)发展而来,在入关之后改称为"皇后"。清代奉行单后制,故而有独尊地位,是后宫

---

① 《御制增订清文鉴》卷 3,君类第二,钦定四库全书本,第 8 页 a。
② 《国朝宫史》卷 8,上册,第 138 页。

的"主妇"。

作为八级后宫位分等级内最高的一级,也是传统意义上的"国母",皇后有着自己的册立典礼,也有着后宫主位中最高等级的仪制。一般情况下,清代的皇后在位时均没有封号或徽号,只在崩逝之后获得谥号。不同于仅有一两字的后妃谥号,清代皇后的谥号有专门格式,并且通常系以帝谥。在皇帝崩逝之后,皇后若还在世,则成为皇太后,一般均会获得徽号以示隆崇。由于皇太后有作为新帝嫡母的"母后皇太后"以及作为新帝生母的"圣母皇太后"之分,所以有可能同时有复数皇太后在位。另外,还有一个特例,即孝哲毅皇后。穆宗同治帝崩逝之后,她成为穆宗的遗孀,新即位的皇帝德宗光绪帝在宗法上是她的小叔子,故而孝哲毅皇后没有获得"皇太后"尊号,而是以寡嫂的身份获得"嘉顺"徽号,称为"嘉顺皇后"。

二、皇贵妃

皇贵妃,满文作"hūwang guifei"①。在后宫位分等级之中仅次于皇后,服缎匹数为七十二匹。清代皇贵妃始设于顺治十三年九月,世祖顺治帝以"式稽古制,中宫之次有皇贵妃首襄内治",②晋封贤妃董鄂氏为皇贵妃,即后来的孝献皇后。对于孝献皇后的皇贵妃之位,世祖顺治帝曾经明确指出:"虽未晋后名,实后职也。第以今后(孝惠章皇后)在,故不及正位耳。"③故而可知从清代设立皇贵妃之位开始,这一位分等级便有一些"副后"的意义。

根据乾隆朝定制规定,一般情况下,同一时期内,当朝后宫内至多只有一位皇贵妃。作为八级后宫位分等级内的第二级,清代皇贵妃有自己的册封典礼,"分居东西十二宫,佐内治",④在名义上有独居一宫,为一宫之主的权利。⑤在薨逝之后,按例会获得双字的谥号。至于封号,因为一般情况下,同一时

---

① 《御制增订清文鉴》卷3,君类第二,钦定四库全书本,第8页a。
② 《世祖章皇帝实录》卷103,顺治十三年九月甲戌条,《清实录》,第3册,第807页。
③ 《孝献庄和至德宣仁温惠端敬皇后行状》,民国七年仁和吴昌绶双照楼刻本,国家图书馆藏,第8页b。
④ 《国朝宫史》卷8,上册,第138页。
⑤ 谨按,清代在制度上规定,嫔以上"分居十二宫",贵人以下"随居",似乎只有嫔位以上才可以独居一宫。而在实际上,由于后宫主位人数较多,数位后宫主位居住在同一宫的情况十分常见,甚至二位高级后宫主位亦可能居住在同一宫内。故而,这种"分居十二宫"只是一种理想描述,而非硬性要求。

间内只有一位皇贵妃,所以通常不加封号进行区别。在皇帝崩逝之后,皇贵妃成为皇贵太妃,则经常获得徽号以示隆崇。

  由于有着"副后"的地位,所以清代皇贵妃的授予一般比较谨慎。有清一代,作为当朝后宫获得皇贵妃位分的例子一共只有十例,其中可分为三类。第一类,为贵妃的临终加恩。如世宗雍正帝之敦肃皇贵妃,原为贵妃,在雍正三年(1725年)十一月病重时诏晋为皇贵妃,之后在当月薨逝。第二类,为皇后位出缺后,贵妃被册立为皇后之前的暂位。这种情况下,一般还会明确提出令其"摄六宫事",提前履行皇后的职能。如宣宗道光帝之孝全成皇后,在道光十三年(1833年)四月孝慎成皇后崩逝后,于同年八月以贵妃诏晋为皇贵妃,摄六宫事,并且于道光十四年(1834年)被册立为皇后。第三类,是当时的皇后因为某些缘故无法继续履行皇后职能,抑或皇后已经崩逝,皇帝不准备再册立新任皇后,故而册封皇贵妃以统摄六宫。如高宗乾隆帝之孝仪纯皇后,原为贵妃,乾隆三十年(1765年)闰二月高宗继皇后辉发纳喇氏事出后,被晋封为皇贵妃,实际代替继皇后管理后宫事务。

三、贵妃

  贵妃,满文作"guifei"①。在后宫位分等级之中次于皇贵妃,服缎匹数为六十匹。清代入关之前,贵妃曾经是妃位封号的一种。崇德五宫之中便有西宫麟趾宫大福晋贵妃,满文作"wesihun amba fujin"②,意为"尊贵大福晋"。在入关之后,随着顺治八年后宫舆服制度的建立,西宫麟趾宫大福晋贵妃被尊封为"懿靖大贵妃",其满文作"fujurungga ujen amba guifei"③,直译为"文雅庄重大贵妃"。从"wesihun amba fujin"到"amba guifei"的变化,体现"贵妃"从一个封号变为一个位分等级。但是,在顺治一朝,"贵妃"只用来尊封懿靖大贵妃,并没有在当朝后宫中施行。康熙朝初期,"贵妃"也经常与妃位产生混淆,直到康熙二十年十二月,圣祖册封钮祜禄氏为贵妃,即温僖贵妃,"贵妃"才与妃位彻底分离。

---

① 《御制增订清文鉴》卷3,君类第二,钦定四库全书本,第8页a。
② 《内阁藏本满文老档》,第18册,第1063—1065页。
③ 《为列祖列宗册封妃嫔字号事咨覆》,嘉庆六年正月,档案号:03-0197-3622-027,中国第一历史档案馆藏。

根据乾隆朝定制规定,一般情况下,同一时期内,当朝后宫内至多只有两位贵妃,清后期则记为至多一位。① 作为八级后宫位分等级内的第三级,清代贵妃也有自己的册封典礼,与皇贵妃一样,"分居东西十二宫,佐内治",在名义上有独居一宫,为一宫之主的权利。其封号,若当时只有一位贵妃在位,一般不加封号进行区别。若加封号,则"由内阁恭拟进呈"②。至于谥号,在制度上,清代贵妃可以与皇贵妃一样获得双字的谥号,但是在实际执行中,贵妃大多是以其在世时的单字封号作为谥号使用。在皇帝崩逝之后,贵妃成为贵太妃,则经常获得徽号以示隆崇。

在清初时,贵妃的授予比较谨慎。故而,若皇后与皇贵妃均不在位,贵妃似有统御后宫的职责。如康熙二十八年孝懿仁皇后崩逝之后,后宫即以温僖贵妃为首领。温僖贵妃在康熙三十三年(1694年)薨逝之后,康熙三十九年又册封佟佳氏为贵妃以率领后宫,即悫惠皇贵妃。而在清中叶之后,随着贵妃位分更加常授,这种特殊地位亦逐渐消失。

四、妃

妃,满文作"fei"③。在后宫位分等级之中为第四位,服缎匹数为五十四。清代入关之前,妃经常是后宫主位的统称,并有元妃、继妃、大妃、侧妃、庶妃等若干级别。崇德建制之后,崇德五宫内除正室"国主福晋"外,四宫均获得汉字"妃"号,而在满文中则仍称"福晋"。入关之后,随着顺治八年后宫舆服制度的建立,妃在满汉文上得到统一,正式成为一个位分等级。顺治朝时,妃亦称"皇妃",当时曾有"东西二宫皇妃"的构想,但是最终成为废案。康熙十六年,清廷将之前后宫位分等级内"福晋"一级进行调整,改称为"妃"。

根据乾隆朝定制规定,一般情况下,同一时期内,当朝后宫内至多只有四位妃。不过,这个规定偶尔亦会被打破。以乾隆四十一年(1776年)为例,当时后宫中妃位有六位,分别是愉妃(愉贵妃)、舒妃、颖妃(颖贵妃)、顺妃(顺贵人)、惇妃、容妃。作为八级后宫位分等级内的第四级,清代妃位也

---

① 乾隆朝制度见《国朝宫史》卷8,上册,第138页。清后期制度见《钦定宫中现行则例》卷3,沈云龙主编:《近代中国史料丛刊续编第六十三辑》,台北:文海出版社,1979年影印本,第228、229页。
② 《国朝宫史》卷8,上册,第138页。
③ 《御制增订清文鉴》卷3,君类第二,钦定四库全书本,第8页a。

有自己的册封典礼,与皇贵妃、贵妃一样,"分居东西十二宫,佐内治",在名义上有独居一宫,为一宫之主的权利。其封号与贵妃一样,"由内阁恭拟进呈",无谥号。在皇帝崩逝之后,妃则成为太妃,很少能够获得徽号,大多以原封号称呼为"皇考某妃"或"某太妃"。

五、嫔

嫔,满文作"pin"①。在后宫位分等级之中为第五位,服缎匹数为三十匹。清代嫔位制度最早见于顺治十一年,当时被称为"九嫔"②,但是终顺治一朝并未实际执行。康熙十六年,清廷将之前后宫位分等级内"福晋"一级进行调整,改称为嫔,并在同年册封七位嫔位,正式成为清代后宫位分等级之一,亦从无须册封改为须经册封,脱离庶妃范畴。

根据乾隆朝定制规定,一般情况下,同一时期内,当朝后宫内至多只有六位嫔。与妃一样,清代嫔位也有自己的册封典礼,也在名义上有独居一宫,为一宫之主的权利,其封号也是"由内阁恭拟进呈",无谥号。在皇帝崩逝之后,嫔则成为太嫔,大多以原封号称呼为"皇考某嫔"或"某太嫔"③。

六、贵人

贵人,满文作"gui žin"④。在后宫位分等级之中为第六位,是庶妃之一,服缎匹数为二十匹。康熙十六年,清廷将之前后宫位分等级内"格格"一级根据服缎匹数进行拆分,认服二十匹缎者为"贵格格"(wesihun gege),正式成为清代后宫位分等级之一。之后至迟在康熙三十一年时,已经逐渐改称为"贵人"(gui žin)。"贵格格"(wesihun gege)与"贵人"(gui žin)这两种写法一直兼用,至雍正朝方统一称为"贵人"(gui žin)。

根据乾隆朝定制规定,贵人"无定位"⑤,即没有人数限制。贵人位分等

---

① 《御制增订清文鉴》卷3,君类第二,钦定四库全书本,第8页a。
② 《世祖章皇帝实录》卷83,顺治十一年五月癸丑条,《清实录》第3册,第655页。
③ 谨按,清代确有"太嫔"之称,可参见光绪朝《钦定大清会典事例》卷305,"太嫔用彩仗",《续修四库全书》编纂委员会编:《续修四库全书》,上海:上海古籍出版社,2002年影印本,第802册,第825页。
④ 《奏恭进所译妃封谥片》,嘉庆二十五年九月二十四日,档案号:03-0200-3945-043,中国第一历史档案馆藏。
⑤ 《国朝宫史》卷8,上册,第138页。

级较低,她们没有册封典礼,故而不被算作正式的内命妇。① 在官方制度上,她们大多随着位分等级较高的后宫主位一起居住,即所谓"随居十二宫,勤修内职"。② 贵人的称呼,一般并不是由内阁恭拟的封号,只是使用原姓或其他称号。这种"封号"与"称号"的区别,体现在"封号"为满文意译词汇,而"称号"为满文音译词汇。但是,亦有例外之情况。若一位原本位分等级较高的后宫主位因故被降为等级较低之位分时,即有可能保持原有之封号。如宣宗道光帝之彤贵妃,在道光二十四年(1844年)被降为贵人,却仍称"彤贵人",未将封号剥夺。另外,从咸丰朝中期开始,清廷对于八旗出身且初封为贵人的后宫主位,经常在其为贵人位分时即给予封号。如穆宗同治帝之敦惠皇贵妃,在同治七年(1868年)参加挑选八旗秀女,于同治十一年(1872年)被指定为瑨贵人。其"瑨"字满文为"saingge"③,即是封号,而并非称号。这是清后期宫廷的一个重要变化。在皇帝崩逝之后,贵人则成为太贵人,大多以原称号称呼为"皇考某贵人"或"某太贵人"。④

七、常在

常在,满文作"cang dzai"⑤。在后宫位分等级之中为第七位,是庶妃之一,服缎匹数在乾隆朝中期之前为九匹,自乾隆朝中期改为十一匹。康熙十六年,清廷将之前后宫位分等级内"格格"一级根据服缎匹数进行拆分,以服九匹缎者为"常侍女子"(kemuni takūrabure sargan juse),正式成为清代后宫位分等级之一。之后至迟在康熙三十一年时,已经逐渐改称为"常在"(cang dzai)。"常侍女子"(kemuni takūrabure sargan juse)与"常在"(cang dzai)这两种写法一直兼用,至雍正朝方统一称为"常在"(cang dzai)。

根据乾隆朝定制规定,常在"无定位"⑥,即无有人数限制。常在位分等

---

① 谨按,其表象之一即没有其等级所穿用的朝服。
② 《国朝宫史》卷8,上册,第138页。
③ 《为主事罗霖之女西林觉罗氏著封为瑨贵人事致内务府》,同治十一年二月初四日,档案号:05-13-002-000818-0041,中国第一历史档案馆藏。
④ 谨按,清代确有"太贵人"之称,可参见光绪朝《钦定大清会典事例》卷495,"高宗纯皇帝鄂太贵人薨逝",《续修四库全书》编纂委员会编:《续修四库全书》,第805册,第805页。
⑤ 《奏恭进所译妃嫔封谥片》,嘉庆二十五年九月二十四日,档案号:03-0200-3945-043,中国第一历史档案馆藏。
⑥ 《国朝宫史》卷8,上册,第138页。

级较低,她们没有册封典礼,故而不被算作正式的内命妇。在官方制度上,她们大多随着位分等级较高的后宫主位一起居住,即所谓"随居十二宫,勤修内职"。常在的称呼也与贵人一样,只是"称号",而非"封号"。在皇帝崩逝之后,常在则大多以原称号被称呼为"皇考某常在"。①

八、答应

答应,满文作"da ing"②。在后宫位分等级之中为第八位,是庶妃之一,服缎匹数在乾隆朝中期之前为八匹,自乾隆朝中期改为七匹。康熙十六年,清廷将之前后宫位分等级内"格格"一级根据服缎匹数进行拆分,以服八匹缎者为"使唤大女子"(takūrašara ambakasi sargan juse)。之后至迟在康熙四十六年时,逐渐改称为"大答应"。但是,康熙、雍正二朝之"大答应",并不仅为后宫主位的位分等级,亦囊括有地位较高之官女子。至乾隆朝,"大答应"则改称为"答应",方才正式成为清代后宫位分等级之一。

根据乾隆朝定制规定,答应亦无人数限制。答应位分等级较低,她们没有册封典礼,故而不被算作正式的内命妇。在官方制度上,她们大多随着位分等级较高的后宫主位一起居住,即所谓"随居十二宫,勤修内职"。答应的称呼也与贵人、常在一样,只是"称号",而非"封号"。在皇帝崩逝之后,答应则大多以原称号被称呼为"皇考某答应"。③

由于答应这一位分形成较晚,且在前期经常与官女子混同,虽然在乾隆朝时已经将答应作为后宫位分等级之一写入《国朝宫史》,但是在很多场合仍然有意无意地忽略答应。如高宗乾隆帝之祥答应,曾在乾隆二十四年(1759年)封为祥贵人,后来因故降为祥答应,最终在乾隆三十八年(1773年)以答应位分薨逝,并未葬入裕陵妃园寝;如嘉庆十三年(1808年)的一条上谕中称:"嗣后,凡遇皇后、皇贵妃、贵妃、妃、嫔、贵人、常在之祖父及胞伯叔父兄弟带领引见时,俱著于绿头牌注明,将此通谕八旗、各部院、内务府知之。"④遍及八级位分等级内的七级,唯独没有提及答应一级;道光十八年

---

① 谨按,目前尚未在档案中见到过"太常在"的称呼。
② 《为宁寿宫所内御答应初上坟大上坟俱有焚化衣服事致内务府》,乾隆五年二月,档案号:05-13-002-000001-0110,中国第一历史档案馆藏。
③ 谨按,目前尚未在档案中见到过"太答应"的称呼。
④ 《钦定宫中现行则例》卷2,沈云龙主编:《近代中国史料丛刊续编第六十三辑》,第98页。

(1838年),宣宗道光帝下达上谕,授意"将答应每年宫分及每日吃食分例并使令太监女子俱著载入则例"。① 可知之前答应宫分亦未载入宫中则例。

九、官女子

官女子,亦作"宫女子""女子""使女",一般指被选入宫廷服侍的上三旗包衣秀女,亦即民间所说的"宫女"。康熙十六年,清廷将之前后宫位分等级内"格格"一级根据服缎匹数进行拆分,以服六匹缎者为"使唤小女子"(takūrašara buya sargan juse)。之后至迟在康熙四十六年时,逐渐改称为"小答应"。但是,康熙朝之"小答应",并不仅为官女子的称呼,可能亦囊括地位较低之后宫主位。至雍正朝时,"小答应"则改称为"女子",方才正式与后宫主位的位分等级分离。

清中期以来,官女子已经不是后宫主位的位分等级之一,但是,当位分较低的后宫主位因故被罚降位却无位可降时,官女子可以作为比答应更低一级的待遇使用。如咸丰五年(1855年)六月十八日,玫常在凌虐使女并与太监谈笑,文宗咸丰帝表示要"从重惩处",于是将其连降两级,"降为官女子"②。此时玫常在虽然还是后宫主位之一,但是宫分等待遇与官女子并无差别。同时,玫常在此时虽然属于官女子级别,却又不可能与真正的官女子一样在二十五岁时依例出宫,是特殊的"官女子"。

---

① 《钦定宫中现行则例》卷2,沈云龙主编:《近代中国史料丛刊续编第六十三辑》,第202页。
② 《钦定宫中现行则例》卷2,沈云龙主编:《近代中国史料丛刊续编第六十三辑》,第219、220页。

第三章 乾隆朝定制之后清代后宫主位的各项制度

第一节 清代后宫主位的封谥与称呼

清初由于礼制未备,清廷对于皇后和后妃的封号、谥号、徽号等用词、称呼,经常发生混淆或矛盾。特别是在制度逐渐形成之后,很多既往成例也变成了"错例",而被后世"修正"。

以入关前崇德六年(1641年)十月追封敏惠恭和元妃为例。关于此事,在《太宗文皇帝实录》顺治十二年(1655年)修成之"顺治本"和康熙二十一年重修之"康熙本"中,汉文本均称"追封宸妃为敏惠恭和元妃",①满文本则称其为"mergen fulehun hūwaliyasun gungnecuke amba fujin"②,即"聪敏恩惠恭敬和谐大福晋(敏惠恭和元妃)"。而在乾隆四年(1739年)重修的"乾隆本"中,汉文本改称"追封宸妃为元妃,谥曰敏惠恭和"。③ 将妃号与谥号分离。满文本亦进行修改,称敏惠恭和元妃为"mergen fulehun hūwaliyasun gungnecuke amba fei"④,由"fujin(福晋)"改称为"fei(妃)"。

再以康熙三十八年闰七月追封敏妃(敬敏皇贵妃)为例。关于此事,《圣祖仁皇帝实录》记载为:"妃张雅氏,性行温良,克娴内则。久侍宫闱,敬慎素著。今以疾逝,深为轸悼。其谥为敏妃。应行礼仪,尔部察例行。"⑤当时参

---

① 康熙本《太宗文皇帝实录》卷58,崇德六年十月己巳条,转引自齐木德道尔吉、巴根那:《清朝太祖太宗世祖朝实录蒙古史史料抄——乾隆本康熙本比较》,呼和浩特:内蒙古大学出版社,2001年,第583页。
② 顺治本《太宗文皇帝实录》卷58,崇德六年十月己巳条,清满文写本,中国第一历史档案馆藏。康熙本《太宗文皇帝实录》卷58,崇德六年十月己巳条,清满文写本,中国第一历史档案馆藏。
③ 《太宗文皇帝实录》卷58,崇德六年十月己巳条,《清实录》,第2册,第787页。谨按,《清实录》内《太宗文皇帝实录》系乾隆本。
④ 乾隆本《太宗文皇帝实录》卷58,崇德六年十月己巳条,清满文写本,中国第一历史档案馆藏。
⑤ 《圣祖仁皇帝实录》卷194,康熙三十八年闰七月戊戌条,《清实录》,第5册,第1052页。

与拟谥的保和殿大学士王熙,在其年谱中记载此事称:"七月二十六日,因内有妃薨逝,早赴五龙亭后门齐集……闰七月初一日,早往启奏妃谥号,初二日,又往奏赐谥。"①均将"敏妃"作为敬敏皇贵妃的谥号进行记述。而在乾隆朝所修《清朝文献通考》里则称:"敏妃,章佳氏……康熙三十八年七月追封。"②《清朝通志》亦称:"臣等谨按《会典》,贵妃以下无谥,奉特旨者予谥。"③并且开列了两位"特旨予谥者",为圣祖的温僖贵妃和太宗的敏惠恭和元妃,敏妃(敬敏皇贵妃)并不在其列。

出现这种差异,即是因为在乾隆朝后宫制度逐渐完善,封谥制度也正式确立。根据乾隆朝《大清会典》,皇太后及皇后崩逝,"承旨恭拟谥号";④皇贵妃薨逝,"内阁拟谥号候钦定";⑤贵妃薨逝,"行册谥礼与皇贵妃同";⑥自妃以下薨逝,则没有拟谥、册谥的制度。换言之,从乾隆朝开始,制度内只有皇后(皇太后)、皇贵妃、贵妃可以得到谥号(其中贵妃事实上不予谥,详见后文)。

清代的谥法体系,根据光绪朝《大清会典》的说法:"凡谥法,各考其字义而著于册。定为上中下三册,曰鸿称通用。上册分上中下三卷,中册分上下二卷,下册一卷。上册之上,列圣庙号取焉。上册之中,列圣尊谥取焉。上册之下,列后尊谥取焉。中册之上,以谥妃、嫔。中册之下,以谥王。下册则群臣赐谥者得用之。皆拟上而请定焉。"⑦由此可见,清代有专门的《鸿称通用》册来记录谥法含义。光绪朝《大清会典》卷二内开列了《鸿称通用》内所有谥法。道咸时云贵总督吴振棫所著《养吉斋丛录》卷十二内有"庙谥一览",实际也是抄录汉文《鸿称通用》。⑧另外,由于清代谥号需要译成满文,所以《鸿称通用》还有满汉对照本。中国第一历史档案馆藏有《鸿称通用》三

---

① 《王文靖公年谱》,北京图书馆编:《北京图书馆藏珍本年谱丛刊》,北京:北京图书馆出版社,1999年,第79册,第78页。
② 《清朝文献通考》卷241,王云五总编:《万有文库》第二集,北京:商务印书馆,1936年,第2册,第7004页。
③ 《清朝通志》卷50,王云五总编:《万有文库》第二集,第7043页。
④ 乾隆朝《钦定大清会典》卷51,钦定四库全书本,第28页b。
⑤ 乾隆朝《钦定大清会典》卷52,钦定四库全书本,第4页b。
⑥ 乾隆朝《钦定大清会典》卷52,钦定四库全书本,第10页a。谨按,此处与《清朝通志》所记不同。
⑦ 光绪朝《钦定大清会典》卷2,《续修四库全书》,第794册,第36—39页。
⑧ 《养吉斋丛录》卷12,北京:中华书局,2005年点校本,第162—173页。

卷,满汉合璧,①即是内阁或宫内《鸿称通用》的版本。美国哈佛大学汉和图书馆藏有一本清代内务府满汉文档册,其中也有《鸿称通用》满汉文对照的部分,则是内务府便查的简本。

应当注意的是,清代《鸿称通用》可能形成于乾隆朝,而乾隆朝之前的谥法可能直接继承自明朝。以雍正朝孝敬宪皇后谥号为例。在内阁所呈《恭拟大行皇后尊谥字样》一折中,对于大行皇后(孝敬宪皇后)的谥号这样拟出:

> 恭拟大行皇后尊谥字样
> 孝肃　慈惠爱亲曰孝　正己摄下曰肃　　doronggo(满文"肃")
> 孝恪　慈惠爱亲曰孝　温恭朝夕曰恪　　gingguji(满文"恪")
> 孝纯　慈惠爱亲曰孝　中正和粹曰纯　　gulu(满文"纯")
> 孝敬　慈惠爱亲曰孝　夙兴恭事曰敬　　ginggun(满文"敬")
> 孝安　慈惠爱亲曰孝　和平顺处曰安　　nesuken(满文"安")②

这里面共出现了孝、肃、恪、纯、敬、安六字,其中"孝"此义见于《大清会典》内"列后尊谥";"肃"此义见于《大清会典》内"列圣尊谥",而"列后尊谥"的"肃"为"摄下有礼";"恪"此义见于《大清会典》内"中册妃嫔",而"列后尊谥"的"恪"为"懋勤内治";"纯"此义见于《大清会典》内"列后尊谥";"敬"此义未见于《大清会典》,而"列后尊谥"的"敬"为"应事无慢"和"斋庄自持";"安"此义未见于《大清会典》,而"列圣尊谥"的"安"为"静正不迁"。这六字中,除"安"字之外,其余五字之义均见于郭良翰《明谥纪汇编》。由此可见,与《鸿称通用》相比,雍正朝谥法取用的情况与明代谥法更相符合。

在下文中,谨具体讨论清代后宫主位不同位分的各种尊号。

一、皇后与皇太后的尊号

清代皇后作为当朝皇帝之正宫时,通常只有"皇后"尊号,而没有封号或

---

① 北京市民族古籍整理出版规划小组办公室满文编辑部编:《北京地区满文图书总目》,沈阳:辽宁民族出版社,2008年,第97、98页。
② 《恭拟大行皇后尊谥字样》,雍正九年,登录号:153951-001,台湾"中央研究院"历史语言研究所藏内阁大库档案。

徽号。这种"皇后"尊号一般认为始于顺治八年世祖大婚,而在入关之前则称为"中宫大福晋"或"国主福晋""国君福晋"。

皇后或后宫主位在成为皇太后之后,除了获得"皇太后"尊号之外,通常还会获得双字的徽号。这种尊号和徽号一般认为始于顺治八年二月,世祖尊封孝庄文皇后为皇太后,并恭上徽号曰"昭圣慈寿皇太后"。根据之后皇帝的尊崇,其徽号可以继续以双字的形式增加。例如,孝惠章皇后,顺治十八年二月十二日,圣祖即位,尊封为皇太后;康熙元年(1662年)十月二十七日,恭上徽号曰"仁宪皇太后";康熙四年九月,因迎娶皇后,加上"恪顺"两字;康熙六年十一月,因圣祖亲政,加上"诚惠"两字;康熙十五年正月,因册封太子,加上"纯淑"两字;康熙二十年十二月,因三藩平定,加上"端禧"两字,累计徽号曰"仁宪恪顺诚惠纯淑端禧皇太后"。

皇后或皇太后崩逝之后,即按例获得谥号。其谥号由内阁拟出,呈与皇帝钦定。如之前所引《恭拟大行皇后尊谥字样》,即为孝敬宪皇后尊谥的拟定档案。清代皇后的谥号一般以"孝 axxxxxxc 天 d 圣 b 皇后"为格式,其中"a"字为主谥,"b"字为所系帝谥,"c 天 d 圣"则是每位皇后都有的固定词汇,只是"c""d"用字有所区别,其余"x"字均为以双字为一组之"美名"。在拟谥档案之中可以看出,其中"a"字作为主谥最为重要,故而清代皇后多按"孝 a 皇后"或者"孝 ab 皇后"之格式称呼。例如,孝惠章皇后,在崩逝之后得谥为"孝惠仁宪端懿纯德顺天翼圣章皇后",之后在雍正元年(1723年)八月,加上"慈淑"两字,乾隆元年(1736年)三月,加上"恭安"两字,全谥为"孝惠仁宪端懿慈淑恭安纯德顺天翼圣章皇后",而在简称时,只称为"孝惠皇后"或"孝惠章皇后"。

清代皇后谥号的格式,早在入关前追封孝慈高皇后时便初步创设,后来因圣祖康熙帝给自己的元后孝诚仁皇后谥为仁孝皇后引发混乱,最终在雍正初年整齐划一。同时,清代皇太后获得谥号时,一般会参考酌用其生前之徽号。例如,孝贞显皇后,生前徽号为"慈安端裕康庆昭和庄敬皇太后",崩逝之后谥号为"孝贞慈安裕庆和敬诚天祚圣显皇后",其中"慈安裕庆和敬"六字即是徽号之缩略。

二、皇贵妃的尊号

清代皇贵妃作为当朝皇帝之后宫主位时,一般只有"皇贵妃"尊号,且因当朝之皇贵妃在同一时间一般只有一位,故而无须给予封号以示区别。清代皇贵妃尊号始于顺治十三年九月二十八日,当时将贤妃诏晋为皇贵妃,亦即后来的孝献皇后。

皇帝崩逝后,其皇贵妃成为皇贵太妃,通常会得到双字的徽号。① 例如,圣祖的悫惠皇贵妃佟佳氏,在康熙朝为贵妃;雍正二年(1724年)六月,尊封为皇贵太妃;乾隆元年十一月,尊上徽号曰"寿祺"。但是,一般情况下,皇贵太妃的徽号与皇太后不同,不会被增加。

在皇贵妃或皇贵太妃薨逝之后,即按例获得谥号。清代皇贵妃的谥号一般为双字,由内阁拟出,呈与皇帝钦定。道光十三年十二月十八日,当时的諴禧皇贵太妃(和裕皇贵妃刘佳氏)薨逝,内阁即呈奏:"恭照諴禧皇贵妃薨逝奏请赠谥一折。奉旨:依议。钦此。钦遵,移交内阁撰拟。等因。臣等谨拟清汉谥号字样,另折清单恭呈御览,伏候钦定。为此谨奏。"② 又如,前述圣祖悫惠皇贵妃佟佳氏,以寿祺皇贵太妃的身份在乾隆八年(1743年)四月初一日薨逝,得谥曰"悫惠皇贵妃"。

清代皇贵妃的谥号有时会与其生前的封号有关。例如,孝仪纯皇后在乾隆四十年(1775年)正月二十九日以皇贵妃的身份薨逝,得谥曰"令懿皇贵妃",其中"令"字即是其从嫔位到贵妃位时的封号。档案中也有相关反映,如《奏拟令懿皇贵妃令懿二字清文繙译》折中,内阁大学士舒赫德称:"臣等谨查令懿皇贵妃,令字清文原用 mergen,拟仍用 mergen。懿字谨拟繙 fujurungga。"③

值得注意的是,关于皇贵妃之尊号,在晚清时有一个重要变化,即在"皇贵妃"与"皇贵太妃"的区别上。清初时,对于先帝的后宫主位,一般是普遍加"太"字进行称呼,也以"太妃"进行统称。故而,在当时的语言习惯中,"皇考皇贵妃"与"皇贵太妃"寓意相同,在档案内亦可混写。但是,道光三十年(1850年)正月,宣宗崩逝,文宗即位,当时后宫内仍有仁宗的后宫如皇贵妃(恭顺皇贵妃)在世,文宗即尊封她为"如皇贵太妃",将"皇贵太妃"作为正式

---

① 谨按,清中后期,作为皇贵太妃却无徽号者亦不乏其人。
② 《奏拟諴禧皇贵妃清汉谥号字样》,道光十四年二月初八日,登录号:058023-001,台湾"中央研究院"历史语言研究所藏内阁大库档案。
③ 《奏拟令懿皇贵妃令懿二字清文繙译》,乾隆四十年正月三十日,登录号:026594-001,台湾"中央研究院"历史语言研究所藏内阁大库档案。

尊号册封。按照此例，可知作为正式封号之"皇贵太妃"地位尊于"皇贵妃"。从后来宣统小朝廷"四大太妃"的内斗来看，在当时的价值观念中，这个"太"字可能与名义上的母权有一些联系。而从制度上来讲，只是从咸丰朝开始，增加了一种对先帝皇贵妃的尊封手段。

三、贵妃的尊号

清代贵妃作为当朝皇帝之后宫主位时，除了有"贵妃"尊号之外，通常还延续之前妃位时期之封号以示区别。如高宗的淑嘉皇贵妃金佳氏，在乾隆十三年（1748年）七月初一日，以嘉妃的身份诏晋为嘉贵妃。当时因为尚有纯贵妃（纯惠皇贵妃）在位，所以被称为"嘉贵妃"作为区分。

皇帝崩逝后，其贵妃成为贵太妃，除乾隆初年曾经予以徽号之外，之后历朝大多不给予贵太妃徽号，而只延续之前之封号进行称呼。前者如圣祖的惇怡皇贵妃瓜尔佳氏，在康熙朝为和妃；雍正二年六月，尊封为贵妃；乾隆元年十一月，尊上徽号曰"温惠"。与皇贵太妃相同，贵太妃的徽号也不会被增加。后者则如宣宗的庄顺皇贵妃乌雅氏，在道光朝为琳贵妃；道光三十年（1850年），尊封为琳贵太妃，仍沿用其封号。

根据《清朝通志》载："贵妃以下无谥，奉特旨者予谥。"①这虽然与乾隆朝《大清会典》所记贵妃丧仪"行册谥礼与皇贵妃同"②之说有所违背，但是以实际情况来看，自乾隆朝以下，清代贵妃的确并不予谥。如文宗婉贵妃索绰络氏，在咸丰朝为婉嫔；咸丰十一年（1861年）七月，尊封为婉妃；同治十三年（1874年）十一月，尊封为婉贵妃；光绪二十年（1894年）五月十七日薨逝，即未与谥。

四、妃、嫔的尊号

清代妃和嫔作为当朝皇帝之后宫主位时，除了有"妃""嫔"尊号之外，还拥有封号。《大清会典》载："凡封号，若建置，则拟其美名。凡敕封山川神祇，册封妃嫔、亲王、郡王……皆恭拟美名进呈钦定。"③如仁宗嘉庆帝即位

---

① 《清朝通志》卷50，王云五总编：《万有文库》第二集，第7043页。
② 乾隆朝《钦定大清会典》卷52，钦定四库全书本，第10页a。谨按，此处与《清朝通志》所记不同。
③ 光绪朝《钦定大清会典》卷2，《续修四库全书》编纂委员会编：《续修四库全书》，第794册，第39页。

之前，其潜邸之格格刘佳氏和侯佳氏分别被诏封为妃和嫔，内阁即恭拟封号，呈递奏本如下：

> 恭拟封号字样
> 恭拟封妃刘佳氏字样
> 諴 肅 翃
> 恭拟封嫔侯佳氏字样
> 莹 巽 茂①

仁宗在其中钦定了"諴妃"和"莹嫔"字样，即是后来的和裕皇贵妃和华妃。在拟定封号的过程中，还会特别注意规避之前列帝后宫主位所用之封号。如《礼部为片覆撰拟妃嫔封号由》折内即称："本年十二月十八日奉上谕：如贵人着晋封为如嫔，所有应行事宜，着各该衙门查照定例预备。钦此。本衙门例应模拟字样立等具奏，恐与列祖列宗之妃嫔封号清文相同相应，片行贵司将从前妃嫔封号清汉字样作速详细查明，逐一开列清单。"②但是，从清中后期的实际情况来看，清代后宫主位封号重复偶有发生。

另外，妃、嫔之尊号为"封号"而并非"称号"。一来是因其拥有正式的册封仪式；二来是因"封号"之满文必须意译，而"称号"之满文则须音译。以目前已知的资料来看，当朝后宫妃、嫔之封号，无论满文汉文，均由内阁拟出开列，呈与皇帝钦定。如嘉庆十年（1805年），如贵人晋封为如嫔，内阁即拟出"如"的四种满文译法，分别为"dahashūn"（遵从、顺从）、"dahasu"（和顺、贞顺）、"acabungga"（相合、相宜）和"sulfangga"（从容、安稳），仁宗嘉庆帝用朱笔圈定"dahashūn"。③

皇帝崩逝后，其妃、嫔成为太妃、太嫔。除乾隆初年曾经对个别太妃予

---

① 《为恭拟封号字样》，年代不详，登录号：153950-001，台湾"中央研究院"历史语言研究所藏内阁大库档案。
② 《礼部为片覆撰拟妃嫔封号由》，嘉庆九年十二月二十四日，登录号：159083-001，台湾"中央研究院"历史语言研究所藏内阁大库档案。
③ 《为如贵人晋封如嫔朱笔圈出封号清文字样事》，嘉庆十年正月初六日，档案号：05-13-002-000090-0003，中国第一历史档案馆藏。

以徽号之外,之后历朝大多不给予太妃、太嫔徽号,而只延续之前之封号进行称呼。根据乾隆朝所定制度,妃、嫔薨逝之后例不予谥,仍以其生前封号称呼。

值得注意的是,清初顺治、康熙、雍正三朝,妃、嫔之封号并不如清中后期一样严格采用满汉双璧的形式拟进,封号为汉文而满文仅为音译之情况并不罕见。以康熙朝为例,其后宫主位内,慧妃科尔沁博尔济吉特氏在康熙九年薨逝,追封为慧妃,满文作"sure fei",为意译。而康熙十六年、康熙二十年所封惠妃乌喇纳喇氏、宜妃郭络罗氏、荣妃马佳氏等,"俱无清文相应"[①],均为音译。可知在封谥翻译方面,清初的实际运作还比较混乱。

五、贵人、常在、答应的称号

清代贵人、常在、答应三级并无册封典礼,其名号之满文亦不进行意译,只能算作"称号"。一般而言,她们的称号并非由内阁所拟,其内容主要与其原本的姓氏、闺名或者皇帝所赐嘉名相关。

在《奏恭进所译妃嫔封谥片》一折中,这种"封号"与"称号"之差异表现十分明显,其内称:

> 查得,依例,贵人、常在等获封名号,皆不译清语(满语)。得封妃、嫔后,方译为清语。现将晋贵人(jin gui žin)封妃,将荣贵人(žung gui žin)、恩贵人(en gui žin)、安常在(an cangdzai)皆封嫔,臣等将此四位名号恭译清语,另折缮写,呈进御览,待旨意降下,恭遵发布。
>
> (另折)
> imiyangga 晋
> dengge 荣
> fulehungga 恩
> sulfangga 安[②]

---

① 《奏呈圣祖仁皇帝惠妃等牌位清文》,乾隆二年四月二十二日,登录号:026362 - 001,台湾"中央研究院"历史语言研究所藏内阁大库档案。
② 《奏恭进所译妃嫔封谥片》,嘉庆二十五年九月二十四日,档案号:03 - 0200 - 3945 - 043,中国第一历史档案馆藏。

上述内容如表3-1所示。

表3-1 贵人、常在、答应的称号

原 称		新 称	
晋贵人	jin gui žin	晋妃	imiyangga fei
荣贵人	žung gui žin	荣嫔	dengge pin
恩贵人	en gui žin	恩嫔	fulehungga pin
安常在	an cangdzai	安嫔	sulfangga pin

可以明确看到，这些后宫主位一旦超越贵人位分，其称呼之满文即从音译变为意译。

但是，这种情况在清末也有所变化。从咸丰朝中期开始，清廷对于八旗秀女出身，初封为贵人的后宫主位，亦常在其仅为贵人位分时便给予封号，加以意译。如穆宗同治帝的敦惠皇贵妃，在同治十一年二月初三日，被指定为瑨贵人入宫。其"瑨"字即是封号，满文意译为"saingge"①，而并非作为称号音译。

清代贵人、常在、答应位分较低，其薨逝之后亦不予谥。

第二节 清代后宫主位的仪制

清代后宫主位的仪制，指的是由官方所制定的礼制，主要内容是册封典礼以及舆服等品级。

一、册封典礼相关仪制

清代后宫主位之中，皇后、皇贵妃、贵妃、妃、嫔五个等级均有相应的册封典礼，这也造成她们大多有"诏封/晋"和"册封"之区别。

按照流程，首先由皇帝下达上谕，封或晋某后宫主位为某位分。若需封号，则由内阁拟出满汉文之封号，呈与皇帝钦定后，称为"诏封/晋"为某主位。诏封/晋之后，相关后宫主位已经享受新一位分之待遇，礼部和内务府

---

① 《为主事罗霖之女西林觉罗氏著封为瑨贵人事致内务府》，同治十一年二月初四日，档案号：05-13-002-000818-0041，中国第一历史档案馆藏。

则准备相关典礼、物品,再由钦天监选择吉日进行册封典礼,称为"册封"。诏封/晋和册封之间的间隔可以有数月甚至数年之久。以孝钦显皇后为例,其在咸丰二年(1852年)以贵人位分入宫,称"兰贵人";咸丰四年(1854年)二月二十六日,诏晋为"懿嫔",册封则是在当年十一月二十五日。清代也有一些后宫主位在诏封/晋之后并没有等到"册封",便因故再次升位或者降位。前者如孝贞显皇后,其在咸丰二年以嫔之位分入宫,称"贞嫔";同年五月二十五日,诏晋为"贞贵妃";六月初八日,诏立为皇后。其"贞嫔"与"贞贵妃"两级均只有"诏封/晋"而无"册封"。后者如宣宗的睦嫔赫舍里氏,原称"睦贵人",在道光十年(1830年)十二月,诏晋为"睦嫔";道光十一年(1831年)六月,其册封所用金册已经造好,预备镌字,①却在八月初二日因故降为睦贵人,②最终未能册封嫔位。

至于册封典礼的具体操作,清代官书如《国朝宫史》《钦定宫中现行则例》记载十分详细,此处仅录皇贵妃册封典礼为例:

> 册封皇贵妃之礼。命下,礼部诹吉以闻,所司制册、宝送内阁镌字。届期,礼部奏请,命大学士、尚书一人充册封使,侍郎、内阁学士一人充副使。先一日,遣官祗告太庙后殿、奉先殿,俱如常仪。至日质明,礼部鸿胪寺官设节案、册宝案于太和殿内,銮仪卫官设采亭于内阁门外。内阁、礼部官奉节、册、宝出陈亭内,銮仪校舁行,导以缎仗。礼部官前引至太和殿阶下,奉册、宝随节以升,设于殿内各案。大学士一人,朝服,立节案之东。正、副使朝服,立丹墀之东,均西面。钦天监官报时。正使由东阶升,副使从,至丹陛左北面跪。大学士诣案奉节,由殿中门出授正使。正使受节,偕副使兴。所司举册、宝案从降中阶,仍设亭内,导引如初。是日,内銮仪卫豫设皇贵妃仪仗于本宫门外,内监设节案、香案于宫内正中,设册、宝案东西各一。封使既受命,由协和门至景运门外,正使西面,授节内监。内监奉节,内銮仪校舁册、宝亭至宫门,奉册、

---

① 《为奉旨道光十二年开印后再行择选睦嫔金册镌字吉期事致造办处等》,道光十一年六月,档案号:05-08-030-000254-0077,中国第一历史档案馆藏。
② 《为奉旨睦嫔降为睦贵人事致造办处》,道光十一年八月二十日,档案号:05-08-030-000256-0075,中国第一历史档案馆藏。

宝随节诣皇贵妃宫。皇贵妃礼服出迎于宫门内道右。随行内监奉节、册、宝陈于各案,退。皇贵妃就拜位北面跪。女官宣读册文、宝文。皇贵妃恭受册、宝,行六肃三跪三拜礼。毕,送节于宫门内道右,均如皇后受册之仪。内监持节至景运门,授正使。正使持节,副使从,诣后左门复命,还节。有司各退。翌日,皇贵妃诣皇太后宫,行六肃三跪三拜礼,乃诣皇帝前行礼,皇后前行礼,并如仪。①

皇后、皇贵妃、贵妃、妃、嫔位分的等级差别,在其册封礼仪细节以及所用册、宝的形制上有所体现,谨以列表的形式整理如下:

册封礼仪:②皇太后、皇后的册封典礼与皇贵妃、贵妃、妃、嫔的册封典礼差距甚大,前者为国家级的正式典礼,后者仅为内廷典礼,表3-2只举其共有细节:

表3-2 清朝后宫各主位册封礼仪

位 分	册	宝 印	祗 告
皇太后	有	有 称"金宝"	天地、太庙后殿、奉先殿、社稷
皇后	有	有 称"金宝"	天地、太庙后殿、奉先殿
皇贵妃	有	有 称"金宝"	太庙后殿、奉先殿
贵妃	有	有 称"金宝"	太庙后殿、奉先殿
妃	有	有 称"金印"	太庙后殿、奉先殿
嫔	有	无	无

册、宝:③

乾隆十四年(1749年)四月初六日,高宗乾隆帝下达上谕:"礼部所进册封皇贵妃摄六宫事及晋封贵妃仪注内称:公主、王妃、命妇俱诣皇贵妃、贵妃宫行礼。等语。从前皇考时册封敦肃皇贵妃为贵妃,公主、王妃、命妇等俱曾行礼。乾隆二年册封慧贤皇贵妃为贵妃,亦照例行礼。至乾隆十年今

---

① 《国朝宫史》卷5,上册,第79、80页。
② 表格中信息整理自《国朝宫史》卷5,上册,第72—81页。
③ 表格中信息整理自《国朝宫史》卷24、卷25,上册,第193—199页。

表 3-3　清朝后宫各主位册封礼仪所用册、宝

位分	金册	册椟、架	袱、垫	宝印形制	宝印椟
皇太后	十页 高七寸一分,广三寸二分 每页金重十有八两,联以枢钮,面级升降龙文	内椟 高九寸,长一尺,广六寸五分 外椟 高尺有三寸,长尺有三寸五分,广一尺 架 高二尺一寸,方一尺八寸,均楠木,朱髹,金饰,绘龙凤文	黄缎	方四寸四分 平台 交龙钮 厚一寸二分	宝盈 方八寸,高七寸八分 宝色池 方四寸八分,高二寸,均以金制 盝 重百有七两,池重六十两 外椟 绘龙凤文
皇后	十页 高七寸一分,广三寸二分 每页金重十有八两,联以枢钮,面级升降龙文	内椟 高九寸,长一尺,广六寸五分 外椟 高尺有三寸,长尺有三寸五分,广一尺 架 高二尺一寸,方一尺八寸,均楠木,朱髹,金饰,绘龙凤文	黄缎	方四寸四分 平台 蹲龙钮 厚一寸二分	宝盈 方八寸,高七寸八分 宝色池 方四寸八分,高二寸,均以金制 盝 重百有七两,池重六十两 外椟 绘龙凤文
皇贵妃	十页 每页金重十有五两	杉椟 架用椴木为之,朱髹,金饰,绘鸾凤文	柘黄缎	方四寸 平台 蹲龙钮 厚一寸二分	杉椟 架用椴木为之,朱髹,金饰,绘鸾凤文
贵妃	十页 每页金重十有五两	杉椟 架用椴木为之,朱髹,金饰,绘云凤文	红缎	方四寸 平台 蹲龙钮 厚一寸二分	杉椟 架用椴木为之,朱髹,金饰,绘云凤文
妃	十页 每页金重十有四两八钱	杉椟 架用椴木为之,朱髹,金饰,绘云凤文	红缎	方三寸六分 平台 龟钮 厚一寸	杉椟 架用椴木为之,朱髹,金饰,绘云凤文

(续表)

位分	金 册	册椟、架	袱、垫	宝印形制	宝印椟
嫔	四页 每页金重十有四两六钱有奇	杉椟 架用椴木为之,朱髹,金饰,绘云凤文	红缎	无	无

皇贵妃及纯贵妃晋封贵妃时,则未经行礼。朕意初封即系贵妃者,公主、王妃、命妇自应加敬行礼。若由妃晋封者,仪节较当略减,此一定之差等。且今皇贵妃及嘉贵妃同日受封,而公主、王妃、命妇行礼略无分别,于礼制亦未允协。嘉贵妃前著照纯贵妃之例,不必行礼。将此载入会典。"①可知一些后宫主位虽然位分相同,但是根据其初封位分不同,仪制也会有细微差别。

至于贵人、常在与答应三级,并没有相应的册封典礼仪式,也就没有"诏封/晋"和"册封"的区别。

二、舆服等相关仪制

清代的舆服制度分为两部分:服饰制度、车舆制度。其中服饰制度在日常体现较为明显,车舆制度则不大凸显,故而这里只介绍服饰制度,车舆制度可以参考清代官书如《国朝宫史》《钦定宫中现行则例》中的记载。

清代服饰制度最早开始于天命六年太祖亲定诸王官员补子的谕令;之后对官民男女的服饰制度规定逐渐广泛、细致,最终以乾隆三十二年(1767年)五月官员雨服的定制为大致收尾,形成了以朝服、吉服、常服、行服、便服为基本常用服制的清代官方服饰体系。

天命、天聪年间制定服饰制度时,其内容基本与后宫主位无关。崇德元年定制的男女服饰里,也只有"皇后侍从妇女""贵妃侍从妇女""妃侍从妇女"②这三项,并未涉及后宫主位所用服饰。

顺治、康熙两朝,后宫主位的冠服被明确记录于官方制度中。但是,由于这一时期内后宫主位位分等制度还处于摸索期,故而其冠服制度也相当

---

① 《国朝宫史》卷4,上册,第56页。
② 康熙朝《大清会典》卷48,清刻本,第9页b,第10页a。

不稳定,而且,此时官方规定之服制只涉及朝服。对顺、康时期后宫主位朝服制度进行整理如表3-4所示:

表3-4 顺治、康熙时期后宫主位朝服制度

身份	冠顶等	服	时间或出处	附注
皇太后	与皇帝同		顺治八年正月	
皇后	东珠十三颗	黄色 凤凰、翟鸟、缀珠衣、黄缎、蟒缎、妆缎、补子各色等缎	顺治八年正月 顺治十一年五月	
西宫大妃	东珠十二颗		顺治八年正月	即懿靖大贵妃
东宫妃	东珠十一颗		顺治八年正月	即康惠淑妃
皇妃	东珠十颗	翟鸟、蟒缎、妆缎、补子等缎 禁用凤凰、缀珠衣、黄色、秋香色	顺治十一年五月	
九嫔	东珠八颗	翟鸟、蟒缎、妆缎、补子等缎 禁用凤凰、缀珠衣、黄色、秋香色	顺治十一年五月	
皇贵妃	东珠十二颗	凤凰翟鸟等缎、五爪龙缎、妆缎八团龙等缎 禁用黄色、秋香色	康熙《会典》	
妃	东珠十一颗	凤凰翟鸟等缎、五爪龙缎、妆缎八团龙等缎 禁用黄色、秋香色	康熙《会典》	
嫔	东珠十颗	翟鸟等缎,五爪龙缎、妆缎四团龙等缎 禁用黄色、秋香色	康熙《会典》[①]	

---

① 表格中信息整理自《世祖章皇帝实录》顺治八年正月辛未条、《世祖章皇帝实录》顺治十一年五月癸丑条、康熙朝《大清会典》卷48。

可以看到,根据康熙朝《会典》,康熙朝妃、嫔之冠服等级要比顺治十一年时有所提高,这些都是因为清初后宫主位相关制度尚在变化而造成的。

雍正朝时,后宫主位位分等制度已经初步成型,仪制上自然也经过了进一步的整理。同时,雍正五年(1727年)和雍正八年(1730年),清廷分两次将吉服正式纳入官方制度,丰富了官定冠服的形制,但是吉服在雍正朝初期修撰的《大清会典》中并未来得及收入。① 对雍正朝修改的后宫主位朝服制度进行整理如表3-5所示:

表3-5　雍正朝修改后的后宫主位朝服制度

身份	冠顶装饰	袍用	酌用	附注
皇后	东珠	黄色、秋香色五爪龙缎	妆缎、凤凰翟鸟等缎	
皇贵妃	东珠十二颗	凤凰翟鸟等缎	五爪龙缎、妆缎、八团龙等缎	不许用黄色、秋香色
贵妃	东珠十二颗	凤凰翟鸟等缎	五爪龙缎、妆缎、八团龙等缎	不许用黄色、秋香色
妃	东珠十一颗	凤凰翟鸟等缎	五爪龙缎、妆缎、八团龙等缎	不许用黄色、秋香色
嫔	东珠十颗	翟鸟等缎	五爪龙缎、妆缎、四团龙等缎	不许用黄色、秋香色②

可以看到,根据雍正朝《会典》,皇后、皇贵妃、贵妃、妃、嫔这五等高级主位之朝服制度已经基本成型,其中皇贵妃、贵妃、妃三个位分的朝服等级差距较小。在逐步变更的朝服等级中,也可以看到后宫主位等级在设置时存在的一些问题。

最终,在乾隆朝,清代后宫主位的冠服制度正式确立,一共建立了朝服和吉服两套官定的冠服。这种情况终清代未变。此处分别对其整理如下:③

---

① 谨按,清代吉服确立是在雍正五年九月和雍正八年十月,可参见《世宗宪皇帝实录》雍正五年九月丙寅条,雍正八年十月庚子条。而雍正朝《大清会典》于雍正二年开始修撰,雍正十年修毕,体现的是雍正五年之前的制度。
② 表格中信息整理自雍正朝《大清会典》卷64。
③ 以下朝服、吉服表格中信息整理自乾隆朝《大清会典》卷30,嘉庆朝《大清会典》卷22,嘉庆朝《大清会典图》卷43、卷44,光绪朝《大清会典》卷29,光绪朝《大清会典图》卷58—60、卷72,《皇朝礼器图式》。

朝服。清代文献中也称为"礼服""具服",主要用于重大典礼以及重大祭祀。在清代后宫之中,皇太后、皇后、皇贵妃、贵妃、妃、嫔这六种位分的后宫主位拥有自己等级的官定朝服。一套标准的女朝服,由六个主要部分组成,分别为朝冠、朝袍、朝裙、朝褂、朝珠、朝靴,还需要搭配金约、领约、耳饰和采帨等装饰品,即:头戴朝冠,额戴金约,内穿朝裙为底,外穿朝袍,再外穿朝褂,褂上拴采帨,颈戴领约并挂一盘朝珠,两肩各斜挂一盘朝珠,下穿朝靴。

朝服冠分为冬、夏两款,夏朝冠用青绒制成,冬朝冠用薰貂制成,均上缀红绒,冠后有一葫芦状的"护领",皇太后、皇后、皇贵妃的护领垂明黄绦,贵妃、妃、嫔的护领垂金黄绦。

表3-6　清朝后宫主位的朝服冠制度

身份	冠顶底座	底座装饰	顶珠 (主宝石)	周围装饰
皇太后、皇后	四重三层	每层承以金凤一支 每层隔东珠一颗 每支金凤镶东珠三颗 珍珠十七颗	大东珠	金凤七支 每支镶东珠九颗、猫睛石一颗、小珍珠二十一颗 后金翟一支 镶猫睛石一颗、小珍珠十六颗 翟尾垂珠五行二就,共珍珠三百有二,每行大珍珠一,中间金衔青金石结一,饰东珠珍珠各六,末缀珊瑚
皇贵妃	四重三层	每层承以金凤一支 每层隔东珠一颗 每支金凤镶东珠三颗 珍珠十七颗	大珍珠	金凤七支 每支镶东珠九颗、小珍珠二十一颗 后金翟一支 镶猫睛石一颗、小珍珠十六颗 翟尾垂珠三行二就,共珍珠一百九十二,中间金衔青金石结一,饰东珠珍珠各四,末缀珊瑚

(续表)

身份	冠顶底座	底座装饰	顶珠（主宝石）	周围装饰
贵妃	四重三层	每层承以金凤一支 每层隔东珠一颗 每支金凤镶东珠三颗 珍珠十七颗	大珍珠	金凤七支 每支镶东珠九颗、小珍珠二十一颗 后金翟一支 镶猫睛石一颗、小珍珠十六颗 翟尾垂珠三行二就，共珍珠一百九十二，中间金衔青金石结一，饰东珠珍珠各四，末缀珊瑚
妃	三重二层	每层承以金凤一支 每层隔东珠一颗 每支金凤镶东珠三颗 珍珠十七颗	猫眼石	金凤五支 每支镶东珠七颗、小珍珠二十一颗 后金翟一支 镶猫睛石一颗、小珍珠十六颗 翟尾垂珠三行二就，共珍珠一百八十八，中间金衔青金石结一，饰东珠珍珠各四，末缀珊瑚
嫔	三重二层	每层承以金凤一支 每层隔东珠一颗 每支金凤镶东珠三颗 珍珠十七颗	礌子	金翟五支 每支镶东珠五颗、小珍珠十九颗 后金翟一支 镶小珍珠十六颗 翟尾垂珠三行二就，共珍珠一百七十二，中间金衔青金石结一，饰东珠珍珠各三，末缀珊瑚

朝服袍，形制为圆领，缀有披领，大襟右衽，大襟呈"厂"字形，有马蹄袖。清代后宫主位的朝服袍各有冬朝袍三款和夏朝袍两款，根据款式不同，有左右开裾或后开裾两类。皇太后、皇后、皇贵妃的袍垂明黄绦，贵妃、妃、嫔的袍垂金黄绦。

表 3-7　清朝后宫主位的朝服袍制度

身份	款式	袍色	主纹饰	次纹饰	附注
皇太后、皇后、皇贵妃	冬A	明黄	金龙九	五色云,下幅八宝平水	左右开裾
	冬B夏A	明黄	前后正龙各一	两肩行龙各一,腰帷行龙四,下幅行龙八	左右开裾
	冬C夏B	明黄	金龙九	五色云,下幅八宝平水	后开裾
贵妃、妃	冬A	金黄色	金龙九	五色云,下幅八宝平水	左右开裾
	冬B夏A	金黄色	前后正龙各一	两肩行龙各一,腰帷行龙四,下幅行龙八	左右开裾
	冬C夏B	金黄色	金龙九	五色云,下幅八宝平水	后开裾
嫔	冬A	香色	金龙九	五色云,下幅八宝平水	左右开裾
	冬B夏A	香色	前后正龙各一	两肩行龙各一,腰帷行龙四,下幅行龙八	左右开裾
	冬C夏B	香色	金龙九	五色云,下幅八宝平水	后开裾

　　朝裙,其形制在制度上规定只有下半身的裙体部分,是系带式的裙子,分为上下两部分,上部分为单色印花缎,下部分为石青色行龙、行蟒缎。在实物中,经常呈上衣下裳的形式,上衣圆领,大襟右衽,无袖。

　　朝裙也分冬夏两款,但是后宫主位的朝裙没有等级和材质的区别,纹饰也相同。

　　朝褂,其形制为圆领,对襟,缀扣子五枚,无袖。清代后宫主位的朝褂各有三款,根据款式不同,有左右开裾或左右后三开裾两类。

表3-8 清朝后宫主位的朝裙制度

身　份	款式	边部材质	上部材质	下部材质
后宫主位	冬	片金缘加海龙缘	红织金寿字缎	石青行龙妆缎
	夏	片金缘	红织金寿字缎	石青行龙妆缎

表3-9 清朝后宫主位的朝褂制度

身　份	款式	颜色	主　纹　饰	垂绦
皇太后、皇后、皇贵妃	A	石青	前后立龙各二，下通襞积，四层相间，上为正龙各四，下为万福万寿	明黄色
	B	石青	前后正龙各一，腰帷行龙四，下幅行龙八	明黄色
	C	石青	前后立龙各二，下幅八宝平水	明黄色
贵妃、妃、嫔	A	石青	前后立龙各二，下通襞积，四层相间，上为正龙各四，下为万福万寿	金黄色
	B	石青	前后正龙各一，腰帷行龙四，下幅行龙八	金黄色
	C	石青	前后立龙各二，下幅八宝平水	金黄色

朝珠，文献上又写作"数珠""素珠"。可以用在朝服、吉服、常服服制里。一盘标准的朝珠，一般由本体和装饰物组成。本体是由一百零八颗大小、质地相同的圆形宝石串成。这一百零八颗被分为四份，每一份之间装饰一颗稍大的其他材质的圆形宝石，根据方位的不同，称为"佛头""佛肩"和"佛脐"。在两侧佛肩再向上一些的位置，分别垂下三串装饰，一般每串由十个小圆形宝石组成，最低端则垂下一个宝石坠子。最后在佛头处，连接一个"佛塔"，垂下一长串装饰，最主要的是一块大型的宝石名曰"背云"，同时垂下坠子。后宫主位在穿着朝服时，需要佩戴三盘朝珠，其中颈部佩戴一盘，两肩斜挂两盘。

耳饰，清代官方规定，命妇在穿着朝服时，要用特殊的葫芦形耳坠，是一种固定形制的耳坠，其形制是用金丝串大小东珠、珍珠两个，呈"葫芦"形。

表 3-10　清朝后宫主位朝珠制度

身　份	朝珠质地	绦色
皇太后、皇后	东珠一盘,珊瑚二盘	明黄
皇贵妃	蜜珀一盘,珊瑚二盘	明黄
贵妃、妃	蜜珀一盘,珊瑚二盘	金黄
嫔	珊瑚一盘,蜜珀二盘	金黄①

表 3-11　清朝后宫主位耳饰制度

身　份	金丝形状	珠
皇太后、皇后	金龙	一等东珠
皇贵妃、贵妃	金龙	二等东珠
妃	金龙	三等东珠
嫔	金龙	四等东珠

金约,口语和档案中称为"额箍""头箍""发箍",其形制为一个圆箍形,上有装饰,后部有垂下来的珠串、缎带。

表 3-12　清朝后宫主位金约制度

身　份	装　饰	垂　珠
皇太后、皇后	镂金云十三,各饰东珠一,间青金石	金衔绿松石结,珠五行三就,每行大珍珠一,中间金衔青金石结二,每结东珠珍珠各八,缀珊瑚
皇贵妃、贵妃	镂金云十二,各饰东珠一,间珊瑚	金衔绿松石结,珠三行三就,中间金衔青金石结二,每结东珠珍珠各六,缀珊瑚
妃	镂金云十一,各饰东珠一,间青金石	金衔绿松石结,珠三行三就,中间金衔青金石结二,每结东珠珍珠各六,缀珊瑚

---

① 谨按,乾隆朝《大清会典》卷 30 中,"蜜珀"皆作"琥珀","金黄"皆作"柘黄"。

（续表）

身　份	装　饰	垂　珠
嫔	镂金云八，各饰东珠一，间青金石	金衔绿松石结，珠三行三就，中间金衔青金石结二，每结东珠珍珠各四，缀珊瑚

领约，口语和档案中称为"项圈"，其形制为镂金的圆环形状，有开合式的活口，环上镶嵌宝石，活口处垂下两条绦。

表 3-13　清朝后宫主位领约制度

身　份	装　饰	绦　色
皇太后、皇后	东珠十一，间以珊瑚	明黄
皇贵妃	东珠七，间以珊瑚	明黄
贵妃、妃、嫔	东珠七，间以珊瑚	金黄

采帨，又作"彩帨"，口语和档案中称为"手巾""拴扮手巾"。其形制为一条长条形丝绸，绣有花纹，上窄下宽，上端拴金属环或玉环作为连接，并垂下数条小挂坠，均系上各类宝石坠角，末端呈尖锐状。后宫主位在穿着朝服时，一般将采帨佩戴在朝服褂的第二颗纽扣上。

表 3-14　清朝后宫主位采帨制度

身　份	颜　色	纹　饰	绦　色
皇太后、皇后、皇贵妃	绿色	五谷丰登	明黄
贵妃	绿色	五谷丰登	金黄
妃	绿色	云芝瑞草	金黄
嫔	绿色	无	金黄

吉服。清代文献中也称为"嘉服""盛服""彩服""花衣"。又因为其主要组成部分之一的吉服袍被称为"龙袍""蟒袍"，故而这两个词也常作为吉服的代表。主要用于一般的喜庆仪式、典礼以及祭祀上，其使用场合的重要程度仅次于朝服。在清代后宫之中，皇太后、皇后、皇贵妃、贵妃、妃、

嫔这六种位分的后宫主位拥有自己等级的官定吉服。一套标准的女吉服，由五个主要部分组成：吉服冠、吉服袍、补褂、朝珠、朝靴或便靴或高底鞋，同时搭配耳饰，即：头戴吉服冠，内穿吉服袍、外穿补褂，颈挂一盘朝珠，下穿朝靴或便靴或高底鞋。另外，根据民间的使用情况而言，吉服冠可以替换为钿子，装饰物也可以加用领约、采帨等，相对于朝服而言略显自由一些。

吉服冠只有冬季一款，只有金质的小底座，上衔一颗正圆的顶珠。

表 3-15　清朝后宫主位吉服冠制度

身　　份	顶　　珠
皇太后、皇后、皇贵妃、贵妃	东珠
妃、嫔	碧琂玜

吉服袍，形制为圆领，大襟右衽，斜襟，有马蹄袖，左右开裾。清代后宫之中，皇太后和皇后的吉服袍有三款，皇贵妃以下的吉服袍只有一款。

表 3-16　清朝后宫主位吉服袍制度

身份	款式	颜色	主纹饰	次纹饰
皇太后、皇后	A	明黄	金龙九，前后正龙各一，左右及交襟处行龙各一，袖端正龙各一	间以五色云，福寿文采，下幅八宝立水
	B	明黄	五爪金龙八团，两肩前后正龙各一，襟行龙四	下幅八宝立水
	C	明黄	五爪金龙八团，两肩前后正龙各一，襟行龙四	袖端及下幅不施采章
皇贵妃		明黄	金龙九，前后正龙各一，左右及交襟处行龙各一，袖端正龙各一	间以五色云，福寿文采，下幅八宝立水
贵妃		金黄	金龙九，前后正龙各一，左右及交襟处行龙各一，袖端正龙各一	间以五色云，福寿文采，下幅八宝立水

（续表）

身份	款式	颜色	主纹饰	次纹饰
妃		金黄	金龙九，前后正龙各一，左右及交襟处行龙各一，袖端正龙各一，袖端正龙各一	间以五色云，福寿文采，下幅八宝立水
嫔		香色	金龙九，前后正龙各一，左右及交襟处行龙各一，袖端正龙各一，袖端正龙各一	间以五色云，福寿文采，下幅八宝立水

补褂，形制为圆领、对襟、缀扣子五枚、平袖、袖长至腕、左右后三开裾，长至膝下，颜色为石青色。清代后宫之中，皇太后和皇后的补褂有两款，皇贵妃以下的补褂只有一款。

表3-17 清朝后宫主位补褂制度

身　份	主纹饰	次纹饰
皇太后、皇后	龙八团 两肩、前后正龙 两襟行龙	袖端各行龙两条 下幅八宝立水
皇太后、皇后	龙八团 两肩、前后正龙 两襟行龙	袖端无行龙 下幅无立水
皇贵妃、贵妃、妃	龙八团 两肩、前后正龙 两襟行龙	袖端各行龙两条 下幅八宝立水
嫔	龙八团 两肩、前后正龙 两襟夔龙	

除此之外，后宫主位的吉服特点还有朝珠只用正挂的一盘，除了颜色仍按照朝服朝珠要求之外，其余材质则可以不定，只是皇贵妃以下都要避讳东珠质地。

对于清代后宫主位而言，官方制度中只规定了她们朝服和吉服的具体情况，至于其他服制，行服是女性所不拥有的服制，常服和便服则没有官方的规定,可以根据后宫主位自己的喜好来决定。

常服,主要用于日常生活或者丧期、忌辰等表达肃穆的场合。后宫主位的常服一般是由常服冠、常服袍、常服褂、朝珠、鞋履五部分组成,即头戴常服冠,内穿常服袍,外穿褂,颈挂一盘朝珠,下穿鞋履,根据情况可以省略外褂和朝珠。其中,常服冠基本和吉服冠相同,可以替换为钿子等更加日常的冠帽或发式。常服袍圆领,大襟右衽,斜襟,有马蹄袖,左右开裾,袍身颜色选择肃穆或清爽的颜色,纹饰不用明纹,只用暗纹花饰。常服褂一般是素褂,即石青色。清中后期后宫主位更多地穿用便服,常服的使用相对就比较少了,但是依然留下了不少常服实物。①

至于便服,则是非朝服、吉服、常服的日常服饰的统称。对于清代后宫主位而言,便服流行的冠帽有坤秋帽②,发式有两把头③,袍有衬衣④、氅衣⑤,褂有马褂⑥、紧身⑦、褂襕⑧。自清中后期,这些就是后宫主位日常生活的主要穿着⑨。

值得注意的是,这种自由的服饰搭配,除了在朝服这种礼制最高的场合不便僭越外,在吉服服制的实际执行中,已经逐渐出现了与制度相悖的现象。

一方面,吉服的内容更自由化。根据制度的规定,后宫主位的吉服冠顶只有东珠和碧玡玹两种,吉服袍的颜色只有明黄、金黄、香色,纹饰只有九条金龙或八团金龙。而在清宫所留下来的实物中,固然有一部分吉服冠、袍与制度相符,也确有相当一部分完全违背制度。例如,清宫所藏"绿色缎绣博

---

① 谨按,德宗孝定景皇后即留下了一件月白色泰西纱常服袍。可参见故宫博物院编:《天朝衣冠:故宫博物院藏清代宫廷服饰精品展》,北京:紫禁城出版社,2008年,第97页。
② 谨按,坤秋帽为一种女暖帽,帽顶裹上如意云头的"帽头",缀饰各种珠宝,帽后长垂飘带两根,飘带上也绣各种纹饰。
③ 谨按,两把头为一种女性发式,大概在乾隆中期出现,之后逐渐发展流行。根据发展的时期和流行的不同,有"知了头""小两把头""紧翅两把头""拉翅两把头""大拉翅"等种类。
④ 谨按,衬衣形制为圆领,大襟右衽,无马蹄袖,袖可长可短,身长掩足,不开裾,绣有各种明纹。
⑤ 谨按,氅衣形制为圆领,大襟右衽,无马蹄袖,衣肥袖宽,绣有各种明纹,袖长至肘呈折叠状,左右开裾至腋下"云头"处。
⑥ 谨按,马褂形制为圆领、平袖、袖长至腕或袖长至肘,对襟、大襟或琵琶襟,身长至腰。
⑦ 谨按,紧身,俗称"坎肩",其形制为圆领,对襟或大襟或琵琶襟,无袖,身长至腰。
⑧ 谨按,褂襕,俗称"大坎肩",其形制为圆领,对襟或大襟或琵琶襟,无袖,身长至踝。
⑨ 谨按,清代的便服中,有不少均为男女通用。如衬衣、马褂、紧身,男女皆可穿用。只不过男款纹饰偏向素净,女款纹饰偏向华美。

古纹绵袍"①,属于吉服袍形制,袍色为绿色,以原本"八团金龙"的结构为雏形,用八组瓷器花瓶取代金龙,并加饰花卉、彩蝶,是后宫主位吉服袍里的佳品。

另一方面,吉服的等级限制也有所打破。根据制度规定,后宫之中只有皇太后、皇后、皇贵妃、贵妃、妃、嫔六种位分的后宫主位才拥有自己品级的吉服。在实际执行上,嫔以下的贵人、常在、答应等后宫主位虽然仍不能获得朝服,但是在吉庆场合,似乎均穿着吉服。② 在故宫所藏《崇庆皇太后八旬万寿图》中,崇庆皇太后(孝圣宪皇后)身边由高宗乾隆帝侍坐,均穿朝服。最靠近他们的是左右各两排一共二十位的后宫主位,她们之中有九位穿的是朝服,六位穿着自己民族的礼服,③五位穿着吉服。这五位穿着吉服的后宫主位其吉服褂之八团均非金龙,而是花卉瑞草,实际上这五位与穿着自己民族的礼服的六位一样,都是位分未达到嫔位的后宫主位。这些都凸显着服饰制度的弹性。

同时,服饰制度上的这种弹性并不是无限扩大。随着制度的松弛以及新鲜流行的传入,清宫也产生过对服饰自由弹性的抵触,其中以咸丰二年文宗咸丰帝亲手书写的上谕为典型。当时文宗对宫廷中越来越自由的新鲜服饰做出规定,上谕写道:

> 咸丰二年十二月十四日谕皇后:
> 宫庭之内,朴素为先。朕看皇后及嫔、贵人、常在等服饰未免过于华丽,殊不合满洲规矩。是用定制遵行,以垂永久。
> 一、簪钗等项,悉遵旧样,不可竞尚新奇,亦不准全用点翠。梳头

---

① 谨按,此袍为"乾隆四十二年十二月初一日收"。可参见故宫博物院编:《天朝衣冠:故宫博物院藏清代宫廷服饰精品展》,第72页。
② 谨按,事实上,贵人和常在的吉服曾经进入过制度。乾隆朝所修《国朝宫史》中记录了贵人的吉服袍和吉服褂的情况,其中吉服袍与嫔相同,吉服褂则用"八团夔龙"。嘉庆朝所修《国朝宫史续编》中则记录了常在的吉服袍和吉服褂"与贵人同"。光绪朝《钦定宫中现行则例》亦同。但是这两项制度并没有被记入《会典》。可以参见《国朝宫史》卷9,上册,第164、165页;《国朝宫史续编》卷49,北京:北京古籍出版社,1994年点校本,上册,第383页;《钦定宫中现行则例》卷3,沈云龙主编:《近代中国史料丛刊续编第六十三辑》,第370页。
③ 谨按,这六位分别穿着中原汉式的凤冠霞帔以及蒙古、回部的礼服。

时不准戴流苏、蝴蝶及头绳、红穗,戴帽时不准戴流苏、蝴蝶,亦不准缀大块帽花。帽花上不可有流苏活镶等件,钿上花亦同。

一、耳挖上,不准穿各样花、长寿字等项。

一、耳坠只准用钩,不准用花、流苏等项。

一、小耳钳不准点翠,亦不准雕花。

一、寻常帽飘带,皇后用黄色,皇贵妃同,贵妃至嫔俱用杏黄色,贵人以下无论何色,俱二根同色,缘五分宽片金边,不准缘花绦。

一、不准戴大耳钳、玉耳环。

一、皮至纱敞衣、衬衣、袍、窄袖衬衣、紧身,衬袖俱不准缘边。

一、皮至纱敞衣、衬衣,袖不准宽,俱倒卷。

再,各宫女子、妈妈里,无论寻常、年节,衣服上不准缘边。

以上各条,于皇后殿内及嫔等住屋各悬挂一道,经朕此次酌定后,有不遵者以违旨论。

特谕。①

从清宫留存的实物来看,违背这条上谕的长寿字耳挖、点翠小耳钳、玉耳环等物品仍大量存在。② 不过,这条上谕毕竟是清宫的一种官方态度。晚清时,后宫的瑾妃和珍妃在光绪二十年被降为贵人,从后来警示两妃的谕旨牌所写"日装饰衣服俱按宫内规矩穿戴,并一切使用物件,不准违例"。③ 也多少可以看出这种态度的延续。

第三节　清代后宫主位的宫分

所谓"宫分"即"各宫主位下分例"之简称,指的是后宫主位在后宫生活中,按照制度规定的数量,每年、月、日获取的物质待遇。

---

① 谨按,此上谕曾悬挂于后宫,今藏北京故宫博物院。
② 谨按,这些"违制"的饰物,清宫实在是不少的。以玉耳环为例,仅被送往台北"故宫博物院"的首饰内,就至少有两对玉耳环。可参见台北"故宫博物馆"编:《清代服饰展览图录》,台北:台北"故宫博物院",1986年,第227页。
③ 第一历史档案馆藏光绪二十年十一月初一日谕旨牌,转引自于善浦:《光绪皇帝的珍妃》,北京:紫禁城出版社,2005年,第21页。

根据清代官书如《国朝宫史》《钦定宫中现行则例》等记载，后宫主位的宫分可以分为铺宫、年例和日用三个大类。"宫分"一词既可以统称这三类，也可以单指其中一个大类。

铺宫，指的是后宫主位各自住所内的基本物品陈设，可以理解为类似今日"家具物品"的概念。铺宫的物品并非属于后宫主位私人，故而无法赠与或带走。关于铺宫物品的制度过于细碎，此处仅录贵妃铺宫为例：

> 贵妃：银茶钟盖一、银匙一、银镶牙箸一双、银茶壶一、银铫一、银束小刀一、铜手炉一、铜蜡签四、铜剪烛罐一副、铜签盘四、铜舀一、铜簸箕一、锡茶碗盖二、锡茶壶四、锡背壶一、锡铫三、锡火壶一、锡坐壶二、锡喷壶一、锡唾盂一、鋄金铁云包角桌一、鋄银铁镞一、黄地绿龙磁盘四、各色磁盘三十、黄地绿龙磁碟四、各色磁碟十、黄地绿龙磁碗四、各色磁碗四十、黄地绿龙磁钟二、各色磁钟十五、磁缸一、漆合二、漆茶盘二、羊角手把灯一。①

后宫主位按照皇后、皇贵妃、贵妃、妃、嫔等位分差别，在其铺宫物品的数量、质地以及所用瓷器之纹饰②等方面均有不同，此处以列表的形式整理如表3-18所示③：

表3-18 清朝后宫主位铺宫物品的数量、质地等差别

位分	铺宫物品总数	铺宫物品质地	瓷器纹饰	各色瓷器总数
皇太后	1 511	金、银、铜、锡	黄	270
皇后	1 377	金、银、铜、锡	黄	250
皇贵妃	189	银、铜、锡、鋄金	白里黄	125
贵妃	150	银、铜、锡、鋄金	黄地绿龙	95

---

① 《国朝宫史》卷17，下册，第392页。
② 谨按，清代后宫主位根据位分不同所用瓷器有所差别，故而这种瓷器有"位分碗"之称，见苑洪琪：《清宫后妃的"位分碗"》，《中国食品》1997年第3期。
③ 表格中信息整理自《国朝宫史》卷17，上册，第390—394页。其中铺宫物品数量，皆以原文的副、双等为单位。

（续表）

位分	铺宫物品总数	铺宫物品质地	瓷器纹饰	各色瓷器总数
妃	122	银、铜、锡、錽金	黄地绿龙	70
嫔	98	银、铜、锡、錽银	蓝地黄龙	54
贵人	72	铜、锡、錽银	绿地紫龙	42
常在	51	铜、锡、錽银	五彩红龙	28
答应	40	铜、锡、錽银	无	28

年例，指的是后宫主位每年一次领取的物质待遇，其内容主要是银两以及各类绸缎、布匹。根据时期的不同，制度规定的绸缎、布匹之种类、数量亦有区别。

日用，指的是后宫主位每月及每天一次领取的物质待遇，其内容主要是各种米面、肉类、果蔬、油盐、酱醋、烛炭。

由于年例和日用的内容相当繁杂，本书不再进行整理列表，可以参见清代官书《国朝宫史》《钦定宫中现行则例》等。此处仅以表 3-19 体现清宫宫分制度的执行情况。表格中，左侧"制度"一栏是各位分应发之年例，整理自《钦定宫中现行则例》①，右侧"实际"一栏，则出自《呈宫分缎匹等项清单》②。

表 3-19 清朝宫分制度

类别	主位	制　　度	实　　际
皇后	皇后	大卷江绸二匹 妆缎四匹 倭缎四匹 闪缎三匹 金字缎二匹 云缎七匹 衣素缎四匹 蓝素缎二匹 帽缎二匹	大卷宁绸二匹 内大红一匹 绿色一匹 妆缎四匹 内大红二匹 绿色二匹 倭缎四匹 内大红二匹 月白二匹 闪缎三匹 内大红二匹 绿色一匹 金字缎二匹 内大红一匹 绿色一匹 缎七匹 内大红三匹 绿色二匹 黄色二匹 衣素缎四匹 元青 素缎二匹 大红 帽缎二匹 石青

---

① 《钦定宫中现行则例》卷3，《近代中国史料丛刊续编第六十三辑》，第 407—510 页。
② 《呈宫分缎匹等项清单》，嘉庆十五年十月二十九日，档案号：05-0550-094，中国第一历史档案馆藏。

（续表）

类别	主位	制　　度	实　　际
皇后	皇后	杨缎六匹 宫䌷二匹 纱八匹 里纱八匹 绫八匹 纺丝十二匹 杭细八匹 绵䌷八匹 高丽布十匹 三线布五匹 毛青布四十匹 粗布五匹 金线二十绺 绒十觔 棉花线六觔 棉花四十觔 里貂皮四十张 乌拉貂皮五十张	杨缎六匹 内大红三匹 绿色三匹 宫䌷二匹 内大红一匹 绿色一匹 纱八匹 内大红六匹 绿色二匹 硬纱八匹 内大红四匹 绿色四匹 绫八匹 内月白四匹 绿色四匹 纺丝十二匹 内大红五匹 月白三匹 金黄色二匹 杭细八匹 内大红三匹 月白三匹 黄色二匹 绵䌷八匹 内紫色四匹 白色四匹 高丽布十匹 三线布五匹 毛青布四十匹 粗布五匹 金线二十绺 绒十觔 棉花线六觔 棉花四十觔 里貂皮四十张 乌拉貂皮五十张
贵妃	諴贵妃	大卷江䌷一匹 妆缎二匹 倭缎二匹 闪缎二匹 金字缎一匹 云缎四匹 衣素缎三匹 蓝素缎二匹 帽缎二匹 杨缎六匹 春䌷一匹 宫䌷二匹 纱四匹 里纱七匹 绫六匹 纺丝十匹 杭细五匹 绵䌷五匹 高丽布六匹 三线布二匹	大卷宁䌷一匹 绿色 妆缎二匹 内大红一匹 绿色一匹 倭缎二匹 内月白一匹 宝蓝一匹 闪缎二匹 内大红一匹 绿色一匹 金字缎一匹 大红 缎四匹 内大红二匹 绿色一匹 黄色一匹 衣素缎三匹 元青 素缎二匹 大红 帽缎一匹 石青 杨缎二匹 内大红一匹 绿色一匹 春䌷一匹 月白 宫䌷二匹 内大红一匹 绿色一匹 纱四匹 内大红二匹 绿色二匹 硬纱七匹 内大红四匹 绿色三匹 绫六匹 内月白三匹 绿色三匹 纺丝十匹 内大红四匹 月白四匹 金黄色二匹 杭细五匹 内大红二匹 月白二匹 黄色一匹 绵䌷五匹 内紫色二匹 白色三匹 高丽布六匹 三线布二匹

（续表）

类别	主位	制　　度	实　　际
贵妃	諴贵妃	毛青布十二匹 深蓝布十二匹 粗布五匹 金线十二绺 绒六觔 棉花线四觔 棉花二十五觔 里貂皮二十张 乌拉貂皮三十张	毛青布十二匹 深蓝布十二匹 粗布五匹 金线十二绺 绒六觔 棉花线四觔 棉花二十五觔 里貂皮二十张 乌拉貂皮三十张
妃	庄妃	妆缎二匹 倭缎二匹 闪缎二匹 金字缎一匹 云缎四匹 衣素缎二匹 蓝素缎一匹 帽缎一匹 春绸三匹 宫绸一匹 纱四匹 里纱五匹 绫五匹 纺丝七匹 杭细五匹 绵绸五匹 高丽布五匹 三线布二匹 毛青布十匹 深蓝布十匹 粗布三匹 金线十绺 绒五觔 棉花线三觔 棉花二十觔 里貂皮十张 乌拉貂皮二十张	妆缎二匹 内大红一匹 绿色一匹 倭缎二匹 内月白一匹 宝蓝一匹 闪缎二匹 内大红一匹 绿色一匹 金字缎一匹 大红 缎四匹 内大红三匹 绿色一匹 衣素缎二匹 元青 素缎一匹 大红 帽缎一匹 石青 春绸三匹 内大红一匹 月白二匹 宫绸一匹 绿色 纱四匹 内大红二匹 绿色二匹 硬纱五匹 内大红三匹 绿色二匹 绫五匹 内月白三匹 绿色二匹 纺丝七匹 内大红三匹 月白三匹 金黄色一匹 杭细五匹 内大红二匹 月白二匹 黄色一匹 绵绸五匹 内紫色二匹 白色三匹 高丽布五匹 三线布二匹 毛青布十匹 深蓝布十匹 粗布三匹 金线十绺 绒五觔 棉花线三觔 棉花二十觔 里貂皮十张 乌拉貂皮二十张
	如妃	妆缎二匹 倭缎二匹	妆缎二匹 内大红一匹 绿色一匹 倭缎二匹 内月白一匹 宝蓝一匹

(续表)

类别	主位	制　　度	实　　际
妃	如妃	闪缎二匹 金字缎一匹 云缎四匹 衣素缎二匹 蓝素缎一匹 帽缎一匹 春䌷三匹 宫䌷一匹 纱四匹 里纱五匹 绫五匹 纺丝七匹 杭细五匹 绵䌷五匹 高丽布五匹 三线布二匹 毛青布十匹 深蓝布十匹 粗布三匹 金线十绺 绒五觔 棉花线三觔 棉花二十觔 里貂皮十张 乌拉貂皮二十张	闪缎二匹 内大红一匹 绿色一匹 金字缎一匹 绿色 缎四匹 内大红三匹 绿色一匹 衣素缎二匹 元青 素缎一匹 大红 帽缎一匹 石青 春䌷三匹 内大红一匹 月白二匹 宫䌷一匹 绿色 纱四匹 内大红二匹 绿色一匹 金黄色一匹 硬纱五匹 内大红二匹 绿色三匹 绫五匹 内月白三匹 绿色二匹 纺丝七匹 内大红三匹 月白三匹 金黄色一匹 杭细五匹 内大红二匹 月白二匹 黄色一匹 绵䌷五匹 内紫色二匹 白色三匹 高丽布五匹 三线布二匹 毛青布十匹 深蓝布十匹 粗布三匹 金线十绺 绒五觔 棉花线三觔 棉花二十觔 里貂皮十张 乌拉貂皮二十张
嫔	淳嫔	妆缎二匹 倭缎一匹 闪缎二匹 云缎二匹 衣素缎二匹 帽缎一匹 杨缎一匹 春䌷一匹 宫䌷一匹 纱一匹 里纱五匹 绫三匹 纺丝五匹	妆缎二匹 内大红一匹 绿色一匹 倭缎一匹 宝蓝 闪缎二匹 内大红一匹 绿色一匹 缎二匹 内大红一匹 绿色一匹 衣素缎二匹 元青 帽缎一匹 石青 杨缎一匹 绿色 春䌷一匹 大红 宫䌷一匹 绿色 纱一匹 大红 硬纱二匹 内大红一匹 绿色一匹 绫三匹 内月白一匹 绿色一匹 金黄色一匹 纺丝五匹 内大红三匹 金黄色一匹

(续表)

类别	主位	制度	实际
	淳嫔	杭细三匹 绵䌷三匹 高丽布四匹 毛青布八匹 深蓝布八匹 粗布四匹 金线六绺 绒三觔 棉花线三觔 棉花十五觔 里貂皮四张 乌拉貂皮二十张	杭细三匹 内大红一匹 月白一匹 黄色一匹 绵䌷三匹 内紫色一匹 白色二匹 高丽布四匹 毛青布八匹 深蓝布八匹 粗布四匹 金线六绺 绒三觔 棉花线三觔 棉花十五觔 里貂皮四张 乌拉貂皮二十张
嫔	信嫔	妆缎二匹 倭缎一匹 闪缎二匹 云缎二匹 衣素缎二匹 帽缎一匹 杨缎一匹 春䌷一匹 宫䌷一匹 纱一匹 里纱五匹 绫三匹 纺丝五匹 杭细三匹 绵䌷三匹 高丽布四匹 毛青布八匹 深蓝布八匹 粗布四匹 金线六绺 绒三觔 棉花线三觔 棉花十五觔 里貂皮四张 乌拉貂皮二十张	妆缎二匹 内大红一匹 绿色一匹 倭缎一匹 月白 闪缎二匹 内大红一匹 绿色一匹 缎二匹 大红 衣素缎二匹 元青 帽缎一匹 石青 杨缎一匹 绿色 春䌷一匹 月白 宫䌷一匹 大红 纱一匹 大红 硬纱二匹 内大红一匹 绿色一匹 绫三匹 内月白一匹 绿色一匹 金黄色一匹 纺丝五匹 内大红三匹 金黄色一匹 杭细三匹 内大红一匹 月白一匹 黄色一匹 绵䌷三匹 内紫色一匹 白色二匹 高丽布四匹 毛青布八匹 深蓝布八匹 粗布四匹 金线六绺 绒三觔 棉花线三觔 棉花十五觔 里貂皮四张 乌拉貂皮二十张

（续表）

类别	主位	制　度	实　际
贵人	玉贵人	倭缎一匹 云缎二匹 衣素缎二匹 蓝素缎二匹 帽缎一匹 杨缎一匹 宫绸一匹 纱二匹 里纱二匹 绫二匹 纺丝四匹 高丽布三匹 毛青布六匹 深蓝布六匹 粗布三匹 金线三绺 绒二觔 棉花线二觔 棉花十二觔 里貂皮四张 乌拉貂皮十张	倭缎一匹 宝蓝 缎二匹 大红 衣素缎二匹 元青 素缎二匹 大红 帽缎一匹 石青 杨缎一匹 大红 宫绸一匹 绿色 纱二匹 内大红一匹 绿色一匹 硬纱二匹 内大红一匹 绿色一匹 绫二匹 内月白一匹 绿色一匹 纺丝四匹 内大红二匹 金黄色一匹 月白一匹 高丽布三匹 毛青布六匹 深蓝布六匹 粗布三匹 金线三绺 绒二觔 棉花线二觔 棉花十二觔 里貂皮四张 乌拉貂皮十张
	荣贵人	倭缎一匹 云缎二匹 衣素缎二匹 蓝素缎二匹 帽缎一匹 杨缎一匹 宫绸一匹 纱二匹 里纱二匹 绫二匹 纺丝四匹 高丽布三匹 毛青布六匹 深蓝布六匹 粗布三匹 金线三绺	倭缎一匹 月白 缎二匹 大红 衣素缎二匹 元青 素缎二匹 大红 帽缎一匹 石青 杨缎一匹 大红 宫绸一匹 绿色 纱二匹 内大红一匹 绿色一匹 硬纱二匹 内大红一匹 绿色一匹 绫二匹 内月白一匹 绿色一匹 纺丝四匹 内大红二匹 金黄色一匹 月白一匹 高丽布三匹 毛青布六匹 深蓝布六匹 粗布三匹 金线三绺

（续表）

类别	主位	制　度	实　际
	荣贵人	绒二觔 棉花线二觔 棉花十二觔 里貂皮四张 乌拉貂皮十张	绒二觔 棉花线二觔 棉花十二觔 里貂皮四张 乌拉貂皮十张
贵人	恩贵人	倭缎一匹 云缎二匹 衣素缎二匹 蓝素缎二匹 帽缎一匹 杨缎一匹 宫䌷一匹 纱二匹 里纱二匹 绫二匹 纺丝四匹 高丽布三匹 毛青布六匹 深蓝布六匹 粗布三匹 金线三绺 绒二觔 棉花线二觔 棉花十二觔 里貂皮四张 乌拉貂皮十张	倭缎一匹　宝蓝 缎二匹　内大红一匹　绿色一匹 衣素缎二匹　元青 素缎二匹　大红 帽缎一匹　石青 杨缎一匹　绿色 宫䌷一匹　大红 纱二匹　内大红一匹　金黄色一匹 硬纱二匹　内大红一匹　绿色一匹 绫二匹　内月白一匹　绿色一匹 纺丝四匹　内大红二匹　金黄色一匹　月白一匹 高丽布三匹 毛青布六匹 深蓝布六匹 粗布三匹 金线三绺 绒二觔 棉花线二觔 棉花十二觔 里貂皮四张 乌拉貂皮十张
常在	安常在	大卷八丝缎一匹 大卷五丝缎一匹 云缎一匹 衣素缎一匹 蓝素缎一匹 春䌷一匹 宫䌷一匹 纱一匹 绫一匹 纺丝二匹 棉花三觔	大卷八丝缎一匹　大红 大卷五丝缎一匹　绿色 缎一匹　大红 衣素缎一匹　元青 素缎一匹　石青 春䌷一匹　大红 宫䌷一匹　大红 硬纱一匹　大红 绫一匹　月白 纺丝二匹　内大红一匹　金黄色一匹 棉花三觔

（续表）

类别	主位	制　度	实　际
官女子	五十七人	（每人） 云缎一匹 春绸一匹 宫绸一匹 纱一匹 纺丝一匹 杭细一匹 棉花二觔	（每人） 缎一匹 春绸一匹 宫绸一匹 硬纱一匹 纺丝一匹 杭细一匹 棉花二觔

经过对比可以看出，除《钦定宫中现行则例》内"大卷江绸"被换为"大卷宁绸"、"云缎"改称"缎"、"蓝素缎"改称"素缎"、"里纱"改称"硬纱"，以及个别"纱"被换为"硬纱"外，其余发放之品类和数量均与制度吻合。

第四章 清代后宫主位的来源

清代后宫主位的主要来源有挑选八旗秀女和挑选内务府三旗秀女两种形式,除此之外还有几种特殊来源。

第一节 通过八旗选秀入宫

清代官方在《大清会典》等官书中称,挑选八旗秀女之制度在顺治年间已经固定。但是,目前已知的档案中,尚未有对顺治朝挑选八旗秀女的记载,故而顺治朝是否有成型的挑选八旗秀女制度,若已有制度,具体规定和执行情况如何,均不得而知。

康熙朝挑选八旗秀女之情况,在已知的档案中已经有所提及,可知当时已经有成型的挑选八旗秀女制度。如康熙三十三年五月,内务府《奏销档》中提到挑选八旗秀女的情况如下:

> 初十日奏。户部奏文内称,奉旨:将八旗满洲、蒙古、汉军十岁以上之女子二千八百八十四名交与包衣谙班(总管内务府大臣)奏闻。等因。为此等女子何时备看事请旨。为此,包衣谙班玛三、海拉苏、多弼告知奏事听差墩柱后奏入。得旨:奏与皇太后。钦此。钦遵。本日告知使唤太监郑锴实(jeng k'ai ši)后奏入。皇太后旨意:于本月十七日备看。钦此。钦遵。奏与(皇)上。得旨:若于十七日选看,因女子甚多,一日不能看完。著将女子之数量及应如何备看之议,再行明确奏上。钦此。钦遵。奏与皇太后。皇太后旨意:女子确实甚多,一旗一旗来看。一旗既需一日,自十二日开始选看。钦此。钦遵。奏与(皇)上。得旨:一旗一旗来看,仍是甚多。是否十二岁以上者选看,十岁、十一岁者年纪尚小,故暂留一、二年,待及岁后,再行选看。将此议再行奏上。钦

此。钦遵。奏与皇太后。皇太后旨意：（皇）上之旨意甚是，将十二岁以上者选看，其余者留至及岁后，再行选看。钦此。钦遵。奏与（皇）上。得旨：知道了。①

此档案内所记八旗秀女参选年龄之规定，与《大清会典》中记载八旗秀女自十四岁参选显然矛盾。可知，挑选八旗秀女制度有着相当长的发展过程，《大清会典》记载的只是后世归纳总结之后的一种"标准形"，未必与实际执行吻合。

整体而言，自清代中期以来，挑选八旗秀女制度大概为：每三年一次，由户部和八旗都统衙门办理。挑选之前，由各旗都统衙门按照户口档案，将所有满洲、蒙古、汉军旗分佐领下人符合条件之女造册呈递，咨询户部；户部呈与皇帝，请旨决定挑选日期；日期决定之后，由户部行文到各旗都统衙门，准备挑选各项事宜。

清代制度，所有八旗旗分佐领下人之女，凡是符合秀女条件者，一生中均至少参加一次挑选，被"撂牌"之后方能自由婚嫁。若因生病等故不能参选，必须于下届继续参选。如果家中需要参加选秀的秀女却故意隐瞒，"别经发觉，隐瞒之人，系官革职，平人交刑部治罪。该管官知情者，降二级调用。族长、领催，照该管官处分分别办理。族长系官，照例议处，兵丁，折鞭责。若不知情，该族长草率具结者，系官罚俸一年，兵丁，折鞭责。佐领、骁骑校不行详查，据以转报者，罚俸六月。该参领罚俸三月。领催折鞭责"。② 如果符合参选条件的秀女未经选秀即私自订婚，"（许聘者）本人系官，革职。平人，交刑部治罪。该管官及领催、族长、家长，俱照隐匿秀女例，分别办理"。③ 由此可以看出，让符合条件之女参加挑选，是八旗旗人的一种绝对义务，稍有马虎，全家都要受到重罚。

八旗秀女参加挑选之要求，根据时期不同亦有区别。

清初至清中后期八旗秀女要求如表4-1所示：④

---

① 《口奏绿头牌白头本档案》，康熙三十三年五月初十日条，中国第一历史档案馆编：《内务府奏销档（缩微胶卷）》。
② 光绪朝《钦定大清会典事例》卷606，《续修四库全书》，第807册，第430页。
③ 光绪朝《钦定大清会典事例》卷606，《续修四库全书》，第807册，第430、431页。
④ 表格中信息整理自《国朝宫史》《国朝宫史续编》《钦定宫中现行则例》《清实录》《大清会典》。谨按，表格中要求的官职均为秀女父亲之职官。

表 4-1 清初至清中后期八旗秀女要求

时间段	参选年龄	在京八旗		外任旗人	驻防旗人
		满洲、蒙古	汉军		
顺治时期至乾隆七年（1742年）	十四岁	全部参选	全部参选	全部参选	全部参选
乾隆八年至乾隆十一年（1746年）		全部参选	全部参选	文同知以上 武游击以上	全部参选
乾隆十一年至嘉庆十一年（1806年）		全部参选	全部参选	文同知以上 武游击以上	将军 都统 副都统
嘉庆十一年至嘉庆十二年（1807年）		全部参选	文笔帖式以上 武骁骑校以上	文同知以上 武游击以上	将军 都统 副都统
嘉庆十二年至光绪十二年（1886年）		护军、领催以上	文笔帖式以上 武骁骑校以上	文同知以上 武游击以上	将军 都统 副都统

晚清八旗秀女要求如表 4-2 所示：①

表 4-2 晚清八旗秀女要求

时　　间	参选年龄	在京八旗		在外八旗	
光绪十二年	13 岁至19 岁	现任	文六品以上 武五品以上	现任	文知府以上 武参将以上
		原任	文六品以上 武六品以上	原任	文知府以上 武参将以上

---

① 表格中信息整理自《清实录》《大清会典》。其中要求官职均为秀女父亲之职官。

(续表)

时间	参选年龄	在京八旗	在外八旗
光绪十七年（1891年）	15岁至19岁	文五品以上 武四品以上	皆不参选
光绪二十年	13岁至18岁	文六品以上 武五品以上	不明
光绪三十二年（1906年）	14岁至18岁	文五品以上 武四品以上	文五品以上 武四品以上
光绪三十二年	停选秀		

还有一些特殊身份的出身不需要参加选秀。

毋庸参选秀女情况如表4-3所示：①

表4-3 毋庸参选秀女情况

禁例开始时间	禁止选秀之身份	取消时间②
顺治年间	宗室觉罗之女 有残疾不堪入选者	
嘉庆五年（1800年）	皇后、皇贵妃、妃、嫔之亲姐妹	嘉庆十二年
嘉庆六年（1801年）	公主之女	
道光二年（1822年）	八旗另记档案人之女 八旗内抱养民人之子为嗣之女	

表4-3中，关于嘉庆年间规定后宫主位之亲姐妹是否参选的变化，是因嘉庆五年时，仁宗嘉庆帝下达上谕称："向来挑选秀女，皇后、皇贵妃、妃、嫔之亲姊妹俱应备挑，于体殊有未协。嗣后自嫔以上，其亲姊妹，著加恩不

---

① 表格中信息整理自《国朝宫史》《国朝宫史续编》《钦定宫中现行则例》《清实录》《大清会典》。
② 谨按，表格中凡是未写明取消时间者，皆自开始之年代始，至清末依然有效。

必备挑。户部、内务府即遵照办理,著为令。"①规定嫔以上的后宫主位的亲生姐妹不需参加挑选(内务府旗籍者亦不参加挑选内务府秀女)。嘉庆十二年,仁宗又下达上谕称:"朕恭阅皇考高宗纯皇帝圣训,内载上谕:内务府嗣后挑选秀女,遇有皇太后、皇后亲兄弟之女、亲姊妹之女记名者,著户部奏闻徹去记名。至妃嫔等姊妹、亲弟兄之女、亲姊妹之女、有记名者,著内务府告知首领太监奏闻。等因。钦此。仰见我皇考训谕详明,至为周备。前于嘉庆五年间,曾经降旨:令自嫔以上亲姊妹,俱加恩不必备挑。其亲弟兄亲姊妹之女则不在此例,办理尚未画一。自应恭绎圣训,酌定章程。嗣后皇后妃嫔之姊妹及亲弟兄亲姊妹之女,于挑选秀女时,仍一并备挑。著户部、内务府声明,另为一班。不必拘定年岁,作为各本旗头起带领。著为令。"②也就是说,仁宗偶然发现乾隆朝时,对于后宫主位的亲属是否选秀的问题,高宗乾隆帝曾经有过旨意。于是仁宗将自己之前的上谕与高宗的上谕整合,规定嫔以上的后宫主位的亲生姐妹依然要参加挑选八旗秀女(内务府旗籍者则亦需参加挑选内务府秀女),只是加以标记,另作一班。

挑选八旗秀女之年龄,制度上规定为"十四岁",而实际上,每届秀女之年龄要求未必统一。如嘉庆十一年五月十四日,嘉庆帝谕旨称:"明年应行选看之秀女,其八旗满洲、蒙古内外三品以上文武官员秀女,年至十三岁,查明豫备选看。下届虽年已及岁,著毋庸预备复选。嗣后仍照旧办。"③另外,在非固定的年届,亦可能会有非常例的挑选。如嘉庆十三年原非应行挑选之年,但是这年年初二阿哥(后来的宣宗道光帝)嫡福晋病故,所以在嘉庆十三年正月二十八日,仁宗嘉庆帝下达上谕称:"现应给二阿哥续指福晋,著交户部将现在京八旗满洲蒙古内外三品以上文武官员之女,未经选过、逾岁及现年十五岁者查明,于二月十七日送赴圆明园选看。其有带往外任者,毋庸令其来京。至此次已经选过者,下届选看之年,毋庸再行豫备选看。"④即属非常例之挑选。

根据已知史料记载,挑选八旗秀女的流程大致为:正式挑选之前,八旗

---

① 《国朝宫史续编》卷45,上册,第356页。
② 《钦定宫中现行则例》卷2,沈云龙主编:《近代中国史料丛刊续编第六十三辑》,第95—97页。
③ 《国朝宫史续编》卷45,上册,第357页。
④ 《仁宗睿皇帝实录》卷191,嘉庆十三年正月乙丑条,《清实录》,第30册,第530页。

与户部官员根据各旗秀女人数，将八个旗秀女分别安排在几天之内进行挑选。常见的方式是分为四天，一天选看两个旗之秀女。有时根据皇帝的要求，将高级官员之女单做一天挑选。安排妥当后，通知各旗。至钦定之挑选时间的前一晚，①第二天要参加挑选的秀女们由家人陪伴，坐车从地安门进入皇城，由官员领至神武门东栅栏等候。天亮后，神武门开启，秀女们依次下车，车辆在之后出东华门，从东边兜一圈后再排到神武门前。秀女们则由太监带入宫内，在指定地点被皇帝选看。宫中会提前准备好秀女们的名牌，此名牌为长条木牌，上面有绿色云头，和引见大臣的膳牌略同，故而称为"绿头牌"。选看时，绿头牌放在御案之上，秀女身上亦挂有小木牌作为标识。一般而言，在选看之后，无论是否被选中，秀女都会在当日出宫回家。

挑选的结果，主要有四种情况。第一种，选中，即直接指立为皇后或者指定为后宫主位，赏赐物品回家准备，并在规定的日子入宫，开始宫廷生活。如在道光二年二月进行的挑选八旗秀女中，即选出全嫔以及珍贵人等人，当天即有行文传达："道光二年二月二十日奉旨，原任男爵颐龄之女，著为全嫔。"②第二种，记名，又称"留牌"，即选看之后尚未作出结论，仍有留于宫中成为后宫主位的可能，暂时归家休息，或于几日后参加复选，或于下次选秀时继续参选。第三种，归家，又称"撩牌""撂牌"，即未被选中，已经完成旗人女子参选之义务，可以回家自由婚配。第四种，指婚，又称"拴婚"，即由皇帝赐婚，主要是指婚与近支皇族。清代宫廷挑选八旗秀女不仅是为了挑选皇帝的后宫主位，也要指婚给皇子、皇孙以及近支皇族。如嘉庆六年仁宗嘉庆帝在上谕中所说："从前皇考高宗纯皇帝每次挑选八旗秀女时，派王等于圣祖仁皇帝派衍二十四近支宗室内，查明应进绿头牌者指配。今朕挑选秀女，自应遵照此例，于世宗宪皇帝派衍近支宗室内按其世系指配。著将此旨交派出王等，嗣后应行呈进宗室等名次，惟于世宗宪皇帝派衍近支宗室名次缮

---

① 谨按，清初，挑选八旗秀女的时节大多在冬季腊月。康熙年间，清圣祖康熙帝曾专门下旨，因天气寒冷，赏给参选秀女热汤饭。(见《国朝宫史》卷2，上册，第11页)雍正朝初年时，仍是在腊月挑选。直到雍正十一年挑选八旗秀女时，已有旨意因为天寒冷而改于次年春季挑选。(见《奏报内府佐领承选女子人数折》，雍正十二年正月二十九日，中国第一历史档案馆、故宫博物院编：《清宫内务府奏销档》，北京：故宫出版社，2014年，第9册，第36—41页)自乾嘉时期以后，这种春季挑选成为挑选八旗秀女之惯例，其时节大多在二月。
② 《为原任男爵颐龄之女著为全嫔等情事》，道光二年二月二十日，档案号：05-13-002-000115-0040，中国第一历史档案馆藏。

第四章 清代后宫主位的来源

写绿头牌,照例呈进,俟朕挑选秀女时,酌量措配。"①故而,在挑选八旗秀女时,其中一部分秀女即被指婚给近派宗支,亦可能指婚给其他大臣之子弟。如道光二十七年(1847年)二月时郎中富泰之女参加挑选八旗秀女,结果被"指为四阿哥福晋"②,即是后来的孝德显皇后。

在目前已经公开的档案中,有一份《验看秀女排单》,所记为乾隆朝挑选八旗秀女之情况。此档案详细开列了某一年接连数日挑选八旗秀女的情况,是了解清中叶挑选八旗秀女情况的绝佳资料。这份档案并没有写明年份,但是从其中选出之秀女内有后来的孝穆成皇后等信息,可知这份档案是乾隆六十年(1795年),亦即乾隆朝最后一次挑选八旗秀女时所记。特录入如下:③

  二月初八日,子初,大学士和珅、尚书福长安、户部员外郎阿克栋阿、双寿交来
  正黄旗满洲
  十五岁秀女二百六名 三十五排 末二排俱四名
  十六岁秀女一百九十一名 三十二排 末排五名
  十七岁秀女一百五十八名 二十七排 末二排俱四名
  正黄旗蒙古
  十五岁秀女六十五名 十一排 末排五名
  十六岁秀女六十二名 十一排 末二排俱四名
  十七岁秀女六十九名 十二排 末二排五名一排四名一排
  正黄旗汉军
  十五岁秀女一百四十名 二十四排 末二排俱四名
  十六岁秀女一百二十一名 二十排 末排七名
  十七岁秀女一百二十一名 二十排 末排七名
  满洲、蒙古、汉军逾岁秀女七名 一排

---

① 《国朝宫史续编》卷45,上册,第356—357页。
② 《为选择郎中富泰之女指为四阿哥福晋指婚日期事致总管内务府》,道光二十七年二月初十日,档案号:05-13-002-000173-0093,中国第一历史档案馆藏。
③ 谨按,此档案有部分残破。

共秀女一千一百四十名 一百九十三排

镶白旗满洲

十五岁秀女二百二十五名 三十七排 末排七名

十六岁秀女一百四十一名 二十四排 末二排五名一排四名一排

十七岁秀女九十名 十五排

镶白旗蒙古

十五岁秀女五十五名 九排 末排七名

十六岁秀女五十名 九排 末二排俱四名

十七岁秀女四十八名 八排

镶白旗汉军

十五岁秀女九十二名 十六排 末二排俱四名

十六岁秀女九十名 十五排

十七岁秀女七十八名 十三排

满洲、蒙古、汉军逾岁秀女六名 一排

共秀女八百七十三名 一百四十七排

以上普共秀女二千十三名，三百四十排。正黄旗满洲十七岁秀女之内病故一名外，现病二名。正黄旗蒙古十六岁秀女之内病故二名，现病一名。镶白旗蒙古十六岁秀女之内现病一名。共现病秀女七名未进来。

总管杨进玉等按排领至御花园，赏茶饭吃毕，等候。本日，上在乾清宫西暖阁传膳办事见大人。引见毕，辰正二刻，乘轿出后阁扇，由景和门至绛雪轩升座。总管杨进玉等将秀女按排领至御前览选。

奉旨：将正黄旗满洲苏昌阿佐领下侍郎栢林之女年十五岁，此秀女一名记名，其余俱摺牌子。钦此。

随总管杨进玉具今日病故女子三人、现病女子四人小绿头牌，口奏：今日现病女子四人，奴才同大学士和珅、福长安验看过，实系真病，生的亦不慎（甚）好。奉旨：亦摺牌子。钦此。

巳初二刻，上乘轿由百子门还重华宫。

杨进玉传谕和珅、福康安……

二月初九日

……

正白旗秀女一千二百三十八名 二百九排

正红旗秀女八百一名 百十六排

共二千三十九名 三百四十五排

　　本日,上在乾清宫传膳办事见大臣……引见毕,辰正二刻,乘轿出后阁扇,由景和门至绛雪轩升座……

　　奉旨:将正白旗满洲索观佐领赞礼郎喜恒之女年十五岁、正白旗汉军保宽佐领下知县郑玉国之女年二十一岁,此二人记名,其余俱撂牌子。

　　二月初十日

　　……

镶红旗秀女八百六十九名 一百四十八排

正蓝旗秀女一千名 一百二十九排

共一千八百六十九名 三百十七排

　　本日,上在乾清宫传膳办事见大臣……引见毕,辰正二刻,乘轿出后阁扇,由景和门至绛雪轩升座……

　　奉旨:将镶红旗满洲特灵额佐领下参将阿林泰之女年十五岁、德兴阿佐领下二等护卫海胡之女年十五岁、汉军吴如光佐领下吴如光之女年十五岁,此三名记名。今日八旗秀女挑完,此四日内共记名秀女十三名,十一日随包衣三旗女子进来伺候引看。

　　二月十一日

镶黄旗满洲记名秀女五名 一排

镶蓝旗满洲、正白旗满洲汉军记名秀女四名 一排

正白旗汉军一名、镶红旗满洲二名汉军一名共四名 一排

共记名秀女十三名 三排

　　总管杨进玉按排领进御花园赏茶饭吃毕,本日,上在乾清宫西暖阁传膳办事见大人。引见毕,辰正二刻,乘轿出后阁扇,由景和门至绛雪轩升座。先引看包衣三旗女子毕。总管杨进玉等将秀女按排领至御前览选。

　　奉旨:将镶黄旗翼贵佐领下参将翼贵之次女年二十一岁,指与贝勒绵懿为福晋。镶黄旗拱照佐领下副都统布彦达赖之女年十五岁,指与绵宁为福晋。镶红旗汉军吴如光佐领吴如光之女年十七岁,指与宗

室绵命为婚。镶红旗满洲参灵阿林泰之女年十五岁,指与宗室永谟为婚。镶黄旗汉军参将范建伟之女年十七岁,指与宗室永峞为婚。正白旗汉军保宽佐领下郑玉国之女年二十一岁,指与宗室永度为婚。镶红旗满洲德兴阿佐领下二等护卫海胡之女,指与宗室永普为婚。镶黄旗满洲和伦泰佐领下员外郎双寿之女年十六岁,指与宗室弘善为婚。其余俱着摆牌子。钦此。

其请婚宗室绿头牌六个、指婚秀女绿头牌六个,交于奏事太监王进福向外传讫。①

档案显示,高宗乾隆帝在当年的二月初七日(此日档案不存)、初八日、初九日、初十日四天挑选八旗秀女,每天两个旗两千多名,四天一共选看近九千人,只记名了十三人,在十一日参加复选。最终,十三人内有两位被指婚给皇孙,六位被指婚给近派宗支,还有五位被摆牌子。

原本,挑选八旗秀女大多以皇帝本人意志为主,故而从清初至清中叶的挑选八旗秀女,基本以"当届参选、当届出结果"为常态。晚清时,皇太后垂帘听政,挑选八旗秀女逐渐改为以皇太后意志为主,皇帝本人意志为辅,挑选八旗秀女的方式也发生较大变化。例如,同治朝第一次选秀,从同治七年选至同治十一年才结束,其中大小选看共达二十次之多;光绪朝第一次选秀,从光绪十二年选至光绪十四年(1888年)才结束,其中大小选看亦达六次。这两次挑选八旗秀女均持续数年,其中甚至有过一两次已经摆牌之秀女又被重新叫回参选之情况。其选看流程、入宫方式等虽仍与清中前期一样,但选看的结果却经常只是"著记名下次再看"。孝定景皇后即是参与了六次选看才得以选出。应该说,垂帘听政以来的挑选八旗秀女,已经成为清代选秀制度的一种重要变体。

第二节 通过内务府秀女入宫

清代八旗制度中,旗人旗籍有"内""外"之分。前文所述挑选八旗秀女

---

① 《验看秀女排单》,乾隆朝,档案号:05-08-005-000001-0033,中国第一历史档案馆藏。
《验看秀女排单》,乾隆朝,档案号:05-08-005-000001-0034,中国第一历史档案馆藏。

制度,挑选对象即是拥有"外八旗"旗籍人之女,其旗籍在学术上称为"旗分佐领下人"或"外佐领下人""外旗旗人"。与之相对,"内八旗"旗籍人即各旗包衣旗人。其中,下五旗包衣旗人为下五旗各旗宗室王公服务,隶属各个王公府邸名下,由王公府邸自行管理,学术上一般称为"(王、贝勒、贝子、公)府属包衣"或"下五旗包衣"。而上三旗包衣旗人只服务于上三旗的旗主——皇帝一家,隶属总管内务府衙门(简称"内务府"),由内务府管理,学术上一般称为"内务府包衣""上三旗包衣"。又因包衣有"佐领""管领"两种建制,①故而其旗籍人也被称为"内务府佐领下人""内务府管领下人"。

  清代入关之后,参考明代宫女制度,并结合八旗包衣的私属性质,决定以挑选内务府包衣之女入宫服役的形式,创制清代特有的宫女制度。《大清会典》中记载,顺治十八年奏准:"凡内府佐领下内管领下女子,年至十三,该佐领、内管领造册送会计司呈堂汇奏,交总管太监请旨引阅。"②遂成为定制。但是与挑选八旗秀女一样,在目前已知的档案中,尚未有对顺治朝挑选内务府秀女的记载,故而顺治朝挑选内务府秀女之制度尚不得而知。康熙朝挑选内务府秀女之情况,在已知的一手档案已经有所提及,可知当时已经有成型的挑选内务府秀女制度。如康熙十四年(1675年)十二月,挑选内务府秀女情况如下:

> 本日奏。将十五岁、十四岁之佐领、管领下女子分别呈奏。希图佐领三等侍卫南荪之女桂香,寅年,十四岁,大小均已熟,无疮、气味。牧长国泰之女玛兰珠,寅年,十四岁,大者已熟,小者未熟,无疮、气味。海拉荪佐领员外郎鄂尔坤之女德勒恩珠,寅年,十四岁,大小均未熟,无疮、气味。……将其名各缮写绿头牌,交与乳母及顾太监奏入。(皇)上旨意,将管领拖尔弼之女妞妞、禄库管领爱星阿之女塞克图、硕礼管领饭上人阿林之妹双姐、刘铭璋佐领商人胡三喜之女大姐选取,于本月十三日进内。再,其各自丹阐③若有情愿随入之女子,令各带一人,毋带

---

① 谨按,上三旗包衣只有"佐领"和"管领"两种建制,下五旗包衣除此两种建制外另有"分管""管辖"建制。
② 光绪朝《钦定大清会典事例》卷1218,《续修四库全书》,第814册,第720页。
③ 谨按,丹阐一词,满文为"dancan",意为母家、娘家,即女子之本家。

无用之人。①

康熙十六年五月，挑选内务府秀女情况如下：

二十三日奏。本年十五岁之女子一百七十九名，此内患病女子四名，在屯女子二名。十四岁之女子一百八十三名，此内患病女子四名，在屯女子二名。十三岁之女子二百四十一名，此内患病女子十二名，在屯女子十九名。再，守寡妇人、离异妇人共八名。将其名各缮写绿头牌，包衣谙班噶鲁、海拉荪交予顾太监奏入。本日，顾太监奉旨传谕：待降旨。钦此。

本月二十五日，副总管太监翟林奉旨传谕：将守寡妇人八名现即送看。钦此。

本日，希图佐领察哈尔蒙古披甲阿穆豁朗之弟媳寡妇，卯年，二十七岁，无疮、气味，蒙古。骁骑校图勒恩之女寡妇，卯年，二十七岁，无疮、气味，脖颈有艾叶烧痕，满洲。三岱佐领赞礼郎琉思之妹寡妇，申年，二十二岁，无疮、气味，蒙古。参领瓦哈之女寡妇，辰年，二十六岁，无疮、气味，蒙古。英图理管领察哈尔蒙古披甲噶尔珠之女寡妇，酉年，二十一岁，无疮、气味，蒙古。披甲牛二兄长之女寡妇，寅年，二十八岁，无疮、气味，汉人。存柱管领木匠高达之妹寡妇，辰年，二十六岁，无疮、气味，汉人。拖尔弼管领盛京佐领三官保之女寡妇，巳年，二十五岁，无疮、气味，满洲。为此缮写绿头牌，交予顾太监、翟林奏入。顾太监、翟林奉旨降谕：将盛京佐领三官保之女及佐领、管领下十五岁、十四岁、十三岁之女子明早选看。钦此。

本月二十六日，除患病、在屯无法前来之女子三十三名外，现送来佐领、管领下十五岁女子一百七十三名，十四岁女子一百七十七名，十三岁女子二百二十名。此等女子五百七十名内，经乳母、包衣谙班噶鲁、海拉荪、顾太监、翟林公同挑选，将佐领、管领下十五岁女子十九名、十四岁女子三十九名、十三岁女子三十一名，共八十九名女子之名及三

---

① 《奏销绿头牌白本档案》，康熙十四年十二月初五日条，《内务府奏销档（缩微胶卷）》。

官保之女布音珠之名，各自缮写牌子，交予乳母、顾太监、翟林、张彻奏入。顾太监、翟林、张彻奉旨传谕：此等妇人、女子经（皇）上看后，十五岁之女子内，多毕佐领护军咸色之女雅图、齐世管领米翰抚养之琉载之女三姐，马尔赶管领郎中咸赫讷之女阿济格妞妞，禅布管领苏拉拉二之女二格，肖秃子之女苏巴礼，衮代管领桶匠西雅图之妹桑鄂，旺泰管领高宜隆之女高姐。十四岁之女子内，吴赛佐领牧场之昂锡布之女松吉，瑚柱佐领食管领俸之纳尔泰之女宝姐，黄（旗）之官保管领戴敦之女昭格，拖尔弼管领苏拉张咨之女三姐、瓦尔达管领种豆菜之锡儿之女存姐。十三岁之女子内，禅布管领园子领催萨哈布之女双姐。将此十三名女子及盛京佐领三官保之女布音珠选取，于明早进内。此外各佐领、管领下十三岁以上、十五岁以下之女子，皆退与各自父母。钦此。①

通过康熙十四年之档案，可以看到当时挑选内务府秀女时，其秀女信息包含"大者""小者"等项，每项有"已熟""未熟"等描述。其"已熟"满文为"urehe"，意为"成熟的"或"熟练的"；"未熟"满文为"eshun"，意为"生的""不熟悉的"。有学者指出，在清代档案之中，常将已经出痘者称为"熟"（urehe），而将未经出痘者称为"生"（eshun），②与上述形容基本一致，故而目前推测"大者"与"小者"为两种烈性传染病，"已熟"即已经发病，拥有免疫力，而"未熟"即未经发病，缺乏免疫力。但是，此处究竟指称的是哪两种烈性传染病，目前尚不确定。同时，通过康熙十六年之档案，可以看到当时守寡或离异的内务府女性亦可参加挑选，其"守寡妇人"满文为"anggasi hehe"，意为"寡妇"，"离异妇人"满文为"ergen hokoho hehe"，意为"与夫离婚之妇"。其中盛京佐领三官保之女布音珠最终即以寡妇的身份被选入宫廷，可见当时宫中对于再醮等并无太多顾虑。

自清代中期开始，挑选内务府秀女之制度也逐渐固定，再醮入宫的现象不再出现。在清代官方档案里，挑选八旗秀女和挑选内务府秀女均被称为

---

① 《口奏绿头牌白本档案》，康熙十六年五月二十三日条，《内务府奏销档（缩微胶卷）》。
② 宋瞳：《清初理藩院研究——以顺治朝理藩院满文题本为中心》，上海：上海古籍出版社，2015年，第129页页下注。

"挑选女子",其在流程和称谓上亦有不少相同之处,但是,两者仍有六点明显差异。

第一,负责部门不同。挑选八旗秀女由各旗都统和户部负责,而挑选内务府秀女由内务府负责。

第二,挑选对象不同。挑选八旗秀女的对象是外八旗满蒙汉共二十四旗旗籍之女子,而挑选内务府秀女的对象是镶黄旗包衣、正黄旗包衣、正白旗包衣旗籍之女子。

第三,挑选目的不同。挑选八旗秀女的主要目的是为收为后宫主位或者指婚,而挑选内务府秀女的主要目的是挑选宫女。

第四,选择的时间不同。挑选八旗秀女的时间是每三年一次,而挑选内务府秀女的时间是每年一次。

第五,挑选的年龄不同。制度上规定,挑选八旗秀女的最低年龄是十四岁,而挑选内务府秀女的最低年龄是十三岁。实际上,每届挑选秀女所要求的最低年龄都不尽相同,但是一般而言,挑选内务府秀女时要求的最低年龄要小于八旗秀女。

第六,挑选的要求不同。与挑选八旗秀女一样,挑选内务府秀女也有年龄和出身之要求,此处将清代挑选内务府秀女时毋需参选之条件如表4-4所示:

表4-4 清代挑选内务府秀女时毋需参选之条件

开始年代[①]	内　　容
顺治年间	有残疾不堪入选者
雍正十三年	盛京打牲乌拉及庄头壮丁之女
嘉庆五年	乳母之女
道光二年	回子、番子之女

挑选内务府秀女之流程,与挑选八旗秀女大致相同:每一年一次,由内务府衙门办理。挑选之前,由内务府按照户口档案,将内务府三旗所有包衣

[①] 表格中信息整理自《国朝宫史》《国朝宫史续编》《钦定宫中现行则例》《清实录》《大清会典》。表格中凡是未写明取消时间者,皆自开始之年代始,至清末依然有效。

佐领下、管领下人符合条件之女造册，呈与皇帝，请旨决定挑选日期。日期决定之后，内务府进行安排，准备挑选各项事宜。至钦定之挑选时间，①秀女被送到神武门后，按照次序排列，入宫在指定地点被皇帝选看。挑选的结果主要有三种情况：第一种为选中，即成为宫女，准备入宫服役。第二种为记名，即暂时回家，作为预备宫女，或在下次继续参选，或遇宫内缺少宫女时递补。第三种为不记名，又称"撂牌""撩牌"，即回家后自行婚配，不需再次参选。与挑选八旗秀女一样，所有内务府佐领、管领下人之女，凡是符合秀女条件者，一生中均至少参加一次挑选，被"撂牌"之后方能自由婚嫁，否则会受到重罚。

由于挑选内务府秀女之目的与挑选八旗秀女有所区别，故而清代皇帝挑选内务府秀女时，其态度也与挑选八旗秀女略有区别。以乾隆初年为例：

乾隆五年，"三旗佐领、管领下，十三岁女子五百七十名，十四岁女子五百九十三名，上年未得引看十五岁以上二十七岁以下女子一百三十九名，记名十五岁、十六岁女子四十四名，以上共女子一千三百四十六名"。②

乾隆六年（1741年），"三旗佐领、管领下，十四岁女子五百九十九名，上年未得引看十五岁以上二十九岁以下女子一百四十九名，记名十五岁、十六岁女子二百九十七名，以上共一千四十五名女子"。③

乾隆七年，"上年十二月内，经臣衙门将三旗佐领、管领下十三岁女子六百七十七名，上年未得引看十四岁以上二十二岁以下女子一百六名，记名十四岁女子三百八十一名、十五岁女子一名，以上共女子一千一百六十五名"。④

由此可见，在挑选内务府秀女时，不仅记名之数量要远比挑选八旗秀女时多，而且"上年未得引看"之秀女占有相当的比例。有可能是皇帝在挑选

---

① 谨按，从清中后期开始，挑选内务府秀女与挑选八旗秀女一样，均在二月进行。
② 《奏为应看女子于何处预备事》，乾隆五年二月初一日，档案号：05-0035-026，中国第一历史档案馆藏。
③ 《奏为引看记名女子事》，乾隆六年二月初三日，档案号：05-0042-018，中国第一历史档案馆藏。
④ 《奏报引看三旗女子事》，乾隆七年元月初六日，档案号：05-0047-029，中国第一历史档案馆藏。

时认为宫女的数量已敷使用,便将挑选暂停。

如果在挑选内务府秀女时被选中,秀女即要准备入宫服役,充当"宫女"。雍正七年(1729年)时,朝廷特地规定:"嗣后凡挑选使令女子,在皇后、妃、嫔、贵人宫内者,官员世家之女尚可挑入。如遇贵人以下挑选女子,不可挑入官员世家之女。若系拜唐阿、校尉、护军及披甲闲散人等之女,均可挑入。"①希望从制度上杜绝"以贵侍贱"的现象。乾隆七年时,又增加规定:"嗣后凡挑选内务府女子,如有妃、嫔、贵人等姊妹及亲兄弟之女选入使女者,尔总管查奏。"②以杜绝"近亲相侍"的现象。

宫女在宫中服役之年限,根据康熙十六年规定:"凡宫女年三十以上者,遣出令其父母择配,续选年幼女子充补。"③雍正元年时,将此出宫年龄改为"二十五岁"④。清代宫女在宫内的工作是临时服役的性质,这是清代宫女与明代宫女根本性的不同。在清代宫女达到年纪,准备结束服役离开宫廷的时候,个别皇帝还会热心地为她们指婚,其所指对象大多为朝廷中下级官员。同时,也有极个别的宫女,在宫内侍奉时被皇帝垂青,得到临幸,便会得到位分成为后宫主位。如道光十四年十二月,宣宗道光帝下达上谕:"钟粹宫官女子一名,系正黄旗荣昌佐领下养育兵保儿之女三妞,著封为佳常在。"⑤即后来的佳贵妃郭佳氏。

晚清时,挑选内务府秀女又发展出两种特殊的趋势。

其一,咸丰朝时,似乎有内务府秀女在参加挑选的过程中,被直接指定为后宫主位。咸丰元年(1851年)二月十八日:"奉旨:原任尚书奎照之女索绰罗氏,著封为婉常在。钦此。"⑥这位婉常在即是后来的婉贵妃,出身正白旗包衣管领下人,其家族是当时八旗著名的科举世家之一。有学者认为,婉贵妃是在咸丰元年的内务府选秀中直接被指定为婉常在,是清晚期内务府

---

① 《国朝宫史》卷3,上册,第29页。
② 《国朝宫史》卷4,上册,第44页。
③ 光绪朝《钦定大清会典事例》卷1218,《续修四库全书》,第814册,第720页。
④ 光绪朝《钦定大清会典事例》卷1218,《续修四库全书》,第814册,第720页。
⑤ 《为钟粹宫官女子三妞奉旨封为佳常在其每日现食吃食止退事》,道光十四年十二月十七日,档案号:05-13-002-000644-0092,中国第一历史档案馆藏。
⑥ 《为原任尚书奎照之女索绰罗氏著封为婉常在事》,咸丰元年二月十八日,档案号:05-13-002-000189-0053,中国第一历史档案馆藏。

世家选秀的特例。① 而目前通过对档案的整理发现,"咸丰元年二月初一日,敬事房口传,初四日挑包衣三旗女子,丑正二刻开门进排"。② 可知当年挑选内务府秀女是在二月初四日,而婉贵妃被指定为常在是在二月十八日。以惯例分析,宫中挑选内务府秀女的时间较短,通常一天即挑选完毕,所以这十余日之时间差是否表明婉贵妃是先被选中为宫女,入宫数日之后才被封为婉常在。对于此问题,尚有待史料的进一步发现。

其二,清代内务府世家之门第在雍乾两朝已经成形,此等内务府世家之女是否仍需参加挑选内务府秀女,并完整地进行完流程,存在相当之疑问。如嘉庆十三年,出身正白旗包衣管领下人的工部侍郎军机大臣英和之女参加挑选内务府秀女,即被"赐翠钿彩缎,并命先出,以免悬望"。③ 至迟在光绪朝挑选内务府秀女之时,已经很少见到内务府世家或内务府高级官员之女参选,均为领催、兵丁等人员之女。如《故宫藏清末老影像与陵寝舆图》一书中有四张挑选内务府秀女时所用的秀女照片,④照片背后开列有照片内秀女之名单,年份分别为1901年、1903年、1898年、1895年。照片中的五十四位秀女,其父身份均为无品级之披甲人、养育兵、苏拉、闲散、园丁,只有一位拥有官身,官职为"笔帖式"。⑤ 这似乎表明当时内务府世家或内务府中高级官员之女已经在事实上不再参与挑选内务府秀女。对于此问题,尚有待专门之研究。

第三节　潜邸旧人入宫

潜邸旧人亦称"藩邸旧人",即是清代皇帝在即位之前作为皇子时即已娶纳之妻妾。根据时间不同,清代皇帝的潜邸可以分为两种情况:第一种

---

① 赵玉敏:《清代后妃与宫女研究》,博士学位论文,中国人民大学清史所,2010年,第251—253页。
② 《为传知咸丰元年二月初四日挑包衣三旗女子丑正二刻开门进排事》,咸丰元年二月初一日,档案号:05-13-002-000720-0128,中国第一历史档案馆藏。
③ 《恩福堂年谱》,北京图书馆:《北京图书馆藏珍本年谱丛刊》,北京:北京图书馆出版社,1999年,第133册,第397页。
④ 庐山编:《故宫藏清末老影像与陵寝舆图》,北京:线装书局,2014年,第4册,第107—114页。
⑤ 谨按,清代笔帖式亦有无品者。

是在世宗雍正帝创立秘密立储制度之前；第二种则是在创立秘密立储制度之后。两者的区别在于是否真正"分藩"。

有清一代，在雍正朝设立秘密立储制度之前，除皇太子外的成年皇子，均要出宫分府居住，制度上称为"就藩""之藩"。皇子们封爵就藩之后，其旗籍从上三旗变为下五旗，同时获得自己新隶旗的数个佐领（牛录）旗分，以此成为此旗的领主之一。若其旗佐领（牛录）不足，还可以从上三旗分拨旗分佐领或者包衣佐领至五旗。以此为背景，皇子就藩分得旗分之后，属下拥有两方面的人员：一是自己府邸的包衣佐领、包衣管领下人，一般称为"府属包衣"；二是自己府邸的旗分佐领下人，一般称为"属人"。清初时，不仅府属包衣对自己的属主有繁杂的义务，属人对自己的属主也有相当的义务，其中即包括让子女侍奉属主。① 因此，皇子府邸内的一些侍妾乃至于侧福晋，均为其府属人或府属包衣出身。一旦皇子继承大统、入主宫廷，其府邸内之妻妾即随其进入宫廷，成为后宫主位。如世宗雍正帝在继承大统之前，原恩封为多罗贝勒，后晋封为和硕雍亲王，分封在镶白旗，获得满洲佐领六个、蒙古佐领三个、汉军佐领三个作为属人，还获得若干个包衣佐领、管领作为府属包衣。其属人之中即有当时隶属镶白旗汉军的年羹尧一家。②

而在雍正朝设立秘密立储制度之后，凡有可能继承皇位之皇子即使予以封爵，却不再分府令其就藩，亦不分与旗分。故而，雍正朝之后皇帝的"潜邸"，实际仍在宫内。因为其并未获得属人，在其潜邸侍奉者均为内务府籍的上三旗包衣人。如宣宗的和妃辉发纳喇氏，侍宣宗潜邸，称格格，在嘉庆十三年为宣宗生下第一子奕纬，由仁宗特赐为侧福晋；宣宗道光帝即位之后，其成为后宫主位，获封为和嫔，晋封为和妃。和妃之家族即出身内务府正白旗佐领下人，③属于典型的内务府包衣。

整体而言，在皇帝潜邸之中，一方面，其嫡妻均由宫廷指婚，大多为参加挑选八旗秀女的外八旗女子，与自身"属人""府属包衣"无关。另一方面，在

---

① 关于入关之后皇子封藩的情况，可参考杜家骥：《八旗与清朝政治论稿》，北京：人民出版社，2008年，第264—305页。
② 关于世宗雍正帝即位前的封旗情况，可参考杜家骥：《雍正帝继位前的封旗及相关问题考析》，《中国史研究》1990年第4期。
③ 《奏为应挑女子内有和嫔亲兄之女另为一班事》内称，和妃家族属于内务府"正白旗贻恭佐领下"，道光二年二月二十日，档案号：05-0620-048，中国第一历史档案馆藏。

设立秘密立储制度之后,侍奉宫内潜邸者均是参加挑选内务府秀女的内务府包衣三旗女子,亦即被选中伺候皇子的官女子。所以,真正并非通过挑选八旗秀女或挑选内务府秀女而进入潜邸的,主要是尚未设立秘密立储制度时的世宗雍正帝潜邸时的一些侧室、妾室。

第四节　蒙古王公之女入宫

蒙古王公之女,即蒙古盟旗贵族之女。作为背景,首先要区分蒙古盟旗与蒙古八旗。

清代广义上的"蒙古人"大致可分为两类:一类是居住在内外蒙古以及西北各地的蒙古人,他们被编入以部名取名的"旗",各"旗"则隶属某个"盟",如哲里木盟内,有科尔沁左翼后旗等旗。故此类被称为"蒙古盟旗"。另一类是清代入关之前或入关之初被编入八旗的蒙古人,他们大部分被编入蒙古八旗,小部分被编入满洲八旗,分属八种旗色,如镶黄旗蒙古人、镶白旗蒙古人等。故此类被称为"八旗蒙古"或"蒙古八旗"。这两类广义上的"蒙古人"有许多差异。对于宫廷而言,最大的差异在于,"蒙古八旗"出身的女性作为八旗旗人,必须参加挑选八旗秀女,而"蒙古盟旗"出身的女性则不在挑选范畴之内。与此相对,狭义上的"蒙古人",经常专指蒙古盟旗之人。现在学术上所谓的"满蒙联姻",其"蒙"所指亦是蒙古盟旗。

清代宫廷与蒙古盟旗的联姻从入关前即已存在,太祖弩尔哈齐曾娶科尔沁贝勒孔果尔之女为侧福晋,即寿康太妃。太宗皇太极的"崇德五宫"亦均为蒙古盟旗出身。入关之初,这种与蒙古盟旗联姻之习惯也被清廷所继承,世祖顺治帝的废后(静妃)、孝惠章皇后均为科尔沁蒙古出身,其后宫主位内还有淑惠妃、恭靖妃、端顺妃、悼妃等数位蒙古盟旗出身的女子。但是,这种与蒙古盟旗联姻的习惯从康熙朝开始逐渐减少,圣祖康熙帝只有慧妃和宣妃等几位蒙古旗盟出身的后宫主位,高宗乾隆帝亦只有慎嫔等几位蒙古盟旗出身的后宫主位。这些成为后宫主位的蒙古盟旗贵族之女,均非通过制度上的挑选秀女而进入宫中。而从嘉庆朝开始直到清末,后宫主位中不再有出身蒙古盟旗之人,这种特殊的入宫方式也就不复存在。

第五节　民籍汉人之女入宫

如前文所述,清世祖顺治帝在顺治五年(1648年)曾短暂地允许满汉结亲,但是不久之后,政策便发生变化,转而采取民间俗称为"满汉不通婚"的"旗民不交婚"的联姻禁止政策,直到光绪二十七年(1901年)才由孝钦显皇后下令破除。与此同时,从清初到清末,民间一直有"宫中娶汉女"的说法。虽然清代官方对此数度驳斥,但是经过对宫廷档案的梳理,可以明确地得知清宫役使民籍汉女,甚至以之为后宫主位的事实。

顺治十二年七月,时任兵科右给事中的季开生上奏称:"近日臣之家人自通州来,遇见吏部郎中张九徵回籍,其船几被使者封去。据称奉旨往扬州买女子。夫发银买女,较之采选淑女,自是不同。但恐奉使者不能仰体宸衷,借端强买,小民无知,未免惊慌,必将有嫁娶非时,骨肉拆离之惨……(中略)从来歌舞之席易生怠荒,历史垂戒,何庸臣赘。今当四方多警,楚闽用兵,正皇上励精图治,寝食不安之际,何不移此使以阅旅,省此费以犒军,鼓忠勇而励防剿之为愈乎。"对此说法,世祖覆谕:"前内官监具奏,乾清宫告成在即,需用陈设器皿等项,合往南省买办,故令发库银遣人往买。初无买女子之事。太祖太宗制度,宫中从无汉女。且朕素奉皇太后慈训,岂敢妄行。即天下太平之后尚且不为,何况今日。朕虽不德,每思效法贤圣之主,朝夕焦劳。屡次下诏求言,上书禁勿称圣,惟恐所行有失。若买女子入宫,成何如主耶。"最终以"季开生身为言官,果忠心为主,当言国家正务实事。何得以家人所闻,茫无的据之事,不行确访,辄妄捏渎奏。肆诬沽直,甚属可恶"而"著革职,从重议罪具奏"。① 这是清廷第一次对民间"宫中汉女"说法进行回应,也提出了"宫中从无汉女"的说法。而根据顺治十三年十月时抵达京师的朝鲜麟坪大君所著《燕途纪行》中记载"翰林石绅女,季秋选入,宠冠后宫"②,恪妃可能是在顺治十三年秋季入宫,恰恰与前一年世祖上谕中所提及的情况相抵触。

---

① 《世祖章皇帝实录》卷92,顺治十二年七月乙酉条,《清实录》,第3册,第725页。
② [朝鲜]麟坪大君李㴭:《燕途纪行》,林基中编:《燕行录全集》,首尔:东国大学校出版部,第22册,第134—139页。

在康熙朝，京旗贵族委托南方织造等官员在南方购买甚至拐骗民籍汉女，几乎成为当时的一种"流行"。康熙四十六年三月十七日，清圣祖康熙帝谕令工部尚书王鸿绪道："前岁南巡，有许多不肖之人骗苏州女子，朕到家里方知。今岁又恐有如此行者，尔细细打听，凡有这等事，蜜蜜①写来奏闻。此事再不可令人知道，有人知道，尔即不便矣。"之后王鸿绪覆奏说："今据所闻，先缮折密奏。访得：苏州关差章京买昆山盛姓之女，又买太仓吴姓之女，又买广行邹姓之女。……原任东平州知州范溥今捐马候补金事道，本籍徽州人……在常熟县以银五百两强买赵朗玉家人之子……又，范溥强买平人子女，皆托御前人员名色……侍卫五哥买女人一名，用价四百五十两。又买一女子价一百四十两，又一婢价七十两，方姓媒婆成交……此外，纷纷买人者甚多。或自买，或买来交结要紧人员，皆是捏造姓名虚骗成局。"②由"纷纷买人者甚多"一句，足可见此举在当时之盛行。

朝廷官员如此，宫中似乎也未必能够"免俗"。在清圣祖康熙帝的后宫主位之中，有不少均为汉姓，其中固然有安嫔这种出身汉军八旗，或端嫔这种出身内务府包衣汉姓人的情况，却也有相当一部分无法查到旗籍，很可能即出身民籍汉女。同时，一些档案也纷纷证明这一点。例如，康熙四十八年（1709年）七月十六日，时任管理苏州织造的李煦递交一份奏折，其中说道："王嫔娘娘之母黄氏，七月初二日忽患痢疾，医治不痊，于七月十四日午时病故，年七十岁。理合奏闻。"清圣祖康熙帝的朱批则写："知道了。家书留下了，随便再叫知道罢。"③这里的"王嫔娘娘"即是顺懿密妃。《玉牒》等书记载其为"知县王国正之女"。此折由苏州织造呈递，可以有两种解释：一是王国正是汉军旗人或内务府包衣汉姓人，在南方任知县，妻子随任，在南方病故；二是王国正并非旗人，而是苏州民籍汉人，顺懿密妃以民籍汉女入宫成为后宫主位。又如，在乾隆年间礼部和内务府、宗人府的行文中，曾经明

---

① 即"秘密"。
② 中国第一历史档案馆编：《康熙朝汉文朱批奏折汇编》，北京：档案出版社，1984年，第1册，第613—615页。
③ 《奏为王嫔娘娘之母黄氏病故日期事》，康熙四十八年七月十六日，档案号：04-01-30-0006-004，中国第一历史档案馆藏。

确提及,"襄嫔父,原正定府民高廷秀……静嫔父,原陕西宁夏民石怀玉"。①道出了圣祖的襄嫔和静嫔均为民籍汉人之女之事实。

至于乾隆朝,早在高宗乾隆帝即位之初的乾隆三年(1738年)五月,即下达过这样的上谕:"朕自幼读书,深知清心寡欲之义……近闻南方织造、盐政等官内,有指称内廷须用优童秀女,广行购觅者,并闻有勒取强买等事,深可骇异。诸臣受朕深恩,不能承宣德意,使令名传播于外,而乃以朕所必不肯为之事使外间以为出自朕意,讹言繁兴。诸臣之所以报朕者,顾当如是乎。况内廷承值之人,尽足以供使令。且服满之后,诸处并未送一人。"②但在事实上,乾隆朝宫廷买入民籍汉女,甚至以之为后宫主位的档案,却相当丰富。

乾隆十三年(1748年)十二月,苏州织造图拉在正折之外附了一个折子,上报了这样的事情:

> 恭为附折奏闻事。奴才访得苏州潘姓女子,于前二年即密托其亲族借称京官聘娶。其父虽允,其母决志不从,难以办理,后只得托原办之人缓图。今冬,因此女年已二十,家道寒苦,高低不就,其父允瞒妻女,奴才借称本地人,详细密看此女,举止甚庄重,身段、面貌俱韵雅。奴才即严嘱原办之人,瞒其父母,指京官聘娶。其父愿瞒妻女,于十一月二十夜静密接进署。奴才母亲、奴才女人俱敬为看过,缘此女不知道进京情由,甚游移不定,是以未敢具奏。奴才母亲细将进宫好处开导数日始觉释然相信。奴才拟于新年二月初旬由水路起程,约三月初旬可以到京。再,现在严令原办家人仍密遍访,或能再得一人,相随同进。为此恭将办理缘由并女子进署日期附折谨密奏闻。乾隆十三年十二月。奴才图拉。③

此折明确提及苏州织造图拉帮助清高宗乾隆帝在苏州"办理女子"。

---

① 《为咨查寿祺皇贵太妃等姓氏事致内务府等》,乾隆七年十二月二十二日,档案号:05-13-002-000002-0067,中国第一历史档案馆藏。
② 《高宗纯皇帝实录》卷68,乾隆三年五月癸亥条,《清实录》,第10册,第100—101页。
③ 《奏报访得苏州潘姓女子情形及密接进署日期事》,乾隆十三年十二月,档案号:04-01-14-0015-018,中国第一历史档案馆藏。

又如乾隆五十八年（1793年）九月十九日，总管内务府大臣呈报了题名为《呈为奉旨入旗清单》之奏片，其中开列了数户乾隆年间奉旨入旗的人家，其中有以下数家：

> 乾隆四年。庄亲王奏请奉旨入旗纯惠皇贵妃之兄苏鸣凤等一户
> 乾隆七年。傅恒奏请奉旨入旗宜妃之父栢士彩等一户
> 乾隆二十二年。阿里衮、傅恒奏请奉旨入旗庆贵妃之父陆士龙等一户
> 乾隆四十三年。福隆安传奉旨入旗明贵人之兄陈济一户
> 乾隆五十四年。福长安传奉旨入旗禄贵人之姊陆氏之夫周森一户①

由此可知，高宗乾隆帝的后宫主位之中，纯惠皇贵妃、庆恭皇贵妃、怡嫔、明贵人、禄贵人，均非旗籍出身，而都是以民籍汉人之女的身份入宫，之后其本家才被高宗下令改入旗籍。

这些通过特殊途径送入宫中的民籍汉人之女，在清代即属严格保密之事，故而，高宗乾隆帝也屡屡在上谕中提醒当地官员，务必让这些民籍汉人之女的本家安分守己，切莫声张。以高宗的芳妃为例，其出身于江南民籍汉人之家，后来因故被送入宫中成为后宫主位。乾隆四十三年（1769年）闰六月，芳妃之兄陈济由江南来到京师，表明身份，恳求为朝廷当差。关于此事，高宗在上谕中说道："据福隆安奏，有明贵人之兄陈济来京具呈，恳求当差。看来此人系不安本分之人。若驱令回籍，不免招摇生事等语。当令内务府大臣酌量将陈济留京，赏给差使安插，不许在外生事。并询知，其家属现在扬州伊岳母处，伊既已留京，家属不便仍居原籍，著交伊龄阿即行查明，遇便送京，交福隆安办理。再据陈济称，尚有伊兄在扬州管关。想此人必系普福管理盐政时荐伊在扬关管事。今陈济来京具呈，伊兄自必与闻，安知不借此名色在彼多事，亦未可定。朕于宫眷等亲属，管束极严，从不容其在外滋事。

---

① 第一历史档案馆，档案号：05-0448-047，题名《呈为奉旨入旗清单》。其中宜嫔即怡嫔之误。

恐伊等不知谨饬，妄欲以国戚自居，则大不可。凡妃嫔之家，尚不得称为戚畹，即实系后族，朕亦不肯稍为假借，况若辈乎。著传谕伊龄阿，如陈济之兄在扬尚属安静，不妨仍令其在关管事，如有不安本分及借端生事之处，即当退其管关，交地方官严加管束，不得稍为姑容，致令在外生事。至四十五年朕巡幸江浙，不可令此等人沿途接驾，混行乞恩。"①由此可见，在"来路不正"的背景之下，清廷对于这些民籍汉人之女出身的后宫主位家族有着专门的约束。

这种以民籍汉人之女出身通过特殊方式入宫并成为后宫主位的情况，在乾隆朝之后就基本不再见于宫廷档案之中。清中后期的后宫主位之中，似乎也不再有以民籍汉人之女出身的例子。故而，民籍汉人之女入宫，亦可以视为清初至清中叶的特殊情况。

第六节 关于"直接入宫"

在以往研究中，一些学者根据当时公开的部分档案，认为清代个别后宫主位既非通过制度上挑选八旗、内务府秀女的方式入宫，亦非作为蒙古王公之女或民籍汉人之女通过特殊拣选的方式入宫，而是在特殊情况下，经过皇帝特旨，被直接作为后宫主位接入宫中。其中典型案例即是高宗的容妃和文宗的祺嫔、玉嫔。但是，随着史料进一步的公开整理，上述学者的推断逐渐被否定。

高宗容妃为回部贵族之女。大小和卓之乱爆发于乾隆二十二年（1757年），在乾隆二十四年平定。叛乱平定之后，清军将几户回部贵族迁到北京居住，容妃家族即在其中。因此，有学者认为容妃是直接作为主位入宫。②根据目前已经公布之《乾隆至嘉庆年间添减底档》记载："乾隆二十五年二月初三日，总管王常贵传：皇后下学规矩女子封和贵人。"③这位和贵人即是容

---

① 《宫中档乾隆朝奏折》，台北：台北"故宫博物院"，1985年，第44辑，第196、197页。
② 王佩环：《清宫后妃》："乾隆皇帝大约闻乌尔都有妹美艳，兼之出于进一步团结维吾尔族上层分子的政治目的，遂将此女纳入宫中，封为'和贵人'。"沈阳：辽宁大学出版社，1993年，第35—36页。
③ 《乾隆至嘉庆年间添减底档》，《国家图书馆藏清代孤本内阁六部档案续编》，北京：全国图书馆文献缩微复制中心，2005年，第4册，第1365页。

妃。在《乾隆至嘉庆年间添减底档》中,此类"某主位下学规矩女子封某主位"之记录并非个例,如"乾隆二十四年闰六月二十二日,敬事房笔帖式邓良臣传说,令妃下学规矩女子封瑞常在"。① "乾隆二十九年三月二十二日,敬事房首领杨双全传说,愉妃下学规矩女子一人封为那常在、颖妃下学规矩女子一人封为武常在"。② 目前的研究认为,乾隆、嘉庆两朝所谓"学规矩女子",既有通过内务府选秀入宫之官女子,亦有通过特殊途径入宫之官女子。同时,此类"学规矩女子"也未必一定成为后宫主位。如根据嘉庆二十三年(1818年)宫分档案,有"皇后下学规矩官女子二人"③,每位享受表里六匹之宫分,但是这两位并未成为仁宗的后宫主位。由此可知,容妃并非直接作为后宫主位被接入宫中。

王佩环在《清宫后妃》一书中指出:"文宗二十八岁上,曾选了两位丽人,没有经过排班遴选就直接由其家抬出,送入了皇家御园圆明园。这两名女子进宫后,一封为祺嫔,一封玉贵人。祺嫔……大约因裕祥为咸丰皇帝近侍,得知其女貌美,便于八年三月二十五日,不待选秀女或选宫女之期,急忙纳入宫中……玉贵人……八年三月二十五日,她也与祺嫔佟佳氏一同入园。"④根据目前已经整理之档案,咸丰八年(1858年)二月初三日,宫内敬事房传下上谕:"祺嫔、玉贵人,三月二十五日进内。"⑤而咸丰八年是挑选八旗秀女的年届,挑选时间即是二月。二月中选,三月入宫,这是清代八旗出身的后宫主位十分惯常的流程,可知祺嫔与玉贵人并非是"不待选秀之期",无法确证直接作为后宫主位被接入宫中。

---

① 《乾隆至嘉庆年间添减底档》,《国家图书馆藏清代孤本内阁六部档案续编》,第4册,第1362页。
② 《乾隆至嘉庆年间添减底档》,《国家图书馆藏清代孤本内阁六部档案续编》,第4册,第1380页。
③ 《呈皇后及内庭主位分例清单》,嘉庆二十三年十月二十五日,档案号:05-0596-060,中国第一历史档案馆藏。
④ 王佩环:《清宫后妃》,第35—36页。
⑤ 《奏为祺嫔玉贵人位下应得分例器皿什物等项事》,咸丰八年二月十七日,档案号:05-0794-038,中国第一历史档案馆藏。

第五章　清代后宫主位的生活

清代后宫主位生活在深宫之中,其生活状况究竟如何,一直是民间津津乐道的话题。这里依据已知史料,从几个方面讨论一下后宫主位的生活情况。

第一节　"高标准"的物质生活

后宫主位进入宫廷之后便可以获得"宫分",即根据自己的等级获得"分例"。清宫内的宫分有铺宫、年例、日用三大类,其中除铺宫基本为家居陈设之外,年例和日用则均为"消耗品"。

以清中后期八旗秀女一般的初位贵人位分为例,其年例、日用宫分如下:

> 每年:银一百两、倭缎一匹、云缎二匹、衣素缎二匹、蓝素缎二匹、帽缎一匹、杨缎一匹、宫绸一匹、纱二匹、里纱二匹、绫二匹、纺丝四匹、高丽布三匹、毛青布六匹、深蓝布六匹、粗布三匹、金线三绺、绒二斤、棉花线二斤、棉花十二斤、里貂皮四张、乌拉貂皮十张。
>
> 每月:小牲口八只①、羊肉十五盘、六安茶叶七两、天池茶叶四两。
>
> 每日:猪肉六斤、陈粳米一升二合、白面二斤、白糖二两、香油三两五钱、豆腐一斤八两、粉锅渣八两、甜酱六两、醋二两、鲜菜六斤、茄子六个、王瓜六条、一两五钱重白蜡一枝、一两五钱重黄蜡一枝、一两五钱重羊油蜡三枝、红箩炭(冬例五斤)、黑炭(夏例十八斤,冬二十五斤)。②

---

① 谨按,所谓"小牲口"即鸡、鸭一类。
② 《钦定宫中现行则例》卷3,沈云龙主编:《近代中国史料丛刊续编第六十三辑》,第453—459页。

除制度上给予的基本宫分外,后宫主位遇到寿辰以及怀孕、生育等喜事,皇帝一般还另有颁赏。如乾隆三十四年九月十五日,因为容妃千秋(寿辰),高宗乾隆帝"赏容妃银三百两"①,一次的赏银即与其年例宫分银的数目相当。乾隆三十八年的九月十五日为容妃的四十千秋(寿辰),作为整寿,高宗乾隆帝赏赐给她诸多礼物,计有"恩赐无量寿佛一尊(佛堂),紫檀嵌玉如意一盒(计九柄),青玉寿星一件(紫檀座),银晶象耳双环瓶一件(红牙座),玛瑙灵芝杯一件(紫檀座),洋磁葫芦马褂瓶一件(磁座),竹根蟾一件(紫檀座),洋漆墨罐一件(紫檀座),铜掐丝珐琅朝冠耳炉一件(紫檀座),银四百五十两(库平),藏香九束(自鸣钟),锦一匹,大卷八丝缎八匹"。② 其价值远在其宫分年例之上。

清代给予后宫主位之宫分既如此之高,一些生活在宫中时间较长的后宫主位便可能累积了相当多的财富。以圣祖康熙帝的惇怡皇贵妃为例,她在康熙朝中期入宫,康熙三十九年封为和嫔,之后晋封和妃,在雍正年间被尊为贵妃,乾隆年间尊为皇贵太妃,最后在乾隆三十三年(1768年)以八十六岁高龄薨逝。根据档案记录,在乾隆九年(1744年)至三十三年间,她共得到"人参九十五斤十四两,③雍正七年之后,共得到金叶八百二十二两,金锭四百三十二个。在惇怡皇贵妃薨逝之后,内务府核对其宫内账目,发现其留下之财产仅银两即有二千七百七十两,这还不包括大量的缎匹、首饰"。④

以这种雄厚的宫分为基础,在日常生活上,后宫主位的用度都相当"高标准"。如乾隆二年(1737年)十二月初四日,孝贤纯皇后和后宫主位们在储秀宫后殿西暖阁进早膳,其各自的膳食如下:

> 皇后。早膳一桌十二品,照常点心四品,拉拉一品,跟桌饭菜七桌,

---

① 《内廷赏赐例三》,转引自于善浦:《乾隆皇帝的香妃》,北京:中国人民大学出版社,2012年,第71页。
② 《内廷赏赐例四》,转引自《乾隆皇帝的香妃》,第71页。
③ 谨按,后宫主位所获得的人参本身是作为珍贵药材获得的,既可以用于赏人,也可以用于自己的保健使用。后文提到的"禽用",档案里一作"噙用",即含食,是清宫保健的一种常见方式。
④ 《查温惠皇贵太妃宫内屡年出入银钱账目不清一案》,乾隆三十三年四月二十日,册数:291,微卷页数:109—145,台湾"中央研究院"近史所所藏内务府奏销档案。

每桌八碗,点心二盘。次送羊肉四方二桌,猪肉二方一桌,盘肉八盘一桌,干湿点心十二盘一桌,内管领进炉食三桌,每桌八盘,奶皮、敖尔布哈一桌。

贵妃。早饭菜一桌十二品,照常点心四品,跟桌饭菜五桌,每桌八碗,点心二盘。羊肉二方一桌,盘肉八盘一桌。

妃(每一位)。早饭菜一桌十二品,照常点心四品,跟桌饭菜三桌,每桌八碗,点心二盘。羊肉二方一桌,盘肉八盘一桌。

嫔(每一位)。早饭菜一桌十二品,点心四品,跟桌饭菜三桌,每桌八碗,点心二盘。羊肉二方一桌,盘肉八盘一桌。

皇后。黄盘小食一桌十五品,洋漆攒盒小食果盒四副。

贵妃。填漆鼓盒、小食果盒三副。

妃(每一位)。填漆鼓盒、小食果盒三副。

嫔(每一位)。填漆鼓盒、小食果盒二副。

用毕,本宫赏用。①

由于档案之中没有提及具体的菜色,可以与皇帝的膳食进行一下比较。根据乾隆四十年的《哨鹿膳底档》,这一年六月初六日高宗乾隆帝的两顿正餐情况如下:

六月初六日卯初请驾,卯正二刻烟波致爽进早膳。

用折叠膳桌摆:燕窝鸡丝一品(小注:双林做),鸭子火燻炖白菜一品(小注:陈保住做),羊肉丝一品(小注:额罗沙拉做)。上传:豆豉炒豆腐一品,韭菜炒肉一品,清蒸鸭子炖鹿肉攒盘一品,竹节馂小馒首一品,匙子饽饽红糕一品,蜂糕一品,银葵花盒小菜一品,银碟小菜四品。随送鸭子粥进一品。

额食三桌:饽饽十一品(小注:内有攒盘炉食三品),奶子三品,肉丁馕鸭子一品(小注:系昨日收的),二号黄碗菜十六品一桌,内管领炉食六品一桌,盘肉八品一桌。

---

① 王佩环:《清宫后妃》,第100页。

上进毕。赏舒妃米面一品,颖妃米面一品,容妃小饽饽一品,惇妃攒盘肉一品,顺嫔米面一品。

早膳后熬茶时,太监俟獃传送攒盘炉食一品(小注:系愉妃进)。

上进毕,赏祥玉等,钦此。

午初,太监小俗传旨:晚膳如意洲伺候打卤过水面赏人用。

六月初六日未正,如意洲进晚膳。

用折叠膳桌摆:莲子鸭子一品(小注:陈保住做),火燻白菜头一品,燕窝鸡丝一品(小注:系昨日收的),豆腐片汤一品。后送水烹绿豆菜一品。上传:苔蘑炒肉一品,蒸肥鸡烧麅肉攒盘一品,象眼小馒首一品,白面丝糕蘑子米面糕一品,猪肉韭菜馅煤盒子一品,豆尔馒首螺蛳包子一品,百勒苏克一品,银葵花盒小菜一品,银碟小菜四品。随送五香鸡打卤过水面进一品,粳米膳进些。

上进毕,赏用。①

虽然后宫主位的分例远不如皇帝多,用餐的排场和菜品的数量等也不能与皇帝比拟,但是从皇帝的膳食菜色看来,后宫主位的膳食菜色也相当丰富。其中,一些位分特别高的后宫主位如皇后、皇贵妃等,由于本身宫分颇丰,还自己构建独立的"小厨房",专门聘请名厨做自己的"私房菜",以至于晚清温靖皇贵妃即德宗之瑾妃名下的小厨房,"不但果桌做得最好,烹饪也颇出色。每逢她的生日,王公旧臣都喜欢吃她赏的那一顿饭"。②

除去基本生活的饮食、衣用方面,后宫主位们在消遣、娱乐上的待遇也很高。在清宫之中,最重要的消遣娱乐形式便是观戏。清初时候便有"内学"等学艺、献艺人员,到了清中期专门设立"南府"进行管理,道光朝则改为"升平署",在戏曲之外,还有杂耍等"玩意儿"以供奉内廷。清代升平署无论是从人员、机构还是服化道具来讲,都是当时一流,宫中也经常"传差"。如道光二十四年三月内,"三月初一日,同乐园承应昭代萧韶、牧羊、拷打红娘、

---

① 中国第一历史档案馆、承德市文物局合编:《清宫热河档案》,北京:中国档案出版社,2003年,第3册,第502、503页。
② 溥佳:《清宫回忆》,中国人民政治协商会议全国委员会文史资料研究委员会编:《晚清宫廷生活见闻》,北京:文史资料出版社,1983年,第16页。

梳妆掷戟、杜宝劝农。……十五日,同乐园承应昭代萧韶、藏舟、训子、问路闯界、刘二扣当、过平顶山、盗令、万花献瑞"。① 可见一斑。另外,后宫主位的消遣娱乐活动还有读书、诗词、绘画、刺绣、踢毽子、猜谜语,以至于玩游戏棋、打纸牌,均很常见。清末内务府名门"文索家"的后代察奎垣先生家藏有《红楼梦神游太虚图》,即是其家曾任内务府大臣的祖辈从宫中抄绘带回家中的游戏棋版图,十分精美。

如果说,作为衣食富足、生活多彩的现代人,还无法理解清代后宫主位在物质生活上的高标准,那么可以同时期的大众生活水平进行横向对比。根据学者研究,以清代江南农民群体内"温饱"阶级为标准,设一户有人五口,在生活消费上,每口人的口粮标准为每天一升大米,"能者倍之"。食品方面,有"荤菜日"和"非荤菜日"两种标准。其中"荤菜日"的标准是一日三十文铜钱,一般只有逢年过节或家有喜庆、接待宾客时,才能按照"荤菜日"标准进食。这种"荤菜日"在一年之中大概只有二十天左右,其余大部分时间均为"非荤菜日"。如果这种"非荤菜日"不满足于纯素,要偶尔食用鱼肉的话,那么标准是每日二十文铜钱。除去饮食外,算上住房、衣用等基本生活消费,这种五口人的一户人家全年生活消费总支出大概是九万三千二百九十六文。② 这笔年度生活消费总支出,放到银贱钱贵的清初时大概相当于一百二十两银子,而放到银贵钱贱的晚清时大概只相当于六十三两银子。③ 至于城市居民,可以用几种职业收益为例:八旗马甲月饷为三两银子(另有米),绿营战兵月饷为一两五钱银子(另有米),内务府苏拉月饷为一两银子,内务府衙门扫院人月饷为五钱银子。与这些人的生活水平相比,后宫主位的生活水平比他们高了不止一星半点。

第二节 "物权"与其他权益

清代后宫主位在后宫之中享受着高标准的物质生活,但是她们的"物

---

① 中国国家图书馆编:《中国国家图书馆藏清宫升平署档案集成》,北京:中华书局,2011年,第9册,第4246—4249页。
② 方行:《清代江南农民的消费》,《中国经济史研究》1996年第3期。
③ 谨按,本换算依彭信威:《中国货币史》。可参见彭信威:《中国货币史》,上海:上海人民出版社,1958年,第569、570、577、578、587、588页。

权"却是不断地被清代帝王所削弱,其中以"妆奁"为典型。

所谓"妆奁",即民间所谓的"嫁妆"。在清代的婚姻习惯中,当家中女儿出嫁时,无论门第、贫富,都要尽可能地为女儿准备妆奁。特别是旗人家庭,为女儿准备的妆奁尤以雄厚著称。妆奁的作用除夸耀门第等面子因素之外,最大的作用是作为新娘的"私财"进入夫家。这种妆奁惯例由新娘自主支配,实际上是新娘在夫家立身的经济基础,与其在夫家的家庭地位息息相关。

在清初,后宫主位们嫁入宫廷时,不仅要从家中携带使女入宫,也要携带一定的财物作为妆奁。在这些财物的处理和分配上,她们有着相当的权利。如康熙七年(1668年)世祖的遗孀恪妃石氏薨逝,宫廷按照她的遗嘱将其所用的金钗等物留给了她的母亲。[1] 康熙十三年(1674年)十月十一日,内务府档案记载:"贵妃因所用银子不足,将银脸盆一个交出,交予管领德赫图等融化取银。……得旨:知道了。"[2]这些都体现了她们对自己财物的物权。

但是,从清中叶开始,后宫主位的"物权"开始下降。乾隆六年十二月初七日,高宗乾隆帝曾经下达上谕称:"诸太妃所有一切,俱系圣祖皇帝所赐。诸母妃所有,亦是世宗皇帝所赐。即今皇后所有,是朕所赐。各守分例,撙节用度,不可将宫中所有移给本家。其家中之物亦不许向内传送,致涉小气。"[3]明确提到当时后宫主位的"分例物权"均是由夫家赐予,不能完全自行支配的事实。

与之互为表里的是,在清代中后期的宫廷制度中,无论是皇后的妆奁还是其他后宫主位的妆奁,均由宫廷提供,而不需要其本家准备。这些由宫中准备的妆奁,会在后宫主位入宫之前,以"纳采"或"赏赐"的名义赐予后宫主位的本家,并在入宫的前一日再由后宫主位的本家抬入宫廷。在这种制度之下,后宫主位的"妆奁"就变得徒有其名。直到光绪年间德宗大婚时,这种制度才有所松动。但是所谓"松动",只不过是"指定嫔、贵人,由内赏给银

---

[1] 《口奏绿头牌白本档案》,康熙八年八月十四日条,《内务府奏销档(缩微胶卷)》。
[2] 《口奏绿头牌白本档案》,康熙十三年十月十一日条,《内务府奏销档(缩微胶卷)》。
[3] 《国朝宫史》卷4,上册,第43、44页。

两,置办寻常衣服",①其余朝服、吉服、家具、古玩、用品等还是由宫中预备,让其本家置办的"寻常衣服"也都是由内廷"买单",本质依然未变。②故而,清中期以降的后宫主位,从她们成为后宫主位的一刻开始,一切的生活便均由宫廷配给。在理论上,其家中的财物、仆役均不能带入宫中,从事实上剥离了其与本家的经济联系。③

在这种背景之下,在宫廷内生活的后宫主位虽然手中有不少财物,却只能用于后宫人员之间的交际赏赐。如前文所述圣祖康熙帝的悫怡皇贵妃,其所有的首饰,"康熙六十一年,奉旨交养恭亲王之长女。雍正年,交养贝子索诺穆之小女,敦郡王之长女、次女,俱陪送过头面一分,其中各随东珠坠一副。再,进过孝敬宪皇后头面一分,随东珠坠一副。乾隆十五年(1750年),赏过三阿哥福晋头面一分,随东珠坠一副",④均赠与了其他后宫人员。同时,后宫主位们还要给予周边太监、宫女等人赏赐,数目也颇巨,特别是一些统御宫廷的皇后、皇贵妃,因其涉及的方面广,需要处理的事情、接触的人物也多,"人情"方面的开支便更为庞大。清末曾经侍奉过孝定景皇后的太监信修明记载道:"我所及见者,光绪之皇后在庚子前因宫费不足,年年月月以典当顶当度日。皇后有时自己诉苦,每季节所得的宫费,怎么节省也不够开支的。每年三节两寿,老佛爷、万岁爷的两份供总不能少,虽然老佛爷、万岁爷有赏赐,但总抵不住两份供花费的银子多。对于各王府王妃、命妇之交往,也是正当的一笔花销。下屋女子以做针线为主要工作,买针线、条带及锦匣等东西都得用银子。一位主子爵不论大小,对于皇上殿内的太监、太后宫的太监,小角色的无须赏赐,高级的太监,每到节令,一位皇后国母不赏赐些东西,是自觉着下不去的,因此颇感用度不足。"⑤

---

① 《筹办大婚典礼册》,晚清内务府铅印本,国家图书馆藏,第7册,第2页a。
② 关于清代妆奁以及清宫妆奁的问题,可以参见毛立平:《清代嫁妆研究》,北京:中国人民大学出版社,2007年。
③ 谨按,此处主要指的是直接作为后宫主位入宫的情况,而如果是潜邸时期娶纳的,则相对宽松一些。比如,潜邸娶纳的嫡福晋、侧福晋,多数可以从本家带"家下使女"入宫,而直接作为后宫主位入宫的,则多数没有这个权利。
④ 《查温惠皇贵太妃宫内屡年出入银钱账目不清一案》,乾隆三十三年四月二十日,册数:291,微卷页数:109—145,台湾"中央研究院"近史所所藏内务府奏销档案。
⑤ 信修明:《宫廷琐记》,信修明等:《太监谈往录》,北京:紫禁城出版社,2010年,第57页。

对于后宫主位如何使用财物,可以光绪年间的瑾妃即德宗的温靖皇贵妃宫内之《收用银钱底簿》为例。该底簿显示,在光绪二十三年(1897年)一年中,她一共收银七百七十两,其中有宫分银三百两、千秋恩赏三百两、胭粉银一百两、皇太后(孝钦显皇后)赏银二十两、皇后(孝定景皇后)赏银五十两。而本年她花费的银钱都折合为银子,一共是一千四百一十六两二钱九分五厘。核算下来,她一年亏欠银六百四十六两二钱九分五厘。在这一年的十二个月中,她花费最少的是三月,只花了银十七两零八分,而花费最多的是八月,竟花了二百一十两六钱八分。此处将三月和八月的账单分别录出如下:

三月初二日。进皇后小饽饽一盒,用钱八吊六百。

初十日。进皇后果子一盒,用钱三十四吊四百。皇后赏吃食,赏来人四吊。

(以上三月内交际花费)①

买小纸、纸捻,用钱四吊。

香供,用银二两。

他坦饭,用银八两。

厨、茶房、下屋煤,用银三两。

(以上三月内日常花费)

此一月用银十三两、钱五十一吊。

钱合银四两零八分。

共合银十七两零八分。

……

八月初二日。进老佛爷六件活计一分随匣一个,用银共三两七钱。进万岁爷六件活计一分随匣一个,用银共三两七钱。进皇后四件活计一分随匣一个,用银共二两六钱。

初三日。送珣贵妃千秋吃食一盒,用钱二十二吊三百。珣贵妃送吃食,赏来人钱四吊。

---

① 谨按,括号内均为本书作者所加注,并非原档所写,下同。

初四日。老佛爷赏莲蓬,赏来人银一两。

初八日。送瑨妃千秋吃食一盒,用钱二十七吊五百。

初九日。四格格、五格格进节礼,赏来人各钱四吊。四格格、五格格进千秋礼,赏来人各钱四吊。

初十日。进老佛爷苹果一大盒,用钱一百四十二吊四百。小姑娘进活计,赏来人钱四吊。

赏小姑娘节礼,用钱二十四吊。大格格、二格格、三格格节礼,用钱四十八吊。四格格、五格格节礼,用钱四十八吊。垣大奶奶节礼,用钱二十四吊。

中秋节。赏总管二名,用银八两。首领等,用银六两。回事坦达小太监等,用银十两。茶房首领太监等,用银四两。膳房首领太监等,用银六两。司房首领太监等,用银三两。妈妈女子等,用银四两。

十一日。进豫嫔节礼,用钱二十二吊。进祺贵妃等位节礼,用钱四十四吊。送敦宜荣庆皇贵妃等位节礼,用钱八十八吊。豫嫔赏节礼,赏来人钱四吊。祺贵妃等位赏节礼,赏各来人钱四吊。敦宜荣庆皇贵妃等位送节礼,赏各来人钱四吊。

十二日。皇后赏银十两、绢子一匣,赏来人钱八吊。

十三日。进老佛爷月饼一盒,用钱十七吊。进万岁爷月饼一盒,用钱十七吊。进皇后月饼一盒,用钱十七吊。皇后赏月饼一盒,赏来人钱四吊。

十五日。进老佛爷高摆果子四盒,用钱三百五十四吊四百。进万岁爷果子四盒,用钱一百一十一吊四百。进皇后果子四盒,用钱一百一十一吊四百。老佛爷赏银二十两,赏来人钱二吊银一两。皇后赏银十两,赏来人钱四吊。垣大奶奶进活计,赏来人钱四吊。

十六日。赏李王总管果子各二盒,用钱八十四吊。赏小姑娘吃食一盒,用钱二十一吊。大格格、二格格、三格格吃食二盒,用钱四十二吊。四格格、五格格吃食二盒,用钱四十二吊。垣大奶奶吃食一盒,用钱二十一吊。大姑奶奶、二姑奶奶活计二匣,用银二两五钱。豫嫔赏吃食,赏来人钱四吊。祺贵妃等位赏吃食,赏各来人钱四吊。敦宜荣庆皇贵妃等位送吃食,赏各来人钱四吊。进豫嫔吃食一盒,用钱十五吊五百。进祺贵妃等位吃食,用钱三十一吊。送敦宜荣庆皇贵妃等位吃食,用钱六十二吊。

二十日。老佛爷赏玉米糁,赏来人钱六吊。

二十七日。进老佛爷六件活计一分,随匣一个,用银共三两七钱。

二十九日。豫嫔供饭一桌,用银六两。

(以上八月内交际花费)

节菜,用银八两。

香供,用银二两。

他坦饭,用银八两。

厨、茶房、下屋煤,用银三两。

(以上八月内日常花费)

此一月用银八十六两二钱,钱一千五百二十六吊九百。

钱合银一百三十两零一钱五分。

共合银二百一十六两六钱八分。①

通过这份账单,可以看到后宫主位用于交际和恩赏的花费是多么庞大。同时,由于清代贵族大多对于钱物等账目缺乏概念,只交予下人处理,所以其中积弊甚多。例如,前述圣祖康熙帝的惇怡皇贵妃,在其薨逝之后,内务府调查其宫内财物时,发现"自乾隆九年至三十三年二月,共人参九十五斤十四两,除煎药及切片禽用以及赏用共五十五斤二两外,其余共变参四十斤十二两五钱。自乾隆九年至十八年,系龚三德自己经管,共卖过十八次,得三千二百余两,载在账目,而此项银两既未用出,又无存库据,龚三德自认侵用。又自十八年至三十三年二月,系龚三德与马进喜、陈顺同办,共卖参十四次,得银六千九百八十六两三钱。此银虽已入用账,而所卖价值以多报少,每次各有侵赚,龚三德、马进喜、陈顺三人分用,亦各供认不讳"。②又如,后宫主位日常饮食分例虽然甚多,但是宫中配给之厨师手艺并不很佳,若没有能力自建"小厨房",则菜色质量也难以期待,这种积弊到了晚清

---

① 《瑾妃年总开除、瑾妃年总新收、瑾妃月总奏单》,清写本,美国国会图书馆藏。
② 《查温惠皇贵太妃宫内屡年出入银钱账目不清一案》,乾隆三十三年四月二十日,册数:291,微卷页数:109—145,台湾"中央研究院"近史所所藏内务府奏销档案。

则愈演愈烈。信修明记录道:"太后膳房,旧厨役做菜,也不可口。因太后年高,得以随便。……总管李莲英,兼管太后掌案之职……曾另设一野味厨房,雇有京师名厨,多系山东人。每膳有几品可口之菜。太后即得美味,也赏赐皇上野味饭菜。皇上也感觉味道可口。……皇后膳房,附于御膳房中,另有当膳的太监侍奉。其菜品的滋味,不言可知。皇后有时命本宫的太监,买办市中之肉菜佐料,叫屋下女子,自做一两品,稍微适口而已。其余妃嫔无膳房,另有他坦,厨子是雇佣的。① 菜饭之美恶,尤不能言。"②

但是,就算是对周围人员进行"赏赐",也大多有不成文的"度"。如果有后宫主位超越了这个"度",同样会遭到处罚。如道光二十四年九月初十日,宣宗道光帝的彤贵妃舒穆禄氏从贵妃位分被直接降为贵人位分,根据档案记载:"九月初十日,总管许福喜、沈魁奉旨:据总管内务府大臣等具奏,遵旨查收咸福宫太监李得喜房间物件等项,朕看单开各款,大半皆系朕赐彤贵妃之物。命送进呈览,果俱系官物,其未经查出之银两、尺头等件,亦必不少,或埋藏或寄顿,已着刑部根究。彤贵妃受朕厚恩多年,不想如此丧良,不知自重。李得喜何等下贱不堪之物,乃如此狎比亲信,实属大负朕恩,有玷贵妃之位,着革去贵妃,降为彤贵人,其金册、宝印,即行交出,命广储司收贮,朝衣、朝冠,交敬事房,九月底进宫时呈览,钦此。"③可知其降位之原因即是超越了赏赐的"度"。

后宫主位的经济物权尚且如此,其他方面的权益也可想而知,就算是旧时社会所特别重视的"主权"也是一样。在旗人贵族的家庭之中,一般奉行"男主外、女主内"的家庭模式,由男主人之嫡妻作为"主母"负责内宅的大小事务,与男主人所负责的外务权重略同。而在清代宫廷之中,皇后不仅是后宫的"主母",也是国家的"国母",理应有更大的责任和权限。但实际上,就算是仅对于后宫内部而言,皇后作为"主母"的权限也并未如贵族府邸内"主母"的权限一样得到贯彻。雍正七年时,世宗雍正帝曾下达上谕说道:"昨日

---

① 谨按,此处所谓"妃嫔无膳房",指的是妃嫔无力建立完备的小厨房,所以只在"他坦"内设立小灶。
② 信修明:《老太监的回忆》,北京:北京燕山出版社,1987年,第9页。
③ 《为咸福宫太监李得喜私藏赏赐彤贵妃官物着将彤贵妃降为彤贵人其金册宝印即行交出命广储司收贮等情事》,道光二十四年九月初十日,档案号:05-13-002-000687-0028,中国第一历史档案馆藏。

竹子院设座,朕宴上所有之物,中宫宴上俱有,似此皆礼制所关,当有分别,方于理相合。尔等传与茶膳房人等,凡外来进鲜之物,原为朕进。朕理天下事,日夜焦劳,时思节用,不肯过分。中宫所用,如何与朕相同?不但体统不合,亦非撙节爱惜之道。"①道光十五年(1835年)二月,后宫中的刘答应被降为官女子,宣宗道光帝在上谕中也提及:"朕因刘宫女子一事,甚怪皇后奏迟,昨晚当面将皇后申饬,宫中事物岂容片刻耽延。再,如今内外不免仍有朦弊之恶习,可恨可恶之至。无论何人,一有事端,众人必向应管之人恳求不奏,只知朦弊在上一人,此即奸邪小人,张口则云恐烦劳上心,怕招上怒,其中弊病岂可胜言,是其欲以三岁婴儿待朕,安心作弊,论其人直同叛逆也。嗣后无论何人,若有应奏之事件,众人仍向应管之人恳求阻拦,不欲奏闻者,经朕查出,若是内庭等,定将位分全行革去,仍加重责。"②由此可见,皇后虽然是皇帝的嫡妻,却并非互为敌体,不仅与皇帝身份高低迥异,而且后宫的重要事情也必须奏明皇帝之后才能施行。

  皇后尚且如此,其他后宫主位的权限就只会更低。在外人的想象之中,后宫中的高阶主位可以任意使令甚至处罚低阶主位,而实际上,清宫的宫规规定:"内庭位次各有差等,须各依本分位次,谦恭和顺,接上以敬,待下以礼,非本宫首领、太监、女子不可擅行使令。"③亦即后宫主位的位分虽然有高有低,位高者应受尊重,位低者亦不能被轻视,两者并无统属关系,因而对自己名下的太监、宫女,后宫主位一样不能过于苛虐。如乾隆四十三年(1778年)十一月,发生了惇妃将自己宫内一位官女子殴打致死的事件。初八日,高宗召集皇子和军机大臣等下达上谕说道:"昨惇妃将伊宫内使唤女子责处致毙,事属骇见,尔等想应闻知。前此妃嫔内间有气性不好,痛殴婢女,致令情急轻生者,虽为主位之人,不宜过于狠虐,而死者究系窘迫自戕,然一经奏闻,无不量其情节惩治,从未有妃嫔将使女毒殴立毙之事。今惇妃此案,若不从重办理,于情法未为平允,且不足使备位宫闱之人咸知警畏。况满汉大臣官员,将家奴不依法决罚、殴责立毙者,皆系按其情事,分别议

---

① 《国朝宫史》卷3,上册,第28、29页。
② 《恩赏日记档》,转引自朱家溍、丁汝芹:《清代内廷演剧始末考》,北京:中国书店,2007年,第201页。
③ 《国朝宫史》卷8,上册,第138页。

处,重则革职,轻则降调,定例森然,朕岂肯稍存歧视。惇妃即著降封为嫔,以示惩儆。并令妃嫔等嗣后当引以为戒,毋蹈覆辙,自干重戾。朕办理此事,准情酌理,惟协于公当,恐外间无识之徒,或有窃以为过重者,不知朕心已觉从宽,事关人命,其得罪本属不轻,第念其曾育公主,故从末减耳。若依案情而论,即将伊位号摈黜,亦岂得为过当乎?朕临御四十三年以来,从不肯有溺爱徇情之事,尔诸皇子及众大臣皆所深知。即如惇嫔平日受朕恩眷较优,今既有过犯,即不能复为曲宥。……所有惇嫔此案,本宫之首领太监郭进忠、刘良获罪甚重,著革去顶带,并罚钱粮二年。其总管太监亦难辞咎,除桂元在奏事处,萧云鹏兼司茶膳房,每日在御前伺候,不能复至宫内稽查,伊二人著免其议罪;其王忠、王成、王承义、郑玉柱、赵得胜专司内庭,今惇嫔殴毙使女,伊等不能豫为勤阻,所司何事?著各罚钱粮一年。但其事究因惇嫔波累,著将伊等应罚钱粮,于各名下扣罚一半,其一半亦惇嫔代为缴完。所有殴毙之女子,并著惇嫔罚出银一百两,给其父母殓理。此案虽系小事,朕一秉大公至正,与综理庶务无异,亦可恍然咸喻朕意矣。将此旨交总管内务府大臣,传谕内府诸人知之。并著缮录一通,交尚书房、敬事房存记,令诸皇子共知警省,永远遵奉。"[1]这是显示后宫主位权限的典型案例。

第三节 "礼仪"与"规矩"

古代贵族生活讲求礼仪,所以很多场合都尤其讲究"程式化""仪式感",作为"天子之家"的宫廷,则更是将"程式化""仪式感"做到了极致。

以清代的"冬至"为例。清代将"冬至"视为一年中重大节日之一,是宫廷"三大节"之一。在这一天,皇帝要主持祭天大礼,并且御殿接受朝贺。在官方外朝的典礼之后,内廷也一样要有相应典礼。光绪二十年冬至是十一月二十六日,当日在外朝进行了典礼,内廷的典礼则安排在十一月二十七日。其典礼仪轨如下:

十一月二十七日卯正。总管一名,请皇后具礼服,从钟粹宫乘八人

---

[1] 《国朝宫史续编》卷2,上册,第21、22页。

孔雀顶轿。瑾贵人、珍贵人,各从本住处乘轿,出苍震门,进蹈和门。

皇后至宁寿宫东穿堂降舆,步行至东配殿等候。瑾贵人、珍贵人至宁寿宫东西穿堂下轿,步行至东西围房,分翼等候。

总管二名,引皇后率瑾贵人、珍贵人步行至殿内拜褥上,诣慈禧端佑康颐昭豫庄诚寿恭钦献崇熙皇太后前行六肃三跪三拜礼。荣寿固伦公主、福晋、命妇等在槛外随从行礼毕。

皇后、瑾贵人、珍贵人步行出宁寿宫东西穿堂,进衍祺门,至乐寿堂等候。

皇后率瑾贵人、珍贵人诣慈禧端佑康颐昭豫庄诚寿恭钦献崇熙皇太后前跪递如意毕。

皇后、瑾贵人、珍贵人步行至衍祺门外,皇后乘八人孔雀顶轿,瑾贵人、珍贵人乘轿,出蹈和门,进苍震门,由景和门至乾清宫后隔扇。

皇后降舆,瑾贵人、珍贵人下轿,步行至乾清宫等候。

皇上升乾清宫宝座。

总管二名,引皇后率瑾贵人、珍贵人步行至殿内拜褥上,诣皇上前行六肃三跪三拜礼。礼毕。荣寿固伦公主步行至殿内拜褥上,诣皇上前行三跪九叩礼。礼毕。皇后步行从后隔扇乘八人孔雀顶轿,瑾贵人、珍贵人乘轿,由隆福门至吉祥门外。皇后降舆,瑾贵人、珍贵人下轿,步行至养心殿等候。

皇上升前殿宝座。

皇后率瑾贵人、珍贵人诣皇上前跪递如意毕。荣寿固伦公主诣皇上前跪递如意毕。

是日,钟粹宫门外设皇后仪驾。

总管一名,请皇后步行至吉祥门外,乘八人孔雀顶轿,瑾贵人、珍贵人乘轿,由端则门至基化门。

皇后还钟粹宫,升前殿宝座。

瑾贵人、珍贵人率荣寿固伦公主、福晋、命妇等诣皇后前,行三跪九叩礼,跪递如意毕。

总管一名,请皇后起座,从钟粹宫乘八人孔雀顶轿,瑾贵人、珍贵人乘轿,出苍震门,进蹈和门,至衍祺门外。皇后降舆,瑾贵人、珍贵人下轿,步行进衍祺门,至阅是楼等候。

慈禧端佑康颐昭豫庄诚寿恭钦献崇熙皇太后乘八人花杆孔雀顶轿至阅是楼院内降舆,皇帝率皇后、瑾贵人、珍贵人跪接。

侍膳、进果桌、看戏。

戏毕,皇帝率皇后、瑾贵人、珍贵人院内跪送慈禧端佑康颐昭豫庄诚寿恭钦献崇熙皇太后乘八人花杆孔雀顶轿还乐寿堂。

皇后、瑾贵人、珍贵人步行至衍祺门外,皇后乘八人孔雀顶轿,瑾贵人、珍贵人乘轿,出蹈和门,进苍震门。皇后还钟粹宫。瑾贵人、珍贵人各往本住处。①

节日既已如此,万寿、千秋等寿辰也与之类似,一样充满了"程式化""仪式感"。以道光十七年(1837年)十月初十日为例,这一天是孝和睿皇后的圣寿,当时帝后均暂住在圆明三园之中,却丝毫没有减损其仪制,其典礼仪轨如下:

十月初十日卯初,总管梁保请皇后、静贵妃、佳嫔、常贵人、成贵人、祥贵人、琳贵人、宜常在、四公主、六公主,从湛静斋马头坐船,由春和镇,至秀清村马头乘轿,过南楼门,至松风萝月马头坐船,至敷春堂,诣皇太后前递如意毕,乘轿至迎晖殿东配殿等候。

上在慎德堂办事、进早膳毕,卯正二刻,从圆明园殿乘八人轿由南大桥出,出入贤良门、圆明园大宫门,至绮春园大宫门外步行进大宫门,至二宫门下御座房等候。

礼部堂官转传与内监,奏请随寿康宫总管王得恩、田代余,奏请皇太后具龙袍褂,升迎晖殿宝座。

礼部堂官引万岁爷至拜褥前,率皇子、王大臣等行三跪九叩礼。礼毕,寿康宫总管王得恩、田代余奏礼毕。皇太后起座还宫。上步行出西屏门,乘轿至御座房等候。

---

① 《皇后率瑾贵人珍贵人诣慈禧皇太后前行礼等事宜行程单》,光绪二十年,档案号:05-13-002-000310-0059,中国第一历史档案馆藏。

铺设拜毡毕,总管梁保请皇后、贵妃、嫔、贵人、常在、公主,各就拜毡立。寿康宫总管王得恩、田代余,奏请皇太后升迎晖殿宝座。皇后、贵妃、嫔、贵人、常在、公主等行六肃三跪三拜礼。礼毕,寿康宫总管王得恩、田代余奏礼毕。皇后等位至敷春堂西马坐船,至松风萝月马头,乘轿过南楼门,至马头坐船,由安乐渡至同乐园后马头,步行至同乐园等候。

皇太后起座,还顺寿轩升座,总管刘进喜奏请上步行至顺寿轩,诣皇太后前递如意毕,乘轿至西马头坐船,至松风萝月马头,乘轿过西楼门,至马头坐船,由安乐渡至同乐园后马头,步行至同乐园等候。

总管李景云引如贵妃、恩嫔,诣皇太后前递如意。行礼毕,总管王得恩、田代余,请皇太后从敷春堂西马头坐船,至松风萝月马头,乘轿过南楼门,至马头坐船,由安乐渡至同乐园后马头。上同皇后、贵妃、嫔、贵人、常在等位在后月台迎接皇太后,随至同乐园看戏。

午初进皇太后果桌。午正一刻进皇太后晚膳。未初三刻戏毕。

皇太后从后马头坐船,由安乐渡至秀清村马头,乘轿过南楼门,至松风萝月马头坐船还敷春堂。

上步行,由西穿堂至洛伽胜境马头坐船,还慎德堂。

皇后等位从后马头坐船,还湛静斋。

酉初,上从圆明园殿乘轿,由如意桥,至生秋庭冬供前拈香毕,乘轿由如意桥还慎德堂。①

可以看到,无论是冬至还是寿辰,一整天内,有半天的时间均要进行复杂而乏味的典礼仪式。至于在这种日子内看戏,恐怕除了帝后自己之外,其他主位都只能差强人意,未必能够放松、尽兴。

这种对于"程式化""仪式感"的追求也充斥在宫廷的日常生活之中。如清宫宫规内规定:"皇帝驾临内宫,本宫居住之内庭等位咸迎于本宫门外立俟。驾至,随行进宫。驾回,仍送于本宫门外。若皇后驾临,各宫迎送之仪

---

① 《呈皇后静贵妃等诣皇太后礼仪清单》,道光十七年,档案号:04-01-14-0063-049,中国第一历史档案馆藏。

亦如之。"①

与这些"礼仪"互为表里,清代宫廷内还有详细、复杂的"规矩"制约着后宫主位的生活。以后宫主位们与自己的本家关系为例。根据宫规:"内庭等位父母年老,奉特旨许入宫会亲者,或一年,或数月,许本生父母入宫,家下妇女不许随入,其余外戚一概不许入宫。"②"各宫首领遇年节奉主命往外家,或以事故慰问前往者,不许传宣内外一切事情。"③而且"不可将宫中所有移给本家。其家中之物亦不许向内传送,致涉小气……除来往请安问好以外,一概不许妄行"。④ 除去特恩之外,只有在后宫主位怀孕之时,"有生母者许进内照看"⑤,更不要提一些文学作品里所渲染的"回家省亲"了。⑥换言之,清宫是从"规矩"上尽可能地割裂了后宫主位与其原家庭的联系。

至于生活中的细微小事,一样有诸多"规矩"。如咸丰五年时,玫(珧)贵人被文宗咸丰帝降为官女子,其理由除"凌虐使女"之外,还有"与太监孙来福任意谈笑"一条。文宗在上谕中指出:"六宫规矩理宜严肃,嗣后若再有任性凌虐使女,与大监诙谐,无所不至者,朕必照此办理。若太监再有似此无规矩者,朕岂能尚如此轻办,必即将太监正法。"⑦可知连后宫主位与宫内太监谈笑这等小事均属触犯"规矩",可见清宫规矩之严密。

繁复而空洞的"礼仪"和"规矩"实际上造成了宫廷人员之间感情的相对空疏,也使得她们的生活乏味、空虚。这也是清代以宫廷为首的旗人世家"礼仪"和"规矩"愈发繁复之后的通病。其中更以寡居的先朝后宫主位的生活最为淡泊。清末太监曾经这样记述穆宗同治帝的遗孀献哲皇贵妃一天的生活:

> 这位太妃早晨起床后,由妈妈、宫女替她穿衣服鞋袜,走出寝宫,由

---

① 《国朝宫史》卷8,上册,第139页。
② 《国朝宫史》卷8,上册,第139页。
③ 《国朝宫史》卷8,上册,第139、140页。
④ 《国朝宫史》卷4,上册,第43、44页。
⑤ 《国朝宫史》卷8,上册,第139页。
⑥ 谨按,关于所谓"省亲"之说,可参考王光尧:《清代后妃省亲与清宫客房》,《紫禁城》1991年第2期。
⑦ 《钦定宫中现行则例》卷2,沈云龙主编:《近代中国史料丛刊续编第六十三辑》,第219、220页。

第五章 清代后宫主位的生活

梳头的小太监给她梳头、整装。八点钟进早餐,餐后,她回到屋里去坐下,手拿着念珠念半个钟头无声佛。随后吃茶,吸水烟、旱烟。午后一点钟进小餐,餐后歇午觉。三点钟起床,四点钟进正餐,餐后又回屋里去念无声佛。随后由妈妈、宫女、太监们陪她,也许到外面转转,散散心;也许摸骨牌,让太监们讲故事、说笑话,让小太监们学猫叫、狗叫,乱扯些什么,有时候也由太监讲些从外面听来的新闻。无聊的时光常常这样混到夜里十点、十一点,进完晚粥,太妃就进寝宫睡觉了。①

在这种生活氛围的影响之下,许多后宫主位,特别是寡居的后宫主位,在长期的宫廷生活中逐渐失去生气,如穆宗同治帝的遗孀恭肃皇贵妃与敦惠皇贵妃,在溥佳的回忆中,即是"枯瘦而苍白的脸上,总带着一种无限忧伤的神气,没有一丝笑容,说话的声音细得几乎听不出来"。②

第四节 时代的变化

如前文所述,整体来讲,清代后宫主位的生活即是在高标准的物质基础之下,谨慎小心,恪守位分,充满繁复而空洞的"礼仪""规矩",高压且乏味。但同时,也应当看到,在有清一代二百余年的时间里,其生活所受到的限制有一个发展变化的过程。

以后宫主位与宫外人员的关系为例。在清初时,凡是生育了成年子嗣的前朝后宫主位,大多可以在新帝的允许之下搬离宫廷,由亲生或抚养之子赡养,安度晚年。如世祖的宁悫妃,即在康熙三十一年搬离宫廷,住在其子和硕裕宪亲王福全府内,直到薨逝。圣祖的惠妃、宜妃、荣妃等也照此例,在雍正初年搬离宫廷,与自己的亲子或养子家庭住在一起。但是,这种情况却在高宗乾隆帝即位后废除,改为"每年之中,岁时伏腊,令节寿辰,二王及各王贝勒可各迎太妃太嫔于府第。计一年之内,晨夕承欢者可得数月,其余仍

---

① 刘兴桥、赵荣升、冯乐庭:《女主的生活》,中国人民政治协商会议全国委员会文史资料研究委员会编:《晚清宫廷生活见闻》,第190、191页。
② 溥佳:《清宫回忆》,中国人民政治协商会议全国委员会文史资料研究委员会编:《晚清宫廷生活见闻》,第15、16页。

在宫中",以达到"王等孝养之心与朕敬奉之意庶可两全"①之目的。

在乾隆朝初期的档案中,尚能偶见后宫主位之本家奉特旨入宫会亲的记录,如乾隆三年时,高宗上谕内提到"皇太后驻跸畅春园后,外祖父母以时进见则可,其余人等概不许时常请见"。② 高宗自己的后宫主位慧贤皇贵妃之父高斌之妻,亦至少曾经在乾隆二年③和乾隆五年④两次蒙恩入宫会亲。而在乾隆中叶所修撰的《国朝宫史》内,已经反映出当时宫规对后宫主位和宫外人员联系的限制,体现了宫规的具体化、严格化。

到了道光年间,档案则显示出在宫规严格的氛围之下,结合人情等具体因素,宫廷的习惯也略有变化。如道光七年(1827年)时,宣宗道光帝即专门组织过当朝后宫亲属入宫探亲,档案内记载:

> 八月初二日、初三日,皇后、全贵妃、祥妃、静妃会亲。
> 初二日,和妃、恬嫔会亲。
> 初四日,顺贵人会亲。
> 皇后亲族人等出入走西南门。
> 全贵妃、和妃、祥妃、静妃、顺贵人亲族人等出入走福园门。
> 恬嫔亲族人等出入走苍震门。⑤

这种偶尔一次,为期一天的入宫会亲行为,也被后来的几朝所继承。如同治元年(1862年)时,宫内也组织过一次会亲,档案内记载:

> 同治元年二月初九日由敬事房传出:
> 二月十一日,祺妃会亲,在承乾宫。
> 裕诚之妻、裕诚之八、九女、广林之妻,出入苍震门,卯时进,酉

---

① 《高宗纯皇帝实录》卷8,雍正十三年十二月己巳条,《清实录》,第9册,第301、302页。
② 《国朝宫史》卷4,上册,第40页。
③ 《奏为奴才女人荷蒙进见贵妃皇上恩赐克食谢恩事》,乾隆二年十一月十三日,档案号:04-01-12-0009-041,中国第一历史档案馆藏。
④ 《奏为女人得进见贵妃并恩赏看戏等谢恩事》,乾隆五年四月初六日,档案号:04-01-12-0019-092,中国第一历史档案馆藏。
⑤ 《皇后妃嫔等位会亲日期单》,道光七年,档案号:05-13-002-000128-0145,中国第一历史档案馆藏。

时出。

二月十一日,玟妃会亲,在承乾宫。

广敏之妻、诚意之女、诚恩之女、家下人一名,出入苍震门,卯时进,酉时出。

二月二十二日,彤妃在萱寿堂会亲。

之婶母(小注:系原国盛之妻)、之胞妹(小注:系和顺之妻)、之侄女,出入寿安门,卯时进,酉时出。

二月二十二日,佳妃会亲,在寿安宫。

之姨母、绍廷之妻、栢麟之妻,卯时进,酉时出,出入寿安宫右门。

二月二十二日,琳皇贵太妃会亲,在寿安宫。

之婶母、之舅母、常麟之女,卯时进,酉时出,出入寿安宫右门。

二月二十二日会亲,卯时进,酉时出,寿安宫,李贵人之胞兄、缎库郎中恒升之妻。①

同时,在晚清时,对于曾经生育过子女的后宫主位,也会特地照顾她们与亲生子女的关系。如文宗咸丰帝的庄静皇贵妃,其在咸丰五年生下了荣安固伦公主。同治十二年(1873年)八月荣安固伦公主出嫁,同月十九日,庄静皇贵妃出宫前往公主府看视,"当日还宫"。② 同治十三年十二月荣安固伦公主因产后天花病重,当月二十七日③和二十九日④,庄静皇贵妃均出宫前往公主府探视。这些制度、规矩上的变化,也显示了在生硬的制度之下,实际执行中的一些通融变化。

---

① 《为传出同治元年二月十一日祺妃会亲亲族人等在承乾宫并于苍震门出入时间等情事》,同治元年二月初九日,档案号:05-13-002-000775-0148,中国第一历史档案馆藏。
② 《为知照丽皇贵妃前往荣安固伦公主府第当日还宫除派导引跟随及散秩大臣侯施振走带豹尾枪事致内务府》,同治十二年八月十八日,档案号:05-13-002-000825-0138,中国第一历史档案馆藏。
③ 《为传知丽皇贵太妃往大公主府去所用引导等人照例派出届期在寿康宫后铁门外预备事》,同治十三年十二月二十七日,档案号:05-13-002-000830-0161,中国第一历史档案馆藏。
④ 《为传知丽皇贵太妃往荣安固伦公主府去所用引导等人照例派出届期在寿康宫后铁门预备事》,同治十三年十二月二十九日,档案号:05-13-002-000830-0172,中国第一历史档案馆藏。

清代后宫主位的出身各不相同,所以从其个人角度来看待的宫廷生活也应当有较大区别。单以物质上来说,有的后宫主位自身出自钟鸣鼎食之家,坐拥豪产,朝居高官,生活用度不凡,后宫主位高水平的物质生活对她们而言便缺乏吸引力,这样一来,后宫生活的空洞和乏味可能就会相对凸显。反之,对于一些出身普通的后宫主位而言,进入后宫,得享高水平的物质生活,可能就是她们所汲汲追求的目标。以文宗咸丰帝后宫之中的容嫔为例,容嫔为镶黄旗包衣出身,父亲名为萨尔杭阿,原本在咸安宫官学任六品清语教习,每年的官俸为六十两银子,加上京官双俸以及每年六十斛的俸米折算为银,①每年的官方收入总计有一百五十九两银子,也是其全家的总收入,水平不过小康以上而已。容嫔出生的第二年,其父萨尔杭阿病故,又因族中人丁稀少没有近亲可以依靠,只留下了寡母和容嫔"孤儿寡母"。由于失去了全家的经济来源,容嫔母女只能借住在远亲家里,节衣缩食。佐领将其母作为孀妇上报给旗里,才给予其家每月一两的孀妇钱粮,勉强糊口。② 在这种情况之下,如果容嫔没有被选入后宫,而是作为普通人家的子女生活,那么以其家的家境,成年之后如何置办妆奁可能都是问题,而其被选入宫中成为后宫主位之后,至少从物质生活的层面上来讲无须再为生计发愁。这种不同背景、不同情况下对后宫生活的评价差异,也应当受到注意。

---

① 谨按,清代朝廷所发放的禄米均为陈米,也叫老米,很多人吃不惯这种米,所以大臣领到之后一般都直接转售出去。清代米一石等于二斛,这里是按照道光二十一年定的官价,即一石禄米折一两三钱银子计算的,实际上比市价要低一点。
② 《为给发镶黄旗原教官萨尔杭阿之妻孀妇骆氏养赡钱粮米石事》,道光十九年八月初三日,档案号:05-08-020-000218-0047,中国第一历史档案馆藏。

下部

在下部中,以帝系为别,逐一整理清代后宫主位的情况。每一位后宫主位,根据已知的史料信息,分成几方面进行记述。

其体例如下:

【简介】　如同小传。主要依据《清列朝后妃传稿》《清皇室四谱》《星源集庆》等书整理,并加以现今通过研究史料已经确定的新结论。

【入宫背景】　讨论这位后宫主位入宫的时间、选秀的经过以及当时的后宫情况。

【家族背景】　在其家族谱系信息清楚且经过梳理核对的前提下,[1]讨论其家族的整体历史背景,并且具体地讨论其婚姻圈的情况。[2]

【封谥释义】　分析其封号、谥号的情况以及对应的满语含义。

【宫廷生活】　略述后宫主位进入宫廷之后的生活情况。

---

[1] 本书中对于满洲姓氏的谱系采取"某系"的命名方式,这种命名方式以《八旗满洲氏族通谱》作为统计基础,将同一个姓氏内明确记载为"同族"(有共同男性祖先)的支系合称为一个"系",并以其已知最早的始祖名讳进行命名。如"昂果都理巴颜系喜塔腊氏",即以"昂果都理巴颜"为始祖的数支喜塔腊氏家族。从目前的研究来看,一个满洲姓氏内部会有很多个"系",各"系"之间没有共同男性祖先关系,自然也没有堂亲血缘关系。另有一些满洲姓氏属于稀姓,支系很少,难以命名,只以"某支"进行称呼。至于汉军旗人的姓氏,则基本按照中原人民的传统习惯,称为"某地某氏"。

[2] 本书中对于人物出身的门第、家世,采用两套词汇进行描述,特说明如下:第一套词汇是按照官职的高低,将所处的阶层分为三个大的类别。第一大类别为"官员",特点为出任职官,有品级。其中,官职达到二品以上的称为"高级官员",三品到五品(或六品)的称为"中级官员",六品以下的称为"低级官员"。第二大类别为"差事",也称为"兵丁",特点是没有出任职官,没有品级,但是在官方衙门当差或者挑补兵缺。即是没有品级,但是领官方给予工资的人群。其中,根据官方所给月收入的不同以区分高低,如"马甲"为每月三两之差事,而"苏拉"为每月一两之差事,高下立见。第三大类别为"白身",即既没有出任职官也没有在官方当差的普通人家。第二套词汇是按照清代旗人笔记以及口述历史等方面所继承下来的描述方法,将所处的阶级分为三个大的类别。第一大类别为"世家",凡累世高官或数代有科名、有世爵世职者称为"世家",其重要特点是进入"世家"之间的婚姻圈。"世家"内部根据情况也有"一等世家""次等世家""下层世家"等细分。第二大类别为"官宦人家",指的是没能形成"世家"地位的官员之家。第三大类别为"兵丁闲散人家",指的是第一套词汇里的"差事""兵丁"以及"白身"阶层。这两套词汇在应用上各有利弊。第一套词汇是单纯从品级来看待门第,优点是明白直接,缺点则是过于机械。在清代,对于家门的门第虽然可以从品级进行分析,但过于机械很容易出现错误。如某内阁大学士之子因故不愿出仕,以"白身"或者"生员"身份度过一生,如果机械地看待他的门第,是直接从"高级官员"跌落至"白身"。实际上,这位内阁大学士之子为"世家"的一员,在"世家"婚姻圈内。所以其虽然品级上属于白身,但是其所娶妻子还都是世家之女,其所生之子女也很可能出仕达到高级官员的身份。同时亦需指出的是,第二套词汇的"世家"的词语因没有特别准确、细致之标准,所以在一定程度上具有主观性质,是其主要缺点。

【考证】 以某位后宫主位相关的具体问题或者事件进行考证。

【概述】 在某些某位后宫主位史料信息比较少的情况下,以概述的形式简单描述已知的情况,以待今后史料继续发掘整理。

第六章　清太祖之前列帝妻妾

清太祖之前列帝，即后来追封的肇祖原皇帝都督孟特穆、兴祖直皇帝都督福满、景祖翼皇帝觉昌安、显祖宣皇帝塔克世。清代官方对于这些追封帝王的记录并不多，虽然有一些明朝或者朝鲜方面的记录，但又难免有道听途说之嫌。谨综合已知的信息整理如下。

第一节　肇祖原皇帝与肇祖原皇后

肇祖原皇帝都督孟特穆，亦作"猛哥帖木儿"，满文作"mengtemu"[①]。他是元末的万户，在元末明初之际率部南迁。于永乐三年（1405年），受封为"建州卫都指挥使"。宣德八年（1433年）八月，在与七姓女真的战争中被杀。根据清代官方《玉牒》的说法，肇祖原皇帝都督孟特穆生充善，充善生锡宝齐篇古，锡宝齐篇古生兴祖直皇帝都督福满，兴祖直皇帝都督福满生景祖翼皇帝觉昌安，景祖翼皇帝觉昌安生显祖宣皇帝塔克世，显祖宣皇帝塔克世生太祖高皇帝，所以肇祖原皇帝即是清太祖的六世祖。崇德建制之后，追封列祖，都督孟特穆被尊为泽王。顺治五年十一月，被追谥为肇祖原皇帝，其嫡妻则被追谥为肇祖原皇后。

肇祖原皇后

【简介】

肇祖原皇后。姓氏不明。生卒年亦不明。嫁与肇祖原皇帝为嫡妻。崇德元年，以衣冠冢奉安赫图阿拉尼雅满山老陵，后改称兴京永陵。[②] 顺

---

① 辽宁省档案馆编：《满洲实录》，沈阳：辽宁教育出版社，2012年，上函，第22页。
② 谨按，兴京永陵原为爱新觉罗氏家族在赫图阿拉尼雅满山岗的祖坟，档案上称为"祖陵""老陵""兴京陵"。天命九年（1624年），将景祖、显祖等迁葬到东京辽阳城北之新（转下页）

治五年十一月初八日,追上尊谥曰肇祖原皇后,奉祀太庙后殿。

【概述】

清代官方的皇族谱牒《玉牒》等书均未提及肇祖原皇后的氏族与生平。

按照《星源集庆》的说法,肇祖及原皇后曾在天命九年(1624年)四月初一日与兴祖、景祖、显祖等人的尸身一起从赫图阿拉尼雅满山老陵迁葬到东京陵。但是在《满洲实录》中称:"命宗弟铎弼、旺善、贝和齐往祖居呼兰哈达赫图阿拉处移先陵。三人承命,至皇祖考妣及皇后诸陵前用太牢祭毕,乃移诸灵。"满文本中,对"诸灵"记载的比较具体,为"mafa ama eshete ahūta deote juse fujisa i giran"①,直译为"祖父、父亲、诸叔父、诸兄、诸弟、诸子、诸福晋之尸",并未提及肇祖夫妻。后文提到清太祖祭祀诸祖,亦未提及作为远祖的肇祖。故而《清皇室四谱》的作者唐邦治认为肇祖原皇帝与肇祖原皇后之陵均为衣冠冢。② 目前的研究也认为肇祖原皇帝和肇祖原皇后之陵为崇德元年所设衣冠冢。③

第二节　兴祖直皇帝与兴祖直皇后

兴祖直皇帝都督福满,其名满文作"fuman"④,是肇祖原皇帝都督孟特穆的曾孙,太祖高皇帝的曾祖父。他曾任建州左卫都督,所生六子被称为"宁古塔"贝勒,其余事迹则不甚清楚。崇德建制之后,追封列祖,都督福满被尊为庆王。顺治五年十一月,被追谥为兴祖直皇帝,其嫡妻则被追谥为兴祖直皇后。

兴祖直皇后

【简介】

兴祖直皇后,喜塔腊氏,都理吉都督之女。生卒年不明。嫁与兴祖直皇

(接上页)陵,称为"东京陵"。顺治年间又因东京陵风水不佳,将景祖、显祖等迁回兴京陵,并统一命名为"永陵"。

① 《满洲实录》卷7,《清实录》,第1册,第368—370页。
② 唐邦治:《清皇室四谱》,沈云龙主编:《近代中国史料丛刊(第八辑)》,台北:文海出版社,1966年,第33页。
③ 傅波等:《清永陵志》,沈阳:辽宁民族出版社,2008年,第91页。
④ 辽宁省档案馆编:《满洲实录》,上函,第24页。

帝为嫡妻。奉安赫图阿拉尼雅满山老陵，后改称兴京永陵。顺治五年十一月初八日，追上尊谥曰兴祖直皇后，奉祀太庙后殿。

【概述】

清代官方的皇族谱牒《玉牒》等书均未提及兴祖直皇后的氏族与生平。民间则发现了《永陵喜塔腊氏谱书》等书，可以补充其信息。

根据《永陵喜塔腊氏谱书》等谱牒记载，兴祖直皇后出身昂果都理巴颜系喜塔腊氏，这也是喜塔腊氏一姓在清代最为知名的一个系。此系的始祖名为昂果都理巴颜，世居尼雅满山地方，其生有七子，形成了七支后裔，兴祖直皇后是其第一子都理金都督之子都理吉都督的女儿，亦即昂果都理巴颜的曾孙女。兴祖直皇后有两位兄弟，年长的名为禅察都督，年轻的名为阿尔图。后来禅察都督的孙女额穆齐嫁给兴祖直皇帝的孙子显祖宣皇帝塔克世，即清太祖的生母显祖宣皇后。关于其本家后裔的情况，请参考本章"显祖宣皇后"条。另外，昂果都理巴颜的第五子萨璧图的九世孙女，就是清仁宗嘉庆帝的原配孝淑睿皇后。①

与肇祖原皇帝和肇祖原皇后一样，按照《星源集庆》的说法，兴祖夫妻曾经迁葬到东京陵。但是在《满洲实录》里只提到"祖父""父亲"等人，②并不包括作为曾祖的兴祖直皇帝，后文提到清太祖祭祀诸祖，亦同样未提及。

第三节　景祖翼皇帝与景祖翼皇后

景祖翼皇帝觉昌安，亦作"觉昌刚"，满文作"giocangga"③，是兴祖直皇帝都督福满的第四子，太祖高皇帝的祖父。作为"宁古塔"贝勒之一，曾任建州左卫都督。万历十一年（1583年），被明军所误杀。崇德建制之后，追封列祖，觉昌安被尊为昌王。顺治五年十一月被追谥为景祖翼皇帝，其嫡妻则

---

① 此段以及后文显祖宣皇后喜塔腊氏谱系，整理自《八旗满洲氏族通谱》《永陵喜塔腊氏谱书》，吕萍主编：《佛满洲家谱精选·辽宁卷》，北京：人民出版社，2017年；中国第一历史档案馆：《清代谱牒档案（缩微胶卷）》B31—B56；顾廷龙主编：《清代朱卷集成》，台北：成文出版社，1992年，第75册，熙彦朱卷履历。
② 谨按，此处的"祖父"是单数的"mafa"，而不是既可译成"众祖"又可译成"祖先"的复数"mafari"。
③ 辽宁省档案馆编：《满洲实录》，上函，第24页。

被追谥为景祖翼皇后。

景祖翼皇后

【简介】

景祖翼皇后。姓氏不明。生卒年亦不明。嫁与景祖翼皇帝为嫡妻。原奉安赫图阿拉尼雅满山老陵。天命九年四月初一日,移奉东京陵。顺治五年十一月初八日,追上尊谥曰景祖翼皇后,奉祀太庙后殿。顺治十五年(1658年),移奉兴京永陵。

【概述】

清代官方的皇族谱牒《玉牒》等书均未提及景祖翼皇后的氏族与生平。

按照《星源集庆》的说法,景祖翼皇后在天命九年四月初一日与景祖等人的尸身一起从赫图阿拉尼雅满山老陵迁葬到东京陵。而在《满洲实录》中,虽然汉文本提到的是"皇祖考妣及皇后",但是后文提到移葬时所用肩舆,开列为:"皇祖考用红幪,中宫皇后用黄,其皇伯父礼敦巴图鲁、皇弟达尔汉巴图鲁、青巴图鲁、宗室弟祜尔哈奇用红。"满文亦同,①并未提及祖母景祖翼皇后和母亲显祖宣皇后。这也是唐邦治在《清皇室四谱》里提出"移葬景祖于东京,不及翼皇后,未详其故"②的由来。也有人认为《满洲实录》中所提到的"诸福晋"即包括景祖翼皇后。目前不知道兴京永陵的景祖翼皇后是否为衣冠冢。

第四节 显祖宣皇帝的妻妾

显祖宣皇帝塔克世,其名满文作"taksi"③,是景祖翼皇帝觉昌安的第四子,太祖高皇帝的父亲。他曾任建州左卫指挥使,万历十一年被明军所误杀。崇德建制之后,追封列祖,塔克世被尊为福王。顺治五年十一月,被追谥为显祖宣皇帝,其嫡妻喜塔腊氏则被追谥为显祖宣皇后。

---

① "皇祖考用红幪"满文作"mafa ama giran be fulgiyan kiyoo",直译为"祖父、父亲的尸用红轿"。可参见《满洲实录》卷7,《清实录》,第1册,第369页。
② 唐邦治:《清皇室四谱》,《近代中国史料丛刊(第八辑)》,第33页。
③ 辽宁省档案馆编:《满洲实录》,上函,第26页。

一、显祖宣皇后

【简介】

显祖宣皇后,喜塔腊氏,阿古都督之女,名额穆齐,亦作"厄墨气"。嫁与显祖宣皇帝为嫡妻。嘉靖三十八年(1559年),生第一子弩尔哈齐,即太祖高皇帝。嘉靖四十三年(1564年),生第三子和硕庄亲王舒尔哈齐。其后又生第四子多罗通达郡王雅尔哈齐及第一女和硕公主。隆庆二年(1568年)崩。原奉安赫图阿拉尼雅满山老陵。天命九年四月初一日,移奉东京陵。顺治五年十一月初八日,追上尊谥曰显祖宣皇后,奉祀太庙后殿。顺治十五年,移奉兴京永陵。

【概述】

显祖宣皇后出身于昂果都理巴颜系喜塔腊氏,是昂果都理巴颜系第一子都理金都督的曾孙阿古都督的女儿,闺名为"额穆齐",满文作"emeji"①。在民间史料记载中,显祖宣皇后的本家后代与显祖宣皇后两位姐妹的后代,被作为外戚奉命守护永陵和福陵,其中守护福陵的一支被福陵当地人称呼为"三户赵"。所谓"三户赵",指的是阿古都督有三子三女,三子为达格、多甘扎亲、派古;三女中第一女嫁伊尔根觉罗氏噶哈,第二女为显祖宣皇后,第三女嫁萨克达氏各书微。② 于是太祖的舅舅喜塔腊氏子孙、姨娘伊尔根觉罗氏子孙、姨娘萨克达氏子孙三支后裔就是"三户赵","永称国戚姨娘子孙",在永陵、福陵均有专门给他们的官缺和兵缺,福陵缺为"舅姨子孙章京品级六十五员""舅姨子孙兵一百名",均为月俸二两的专缺。③ 同时,一些研究还指出显祖宣皇后之父阿古都督即是明末女真枭雄王杲,不过这种推测尚缺乏进一步证据。

昂果都理巴颜系喜塔腊氏是清代喜塔腊氏里谱系最大、实力最强的一系。作为与清代皇室关系最近的一支,阿古都督的后代基本均被留在永陵和福陵看守皇陵,设专缺加以养赡。其他支系则在东北驻防或者从龙入关。

---

① 辽宁省档案馆编:《满洲实录》,上函,第37页。
② 沈阳一宫两陵志编纂委员会编著:《沈阳福陵志》,沈阳:辽宁民族出版社,2006年,第114—115页。
③ 谨按,"章京品级"和"兵"的实际待遇一样,都是每月二两银子。但是"章京品级"有品级、有顶戴,属于"官员"阶级(虽然品级很低),而"兵"没有品级、没有顶戴,属于"差事""兵丁"阶级。

以清初短期的社会视角来看,看守皇陵、享受专缺的特殊待遇是比较直截了当的优待形式。但是从清代整体情况来看,这种特殊待遇实际上也断送了仕途上升迁的道路,使得清中后期喜塔腊氏出身的重要大臣都不是留守皇陵的支系,这应该是当初设置"舅姨"勋戚待遇所未料到的。①

另外,显祖宣皇后在兴京永陵是否为衣冠冢,见前文景祖翼皇后条。

二、显祖继妃

【简介】

显祖继妃,哈达纳喇氏,哈达汗万养女,名恳哲。在显祖宣皇后之后嫁与显祖宣皇帝为继室,待太祖兄弟凉薄,导致万历五年(1577年)太祖与显祖分居。万历十年(1582年),生第五子多罗笃义刚果贝勒巴雅喇。其后不明。②

【概述】

显祖继妃姓哈达纳喇氏,出身"乌哈国主系纳喇氏"③,是哈达国国主万所养的族女。哈达国主"万"之名亦作"完",继妃本名"恳哲",一作"啃姐",满文作"kenje",见于《满洲实录》。④ 万至少生有六子,依次为诘鲁伸、扈尔汉、萨穆哈图、旺锡、康古鲁、孟格布禄,他们是显祖继妃的养兄弟。后来成为太祖庶妃的阿敏哲哲是扈尔汉的女儿,也就是显祖继妃的养侄女。⑤ 后来哈达国被灭之后,万的后代也被编入八旗,主要分布在镶黄旗满洲和镶蓝旗满洲。

另外,虽然血缘关系十分遥远,但是太祖继妃乌喇纳喇氏是纳齐布禄的八世孙女,太宗继妃乌喇纳喇氏是纳齐布禄的七世孙女,世宗雍正帝的孝敬

---

① 谨按,清代入关之后,京旗马甲(骑兵)的月饷为三两。由此对比的话,"舅姨子孙"虽然是专缺,但是待遇并不算高。而且守护陵寝远离中央朝廷,相关官员升转十分困难,事实上很难转入中央职官。
② 谨按,有学者认为太祖应该不止一位妹妹。对于这个问题,目前还缺乏具体的研究。可参见李治亭等编:《爱新觉罗家族全书·世源源流》,长春:吉林人民出版社,1997年,第117页。
③ 谨按,乌喇国国主与哈达国国主为同一祖先的纳喇氏,其共同始祖是纳齐布禄,故称其家族为"乌哈国主系纳喇氏",也可以称为"纳齐布禄系纳喇氏"。
④ 《满洲实录》卷1,《清实录》,第1册,第17—18页。
⑤ 此段哈达纳喇氏谱系,整理自《八旗满洲氏族通谱》卷23、卷24。《那氏宗谱》,《佛满洲家谱精选·辽宁卷》。中国第一历史档案馆编:《清代谱牒档案(缩微胶卷)》B31—B56。

宪皇后乌喇纳喇氏是纳齐布禄的九世孙女,在谱系上都是作为纳齐布禄六世孙女的显祖继妃的晚辈。

之前,学术界对于哈达纳喇氏是显祖的侧妃还是继妃曾有争论。后世所修的《玉牒》《清实录》等均称哈达纳喇氏为"继妃",而在时代靠前的史料之中其称谓较为矛盾。《满洲实录》在提到显祖的妻妾时,汉文本称显祖宣皇后为"嫡福晋",称哈达纳喇氏为"侧福晋",称李佳氏为"侧室"①;满文本则称显祖宣皇后为"amba fujin",即"大福晋",称哈达纳喇氏为"jai fujin",即"第二福晋""次福晋""再娶福晋"②,称李佳氏为"buya fujin",即"小福晋"③。初修本《太祖武皇帝实录》称其为显祖"次夫人"④,大致与《满洲实录》满文本里的"jai fujin"一词对应。之后《满洲实录》提到清太祖起兵之初,清太祖的堂亲龙敦"唆萨木占曰:'尔妹见在我家,汝可与我同谋,杀噶哈善。'"萨木占于是带领族人杀死了噶哈善。根据《满洲实录》汉文本原注,噶哈善是太祖的妹夫,萨木占是"太祖庶母之弟",满文本则称萨木占为"banirke emei deo"⑤,译为"继母之弟"。综合以上资料,原本"jai fujin"即有"继妻"之意,对比"banirke emei deo"一词,则基本推定哈达纳喇氏是显祖的继妻,萨木占则是她的弟弟。⑥

三、显祖庶妃李佳氏

【简介】

显祖庶妃,李佳氏,古鲁礼之女。约在显祖宣皇后前后嫁与显祖宣皇帝为妾室。嘉靖四十年(1561年),生第二子多罗诚毅勇壮贝勒穆尔哈齐。其后不明。

【概述】

李佳氏是显祖的庶妃,关于她的记录很少,《满洲实录》称为"buya

---

① 《满洲实录》卷1,《清实录》,第1册,第17—18页。
② 谨按,满语"jai"一词意义较多,有"第二个""其次的""其他的""又"等意。
③ 《满洲实录》卷1,《清实录》,第1册,第41页。
④ 潘喆、孙方明、李鸿彬编:《清入关前史料选辑(第一辑)》,北京:中国人民大学出版社,1985年,第301页。
⑤ 《满洲实录》卷1,《清实录》,第1册,第41页。
⑥ 谨按,已知的哈达纳喇氏谱系中,万汗之子内未有名"萨木占"之人。出现这种情况,一来可能是清初谱系并不完整;二来清初称呼并不精确,亲弟、堂弟、族弟等均可以称"弟"。

fujin",即"小福晋"。对比后面太祖后宫里"buya fujin"的地位,可知道李佳氏的地位较低。曾有学者认为前述的萨木占是她的弟弟,证明其家族尚有一定的势力。不过目前基本推定萨木占是显祖继妃之弟,与李佳氏无关。

第七章　清太祖的后宫

清太祖承天广运圣德神功肇纪立极仁孝睿武端毅钦安宏文定业高皇帝，名弩尔哈齐，亦作"努尔哈赤"，满文作"nurgaci"①。作为显祖宣皇帝的第一子，生于嘉靖三十八年，生母为显祖宣皇后喜塔腊氏。万历五年，因继母虐待，由家中分居。万历十一年，祖父景祖翼皇帝与父显祖宣皇帝被明军误杀。同年，太祖以十三副遗甲起兵，开始统一女真各部。万历二十一年（1593年），败九部联军。万历四十三年（1615年），创设八旗。

万历四十四年（1616年），于赫图阿拉称汗，尊号为覆育列国英明汗，建元天命。天命三年（1618年）四月，以"七大恨"誓师，率兵征明。天命四年（1619年），败明军于萨尔浒。同年，基本统一女真各部。天命六年，迁都辽阳。天命十年（1625年），迁都沈阳。天命十一年（1626年），遭败于宁远。天命十一年八月十一日未时崩，年六十八岁。天聪三年二月十三日，奉安盛京福陵。崇德元年四月，追上尊谥曰承天广运圣德神功肇纪立极仁孝武皇帝，庙号太祖。顺治元年（1644年）九月，奉祀太庙。顺治十四年十月，升祔奉先殿。康熙元年四月，改上尊谥曰太祖承天广运圣德神功肇纪立极仁孝睿武宏文定业高皇帝。雍正元年八月，加上端毅两字。乾隆元年三月，加上钦安两字。

根据目前资料，清太祖一生中至少有妻妾十五位。

第一节　清太祖的四位嫡室

一、元妃

【简介】

太祖元妃，佟佳氏，塔木巴晏之女，名哈哈纳札青。约在万历五年前后

---

① 辽宁省档案馆编：《满洲实录》，上函，第37页。

嫁与太祖为嫡妻。万历六年(1578年)二月二十二日,生第一女端庄固伦公主。万历八年(1580年)生第一子广略贝勒褚英。万历十一年七月初三日,生第二子和硕礼烈亲王代善。约在万历十三年前后薨逝。原奉安赫图阿拉尼雅满山老陵。天命九年四月初一日,移奉东京陵。天聪三年二月十三日,移奉盛京福陵。

【概述】

元妃出身巴虎特克慎系佟佳氏,这也是清代佟佳氏一姓内最重要的一个系。此系的始祖名为巴虎特克慎,其生有七子,分别为屯图墨图、达尔汉图墨图、颜图墨图、杨嘉图墨图、坦图墨图、额赫礼图墨图、噶尔汉图墨图。不同谱书中对这七子的名字记载一致,年幼排序却各有不同。元妃的父亲塔木巴晏是额赫礼图墨图的玄孙,其生有两子,长子名为莽萨喀,幼子名为清萨喀,八旗制度建立之后,他们的后裔被编入正白旗满洲。元妃本名"哈哈纳札青",满文作"hahana jacin",出自初修本《太宗文皇帝实录》。[1] 弘旺在《皇清通志纲要》一书中则提到:"太祖元后大福金佟佳氏,乃塔本巴颜次女。"[2]此说来源不明,可能是元妃本名中"札青"即满文"jacin"意为"第二"的缘故。

巴虎特克慎系佟佳氏是一个极其庞大的家族,不仅在入关前的女真社会中即已有着相当的实力,在入关后,清代佟佳氏的世家名门也大都出自这个大系。如三等男、议政大臣巴笃理家族,太祖养子三等子扈尔汉家族,乃至出过数任皇后的一等公佟养正家族均为此大系之成员。不过,元妃之父塔木巴晏这一支后代在后来并未受到宫廷的重视,这可能与清初制度并不完善以及元妃并非皇帝生母有关。[3]

元妃是清太祖的第一位嫡室,在万历五年太祖与父亲和继母分居前后嫁与太祖为嫡妻。与太祖生有两子一女之后,数年内便薨逝。在《满洲实录》内,元妃被称为"先娶之后",满文作"neneme gaiha fujin"[4],直译为"原先娶的福晋",故而后世称其为"元妃"。在同时期朝鲜和明朝的史料中,经常

---

[1] 初修本《太宗文皇帝实录》卷1,总序,清满文写本,中国第一历史档案馆藏。
[2] 弘旺:《皇清通志纲要》卷1,清钞本,国家图书馆藏,第16页b。
[3] 此段佟佳氏谱系,整理自《八旗满洲氏族通谱》《清代谱牒档案(缩微胶卷)》;佟明宽、李德进编:《满族佟氏史略》,抚顺:抚顺市新闻出版局,1999年;《钦定八旗通志》。
[4] 《满洲实录》卷8,《清实录》,第1册,第416页。

将太祖称为佟姓或童姓,有学者以此推断太祖迎娶元妃是通过入赘为婿之形式。虽然这种说法还需史料的进一步验证,但是无论如何,在迎娶元妃之时,太祖正与父亲和继母之间存在矛盾,至少在成婚之后的一段时间内必须要仰仗妻族的势力,应该是事实。

二、继妃

【简介】

太祖继妃,富察氏,莽塞杜诸祜之女,名衮代。原在万历十年前后嫁与太祖之堂兄弟威准为继妻,万历十一年,生威准第三子阿兰泰柱。万历十二年(1584年),生威准第四子崇善。后又生威准第五子昂阿拉。万历十三年,威准阵亡,遂被太祖收继,后立为嫡室。万历十五年(1587年),生第五子莽古尔泰。万历十七年(1589年),生第三女。万历二十四年(1596年)十一月十三日,生第十子德格类。后与太祖失和,遭其子莽古尔泰弑杀。原奉安赫图阿拉尼雅满山老陵。天命九年四月初一日,移奉东京陵。天聪三年二月十三日,移奉福陵。顺治元年二月二十九日,移奉于福陵之外。

【概述】

继妃出身檀都系富察氏,这也是清代富察氏一姓内最为知名的一个系。此系的始祖名为檀都,继妃之父莽塞杜诸祜是檀都第一子哈礼之孙,亦即檀都之曾孙。根据富察氏的谱牒记载,从檀都开始,其家族世代为沙济城城主,在当地颇有势力。莽塞杜诸祜至少生有五子,依次为阿格巴彦、阿哈章京、阿都齐、尼雅汉、尼雅尼喀。女儿目前仅知有继妃一人,本名"衮代",满文作"gundai"[①],出自《满洲实录》。莽塞杜诸祜的后代在八旗制度建立之后,分别被编入镶黄旗满洲和镶黄旗包衣,清初的刑部尚书尼满即是莽塞杜诸祜第二子阿哈章京之曾孙。不过,从清代整体而言,继妃家族这一支富察氏并不十分得势。檀都系富察氏的知名,主要还是因为莽塞杜诸祜的叔父德云珠之后代米思翰家族,即孝贤纯皇后家族。[②]

继妃第一任丈夫是太祖三伯祖索长阿第二子务泰的第二子威准。根据

---

① 《满洲实录》卷2,《清实录》,第1册,第89、90页。
② 此段富察氏谱系,整理自《八旗满洲氏族通谱》《沙济富察氏宗谱》《清代谱牒档案(缩微胶卷)》《钦定八旗通志》。

《玉牒》记载:"威准。生年生母均未详。阵亡。年二十九岁。嫡妻其父姓名未详。继妻富察氏莽塞杜诸祜之女。"可知继妃是威准的继妻。威准共有五子,第一子尼雅翰为"壬午年嫡母所生",第二子达尔汉早夭无嗣,第三子阿兰泰柱为"癸未年继母富察氏莽塞杜诸祜之女生",第四子崇善为"甲申年继母富察氏莽塞杜诸祜之女生"①,第五子昂阿拉之生母亦是继妃。威准阵亡之后,太祖以堂兄弟的身份,按照当时的习俗将继妃收继,并在元妃佟佳氏去世之后立为嫡室,遂成为太祖的第二位嫡室。在《满洲实录》内,继妃被称为"继娶后",满文作"jai gaiha anggasi fujin"②,直译为"再(第二)娶的寡妇福晋",故而后世称其为"继妃"。

值得注意的是,继妃与威准所生三子中,只有末子昂阿拉在当时的档案中被称为"阿哥"。从时间上来看,昂阿拉可能作为威准的遗腹子随继妃复嫁与太祖。在天聪朝,昂阿拉作为正蓝旗的官员得到重用,居十六大臣之列,却在后来陷入了同母弟德格类等的谋国逆案,在天聪九年十二月被处死。

关于继妃薨逝之情况,在《满文老档》之中明确指出是被其子莽古尔泰所弑杀。天聪五年(1631年)八月十三日,太宗皇太极申斥了莽古尔泰,在其训斥之词里提到:"尔年幼时,汗父曾与我一体养育乎?并未授以产业。尔所衣食,均我所剩,得倚我为生。后因尔弑尔生母,邀功于父,汗父遂令附养于其末生子德格类家。尔众岂不知乎?尔何得忻我耶?尔原系肌瘦将死之人也。"③其中"尔弑尔生母"一句,原文满文作"si sini eniye be waha"④,直译为"你将你的母亲杀了",译文无误。《世祖章皇帝实录》的汉文本中,称"富察氏在太祖时获罪赐死",⑤而在同书的满文本中,则称"fuca halai fujin be taidzu i fonde weile bahafi belehe"⑥,意为"富察氏福晋在太祖时获罪后(被)弑杀",其中"belehe"一词即"弑杀"。故而,此处认为在莽古尔泰幼年时

---

① 《爱新觉罗宗谱》,季羡林主编:《中国少数民族古籍集成》,成都:四川民族出版社,2002年影印本,第58册,第371页。
② 《满洲实录》卷8,《清实录》,第1册,第416页。
③ 中国第一历史档案馆编:《内阁藏本满文老档》,第20册,第582页。
④ 中国第一历史档案馆编:《内阁藏本满文老档》,第18册,第819页。
⑤ 《世祖章皇帝实录》卷3,顺治元年二月戊子条,《清实录》,第3册,第48页。
⑥ 《世祖章皇帝实录》卷3,顺治元年二月戊子条,清满文写本,中国第一历史档案馆藏。谨按,《世祖章皇帝实录》初修本及定本此条皆同。

继妃已经与太祖失和,并最终被莽古尔泰所弑杀。

三、孝慈高皇后

【简介】

孝慈昭宪敬顺仁徽懿德庆显承天辅圣高皇后,叶赫纳喇氏,叶赫贝勒杨吉砮之女,名孟古哲哲①。万历三年(1575年)生。万历十六年(1588年)九月嫁与太祖为侧室,后立为嫡室(一说直接作为嫡室嫁入)。万历二十年(1592年)十月二十五日,生第八子皇太极,即太宗文皇帝。万历三十一年(1603年)九月二十七日崩,年二十九岁。万历三十四年(1606年)奉安赫图阿拉尼雅满山老陵。天命九年四月初一日,移奉东京陵。天聪三年二月十三日,移奉盛京福陵。崇德元年四月,追上尊谥曰孝慈昭宪纯德真顺承天育圣武皇后。顺治元年九月,升祔太庙。顺治十四年十月,升祔奉先殿。康熙元年四月,改上尊谥曰孝慈昭宪敬顺庆显承天辅圣高皇后。雍正元年八月,加上仁徽两字。乾隆元年三月,加上懿德两字。

【概述】

孝慈高皇后出身叶赫国主系叶赫纳喇氏(星垦达尔汉系叶赫纳喇氏),此系的始祖名为星垦达尔汉。根据《八旗满洲氏族通谱》《满洲实录》等记载,星垦达尔汉原为蒙古土默特氏,攻灭张地方之纳喇氏部落,对其部进行统治时,因循当地的传统,自称为纳喇氏,之后迁到叶赫河畔,形成叶赫部以及国主家系。以星垦达尔汉为第一世计算,传到第六世时,嫡系大宗为清佳砮和杨吉砮两兄弟。兄弟两人分叶赫部为东西两部,各自为政,其中清佳砮称西城贝勒,杨吉砮称东城贝勒。孝慈高皇后即是叶赫东城贝勒杨吉砮之女,本名"孟古哲哲",亦作"孟古姐姐",满文作"monggojeje",②出自《满洲实录》。杨吉砮至少生有七子,在八旗制度建立之后,除第二子纳林布禄、第五子阿里玛绝嗣外,第一子喀尔喀玛后代被编入正白旗满洲,第三子金台石、第四子萨斌图后代被编入正黄旗满洲,第六子图墨图后代被编入镶白旗满

---

① 谨按,孟古哲哲,满文作"monggojeje",实为蒙古语,意为"蒙古姐姐"。
② 《满洲实录》卷3,《清实录》,第1册,第121、122页。

洲,第七子阿三后代被编入镶蓝旗满洲。① 孝慈高皇后还至少有四位姐妹,一位姐姐嫁给乌喇部贝勒常柱,一位姐姐嫁给辉发部贵族,一位嫁给哈达部贵族萨尔古里,还有一位名为绰奇的妹妹嫁给太祖作为侧室。这几位姐妹后来均被太宗尊称为"德和母"(deheme),即满语"姨母"之意。②

根据《满洲实录》等记载,太祖曾经前往叶赫部,叶赫东城贝勒杨吉砮见太祖相貌非常,便对太祖说:"我有小女,堪为君配,待长缔姻。"太祖说:"若缔姻,吾愿聘汝长女。"杨吉砮回答说:"我非惜长女不与,恐不可君意。小女容貌奇异,或者称佳偶耳。"于是"太祖遂聘之"③。万历十六年,杨吉砮去世,其子纳林布禄在九月亲送孝慈高皇后来归。因为目前尚不清楚继妃与太祖是在何时失和,所以无法推定孝慈高皇后嫁入之后是由侧室立为第三位嫡室,还是直接作为第三位嫡室娶入。后来成书的《满洲实录》内,孝慈高皇后被称为"中宫皇后",满文作"dulimbai amba fujin"④,直译为"中部(中室)的大福晋"。

万历三十一年,孝慈高皇后病笃。当时,太祖与叶赫部的关系已经势同水火,以至于孝慈高皇后临终想要请母亲前来一见均被其兄纳林布禄拒绝。同年九月二十七日,孝慈高皇后崩逝。根据初修本《太祖武皇帝实录》记载,孝慈高皇后"其面如满月,丰姿妍丽,器量宽洪,端重恭俭,聪颖柔顺,见逢迎而心不喜,闻恶言而色不变,口无恶言,耳无妄听,不悦委曲谗佞辈,吻合太祖之心,始终如一,毫无过失。太祖爱不能舍,将四婢殉之,宰牛马各一百致祭,斋戒月余,日夜思慕痛泣不已,将灵停于院内,三载方葬于念木山。"⑤以此观之,孝慈高皇后与太祖的夫妻关系应该比较融洽。太祖也曾经称孝慈

---

① 此段叶赫纳喇氏谱系,整理自《八旗满洲氏族通谱》《叶赫纳兰氏八旗族谱》《清代谱牒档案(缩微胶卷)》。
② 谨按,关于太宗之姨母,有学者引《承德县志书》认为太宗之姨母有二位,其一嫁乌喇部贝勒满泰,其二嫁乌喇部大臣瓜尔佳氏胡尔哈器。可参见陆海英:《昭陵"舅姨子孙"、"千丁人夫"及"食辛者库人"简述》,《满族研究》1996年第4期。王艳春:《浅析清代护陵的特殊群体——国戚舅姨子孙》,《满族研究》1998年第3期。但是经过与史料、档案核对,发现这些说法或是出于断句错误造成的误读,或是与官书记载有明显差异。此处以《太宗文皇帝实录》记载为准。可参见《太宗文皇帝实录》卷11,崇德六年正月癸卯条,《清实录》,第2册,第151页。
③ 《满洲实录》卷2,《清实录》,第1册,第73、74页。
④ 《满洲实录》卷8,《清实录》,第1册,第416页。
⑤ 潘喆、孙方明、李鸿彬编:《清入关前史料选辑(第一辑)》,第322页。

高皇后所生的第八子太宗是"为父我之爱妻所生唯一子嗣"①,此处"我之爱妻"原文满文作"mini haji sargan"②,直译为"我之亲爱之妻",其关系之融洽可见一斑。

崇德元年,孝慈高皇后之子太宗正式称帝,对孝慈高皇后进行追谥。孝慈高皇后的满文谥号格式与后来其他皇后均不同。在汉文上,她们均是以"孝某"为格式。满文上,其他皇后格式均与汉文顺序相同,为"hiyoošungga 某",而孝慈高皇后的满文谥号则是"gosin hiyoošungga dergi hūwangheo"③,直译为"仁慈孝顺高皇后"。

四、大妃

【简介】

太祖大妃,乌喇纳喇氏,乌喇贝勒满泰之女,名阿巴亥。万历十八年(1590年)生。万历二十九年(1601年)十一月嫁与太祖为侧室,后立为嫡室。万历三十三年(1605年)七月十五日,生第十二子阿济格。万历四十年(1612年)十月二十五日,生第十四子和硕睿忠亲王多尔衮。万历四十二年(1614年)二月二十四日,生第十五子和硕豫通亲王多铎。天命五年三月,因窃藏财物获罪,废嫡室之位,与太祖分居。之后又恢复嫡室身份。天命十一年八月十一日,太祖崩逝,遗命以殉,乃于十二日辰时殉薨,年三十七岁。与太祖同殓,暂安沈阳城中西北隅。天聪三年二月十三日,奉安盛京福陵。顺治七年(1650年)七月,以子和硕睿忠亲王多尔衮功,追上尊谥曰孝烈恭敏献哲仁和赞天俪圣武皇后,升祔太庙。顺治八年二月,因子和硕睿忠亲王多尔衮罪,夺谥撤享。

【概述】

大妃出身乌哈国主系纳喇氏(纳齐布禄系纳喇氏)。乌喇国国主与哈达国国主两家之共同祖先名为纳齐布禄。纳齐布禄之孙名为佳穆喀硕珠古,其生有四子,第一子都勒希后代形成乌喇部,即乌喇部国主家系;第二子扎拉希、第三子舒和忒、第四子绥屯后代形成哈达部,即哈达部国主家系。都

---

① 中国第一历史档案馆编:《内阁藏本满文老档》,第19册,第188页。
② 中国第一历史档案馆编:《内阁藏本满文老档》,第17册,第303页。
③ 綦中明:《满语名号研究》,北京:中国社会科学出版社,2017年,第70页。

勒希之曾孙名为布颜,即乌喇第一代国主贝勒。布颜传子布罕,为第二代国主贝勒。布罕生有三子,依次为布丹、满泰、布占泰,其中满泰和布占泰分别是第三代和第四代国主。大妃即是第三代国主满泰之女,本名"阿巴亥",亦作"阿巴海",满文作"abahai",出自《满洲实录》。① 满泰至少生有五子,依次为撮胡里、纳穆达里、阿布泰、博金达里、布达里,其后裔均被编入正白旗满洲。

按照堂亲辈分计算,和硕庄亲王舒尔哈齐之福晋乌喇纳喇氏是大妃的亲姑母,太宗继妃乌喇纳喇氏是大妃的嫡堂姑母,②太祖的继母哈达纳喇氏是大妃的远族姑祖母,太祖的侧室哈达纳喇氏则是大妃的远族姑母。顺便一提,后来世宗雍正帝的原配孝敬宪皇后乌喇纳喇氏虽然与大妃年纪相差很多,但是她们均是都勒希的后代,而且是平辈。③

根据《满洲实录》等记载,万历二十九年十一月,乌喇贝勒布占泰将侄女大妃送至太祖处成亲。当时孝慈高皇后仍然是太祖的嫡室,所以大妃成亲之初是侧室身份。数年后,孝慈高皇后病故,大妃递补其位,成为太祖的第四位也是最后一位嫡室。在《满洲实录》内,大妃被称为"继立之后",满文作"amaga amba fujin"④,直译为"后来的大福晋",后世称其为"大妃"。

天命五年二月,大妃因犯窃藏财物、违背汗意等罪,理当处死,太祖因顾念其幼子,故而将大妃废位,与之分居。在《满文老档》中,"废位"之原文满文作"tereci amba fujin ci hokome"⑤,直译为"自此从大福晋(之位)解任",其中"hokome"一词有"离开""离婚""遗弃""解任"等意。但是从后来的事实来看,太祖与大妃的矛盾在之后有所缓和,并恢复了大妃的嫡室身份。以至于太祖在崩逝之前,感觉自己行将不起,便"遣人召后迎之"⑥,这里的"后"即是大妃。

太祖崩逝之后,大妃被勒令殉葬。初修本《太祖武皇帝实录》记载:"帝

---

① 《满洲实录》卷3,《清实录》,第1册,第118页。
② 谨按,嫡堂即血缘上同曾祖的关系。
③ 此段乌喇纳喇氏谱系,整理自《八旗满洲氏族通谱》《那氏宗谱》《清代谱牒档案(缩微胶卷)》。
④ 《满洲实录》卷8,《清实录》,第1册,第416页。
⑤ 中国第一历史档案馆编:《内阁藏本满文老档》,第17册,第86页。
⑥ 《满洲实录》卷3,《清实录》,第1册,第118页。

后原系夜黑国主杨机奴贝勒女,崩后复立兀喇国满泰贝勒女为后。饶丰姿,然心怀嫉妒,每致帝不悦,虽有机变,终为帝之明所制。留之恐后为国乱,预遗言于诸王曰:'俟吾终,必令殉之',诸王以帝遗言告后,后支吾不从。诸王曰:'先帝有命,虽欲不从,不可得也。'后遂服礼衣,尽以珠宝饰之,哀谓诸王曰:'吾自十二岁事先帝,丰衣美食,已二十六年,吾不忍离,故相从于地下。吾二幼子多尔哄、多躲,当恩养之。'诸王泣而对曰:'二幼弟吾等若不恩养,是忘父也。岂有不恩养之理。'于是,后于十二日辛亥辰时自尽。"①从后世的角度,无法得知当时太祖是否真的有旨意让大妃殉葬,但可以确定的是,这些记载显然偏向太宗一方,并不能得到大妃之子和硕睿忠亲王多尔衮的认同,在和硕睿忠亲王多尔衮当政时,曾经"取阅太祖实录,令削去伊母事"。②

顺治七年七月,在摄政王和硕睿忠亲王多尔衮授意之下,其生母大妃乌喇纳喇氏被追封为皇后,并追上尊谥,升祔太庙。其谥号为"孝烈武皇后",满文作"hiyooŝungga gosingga horonggo enduringge hūwangheo",③直译为"孝顺仁慈威武神圣皇后"。但是仅在数月之后,随着和硕睿忠亲王多尔衮的去世和追罪,大妃乌喇纳喇氏亦被夺谥撤享。

【考证·天命五年所废大福晋】

目前,学术界对于天命五年所废的大福晋究竟是继妃富察氏还是大妃乌喇纳喇氏仍有争议,此处将《满文老档》相关译本录出如下:

> 天命五年三月初十日。汗宅内一近身闲散侍女名秦太与一名纳扎女人口角。纳扎骂秦太淫荡,与浓库通奸。秦太对纳扎曰:"我与浓库通奸于何处,奸后给与何物?你与巴克什达海通奸是实,曾与以蓝布二匹。"汗之小妻塔因查闻此,于三月二十五日告之于汗。汗闻之,当众对质。纳扎经询问福晋,与达海蓝布二匹属实。汗谓福晋曰:"尔以物与人,我本不吝惜,然禁约云:诸凡福晋,若不经汗应允,即以一度布、一

---

① 潘喆、孙方明、李鸿彬编:《清入关前史料选辑》(第一辑),第322页。
② 《世祖章皇帝实录》卷54,顺治八年闰二月乙亥条。《清实录》,第3册,第432页。
③ 初修本《世祖章皇帝实录》卷49,顺治七年七月丙子条,清满文写本,中国第一历史档案馆藏。

块缎给与女人,则被诬为欺夫买药;若与男人者,则被诬为已有外心。有此诬告,则以诬告人之言为是。故无论何物,均不得给与他人等语。尔违禁约,与达海蓝布二四,尔有何忠心可言耶。"遂拟达海、纳扎以死罪。汗复详思:男女皆死,罪有应得。唯杀其男,则再无如达海通晓汉文汉语者。遂杀纳扎,至于达海,缚以铁索钉于粗木而囚之。

塔因查又告汗曰:"不仅此事,更有要言相告。"询以何言,告曰:"大福晋曾二次备办饭食,送与大贝勒,大贝勒受而食之。又一次,送饭食与四贝勒,四贝勒受而未食。且大福晋一日二三次差人至大贝勒家,如此来往,谅有同谋也。福晋自身深夜出院亦已二三次。"汗闻此言,遣达尔汉侍卫、额尔德尼巴克什、雅荪、蒙噶图四大臣往问大贝勒及四贝勒。经询问,四贝勒未食所送饭食者属实,大贝勒二次受食所送饭食者亦属实。又,所告诸事均皆属实。对此,汗曰:"我曾言,待我死后,将我诸幼子及大福晋交由大阿哥抚养。因有此言,故大福晋倾心于大贝勒,闲来无事,一日遣人来往二三次矣。"每当诸贝勒大臣于汗屋筵席聚会,大福晋即以金珠妆身献媚于大贝勒。诸贝勒大臣知觉,皆欲报汗责之,又因惧怕大贝勒、大福晋,而弗敢上达。汗闻此言,不欲加罪其子大贝勒,乃以大福晋窃藏绸缎、蟒缎、金银财物甚多为词定其罪,命遣人至界藩山上居室查抄。大福晋恐汗见查出之物甚多,罪更加重,故将其物分藏各处,分送各家。将三包财物送至山上达尔汉侍卫居所。查者返回汗屋后,大福晋即遣人去山上达尔汉侍卫居所取其所送财物。差人未至山上,误至达尔汉侍卫所住西屋取之。达尔汉侍卫即与差人同来见汗曰:"我若知之,岂有收纳福晋私藏财物之理耶。"福晋暗中遣人取其寄藏财物之事,汗本不知。此次得知差人错至达尔汉侍卫居室后,即遣人往山上住所查看,果有其事,遂杀收受财物之女仆。继之又查,蒙古福晋告曰:"阿济格阿哥家中之两个柜内,藏有绸缎三百匹。大福晋常为此担忧,唯恐遭火焚水淋,甚为爱惜。"闻此言,即往阿济格阿哥家查看,起获绸缎三百匹。又至大福晋娘家查看,起获暖木面大匣中存放之银两携至。大福晋又告曰:"蒙古福晋处尚有东珠一棒。"遂遣人往问蒙古福晋,其蒙古福晋告曰:"系大福晋交与我收藏之。"且又闻,大福晋曾给总兵官巴都里之二妻一整匹精织青倭缎,用做朝衣;给参将蒙噶图之妻绸缎朝衣一件。又报大福晋背汗,偷将财物给与村民者甚多。汗乃大怒,传谕村民,令将大福晋所与之诸物尽数退还。并以大福晋之罪示众曰:"该福晋奸诈虚伪,人之邪恶,彼皆有之。我以金珠妆饰尔头尔身,以人所未见之佳缎供尔穿戴,尔竟不爱汗夫,蒙我耳目,置我于一边而勾引他人。不诛此人可乎。然念其恶而杀之,则我三子一女犹如我心,怎忍使伊等悲伤耶。不杀之,则该福晋欺我之罪甚也。"又曰:"大福晋可不杀之,幼子患病,令其照看。此福晋,我不再同居,将其休弃之。嗣后该福晋所与之物,无论何人均不得收受,勿听其言。无论男女,违此谕令,听从大福晋之言,收受所与之财者,即杀之矣。"自此,废大福晋。整理该福晋之器皿时,又取出其私藏之衣物,多为大福晋所不应有之物。遂命叶赫之纳纳昆福晋、乌云珠阿巴盖福晋来看所藏之物,告以大福晋所犯之罪。并将大福晋所制蟒缎被二床、闪缎褥二床赐与叶赫二福晋各一套。其所藏衣服,除大福晋穿用者仍归其本人外,其余衣服皆行取回,赐与女儿。小福晋塔因查以举发故,着加荐拔,陪汗同桌用膳而不避。①

在这段史料之中有两个重要的细节点,分别是"三子一女"和"幼子"。

按照《玉牒》等官方谱书记载,继妃生有二子一女,大妃生有三子,均与"三子一女"不符。有学者认为,继妃原本与前夫威准生有一子昂阿拉,昂阿拉被太祖视作己出,可以算作"三子一女"②。但是现在已知继妃与前夫威准所生并非只有一子,而是至少三子。另一方面,虽然清代《玉牒》以记载谱系完整著称,只要非是流产之子,就算生下即死,亦要收入《玉牒》。但是在入关之前乃至清代初期的皇族谱牒中,对于夭折子女实际并未如后来制度所规定一样记载详细,大妃存在生有一女却因夭折未被记入《玉牒》之可能。此外,其"一女"亦可能所指为太祖的养孙女和硕公主肫哲,她生于万历四十年,被太祖抚养于宫中。至于"幼子",在天命五年时,继妃的末生子德格类已经二十五岁,与"幼子"之称并不符合。而大妃的末生子多铎在当时只有

---

① 中国第一历史档案馆编:《内阁藏本满文老档》,第 19 册,第 47、48 页。
② 此说可参见李凤民:《"大福晋为富察氏"考辨》,《辽宁大学学报》1982 年第 6 期。

七岁,与"幼子"之称相符。

鉴于以上情况,以及在《满文老档》天聪五年八月十三日一条中提到太宗对莽古尔泰的训斥内有"尔年幼时,汗父曾与我一体养育乎?并未授以产业"①之言,可知太祖与继妃在莽古尔泰幼年时即已失和,而天命五年时莽古尔泰已经三十四岁。故而,此处认为天命五年所废的大福晋即大妃乌喇纳喇氏。

第二节　清太祖的五位侧室

一、寿康妃

【简介】

太祖寿康妃,科尔沁博尔济吉特氏,冰图郡王孔果尔之女,名浩善②。万历四十三年正月嫁与太祖为侧室,属福晋级。未有所出。顺治十七年十月二十八日,世祖以寿康妃年长行尊,未进尊号,谕礼臣详查典礼奏闻。未及封,世祖崩逝,圣祖即位。顺治十八年十月初四日,尊封为寿康太妃。康熙四年十二月二十五日薨。奉安盛京福陵寿康妃园寝。

【概述】

寿康妃是太祖的侧妃之一,出身蒙古科尔沁部,其父为科尔沁左翼前旗札萨克多罗冰图郡王孔果尔,亦作"洪果尔",在崇德六年去世。寿康妃至少有三位兄弟和一位姐妹,三位兄弟分别是巴敦、额参和额泰,后来圣祖康熙帝的慧妃即是额泰的孙女。已知的一位姐妹嫁给太祖之子阿济格。同为太祖侧妃的科尔沁博尔济吉特氏是寿康妃的堂姐妹,太宗的孝端文皇后也是寿康妃的堂姐妹。③

根据《满洲实录》等记载,寿康妃是在万历四十三年正月,由其父孔果尔亲自送至太祖处,是目前已知有记载的最后一位嫁与太祖的妻妾。《满文老档》中提及太祖后宫内有"蒙古福晋"(monggo fujin),有可能即是寿康妃。

---

① 中国第一历史档案馆编:《内阁藏本满文老档》,第20册,第582页。
② 谨按,浩善,满文作"hoošan",意为"纸张"。
③ 此段科尔沁博尔济吉特氏谱系,整理自《钦定外藩蒙古回部王公表传》;杜家骥:《清朝满蒙联姻研究》,北京:故宫出版社,2013年;高文德、蔡志纯:《蒙古世系》,北京:中国社会科学出版社,1979年。

顺治朝,寿康妃跟随宫廷迁入京师,居住在仁寿宫,被尊称为"仁寿宫太祖妃"①。圣祖即位之后尊封其为寿康太妃,满文作"jalafun elhe taifei"②,意为"长寿安康太妃"。在当时宫廷的档案里,她则按照传统被称为"浩善福晋"(hoošan fujin),③可知寿康妃属于福晋级,名为"浩善"。

二、侧妃伊尔根觉罗氏

【简介】

太祖侧妃,伊尔根觉罗氏,扎亲巴晏之女,名赖。嫁与太祖为侧室,属福晋级。万历十五年,生第二女和硕公主。万历十七年六月十六日,生第七子和硕饶余敏亲王阿巴泰。其后不明。奉安盛京二台子园寝。

【概述】

伊尔根觉罗氏是太祖的侧妃之一,出身呼讷赫地方伊尔根觉罗氏,其父名为扎亲巴晏。《八旗满洲氏族通谱》所记载的呼讷赫地方伊尔根觉罗氏中有一位纳齐布,根据旗册,他即是扎亲巴晏之子,亦即侧妃伊尔根觉罗氏之兄弟。根据《通谱》和《八旗通志》记载,纳齐布一族世居呼讷赫地方,被编入正蓝旗满洲,纳齐布仕至侍卫,后代承袭世管佐领。④

初修本《太宗文皇帝实录》的汉文本中称:"皇妃赖生阿布太"⑤,同书满文本中则称:"ashan i fujin lai de banjihangge abatai"⑥,意为"侧福晋赖生的是阿巴泰",可知侧妃伊尔根觉罗氏属于福晋级,名为"赖"。道光年间的档案则记载,阿巴泰后裔尊称她为"太妃",并提及其奉安之园寝位于盛京二台子。⑦

---

① 《世祖章皇帝实录》卷141,顺治十七年十月庚戌条,《清实录》,第3册,第1089页。
② 《为列祖列宗册封妃嫔字号事咨覆》,嘉庆六年正月,档案号:03-0197-3622-027,中国第一历史档案馆藏。
③ 《绿头牌档》,康熙二年十一月第一条,中国第一历史档案馆编:《内务府奏销档(缩微胶卷)》。
④ 此段伊尔根觉罗氏谱系,整理自《八旗满洲氏族通谱》《钦定八旗通志》《清代谱牒档案(缩微胶卷)》。
⑤ 初修本《太宗文皇帝实录》卷1,总序,清汉文写本,台北"故宫博物院"藏,转引自庄吉发:《清太宗汉文实录初纂本与重新本的比较》,《清代史料论述(一)》,台北:文史哲出版社,1979年,第231页。
⑥ 初修本《太宗文皇帝实录》卷1,总序,清满文写本,中国第一历史档案馆藏。
⑦ 《为饶余敏亲王系太祖高皇帝第七子原是太妃所生太妃园寝坐落盛京此外并无坟茔其某位亦在彼安葬之处查核事》,道光二年,档案号:06-02-006-000057-0003,中国第一历史档案馆藏。

三、侧妃叶赫纳喇氏

【简介】

太祖侧妃,叶赫纳喇氏,叶赫贝勒杨吉砮之女,名绰奇①。嫁与太祖为侧室,属福晋级。万历四十年十二月初七日,生第八女和硕公主。崇德八年(1643年)时仍在世。奉安盛京福陵寿康妃园寝。

【概述】

叶赫纳喇氏是太祖的侧妃之一,出身叶赫国主系叶赫纳喇氏(星恩达尔汉系叶赫纳喇氏),为孝慈高皇后胞妹。② 她在档案中被称为"绰奇福晋"(coki fujin)③,亦作"绰奇德和母"(coki deheme)④。满文"coki"意为"突出的前额",即民间所谓的"锛儿头"。"deheme"则意为"姨母""姨娘",是从她作为孝慈高皇后胞妹的角度进行的称呼。

作为孝慈高皇后的胞妹、太宗的姨母,侧妃叶赫纳喇氏在太宗朝也得到相当的尊重。崇德八年七月,她与太宗的另外一位姨母辉发福晋一同被请入清宁宫参加筵宴,并获得赏赐。⑤ 其后则失去记录,在薨逝后奉安盛京福陵寿康妃园寝。

【考证·关于"安布福晋"】

太祖福陵的妃园寝即寿康妃园寝,其内共有三座土坟,分别奉安寿康妃、"安布福晋"和"绰奇德和母"。除寿康妃之外,"绰奇德和母"已知为太祖侧妃叶赫纳喇氏,即太宗的亲姨母。而对于"安布福晋"的身份,目前尚不确定。

根据《世祖章皇帝实录》记载,顺治元年二月,"以大妃博尔济锦氏祔葬福陵"。⑥ 因此,在之前的研究中,学者们大多认为"安布福晋"即太祖侧妃

---

① 谨按,绰奇,满文作"coki",意为"突出的前额"。
② 谨按,赵殿坤在《额腾额〈叶赫纳兰氏八旗族谱〉试评》一文中指出:"阿尔卜其长子拜三之女适努尔哈赤为侧妃,系孝慈高皇后孟古姐姐的堂妹。"可参见赵殿坤:《额腾额〈叶赫纳兰氏八旗族谱〉试评》,《北方文物》1996 年第 2 期。但是,经笔者核对国家图书馆藏《叶赫纳兰氏八旗族谱》,并未发现其中有关于拜三为侧妃之父的记载。加之,《玉牒》中明确记载:"(太祖)第八女和硕公主,壬子年十二月初七日戌时,侧妃叶赫纳喇氏杨吉努贝勒之女所出。"可参见中国第一历史档案馆:《清代谱牒档案(缩微胶卷)》C 073。并且,档案中称呼侧妃叶赫纳喇氏为"姨母"。故而,此处仍然认为侧妃叶赫纳喇氏为孝慈高皇后胞妹。
③ 谨按,《太宗文皇帝实录》卷 65,崇德八年七月十八日条,顺治初修本、康熙二修本,皆作"coki deheme",乾隆定本则改作"coki fujin"。
④ 《奏销档》,康熙二十年十月十四日条,中国第一历史档案馆编:《内务府奏销档(缩微胶卷)》。
⑤ 《太宗文皇帝实录》卷 65,崇德八年七月己酉条,《清实录》,第 2 册,第 901 页。
⑥ 《世祖章皇帝实录》卷 3,顺治元年二月戊子条,《清实录》,第 3 册,第 48 页。

科尔沁博尔济吉特氏,于顺治元年二月奉安。但是,目前以《世祖章皇帝实录》满文本进行分析,认为"大妃博尔济锦氏"并非侧妃科尔沁博尔济吉特氏(详见后文)。并且,"安布福晋"满文作"ambu fujin"①,满语"ambu"一词意为"大姨母",与太祖侧妃科尔沁博尔济吉特氏之情况亦有矛盾。

同时,在太宗时期的档案史料中,目前只见到一位被尊称为"安布福晋"(ambu fujin)之人,即孝慈高皇后之胞姐。其嫁与辉发部贵族为妻,在辉发部败亡之后归附清廷,曾经分别在天聪六年正月初五日、天聪八年九月三十日、崇德八年七月十八日作为皇帝的姨母受到赏赐。以天聪六年正月初五日为例,《太宗文皇帝实录》的初修本、二修本中,称她为"hoifai ambu fujin"②,意为"辉发之大姨母福晋"。三修本中,称她为"hoifa i fujin"③,意为"辉发之福晋"。而在《满文老档》中,称她为"hoifa i ambu"④,意为"辉发之大姨母"。但是,这位辉发的安布福晋并非已知的太祖妻妾,似乎并无奉安在福陵妃园寝的理由。故而,对于福陵妃园寝内所奉安之"安布福晋"究系何人,尚有待进一步考证。

四、侧妃科尔沁博尔济吉特氏

【简介】

太祖侧妃,科尔沁博尔济吉特氏,贝勒明安之女。万历四十年正月嫁与太祖为侧室。未有所出。其后不明。

【概述】

科尔沁博尔济吉特氏是太祖的侧妃之一,出身蒙古科尔沁部,其父为科尔沁左翼后旗贝勒明安。侧妃科尔沁博尔济吉特氏有至少三位兄弟,分别是桑噶尔寨、栋果尔和巴特玛。其中桑噶尔寨的女儿后来嫁给太祖之子和硕睿忠亲王多尔衮,栋果尔的女儿则嫁给太宗之子和硕武肃亲王豪格。同

---

① 《口奏绿头牌白本档案》,康熙十二年十二月初四日条,中国第一历史档案馆编:《内务府奏销档(缩微胶卷)》。
② 顺治本《太宗文皇帝实录》卷11,天聪六年正月癸卯条,清满文写本,中国第一历史档案馆藏。康熙本《太宗文皇帝实录》卷11,天聪六年正月癸卯条,清满文写本,中国第一历史档案馆藏。
③ 乾隆本《太宗文皇帝实录》卷11,天聪六年正月癸卯条,清满文写本,中国第一历史档案馆藏。
④ 中国第一历史档案馆编:《内阁藏本满文老档》,第11册,第5763页。

为太祖侧妃的寿康妃博尔济吉特氏是她的堂姐妹,太宗的孝端文皇后也是她的堂姐妹。①

根据《满洲实录》等记载,太祖闻科尔沁贝勒明安之女"颇有淑范"②,故而派人表示想要结亲。当时其他部落也有属意贝勒明安之女的贵族,而科尔沁的明安贝勒曾经在二十年前作为九部联军之一与太祖交战,被太祖击败之后对太祖刮目相看,故而拒绝了其他部的请求,送其女来太祖之处。《满洲实录》还提及,乌喇贝勒布占泰曾经聘科尔沁贝勒明安之女,"以盔甲十副,貂裘猞狸狲裘共十领,羊裘十领,金银各十两,骆驼六只,马十匹鞍辔俱备为聘礼。明安受其礼,食言不与,布占泰耻之"。③ 此处布占泰所聘的是否即是侧妃科尔沁博尔济吉特氏,尚未确知。《满文老档》中提及太祖后宫内有"蒙古福晋"(monggo fujin),有可能即是侧妃科尔沁博尔济吉特氏。

五、侧妃哈达纳喇氏

【简介】

太祖侧妃,哈达纳喇氏,哈达贝勒祜尔翰之女,名阿敏哲哲④,一说名为明安姐。万历十六年四月嫁与太祖为侧室。未有所出。其后不明。

【概述】

哈达纳喇氏是太祖的侧妃之一,她出身于乌哈国主系纳喇氏(纳齐布禄系纳喇氏),是哈达国万汗的孙女,祜尔翰贝勒的女儿。其本名为"阿敏哲哲",满文为"amin jeje"⑤,出自《满洲实录》。名字之异说源自《清列朝后妃传稿》引王在晋《三朝辽事实录》:"先是卜寨以女许商,那林孛罗妻则歹商姊也。歹商往卜寨受室,因过视姊中涂,那卜二酋阴令部夷摆思哈射商殪,事在万历十九年正月。时太祖妻明安姐方归,哭兄歹亦为卜寨所掳取,索之再三不与,转开原为代索亦不与,于是太祖与北关绝。"⑥根据谱牒显示,祜尔翰至少有三个儿子,依次为代善、布彦、莫里根,其孙为卓内,后代被编入镶

---

① 此段科尔沁博尔济吉特氏谱系,整理自《钦定外藩蒙回部王公表传》。
② 《满洲实录》卷3,《清实录》,第1册,第148页。
③ 《满洲实录》卷3,《清实录》,第1册,第118、119页。
④ 谨按,阿敏哲哲,满文作"amin jeje",实为蒙古语,意为"生命姐姐"。
⑤ 《满洲实录》卷2,《清实录》,第1册,第69页。
⑥ 张尔田:《清列朝后妃传稿》传上,民国绿樱花馆刻本,第18页b。

蓝旗满洲。① 侧妃哈达纳喇氏的养姑母是太祖的继母恳哲,堂姐妹则分别嫁给太祖的第二子和硕礼烈亲王代善和第五子莽古尔泰。

弘旺在《皇清通志纲要》内提及,"丙戌,何和礼从行,因上纳妃哈达处。(原书小注：太祖纳妃哈达,丙戌年)"②指出太祖纳侧妃哈达纳喇氏在万历十四年(1586年)。而根据《满洲实录》等记载,侧妃哈达纳喇氏是在万历十六年四月由胞兄代善亲自送至太祖处。

第三节　清太祖的妾室

一、庶妃兆佳氏

【简介】

太祖庶妃,兆佳氏,喇克达之女。嫁与太祖为妾室,属小福晋级。万历十三年八月十五日,生第三子奉恩辅国勤敏公阿拜。其后不明。奉安盛京黎半屯园寝。

【概述】

兆佳氏是太祖的诸多庶妃之一。目前已知的史料对其记载十分稀少,只知其是太祖早期的妾室,曾经生育了太祖第三子奉恩辅国勤敏公阿拜。道光年间的档案记载,阿拜后裔尊称她为"妃妈妈",并提及其奉安之园寝位于盛京黎半屯。③

另外,大妃乌喇纳喇氏殉死之时,太祖有两位小福晋亦殉死,名为阿吉根和代因扎,其中是否有一位即是庶妃兆佳氏亦不得而知。

二、庶妃钮祜禄氏

【简介】

太祖庶妃,钮祜禄氏,博克瞻之女。嫁与太祖为妾室,属小福晋级。万

---

① 此段哈达纳喇氏谱系,整理自《八旗满洲氏族通谱》《那氏宗谱》《清代谱牒档案（缩微胶卷）》。
② 弘旺:《皇清通志纲要》卷1,清钞本,国家图书馆藏,第5页b。
③ 《为呈报正蓝旗第十族四品宗室志敬系太祖第三子镇国将军阿拜之八代孙妃妈妈系阿拜之母坟茔座落黎半屯等情事》,道光十年六月,档案号：06-02-006-000059-0027,中国第一历史档案馆藏。

历十三年十一月初四日,生第四子镇国克洁将军汤古代。万历十七年二月十八日,生第六子奉恩辅国愨厚公塔拜。其后不明。

【概述】

钮祜禄氏是太祖的诸多庶妃之一。目前已知的史料对其记载甚少,只知其是太祖早期的妾室,曾经生育了太祖第四子镇国克洁将军汤古代和第六子奉恩辅国愨厚公塔拜。另外,大妃乌喇纳喇氏殉死之时,太祖有两位小福晋亦殉死,名为阿吉根和代因扎,其中是否有一位即是庶妃钮祜禄氏亦不得而知。

三、庶妃嘉穆瑚觉罗氏

【简介】

太祖庶妃,嘉穆瑚觉罗氏,贝浑巴晏之女,名真奇。嫁与太祖为妾室,属小福晋级。万历二十年十一月初十日,生第九子奉恩镇国恪僖公巴布泰。万历二十三年(1595年),生第四女。万历二十四年十一月二十八日,生第十一子镇国将军巴布海。万历二十五年(1597年),生第五女。万历二十八年(1600年),生第六女。其后不明。

【概述】

嘉穆瑚觉罗氏是太祖的诸多庶妃之一,出身嘉木湖地方伊尔根觉罗氏,其父名为贝浑巴晏。嘉木湖即嘉木瑚,属于建州五部之一的苏克素护部。根据《八旗满洲氏族通谱》记载,贝浑巴晏一族"国初归来",其后代被编入正白旗满洲。[1] 而在其他史料中则提及:"岁丁亥八月……嘉木瑚人贝挥巴颜谋叛附哈达,太祖命额亦都讨之,诛其父子五人以徇。"[2] 这位在万历十五年叛附哈达的"贝挥巴颜"应该即是贝浑巴颜。从时间来看,庶妃嘉穆瑚觉罗氏有可能是在父兄因叛附哈达而被杀之后才被太祖收入后宫。

根据《清列朝后妃传稿》引茅瑞徵《东夷考略》:"巴卜海乃奴酋亲子,妾真奇生,亲巴卜太弟也。"可知庶妃嘉穆瑚觉罗氏的本名可能为"真奇"。庶妃嫁与太祖为妾室之后,为太祖生育了二子三女,是太祖庶妃中生育子女最多的一位,可能比较受到太祖的宠爱。

---

[1] 此段嘉穆瑚觉罗氏谱系,整理自《八旗满洲氏族通谱》卷12。
[2] 《清史稿》卷225,第31册,第9176页。

四、庶妃伊尔根觉罗氏

【简介】

太祖庶妃,伊尔根觉罗氏,察弼之女。嫁与太祖为妾室,属小福晋级。万历三十二年(1604年)三月初十日,生第七女乡君品级。其后不明。

【概述】

伊尔根觉罗氏是太祖的诸多庶妃之一。目前已知的史料对其记载甚少,只知其曾经生育了太祖第七女乡君品级。另外,大妃乌喇纳喇氏殉死之时,太祖有两位小福晋亦殉死,名为阿吉根和代因扎,其中是否有一位即是庶妃伊尔根觉罗氏亦不得而知。

五、庶妃西林觉罗氏

【简介】

太祖庶妃,西林觉罗氏,奋杜里哈斯祜之女。嫁与太祖为妾室。万历三十八年(1610年)十二月二十四日,生第十三子奉恩辅国介直公赖慕布。其后不明。

【概述】

西林觉罗氏是太祖的诸多庶妃之一。目前已知的史料对其记载甚少,只知其曾经生育了太祖第十三子赖慕布。杜家骥根据庶妃西林觉罗氏所生之子赖慕布的待遇等信息,推断庶妃西林觉罗氏之身份比另室所居的普通庶妃还要低微,属于"侍婢"一级,至后世方改称为"庶妃"。①

六、庶妃某氏

【简介】

太祖庶妃,某氏,出身氏族不详。嫁与太祖为妾室。天命五年十月,生第十六子费扬古。其后不明。

【概述】

庶妃某氏与庶妃西林觉罗氏相仿。杜家骥根据其所生之子费扬古的待遇等信息,认为其身份与庶妃西林觉罗氏相同,均为比另室所居的普通庶妃

---

① 杜家骥:《清朝满族的皇家宗法与其皇位继承制度》,《清史研究》2005年第1期。

还要低微的"侍婢"一级。①

第四节　清太祖的谱外妾室以及"叶赫老女"

【考证·清太祖其他庶妃】

清太祖天命朝同时或稍后的史料中,均有提及太祖还有其他庶妃存在,她们或者是已知的庶妃以闺名的形式被记录下来,或者是未知的庶妃因未生育而没有被官方所记录。以目前所知信息来看,这种谱外庶妃至少有六位,即《满洲实录》里的阿吉根和代因扎、《满文老档》里的塔因查、《八旗通志(初集)》里的完颜氏、初修本《太祖武皇帝实录》里的一位太祖嫔御,以及《世祖章皇帝实录》里的一位太祖大妃。②

其一。《满洲实录》中提到,在清太祖去世之后,除了大妃乌喇纳喇氏殉死之外,"又有二妃阿吉根、代因扎亦殉之"。满文作"han i juwe buya fujin ajigen deinje"③,直译为"汗的两个小福晋阿吉根、代因扎"。由此可知,她们的确是清太祖的庶妃,但是她们个人的情况、姓氏,以及是否与已知的庶妃重合,目前均不得而知。

其二。《满文老档》中提到,清太祖有一位小妻名为塔因查,因举发大妃乌喇纳喇氏不德而被升为小福晋,也是清太祖的妾室之一。但是,她的具体情况目前尚不清楚。另外,一些学者因为"代因扎"之名与"塔因查"类似,故而认为她们是同一人物。从满文原文来看,"代因扎"满文作"deinje",音译为"德音哲"更为准确,而"塔因查"满文作"tainca"④,并不相同。

其三。《八旗通志(初集)》中提到,完颜氏大儒阿什坦的祖先护齐哈、达齐哈兄弟,"率族众来归,隶镶蓝旗。寻以其妹充太祖掖庭,改隶正黄旗内务

---

① 杜家骥:《清朝满族的皇家宗法与其皇位继承制度》,《清史研究》2005年第1期。
② 谨按,此处只开列官书中所提到的太祖其他庶妃,而不涉及民间谱书里所提到的。这是因为民间谱书常有攀附的行为,可信度相对较低。这种记载作为民间孤证很难确立,故而不取。如《章佳氏族谱》中说,"三世祖罗塔……女哲因格格,次女詹泰格格,聘与太祖皇帝正宫皇后。"可参见《章佳氏族谱》,李林主编:《满族家谱选编》,沈阳:辽宁民族出版社,1986年。
③ 《满洲实录》卷8,《清实录》,第1册,第418页。
④ 中国第一历史档案馆编:《内阁藏本满文老档》,第17册,第85、86页;第19册,第47、48页。

府佐领"。① 《八旗通志(初集)》为清廷官方所修,内容不至于虚构,则可知护齐哈、达齐哈兄弟之妹亦为清太祖庶妃,可能因为未有生育而没有被记录下来。

其四。初修本《太祖武皇帝实录》内提到,万历二十七年(1599年)三月,"太祖欲以女莽姑姬与孟革卜卤为妻,放还其国,适孟革卜卤私通嫔御,由于刚盖通谋欲篡位,事泄,将孟革卜卤、刚盖与通奸女俱伏诛"。② 这段文字在《满洲实录》里被略做改动,记为:"太祖欲以女与蒙格布禄为妻,放还其国。适蒙格布禄淫恶不法,又与噶盖通谋欲篡位,事洩,蒙格布禄、噶盖与通奸女俱伏诛。"其中"蒙格布禄淫恶不法"一句,满文作"menggebulu beile taidzu sure beile hūwai dergi sula hehe de latufi."③直译为"蒙格布禄贝勒与太祖聪睿贝勒(太祖高皇帝)庭院内闲散女人通奸"。此处之"sula hehe"即"闲散女人",根据一些学者的分析应该为太祖妾室之一,④与初修本《太祖武皇帝实录》提到的"嫔御"意义类似。但是,以康熙朝的满文档案对应来看,"sula hehe"有可能只是内廷服役的妇差。所以目前对于这位"sula hehe"的情况还无法确定。

其五。《世祖章皇帝实录》汉文本内提及,顺治元年二月二十九日,"以大妃博尔济锦氏祔葬福陵"。⑤ 目前已知的太祖后宫主位内,只有寿康妃和侧妃科尔沁博尔济吉特氏出身蒙古,寿康妃薨于康熙四年十二月,所以之前学者一般认为此处提及之大妃即太祖侧妃科尔沁博尔济吉特氏。但是,对比《世祖章皇帝实录》满文本,则可发现这位"大妃"身份并不确切。其"大妃"一词,初修本作"amba fujin"⑥,即"大福晋";二修本则作"amba fei"⑦,即"大妃",其称谓与侧妃之身份均不匹配。故而,对于这位博尔济锦氏(博尔

---

① 《八旗通志(初集)》卷237,《儒林传下阿什坦传》,长春:东北师范大学出版社,1985年点校本,第5338页。
② 潘喆、孙方明、李鸿彬编:《清入关前史料选辑》(第一辑),第321页。
③ 《满洲实录》卷3,《清实录》,第1册,第115、116页。
④ 定宜庄:《满族的妇女生活与婚姻制度研究》,北京:北京大学出版社,1999年,第72页。
⑤ 《世祖章皇帝实录》卷3,顺治元年二月戊子条,《清实录》,第3册,第48页。
⑥ 康熙本《世祖章皇帝实录》卷3,顺治元年二月戊子条,清满文写本,中国第一历史档案馆藏。
⑦ 乾隆本《世祖章皇帝实录》卷3,顺治元年二月戊子条,清满文写本,中国第一历史档案馆藏。

济吉特氏)"大妃"的情况,还有待进一步考证。

【考证·关于所谓"叶赫老女"】

网络上经常提到所谓"叶赫老女",即叶赫贝勒布斋之女。她曾经被许婚给太祖,但是在已经纳聘的情况下,被布扬古嫁与他人,由此进一步加剧了太祖与叶赫部的矛盾。之前曾有一些小说和电视剧对"叶赫老女"的故事进行了改编,甚至编出了许多闺名。实际上,布斋之女在已知的史料中并没有留下本名,只被称为"布寨之女""布杨古之妹""叶赫女"。此处将涉及其生平之史料整理如下:

万历十九年(1591年)正月。《清列朝后妃传稿》引王在晋《三朝辽事实录》:"先是卜寨以女许商,那林孛罗妻则歹商姊也。歹商往卜寨受室,因过视姊中涂,那卜二酋阴令部夷摆思哈射商殪,事在万历十九年正月。时太祖妻明安姐方归,哭兄歹亦为卜寨所掳取,索之再三不与,转开原为代索亦不与,于是太祖与北关绝。"此处"卜寨之女"与"叶赫老女"是同一人还是姐妹尚不明确。①

万历二十五年。叶赫、乌喇、哈达、辉发同遣使曰:"因吾等不道,以至于败兵损名,今以后,吾等更守前好,互相结亲。"于是叶赫布扬古妹欲与太祖为妃,锦台什女欲与太祖次子代善贝勒为妻。太祖乃备鞍马盔甲等物以为聘礼,更杀牛设宴,宰白马、削骨、设酒一杯、肉一碗、血土各一碗,歃血会盟。②

万历二十九年。《满洲实录》提到"布占泰先聘叶赫布斋之女"③。此处所提及的布斋之女是否即是"叶赫老女"尚不明确。

万历二十九年十一月。太祖曾说:"今汝叶赫背前盟,将我所聘之女另与蒙古。"④

万历四十年。"布占泰复背盟,掠太祖所属窝集部内瑚尔哈路二次,及欲娶太祖所定叶赫国布寨贝勒之女……太祖闻之大怒,遂于九月二十二日领大兵往征之。"⑤

---

① 张尔田:《清列朝后妃传稿》传上,民国绿樱花馆刻本,第18页b。
② 《满洲实录》卷2,《清实录》,第1册,第104、105页。
③ 《满洲实录》卷3,《清实录》,第1册,第118页。
④ 《满洲实录》卷3,《清实录》,第1册,第121页。
⑤ 《满洲实录》卷3,《清实录》,第1册,第149页。

万历四十年十二月。闻布占泰欲将女萨哈帝、男绰启鼐及十七臣之子送叶赫为质,娶太祖所聘之女,又欲因太祖二女。癸丑年(万历四十一年)正月,亲率大兵往征之……太祖子古英巴图鲁、侄阿敏及费英东、何和里额驸、达尔汉辖、额亦都、硕翁科罗等奋然曰:"初恐布占泰不出城,尚议设计赚之。今彼兵即出,舍此不战,兴兵何为?厉兵秣马何用?布占泰倘娶叶赫女,其耻辱当何如?"①

万历四十二年六月。"乌喇国数世所建之王业为聪睿恭敬汗灭后,布占泰只身逃出……然布占泰未寻其三妻福晋及八子来降,反寻其欲娶之叶赫贝勒布杨古之妹投奔叶赫。"②

万历四十三年六月。据闻聪睿恭敬汗所聘叶赫贝勒布扬古之妹欲改适蒙古贝勒巴噶达尔汉之长子莽古尔岱台吉,诸贝勒、大臣曰:"今叶赫若将已送牲畜行聘之女改适蒙古,尚有何恨更甚于此。应于该女子嫁与蒙古之前,兴师前往。若已许嫁,则乘其未娶之前,围攻其城夺取之。此非具他小贝勒所聘之女也。既闻汗所聘之女改适蒙古,我等安能坐视他人娶走耶,请兴兵讨之。"愤然力谏之。汗遂曰:"若有其他大事,自当问罪致讨,仅以其女许给他人之而兴师,则未可也。此女之生,非同一般,乃为亡国而生也。以此女故,哈达国灭,辉发国亡,乌喇国亦因此女而亡。此女用逸挑唆诸申国,肇启战端。今唆叶赫勾通明国,不将此女与我而与蒙古,意令我为灭叶赫而起大衅,借以构怨而与蒙古也。我即得此女,亦不能长在我处,无论聘与何人,该女命不会长。毁国已毕,构衅已尽,今其死与将至也。我纵然奋力夺取此女,亦不能留于我处。倘我取后迅即殒命,反祸及我也。"诸贝勒、大臣仍再三坚请出兵,汗曰:"我应愤而兴师,然众贝勒、大臣则当劝谏。我若自作中人劝阻尔等,尔等缘何如此与事主为敌,坚请不已,令我生怒。我所聘之妻,为他人婚娶,我岂不怨恨。因怨恨而听从尔等之言兴以不时之兵,本非我愿。娶女之主我尚无怨,尔等为何深以为憾。我以旁观者之身劝尔等作罢。"遂将调集出征之马匹尽行撤回。诸贝勒、大臣又曰:"该女许汗已二十年矣。因明万历帝出兵驻守叶赫,叶赫锦泰希、布扬古倚仗明帝,将受聘二

---

① 《满洲实录》卷3,《清实录》,第1册,第156—158页。
② 中国第一历史档案馆编:《内阁藏本满文老档》,第17册,第8页。

十年之久、年已三十三岁之女嫁与蒙古,我宜往征明国也。"①

万历四十三年六月。其女聘与蒙古,未及一年,果亡。②

通过以上史料整理可知,所谓"叶赫老女"即布斋之女、布扬古之妹,生于万历十一年,在万历二十五年被许给太祖,并且受纳了聘礼,之后反悔,在万历二十九年十一月之前已经转许给蒙古。万历四十年,背盟的乌喇国布占泰想要娶她,间接导致乌喇国败亡。万历四十三年六月,改嫁给蒙古莽古尔岱台吉。万历四十四年去世,年三十四岁。

值得注意的是,在《正白旗满洲叶赫纳喇氏宗谱》的谱序中,有两条提到布扬古送妹与太祖为后宫主位之事。内容分别为"庚子二十八年春正月……布杨武贝勒愿以妹妻上为阿思汉福晋,贝勒金榻师以女妻上次子";"丙午三十四年春二月,贝勒布杨武送妹阿斯汉福晋来归"。③ 这两条记录指出,万历二十八年正月,布扬古的妹妹与太祖定亲,并且在万历三十四年二月成婚。其中"阿思汉福晋"即满语"ashan fujin",意为"侧福晋"。"布杨武贝勒愿以妹妻上为阿思汉福晋,贝勒金榻师以女妻上次子"这条记录又与《满洲实录》中"叶赫布扬古妹欲与太祖为妃,锦台什女欲与太祖次子代善贝勒为妻"十分相似,但是其时间和结果却完全矛盾。这里一来有民间谱书可靠性低的问题,二来是否可能指向的是太祖侧妃叶赫纳喇氏,有待进一步研究。

---

① 中国第一历史档案馆编:《内阁藏本满文老档》,第 17 册,第 10 页。
② 《满洲实录》卷 4,《清实录》,第 1 册,第 174 页。
③ 《正白旗满洲叶赫纳喇氏宗谱》,北京图书馆编:《北京图书馆藏家谱丛刊·民族卷》,北京:北京图书馆出版社,2003 年影印本,第 37 册,第 801—810 页。

第八章　清太宗的后宫

清太宗应天兴国弘德彰武宽温仁圣睿孝敬敏昭定隆道显功文皇帝,名皇太极,亦作"洪台吉",满文作"hong taiji"[①]。作为太祖高皇帝的第八子,生于万历二十年十月二十五日申时,生母为孝慈高皇后叶赫纳喇氏。天命年间赐号贝勒,为四大贝勒之一,称"四贝勒"。天命十一年八月,太祖崩逝。九月初一日,太宗即位,改元天聪,设八固山额真、十六大臣。天聪五年,设立六部。天聪六年,废除与三大贝勒并坐制度,南面独尊。天聪十年(1636年)四月,受满蒙贵族拥立,祭告天地,即皇帝位,尊号为"宽温仁圣皇帝",改国号大清,改元崇德。崇德六年,取得松锦大战胜利。崇德八年八月初九日亥时崩,年五十二岁,在位十七年。顺治元年八月十一日,奉安盛京昭陵。同年九月,奉祀太庙。十月,追上尊谥曰应天兴国弘德彰武宽温仁圣睿孝文皇帝,庙号太宗。顺治十四年十月,升祔奉先殿。康熙元年四月,加上尊谥隆道显功四字。雍正元年八月,加上敬敏两字。乾隆元年三月,加上昭定两字。

根据目前资料,清太宗一生中至少有妻妾十五位。

第一节　清太宗即位前的两位嫡室

一、元妃

【简介】

太宗元妃钮祜禄氏,弘毅公巴图鲁额亦都之女。嫁与太宗为嫡福晋。万历三十九年(1611年),生第三子洛博会。后因轻慢无礼,遭太宗遗弃。其后不明。

---

① 辽宁省档案馆编:《满洲实录》,上函,第356页。

【概述】

　　元妃出身索和济巴颜系钮祜禄氏，此系的始祖名为索和济巴颜，他的五个孙子形成了庞大的家族，是清代钮祜禄一姓内最庞大也是最著名的一系，弘毅公额亦都家族与和珅家族均出自此系。元妃是五大臣之一额亦都的女儿。根据《开国佐运功臣弘毅公家谱》的记载，额亦都先后娶有五位妻妾，分别为太祖第四女和硕公主、觉罗礼敦巴图鲁之女郡主、正蓝旗满洲佟佳氏、佟佳氏之妹，还有一位姓氏无考。这五位妻妾一共生有十七子十二女。十二女中，第一女生于万历十五年，第二女、第三女生于万历十七年，第四女、第五女、第六女生于万历二十年，第七女生于万历二十一年，第八女生于万历二十七年，第九女、第十女、第十一女均生于万历三十一年，第十二女生年无考。对于这十二位女儿的婚姻情况，谱中只说"一女为太宗文皇帝妃，佟佳氏所出。一女适贝子尼堪，公主所出。一女适正白旗满洲一等子ее统吴拜。其九女所适姓氏无考。"由此可知，元妃是额亦都与佟佳氏所生。① 太宗生于万历二十年，且元妃在万历三十九年生育，故而元妃应该是第一女到第七女中的一位。其他史料又提及元妃为车尔格宜之妹，车尔格宜是额亦都的第三子，生于万历十七年（1589年），所以元妃应该是第二女到第七女中的一位。②

　　元妃是在万历三十六年（1608年）之前已经嫁与太宗为嫡福晋，是太宗的第一位嫡室，故而后世称其为"元妃"。万历三十九年，她生育了太宗第三子洛博会，但是洛博会在七岁时夭折。

　　最终，元妃因轻慢无礼而被太宗遗弃，事见《满文老档》。此处将《满文老档》相关译本录出如下：

> 天命八年五月初九日，汗曰："初我未乘轿，诸福晋亦不乘之。斋桑古阿哥之母在时，轻漫于我，赴我家宴，来去皆乘轿，故因如此作恶致罪而死。又车尔格宜之妹豪格之母，来往其父家时，乘拖床经大阿哥、阿济格之门，也乘拖床进我之门。因其轻漫之恶行，以致获罪，被其夫弃

---

① 谨按，在《开国佐运功臣弘毅公家谱》中，额亦都先娶之佟佳氏所出记为"佟佳氏夫人出"，后娶之佟佳氏所出记为"佟佳氏夫人之妹出"。
② 此段钮祜禄氏谱系，整理自《八旗满洲氏族通谱》《开国佐运功臣弘毅公家谱》《清代谱牒档案（缩微胶卷）》。

之。诸贝勒勿辱新弟媳、子妇等;诸弟媳、子妇亦勿似昔致罪之福晋等,侮漫长者。"①

由于车尔格宜是元妃钮祜禄氏之异母兄,豪格则是继妃乌喇纳喇氏所出之子,所以在之前的研究中,对于被太宗遗弃的福晋究竟是元妃还是继妃,是一个人还是两个人,学术界有过争议。

仔细分析原文,其"又车尔格宜之妹豪格之母,来往其父家时,乘拖床经大阿哥、阿济格之门,也乘拖床进我之门。因其轻漫之恶行,以致获罪,被其夫弃之"一段,原文满文作"jai cergei non, hooge i eniye, ini amai boode genere jidere de, amba age i duka ajige age i duka be huncu de tehei duleme, mini duka de huncu de tehei dosinjiha, tuttu yohindarakū ehe ofi, sui isifi eigen waliyaha."②此内,"其父"之"其"所用代词为单数形式之"ini",意为"他的",表示"车尔格宜之妹豪格之母"是同一个单数个体,"车尔格宜之妹"和"豪格之母"是同位语的关系。加之,元妃钮祜禄氏是太宗的第一位嫡室,虽然继妃乌喇纳喇氏生子早于元妃,但是当时元妃仍是太宗之嫡室,身份高于继妃,亦是豪格之嫡母。反之,若此处被遗弃之福晋为继妃,则无法解释"车尔格宜之妹"的描述。故而在此认为被太宗遗弃的福晋是元妃钮祜禄氏。

在《满文老档》中,太宗对元妃的"遗弃",原文满文作"waliyaha",意为"抛弃了""撤下了",与太祖大妃乌喇纳喇氏大归时所用"hokome"一词并不相同。因此,元妃是否彻底与太宗离异,乃至被逐回娘家,尚不明确。

二、继妃

【简介】

太宗继妃乌喇纳喇氏,乌喇贝勒博克铎之女。嫁与太宗为侧室。万历三十七年(1609年)三月十三日,生第一子和硕武肃亲王豪格。万历三十九年(1611年),生第二子洛格。之后被立为嫡室。天命六年三月十二日,生第一女固伦公主。其后不明。

---

① 中国第一历史档案馆编:《内阁藏本满文老档》,第19册,第180页。
② 中国第一历史档案馆编:《内阁藏本满文老档》,第17册,第291页。

【概述】

继妃出身乌哈国主系纳喇氏（纳齐布禄系纳喇氏），是乌喇贝勒博克铎的女儿。乌喇第一代国主贝勒布颜生有六子，依次为布罕、布尔喜、布三泰、布准、吴三泰以及博克铎。太祖大妃是布罕的孙女，太宗继妃的父亲博克铎是她的六叔祖，故而从辈分上来讲，太宗继妃比太祖大妃大一辈。①

继妃嫁与太宗的时间可能与元妃相差不远。继妃原本是太宗的侧室，却先于嫡室元妃生子，而且在生育太宗第二子洛格的十年之后还能与太宗生育子女，可知其与太宗的关系应该比较融洽。在元妃被太宗遗弃之后，继妃递补嫡室的位置，成为太宗的第二位嫡室，故而后世称其为"继妃"。不过，万历四十一年（1613年），继妃的本家乌喇国覆灭。失去本家的外援，必然导致继妃的嫡室地位受到影响。

天聪年间，无论是筹备"二宫妃"还是筹备"备三宫"时，清廷均已瞩目于蒙古贵族之女，而不再提及继妃。此时继妃是否仍然在世，亦不得而知。

第二节　清太宗的"崇德五宫"

一、孝端文皇后

【简介】

孝端正敬仁懿哲顺慈僖庄敏辅天协圣文皇后，科尔沁博尔济吉特氏，贝勒莽古斯之女，名哲哲②。万历二十八年四月十九日生。万历四十二年六月初十日，嫁与太宗为妻。天命十年八月初九日，生第二女温庄固伦公主。天聪二年（1628年）七月初三日，生第三女端靖固伦公主。天聪六年备三宫之前，已立为中宫大福晋。天聪八年闰八月十六日，生第八女端贞固伦公主。崇德元年五月，册立为清宁宫中宫皇后，称国主福晋，列五宫之首。顺治元年九月，迎至燕京。顺治六年（1649年）四月十七日申时崩，年五十一岁。顺治七年二月，恭上尊谥曰孝端正敬仁懿庄敏辅天协圣文皇后，奉安盛京昭陵。顺治八年正月，升祔太庙、奉先殿。雍正元年八月，加上哲顺两字。

---

① 此段乌喇纳喇氏谱系，整理自《八旗满洲氏族通谱》《那氏宗谱》《清代谱牒档案（缩微胶卷）》。
② 谨按，哲哲，满文写为"jeje"，实为蒙古语，意为"姐姐"。

乾隆元年三月,加上慈僖两字。

【概述】

孝端文皇后出身蒙古科尔沁部,其部的祖先是成吉思汗之弟哈巴图哈萨尔。哈巴图哈萨尔第十四代后裔奎蒙克塔斯哈喇创建了科尔沁部,①他的两个儿子诺门达喇和博第达喇的后代形成后来的科尔沁两翼旗。孝端文皇后的父亲贝勒莽古斯是博第达赉第二子纳穆赛之子,属于科尔沁左翼旗一支。孝端文皇后的本名为"哲哲",满文作"jeje",出自《满文原档》。②

蒙古科尔沁部自从作为九部联军之一与清廷战争失败后,便逐步倒向清廷一方。之后更在形势的影响之下,不断地与清廷联姻以加固同盟。根据学者统计,在入关前,清廷与科尔沁部的联姻多达三十三次,形成极其复杂的婚姻关系,此处仅略述如下。

孝端文皇后的祖父纳穆赛生有三子,依次为莽古斯、明安、孔果尔。孝端文皇后为莽古斯之女,太祖的两位侧妃则分别是明安和孔果尔的女儿,和孝端文皇后是堂姐妹关系。明安还有一位女儿嫁给和硕豫通亲王多铎,孙女则分别嫁给和硕武肃亲王豪格、和硕睿忠亲王多尔衮以及和硕礼烈亲王代善的儿子、孙子。孔果尔的一个女儿嫁给和硕英亲王阿济格。孝端文皇后的亲兄弟名为斋桑,其至少生有四子二女,其中小儿子满珠习礼原娶太宗养女和硕公主,后继娶广略贝勒褚英第三女。已知的两个女儿即是同列崇德五宫的孝庄文皇后和敏惠恭和元妃。后来世祖顺治帝的原配皇后(废皇后静妃)以及孝惠章皇后、悼妃等,均为莽古斯一支后代。而孝端文皇后的伯父齐齐克和族伯父图美两支所代表的科尔沁右翼旗也与清廷有不少联姻,如:图美的女儿嫁给和硕礼烈亲王代善,孙女则嫁给和硕睿忠亲王多尔衮;齐齐克的孙子奥巴娶太祖所养的侄孙女,奥巴的孙子巴雅斯祜朗娶太宗第八女端贞固伦公主。这种错综复杂的婚姻关系,是清初清廷与科尔沁部坚固盟约的重要保证。③

---

① 谨按,蒙古有数个"科尔沁"部,如奎蒙克塔斯哈喇的近亲就另外创立了一个科尔沁部。为示区分,奎蒙克塔斯哈喇的科尔沁部亦被称为"嫩科尔沁部"。
② 《满文原档》,台北:台北"故宫博物院",2006年,第10册,第317页。谨按,《满文原档》一名《旧满文档》,是后来《满文老档》的底本。后来修撰《满文老档》时,按照乾隆帝的旨意,将后妃之名删去。
③ 此科尔沁博尔济吉特氏谱系,整理自《钦定外藩蒙回部王公表传》《清朝满蒙联姻研究》《蒙古世系》。

万历四十二年六月初十日,孝端文皇后嫁与太宗为妻,当时太宗的元妃钮祜禄氏可能仍在太宗内宅之中,继妃乌喇纳喇氏则肯定在位,故而孝端文皇后很可能不是作为唯一嫡室来归。不过,在孝端文皇后来归的前一年,乌喇国覆灭,这必然导致继妃地位下降,所以孝端文皇后来归之后至少有着并嫡的地位。而自天命十一年太宗继承汗位之后,到天聪六年备三宫之前,其后宫中已经有"中宫"和"西宫"两位福晋,其中"中宫"即是孝端文皇后。由此可知,至迟在太宗即位后的五六年内,孝端文皇后已经获得中宫大福晋的嫡室身份,满文称"dulimbai amba fujin"①,意为"中部(中室)大福晋"。

崇德元年,五宫建立,孝端文皇后先是在五月被封于正宫清宁宫,满文作"han i genggiyen elhe boo"②,直译为"汗之清明平安宫",并从"中宫大福晋"(dulimbai amba fujin)进一步被尊为"gurun i ejen fujin"③,直译为"国主福晋""国君福晋"。至七月,其余四宫均获得中原后宫式的封号,而孝端文皇后依然保持"国主福晋"之称,在事实上确立了正宫皇后的地位。

根据后世汉文史料的记载,在太宗崩逝之后,即位的世祖尊孝端文皇后为皇太后。而实际上,清代入关前后之时,后宫封号尊号系统尚未正式确立,在使用上颇为混乱。"皇太后"这一称谓在顺治朝初期的档案中极少出现。在初修本的《世祖章皇帝实录》中,孝端文皇后一直被称为"中宫太后",直到孝端文皇后崩逝,世祖在祭文中依然称呼她为"eniye gurun i ejen fujin"④,即"母亲国主福晋",而并非"皇太后"。直到乾隆朝定稿本《世祖章皇帝实录》内,才将其称呼改为"皇太后"⑤。

孝端文皇后在顺治六年四月十七日申时崩逝,得谥曰"端",满文作"doronggo"⑥,意为"端庄""有礼",以宝宫的形式与太宗合葬昭陵。⑦

---

① 中国第一历史档案馆编:《内阁藏本满文老档》,第 20 册,第 705 页。
② 中国第一历史档案馆编:《内阁藏本满文老档》,第 20 册,第 705 页。
③ 中国第一历史档案馆编:《内阁藏本满文老档》,第 18 册,第 1017 页。
④ 中国第一历史档案馆藏:《顺治朝满文国史档(缩微胶卷)》,第 2 盘。
⑤ 可参考齐木德道尔吉、巴根那:《清朝太祖太宗世祖朝实录蒙古史史料抄——乾隆本康熙本比较》。
⑥ 綦中明:《满语名号研究》,北京:中国社会科学出版社,2017 年,第 70 页。
⑦ 沈阳一宫两陵志编纂委员会:《沈阳昭陵志》,沈阳:辽宁民族出版社,2006 年,第 40 页。谨按:宝宫即骨灰罐,为清室入关前火葬习俗的反映。

第八章　清太宗的后宫

二、孝庄文皇后

【简介】

孝庄仁宣诚宪恭懿至德纯徽翊天启圣文皇后，科尔沁博尔济吉特氏，贝勒寨桑之女，名本布泰①。万历四十一年二月初八日生。天命十年二月，嫁与太宗为侧室。天聪三年正月初八日，生第四女雍穆固伦公主。天聪六年备三宫之前，已封为西宫福晋。天聪六年二月十二日，生第五女淑慧固伦公主。天聪七年（1633 年）十一月十六日，生第七女端献固伦公主。崇德元年五月，册封为永福宫西侧福晋，列五宫之一。同年七月，改封为永福宫庄妃。崇德三年（1638 年）正月三十日，生第九子福临，即世祖章皇帝。顺治元年九月，迎至燕京。顺治七年，尊为皇太后。顺治八年二月，恭上徽号曰昭圣慈寿皇太后。同年八月，因迎娶元后，加上恭简两字。顺治十一年六月，因迎娶新后，加上安懿两字。顺治十三年十二月，因册封皇贵妃，加上章庆两字。康熙元年十月，尊为太皇太后，加上敦惠两字。康熙四年九月，因迎娶皇后，加上温庄两字。康熙六年十一月，因圣祖亲政，加上康和两字。康熙十五年正月，因册封太子，加上仁宣两字。康熙二十年十二月，因三藩平定，加上弘靖两字。累计徽号曰昭圣慈寿恭简安懿章庆敦惠温庄康和仁宣弘靖太皇太后。康熙二十六年（1687 年）十月，病情加剧，圣祖在慈宁宫侍疾，亲尝汤药，昼夜不离左右。同年十一月，圣祖特谕，除十恶、贪官、光棍之外，其余监侯死罪之犯概行减等，以求为太皇太后延寿。十二月初一日，圣祖亲率诸王大臣步诣天坛致祭，以求为太皇太后延寿。康熙二十六年十二月二十五日子时崩，年七十五岁。圣祖深痛，破例为之割辫。康熙二十七年（1688 年）十月，恭上尊谥曰孝庄仁宣诚宪恭懿翊天启圣文皇后，升祔太庙、奉先殿。雍正元年八月，加上至德两字。雍正三年十二月初十日，奉安昭西陵。乾隆元年三月，加上纯徽两字。

【概述】

孝庄文皇后出身蒙古科尔沁部，是孝端文皇后的亲侄女，其父亲为科尔沁左翼之贝勒寨桑。其家世可以参考孝端文皇后条。孝庄文皇后的本名为

---

① 谨按，本布泰，满文写为"bumbutai"，实为蒙古语，意为"瓶子"。

"本布泰",亦作"布木布泰",满文作"bumbutai",出自《满文原档》。① 她有四位兄弟,依次为吴克善、察罕、索诺木、满珠习礼,至少有一位姐姐,即是与其同列崇德五宫的敏惠恭和元妃。其四位兄弟的后人也被安排与清廷近支皇族联姻,吴克善之子弼尔塔哈娶太宗第四女雍穆固伦公主;吴克善诸女中,一位即世祖的原配皇后(废皇后静妃),一位嫁给和硕英亲王阿济格之子。察罕之子绰尔济娶和硕饶余敏亲王阿巴泰之女,所生的五个女儿均嫁与清廷,其中最知名者即是世祖的继后孝惠章皇后。索诺木之子齐塔特娶太宗第三女端靖固伦公主,索诺木之女则分别嫁给和硕睿忠亲王多尔衮与和硕豫通亲王多铎。至于满珠习礼,其一女嫁给世祖为悼妃,一女嫁给世祖的庶兄和硕承泽裕亲王硕塞,还有一女嫁给世祖的弟弟和硕襄昭亲王博穆博果尔。②

天命十年二月,孝庄文皇后由其兄吴克善送来清廷嫁与太宗为侧室。当时太宗的嫡室是谁尚不明确,有可能已经是孝庄文皇后的姑母孝端文皇后。而自天命十一年太宗继承汗位之后,到天聪六年备三宫之前,其后宫中已经有"中宫"和"西宫"两位福晋,其中"中宫"即孝端文皇后,"西宫"则是孝庄文皇后,被称为"西宫福晋"。

崇德元年,五宫建立,孝庄文皇后先是在五月被封于次西宫永福宫,满文作"hūturingga boo"③,直译为"有福宫",封为"wargi ashan i fujin"④,直译为"西侧福晋"。至七月,又获得中原后宫式的封号,被封为"庄妃",满文作"jingji fujin"⑤,直译为"庄重福晋"。太宗崩逝之后,孝庄文皇后所生的第九子福临作为五宫所出年纪最长之子被立为皇帝,并且入主中原。

在顺治一朝之中,无论是作为皇帝的生母,还是作为先帝五宫之一,孝庄文皇后对政治均具有相当的影响力。特别是在顺治六年孝端文皇后崩逝之后,孝庄文皇后的意见愈发重要。⑥

---

① 《满文原档》,第10册,第323页。
② 此段科尔沁博尔济吉特氏谱系,整理自《钦定外藩蒙回部王公表传》《清朝满蒙联姻研究》《蒙古世系》。
③ 中国第一历史档案馆编:《内阁藏本满文老档》,第20册,第705页。
④ 中国第一历史档案馆编:《内阁藏本满文老档》,第18册,第1017页。
⑤ 中国第一历史档案馆编:《内阁藏本满文老档》,第18册,第1063—1065页。
⑥ 谨按,关于民间"太后下嫁"之说,此处不进行深度讨论。可参见孟森:《清初三大疑案考实》,桂林:广西师范大学出版社,2010年。以及诸多相关著作。

第八章 清太宗的后宫

如前文所述,清代入关前后之时,后宫封号尊号系统尚未正式确立,在使用上颇为混乱。根据目前史料所见,清廷第一次使用"皇太后"这一尊号疑似是在顺治八年五月,《内国史院档》中有"上皇太后尊号行礼"一条,满文作"hūwang taiheo de wesihun gebu tukiyehe doro,"①由此可知,孝庄文皇后是在孝端文皇后崩逝之后才获得尊封,应该是清代第一位正式的"皇太后"。

对于其孙圣祖,孝庄文皇后十分用心地进行培养。从国家政务到个人修养,甚至戒烟少饮等私人习惯,"早失怙恃"的圣祖都受到孝庄文皇后相当深刻的影响。这种背景之下,孝庄文皇后与圣祖形成了非同一般的祖孙情谊。目前已知的康熙朝奏折内,有相当一部分的内容是圣祖在外征战或巡视时,写与宫中的孝庄文皇后问安、闲谈。每到一个地方,圣祖常会向孝庄文皇后汇报当地风土,并将一些当地美食寄回宫中。

正是因为孝庄文皇后和圣祖的关系是如此亲密,所以在康熙二十六年十月孝庄文皇后病重之后,圣祖"在慈宁宫侍疾,亲尝汤药,昼夜不离左右。传谕内阁:非紧要事,勿得奏闻",②进入"非常状态",并且在之后给死刑犯减等发落,"惟思好生以迓天庥,宽大以延遐寿"。③ 更是在十二月初一日,率领诸王大臣步行到天坛致祭,以祈祷病愈。其亲写的祝文中说:"忆自弱龄,早失怙恃,趋承祖母膝下三十余年,鞠养教诲,以至有成。设无祖母太皇太后,断不能致有今日成立。罔极之恩,毕生难报。……呼吁皇穹,伏恳悯念笃诚,立垂照鉴,俾沉疴迅起,遐算长延。若大数或穷,愿减臣玄烨龄,冀增太皇太后数年之寿。"④但最终孝庄文皇后还是在十二月二十五日子时崩逝。圣祖对待其丧仪亦倾心尽力,如礼部题奏称:"本朝后丧,例不割辫。又奉皇太后传谕:'太皇太后不豫时,曾向予云:"我病若不起,皇帝断勿割辫。"应谨遵行。'"⑤圣祖则坚持割辫,"在大行太皇太后梓宫前昼夜号痛不止,水浆不入口,天颜癯瘠,以致昏迷"。⑥ 显示出祖孙间深厚的情感。⑦

---

① 中国第一历史档案馆藏:《顺治朝满文国史档(缩微胶卷)》,第3盘。
② 《圣祖仁皇帝实录》卷131,康熙二十六年十一月丙申条,《清实录》,第5册,第418页。
③ 《圣祖仁皇帝实录》卷131,康熙二十六年十一月甲辰条,《清实录》,第5册,第419页。
④ 《圣祖仁皇帝实录》卷132,康熙二十六年十二月乙巳条,《清实录》,第5册,第421页。
⑤ 《圣祖仁皇帝实录》卷132,康熙二十六年十二月己巳条,《清实录》,第5册,第424、425页。
⑥ 《圣祖仁皇帝实录》卷132,康熙二十六年十二月辛未条,《清实录》,第5册,第428页。
⑦ 谨按,对于孝庄文皇后与圣祖康熙帝的关系,前辈学者已有专文研究,可参见杨珍:《康熙皇帝一家》,北京:学苑出版社,2009年。

孝庄文皇后得谥曰"庄",满文作"ambalinggū"①,意为"庄重""雄伟"。其汉文封号与谥号虽然均为"庄",但是封号的满文"jingji"之意偏向于"稳重""富泰",而谥号的满文"ambalinggū"之意偏向于"大方""魁梧"。从满文用词的不同,可以看出在太宗和圣祖的不同视角之下,孝庄文皇后的形象和评价亦有所不同。

三、敏惠恭和元妃

【简介】

太宗敏惠恭和元妃,科尔沁博尔济吉特氏,贝勒寨桑之女,名海兰珠②。万历三十七年生。天聪八年十月,嫁与太宗为侧室。崇德元年五月,册封为关雎宫东大福晋,列五宫之一。同年七月,改封为关雎宫宸妃。崇德二年(1637年)七月初八日,生第八子。崇德六年九月十八日薨,年三十三岁。同年十月二十七日,谥曰敏惠恭和元妃。崇德八年二月初十日,奉安盛京园寝。康熙二年(1663年),移奉盛京昭陵贵妃园寝。

【概述】

太宗敏惠恭和元妃出身蒙古科尔沁部,是孝端文皇后的亲侄女,孝庄文皇后的姐姐。其家世可以参考孝端文皇后、孝庄文皇后条。敏惠恭和元妃的本名为"海兰珠",满文作"hairanju",出自《满文原档》。③ 满语中"hairanju"为"hairambi"一词的名词化形式,意为"爱惜的""怜爱的"。有学者认为此名是敏惠恭和元妃嫁与太宗之后被太宗所赐之名,而并非其本名。④

天聪八年十月,敏惠恭和元妃由其兄吴克善送来清廷与太宗为侧室。由于此时敏惠恭和元妃已经二十六岁,且当时满蒙女性一般以二十岁之前出嫁为常态,故而有学者认为敏惠恭和元妃属于再醮。⑤ 不过这种说法只是一种推论,并无确切史料指出敏惠恭和元妃原嫁何人或确系再醮。

---

① 綦中明:《满语名号研究》,第70页。
② 谨按,海兰珠,满文写为"hairanju",意为"怜爱的"。
③ 《满文原档》,第10册,第319页。
④ 谨按,此说为网友"弘照堂-额哲苏"所提出。因崇德五宫之名讳中,只有"hairanju"并非是蒙语或蒙语所借藏语,而是满语词汇。在入关前满蒙文化圈内,满洲文化属于劣势,蒙语文化属于优势,因此当时满洲人用蒙语起名者比较常见,但是蒙古人用满语起名者相对罕见。故而有此推论。
⑤ 此说可参见杨珍:《关于清初后妃改嫁问题的考察》,《明清论丛》第7辑。

如后来太宗给敏惠恭和元妃的祭文内所说:"自朕与汝相逢,即将汝格外厚爱。"①敏惠恭和元妃嫁入宫廷之后,即得到太宗非同一般的宠爱。崇德元年,五宫建立,敏惠恭和元妃先是在五月被封于东宫关雎宫,满文作"hūwaliyasun doronggo boo"②,直译为"和谐有礼宫",封为"dergi amba fujin"③,直译为"东大福晋"。至七月,又获得中原后宫式的封号,被封为"宸妃",满文作"hanciki amba fujin"④,直译为"近处大福晋"。从汉文上讲,"宸妃"封号可以追溯到唐高宗欲立昭仪武氏为宸妃的典故。但是对于清太宗来讲,时代更近且更容易被采用的例子应该源自明代宫廷。在明代宫廷制度中,宸妃是诸妃名号之一,位次贵妃。从满文上讲,"宸"的满文为"hanciki",本意为"近处的",结合语境可以引申为"汗王近处的""汗王亲近的",这与汉文封号相比似乎更能体现亲近感。

崇德二年七月初八日亥时,敏惠恭和元妃生下太宗的第八子,亦是崇德五宫所诞育的第一位皇子。太宗对此十分欣喜,在数日后召集群臣颁诏大赦。关于这位皇八子,有学者曾经指出太宗视其为继承人,立为皇太子,并举出两点证据:其一,太宗大赦时所用诏书中提及"关雎宫宸妃,诞育皇嗣"⑤,"皇嗣"即皇太子;其二,皇八子出生后,朝鲜曾经进"皇太子笺文"⑥,即说明视皇八子为皇太子。⑦而经过具体考证,似乎并非如此。其"皇嗣"一词,满文作"haha jui"⑧,意为"男孩子",并无"皇太子"之意。至于所谓"皇太子笺文",朝鲜早在崇德二年五月便曾上过,其文中称:"皇太子殿下誉洽温文,德备孝敬。雷行电扫,克赞服远之图。秋杀春生,咸怀字小之惠。"⑨这显然不是指当时尚未出生的皇八子。即便如此,皇八子出生之后太宗进行大赦,无疑表明太宗对其的喜爱和重视。而且皇八子作为崇德五宫所出,拥有

---

① 顺治本《太宗文皇帝实录》卷58,崇德六年十月己巳条,清满文写本,中国第一历史档案馆藏。
② 中国第一历史档案馆编:《内阁藏本满文老档》,第20册,第705页。
③ 中国第一历史档案馆编:《内阁藏本满文老档》,第18册,第1017页。
④ 中国第一历史档案馆编:《内阁藏本满文老档》,第18册,第1063—1065页。
⑤ 《太宗文皇帝实录》卷37,崇德二年七月甲戌条,《清实录》,第2册,第485页。
⑥ 《太宗文皇帝实录》卷40,崇德三年正月乙丑条,《清实录》,第2册,第523页。
⑦ 姜相顺:《清太宗的崇德五宫后妃及其他》,《故宫博物院院刊》1987年第4期。
⑧ 顺治本《太宗文皇帝实录》卷58,崇德六年十月己巳条,清满文写本,中国第一历史档案馆藏。
⑨ 《太宗文皇帝实录》卷35,崇德二年五月乙酉条,《清实录》,第2册,第454页。

皇位继承权亦无可厚非。可惜,皇八子最终在崇德三年正月二十八日夭折。

崇德六年九月,正在前线的太宗得知敏惠恭和元妃病重,急忙返回盛京,并派大学士希福、刚林、梅勒章京冷僧机、启心郎索尼等先回宫侯问,而希福等刚到宫廷内门,便得知敏惠恭和元妃薨逝的消息。太宗"至宸妃柩前,悲涕不止",命"漆梓宫用杏黄色,画五色龙凤,内围妆蟒缎七层"①厚葬。其后,太宗"不饮食者六日,朝夕悲痛",以至于二十三日午时,"忽昏迷,言语无绪。皇后、宫妃及诸王大臣惊惧,陈设祭物于神前祈祷。酉时,上方愈,稍进饮食。诸王大臣惊问上何故,上曰:'朕不知也。'上自知过于哀恸,乃大悔曰:'太祖崩时,未有如此悲痛,且天之生朕,原为抚世安民,岂为一妇人而生哉。但此事朕明知之,不能自持奈何,今天地祖宗知朕伤悼太过,特示谴戒,朕躬徒自苦也。'"②即便如此,至十月十三日,太宗依然对敏惠恭和元妃"追悼不已",外出打猎,回銮时都经过敏惠恭和元妃殡所哭泣。十月十八日,清廷进行敏惠恭和元妃月祭。二十七日追谥其为"敏惠恭和元妃",并且再次致祭。在册谥文和祭文之中,太宗屡次指出"si minde ucaraha ci, bi simbe ambula gosime"③、"si minde ucarafi, bi simbe dabali jiramin gosime"④,饱含深情。而经过敏惠恭和元妃的薨逝之后,太宗身体也受到相当的影响,最终在崇德八年崩逝。⑤

敏惠恭和元妃的谥号在汉文和满文上有相当的差异。在当时的满文档案中,"敏惠恭和元妃"被写为"mergen fulehun hūwaliyasun gungnecuke amba fujin"⑥,意为"聪明恩惠和谐恭敬大福晋",既不是"妃",亦没有"元"。⑦ 对

---

① 康熙本《太宗文皇帝实录》卷57,崇德六年九月庚寅条,转引自齐木德道尔吉、巴根那:《清朝太祖太宗世祖朝实录蒙古史史料抄——乾隆本康熙本比较》,第578页。
② 康熙本《太宗文皇帝实录》卷57,崇德六年九月丙申条,转引自齐木德道尔吉、巴根那:《清朝太祖太宗世祖朝实录蒙古史史料抄——乾隆本康熙本比较》,第578、579页。
③ 此为追谥册文内句,意为:"自朕与汝相逢,即将汝深爱。"参见顺治本《太宗文皇帝实录》卷58,崇德六年十月己巳条,清满文写本,中国第一历史档案馆藏。
④ 此为追谥祭文内句,意为:"自朕与汝相逢,即将汝格外厚爱。"参见顺治本《太宗文皇帝实录》卷58,崇德六年十月己巳条,清满文写本,中国第一历史档案馆藏。
⑤ 谨按,太宗末生之子女皇十一子博穆博果尔和皇十四女恪纯和硕公主均生于崇德六年,前者生于十二月二十日申时,后者生于十二月初七日丑时,可知太宗在敏惠恭和元妃去世之后便未再与后妃生子女。由此亦可见敏惠恭和元妃的薨逝带给太宗的打击之大。
⑥ 顺治本《太宗文皇帝实录》卷58,崇德六年十月己巳条,清满文写本,中国第一历史档案馆藏。
⑦ 谨按,在乾隆朝重修《太宗文皇帝实录》时,才将敏惠恭和元妃的满文从"fujin"改为"fei"。参见乾隆本《太宗文皇帝实录》卷58,崇德六年十月己巳条,清满文写本,中国第一历史档案馆藏。

于产生这种差异的原因目前有三种推论：第一种推论认为，这显示太宗对敏惠恭和元妃的非常待遇之下，制度方面遇到的壁垒——毕竟"元妃"在称呼上多专指原娶之嫡室福晋，满文应写为"neneme"即"元娶"，而这既与事实显然相违亦与制度不符。所以在汉文上给予这个名号，而在满文上未予承认。第二种推论认为，汉语的"元"除"原本"之意外，还有"大"之意，"元妃"可能是对"amba fujin"即"大福晋"的直接翻译。第三种推论认为，汉语的"元"除"原本""大"之意外，还有"第一"之意。虽然后世史料很少提及，但是以当时的零星史料来看，太宗朝后宫主位拥有明确的排序，如太宗的侧妃扎鲁特博尔济吉特氏即在当时的档案中被称为"第三福晋"。① 而在崇德五宫之中，除中宫国主福晋孝端文皇后之外，在其余四位"妃"之内以敏惠恭和元妃居首，故而此处之"元妃"即是"第一妃"之意。以上三种推论都需进一步讨论，此处仅聊备一说。

敏惠恭和元妃薨逝之后，暂安在盛京城北地载门五里之处，②崇德八年二月初十日奉安。③ 康熙二年九月，盛京福陵、昭陵进行改造，④同年十二月完工后，⑤清太祖与太宗的宝宫也正式奉安地宫。⑥ 同时，敏惠恭和元妃也被移奉到昭陵贵妃园寝。在当时昭陵所呈报的祭祀用度中，即提及"东大福晋"（敏惠恭和元妃）生前所用的许多金银器皿均存放于昭陵东配殿，且昭陵对敏惠恭和元妃有固定之祭祀。⑦ 康熙十年时，跟随敏惠恭和元妃来到清廷的妇女罗济通过内务府奏称："（余夫妇）制作太宗皇帝所戴玉草凉帽并任牵驼长，共效力十一年。福晋升天后，（余夫妇）因系随来之人，受令看守衙门⑧。余夫原在巡守班上行走，余则做铺抖福晋铺过之貂褥、毛毡等物及祭祀时奠酒等事，夫妇尽力效力二十四年。福晋移奉山陵⑨后（余夫妇）随来

---

① 《汉译〈满文旧档〉》，第 135、136 页。
② 《太宗文皇帝实录》卷 57，崇德六年九月庚寅条，《清实录》，第 2 册，第 780 页。
③ 《太宗文皇帝实录》卷 64，崇德八年二月甲戌条，《清实录》，第 2 册，第 882 页。
④ 《圣祖仁皇帝实录》卷 10，康熙二年九月癸酉条，《清实录》，第 4 册，第 157 页。
⑤ 《圣祖仁皇帝实录》卷 10，康熙二年十二月甲寅条，《清实录》，第 4 册，第 165 页。
⑥ 谨按，关于太祖、太宗奉安情况，可参见李凤民、陆海英：《清太祖、太宗"奉安"福陵、昭陵地宫年代匡正》，《民族研究》1994 年第 2 期。
⑦ 《绿头牌无印本口奏档案》，康熙三年正月二十七日条，中国第一历史档案馆编：《内务府奏销档（缩微胶卷）》。
⑧ 谨按，此处"衙门"即指敏惠恭和元妃于崇德八年奉安之处。
⑨ 谨按，此处"山陵"即指昭陵。

（山陵），余夫于福晋奉安之衙门①内做洒扫差事，现在已故。"②亦可说明敏惠恭和元妃奉安等情况。至乾隆年间，高宗亦分别于乾隆八年、十九年（1754年）、四十三年、四十八年（1783年）四次分别遣官致祭昭陵宸妃园寝。③而在嘉庆年间，敏惠恭和元妃之祭祀被停止，其前后缘由被记录于《钦定礼部则例》："嘉庆十年，皇上恭谒祖陵。礼部具奏：福陵内安葬之寿康太妃、安布福晋、绰奇德和母，昭陵内安葬之懿靖大贵妃、康惠淑妃并懿靖大贵妃园寝内安葬之格格等九位，俱应照乾隆年间之例，供羊酒桌张，遣官二员致祭。应用祭品，交予盛京礼部预备。其遣官之处，交予领侍卫内大臣届期奏派。又，夹片具奏：臣等谨查《会典》及臣部《则例》内载：'福陵、昭陵妃园寝四处：一寿康妃，一宸妃，一懿靖大贵妃，一康惠淑妃。'又，查乾隆间历次盛京典礼臣部档案所载致祭之妃等名号，均系开具福陵内安葬之寿康太妃、安布福晋、绰奇德和母，昭陵内安葬之懿靖大贵妃、康惠淑妃及格格等九位。又，本年接据盛京三陵总管衙门册报，妃位名号亦与臣部档案相同。其宸妃一位，并未开载。当经臣等将缘何与《会典》、《则例》参差之处咨查去后，兹准覆到，该处亦无凭可考。又咨呈宗人府，据覆开载，宸妃与《会典》及臣部《则例》同。臣等伏思，乾隆八年及历次档案所载致祭之各妃位，系按照康熙年间之例办理，所有昭陵妃园寝内，缘何并未开具宸妃之处，隔年久远，无可稽考。臣等实不敢臆为增添，谨仍照历次致祭过之妃位名号缮折具奏，理合一并陈明。奉旨：'依议'。"④简而言之，《会典》与礼部《则例》均记载敏惠恭和元妃奉安于昭陵贵妃园寝，并有相关祭祀。而在嘉庆十年仁宗准备拜谒福陵、昭陵时，礼部所呈递的致祭名单中已无敏惠恭和元妃，且坚称乾隆朝因循康熙朝旧例即是如此。实际上，仅通过核对《实录》，即可知高宗四次致祭均包含有敏惠恭和元妃在内。只不过因为敏惠恭和元妃奉安年代较早，相隔百余年，档案杂乱难以查询，且因其并非皇后，受到重视之程度有

---

① 谨按，此处"衙门"即指昭陵贵妃园寝。
② 《奏销绿头牌白本档案》，康熙十年九月二十三日条，中国第一历史档案馆编：《内务府奏销档（缩微胶卷）》。
③ 可分别参见《高宗纯皇帝实录》卷201，乾隆八年九月癸卯条；卷472，乾隆十九年九月丁亥条；卷1065，乾隆四十三年八月辛巳条；卷1189，乾隆四十八年九月乙巳条。
④ 《钦定礼部则例》卷145，嘉庆二十五年江宁藩司刻本，日本早稻田大学图书馆藏，第1页b、第2页a。

限,故而礼部衙门糊涂懒政,导致敏惠恭和元妃在嘉庆年间失去祭祀,甚至"葬地不明"。

四、懿靖大贵妃

【简介】

太宗懿靖大贵妃,阿巴垓博尔济吉特氏,额齐克诺颜之女,名娜木钟①。万历四十年生②。原嫁与蒙古察哈尔部林丹汗为妻,称囊囊太后。在林丹汗死后,于天聪九年归附清廷,改嫁与太宗为侧室。崇德元年三月二十五日,生第十一女端顺固伦公主。同年五月,册封为麟趾宫西大福晋,列五宫之一。七月,改封为麟趾宫贵妃。崇德六年十二月二十,生第十一子和硕襄昭亲王博穆博果尔。顺治元年九月,迎至燕京。顺治八年正月二十八日,尊封为懿靖大贵妃。顺治九年十月二十九日,册封为懿靖大贵妃。康熙十三年十一月病重,圣祖与孝庄文皇后同往问疾。康熙十三年十一月二十日辰时薨,年六十三岁。奉安盛京昭陵贵妃园寝。

【概述】

懿靖大贵妃的本名为"娜木钟",满文作"nam jung",出自《满文原档》。③懿靖大贵妃出身于蒙古阿巴垓部,其部的祖先是成吉思汗之弟布格博勒格图。布格博勒格图第十八代后裔塔尔尼库同即是阿巴垓部的创始人。懿靖大贵妃之父名为额齐克诺颜,原名多尔济,是塔尔尼库同之孙,在顺治二年(1645年)去世,其后代形成阿巴垓左翼旗。目前已知懿靖大贵妃至少有两位姐姐,一位名为阿海,嫁给喀尔喀蒙古玛哈萨嘛谛车臣汗硕垒;另一位名讳不详,嫁给蒙古乌朱穆沁部的贵族岱巴图尔,她在懿靖大贵妃归附清廷之后于崇德三年来朝,并将女儿嫁给和硕敬谨庄亲王尼堪为继妻。懿靖大贵妃还有数位兄弟,已知的两位④中,居长的一位名为塞尔珍,即阿巴垓左翼

---

① 谨按,娜木钟,满文写为"nam jung",目前认为是蒙古语,可能意为"安静"。
② 《口奏绿头牌白本档案》,康熙十三年十一月二十日条,中国第一历史档案馆编:《内务府奏销档(缩微胶卷)》。
③ 《满文原档》,第10册,第320页。
④ 谨按,懿靖大贵妃之兄布达希布在康熙十一年率亲族探望懿靖大贵妃,他在提及参与探望的亲族时说:"余与余九子、余众兄弟之八子。"可知懿靖大贵妃不只有两位兄弟。

旗札萨克多罗卓力克图郡王,还有一位名为布达希布①,他们均是懿靖大贵妃的兄长。布达希布曾在康熙十一年(1672年)时因老迈且想念胞妹,要求带领子侄们入宫探望懿靖大贵妃,得到清廷的允许。后来世祖的端顺妃即是布达希布的女儿,亦即是懿靖大贵妃的亲侄女。②

天聪九年,继之前的窦土门福晋之后,蒙古察哈尔部林丹汗的另一位遗孀大福晋囊囊太后也率众归附清廷。和硕饶余敏亲王阿巴泰等认为,囊囊太后作为蒙古察哈尔部林丹汗的多罗大福晋,"既归我朝,必应使得其所",所以劝太宗将其亦纳入后宫。太宗则不愿意,说道:"朕先已纳一福金,今又纳之,于理不宜。"阿巴泰等人继续劝说,一个月后,太宗终于同意将囊囊太后纳入后宫。③ 关于这位囊囊太后究竟是否为懿靖大贵妃,学术界有过争议。④ 目前,通过对康熙朝《奏销档》的整理发现,在懿靖大贵妃薨逝之后,清廷处理其遗物时,孝庄文皇后曾经指出"庄亲王之福晋系贵妃之孙(女)"⑤,因此将懿靖大贵妃的不少遗物留给这位福晋。此处提及之庄亲王即和硕庄靖亲王博果铎,他的嫡福晋为察哈尔博尔济吉特氏亲王阿布鼐之女。阿布鼐即林丹汗与囊囊福晋所生之子,故而可证囊囊福晋即为懿靖大贵妃。

崇德元年,五宫建立,懿靖大贵妃先是在五月被封于西宫麟趾宫,满文作"da gosin i boo"⑥,直译为"根本仁爱宫",封为"wargi amba fujin"⑦,直译为"西大福晋"。至七月,又获得中原后宫式的封号,被封为"贵妃",满文作"wesihun amba fujin"⑧,直译为"尊贵大福晋"。

---

① 《口奏绿头牌白本档案》,康熙十一年八月初二日条,中国第一历史档案馆编:《内务府奏销档(缩微胶卷)》。
② 此段阿巴垓博尔济吉特氏谱系,整理自《钦定外藩蒙回部王公表传》《清朝满蒙联姻研究》《蒙古世系》。
③ 《汉译〈满文旧档〉》,第93、94页。
④ 谨按,关于懿靖大贵妃和康惠淑妃与蒙古察哈尔林丹汗的遗孀囊囊太后、窦土门福晋是否是同一人物的问题。认为是同一人物的说法,最早由唐邦治在《清皇室四谱》内作为推测提出。之后,姜相顺《清太宗的崇德五宫后妃及其他》、杨珍《清朝后妃制度的发轫》、杜家骥《清朝满蒙联姻研究》等书皆延其说。但是,亦有学者认为这种推测尚缺乏直接证据,如李治亭主编的《爱新觉罗家族全书·世系源流》便明确表示未取用此说。
⑤ 《口奏绿头牌白本档案》,康熙十四年六月二十三日条,中国第一历史档案馆编:《内务府奏销档(缩微胶卷)》。
⑥ 中国第一历史档案馆编:《内阁藏本满文老档》,第20册,第705页。
⑦ 中国第一历史档案馆编:《内阁藏本满文老档》,第18册,第1017页。
⑧ 中国第一历史档案馆编:《内阁藏本满文老档》,第18册,第1063—1065页。

在崇德五宫之中,懿靖大贵妃有着特殊的地位。根据《实录》《内国史院档》等官书档案记载,蒙古各部对清廷进行恭献时,不仅要致敬身为"国主福晋"的孝端文皇后,有时还要致敬懿靖大贵妃,并献上礼物。能得到这种封号和待遇,可能与懿靖大贵妃作为林丹汗多罗大福晋的身份有关,其象征着太宗对于蒙古共主身份的继承。①

懿靖大贵妃为太宗生育了一子一女。顺治年间,孝端文皇后崩逝之后,她被尊封为懿靖大贵妃,满文作"fujurungga ujen amba guifei"②,直译为"文雅庄重大贵妃"。此封号可能是以五宫时期"贵妃"(wesihun amba fujin)为基础增加而成。但是随着清代后宫制度的变化,"贵妃"一词已经由一个封号变成一个新的位分等级,因此懿靖大贵妃的"贵"就从封号的意译变成等级的音译。而在康熙朝的宫廷档案中,一般将她称呼为"贵妃"(gui fei),有时也称为"福晋"(fujin)③。

根据康熙朝《奏销档》记载,进入康熙朝之后,懿靖大贵妃的身体逐渐衰弱。康熙十年病症开始明显,④迁居宫外养病。康熙十一年九月略微恢复之后,经懿靖大贵妃的强烈要求,迁回宫廷居住。⑤康熙十三年七月二十八日,懿靖大贵妃的病情继续发展,她曾经提及自己下痢,且有口内生疮等病情。⑥九月二十日傍晚,懿靖大贵妃身体发热、呕吐、"心脏跳动的很是虚弱"。⑦至十一月初三日清晨,已经"心里昏乱"⑧,太医认为她身体十分虚

---

① 谨按,林丹汗有八位福晋,其中以"苏泰太后"(叶赫纳喇氏,叶赫国主金台石之孙女,在林丹汗败亡之后嫁与和硕郑献亲王济尔哈朗为继福晋)和囊囊太后(即懿靖大贵妃)地位最高。
② 《为列祖列宗册封妃嫔字号事咨覆》,嘉庆六年正月,档案号:03-0197-3622-027,中国第一历史档案馆藏。
③ 《口奏绿头牌白本档案》,康熙十三年十一月二十日条,中国第一历史档案馆编:《内务府奏销档(缩微胶卷)》。
④ 《奏销绿头牌白本档案》,康熙十年三月初九日条,中国第一历史档案馆编:《内务府奏销档(缩微胶卷)》。
⑤ 《口奏绿头牌白本档案》,康熙十一年九月初四日条,中国第一历史档案馆编:《内务府奏销档(缩微胶卷)》。
⑥ 《口奏绿头牌白本档案》,康熙十三年七月二十八日条,中国第一历史档案馆编:《内务府奏销档(缩微胶卷)》。
⑦ 《口奏绿头牌白本档案》,康熙十三年十一月初三日条,中国第一历史档案馆编:《内务府奏销档(缩微胶卷)》。
⑧ 谨按,档案中形容懿靖大贵妃病情的词汇为"dolo waka oho",词典中指出这个词的意思是"心里发昏、发乱"。

弱,病情相当危险。① 初七日,在得知懿靖大贵妃病重无法救治之后,内务府正式为她准备丧仪物品,②圣祖也在初十日随同孝庄文皇后前往看视。最终,懿靖大贵妃在这个月二十日辰时薨逝。③

懿靖大贵妃由蒙古归附清廷之时,携来有一位女儿,名为淑济,其身份不明。④ 崇德八年七月,这位女儿嫁给归附清廷的察哈尔部寨桑德参济王之子噶尔玛。

五、康惠淑妃

【简介】

太宗康惠淑妃,氏族未详,塔布囊博第塞楚祜尔之女,名巴特玛璪⑤。原嫁与蒙古察哈尔部林丹汗为妻,称窦土门福晋。在林丹汗死后,于天聪八年归附清廷,改嫁与太宗为侧室。崇德元年五月,册封为衍庆宫东侧福晋,列五宫之一。同年七月,改封为衍庆宫淑妃。顺治元年九月,迎至燕京。顺治八年正月二十八日,尊封为康惠淑妃。顺治九年十月二十九日,册封为康惠淑妃。康熙五年(1666年)三月患病。康熙六年六月初十日薨。奉安盛京昭陵贵妃园寝。

【概述】

康惠淑妃的本名为"巴特玛璪",满文作"batma dzoo",出自《满文原档》。⑥ 康惠淑妃的父亲是塔布囊博第塞楚祜尔,所谓"塔布囊",是与成吉思汗家系贵族女子结亲者的尊称,类似于中原的"驸马"及满洲的"额驸"。

---

① 《口奏绿头牌白本档案》,康熙十三年十一月初七日条,中国第一历史档案馆编:《内务府奏销档(缩微胶卷)》。
② 《口奏绿头牌白本档案》,康熙十三年七月二十八日条,中国第一历史档案馆编:《内务府奏销档(缩微胶卷)》。
③ 《口奏绿头牌白本档案》,康熙十三年十一月二十日条,中国第一历史档案馆编:《内务府奏销档(缩微胶卷)》。
④ 谨按,有学者推测这位女儿可能是懿靖大贵妃的养女或者是与前夫林丹汗所生的幼女。
⑤ 谨按,巴特玛璪,满文写为"batma dzoo",实为藏语,意为"莲花湖"。关于康惠淑妃的本名,最早见于关孝廉《论〈满文老档〉》,可参见关孝廉:《论〈满文老档〉》,1985年作者单印本,第26页。文中将康惠淑妃的本名音译为"巴特玛·璪"。目前不知作者因何要在其名中加入间隔号。按五宫之名,分别为"jeje""hairanju""nam jung""batma dzoo""bumbutai"。若因"batma dzoo"为双音词而加间隔号,则"nam jung"之名亦为双音词,而未见加间隔号。由于以上情况,此处仅暂将康惠淑妃之名译为"巴特玛璪"。
⑥ 《满文原档》,第10册,第322页。

《满文原档》所载崇德五宫册文,均记有各自出身及名讳,康惠淑妃被记为"monggoi arui amba tumen gurun i batma dzoo"①,意为"蒙古阿鲁大万户国之巴特玛璪"。而乾隆朝以此为底本修撰《满文老档》时,崇德五宫之中,孝端文皇后、孝庄文皇后、敏惠恭和元妃、懿靖大贵妃四位的部分均按照高宗的意见贴上"删去原录之名,仅录姓氏"的批条,只有康惠淑妃的部分,批条上写"删去原录之名,仅录为博第赛楚虎尔塔布囊之女"。② 由此可知,康惠淑妃出自阿鲁万户,却并非姓博尔济吉特氏。阿巴垓部即是阿鲁万户的部落之一。崇德四年(1639年)十二月,懿靖大贵妃之父额齐克诺颜等人前来清廷会亲,同时"其妻福金及博底赛塔布囊妻福金亦至。"③这里的"博底赛塔布囊妻福金"可能即是康惠淑妃之母。

天聪八年,蒙古察哈尔部林丹汗"八大福金"之一的窦土门福晋与所部贵族、部民等归附清廷。和硕礼烈亲王代善等建议太宗将窦土门福晋纳入后宫,太宗推辞道:"朕不宜纳,当以予贝勒之家室不睦者。"在和硕礼烈亲王代善等大臣的坚持之下,太宗最终将窦土门福晋纳入后宫。④ 这位窦土门福晋即是康惠淑妃。

崇德元年,五宫建立,康惠淑妃先是在五月被封于次东宫衍庆宫,满文作"urgun i boo"⑤,直译为"欢乐宫",封为"dergi ashan i fujin"⑥,直译为"东侧福晋"。至七月,又获得中原后宫式的封号,被封为"淑妃",满文作"ijishūn fujin"⑦,直译为"淑顺福晋"。顺治年间,孝端文皇后崩逝之后,她被尊封为康惠淑妃,满文作"nesuken fulehun ijishūn fei"⑧,直译为"安康恩惠淑顺妃",此封号显然是以五宫时期"淑妃"(ijishūn fujin)为基础增加而成。而在康熙朝的宫廷档案中,一般将她称呼为"淑妃"(šu fei)、"苏妃"(su fei)或"西淑妃"(wargi šu fei)。"淑妃"和"苏妃"的差异,一来是因为清初宫

---

① 《满文原档》,第10册,第322页。
② 中国第一历史档案馆编:《内阁藏本满文老档》,第20册,第731、732页。
③ 《太宗文皇帝实录》卷49,崇德四年十二月壬寅条,《清实录》,第2册,第655页。
④ 《太宗文皇帝实录》卷20,天聪八年闰八月癸丑条,《清实录》,第2册,第266页。
⑤ 中国第一历史档案馆编:《内阁藏本满文老档》,第20册,第705页。
⑥ 中国第一历史档案馆编:《内阁藏本满文老档》,第18册,第1017页。
⑦ 中国第一历史档案馆编:《内阁藏本满文老档》,第18册,第1063—1065页。
⑧ 《为列祖列宗册封妃嫔字号事咨覆》,嘉庆六年正月,档案号:03-0197-3622-027,中国第一历史档案馆藏。

廷在发音上有"s"(汉语拼音 s)和"š"(汉语拼音 sh)音混淆的习惯;二来是因为当时满文的"s"(汉语拼音 s)和"š"(汉语拼音 sh)在书写上亦经常混淆。

根据康熙朝《奏销档》记载,康熙五年三月十六日,康惠淑妃突然患病呕吐,太医表示虽然病情尚不大要紧,但康惠淑妃年纪已大,可能会有危险。①其后,康惠淑妃的病情逐渐加重。康熙六年六月初十日,康惠淑妃薨逝,内务府为其办理丧仪。② 从相关档案来看,康惠淑妃在病重时应该亦按照当时的习惯被移至隅房,并在隅房薨逝。③

康惠淑妃由蒙古归附清廷之时,携来有一位女儿,其身份不明。④ 崇德五年(1640年)正月,这位女儿嫁给和硕睿忠亲王多尔衮。在康惠淑妃薨逝后,清廷处理康惠淑妃遗物时,将其所遗留的物品和使女中的相当一部分,赏赐给一位名为淑德的格格⑤,她应该即是那位由康惠淑妃携来的女儿。

第三节 清太宗的两位侧妃

一、侧妃叶赫纳喇氏

【简介】

太宗侧妃,叶赫纳喇氏,叶赫贝勒阿纳布之女。原嫁与乌喇纳喇氏喀尔喀玛为妻,生有二子。后因喀尔喀玛获罪伏诛,入太宗内院,被纳为侧室。天聪二年十二月二十四日,生第五子和硕承泽裕亲王硕塞。不久,改嫁与内大臣詹土谢图为妻。詹土谢图亡故后,改嫁与哈达纳喇氏轻车都尉达尔瑚为妻。后于达尔瑚家薨逝。

【概述】

太宗侧妃叶赫纳喇氏出身叶赫国主系叶赫纳喇氏(星恳达尔汉系叶赫纳喇

---

① 《绿头牌及无印本章口奏事务底簿》,康熙五年三月十六日条,中国第一历史档案馆编:《内务府奏销档(缩微胶卷)》。
② 《口奏绿头牌白本档案》,康熙六年六月初十日条,中国第一历史档案馆编:《内务府奏销档(缩微胶卷)》。
③ 《口奏绿头牌白本档案》,康熙七年七月二十二日条,中国第一历史档案馆编:《内务府奏销档(缩微胶卷)》。
④ 谨按,有学者推测这位女儿可能是康惠淑妃的养女或者是与前夫林丹汗所生的幼女。
⑤ 《口奏绿头牌白本档案》,康熙七年七月二十四日条,中国第一历史档案馆编:《内务府奏销档(缩微胶卷)》。

氏),关于叶赫国主系叶赫纳喇氏,可以参考太祖孝慈高皇后条。叶赫国主系叶赫纳喇氏之始祖星垦达尔汉的曾孙珠孔额生有三子,依次名为太杵、台坦柱、尼雅尼雅喀。孝慈高皇后一支所属之叶赫国主嫡系为台坦柱后代,而阿纳布则为尼雅尼雅喀后代,故而阿纳布是叶赫国主家族的旁系远亲。从堂亲的辈分来看,太宗侧妃叶赫纳喇氏是孝慈高皇后的族侄女。根据谱牒显示,阿纳布至少有一子二女,独子名为黄鑑,后来被编入镶蓝旗满洲。二女之中,除一女为太宗侧妃叶赫纳喇氏之外,还有一女嫁与太宗之兄和硕礼烈亲王代善为二继妻。①

康熙年间,对于侧妃叶赫纳喇氏的具体情况,圣祖曾经专门询问过叶赫东城贝勒金台石之孙大学士明珠。他问道:

> 原任包衣佐领阿明阿、博尔赫图、吴努春系何人之子?吴努春之母如何得进大内②生育承泽王③,后令其(从大内)出去,与汝族中何人,朕将其名忘却。④

明珠则在回折里详加回忆,记叙道:

> 乌喇之彻辰、喀尔喀玛兄弟系乌喇贝勒族人。……喀尔喀玛于乌喇生有萨璧图、阿明阿、钦台吉。后乌喇与我国交兵战败,布占泰贝勒败走叶赫东城。喀尔喀玛逃至我城中,奴才之祖父将喀尔喀玛豢养,以原任都统额赫讷族中女子妻之,生有博尔赫图、吴努春。太祖灭叶赫后,下旨将喀尔喀玛诛杀,送吴努春之母入太宗皇帝庭院,生有承泽王。生承泽王数年后,令其(从太宗皇帝庭院)出去,嫁与伊苏特之原任内大臣詹土谢图。詹土谢图随猎遭虎抓伤而死,吴努春之母则嫁哈达孟格布禄贝勒族人镶黄旗之轻车都尉达尔瑚,后即于达尔瑚家亡故。⑤

---

① 此段叶赫纳喇氏谱系,整理自《八旗满洲氏族通谱》《叶赫那兰氏八旗族谱》《清代谱牒档案(缩微胶卷)》。
② 谨按,此处"大内"原文为"dolo",意为"里面""内部",后来明珠回折原文则作"hūwa",意为"院子""庭院",均是对太宗后宫(内宅)的称呼。
③ 谨按,承泽王即和硕承泽裕亲王硕塞。
④ 满文奏折,康熙朝,档案号:04-02-002-000068-0078,中国第一历史档案馆藏。原档案为满文,书中所用为作者自译。
⑤ 满文奏折,康熙朝,档案号:04-02-002-000068-0077,中国第一历史档案馆藏。原档案为满文,书中所用为作者自译。

由此可知,侧妃叶赫纳喇氏为叶赫国主远族尼雅尼雅喀之后代。① 万历四十一年,乌喇部破灭,乌喇国主布占泰与其堂弟喀尔喀玛逃往叶赫东城。叶赫东城贝勒金台石豢养了他们,并将同族的阿纳布之女嫁给喀尔喀玛为妻,生有两个儿子。天命四年,叶赫部破攻灭,喀尔喀玛被杀,阿纳布之女则被送进太宗的内廷,后来得到太宗的恩宠,在天聪二年生下和硕承泽裕亲王硕塞,并获得侧妃的地位。但是,生下和硕承泽裕亲王硕塞没有几年,侧妃叶赫纳喇氏就被改嫁给内大臣詹土谢图。天聪六年十月初六日,官书记载:"(太宗)猎于费德里山。上驰马独前,有御前侍卫詹土谢图,距上二十步许前行。突遇一虎,詹土谢图以射麃矢射之,中虎。虎扑詹土谢图坠马,将噬之。上大呼直前,虎惊却。詹土谢图幸未及大伤,其虎随为众侍卫射死。"②随后,詹土谢图因此伤而亡故,守寡的侧妃叶赫纳喇氏又改嫁给哈达国主之同族轻车都尉达尔瑚③为妻,最后在达尔瑚家中薨逝。

故而侧妃叶赫纳喇氏至少生育过三个儿子。第一子博尔赫图和第二子吴努春是与第一任丈夫喀尔喀玛所生,姓乌喇纳喇氏。④ 博尔赫图仕至郎中,获封骑都尉。其去世后,爵位由吴努春承袭。第三子是与第二任丈夫太宗所生的和硕承泽裕亲王硕塞,后来形成和硕庄亲王这一支世袭罔替的宗支。

二、侧妃扎鲁特博尔济吉特氏

【简介】

太宗侧妃,扎鲁特博尔济吉特氏,巴雅尔图戴清之女。天聪六年二月,嫁与太宗为东宫福晋,亦称第三福晋。天聪七年十一月十五日,生第六女固

---

① 谨按,档案原文所谓"原任固山额真额赫讷"是尼雅尼雅喀第一子延住之曾孙,侧妃叶赫纳喇氏之父亲阿纳布则是尼雅尼雅喀第三子雅林布的第四子,他们都是尼雅尼雅喀的后代,在同一"族"内。
② 《太宗文皇帝实录》卷12,天聪六年十月庚午条,《清实录》,第2册,第172页。
③ 谨按,达尔瑚是哈达国主孟格布禄三兄萨穆哈图之孙,在哈达部诸贝勒、台吉之中归附清廷较早,获封为二等轻车都尉,约在康熙三年或四年去世。其身后没有留下男嗣,爵位由其侄巴达克图承袭。
④ 谨按,据《八旗满洲氏族通谱》和《那氏宗谱》记载,博尔赫图和吴努春均为彻辰之子,而非喀尔喀玛之子。若依此说,则侧妃叶赫纳喇氏第一任丈夫应为喀尔喀玛胞弟彻辰。此处权依明珠奏折记述。

伦公主。天聪九年九月二十六日,生第九女。天聪九年十月初七日,因不合太宗之意,被改嫁与叶赫纳喇氏南褚为妻。其后不明。

【概述】

太宗侧妃扎鲁特博尔济吉特氏出身旧喀尔喀五部之中的扎鲁特部,是达延汗的后代,其父名为巴雅尔图戴清,亦作"色本"。侧妃扎鲁特博尔济吉特氏的兄弟名为桑噶尔,后来承袭札萨克多罗达尔汉贝勒之爵位。另外,她有一位堂姐妹嫁给太宗的兄长莽古尔泰,亲姐妹则在侧妃出嫁的第二年七月嫁给莽古尔泰之子阿喀达。①

天聪六年,清廷大臣们认为:"汗已立有中宫福晋、西宫福晋,唯东宫未立福晋。故选其优,遣人往聘此福晋。"此处所谓"其优"即指侧妃扎鲁特博尔济吉特氏。其后,太宗派人对巴雅尔图戴清说:"我召来观之,中则留于宫内,不中则遣之还。"遂让侧妃到城外暂歇,太宗"亲率从者数人往观之",最终"迎入内廷"②,并且在二月十二日举行册封筵宴。被封为东宫福晋的侧妃扎鲁特博尔济吉特氏位次在三宫之中排第三位,因此亦被称为"第三福晋"。

嫁入宫中之初,侧妃扎鲁特博尔济吉特氏与太宗的关系尚为融洽,三年内接连生育两个女儿。结果在第九女刚刚诞生仅十余日的天聪九年十月初七日③,官方档案内记录道:"汗的第三福晋是扎鲁特部的巴雅尔代青的女儿,因不合汗的意,给了叶赫的德尔格尔台吉的儿子南褚。"④侧妃扎鲁特博尔济吉特氏改嫁之原因官方档案中并未提及,目前之研究一般认为,由于天聪朝末期"崇德五宫"纷纷进入清廷,对后宫位次进行重新排序势在必行。原本排位便次于孝庄文皇后的侧妃扎鲁特博尔济吉特氏,面临着排位进一步居后的窘境。这可能是侧妃扎鲁特博尔济吉特氏与太宗失和、"不合汗意"的主要原因。同时,根据相关学者研究发现,在侧妃扎鲁特博尔济吉特氏被改嫁与南褚之后,其父巴雅尔图戴清依然与清廷交好,这种情况或许说

---

① 此段扎鲁特博尔济吉特氏谱系,整理自《钦定外藩蒙回部王公表传》《清朝满蒙联姻研究》《蒙古世系》。需指出的是,杜家骥在《清朝满蒙联姻研究》一书中统计扎鲁特氏在入关之前共与清廷有十一次联姻,但限于资料有限,目前只能复原很小一部分的谱系关系。
② 中国第一历史档案馆编:《内阁藏本满文老档》,第 20 册,第 618 页。
③ 谨按,根据《玉牒》,太宗第九女生于天聪九年九月二十六日戌时。
④ 《汉译〈满文旧档〉》,第 135、136 页。

明侧妃扎鲁特博尔济吉特氏与太宗的分离是相对平和的。① 至于侧妃扎鲁特博尔济吉特氏所改嫁的第二任丈夫南褚,是正黄旗满洲叶赫纳喇氏,叶赫东城贝勒金台石之长孙。南褚承袭其父德尔格尔之男爵和世管佐领,其子穆占曾任征南将军,乌丹曾任建威将军,是八旗内的世家名门。②

第四节　清太宗的庶妃及其他

一、庶妃纳喇氏

【简介】

太宗庶妃,纳喇氏,英格布之女。嫁与太宗为姜室,属小福晋级。天聪九年十月二十一日,生第十女县君。崇德二年二月十六日,生第六子奉恩镇国悫厚公高塞。崇德三年(1638年)七月初七日,生第十三女。顺治十一年七月薨逝。疑奉安昭陵贵妃园寝。

【概述】

纳喇氏是太宗的庶妃之一,她为太宗生育一子二女,可能是比较受宠的一位姜室。根据《内国史院》档案记载,庶妃纳喇氏在顺治十一年七月薨逝,世祖在七月二十三日遣官前往盛京赐祭,祭文中说:"尔为皇考之小福晋,忧勤年久,于内廷谨慎小心,忠勤敦厚,尤为可嘉。"③是官方对她的评价。原档中,"小福晋"一词为"buya fujin"④,可知其生前身份为小福晋级。

二、庶妃奇垒氏

【简介】

太宗庶妃,察哈尔奇垒氏,寨桑额尔济图固英之女,名德恩。嫁与太宗为姜室,属格格级。崇德六年十二月初七日,生第十四女恪纯和硕公主。后于顺治、康熙朝屡次提升待遇,服二十匹缎。康熙三十年三月十三日寅时薨。

---

① 杨珍:《关于清初后妃改嫁问题的考察》,《明清论丛》第7辑。
② 此段叶赫纳喇氏谱系,整理自《八旗满洲氏族通谱》《叶赫那兰氏八旗族谱》《清代谱牒档案(缩微胶卷)》。
③ 中国第一历史档案馆编:《清初内国史院满文档案译编》,下册,第320页。
④ 中国第一历史档案馆藏:《顺治朝满文内国史院档(缩微胶卷)》,第3盘。

【概述】

太宗的庶妃奇垒氏名为德恩,满文作"den"。① 她出身蒙古察哈尔部,其父为察哈尔部的寨桑。寨桑一词亦作"宰桑",是蒙古各部首领手下的大臣,地位颇高。庶妃奇垒氏的父亲是察哈尔部的寨桑之一,可能是在太宗平定察哈尔部前后归服清廷。庶妃奇垒氏的母亲享有高寿,康熙三年(1664年)时已经八十余岁,孝庄文皇后特地传旨由宫廷配给其服用等物。② 康熙十四年,察哈尔部叛乱,当时庶妃奇垒氏之母已经九十余岁,与庶妃奇垒氏的兄长萨麻地住在察哈尔地方,孝庄文皇后特地传旨,让圣祖敕命军前"弗加掳掠"。③

根据康熙朝《奏销档》记载,康熙三十年三月十三日,内务府奏称:"十三日奏。慈宁宫之德恩格格患病,昨夜痰气上涌,于五更钟④时薨逝。"并且奏请按照"服三十匹缎以下、二十四匹缎以上之格格"的等级办理丧仪。此时,圣祖对庶妃奇垒氏的位分记忆出错,想要将她按照顺治十七年时薨逝的一位太宗的小福晋的旧例办理丧仪。但是内务府旧臣以及苏麻喇姑等人均明确指出:"太宗时之小福晋系呼为小福晋,德恩格格系呼为德恩格格,(二者)并不相符。""德恩格格非系福晋,系称格格。小福晋者,系自太宗时已呼其为小福晋,福晋⑤之管领下有人三十对,服三十匹缎。德恩格格虽已分有管领,(却只有)人二十对,服二十匹缎。起居服用均未及福晋,只系格格等级。"⑥由此可知,虽然生育有恪纯和硕公主,但是庶妃奇垒氏的位分却只是格格级。到顺治、康熙两朝,作为仅存的太宗后宫主位之一得到优待,才分得内管领⑦,而身份依然没有改变,只是一位服二十匹缎的格格级庶妃。最终,圣祖下达旨意,按照服三十匹缎的格格例办理丧仪。庶妃奇垒氏是最后

---

① 《口奏绿头牌白头本档案》,康熙三十年三月十三日条,中国第一历史档案馆编:《内务府奏销档(缩微胶卷)》。
② 《绿头牌无印本口奏档案》,康熙三年五月初四日条,中国第一历史档案馆编:《内务府奏销档(缩微胶卷)》。
③ 《圣祖仁皇帝实录》卷55,康熙十四年五月壬戌条,《清实录》,第4册,第708页。
④ 谨按,此处时间满文原文写为"gerendere tanggū ging",直译为"亮百钟",指的是天将亮的时候要打的更鼓,即民间所谓的五更。
⑤ 谨按,此处"福晋"应为"小福晋"的略称,而并非指位分上高于"小福晋"的"福晋"。
⑥ 《口奏绿头牌白头本档案》,康熙三十年三月十三日条,中国第一历史档案馆编:《内务府奏销档(缩微胶卷)》。
⑦ 谨按,根据当时的制度,庶妃中只有福晋级才能分得专属内管领,小福晋及以下等级则无法分得。庶妃察哈尔奇垒氏作为格格级庶妃,康熙朝已经获得专属内管领,已经是特殊的优待。

一位薨逝的太宗的后宫主位。

三、庶妃颜扎氏
【简介】

太宗庶妃,颜扎氏,布颜之女。嫁与太宗为妾室。天聪元年(1627年)十月十八日,生第四子奉恩辅国公叶布舒。其后不明。

【概述】

太宗的庶妃颜扎氏出身于叶赫地方颜扎氏。根据谱牒的说法,她的祖父名为铺堪,父亲名为布颜,自己有三位兄弟,分别是衮达什、那沙拉哈以及安达理。其家族被编入正黄旗包衣。其中安达理因功封为骑都尉,在太宗崩逝的时候,安达理为之殉死,从而被追晋为三等男。太宗第六子奉恩镇国悫厚公高塞的嫡妻则是安达理的孙女,亦即庶妃颜扎氏的侄孙女。①

颜扎氏是太宗的庶妃之一,可能是太宗早期的妾室。

四、庶妃伊尔根觉罗氏
【简介】

太宗庶妃,伊尔根觉罗氏,安塔锡之女。嫁与太宗为妾室。崇德二年四月十九日,生第七子奉恩辅国公品级常舒。其后不明。

【概述】

伊尔根觉罗氏是太宗的庶妃之一,可能是在崇德建制前后成为太宗妾室的。

目前对于庶妃伊尔根觉罗氏的出身没有确切的资料。从名字的转音进行推测,其父安塔锡可能是《八旗满洲氏族通谱》里穆溪地方伊尔根觉罗氏的阿尔塔什。这位阿尔塔什世居穆溪地方,国初率七村归来,被编入正蓝旗满洲,太祖妻以宗室之女,设世管佐领令其世袭。阿尔塔什第一子阿三封为一等子,第二子阿达海为十六大臣之一,第三子济尔海仕至都统,第四子噶

---

① 此段颜扎氏谱系,整理自《八旗满洲氏族通谱》;杨原:《诗书继世长——叶赫颜扎氏家族口述历史》及内引北京大学图书馆藏《叶赫扎氏家谱》,北京:北京出版社,2014年;《清代谱牒档案(缩微胶卷)》。

赖仕至副都统。不过,这种猜测尚需史料的进一步证实。①

五、庶妃

【简介】

太宗庶妃,拜祜之女,氏族未详。嫁与太宗为妾室。崇德四年二月初八日,生第十子奉恩辅国公韬塞。其后不明。

【概述】

庶妃某氏是太宗庶妃中所留信息比较少的一位,只知其父名为拜祜。可能是在崇德建制之后成为太宗妾室的。杜家骥根据其所生之子奉恩辅国公韬塞的待遇等信息,认为其身份是比另室所居的普通庶妃还要低微的"侍婢"一级。②

六、庶妃

【简介】

太宗庶妃。氏族未详。生父未详。嫁与太宗为妾室。崇德二年三月十五日,生第十二女乡君品级。其后不明。

【概述】

庶妃某氏是太宗庶妃中所留信息最少的一位,出身不详,可能是在崇德建制之后成为太宗妾室的。杜家骥根据其所生之女乡君品级的待遇等信息,认为其亦属于比另室所居的普通庶妃还要低微的"侍婢"一级。③

【考证·清太宗其他庶妃】

关于清太宗的后宫主位,尚有两条史料记录,其所指不甚明确。

其一,出自《世祖章皇帝实录》顺治二年六月戊辰条,提及"皇太妃薨"。这位皇太妃是太宗的哪位后宫主位,目前尚不得而知。

其二,出自康熙朝《奏销档》,其中提及,在顺治十七年时,有一位太宗的"小福晋"薨逝。④ 这位小福晋应该即是颜扎氏、伊尔根觉罗氏这二位庶妃

---

① 此段伊尔根觉罗氏谱系,整理自《八旗满洲氏族通谱》《清代谱牒档案(缩微胶卷)》。
② 杜家骥:《清朝满族的皇家宗法与其皇位继承制度》,《清史研究》2005年第1期。
③ 杜家骥:《清朝满族的皇家宗法与其皇位继承制度》,《清史研究》2005年第1期。
④ 《口奏绿头牌白头本档案》,康熙三十年三月十三日条,中国第一历史档案馆编:《内务府奏销档(缩微胶卷)》。

之一。

　　另外,盛京昭陵贵妃园寝中,一共有土丘十一座,中央四座、西侧四座、东侧三座,所奉安的应该均为太宗的侧室和妾室。其奉安之后宫主位,清代官方不同时期之说法即有不同。清初时曾提及敏惠恭和元妃奉安于此地,嘉庆朝档案则称奉安的是懿靖大贵妃、康惠淑妃以及"格格等九位",未提及敏惠恭和元妃。[①] 目前学术界一般认为中央的四座内有三座分别奉安敏惠恭和元妃、懿靖大贵妃和康惠淑妃的宝宫,其余七座则不明[②]。总而言之,昭陵贵妃园寝中究竟奉安的是哪几位后宫主位,目前尚无定论。

[①] 《为福陵昭陵内妃园寝安葬之妃等位次应行遣官致奠抄录原奏事致行在内务府等》,嘉庆十年八月十四日,档案号:05-13-002-000091-0081,中国第一历史档案馆藏。

[②] 沈阳一宫两陵志编纂委员会:《沈阳昭陵志》,第42页。

第八章　清太宗的后宫

第九章　清世祖顺治帝的后宫

清世祖体天隆运定统建极英睿钦文显武大德弘功至仁纯孝章皇帝，名福临，满文作"fulin"①。作为太宗文皇帝的第九子，生于崇德三年正月三十日戌时，生母为孝庄文皇后科尔沁博尔济吉特氏。崇德八年八月初九日，太宗崩逝。经会议，世祖以皇九子之身份于八月二十六日继承汗位，改元顺治，由和硕睿忠亲王多尔衮与和硕郑献亲王济尔哈朗辅政。顺治元年九月，进入燕京。同年十月初一日，于武英殿即皇帝位。顺治七年十二月，和硕睿忠亲王多尔衮薨逝。顺治八年正月，世祖亲政，追论和硕睿忠亲王多尔衮罪。亲政之后，创立各项制度，积极用兵，为统一奠定基础。顺治十八年正月初七日子时崩，年二十四岁，在位十八年。同年三月，恭上尊谥曰体天隆运英睿钦文大德弘功至仁纯孝章皇帝，庙号世祖。十一月，升祔太庙、奉先殿。康熙二年六月初六日，奉安孝陵。雍正元年八月，加上定统建极四字。乾隆元年三月，加上显武两字。

世祖顺治朝时期，清廷达成入关大业。与此同时，在延续入关前后宫旧俗的基础上，开始参照中原王朝的旧例，调整后宫制度。在其过程之中，有不少制度仅存于书面之上，实际并未执行；反之，亦有不少制度虽不见于书面，却在后宫中实际运行，体现了制度初创时期的矛盾。可惜的是，由于顺治朝年代较早，且因当时内廷机构设置变动较大，宫廷档案的归属不甚明确，使得现在对于当时后宫情况的了解，主要是通过对康熙朝初年档案的整理而得来。如果今后可以发现更多的顺治朝宫廷档案的话，肯定会对这一时期后宫情况的了解有相当的助益。

根据目前的资料统计，清世祖一生中至少有三十余位妻妾。

---

① 罗盛吉：《清朝满文避讳漫议》，《满语研究》2014年第2期。

第一节　清世祖顺治帝的四位皇后

一、废皇后(静妃)

【简介】

世祖废皇后,科尔沁博尔济吉特氏,和硕卓里克图亲王吴克善之女,名额尔德尼布木巴①。顺治八年八月十三日,册立为皇后。顺治十年(1653年)八月二十五日,因与世祖不协,降为静妃,改居侧宫。之后返回蒙古,其后不明。

【家族背景】

世祖废皇后(静妃)出身蒙古科尔沁部,与太祖寿康妃、侧妃、孝端文皇后、孝庄文皇后、敏惠恭和元妃、孝惠章皇后、世祖悼妃等同族。其家世可以参考孝端文皇后条。废皇后(静妃)的本名为"额尔德尼布木巴",满文作"erdeni bumba",出自初修本《世祖章皇帝实录》。② 废皇后(静妃)的父亲吴克善是宰桑的第一子,亦即孝庄文皇后和敏惠恭和元妃的长兄。吴克善至少生有六子二女。六子之中,第一子名为劳逊;第二子名为图纳赫,娶太祖的曾孙女为妻;第三子名为弼尔塔哈尔,娶太宗的第四女雍穆固伦公主,雍穆固伦公主是孝庄文皇后所出,属于典型的"姑做婆";第四子名为博木博什;第五子名为班第;第六子名为都勒巴。已知的二个女儿中,除一位即废皇后(静妃)外,另一位嫁与英亲王阿济格之子傅勒赫为妻。③

【宫廷生活】

从辈分上计算,孝庄文皇后是废皇后(静妃)的亲姑母,废皇后(静妃)与世祖的婚姻,是在和硕睿忠亲王多尔衮的主持之下,于顺治初年便已经决定,这体现了当时清廷有意延续与科尔沁部的联姻关系。但是,嫁入宫中的

---

① 谨按,额尔德尼布木巴,满文写为"erdeni bumba","额尔德尼"意为"珍宝"。"布木巴"即孝庄文皇后名讳"本布泰"一词的词根"bumba",意为"瓶子"。故"额尔德尼布木巴"意为"宝瓶"。
② 康熙本《世祖章皇帝实录》卷59,顺治八年八月戊午条,清满文写本,中国第一历史档案馆藏。
③ 此段科尔沁博尔济吉特氏谱系,整理自《钦定外藩蒙回部王公表传》《清朝满蒙联姻研究》《蒙古世系》《爱新觉罗宗谱》。

废皇后（静妃）与世祖的关系并不和谐,以至于在顺治十年八月二十四日,世祖命大学士冯铨等"察前代废后事例具闻"①,准备将皇后废位。世祖曾在亲自撰写的《孝献庄和至德宣仁温惠端敬皇后行状》中提及废皇后（静妃）与自己的关系称："前废后容止足称佳丽,亦极巧慧。乃处心弗端,且嫉刻甚。见容少妍者,即憎恶欲置之死。虽朕一举动,靡不猜防。朕故别居,不与接见。且朕素慕简朴,废后则僻嗜奢侈,凡诸服御,莫不以珠玉绮秀缀饰,无益暴殄,少不知惜。尝膳时,有一器非金者,辄怫然不悦,废后之性若是。"②由此可知,废皇后（静妃）秀外慧中,却善妒且奢侈,这与世祖的性格有很大差距。世祖认为,皇后作为国母,地位非常,其人选肩负重大责任,废皇后（静妃）并不是自己亲自挑选,"自册立之始即与朕志意不协……事上御下,淑善难期"③,故而"含忍久之,郁懑成疾。皇太后见朕容渐瘁,良悉所曲,谕朕裁酌"④。最终于八月二十五日,奏闻孝庄文皇后之后,将皇后废位,降为静妃,满文称为"jingfei"⑤,改居侧宫。

皇后废位诏书下达之后,朝中大臣特别是礼部相关的官员纷纷上奏,认为将皇后废位过于草率。其中礼部仪制司员外郎孔允樾奏言称："窃思天子一言一动,万世共仰。况我皇后正位三年,未闻显有失德。特以无能二字定废谪之案,何以服皇后之心,且何以服天下后世之心。"⑥其后经过了数个回合的言论交锋,最终还是将皇后废位。世祖后来回忆废皇后（静妃）道："及废,宫中人无念之者,则废后所行久不称众意可知矣。"⑦这种说法难免片面,却也多少可以看出废皇后（静妃）在"事上御下"方面可能确不擅长。

【考证·结局】

关于废皇后（静妃）在废位之后的情况,清代官书没有明确提及,只知其并未入葬世祖的孝陵。

---

① 《世祖章皇帝实录》卷77,顺治十年八月丁亥条,《清实录》,第3册,第611页。
② 《孝献庄和至德宣仁温惠端敬皇后行状》,民国七年仁和吴昌绶双照楼刻本,国家图书馆藏,第8页b,第9页a。
③ 《世祖章皇帝实录》卷77,顺治十年八月己丑条,《清实录》,第3册,第612页。
④ 《孝献庄和至德宣仁温惠端敬皇后行状》,民国七年仁和吴昌绶双照楼刻本,第9页a。
⑤ 康熙本《世祖章皇帝实录》卷77,顺治十年八月己丑条,清满文写本,中国第一历史档案馆藏。
⑥ 《世祖章皇帝实录》卷77,顺治十年八月庚寅条,《清实录》,第3册,第612页。
⑦ 《孝献庄和至德宣仁温惠端敬皇后行状》,民国七年仁和吴昌绶双照楼刻本,第9页a。

顺治十三年十月时,朝鲜的麟坪大君正作为使者停留于京城,在其所著《燕途纪行》中记载:"十五日己丑……蒙王明日发行。""十九日庚寅……前日所废皇后,今月因其父入朝,许以带还。其父廼帝之表叔云。"① 以通常情况来讲,朝鲜方面所记清朝特别是清宫之情况,多为道听途说,难以取信。但是,根据《世祖章皇帝实录》的记载,废皇后(静妃)之父卓里克图亲王吴克善确实在当年九月被召入京觐见②。以辈分论,卓里克图亲王吴克善也确为世祖之舅父。可知麟坪大君所记确有一定之依据。

　　同时,在康熙元年的内务府《奏销档》中,发现有数条关于废皇后(静妃)的记载,反映了康熙元年正月时废皇后(静妃)的一些动态。

　　档案内提及,正月二十八日,内务府奏请询问为静妃配给缎匹的多少③,孝庄文皇后表示,"照乾清宫五位福晋分例之缎匹配给"④,此处的五位福晋即是孝康章皇后、恪妃、恭靖妃、端顺妃、淑惠妃。二月初十日,孝庄文皇后下达旨意,赏赐废皇后(静妃)的扈从,称"由卓力克图王处将静妃送来之三位妈妈⑤,因于冬季前来,现时并无夏季换穿之衣"。⑥ 由此可知,废皇后(静妃)是在顺治十八年冬季从其本部卓力克图亲王部入京。至二月二十四日,内务府奏称:"本日奏。将静妃送去之饭上人、茶上人、护军校、护军、牧丁,各选几许牲口支给。等因。奏入。得旨:护军校各支三头,护军、饭上人、茶上人各支两头,牧丁、驼丁、兵丁、承应人各支一头。除牲口之外,各种琐碎之物,视其所用支给。钦此。"⑦ 同月二十五日,内务府奏称:"静妃所住四木墙之蒙古包一个、为饭茶所支四木墙之蒙古包一个、去外面⑧之两木

---

① [朝鲜]麟坪大君李㴭:《燕途纪行》,林基中编:《燕行录全集》,第22册,第166页。
② 《世祖章皇帝实录》卷103,顺治十三年九月辛酉条,《清实录》,第3册,第806页。
③ 谨按,清初服缎匹数不仅发给宫内的后宫主位以及妇差、宫女,也发给前来会亲的蒙古王公、宗女,是他们短期内受到官方物质配给等级的表现。
④ 《口奏绿头牌白本档》,康熙元年正月二十八日条,中国第一历史档案馆编:《内务府奏销档(缩微胶卷)》。
⑤ 谨按,满语"mama"有两意,其一为祖母,其二为老太太、老妪。此处指的是将静妃送来的三位年长仆妇。
⑥ 《口奏绿头牌白本档》,康熙元年二月初十日条,中国第一历史档案馆编:《内务府奏销档(缩微胶卷)》。
⑦ 《口奏绿头牌白本档》,康熙元年二月二十四日条,中国第一历史档案馆编:《内务府奏销档(缩微胶卷)》。
⑧ 谨按,此处"去外面",满文原文作"tule genere",一般为"出恭"的委婉说法。

墙之蓝顶外墙小蒙古包一个、歇马①之蓝色毡房一个、红油漆床一架、铺毡三块、缘边褥子一块,为此请旨。得旨:将此皆留下。"②表明废皇后(静妃)已经启程返回卓力克图亲王部。

综合以上信息可知,废皇后(静妃)在顺治十八年时已经不在宫内,而是居住在其本部卓力克图亲王部。当年冬季,她从本部来到京师,可能是为参加世祖的周年祭礼,最后在康熙元年二月又返回本部。由此推测,废皇后(静妃)可能的确在顺治十三年十月时,随着父亲卓里克图亲王吴克善离开宫廷,返回本部。

嘉庆十二年十二月《上谕档》内提及,当时军机处曾经咨问东陵妃园寝,询问静妃的情况。其文内称:"贵衙门承办顺治年间静妃薨后,金棺安奉何处,系于何年月日奉安,自奉安之后,如何岁时行礼之处,其诞辰忌辰一并详查咨覆本处。"③这表明在清中后期的宫廷之中,对这位一百余年前的废位皇后已经不甚了解。

二、孝惠章皇后

【简介】

孝惠仁宪端懿慈淑恭安纯德顺天翼圣章皇后,科尔沁博尔济吉特氏,多罗贝勒绰尔济之女。崇德六年十月初三日生。顺治十一年五月初三日,被聘为妃;同年五月二十八日,诏立为皇后。六月十六日,册立为皇后。顺治十五年正月初三日,因于孝庄文皇后前未尽孝道,停中宫笺奏;同年三月二十五日,复中宫笺奏如旧。顺治十八年正月,世祖崩逝,圣祖即位,尊为皇太后。康熙元年十月二十七日,尊上徽号曰仁宪皇太后。康熙四年九月,因迎娶皇后,加上恪顺两字。康熙六年十一月,因圣祖亲政,加上诚惠两字。康熙十五年正月,因册封太子,加上纯淑两字。康熙二十年十二月,因三藩平定,加上端禧两字。累计徽号曰仁宪恪顺诚惠纯淑端禧皇太后。康熙二十

---

① 谨按,此处"歇马",满文原文作"udele",意思是在行进途中休息吃饭,即古人所谓的"打中伙"。
② 《口奏绿头牌白本档》,康熙元年二月二十五日条,中国第一历史档案馆编:《内务府奏销档(缩微胶卷)》。
③ 中国第一历史档案馆编:《嘉庆朝上谕档》,桂林:广西师范大学出版社,2000年,第12册,第600、601页。

八年十二月初四日,移居宁寿宫。康熙五十六年(1717年)十月,患病加剧,圣祖带病侍疾。康熙五十六年十二月初六日酉时崩,年七十七岁。圣祖深痛,破例为之割辫。康熙五十七年三月,恭上尊谥曰孝惠仁宪端懿纯德顺天翼圣章皇后。同年四月初七日,奉安孝东陵;十二月,升祔太庙、奉先殿。雍正元年八月,加上慈淑两字。乾隆元年三月,加上恭安两字。

【家族背景】

孝惠章皇后出身蒙古科尔沁部,与太祖寿康妃、侧妃、孝端文皇后、孝庄文皇后、敏惠恭和元妃、世祖废皇后(静妃)、世祖悼妃等同族。其家世可以参考孝端文皇后条。孝惠章皇后的父亲是斋桑第二子察罕之子绰尔济,仅从堂亲辈分来讲,孝庄文皇后是她的姑祖母,废皇后(静妃)则是她的堂姑母。

多罗贝勒绰尔济嫡妻为太祖之子和硕饶余敏亲王阿巴泰第七女县主,孝惠章皇后便是由这位嫡妻所出。多罗贝勒绰尔济至少有五子五女,第一子名为鄂齐尔,第二子名为纳穆齐,第三子名为额尔德尼,第四子不明,第五子名为毕里衮达赉。他们之中,前三者均娶清廷宗室之女为妻。已知的五位女儿排行不明,除一位为孝惠章皇后外,一位是同嫁世祖的淑惠妃,一位嫁和硕简纯亲王济度,还有两位嫁和硕饶余敏亲王阿巴泰之孙。后来,孝惠章皇后之父多罗贝勒绰尔济在康熙七年七月病故,母亲县主则在康熙八年正月病故。[①]

【宫廷生活】

顺治十一年五月初三日,清廷遣奉恩镇国公巴布泰、内大臣巴图鲁公鳌拜、礼部侍郎渥赫、理藩院侍郎沙济达喇等前往科尔沁部聘绰尔济之女为妃。[②] 因为兴师动众,所以一般认为这里聘来的即是孝惠章皇后。她到达京城后不久就被诏立为皇后,并在六月十六日举行册立仪式。

在世祖的眼中,孝惠章皇后是"秉心淳朴,顾又乏长才",虽然比之前的废皇后(静妃)评价稍高,却仍然不符合世祖的要求。特别自顺治十三年以来,奉上待下均堪为表率的孝献皇后董鄂氏得到盛宠,世祖在心中难免会将

---

① 此段科尔沁博尔济吉特氏谱系,整理自《钦定外藩蒙回部王公表传》《清朝满蒙联姻研究》《蒙古世系》《爱新觉罗宗谱》。
② 《世祖章皇帝实录》卷83,顺治十一年五月壬辰条,《清实录》,第3册,第653页。

孝惠章皇后与孝献皇后进行比较,这也成为世祖与孝惠章皇后的矛盾点。

顺治十四年冬季,孝庄文皇后患病。世祖"为皇太后祷祀于上帝坛",孝献皇后"朝夕侍奉,废寝食",而孝惠章皇后"曾无一语奉询,亦未遣使问候"①,这使孝顺的世祖十分恼火,终在顺治十五年正月停止中宫笺奏,有废位之意。孝惠章皇后究竟是否对孝庄文皇后如此不孝,目前所能看到的都是世祖的一面之词。但是,在旧时代的伦理中,"不孝"是丧伦重罪,确实可以危及皇后之位。在此之后,一方面,孝献皇后在世祖面前为孝惠章皇后进言,称"陛下之责皇后,是也。然妾度皇后,斯何时有不焦劳忧念者耶?特一时未及思,故失询问耳。陛下若遽废皇后,妾必不敢生。陛下幸垂察皇后心,俾妾仍视息世间,千万勿废皇后也。"②同时,孝惠章皇后也在当年二月患了重病,之后"寝病濒危"③。最终,世祖在三月恢复中宫笺奏,没有将孝惠章皇后废位。

根据世祖的说法,孝惠章皇后和孝献皇后的私人关系似乎不错,"(孝献皇后)事今后(孝惠章皇后)克尽谦敬,以母称之。今后(孝惠章皇后)亦视后(孝献皇后)如娣"。孝献皇后不仅阻止了世祖废后的冲动,而且在顺治十五年孝惠章皇后重病的时候,更是"五昼夜目不交睫,且时为诵史书,或常谈以解之"。后来孝献皇后崩逝,孝惠章皇后也"悲悼逾常"④。

顺治十八年正月初七日,世祖崩逝,圣祖即位,孝惠章皇后被尊为"仁宪皇太后"。随着康熙二年孝康章皇后的崩逝,孝惠章皇后也成为唯一的皇太后,之后更是屡加徽号。从年龄上计算,孝惠章皇后只比圣祖康熙帝年长十三岁,圣祖却相当尊重这位嫡母,尤其是在康熙二十六年十二月孝庄文皇后崩逝之后,圣祖失去了自己从小的保护者和引导者,孝惠章皇后也失去了和自己生活了三十多年互相照顾的婆母。在这种共情之下,圣祖和孝惠章皇后的母子之情也愈发深厚,圣祖像对孝庄文皇后一样,更加尊重孝惠章皇后,经常

---

① 《孝献庄和至德宣仁温惠端敬皇后行状》,民国七年仁和吴昌绶双照楼刻本,国家图书馆藏,第 7 页 b。
② 《孝献庄和至德宣仁温惠端敬皇后行状》,民国七年仁和吴昌绶双照楼刻本,国家图书馆藏,第 8 页 a。
③ 《孝献庄和至德宣仁温惠端敬皇后行状》,民国七年仁和吴昌绶双照楼刻本,国家图书馆藏,第 8 页 a。
④ 《孝献庄和至德宣仁温惠端敬皇后行状》,民国七年仁和吴昌绶双照楼刻本,国家图书馆藏,第 8 页 a、第 10 页 b。

问安、闲谈,孝惠章皇后也报以母亲应有的关爱。

康熙五十六年十月,住在畅春园的孝惠章皇后患病,圣祖奉其回紫禁城休养,①十一月初时稍微缓和,之后再次发病。当时圣祖也患病,在汤泉和畅春园疗养,听闻孝惠章皇后发病,"不待警跸,止领近侍人员急从西直门进神武门,诣皇太后宫问安"②。之后孝惠章皇后的病情逐渐恶化,到了十二月初一日,已经"病势渐笃"③。初三日这一天,孝惠章皇后已经临近病危,圣祖也患病,"足背浮肿,不能转移",但是为了能够侍奉孝惠章皇后,"用手帕缠足,乘软舆诣宁寿宫请安"。④ 圣祖"捧皇太后手奏云:'母后,臣在此。'皇太后张目畏明,以手障光视朕,执朕手。"⑤最终在初六日酉时,孝惠章皇后崩逝,圣祖"拊膺哀号,即行割辫"⑥,显示出他与嫡母孝惠章皇后数十年母子之情的深厚。⑦

【封谥释义】

孝惠章皇后的主谥为"惠",满文作"fulehun"⑧,意为"恩惠"。

三、孝献皇后

【简介】

孝献庄和至德宣仁温惠端敬皇后,正白旗满洲董鄂氏,三等伯、内大臣鄂硕之女。原嫁某氏。后被选入宫中为庶妃。顺治十三年八月二十二日,诏晋为贤妃,未及封;同年九月二十八日,诏晋为皇贵妃;十二月初六日,册封为皇贵妃。顺治十四年十月初七日,生第四子和硕荣亲王。顺治十七年八月十九日崩。同月二十日,追晋为皇后,谥曰孝献庄和至德宣仁温惠端敬皇后。火化后,宝宫暂安黄花山。康熙二年六月初六日,移奉孝陵。未系帝谥,未祔太庙。

---

① 《圣祖仁皇帝实录》卷274,康熙五十六年十月壬寅条,《清实录》,第6册,第689页。
② 《圣祖仁皇帝实录》卷275,康熙五十六年十一月丙寅条,《清实录》,第6册,第694页。
③ 《圣祖仁皇帝实录》卷276,康熙五十六年十二月丁酉条,《清实录》,第6册,第702页。
④ 《圣祖仁皇帝实录》卷276,康熙五十六年十二月甲申条,《清实录》,第6册,第702页。
⑤ 《圣祖仁皇帝实录》卷276,康熙五十六年十二月乙酉条,《清实录》,第6册,第703页。
⑥ 《圣祖仁皇帝实录》卷276,康熙五十六年十二月丙戌条,《清实录》,第6册,第703、704页。
⑦ 对于孝惠章皇后与圣祖康熙帝的关系,有学者已有专文研究,可参见杨珍:《康熙皇帝一家》。
⑧ 綦中明:《满语名号研究》,第71页。

【家族背景】

孝献皇后出身努恺爱塔系董鄂氏,此系的始祖名为努恺爱塔,近祖则是努恺爱塔之曾孙满通阿。满通阿家族在明代为女真董鄂部部长,拥有相当大的势力,是清代董鄂氏一姓之中最庞大也是最著名的一系。在努恺爱塔系董鄂氏中,有两支实力最强,即和和理一支与伦布一支,他们均为满通阿的曾孙。其中和和理为国初五大臣之一,而伦布则在入旗之后更名为鲁克素,他即是孝献皇后的曾祖父。

鲁克素在国初时率领四百人丁来归,编入正白旗满洲,授世管佐领。其第一子名为席汉,原封骑都尉,仕至佐领,后来因阵亡追晋为三等轻车都尉。席汉第二子名为鄂硕,袭爵之后在进攻前屯卫、锦州、山东、山海关等战役中均立有功勋,由三等轻车都尉晋封为二等男,即是孝献皇后的父亲。顺治十四年(1657年),作为皇贵妃的父亲,鄂硕由三等子晋封为三等伯,却在第二年病故,故而后来孝献皇后被追晋为皇后时,获得加封的是她仍在世的伯父罗硕,其由骑都尉又一云骑尉直升三级,晋封为一等轻车都尉。至于鄂硕的妻室,其原配夫人信息不详,先于鄂硕去世,其后鄂硕在顺治十二年继娶广略贝勒褚英的曾孙女、原封贝子穆尔祜的第一女,孝献皇后可能是原配夫人所生。

根据谱牒来看,鄂硕至少生有四子,第一子名为鄂汉,仕至头等侍卫;第三子名为常格,仕至五品官;第四子名为常山,也仕至头等侍卫。最著名的是第二子费扬古,他继承鄂硕的爵位,在康熙朝噶尔丹之乱时,作为安北将军、抚远大将军出征,立有大功,从伯爵超升为一等公,最后在康熙四十年(1701年)病逝,得谥襄壮。后来,在雍正朝时重定功臣爵号,将费扬古的爵位定为一等昭武侯,一直延续到清末。①

【入宫情况】

关于孝献皇后入宫的情况,主要有三种说法。第一种,认为孝献皇后原嫁某"满籍军人"为妻,在丈夫过世之后,作为寡妇再醮,被世祖纳入后宫。第二种,认为孝献皇后为世祖异母弟和硕襄昭亲王博穆博果尔的嫡室,后被

---

① 此段董鄂氏谱系,整理自《八旗满洲氏族通谱》《清代谱牒档案(缩微胶卷)》《董鄂氏族史料集》《八旗通志初集》《钦定八旗通志》《爱新觉罗宗谱》。

世祖所强夺。第三种,认为孝献皇后董鄂氏即明末名妓董小宛。目前随着研究的深入,以及对《玉牒》《爱新觉罗宗谱》等史料的整理运用,后两种说法已经很少被学术界提及,只以第一种说法为主流。此处亦采用第一种说法,并简要介绍如下:①

"满籍军人说"源自《汤若望传》,其中称:"顺治皇帝对一位满籍军人之夫人,起了一种火热爱恋,当这一位军人因此申斥他的夫人时,他竟被对于他这申斥有所闻知的天子,亲手打了一个极怪异的耳掴。这位军人于是乃因怨愤致死,或许竟是自杀而死。皇帝遂即将这位军人底未亡人收入宫中,封为贵妃。这位贵妃于一六六〇年产生一子,是皇帝要规定他为将来的皇太子的。但是数星期之后,这位皇子竟而去世。而其母于其后不久亦然薨逝。"②顺治十三年十月时,停留在京城的朝鲜麟坪大君在其所著《燕途纪行》中记录道:"初十日甲申……金汝辉来谒,细问燕京事情,答以:……宫中贵妃一人,曾是军官之妻也,因庆吊入禁闼,帝频私之,其夫则拘罪杀之,勒令入宫,年将三十,色亦不美,而宠遇为最,其父兄赏赐累钜万,仍册封东宫正后,定日廼今月二十日也。"③"十九日庚寅……金汝辉来谒,又问阙中事,答以:东宫皇后明日定以寡妇贵妃册封。"④虽然《汤若望传》与《燕途纪行》中所记载的内容不可尽信,但是在复数史料均有提及的前提下,目前认为孝献皇后可能的确原嫁某氏,并在原夫去世之后,以再醮的身份被世祖纳入后宫。

关于孝献皇后入宫的时间也不可确知。世祖为孝献皇后所写《行状》内只说"年十八,以德选入掖廷",并未提及具体时间。顺治十三年八月时将其诏封为贤妃,如《行状》所说,只是"声誉日闻"⑤之后的结果,而并非其入宫之时间。杨珍根据孝献皇后之父鄂硕的待遇变化,推论孝献皇后入宫应在顺治十三年三月之前。⑥

---

① 关于第二种说法的驳斥,可参见杨珍:《董鄂妃的来历及董鄂妃之死》,《故宫博物院院刊》1994年第1期。
② [德]魏特撰,杨丙辰译:《汤若望传》,台北:商务印书馆,1960年,第323页。
③ [朝鲜]麟坪大君李㴭:《燕途纪行》,林基中编:《燕行录全集》,第22册,第157页。
④ [朝鲜]麟坪大君李㴭:《燕途纪行》,林基中编:《燕行录全集》,第22册,第134—139页。
⑤ 《孝献庄和至德宣仁温惠端敬皇后行状》,民国七年仁和吴昌绶双照楼刻本,国家图书馆藏,第1页a。
⑥ 杨珍:《董鄂妃的来历及董鄂妃之死》,《故宫博物院院刊》1994年第1期。

第九章 清世祖顺治帝的后宫

【宫廷生活】

根据世祖为孝献皇后所写《行状》记载,孝献皇后"聪颖过人,及长娴女工,修谨自饬,进止有序,有母仪之度,姻党称之"。入宫之后,"婉静循礼,声誉日闻,为圣母皇太后所嘉誉"①,故而诏晋为贤妃,并且在一个月之后又诏晋为皇贵妃。在孝献皇后被诏封贤妃的时候,顺治朝后宫正在试行"东宫皇妃""西宫皇妃"的二妃制,当时"东宫皇妃"原定为定南武壮王孔有德之女孔四贞,而孝献皇后可能原拟封为"西宫皇妃"。但是随着后来"东宫皇妃"孔四贞因故未能进入世祖后宫,二妃制被废弃,转而被封为"贤妃",满文作"hiyanfei"②。

在世祖的记述中,孝献皇后"性孝敬,知大体。其于上下,能谦抑惠爱,不以贵自矜"。孝顺孝庄文皇后,"皇太后良安之,自非后在侧,不乐也"。亦尊重爱戴孝惠章皇后,"事今后(孝惠章皇后)亦如母,晨夕侯兴居,视饮食,服饰曲体罔不悉"。在政治上,劝世祖宽仁为上,同时严守女子不干政的本分。生活上,性格俭朴,"绝无储蓄",原不信佛,在世祖的开导之下,"专心禅学",与世祖十分投缘。③

正是在这种为人处事近乎完美的背景下,孝献皇后得到了世祖的宠爱,并在顺治十四年十月初七日生下皇四子。世祖爱屋及乌,对这个皇子极为珍惜,称为"朕第一子",满文作"ahūngga jui"④,意为"长子",全然不顾皇次子福全和皇三子圣祖的存在。这里的"长子"亦可以作为"嫡长子"解释。出于对这个皇子的重视,世祖还特地遣官告祭坛庙,命百官朝贺,并且给天下犯人减等处罚。这种近乎皇太子的待遇,证明世祖可能有立其为储的打算。可惜皇四子在顺治十五年正月二十四日夭折,只活了四个月。世祖悲痛之下,追封他为和硕荣亲王,并亲自为其撰写圹志。

通过后来世祖所言"后病阅三岁"计算可知,自从生育皇子之后,孝献皇后的身体状况就开始下滑。"虽容瘁身瘝,仍时勉慰无伤。诸事尤备,礼无

---

① 《孝献庄和至德宣仁温惠端敬皇后行状》,民国七年仁和吴昌绶双照楼刻本,国家图书馆藏,第1页a。
② 康熙本《世祖章皇帝实录》卷103,顺治十三年八月庚子条,清满文写本,中国第一历史档案馆藏。
③ 《孝献庄和至德宣仁温惠端敬皇后行状》,民国七年仁和吴昌绶双照楼刻本,国家图书馆藏,第1页b,第2页a。
④ 皇清和硕荣亲王圹志(碑),天津市蓟县文物保管所藏。

少懈,后先一也。"在顺治十五年正月,孝献皇后还曾经劝阻世祖将孝惠章皇后废位,可见优良的人际关系一直被其保持,实际上的影响力已经与正宫皇后别无二致。世祖亦明确指出:"宫中庶务,曩皆后经理。尽心检核,罔不当。虽未晋后名,实后职也。第以今后(孝惠章皇后)在,故不及正位耳。"①

自顺治十四年孝献皇后患病以来,又经历其父鄂硕和其兄鄂汉的病故,给予孝献皇后不少打击,以至于"忧劳成疾",最终在顺治十七年八月十九日崩逝于承乾宫。其崩逝之后,根据世祖的记述,上至孝庄文皇后、孝惠章皇后,下至其他妃嫔乃至宫中使女,均十分悲痛。世祖在《行状》中强调:"是皆后实行,一辞无所曾饰,非后以崩逝故过于轸惜为虚语。"②固然其中难免有夸张之嫌,但是也可以大致反映孝献皇后的品德。

按照孝献皇后生前的愿望,其崩逝后被火化,宝宫暂安黄花山,之后在康熙二年与世祖合葬于孝陵。她的谥号是孝献庄和至德宣仁温惠端敬皇后,是清代唯一没有系帝谥的皇后。③

【封谥释义】

清代官方文献一般称孝献皇后为"孝献皇后"或"端敬皇后"。"献"字,满文作"sure"④,意为"聪睿";"端敬"两字,满文作"tob ginggun"⑤,意为"端正恭敬"。

四、孝康章皇后

【简介】

孝康慈和庄懿恭惠温穆端靖崇天育圣章皇后,原正蓝旗汉军后抬镶黄

---

① 《孝献庄和至德宣仁温惠端敬皇后行状》,民国七年仁和吴昌绶双照楼刻本,国家图书馆藏,第8页b。
② 《孝献庄和至德宣仁温惠端敬皇后行状》,民国七年仁和吴昌绶双照楼刻本,国家图书馆藏,第10页b。
③ 谨按,孝献皇后是清代唯一未系帝谥的皇后,这使得她的身份十分尴尬。以忌辰为例,清代皇后的忌辰都要被记录下来,颁之全国。作为国家统一的要求,在皇后忌辰这一天官员需穿着素服,并且禁止婚嫁。反映这种忌辰日期的实物即是"忌辰单"。但是在清代众多的"忌辰单"中,都没有写上孝献皇后。这是她既是"皇后"之一,却在各种待遇上达不到"皇后"标准的体现。
④ 《奏为敬陈孝献皇后忌辰设祭及孝东陵前添设小碑楼等事》,乾隆二年七月二十三日,档案号:04-01-14-0003-004,中国第一历史档案馆藏。
⑤ 满文本《八旗通志初集》卷155,罗硕传,清刻本,中央民族大学藏,第65页b。

旗汉军档记满洲佟佳氏,承恩公、都统图赖之女。崇德五年生。顺治年间被选入后宫为庶妃。顺治十一年三月十八日,生第三子玄烨,即圣祖仁皇帝。顺治十八年正月,世祖崩逝,圣祖即位,尊为皇太后。康熙元年十月二十七日,尊上徽号曰慈和皇太后。康熙二年二月十一日亥时崩,年二十四岁。同年二月二十一日,暂安坝上享殿。五月二十七日,恭上尊谥曰孝康慈和庄懿恭惠崇天育圣皇后。六月初六日,移奉孝陵。康熙九年五月,追系帝谥曰孝康章皇后,升祔太庙、奉先殿。雍正元年八月,加上温穆两字。乾隆元年三月,加上端靖两字。

【家族背景】

孝康章皇后出身巴虎特克慎系佟佳氏,与太祖元妃同族。从辈分上计算,孝康章皇后是太祖元妃的远族玄孙女。关于巴虎特克慎系佟佳氏,可以参考太祖元妃条。孝康章皇后的祖先是巴虎特克慎之子达尔汉图谋图。根据佟佳氏谱牒的说法,明代时,达尔汉图谋图因长期在抚顺做生意,与中原人来往密切,后来为了方便,就入抚顺民籍,以佟为汉姓,被明朝封为百户。以当时的概念来讲,可以认为达尔汉图谋图一支是编入民籍的归化女真人。之后,达尔汉图谋图的后代均为民籍,至其六世孙[①]佟养正时,率全族归入八旗,因用汉姓而被编入汉军,是汉军的著名世家之一。

孝康章皇后的父亲图赖,原名佟盛年,是佟养正的第二子。其原袭父亲的三等轻车都尉爵位,后晋封为三等子爵,仕至兵部尚书、都统,在顺治十五年时病故,得谥勤襄。孝康章皇后的母亲是图赖的嫡妻觉罗氏。[②] 图赖有三子,第一子佟国纪早亡,第二子佟国纲仕至内大臣、都统,第三子佟国维仕至领侍卫内大臣。这三位即是孝康章皇后的兄弟。

佟图赖一支原本即是拥有世爵和数个世管佐领的军功勋旧世家,又

[①] 谨按,本书中关于"世孙"的计算遵从《八旗满洲氏族通谱》的算法,以孙辈为一世孙、曾孙辈为二世孙、玄孙辈为三世孙,以此类推。

[②] 谨按,根据《圣祖仁皇帝实录》,图赖及嫡妻觉罗氏获封公爵和公夫人是在康熙十六年七月二十五日,可参见《圣祖仁皇帝》卷68,康熙十六年七月庚子条,《清实录》,第4册,第871页。而据弘旺所著《皇清通志纲要》记载:"十六年丁巳……七月二十五日,封公佟佳图赖夫人焦氏,乃慈和太后母。"可参见弘旺:《皇清通志纲要》卷4,清钞本,国家图书馆藏,第76页a。出现这种区别,可能有两种情况:一是觉罗氏和焦氏为两位人物,觉罗氏是孝康章皇后的嫡母,而焦氏是孝康章皇后的生母。二是觉罗氏和焦氏为同一位人物,只是姓氏写法不同,因为清初便已经有"觉罗氏姓赵"的说法出现,所以将"觉罗氏"写为"赵氏""焦氏"也有一定可能性。

因为孝康章皇后的缘故获封承恩公爵,同时兼具勋旧和外戚双重身份,并在之后的康熙朝进一步发展,成为清代八旗一等世家之一。后来,圣祖的孝懿仁皇后、悫惠皇贵妃、宣宗孝慎成皇后、文宗端恪皇贵妃,均为图赖后裔。

孝康章皇后家族最为复杂之处在于其家族的旗籍。如前文所述,图赖一族原为女真人,在明代投入辽东民籍,成为归化汉地、使用汉姓的女真人。清初,又因使用汉姓的缘故,被编入汉军正蓝旗。康熙七年,孝康章皇后家族的佐领由正蓝旗汉军抬入镶黄旗汉军,即后来的镶黄旗汉军第一参领第七佐领。康熙二十七年,佟国维奏称,"臣族本系满洲,请改为满洲旗下",议覆决定:"应如所请,将舅舅佟国纲等改入满洲册籍。但镶黄旗舅舅佟国纲等一佐领及正蓝旗同族之十二佐领、镶红旗同族之三佐领下所有文武官员及监生、壮丁为数甚众,不便一并更改,仍留汉军旗下。"①

有人认为,佟佳氏一族最终没有全都改入满洲,是圣祖的一种托词,甚至引发很多阴谋论的论调。实际上,如果对清代八旗有比较全面之了解,便会理解圣祖所说"不便一并更改"确为事实。达尔汉图谋图一支佟佳氏经过数代的繁衍,在清初入旗时已经是一个相当庞大的家族,分布在镶红旗汉军和正蓝旗汉军,特别是正蓝旗汉军,在康熙朝只有二十九个佐领,其中有十二个佐领均为达尔汉图谋图一支佟佳氏的勋旧佐领或者世管佐领。② 如果这十二个佐领均改入满洲旗分,则正蓝旗汉军便要失去四成人口,带来的影响过于巨大。所以孝康章皇后家族的旗籍最终仍在镶黄旗汉军旗分,只是在旗档里注明为满洲,且在一定程度上享受满洲旗分待遇。③

---

① 《圣祖仁皇帝实录》卷135,康熙二十七年四月甲辰条,《清实录》,第5册,第459页。
② 谨按,清代八旗佐领有勋旧佐领、世管佐领、互管佐领、公中佐领之分,其中除公中佐领之外,均为世袭性质的佐领。
③ 此段佟佳氏谱系,整理自《八旗满洲氏族通谱》卷19、卷20。中国第一历史档案馆编:《清代谱牒档案(缩微胶卷)》B31—B56。佟明宽、李德进:《满族佟氏史略》,抚顺:抚顺市新闻出版局,1999年。滕绍箴:《佟图赖支系族属旗籍考辨》,《满学论丛》第3辑。侯寿昌:《辽东佟氏族属旗籍考辨》,《明清档案与历史研究·中国第一历史档案馆六十周年纪念论文集》《八旗通志初集》《钦定八旗通志》《爱新觉罗宗谱》。谨按,在以上各文章中,对于如何以现代民族标准衡量达尔汉图谋图一支佟佳氏的民族属性,不同学者有不同看法。如侯寿昌一文认为达尔汉图谋图一支佟佳氏在明代经过了200年的汉化过程,应算作汉人。滕绍箴一文则认为既然达尔汉图谋图原为女真人,则其后裔为女真(满洲)人无疑。此处不做过多探讨,仅以事实上"曾入民籍用汉姓的女真(满洲)人"称呼之。

【宫廷生活】

由于目前所见的顺治朝宫廷档案有限,无法得知孝康章皇后是在哪年通过什么途径进入世祖后宫。以其生育情况来看,至迟在顺治十年已经入宫。孝康章皇后虽然生有皇子,但是在顺治朝的时候并没有获得正式册封,只是世祖的众多庶妃之一。根据官方史料的记载,顺治朝时,作为庶妃的孝康章皇后居住在景仁宫,"赋性端凝,居心淑慎。动娴内则,德合坤仪"。①性格比较温婉。但是,根据当时在京的传教士安文思却对孝康章皇后有不同的记载,他记录道:"皇帝招来了他的一个八岁的儿子。这个儿子的母亲是寡妇,皇帝把她和其他妇女一同收入了内宫。""(世祖)开始还喜欢她,得了这个儿子后,便把她赶出了内宫。"②指出孝康章皇后是作为寡妇再醮入宫,并且后来被世祖抛弃。不过,这些说法是否是事实,仍需要与其他史料相印证。

关于孝康章皇后具体的位分等级,参考已知的情况可知,顺治朝的福晋级庶妃多数为蒙古王公之女,而小福晋级庶妃多数为八旗出身且为世祖生育过子女,因此推测孝康章皇后原本的位分等级是小福晋级。之后,自顺治十八年正月世祖崩逝,至康熙元年十月二十七日孝康章皇后被尊为慈和皇太后。在这近两年的时间内,宫廷中仍然因循顺治朝时的习惯,称呼孝庄文皇后为"皇太后",称呼孝惠章皇后为"皇后",而称呼孝康章皇后为"han i eniye fujin"③,直译为"汗之母福晋",物质待遇亦为福晋级。直到被尊为皇太后之后,宫廷才提升孝康章皇后的宫分口分,使她与孝惠章皇后待遇持平。④ 这表明孝康章皇后的位分等级可能在圣祖即位前后发生了一次变化,由小福晋级晋升为福晋级。但是这次晋级是在世祖生前还是身后,则不甚明确。

康熙二年二月,孝康章皇后病重,圣祖"朝夕虔侍,亲尝汤药。目不交

---

① 《圣祖仁皇帝实录》卷 1,《清实录》,第 4 册,第 39 页。
② [葡]安文思:《中国鞑靼皇帝驾崩及继位简记》,译文转引自金国平、吴志良:《耶稣会传教士安文思手稿所记顺治晏驾与康熙继位》,《庆祝中国第一历史档案馆成立 80 周年——明清档案与历史研究学术讨论会论文集》,2005 年。
③ 《口奏绿头牌白本档》,康熙元年三月初七日条,中国第一历史档案馆编:《内务府奏销档(缩微胶卷)》。
④ 《口奏绿头牌白本档》,康熙元年九月二十四日条,中国第一历史档案馆编:《内务府奏销档(缩微胶卷)》。

睫,衣不解带……忧悴弗胜,寝膳俱忘"。最终在二月十一日因病崩逝,圣祖"擗踊哀号,水浆不御,哭无停声"。① 正如圣祖自己所说:"慈和皇太后诞育朕躬,未遂孝养。思慕之忱,每切于怀。"②"父母膝下,未得一日承欢。此朕六十年来抱歉之处。"③对于生母未能更多的孝养,成了圣祖一生的遗憾之一。

孝康章皇后崩逝之初,并未能系世祖之谥,亦未能升祔太庙、奉先殿。根据官书的记载,这是由于当时辅政大臣鳌拜专擅,"皇上亲政,尊崇圣母孝康皇后,查取从前诏款,鳌拜不将配享太庙、奉先殿典礼奏请施行"。④ 其后在康熙八年鳌拜被擒时,这也成为鳌拜的三十条罪状之一。而在将鳌拜一党清算之后,孝康章皇后也得以系谥升祔。

【封谥释义】

孝康章皇后的主谥为"康",满文作"nesuken"⑤,意为"温和""安康"。

第二节　清世祖顺治帝的七位有号之妃

一、恪妃

【简介】

世祖恪妃,直隶滦州石氏,总督仓场户部侍郎石申之女,入宫之后赐名为尼思哈⑥。疑于顺治十三年秋季,以民籍汉女选入后宫为庶妃,属福晋级。康熙六年八月二十三日病重;同月二十五日,由宫内移出。康熙六年十一月三十日薨,追封为恪妃。康熙八年三月初十日,奉安黄花山园寝。康熙五十七年四月初七日,移奉孝东陵。

【家族背景】

世祖恪妃为民籍汉人,出身直隶滦州石氏。其祖父名为石维岳,是万历三十八年进士,天启年间历任刑部主事、知府。崇祯元年升任湖广副使。石

---

① 《圣祖仁皇帝实录》卷8,康熙二年二月庚戌条,《清实录》,第4册,第136页。
② 《圣祖仁皇帝实录》卷32,康熙九年闰二月庚戌条,《清实录》,第4册,第434页。
③ 《圣祖仁皇帝实录》卷291,康熙五十九年十二月甲辰条,《清实录》,第6册,第822页。
④ 《圣祖仁皇帝实录》卷29,康熙八年五月庚申条,《清实录》,第4册,第398页。
⑤ 綦中明:《满语名号研究》,第72页。
⑥ 谨按,尼思哈,满文写为"nisiha",意为"小鱼""鱼儿"。

维岳生子石申，是顺治三年（1646年）进士，由庶吉士任内翰林弘文院检讨，历任内翰林弘文院编修、内翰林国史院侍讲、内翰林国史院侍读学士。顺治十六年（1659年）三月兼任吏部右侍郎，同年九月二十四日转为吏部左侍郎，康熙朝历任刑部左侍郎、刑部右侍郎，仕至总督仓场户部侍郎，即恪妃之父。石申嫡妻为赵氏，应该是恪妃之生母。恪妃于康熙六年薨逝时，其父石申及其母赵氏均在世。《池北偶谈》中谈及石家称："申父维岳……官某省副使，会王府中官某鸩其王，反诬其妃某弑逆，抚按以下皆纳其贿，将具狱矣，维岳独持不可，力雪妃冤。至是，申生恪妃，竟入宫掖，人以为妃之报云。"①

【入宫情况】

顺治五年八月，清廷下达上谕，称："方今天下一家，满汉官民皆朕臣子，欲其各相亲睦，莫若使之缔结婚姻。自后满汉官民有欲联姻好者听之。"② 从官方意义上允许并且鼓励旗人与民人通婚。至顺治十二年七月时，在世祖的上谕中已经变为"太祖太宗制度，宫中从无汉女。且朕素奉皇太后慈训，岂敢妄行。即天下太平之后尚且不为，何况今日"。③ 但是，根据顺治十三年十月时抵达京师的朝鲜麟坪大君所著《燕途纪行》中记述，"翰林石绅女，季秋选入，宠冠后宫"④，可知恪妃可能是在顺治十三年秋季入宫，正与前一年世祖上谕中之说辞相异。另外，根据《清列朝后妃传稿》引《永平府志》记载："（恪妃）及笄，承恩赐居永寿宫，冠服用汉式，敕石申妻赵淑人乘肩舆入西华门，至右门下舆，入宫行家人礼，赐重筵、赐纻，赏赉有加。"⑤恪妃亦是目前已知的清代唯一正式直接作为后宫主位娶入的民籍汉女。

【宫廷生活】

恪妃入宫之后，住在永寿宫。世祖称呼她为"永寿宫妃"，并提及她曾经在顺治十七年春季患病。⑥ 在康熙初年的内务府《奏销档》之中，称呼恪妃

---

① 王士禛：《池北偶谈》卷24，恪妃条，北京：中华书局，1982年点校本，第591—592页。
② 《世祖章皇帝实录》卷40，顺治五年八月壬子条，《清实录》，第3册，第320页。
③ 《世祖章皇帝实录》卷92，顺治十二年七月乙酉条，《清实录》，第3册，第725页。
④ ［朝鲜］麟坪大君李㴭：《燕途纪行》，林基中编：《燕行录全集》，第22册，第134—139页。
⑤ 张尔田：《清列朝后妃传稿》传上，民国绿樱花馆刻本，第77页a。
⑥ 《孝献庄和至德宣仁温惠端敬皇后行状》，民国七年仁和吴昌绶双照楼刻本，国家图书馆藏，第8页a。

为"尼思哈福晋"①。出身民籍汉女的恪妃,其"尼思哈"之名号显然为入宫之后所获赐。在世祖崩逝之后,恪妃与恭靖妃、端顺妃、淑惠妃均为当时世祖位下的福晋级庶妃,列名时一般以恪妃居首,均显示恪妃在宫中有着相当高的地位。

康熙六年八月二十三日,恪妃病重,宫廷按照当时的习惯,在二十五日将她由紫禁城迁往东面的一处院落居住;②同年十一月二十四日,恪妃的病情进一步恶化,宫中开始为她准备丧仪用品以及棺椁;③六天之后的十一月三十日,恪妃薨逝。十二月初四日捡骨殖④。康熙八年三月初十日奉安黄花山园寝。⑤ 康熙八年八月,宫廷处理了恪妃所遗留的各种钗、缎等物品,其中,根据恪妃生前的愿望,宫廷将"垂珠小凤钗六个、金钗二个、嵌珠金钗三个"一共十一件首饰留给了她的母亲。⑥

【封谥释义】

恪妃的封号为"恪",满文作"gingguji"⑦,意为"恭谨"。

二、恭靖妃

【简介】

世祖恭靖妃,浩齐特博尔济吉特氏,多罗鄂尔特尼郡王博罗特之女,名阿格⑧。顺治年间选入后宫为庶妃,属福晋级。康熙十二年(1673年)十二月初四日,尊封为恭靖妃。康熙十五年正月,册封为恭靖妃。康熙二十八年

---

① 《口奏绿头牌白本档案》,康熙六年十一月三十日条,中国第一历史档案馆编:《内务府奏销档(缩微胶卷)》。
② 《口奏绿头牌白本档案》,康熙六年八月二十三日条,中国第一历史档案馆编:《内务府奏销档(缩微胶卷)》。
③ 《口奏绿头牌白本档案》,康熙六年十一月二十四日条,中国第一历史档案馆编:《内务府奏销档(缩微胶卷)》。
④ 《口奏绿头牌白本档案》,康熙六年十二月十九日条,中国第一历史档案馆编:《内务府奏销档(缩微胶卷)》。谨按,"捡骨殖"满文为"tomsoro",也可以译作"成殓"。因为目前不知道恪妃是否为火葬,所以谨按原字意翻译为"捡骨殖"。
⑤ 《口奏绿头牌白本档案》,康熙八年二月二十六日条,中国第一历史档案馆编:《内务府奏销档(缩微胶卷)》。
⑥ 《口奏绿头牌白本档案》,康熙八年八月十四日条,中国第一历史档案馆编:《内务府奏销档(缩微胶卷)》。
⑦ 《为列祖列宗册封妃嫔字号事咨覆》,嘉庆六年正月,档案号:03-0197-3622-027,中国第一历史档案馆藏。
⑧ 谨按,阿哥,满文写为"age",不知是蒙古语还是满语,满语中意为"哥哥""先生"。

闰三月病重,由宫内移出;四月初三日薨。康熙五十七年四月初七日,奉安孝东陵。

【家族背景】

世祖恭靖妃出身蒙古浩齐特部,其部的祖先是达延汗之子图鲁博罗特之孙库登汗。浩齐特部在崇德二年归附清朝,领主为库登汗之玄孙,亦即恭靖妃之父博罗特。博罗特在顺治三年受封为多罗贝勒,并在顺治七年晋封为多罗郡王,最终于顺治十一年去世,其后承袭爵位的阿赖充则是恭靖妃的胞兄。以目前已知的信息来看,蒙古浩齐特部与清廷极少联姻,恭靖妃可能是唯一的一次。①

【宫廷生活】

关于恭靖妃是在何年以何种形式进入世祖后宫,目前尚不明确。恭靖妃在顺治朝的时候没有获得正式册封,只是世祖的众多庶妃之一,属福晋级。在康熙初年的内务府《奏销档》中,称呼恭靖妃为"阿格福晋"②,与恪妃、端顺妃、淑惠妃同为当时世祖位下的四位福晋级庶妃。康熙八年,恭靖妃与世祖的其他几位遗孀一起迁居到长春宫。康熙十二年,被圣祖尊封为恭靖妃,并于康熙十五年正月正式获得册封。康熙二十八年,恭靖妃与世祖的其他几位遗孀一起迁居至宁寿宫。同年闰三月十四日,刚刚迁居不久的恭靖妃病势沉重。根据当时的习惯,病重的后宫主位多数要从居宫内移出。内务府拟出"紫禁城内西北隅房"以及"光禄寺后侧院落"作为移出地点,圣祖从中选定了隅房,③于是恭靖妃便迁居到那里,并在四月初三日薨逝。

【封谥释义】

恭靖妃的封号为"恭靖",满文作"gungnecuke elhe"④,意为"恭敬安康"。

---

① 此段浩齐特博尔济吉特氏谱系,整理自《钦定外藩蒙回部王公表传》《清朝满蒙联姻研究》《蒙古世系》。
② 《口奏绿头牌白本档案》,康熙六年七月二十九日条,中国第一历史档案馆编:《内务府奏销档(缩微胶卷)》。
③ 《口奏绿头牌白头本档案》,康熙二十八年闰三月十四日条,中国第一历史档案馆编:《内务府奏销档(缩微胶卷)》。
④ 《为列祖列宗册封妃嫔字号事咨覆》,嘉庆六年正月,档案号:03-0197-3622-027,中国第一历史档案馆藏。

三、端顺妃

【简介】

世祖端顺妃,阿巴垓博尔济吉特氏,一等台吉布达希布之女,名恩绰①。顺治年间选入后宫为庶妃,属福晋级。康熙十二年十二月初四日,尊封为端顺妃。康熙十五年正月,册封为端顺妃。康熙四十八年五月十一日,罹患疯疾;同月十五日,由宫内移出。康熙四十八年六月二十六日薨,圣祖冠摘缨纬,亲诣祭酒行礼。康熙五十七年四月初七日,奉安孝东陵。

【家族背景】

世祖端顺妃出身蒙古阿巴垓部,为太宗懿靖大贵妃胞兄布达希布之女,亦即为懿靖大贵妃之侄女。其家世可以参考太宗懿靖大贵妃条。阿巴垓左翼旗札萨克多罗卓力克图郡王塞尔珍是端顺妃的大伯父,端顺妃的父亲布达希布则是阿巴垓部的台吉,曾在康熙十一年率领子侄入宫探望懿靖大贵妃。当时布达希布提及自己有九个儿子,由此可知端顺妃至少有九位兄弟。②

【宫廷生活】

关于端顺妃是在何年以何种形式进入世祖后宫,目前尚不明确。端顺妃在顺治朝的时候没有获得正式册封,只是世祖的众多庶妃之一,属福晋级。在康熙初年的内务府《奏销档》中,称呼端顺妃为"恩绰福晋"③,与恪妃、恭靖妃、淑惠妃同为当时世祖位下的四位福晋级庶妃。康熙八年,端顺妃与世祖的其他几位遗孀一起迁居到长春宫。康熙十二年,被圣祖尊封为端顺妃,并于康熙十五年正月正式获得册封。康熙二十八年,端顺妃与世祖的其他几位遗孀一起迁居到宁寿宫。康熙四十八年五月十一日,孝惠章皇后下达懿旨,由于端顺妃罹患疾病,需要从宫内移出,故而命令内务府官员寻找合适的房屋;④第二日,孝惠章皇后又下达懿旨作为补充,强调"端顺妃

---

① 谨按,恩绰,满文写为"onco",不知是蒙古语还是满语,满语中意为"宽度""宽阔"。
② 《口奏绿头牌白本档案》,康熙十一年八月初二条,中国第一历史档案馆编:《内务府奏销档(缩微胶卷)》。
③ 《口奏绿头牌白本档案》,康熙六年七月二十九条,中国第一历史档案馆编:《内务府奏销档(缩微胶卷)》。
④ 《口奏绿头牌白头本档案》,康熙四十八年五月十一日条,中国第一历史档案馆编:《内务府奏销档(缩微胶卷)》。

病重,不可居于紫禁城内",要求内务府选看紫禁城之外的房屋。同日,内务府拟出皇城内天保和觉简两家的房屋备选,孝惠章皇后从中选定了天保的房屋。于是天保迁出,端顺妃则在十五日迁入,这所住房的位置在蚕池里①;十六日,孝惠章皇后再次下达懿旨,称"端顺妃之病实重",进而明确指出端顺妃患的是"疯疾"(fudasihūn)②。③ 最终,端顺妃在一个月后的六月二十六日薨逝。根据孝惠章皇后的懿旨,"因妃系疯病,故于薨逝之后将尸体火化"。④

【封谥释义】

端顺妃的封号为"端顺",满文作"tob ijishūn"⑤,意为"端正恭顺"。

四、淑惠妃

【简介】

世祖淑惠妃,科尔沁博尔济吉特氏,多罗贝勒绰尔济之女,名博翁阔⑥。顺治年间选入后宫为庶妃,属福晋级。康熙十二年十二月初四日,尊封为淑惠妃。康熙十五年正月,册封为淑惠妃。康熙五十二年(1713年)十月三十日薨,圣祖冠摘缨纬,亲诣祭酒行礼。康熙五十七年四月初七日,奉安孝东陵。

【家族背景】

世祖淑惠妃出身蒙古科尔沁部,为孝惠章皇后胞妹。其家世可以参考孝惠章皇后条。

【入宫情况】

关于淑惠妃是在何年以何种形式进入世祖后宫,不同史料有不同说法。

---

① 谨按,蚕池里,即蚕池口,今已不存。位置大致在北京市西城区府右街北部偏东,中海西侧。
② 谨按,满语中,"fudasihūn"一词原意为"发狂""倒乱""悖逆",引申为"疯病""疯癫"。
③ 《口奏绿头牌白头本档案》,康熙四十八年五月十八日条,中国第一历史档案馆编:《内务府奏销档(缩微胶卷)》。
④ 《口奏绿头牌白头本档案》,康熙四十八年五月十八条,中国第一历史档案馆编:《内务府奏销档(缩微胶卷)》。谨按,在入关之后,满洲贵族已经逐渐改为土葬,火葬愈发罕见。但是根据当时的习惯,患特殊疾病(如精神疾病或传染病以及因意外身亡者,仍经常采取火葬。
⑤ 《为列祖列宗册封妃嫔字号事咨覆》,嘉庆六年正月,档案号:03-0197-3622-027,中国第一历史档案馆藏。
⑥ 谨按,博翁阔,满文写为"bongko",不知是蒙古语还是满语,满语中意为"花骨朵"。

《清史稿》明确指出她是"顺治十一年册为妃"①,《星源集庆》亦称其"顺治十一年五月册为妃"②。但是这两种史料均为后出。③《世祖章皇帝实录》记载:"(顺治十一年五月)壬辰。聘科尔沁国镇国公绰尔济女为妃,遣镇国公巴布泰、内大臣巴图鲁公鳌拜、礼部侍郎渥赫、理藩院侍郎沙济达喇等往行聘礼。"④只是"聘妃",并未"册封",且顺治朝皇妃的册封典礼要到顺治十三年六月才制定出来⑤。顺治十一年五月,《世祖章皇帝实录》记载:"朕恭奉圣母皇太后慈谕,册立科尔沁国镇国公绰尔济之女为皇后。"⑥以此推断,顺治十一年五月所聘的"妃"应该是孝惠章皇后,并非淑惠妃。亦有一些学者认为淑惠妃是与孝惠章皇后一起嫁入宫廷。但是这种说法没有一手史料支持,而且顺治十一年孝惠章皇后立后时只有十三岁,淑惠妃年纪则更为幼小,是否可以随嫁尚不明确。故而,此处将淑惠妃入宫的具体时间存疑。

【宫廷生活】

淑惠妃在顺治朝的时候没有获得正式册封,只是世祖的众多庶妃之一,属福晋级。在康熙初年的内务府《奏销档》之中,称呼淑惠妃为"博翁阔福晋",与恪妃、恭靖妃、端顺妃同为当时世祖位下的四位福晋级庶妃。康熙八年,淑惠妃与世祖的其他几位遗孀一起迁居到长春宫。康熙十二年,被圣祖尊封为淑惠妃,并于康熙十五年正月正式获得册封。康熙二十八年,淑惠妃与世祖的其他几位遗孀一起迁居到宁寿宫。最后在康熙五十二年十月三十日薨逝。

【封谥释义】

淑惠妃的封号为"淑惠",满文作"nesuken fulehun"⑦,意为"温和恩惠"。

---

① 《清史稿》卷214,第30册,第8909页。
② 《星源集庆》,季羡林主编:《中国少数民族古籍集成》,第64册,第215页。
③ 谨按,《星源集庆》本是清代《玉牒》体系内的一种,从嘉庆二十二年(1817年)开始修撰,专记近派宗支之情况,实际上是便查的近派宗支小玉牒,此种《星源集庆》现存中国第一历史档案馆。今日所用的《星源集庆》一书,如上文所引《中国少数民族古籍集成》内的本子,是1938年宣统帝命人修撰,只记录列帝妃嫔、皇子、皇女情况,和原《星源集庆》完全不同,且其内容大多抄自《清史稿》和《清皇室四谱》,而非源于原始档案。详见杜家骥:《〈星源集庆〉及其史料价值》。
④ 《世祖章皇帝实录》卷83,顺治十一年五月壬辰条,《清实录》,第3册,第655页。
⑤ 《世祖章皇帝实录》卷102,顺治十三年六月癸巳条,《清实录》,第3册,第789页。
⑥ 《世祖章皇帝实录》卷84,顺治十一年五月丁巳条,《清实录》,第3册,第656页。
⑦ 《为列朝列宗册封妃嫔字号事咨覆》,嘉庆六年正月,档案号:03-0197-3622-027,中国第一历史档案馆藏。

第九章　清世祖顺治帝的后宫

五、宁悫妃

【简介】

世祖宁悫妃,正红旗满洲董鄂氏,长史喀济海之女。顺治年间选入后宫为庶妃,属小福晋级。顺治十年七月十七日,生第二子和硕裕宪亲王福全。康熙十二年十二月初四日,尊封为宁谧妃,后改为宁悫妃。康熙十五年正月,册封为宁悫妃。康熙三十一年十一月,获准出宫,移居和硕裕宪亲王福全府邸。康熙三十三年六月二十一日薨,圣祖冠摘缨纬,亲诣祭酒行礼。康熙五十七年四月初七日,奉安孝东陵。

【家族背景】

世祖宁悫妃出身于努恺爱塔系董鄂氏,与孝献皇后、世祖贞妃同族。其家世可以参考孝献皇后条。孝献皇后和世祖贞妃均为鲁克素之后代,而宁悫妃则是和和理之后代。以堂亲辈分计算,宁悫妃与孝献皇后、贞妃是出了五服的远族堂姐妹。而在实际的宗法关系上,宁悫妃与孝献皇后和贞妃的宗支不同,并不同"族"。①

和和理是开国五大臣之一,娶太祖第一女端庄固伦公主,封为三等勇勤公,是董鄂氏一门内门第最高的一支。和和理生有五子,第一子名为雅什坦,仕至佐领;第二子名为多济理,仕至副都统;第三子名为雅星阿,仕至护军参领;第四子名为和硕图,承袭和和理的爵位,仕至都统,娶和硕礼烈亲王代善第一女郡主;第五子名为杜雷,封为二等伯,仕至都统,娶和硕礼烈亲王代善第三女郡主。显而易见,在和和理后代五房之中,以后两房门第最高,而宁悫妃则是第二房多济理之孙女。多济理生有五子,第一子名为多尔罕;第二子名为喀济海,仕至长史,即宁悫妃之父;第三子名为萨哈,封为云骑尉;第四子名为达尔浑;第五子名为希拉塔浑,仕至护军参领。宁悫妃至少有一位兄弟,名为讷吉赫,仕至头等护卫。

宁悫妃家族是八旗一等世家三等勇勤公家的庶流,拥有中级官员的

---

① 谨按,这里的同"族"并非是现代人的"同血缘"概念,而是一种特殊的组织单位。清代八旗每一家族均设一个或数个"族",满语作"mukūn"。每个"族"均有自己的"族长"和相关的宗法组织结构。一般而言,"族"的划分是以入旗祖先的情况进行分立。以世祖的三位董鄂氏后宫而言,她们在血统上虽然都是努恺爱塔的后代,但是在入旗的时候,已经分为两"族",孝献皇后与贞妃属于鲁克素一"族",入正白旗满洲,而宁悫妃则属于和和理一"族",入正红旗满洲。

门第。①

【宫廷生活】

由于目前对顺治朝挑选八旗秀女的情况所知有限,故不明确宁悫妃是在哪年被选入宫中的。以其生育情况来看,至迟在顺治九年已经入宫。宁悫妃虽然生有皇子,但是在顺治朝的时候并没有获得正式册封,只是世祖的众多庶妃之一。参考已知的情况可知,顺治朝的福晋级庶妃多数为蒙古王公之女,而小福晋级庶妃多数为八旗出身且为世祖生育过子女,宁悫妃即是小福晋级庶妃。在康熙初年的内务府《奏销档》之中,称呼宁悫妃为"王之母福晋"(wang i eniye fujin)②,这是从宁悫妃为和硕裕宪亲王福全生母的角度进行的称呼。

康熙八年,宁悫妃与世祖的其他几位遗孀一起迁居到长春宫。康熙九年时,世祖遗孀内有六位小福晋,其中董鄂氏(宁悫妃)、穆克图氏、唐氏三位小福晋的待遇略高于其他三位小福晋。③ 可以看出,宁悫妃在世祖后宫中具有一定的地位。康熙十二年,圣祖尊封世祖遗孀,将三位福晋级庶妃分别尊封为恭靖妃、端顺妃、淑惠妃,同时也将原为小福晋级庶妃的董鄂氏尊封为宁悫妃,并提升宁悫妃的待遇,使之与其余三妃持平。④ 故而,相对原本即是福晋级庶妃的恭靖妃、端顺妃、淑惠妃而言,宁悫妃的尊封则可称为"超封"。康熙二十八年,宁悫妃与世祖的其他几位遗孀一起迁居至宁寿宫。康熙三十一年,按照当时习惯,宁悫妃获准出宫,移住到其子和硕裕宪亲王福全的府邸。同年十一月二十七日,宁悫妃正式移居裕亲王府,直至薨逝。⑤

【封谥释义】

宁悫妃的封号在《圣祖仁皇帝实录》中被记为"宁谧",而在乾隆朝之后

---

① 此段董鄂氏谱系,整理自《八旗满洲氏族通谱》《清代谱牒档案(缩微胶卷)》《董鄂氏族史料集》《八旗通志初集》《钦定八旗通志》《爱新觉罗宗谱》。
② 《口奏绿头牌白本档案》,康熙八年九月初十日条,中国第一历史档案馆编:《内务府奏销档(缩微胶卷)》。
③ 《口奏绿头牌白本档案》,康熙九年九月初一日条,中国第一历史档案馆编:《内务府奏销档(缩微胶卷)》。
④ 《口奏绿头牌白头本档案》,康熙十五年正月初六日条,中国第一历史档案馆编:《内务府奏销档(缩微胶卷)》。
⑤ 中国第一历史档案馆编:《雍正朝满文朱批奏折全译》,合肥:黄山书社,1998年,上册,第209、210页。谨按,档案中之妃号,《全译》译为"安诚妃",经核对满文原档,其原文为"elhe unenggi fei",即"宁悫妃"。

的官方档案里则被记为"宁悫",因何发生变化,目前尚不可知。① "宁悫"之满文作"elhe unenggi"②,意为"安康真诚"。

六、悼妃

【简介】

世祖悼妃,科尔沁博尔济吉特氏,达尔汉亲王满珠习礼之女。顺治年间被选入后宫待年③。顺治十五年三月初五日薨,追封为悼妃。同年九月初八日,奉安黄花山园寝。康熙五十七年四月初七日,移奉孝东陵。

【家族背景】

世祖悼妃出身于蒙古科尔沁部,与太祖寿康妃、侧妃、孝端文皇后、孝庄文皇后、敏惠恭和元妃、世祖废皇后(静妃)、孝惠章皇后等同族。其家世可以参考孝端文皇后条。由于清初宫廷与科尔沁部联姻极多,所以悼妃与世祖朝后宫主位的关系十分复杂。当时的皇太后孝庄文皇后是她亲姑母,世祖后宫中,废皇后(静妃)是她的堂姐,孝惠章皇后和淑惠妃则是她的堂侄女。其父达尔汉亲王满珠习礼,即孝庄文皇后与敏惠恭和元妃的四弟,原娶太宗养女和硕公主,后继娶广略贝勒褚英的第三女。悼妃至少有五位兄弟和二位姐妹。五位兄弟里,第一位名为和塔,娶和硕庄亲王舒尔哈齐的曾孙女;第二位名为玛尼;第三位名为扎尔布;第四位名为额尔克鄂齐尔,娶和硕敬谨亲王尼堪之女郡主;第五位名为额尔德尼鄂齐尔。已知的两位姐妹均嫁给世祖异母弟,一位嫁给和硕承泽裕亲王硕塞,另一位嫁给和硕襄昭亲王博穆博果尔。④

---

① 谨按,根据《皇朝文典》内康熙朝《宁悫妃祭文》可知,在宁悫妃薨逝时,其称呼已经改为"宁悫妃"而非"宁谧妃"。以此观之,宁悫妃之封号可能在其生前已经改为"宁悫",抑或《圣祖仁皇帝实录》中的"宁谧"本身即是编写时的误写。可参见《皇朝文典》卷44,清刻本,第3页。至于满文封号,则一直为"elhe unenggi",未曾变动。
② 《为列祖列宗册封妃嫔字号事咨覆》,嘉庆六年正月,档案号:03-0197-3622-027,中国第一历史档案馆藏。
③ 谨按,对于"待年",目前有两种解释。一是认为,待年指后宫主位在幼年时便选入宫廷,因年纪尚幼,未正式成婚;二是认为,待年并不一定和年龄或是否成婚有关,而是指后宫主位等待册封为高级主位。
④ 此段科尔沁博尔济吉特氏谱系,整理自《钦定外藩蒙回部王公表传》《蒙古世系》《爱新觉罗宗谱》。

【宫廷生活】

根据目前已知信息,悼妃可能在幼年时便与姐妹一起被定给世祖及和硕襄昭亲王博穆博果尔兄弟两人,亦是作为清初巩固满蒙同盟的重要一环。但是在"因待年未行册封"①的情况下即薨逝。世祖在写给孝献皇后的《行状》中提及:"悼妃薨时,后(孝献皇后)哭之曰:'韶年入宫,胡不于上久效力,遂遽殀丧耶?'"②亦可证其去世时年纪尚轻。悼妃薨逝之后,世祖钦命追封其为妃,并在之后赐号曰"悼"。

【封谥释义】

悼妃的封号为"悼",最初满文只音译作"doo"③,之后重新进行意译,作"nasacuka"④,意为"可惜的""可悼的"。

七、贞妃

【简介】

世祖贞妃,正白旗满洲董鄂氏,轻车都尉巴度之女。顺治年间选入后宫为庶妃,属格格级。顺治十八年正月世祖崩逝后,贞妃薨逝。同年二月十二日,追封为贞妃。奉安黄花山园寝。康熙五十七年四月初七日,移奉孝东陵。

【家族背景】

世祖贞妃出身于努恺爱塔系董鄂氏,与孝献皇后、世祖宁悫妃同族。其家世可以参考孝献皇后条。鲁克素生有两子,第一子名为席汉,原封骑都尉,仕至佐领,后来因阵亡追晋为三等轻车都尉,即孝献皇后之祖父。第二子名为席尔泰,为十六大臣之一,后来亦阵亡,即贞妃之祖父。故而贞妃与孝献皇后均为鲁克素之曾孙,是五服内的堂姐妹。

根据谱牒记载,席尔泰生有两子,第一子名为拉都,从征阵亡,追封为云

---

① 《世祖章皇帝实录》卷115,顺治十五年三月壬寅条,《清实录》,第3册,第900页。
② 《孝献庄和至德宣仁温惠端敬皇后行状》,民国七年仁和吴昌绶双照楼刻本,国家图书馆藏,第8页a。
③ 康熙本《世祖章皇帝实录》卷115,顺治十五年三月戊午条,清满文写本,中国第一历史档案馆藏。
④ 《为列祖列宗册封妃嫔字号事咨覆》,嘉庆六年正月,档案号:03-0197-3622-027,中国第一历史档案馆藏。

骑尉；第二子名为巴度，承袭兄长的云骑尉爵位，从征福建，在罗源县阵亡，追晋为一等轻车都尉又一云骑尉，即贞妃之父。贞妃至少有一位兄弟和一位姐妹。兄弟名为吴良阿，承袭父亲的爵位，仕至三等侍卫，亦从征阵亡。姐妹嫁觉罗礼敦巴图鲁的后代二等轻车都尉玛富塔为二继妻。

贞妃出身的家族原为董鄂部部长，入旗后拥有世管佐领等世职，又数代为国捐躯，属于典型的军功世家。①

【宫廷生活】

据目前史料不明确贞妃是在哪年被选入宫中。贞妃在顺治朝时并没有获得正式册封，只是世祖的众多庶妃之一。顺治朝的福晋级庶妃多数为蒙古王公之女，小福晋级庶妃多数为八旗出身且为世祖生育过子女，其余庶妃则均为格格级，因此推测贞妃生前亦为格格级庶妃。

根据《圣祖仁皇帝实录》汉文本记载，顺治十八年二月十二日，新即位的圣祖下达上谕称："皇考大行皇帝御宇时，妃董鄂氏，赋性温良，恪共内职，当皇考上宾之日，感恩遇之素深，克尽哀痛，遂尔薨逝。芳烈难泯，典礼宜崇，特进名封，以昭淑德。追封为贞妃。"②似指贞妃在世祖崩逝当日薨逝，因此学者多认为贞妃是为世祖殉死。考察《圣祖仁皇帝实录》满文本，则写为"han ama amba yabungga hūwangdi bisire fonde, donggo halai fei banitai nemgiyen nesuken bime, dorgi tušan de ginggun i yabuha, han ama abka de wesike manggi, gosiha kesi be gūnime, gosiholoro gasara doro be hing seme akūmbuha."③意为："汗阿玛大行皇帝在时，董鄂氏之妃禀性温婉，又恭行内职。汗阿玛升天之后，（其）感念恩宠，笃尽哀悼之礼而亡。"较汉文本更为直白，确有殉死之可能。

【封谥释义】

贞妃的封号为"贞"，最初满文只音译作"jeng"④，之后重新进行意译，作

---

① 此段董鄂氏谱系，整理自《八旗满洲氏族通谱》《清代谱牒档案（缩微胶卷）》《董鄂氏族史料集》《八旗通志初集》《钦定八旗通志》《爱新觉罗宗谱》。
② 《圣祖仁皇帝实录》卷1，顺治十八年二月壬辰条，《清实录》，第4册，第48页。
③ 《圣祖仁皇帝实录》卷1，顺治十八年二月壬辰条，清满文写本，中国第一历史档案馆藏。
④ 《圣祖仁皇帝实录》卷1，顺治十八年二月壬辰条，清满文写本，中国第一历史档案馆藏。

"akdun"①，意为"贞洁""有信"。

第三节　清世祖顺治帝的庶妃们

在以往研究中，对于世祖后宫中无号庶妃的记叙，大多因循《星源集庆》《玉牒》等书，只提及曾经为世祖生育过子女的八位②无号庶妃。之后，通过对《陵寝事宜易知》的整理，方知在孝东陵内，除奉安有孝惠章皇后以及七位有号之妃外，还奉安有二十一位无号庶妃，其中四位被称为"福晋"，分别为笔什赫额涅福晋、唐福晋、牛福晋、塞穆肯额涅福晋，她们所葬的位置靠北。还有十七位被称为"格格"，分别为京及格格、捏及呢格格、赛宝格格、迈及呢格格、厄音珠格格、额伦珠格格、兰格格、明珠格格、芦耶格格、布三珠格格、阿穆巴偏五格格、阿几格偏五格格、丹姐格格、秋格格、瑞格格、朱乃格格、梅格格，她们所葬的位置靠南。③ 但是，对于这些"福晋"和"格格"的情况，仍仅知名称而已。

目前，通过对清初内务府《奏销档》的整理，可以更清楚地了解当时庶妃的具体位分等级。如前所述，在世祖后宫中，庶妃内分为三个等级，由上至下依次为福晋级、小福晋级、格格级。在统称上，福晋统称为"众福晋"；格格统称为"众格格"；而小福晋则既可以简称为"福晋"、统称为"众福晋"，亦可以简称"格格"、统称为"众格格"。

清初宫廷中对于宫廷人员的称呼亦尚未规范。例如，圣祖称呼世祖的格格级庶妃遗孀时，均称为某"母格格"（eniye gege）；同时，对宫中一些长辈身边身份较高之妇差，亦称为某"母格格"（eniye gege）。这种称呼，对当时在宫廷生活的人员来讲，因宫内人员均知晓具体情况，故而不会产生混淆，但是对后世研究人员来讲，难免会造成庶妃和妇差的区分困难。

综上所述，此处谨依据新整理之档案，将已知的世祖庶妃的情况分别进行介绍。

---

① 《为列祖列宗册封妃嫔字号事咨覆》，嘉庆六年正月，档案号：03-0197-3622-027，中国第一历史档案馆藏。
② 谨按，东北版《星源集庆》上记载了九位，其中"庶妃王氏"为错记，可参见"庶妃巴氏"条。
③ 《陵寝事宜易知》，转引自于善浦：《清代帝后的归宿》，第92页。

一、庶妃穆克图氏（庶妃塞穆肯）

【简介】

世祖庶妃，正白旗包衣穆克图氏，云骑尉、内管领伍喀之女，名塞穆肯①。嫁与世祖为庶妃，属小福晋级。顺治十七年十二月二十三日，生第八子永幹。康熙四十年时仍在宫内。其后不明。奉安孝东陵。

【概述】

世祖庶妃穆克图氏，出身正白旗包衣穆克图氏，为正白旗包衣第一参领第二管领下人，是否属于辛者库人则不得而知。根据谱牒的记载，其家族原居叶赫地方，投入八旗之后被编入正白旗包衣。庶妃之父伍喀仕至内管领、员外郎，伍喀之子扎库达亦仕至员外郎，均为内务府的中级官员。②

庶妃穆克图氏是世祖的众多庶妃之一，属小福晋级。她与世祖生有一子永幹，却在八岁时夭折。根据康熙朝《奏销档》记载，康熙八年时，庶妃穆克图氏与世祖的其他几位遗孀一起迁居到长春宫。康熙九年时，世祖遗孀内有六位小福晋，其中穆克图氏、董鄂氏（宁悫妃）、唐氏三位小福晋的待遇略高于其他三位小福晋，③可以看出庶妃穆克图氏在世祖后宫中具有一定的地位。康熙十五年时，档案内提及她与庶妃唐氏一起对分配给自己的茶饭人员提出意见，其中称她为"塞穆肯之母福晋"④。至康熙四十年时，内务府讨论宫分的奏折内显示出她仍居住在宫内，其中称她为"塞穆肯母福晋"⑤。其后信息不明，约在康熙朝晚期薨逝。

二、庶妃巴氏

【简介】

世祖庶妃，巴氏。出身不详。嫁与世祖为庶妃，属小福晋级。顺治八年

---

① 谨按，塞穆肯，满文写为"semken"，意为"镯子""钏"。
② 此段穆克图氏谱系，整理自《八旗满洲氏族通谱》卷58、《八旗通志初集》、《钦定八旗通志》。其中伍喀在谱牒内与官书中所记官职有差异，这种差异在清初旗人谱牒中并不罕见。伍喀的云骑尉爵位可能后来被削掉，或者本身只是云骑尉品级。
③ 《口奏绿头牌白本档案》，康熙九年九月初一日条，中国第一历史档案馆编：《内务府奏销档（缩微胶卷）》。
④ 《口奏绿头牌白头本档案》，康熙十五年正月二十七日条，中国第一历史档案馆编：《内务府奏销档（缩微胶卷）》。
⑤ 满文奏折，康熙四十年十月二十六日，档案号：04-02-002-000007-0014，中国第一历史档案馆藏。

十一月初一日,生第一子牛钮。顺治十年十二月十三日,生第三女。顺治十一年十二月三十日,生第五女①。康熙九年时仍在宫内。其后不明。

【概述】

庶妃巴氏是世祖的众多庶妃之一,属小福晋级。她与世祖生有一子二女,儿子牛钮在两岁时夭折,女儿则分别在六岁和七岁时夭折。根据康熙朝《奏销档》记载,康熙八年时,庶妃巴氏与世祖的其他几位遗孀一起迁居到长春宫。康熙九年时,世祖遗孀内有六位小福晋,其中巴氏、纳喇氏、杨氏三位小福晋的待遇略低于其他三位小福晋,因此在同年九月,提升了巴氏、纳喇氏二位小福晋的待遇。②而在十二月的档案中,世祖小福晋级遗孀只剩下三位,庶妃巴氏未在其列,③且在之后的档案中未再提及庶妃巴氏,故而推测庶妃巴氏可能在康熙九年薨逝或出宫。她是否奉安于孝东陵,亦不明确。

三、庶妃陈氏

【简介】

世祖庶妃,陈氏。出身不详。嫁与世祖为庶妃。顺治九年三月十五日,生第一女。顺治十四年十一月初四日,生第五子和硕恭亲王常宁。约在顺治朝晚期薨逝。

【概述】

庶妃陈氏是世祖的众多庶妃之一,具体级别不明。她与世祖生有一子一女,女儿在两岁时夭折,儿子常宁则长大成人,封爵亲王。康熙朝《奏销档》中没有提及过她,康熙八年档案中提及当时仍在世的几位世祖小福晋,

---

① 谨按,《星源集庆》中称,"(世祖)第五女,顺治十一年甲午十二月三十日戌时生,母庶妃王氏"。可参见季羡林主编:《中国少数民族古籍集成》,第 64 册,第 218 页。《清史稿》则称:"世祖庶妃有子女者又有八人:穆克图氏,子永幹,八岁殇。巴氏,子钮钮,为世祖长子,二岁殇,女二,一六岁殇,一七岁殇。"可参见《清史稿》卷 214,第 30 册,第 8910 页。二者矛盾。经查光绪朝玉牒《列祖女孙直档》:"(世祖)第五女,顺治十一年甲午十二月三十日戌时生,母庶妃巴氏。"可参见中国第一历史档案馆编:《清代谱牒档案(缩微胶卷)》C71。由此可知《星源集庆》记载有误。
② 《口奏绿头牌白本档案》,康熙九年九月初一日条,中国第一历史档案馆编:《内务府奏销档(缩微胶卷)》。
③ 《口奏绿头牌白本档案》,康熙九年十二月二十六日条,中国第一历史档案馆编:《内务府奏销档(缩微胶卷)》。

也未包括陈氏。以这些迹象推断,庶妃陈氏可能在生育和硕恭亲王常宁之后,于顺治朝晚期薨逝。

根据已知的顺治朝庶妃位分等级情况推测,庶妃陈氏在生育和硕恭亲王常宁之前应该为格格级,生育和硕恭亲王常宁之后,则应该晋升为小福晋级。她是否奉安于孝东陵,亦不明确。

四、庶妃唐氏

【简介】

世祖庶妃,唐氏。出身不详。名绥赫①。嫁与世祖为庶妃,属小福晋级。顺治十六年十一月二十一日,生第六子奇授。康熙三十六年(1697年)四月薨逝。奉安孝东陵。

【概述】

庶妃唐氏是世祖的众多庶妃之一,属小福晋级。她与世祖生有一子奇授,在七岁时夭折。根据康熙朝《奏销档》记载,康熙八年时,庶妃唐氏与世祖的其他几位遗孀一起迁居至长春宫。康熙九年时,世祖遗孀内有六位小福晋,其中唐氏、董鄂氏(宁悫妃)、穆克图氏三位小福晋的待遇略高于其他三位小福晋,②可以看出当时庶妃唐氏在后宫具有一定的地位。康熙二十一年时,孝惠章皇后下达懿旨,指出在世祖遗孀中,两位小福晋位下没有缝补和做鞋之妇人,故而让她们分别兼在恭靖妃和端顺妃的分例内。这两位小福晋,一位称为"塞穆肯之母福晋",即庶妃穆克图氏;另一位称为"绥赫母福晋"③,即庶妃唐氏。

康熙二十八年,庶妃唐氏与世祖的其他几位遗孀一起迁居至宁寿宫。康熙三十六年闰三月二十五日,庶妃唐氏病重。④ 四月初九日,档案内称:

---

① 谨按,绥赫,满文写为"suihe",意为"绥带""穗子"。
② 《口奏绿头牌白本档案》,康熙九年九月初一日条,中国第一历史档案馆编:《内务府奏销档(缩微胶卷)》。
③ 《奏销档》,康熙二十一年十二月二十六日条,中国第一历史档案馆编:《内务府奏销档(缩微胶卷)》。
④ 《口奏绿头牌白头本档案》,康熙三十六年闰三月二十五日条,中国第一历史档案馆编:《内务府奏销档(缩微胶卷)》。

"奉皇太后旨意：令众和尚为已故之唐格格念七天经。"①可知庶妃唐氏在康熙三十六年四月初薨逝。

五、庶妃钮氏

【简介】

世祖庶妃，钮氏（牛氏）。出身不详。嫁与世祖为庶妃，属小福晋级。顺治十七年四月二十二日，生第七子和硕纯靖亲王隆禧。康熙元年薨逝。奉安孝东陵。

【概述】

庶妃钮氏，亦作"牛氏"，是世祖的众多庶妃之一，属小福晋级。她与世祖生有一子隆禧。根据康熙朝《奏销档》记载，康熙元年三月初七日，内务府将"钮格格"所遗留的使女进行分派②，由此可知她在康熙元年年初薨逝。庶妃钮氏在档案中被称为"格格"，在孝东陵中则被称为"福晋"，这是因为小福晋级庶妃在称谓上具有不确定性。

六、庶妃杨氏

【简介】

世祖庶妃，杨氏。出身不详。嫁与世祖为庶妃，属小福晋级。顺治十年十二月初二日，生第二女恭悫和硕公主。疑于康熙九年薨逝。

【概述】

庶妃杨氏是世祖的众多庶妃之一，属小福晋级。她与世祖生有一女，后来获封为恭悫和硕公主，下嫁瓜尔佳氏讷尔杜为妻，是世祖唯一长大成人的亲生女儿。根据康熙朝《奏销档》记载，康熙八年时，庶妃杨氏与世祖的其他几位遗孀一起迁居至长春宫。康熙九年时，世祖遗孀内有六位小福晋，其中杨氏、纳喇氏、巴氏三位小福晋的待遇略低于其他三位小福晋，因此在九月，宫廷提升了巴氏、纳喇氏两位小福晋的待遇，却独独少了杨氏。同时，档案

---

① 《口奏绿头牌白头本档案》，康熙三十六年四月初九日条，中国第一历史档案馆编：《内务府奏销档（缩微胶卷）》。
② 《口奏绿头牌白本档》，康熙元年三月初七日条，中国第一历史档案馆编：《内务府奏销档（缩微胶卷）》。

内还提及当时庶妃杨氏正居住在"隔房"。根据清初宫廷的习惯,后宫主位在病重之时,经常要移送到紫禁城内隔房或者皇城内的院落。庶妃杨氏当时身在隔房,可能已经病重,难以治愈,才因此没有提升待遇。① 她是否奉安于孝东陵,亦不明确。

七、庶妃乌苏氏

【简介】

世祖庶妃,乌苏氏。出身不详。嫁与世祖为庶妃。顺治十一年十二月初二日,生第四女。约在顺治朝晚期薨逝。

【概述】

庶妃乌苏氏是世祖的众多庶妃之一,具体级别不明。她与世祖生有一女,在八岁时夭折。康熙朝《奏销档》中没有提及过她。康熙八年档案中提及当时仍在世的几位世祖小福晋,也未包括乌苏氏。以这些迹象推断,庶妃乌苏氏可能在生育公主之后,于顺治朝晚期薨逝。

根据已知的顺治朝庶妃位分等级情况推测,庶妃乌苏氏在生育公主之前为格格级,生育公主之后,则应该晋升为小福晋级。她是否奉安于孝东陵,亦不明确。

八、庶妃纳喇氏

【简介】

世祖庶妃,纳喇氏。出身不详。嫁与世祖为庶妃,属小福晋级。顺治十四年十月初六日,生第六女。康熙九年时仍在宫内。其后不明。

【概述】

庶妃纳喇氏是世祖的众多庶妃之一,属小福晋级。她与世祖生有一女,在五岁时夭折。根据康熙朝《奏销档》记载,康熙八年时,庶妃纳喇氏与世祖的其他几位遗孀一起迁居至长春宫。康熙九年时,世祖遗孀内有六位小福晋,其中纳喇氏、巴氏、杨氏三位小福晋的待遇略低于其他三位小福晋,因此

---

① 《口奏绿头牌白本档案》,康熙九年九月初一日条,中国第一历史档案馆编:《内务府奏销档(缩微胶卷)》。

在同年九月,提升了纳喇氏、巴氏两位小福晋的待遇。① 而在十二月的档案中,世祖小福晋级遗孀只剩下三位,庶妃纳喇氏未在其列,②且在之后的档案中未再提及庶妃纳喇氏,故而推测庶妃纳喇氏可能是在康熙九年薨逝或出宫。她是否奉安于孝东陵,亦不明确。

九、庶妃笔什赫

【简介】

世祖庶妃。出身不详。名笔什赫。嫁与世祖为庶妃,属小福晋级。其后不明。奉安孝东陵。

【概述】

庶妃笔什赫是世祖的众多庶妃之一。目前在已知档案中并未发现关于其的记载。而根据《陵寝事宜易知》,她被奉安在孝东陵,称为"笔什赫额涅福晋",这表明她是小福晋级庶妃。庶妃笔什赫可能是为世祖生育过子女的庶妃巴氏、陈氏、杨氏、乌苏氏、纳喇氏中的一位。关于庶妃笔什赫的情况,目前了解有限,有待今后对史料的继续发掘。

十、庶妃京及

【简介】

世祖庶妃。出身不详。名京及③。嫁与世祖为庶妃,属格格级。其后不明。奉安孝东陵。

【概述】

庶妃京及是世祖的众多庶妃之一。目前在已知档案中并未发现关于其的记载,而根据《陵寝事宜易知》,她被奉安在孝东陵,称为"京及格格"。这表明她是格格级庶妃。关于庶妃京及的情况,目前了解有限,有待今后对史料的继续发掘。

---

① 《口奏绿头牌白本档案》,康熙九年九月初一日条,中国第一历史档案馆编:《内务府奏销档(缩微胶卷)》。
② 《口奏绿头牌白本档案》,康熙九年十二月二十六日条,中国第一历史档案馆编:《内务府奏销档(缩微胶卷)》。
③ 谨按,京及,满文推测写为"jingji",意为"福态""稳重"。

十一、庶妃捏及呢

【简介】

世祖庶妃。出身不详。名捏及呢。嫁与世祖为庶妃,属格格级。原服二十匹缎。康熙十年七月,改服十五匹缎。其后不明。奉安孝东陵。

【概述】

庶妃捏及呢是世祖的众多庶妃之一,属格格级。康熙朝《奏销档》记载,康熙八年时,庶妃捏及呢与世祖的其他几位遗孀一起迁居至长春宫。康熙十年时,宫廷对后宫主位的宫分进行更定,提及"捏及呢格格"原服二十匹缎,更定之后改服十五匹缎,[①]可知当时庶妃捏及呢仍居住在宫内。其后信息不明。

十二、庶妃赛宝

【简介】

世祖庶妃。出身不详。名赛宝(彩宝)。嫁与世祖为庶妃,属格格级。康熙七年四月初四日薨逝。奉安孝东陵。

【概述】

庶妃赛宝是世祖的众多庶妃之一,属格格级。康熙朝《奏销档》记载,康熙三年十一月,"彩宝格格"(ts'aiboo gege)患病,经治疗之后,病情有所缓解。[②] 康熙七年四月初四日,内务府奏称:"乾清宫之赛宝格格(saiboo gege)本日薨逝。"[③]同月十八日,内务府将其所遗留之使女进行分派时,档案内则称她为"彩宝格格"(ts'aiboo gege)[④],可知系同一人[⑤]。

[①] 《口奏绿头及白头本档案》,康熙十年七月十一日条,中国第一历史档案馆编:《内务府奏销档(缩微胶卷)》。

[②] 《绿头牌无印本口奏档案》,康熙三年十一月二十五日条,中国第一历史档案馆编:《内务府奏销档(缩微胶卷)》。

[③] 《口奏绿头牌白本档案》,康熙七年四月初四日条,中国第一历史档案馆编:《内务府奏销档(缩微胶卷)》。

[④] 《口奏绿头牌白本档案》,康熙七年四月十八日条,中国第一历史档案馆编:《内务府奏销档(缩微胶卷)》。

[⑤] 谨按,在满文中,"sai"与"ts'ai"写法比较相近,出现"赛宝""彩宝"之差异,可能是档案听抄时发生的错误。

十三、庶妃迈及呢

【简介】

世祖庶妃。出身不详。名迈及呢。嫁与世祖为庶妃,属格格级。原服二十匹缎。康熙十年七月,改服十五匹缎。其后不明。奉安孝东陵。

【概述】

庶妃迈及呢是世祖的众多庶妃之一,属格格级。康熙朝《奏销档》记载,康熙八年时,庶妃迈及呢与世祖的其他几位遗孀一起迁居至长春宫。康熙十年时,宫廷对后宫主位的宫分进行更定,提及"迈及呢格格"原服二十匹缎,更定之后改服十五匹缎,①可知当时庶妃迈及呢仍居住在宫内。其后信息不明。

十四、庶妃厄音珠

【简介】

世祖庶妃。出身不详。名厄音珠②。嫁与世祖为庶妃,属格格级。原服十五匹缎。康熙十年七月,改服十三匹缎。其后不明。奉安孝东陵。

【概述】

庶妃厄音珠是世祖的众多庶妃之一,属格格级。康熙朝《奏销档》记载,康熙八年时,庶妃厄音珠与世祖的其他几位遗孀一起迁居至长春宫。康熙十年时,宫廷对后宫主位的宫分进行更定,提及"厄音珠格格"原服十五匹缎,更定之后改服十三匹缎,③可知当时庶妃厄音珠仍居住在宫内。其后信息不明。

十五、庶妃额伦珠

【简介】

世祖庶妃。出身不详。名额伦珠④。嫁与世祖为庶妃,属格格级。康

---

① 《口奏绿头及白头本档案》,康熙十年七月十一日条,中国第一历史档案馆编:《内务府奏销档(缩微胶卷)》。
② 谨按,厄音珠,满文写为"eyenju",意为"水流的"。
③ 《口奏绿头及白头本档案》,康熙十年七月十一日条,中国第一历史档案馆编:《内务府奏销档(缩微胶卷)》。
④ 谨按,额伦珠,满文写为"erenju",意为"希望""期望"。

熙五年薨逝。奉安孝东陵。

【概述】

庶妃额伦珠是世祖的众多庶妃之一，属格格级。康熙朝《奏销档》记载，康熙五年六月初三日，内务府将"额伦珠格格"所遗留之使女和物品进行分派，①以此推测她应该在当年上半年薨逝。

十六、庶妃兰

【简介】

世祖庶妃。出身不详。名兰。嫁与世祖为庶妃，属格格级。其后不明。奉安孝东陵。

【概述】

庶妃兰是世祖的众多庶妃之一。目前在已知档案中并未发现关于其的记载，而根据《陵寝事宜易知》，她被奉安在孝东陵，称为"兰格格"，这表明她是格格级庶妃。关于庶妃兰的情况，目前了解有限，有待今后对史料的继续发掘。

十七、庶妃明珠

【简介】

世祖庶妃。出身不详。名明珠。嫁与世祖为庶妃，属格格级。康熙七年三月初七日薨逝。奉安孝东陵。

【概述】

庶妃明珠是世祖的众多庶妃之一，属格格级。康熙朝《奏销档》记载，康熙七年三月初七日，内务府奏称："乾清宫之明珠格格薨逝。"②可知她在当日薨逝。

十八、庶妃芦耶

【简介】

世祖庶妃。出身不详。名芦耶。③ 嫁与世祖为庶妃，属格格级。原服

---

① 《绿头牌及无印本章口奏事务底簿》，康熙五年六月初三日条，中国第一历史档案馆编：《内务府奏销档（缩微胶卷）》。
② 《口奏绿头牌白本档案》，康熙七年三月初七日条，中国第一历史档案馆编：《内务府奏销档（缩微胶卷）》。
③ 谨按，档案中芦耶其名作"lujiye"，应译为"芦姐"，"芦耶"为其转音。

十五匹缎。康熙十年七月,改服十三匹缎。其后不明。奉安孝东陵。

【概述】

庶妃芦耶是世祖的众多庶妃之一,属格格级。康熙朝《奏销档》记载,康熙八年时,庶妃芦耶与世祖的其他几位遗孀一起迁居至长春宫。康熙十年时,宫廷对后宫主位的宫分进行更定,提及"芦耶格格"原服十五匹缎,更定之后改服十三匹缎,[①]可知当时庶妃芦耶仍居住在宫内。其后信息不明。

十九、庶妃布三珠

【简介】

世祖庶妃。出身不详。名布三珠。嫁与世祖为庶妃,属格格级。原服十五匹缎。康熙十年七月,改服十三匹缎。其后不明。奉安孝东陵。

【概述】

庶妃布三珠是世祖的众多庶妃之一,属格格级。康熙朝《奏销档》记载,康熙八年时,庶妃布三珠与世祖的其他几位遗孀一起迁居至长春宫。康熙十年时,宫廷对后宫主位的宫分进行更定,提及"布三珠格格"原服十五匹缎,更定之后改服十三匹缎,[②]可知当时庶妃布三珠仍居住在宫内。其后信息不明。

二十、庶妃偏五(阿穆巴偏五)

【简介】

世祖庶妃。出身不详。名偏五[③]。因与另一位庶妃重名而年纪略长,故被称为阿穆巴偏五。[④] 嫁与世祖为庶妃,属格格级。原服十五匹缎。康熙十年七月,改服十三匹缎。其后不明。奉安孝东陵。

---

① 《口奏绿头及白头本档案》,康熙十年七月十一日条,中国第一历史档案馆编:《内务府奏销档(缩微胶卷)》。
② 《口奏绿头及白头本档案》,康熙十年七月十一日条,中国第一历史档案馆编:《内务府奏销档(缩微胶卷)》。
③ 谨按,偏五,满文写为"fiyanggū",即"费扬古",意为"漂亮的""最小的",常常作为"末生子"(无论男女)的名字。
④ 谨按,阿穆巴,满文写为"amba",意为"大"。因为旗人有称名不举姓之习俗,所以遇到重名的情况,经常通过增加前缀的方式加以区分。这两位庶妃均名为偏五,故而有此种前缀。一些文章仅以这两位庶妃均名偏五为由,便认为她们是亲姐妹,实际并无依据。

【概述】

庶妃偏五是世祖的众多庶妃之一,属格格级。康熙朝《奏销档》记载,康熙八年时,庶妃偏五与世祖的其他几位遗孀一起迁居至长春宫。康熙十年时,宫廷对后宫主位的宫分进行更定,提及"阿穆巴偏五格格"原服十五匹缎,更定之后改服十三匹缎,①可知当时庶妃偏五仍居住在宫内。其后信息不明。

二十一、庶妃偏五(阿几格偏五)

【简介】

世祖庶妃。出身不详。名偏五。因与另一位庶妃重名而年纪略幼,故被称为阿几格偏五②。嫁与世祖为庶妃,属格格级。服九匹缎。顺治十八年十一月二十八日薨。奉安孝东陵。

【概述】

庶妃偏五是世祖的众多庶妃之一,属格格级。康熙朝《奏销档》记载,康熙九年二月,宫廷与内务府讨论格格级庶妃薨逝时各项礼仪待遇时,内务府即援引庶妃偏五薨逝之例,称其为"乾清宫服九匹缎之偏五格格"。根据内务府奏文内记述,庶妃偏五在顺治十八年十一月二十七日病重,孝庄文皇后下达旨意,如果事出的话,按照服十五匹缎的等级办理丧仪。第二天,庶妃偏五薨逝。③

二十二、庶妃丹姐

【简介】

世祖庶妃。出身不详。名丹姐。嫁与世祖为庶妃,属格格级。原服五匹缎。康熙元年八月,被迁往隅房居住,改服布。其后不明。奉安孝东陵。

【概述】

庶妃丹姐是世祖的众多庶妃之一,属格格级。康熙朝《奏销档》记载,康

---

① 《口奏绿头及白头本档案》,康熙十年七月十一日条,中国第一历史档案馆编:《内务府奏销档(缩微胶卷)》。
② 谨按,阿几格,满文写为"ajige",意为"小"。
③ 《口奏绿头牌白本档案》,康熙九年二月二十八日条,中国第一历史档案馆编:《内务府奏销档(缩微胶卷)》。

熙元年八月初七日,内务府奏称:"乾清宫之阿吉根、察尔禅、伊莱、丹姐四格格、扫屋女子海苏及其家下女子二姐、布儿、二姐①,令此等人仍居宫内,实属悖乱。是否令其出宫,居住紫禁城内北面隅房。再,是否停止其缎匹,皆给毛青布、翠蓝布令穿。"均得到孝庄文皇后的准许。② 后续档案则提及,庶妃丹姐原本服五匹缎。③ 其后信息不明。根据《陵寝事宜易知》,庶妃丹姐薨逝后被奉安在孝东陵。关于庶妃丹姐因何被逐出宫廷,在何时薨逝,又为何得以奉安孝东陵等问题,目前均无明确解释,有待今后对史料的继续发掘。

二十三、庶妃秋格格

【简介】

世祖庶妃。出身不详。名秋。嫁与世祖为庶妃,属格格级。其后不明。奉安孝东陵。

【概述】

庶妃秋是世祖的众多庶妃之一。目前在已知档案中并未发现关于其的记载,而根据《陵寝事宜易知》,她被奉安在孝东陵,称为"秋格格",这表明她是格格级庶妃。关于庶妃秋的情况,目前了解有限,有待今后对史料的继续发掘。

二十四、庶妃瑞

【简介】

世祖庶妃。出身不详。名瑞。嫁与世祖为庶妃,属格格级。其后不明。奉安孝东陵。

【概述】

庶妃瑞是世祖的众多庶妃之一。目前在已知档案中并未发现关于其的记载,而根据《陵寝事宜易知》,她被奉安在孝东陵,称为"瑞格格",这表明她

---

① 谨按,此处三位家下女子中,有两位均名为"二姐"。
② 《口奏绿头牌白本档》,康熙元年八月初七日条,中国第一历史档案馆编:《内务府奏销档(缩微胶卷)》。
③ 《口奏绿头牌白本档》,康熙元年八月初九日条,中国第一历史档案馆编:《内务府奏销档(缩微胶卷)》。

是格格级庶妃。关于庶妃瑞的情况，目前了解有限，有待今后对史料的继续发掘。

二十五、庶妃朱乃

【简介】

世祖庶妃。出身不详。名朱乃。嫁与世祖为庶妃，属格格级。其后不明。奉安孝东陵。

【概述】

庶妃朱乃是世祖的众多庶妃之一。目前在已知档案中并未发现关于其的记载，而根据《陵寝事宜易知》，她被奉安在孝东陵，称为"朱乃格格"，这表明她是格格级庶妃。关于庶妃朱乃的情况，目前了解有限，有待今后对史料的继续发掘。

二十六、庶妃梅

【简介】

世祖庶妃。出身不详。名梅。嫁与世祖为庶妃，属格格级。其后不明。奉安孝东陵。

【概述】

庶妃梅是世祖的众多庶妃之一。目前在已知档案中并未发现关于其的记载，而根据《陵寝事宜易知》，她被奉安在孝东陵，称为"梅格格"，这表明她是格格级庶妃。关于庶妃梅的情况，目前了解有限，有待今后对史料的继续发掘。

二十七、庶妃察尔禅

【简介】

世祖庶妃。出身不详。名察尔禅。嫁与世祖为庶妃，属格格级。原服九匹缎。康熙元年八月，被迁往隅房居住，改服布。康熙三年十二月十三日薨逝。

【概述】

庶妃察尔禅是世祖的众多庶妃之一，属格格级。康熙朝《奏销档》记载，庶妃察尔禅原服九匹缎。① 康熙元年八月初七日，与同为世祖格格级庶妃的阿吉根、伊莱、丹姐一起被逐出宫廷，居住在紫禁城内北面隅房，并停止配给缎匹，改给布匹。② 康熙三年十二月十三日，内务府奏称："圈禁于隅房之察尔禅格格薨逝。"③其中，圈禁一词满文为"horiha"，意为"圈禁的""拘禁的"，可知当时庶妃察尔禅处于被圈禁的状态。但是，从档案中对庶妃察尔禅后事的处理来看，其未必犯有大罪。④

关于庶妃察尔禅因何被逐出宫廷，何时开始被圈禁，是否奉安孝东陵等问题，目前均无明确解释，有待今后对史料的继续发掘。

二十八、庶妃阿吉根

【简介】

世祖庶妃。出身不详。名阿吉根⑤。嫁与世祖为庶妃，属格格级。原服九匹缎。康熙元年八月，被迁往隅房居住，改服布。其后不明。

【概述】

庶妃阿吉根是世祖的众多庶妃之一，属格格级。康熙朝《奏销档》记载，庶妃阿吉根原服九匹缎。⑥ 康熙元年八月初七日，与同为世祖格格级庶妃的察尔禅、伊莱、丹姐一起被逐出宫廷，居住在紫禁城内北面隅房，并停止配给缎匹，改给布匹。⑦ 其后信息不明。关于庶妃阿吉根因何被逐出宫廷，在何时薨逝，是否奉安孝东陵等问题，目前均无明确解释，有待今后对史料的

---

① 《口奏绿头牌白本档》，康熙元年八月初九日条，中国第一历史档案馆编：《内务府奏销档（缩微胶卷）》。
② 《口奏绿头牌白本档》，康熙元年八月初七日条，中国第一历史档案馆编：《内务府奏销档（缩微胶卷）》。
③ 《绿头牌无印本口奏档案》，康熙三年十二月十三日条，中国第一历史档案馆编：《内务府奏销档（缩微胶卷）》。
④ 谨按，档案内提及，察尔禅格格亡故之后，遗留有一位从其娘家带入宫中的家下女子，还有一个金项圈，以及盒子、柜子等不少家具器物。宫廷（这里指孝庄文皇后）对这些的处理意见大致为：金项圈交入内库，这个家下女子如果没有在察尔禅格格处犯过错的话就仍交还给她的娘家，如果犯过错的话就交给内管领指配他人，其余物品都给这个家下女子。这种处理方式在当时比较常见，不像是对犯有大罪的后宫主位的处理。
⑤ 谨按，阿吉根，满文写为"ajigen"，意为"幼小的""细小的"。
⑥ 《口奏绿头牌白本档》，康熙元年八月初九日条，中国第一历史档案馆编：《内务府奏销档（缩微胶卷）》。
⑦ 《口奏绿头牌白本档》，康熙元年八月初七日条，中国第一历史档案馆编：《内务府奏销档（缩微胶卷）》。

继续发掘。

二十九、庶妃伊莱

【简介】

世祖庶妃。出身不详。名伊莱。嫁与世祖为庶妃,属格格级。原服五匹缎。康熙元年八月,被迁往隅房居住,改服布。其后不明。

【概述】

庶妃伊莱是世祖的众多庶妃之一,属格格级。康熙朝《奏销档》记载,庶妃伊莱原服五匹缎。① 康熙元年八月初七日,与同为世祖格格级庶妃的察尔禅、阿吉根、丹姐一起被逐出宫廷,居住在紫禁城内北面隅房,并停止配给缎匹,改给布匹。② 其后信息不明。关于庶妃伊莱因何被逐出宫廷,在何时薨逝,是否奉安孝东陵等问题,目前均无明确解释,有待今后对史料的继续发掘。

第四节　清世祖顺治帝的"东宫皇妃"

【考证·"东宫皇妃"孔四贞】

顺治朝在顺治十三年时,新创设了"皇妃"和"九嫔"两个位分等级。同年六月,世祖下达上谕说:"今先册立东西二宫皇妃。应行事宜,尔部即照例酌议具奏。余著候旨。"③即将"皇妃"明确为"东西二宫皇妃"予以执行,而"九嫔"则被暂时搁置。同月,世祖又下达上谕说:"奉圣母皇太后谕:定南武壮王女孔氏,忠勋嫡裔,淑顺端庄,堪翊壸范,宜立为东宫皇妃。尔部即照例备办仪物,候旨行册封礼。"此处之"定南武壮王女孔氏"即是孔有德之女孔四贞。根据《世祖章皇帝实录》记载,礼部原定于在八月十九日将孔四贞册封为东宫皇妃,但是世祖的异母弟和硕襄昭亲王博穆博果尔在当年七月

---

① 《口奏绿头牌白本档》,康熙元年八月初九日条,中国第一历史档案馆编:《内务府奏销档(缩微胶卷)》。
② 《口奏绿头牌白本档》,康熙元年八月初七日条,中国第一历史档案馆编:《内务府奏销档(缩微胶卷)》。
③ 《世祖章皇帝实录》卷102,顺治十三年六月甲申条,《清实录》,第3册,第788页。

初三日薨逝,世祖称:"以和硕襄亲王薨逝,不忍举行。命八月以后择吉。"①改为八月再行拟定册封日期。而时至八月,世祖只在二十二日奉孝庄文皇后之命将董鄂氏立为贤妃,②即后来的孝献皇后,全然未提及"东宫皇妃"孔四贞之事。顺治十三年十月到达京城的朝鲜麟坪大君在其所著《燕途纪行》中提及:"初十日甲申……金汝辉来谒,细问燕京事情,答以:……西宫正后,拣孔王有德女四贞,册封当在岁翻,而容色绝美云。"③"十九日庚寅,金汝辉来谒,又问阙中事,答以:……西宫皇后,孔有德女,拣在别宫。"④而在清代官方史料中,则称孔四贞最终嫁与孔有德的属下孙延龄为妻。此处简单梳理孔四贞之情况如下。

在清代官书的记载中,孔四贞为定南武壮王孔有德之女,顺治九年五月,孔有德被李定国击败回城后,"敌夺城北山俯攻,有德令其孥以火殉,遂自经,妻白氏、李氏皆死于火"。全家除一子孔廷训逃走被俘以及一女孔四贞逃出之外皆死于此。顺治十一年六月,孔四贞随着孔有德的灵柩到了北京,世祖厚葬孔有德,对孔四贞"赐白金万,视和硕格格食俸"⑤。顺治十三年六月,准备立孔四贞为东宫皇妃,从八月则不再提及此事,而"旋嫁有德部将孙龙子延龄"⑥。康熙十二年,三藩之乱爆发,孙延龄于次年响应吴三桂而叛清。后来,一方面孔四贞一直心向清廷,另一方面随着局势的变化,孙延龄也有心归降。康熙十六年三月时,根据傅弘烈上奏,孔四贞曾经向傅弘烈说:"无刻不以太皇太后为念。若降恩纶,赦孙延龄罪,封孔四贞为郡主,则可以成事。"于是圣祖下令"招抚孔四贞"⑦。最终孙延龄投降之事暴露,在桂林被杀,孔四贞则回到北京度过余生。⑧

而在野史中,孔四贞的生平更加复杂,与孙延龄的关系也更为多样。现引《吴耿尚孔四王合传》的记载如下:

---

① 《世祖章皇帝实录》卷102,顺治十三年七月乙卯条,《清实录》,第3册,第791、792页。
② 《世祖章皇帝实录》卷103,顺治十三年八月庚子条,《清实录》,第3册,第807页。
③ [朝鲜]麟坪大君李㴭:《燕途纪行》,林基中编:《燕行录全集》,第22册,第157页。
④ [朝鲜]麟坪大君李㴭:《燕途纪行》,林基中编:《燕行录全集》,第22册,第166页。
⑤ 谨按,虽然孔四贞在一些文章中被渲染为"清代唯一的汉人公主",但是实际上她只是有"郡主品级给俸"的待遇而已,与事实上的"郡主"都有相当的差距,更不是"公主"。
⑥ 以上皆见《清史稿》卷234,第31册,第9402—9403页。
⑦ 《圣祖仁皇帝实录》卷66,康熙十六年三月戊寅条,《清实录》,第4册,第843页。
⑧ 《清史稿》卷474,第42册,第12860—12861页。

有德纵火焚其府,向北再拜,拔剑自刎死;家口一百二十人皆被害。子寻为定国军士所诉,死于安隆。女亦见获,以年幼,羁养军中。……其后李如春、线国安收集溃兵,大破定国之众,广西复平,有德之女得归。守臣具疏以闻,世祖与太皇太后悯有德殁于王事,其子庭训已见杀,止遗一女,令送入宫为太后养女,名孔四贞。及四贞年十六,太后为择佳婿。四贞自陈有夫,盖有德存日,已许配孙偏将之子延龄矣。因下诏求得之,奉太后命为夫妇,赐第西华门外。广西之再定也,以线国安统其众,部曲如故,而藩府久虚。上念孔后无人,并虑孔师无主,乃封四贞为和硕格格,掌定南王事,遥制广西军。延龄为和硕额驸、内辅政大臣、都勒机昂邦、世袭一等阿思尼哈番。延龄美丰姿,晓音律,长于击刺。体劲捷,能趋九尺屏风。惟不喜读书,然遇有章奏,令幕友诵之,辄能斟酌可否。与人交,必尽其诚,能容人过失,时年亦十六云。四贞美而才,自以太后养女,又掌藩府事,视延龄蔑如也。延龄机智深狙,以太后故,貌为恭谨以顺其意。四贞喜出入宫掖,日誉其能。由是,太后亦善视之,宠赉优渥,亚于亲王。四贞不知延龄以计愚之也,谓其和柔易制,事益专决。延龄内愈不平,日思所以夺其权矣。康熙五年丙午,四贞面奏家口众多,费用浩繁,欲就食广西……四贞遂请和硕格格仪卫以行,与延龄南下。抵淮安,诰封敕书至,以延龄为特晋上柱国光禄大夫、世袭一等阿思尼哈番、和硕额驸、守广西等处将军,其妻室孔氏为一品夫人。四贞自以为和硕格格已居极品,不从夫贵也,今忽封一品夫人,则仍似妻以夫贵矣。疑延龄嘱内院为之,不惬意,夫妇遂不相能。

　　戴良臣者,原系四贞包衣佐领,颇有才智,希大用。力荐其亲王永年为都统,而欲已与严朝纲副之。孙延龄初不许,乃营求于内,四贞强之而后可。虽为之请命于朝,而心甚恶。良臣因搆难其间,谓延龄独信任蛮子,而薄格格旧人。由是,夫妇亦不合。良臣佐格格,每事与延龄相左。所用之人必逐之。而后日延龄竟为木偶,不能复出一令矣。四贞初任良臣,以为尊己,故惟言是听。及其得志,并格格而蔑之,权且渐归于下。事无大小,皆擅自题请。广西一军,唯知有都统,不知有将军,并不知有格格。四贞乃大悔恨,知为良臣所卖,仍与延龄和好。然大权旁落,不可复制。

十二年癸丑,吴三桂反,以书招延龄……四贞又日夜感上恩,劝延龄归顺……四贞幼时,曾为三桂养女。延龄死,遂拘之入滇,其子亦为世宾所杀。厥后云南平,四贞归京师,奉有德祀,延龄竟无后①。

虽然野史在可信度上要打一些折扣,但是多少可以反映出孔四贞的一些情况。

---

① 马骕:《明季稗史初编》,王云五主编:《万有文库》第二集,第4册,第462—464页。

第十章　清圣祖康熙帝的后宫

清圣祖合天弘运文武睿哲恭俭宽裕孝敬诚信中和功德大成仁皇帝,名玄烨,满文作"hiowan yei"①。作为世祖章皇帝的第三子,生于顺治十一年三月十八日巳时,生母为孝康章皇后佟佳氏。顺治十八年正月初七日,世祖崩逝。圣祖以皇三子之身份于正月初九日即位,改元康熙。初以大臣辅政,至康熙六年亲政。在位期间,平定三藩之乱,收复台湾,签订《尼布楚条约》,三征噶尔丹。康熙六十一年十一月十三日戌时崩,年六十九岁,在位六十一年。雍正元年二月,恭上尊谥曰合天弘运文武睿哲恭俭宽裕孝敬诚信功德大成仁皇帝,庙号圣祖。同年九月初一日,奉安景陵,升祔太庙、奉先殿。乾隆元年三月,加上中和两字。

圣祖康熙朝时期,后宫制度逐渐完善,随着内务府的正式定型,宫廷的档案文书制度也进入稳定发展的阶段。不过,根据目前已知的档案来看,在康熙朝初年时,挑选八旗秀女和内务府秀女的随意性较强,似乎并无雍乾之后官书中所谓八旗秀女三年一选、内务府秀女一年一选的"定例"。而至康熙朝中后期,这种"定例"才逐渐出现。

根据目前的资料统计,清圣祖一生中至少有五十余位妻妾。在其后宫之中,除相当多的无号庶妃(包括贵人、常在以及大小答应)之外,其余有号的后宫主位大多是按照批次进行册封。② 康熙一朝,这种册封批次一共有四次。第一次是康熙十六年八月,册立第二任皇后(孝昭仁皇后)时,册封佟佳氏为贵妃(孝懿仁皇后),还有安、敬、端、荣、惠、宜、僖七位嫔。③ 第二次是康熙二十年十二月,晋封贵妃佟佳氏(孝懿仁皇后)为皇贵妃,同时册封

---

① 罗盛吉:《清朝满文避讳漫议》,《满语研究》2014年第2期。
② 谨按,从清中期开始,后宫主位的晋封多是先获得诏封,数月之后获得册封。获得诏封时,已经享受新位分的物质待遇。但是,在康熙朝,后宫主位的晋封则经常是先享受某一位分的物质待遇,等到数年甚至十数年之后才得到册封,与清中期后之情况有别。
③ 《圣祖仁皇帝实录》卷68,康熙十六年八月丙寅条,《清实录》,第4册,第876页。

惠、宜、德、荣四位妃。① 第三次是康熙三十九年十二月,册封佟佳氏为贵妃(悫惠皇贵妃),同时册封和嫔与良嫔两位嫔。② 第四次是康熙五十七年十二月,册封宣妃、和妃、成妃三位妃,以及定嫔、密嫔、勤嫔三位嫔。③ 还有一次比较特殊,是在圣祖崩逝之后的康熙六十一年十二月,新即位的世宗雍正帝将圣祖康熙帝后宫内的几位年老或生育过子女的低级主位册封为嫔或贵人。④ 此处谨按照康熙朝册封之批次,将第一次和第二次册封,即康熙元年至康熙二十年这一阶段划分为"前期";将第二次册封之后到第三次册封为止,即康熙二十一年至三十九年这一阶段划分为"中期";将第三次册封之后,即康熙四十年至康熙六十一年这一阶段划分为"后期",再按照后宫主位的出身、位分以及得位时期,予以分类综述。

第一节　清圣祖康熙帝的四位皇后

一、孝诚仁皇后

【简介】

孝诚恭肃正惠安和淑懿恪敏俪天襄圣仁皇后,正黄旗满洲赫舍里氏,承恩公、领侍卫内大臣噶布喇之女。顺治十年十二月十七日生。康熙四年,指立为皇后。同年七月初七日纳采,九月初八日大婚,册立为皇后。康熙八年十二月十三日,生第二子承祜。康熙十三年五月初三日,生第七子⑤和硕理密亲王允礽。康熙十三年五月初三日申时崩,年二十二岁。同年五月初五日,奉移至北海团城西侧空院暂安;五月二十七日,奉移至巩华城暂安。六月二十七日,谥曰仁孝皇后。康熙十四年正月,升祔奉先殿。康熙二十年三月初八日,奉安景陵。雍正元年六月,改上尊谥曰孝诚恭肃正惠安和俪天襄

---

① 《圣祖仁皇帝实录》卷98,康熙二十年十二月己亥条,《清实录》,第4册,第1250、1251页。
② 《圣祖仁皇帝实录》卷201,康熙三十九年十二月丁巳条,《清实录》,第6册,第65页。
③ 《圣祖仁皇帝实录》卷282,康熙五十七年十二月辛未条,《清实录》,第6册,第760页。
④ 《世宗宪皇帝实录》卷2,康熙六十一年十二月丁巳条,《清实录》,第7册,第51页。
⑤ 谨按:清圣祖康熙帝子嗣众多,有"生序""齿序"之分。"生序"即按照出生次序排列,"齿序"则是在皇子长大到一定年龄正式参与排行所定之次序。按照"生序"排列,圣祖一共有三十五子,但是其中有不少位因夭折未予排行,最终"齿序"只有二十四子。如和硕理密亲王允礽,"生序"为第七子,"齿序"为第二子。本文中,因主要涉及后妃生育,所以均使用"生序"称呼。所引史料内,则有一些提及的是"齿序",应加以区分。

圣仁皇后。同年九月,升祔太庙。乾隆元年三月,加上淑懿两字。嘉庆四年（1799年）五月,加上恪敏两字。

【家族背景】

孝诚仁皇后出身穆瑚禄都督系赫舍里氏,此系的始祖名为穆瑚禄都督,原世居都英额地方,后来迁居哈达地方。其生有八子,均有后代流传下来,是清代赫舍里氏一姓之中最著名的一系。孝诚仁皇后为穆瑚禄都督第七子特赫讷之后代。特赫讷之子瑚什穆巴颜生有两子,第一子名为硕色,第二子名为希福,都是当时颇有学识之人,被尊称为"巴克什",入旗之后,被编入正黄旗满洲。硕色之子即清初名臣索尼,亦是世祖留给圣祖的四位"辅政大臣"之首。索尼生有六子,孝诚仁皇后之父噶布喇是第一子,后来康熙朝的知名权臣之一索额图是索尼第三子,亦即孝诚仁皇后的三叔父。

索尼是清初知名的大臣,在圣祖即位之前,他已经封为一等伯,任内大臣、议政大臣、总管内务府大臣,后来在康熙六年病故。噶布喇作为索尼的第一子,没有承袭爵位,①在孝诚仁皇后入宫时任内大臣。后来作为孝诚仁皇后之父得封一等公爵位,仕至领侍卫内大臣,最后在康熙二十年病故。噶布喇生有两子和至少三位女儿。第一子名为常泰,原承袭一等公爵位,仕至领侍卫内大臣；第二子名为常海,仕至佐领。已知的三位女儿中,除一位为孝诚仁皇后、一位为圣祖平妃之外,另一位嫁给镶黄旗满洲钮祜禄氏公爵遏必隆之子一等公法喀为继妻,法喀是孝昭仁皇后之胞弟。由此可以看出孝诚仁皇后家族作为清初名门之一的门第。

孝诚仁皇后家族虽然在清初时门第很高,但是一来受到康熙四十七年（1708年）索额图在政治上失脚以及"太子党"的影响,二来受到雍正元年整理八旗佐领的影响,②所以从康熙朝后期开始,便在政治上转为低迷状态。加恩封给孝诚仁皇后之父噶布喇后代的承恩公爵位,亦因常泰获罪以及常

---

① 谨按,清初旗人社会流行幼子继承制度,爵位常由幼子继承制。
② 谨按,清初八旗佐领在定性上比较混乱,至雍正朝才进行整体的整理和正式的定性。索尼家族原本在正黄旗满洲拥有四个既成事实的世袭佐领。一般来讲,这种情况会在雍正朝被正式定性为世管佐领,但是雍正元年时,世宗雍正帝只将其中的一个佐领定性为世管佐领,其余的均定为公中佐领。这对八旗世家而言,打击十分沉重。

海绝嗣而最终由索尼第五子心裕的后代承袭。①

【入宫时的争议】

从后世的角度来看,孝诚仁皇后出身旗人顶级世家,其祖父为朝中辅政大臣之首,父亲亦官居一品,家中有世爵和世管佐领,与其他顶级世家亦有联姻,身份几乎无可挑剔。但是,在当时,孝诚仁皇后的立后曾经有过不小的争议。后来处理鳌拜一案之时获知,苏克萨哈和鳌拜均对册立孝诚仁皇后不满。据鳌拜说:"立皇后时,苏克萨哈嗔怒年庚不对。"据遏必隆说:"鳌拜借指苏克萨哈曾说'若将噶布喇之女立为皇后,必动刀枪,满洲下人之女,岂有立为皇后之理。'"②鳌拜与苏克萨哈的这种说法,其实与清初的一种领主思维有关。

在清太祖和清太宗统一女真(满洲)诸部之前,女真(满洲)社会一直处于四分五裂的状态,各地都有不同的豪强割据一方。其中规模比较大的称为"国",如叶赫、哈达等,他们的世袭首领称为"国主"。次一些的称为"部",如董鄂等,他们的世袭首领称为"部长"。再次一些的称为"路",首领称为"路长"。更小的则称为"寨""城",首领称为"寨主""城主"。虽然他们统领的地盘大小有别,具体势力亦有差别,但他们都是当时女真(满洲)社会的"上层",即"领主"阶层。在太祖、太宗统一女真(满洲)诸部之后,这些领主被编入八旗,大多亦因之前的领主身份而获赐爵位以及世管佐领,成为八旗内的第一批世家。

以此为背景,在当时女真(满洲)的传统习惯中,所谓婚姻的门当户对,即是领主要与同属领主阶层之家族进行联姻。以清廷为例,太祖继妃出身檀都系富察氏,其家族为沙济城城主;孝慈高皇后出身叶赫国主系叶赫纳喇氏;太祖大妃和太宗继妃均出身乌哈国主系纳喇氏;太宗后来的"崇德五宫"与世祖的两位蒙古皇后均出身蒙古国主或部长家族;就连追立的孝献皇后,其出身的家族亦是董鄂部部长,均属领主阶层。③ 相比之下,孝诚仁皇后家

---

① 此段赫舍里氏谱系,整理自《八旗满洲氏族通谱》《清代谱牒档案(缩微胶卷)》《正黄旗满洲已故世管佐领文普接袭宗谱》《八旗通志初集》《钦定八旗通志》《爱新觉罗宗谱》。
② 中国科学院编:《明清史料》丁编第八本,北京:国家图书馆出版社,2008年,下册,第232页。
③ 谨按,这里比较特殊的是太祖元妃佟佳氏和太宗元妃钮祜禄氏。太祖元妃佟佳氏出身的巴虎特克慎系佟佳氏一支是否是部长家族尚不确定;而巴虎特克慎系佟佳氏在明代末期已经是很大的一个家族,拥有相当的财富和权势是已知的事实。太宗元妃钮祜禄氏出身的索和济巴颜系钮祜禄氏,出身英额地方,其家族在英额地方的势力并不明确,但是额亦都之姑母已经嫁与其他村寨首领为妻,表现出其家族具有和领主阶层结亲的实力。

族原本只是哈达部的部民,没有"领主"身份。鳌拜出身之索尔达系瓜尔佳氏原为苏完部部长,苏克萨哈出身为叶赫国主系叶赫纳喇氏,亦均属"领主"阶层。单从"领主""部人"这一分野来看,均优于孝诚仁皇后家族。这即是鳌拜等人认为孝诚仁皇后是"满洲下人之女"的原因。

不过,这种对传统女真(满洲)社会"领主"阶层的崇尚,必然随着入关进程以及八旗世家的重新划分而变淡。故而,在鳌拜等人因此去与孝庄文皇后理论的时候,孝庄文皇后即答:"满洲属人之女,为何立不得皇后?我意已定,不必再议。"①

【宫廷生活】

孝诚仁皇后在康熙四年通过大婚礼进入宫廷,康熙八年十二月十三日寅时,她为圣祖生下第二子承祜,在康熙十一年夭折。同年十月,孝诚仁皇后曾经患病,病情比较严重,当时圣祖在颜家工驻跸,得到孝庄文皇后的谕令后,立即回宫看视,数日后,孝诚仁皇后即"病痊"。康熙十三年五月初三日巳时,孝诚仁皇后又为圣祖生下第七子允礽,而自己却在申时崩逝于坤宁宫,结束了十年的宫廷生活。

原本,在孝诚仁皇后崩逝之后,总管内务府大臣们建议将她奉移至武英殿暂安,已经得到孝庄文皇后以及圣祖的同意。五月初四日,孝庄文皇后以及圣祖考虑到宫内不方便举行祭礼,于是下令工部在北海团城西侧划出一个空院,在这之前则将孝诚仁皇后暂时奉移至乾清宫。五月初五日,正式将孝诚仁皇后奉移至北海团城西侧的空院暂安。②同月二十七日,又奉移至巩华城暂安。圣祖在上谕中评价孝诚仁皇后道:"上事太皇太后皇太后克尽诚孝。佐朕内治,尤极敬勤。节俭居身,宽仁逮下。宫闱式化,淑德彰闻。"③可知孝诚仁皇后在宫廷生活中对上下诸人均能善待,而且性格勤俭,是一位称职的皇后。圣祖对她亦有相当的感情。根据相关学者统计,康熙十三年至十六年间,圣祖前往巩华城的次数达到八十次,④足见孝诚仁皇后在圣祖心中的地位。

---

① 中国科学院编:《明清史料》丁编第八本,下册,第237页。
② 《口奏绿头牌白本档案》,康熙十三年五月初四日条,中国第一历史档案馆编:《内务府奏销档(缩微胶卷)》。谨按,此空院即明代之玉熙宫,现在国家图书馆古籍馆位置。
③ 《圣祖仁皇帝实录》卷47,康熙十三年五月辛未条,《清实录》,第4册,第620页。
④ 杨珍:《康熙皇帝一家人》,第94—95页。

孝诚仁皇后崩逝之后，其所生的第七子允礽，以事实上嫡长子的身份，在康熙十四年被册立为皇太子，却最终被废位，成为康熙晚期储君之争的失败者。

【封谥释义】

孝诚仁皇后原本的谥号为"仁孝"，满文作"gusin hiyooŝungga"①，意为"仁德孝顺"。后来因其谥号与圣祖谥号重复，改谥为"诚"，满文作"unenggi"②，意为"真诚"。

二、孝昭仁皇后

【简介】

孝昭静淑明惠正和安裕端穆钦天顺圣仁皇后，镶黄旗满洲钮祜禄氏，果毅公、领侍卫内大臣遏必隆第二女。顺治十六年生。至迟在康熙十五年四月已经入宫，称为妃。康熙十六年八月二十二日，以大学士索额图为正使，大学士李霨为副使，册立为皇后。同年十二月病重。康熙十七年（1678年）二月二十六日巳时崩，年二十岁。奉移至武英殿暂安。同年三月二十五日，奉移至巩华城暂安。闰三月二十一日，谥曰孝昭皇后。四月，升祔奉先殿。康熙二十年三月初八日，奉安景陵。康熙六十一年十二月，恭上尊谥曰孝昭静淑明惠正和钦天顺圣皇后。雍正元年九月，系圣祖谥，升祔太庙。乾隆元年三月，加上安裕两字。嘉庆四年五月，加上端穆两字。

【家族背景】

孝昭仁皇后出身索和济巴颜系钮祜禄氏，是太宗元妃的亲侄女。其家世可以参考太宗元妃条。孝昭仁皇后之父遏必隆是弘毅公额亦都的幼子，在清初幼子继承的习惯下，成为弘毅公家族的大宗嫡流。在圣祖即位之前，遏必隆已经为一等公爵，任议政大臣、领侍卫内大臣，位极人臣，后来在康熙十二年病故。

根据《开国佐运功臣弘毅公家谱》记载，遏必隆先后有四位妻妾。第一位是太祖第十二子和硕英亲王阿济格的第一女郡主，这位郡主在天聪

---

① 满文本《八旗通志初集》卷147，噶布喇传，清刻本，中央民族大学藏，第15页b。
② 綦中明：《满语名号研究》，第72页。

九年正月嫁与遏必隆为妻,在崇德八年正月病故。第二位是和硕颖毅亲王萨哈璘之女,可能在康熙六年病故。第三位是正白旗满洲巴雅拉氏。第四位是舒舒觉罗氏,一般认为是侧室。这四位妻妾共为遏必隆生育七子五女。五位女儿里,大女儿嫁给巴林蒙古王扎什为福晋,第二女即孝昭仁皇后,第三女即温僖贵妃,第四女嫁给太宗之孙不入八分辅国公云升为继妻,第五女嫁给镶白旗蒙古一等子阿玉什为妻。孝昭仁皇后的兄弟也大多官居高位,如:三弟法喀娶孝诚仁皇后胞妹为继妻,承袭一等公爵位、世管佐领,仕至内大臣;四弟彦珠娶孝懿仁皇后胞妹为妻,承袭世管佐领,仕至头等侍卫;五弟富保娶第一位旗人状元总督麻勒吉之女为妻,承袭世管佐领,仕至三等侍卫;六弟音德娶总督董维国之女为妻,承袭一等公爵位、世管佐领,仕至领侍卫内大臣;七弟阿灵阿娶孝恭仁皇后胞妹为妻,承袭一等公爵位、世管佐领,仕至领侍卫内大臣、理藩院尚书。由此可见,其家族之门第以及与皇室错综复杂的血缘关系。

根据谱牒记载,孝昭仁皇后和温僖贵妃均为舒舒觉罗氏所出,所同母姊妹。众兄弟内,法喀、彦珠、富保、音德均与她们同母,幼子阿灵阿和四妹则为巴雅拉氏所出。而通过其他史料,发现《开国佐运功臣弘毅公家谱》对于遏必隆之女可能有阙载的现象;如根据《玉牒》,太祖高皇帝第一子广略贝勒褚英之玄孙奉恩辅国公普昌的嫡夫人也是遏必隆之女;又根据内务府《奏销档》,遏必隆还有一女曾经被送入宫中,这些均有待今后对遏必隆家族谱系资料做进一步的研究。①

【宫廷生活】

康熙初年处理鳌拜逆案的相关档案中,曾经提及在圣祖初定册立孝诚仁皇后时,辅政大臣之间有"我们朋友之女,恨不能封为皇后"之语。杨珍认为,此处"我们朋友之女"即指遏必隆之女孝昭仁皇后,进而认为孝昭仁皇后是在与孝诚仁皇后竞争皇后尊位失败之后,作为妃的身份与孝诚仁皇后一同入宫。② 而实际上并非如此。

第一,鳌拜逆案的档案原文为:"据遏必隆供:'奉有太皇太后之旨,谕苏

---

① 此段钮祜禄氏谱系,整理自《八旗满洲氏族通谱》《开国佐运功臣弘毅公家谱》《清代谱牒档案(缩微胶卷)》《八旗通志初集》《钦定八旗通志》《爱新觉罗宗谱》。
② 杨珍:《康熙皇帝一家人》,第95—97页。

克萨哈、遏必隆、鳌拜等：'将噶布喇之女已封皇后。'苏克萨哈、鳌拜说：'噶布喇之女既封皇后，必动干戈。属下满洲人之女，岂可封为皇后。'我说：'封为皇后系太皇太后所定之事，我等何以管得。我们朋友之女，恨不能封为皇后。'苏克萨哈、鳌拜二人不允，即行商量启奏太皇太后。'"①由此可知，"我们朋友之女"其实是由遏必隆讲出，并非专指其女。

第二，根据康熙朝内务府《奏销档》记载，孝昭仁皇后薨逝后，钦天监以其生年等信息测算祭祀时日、安葬方位时称："皇后（生于）己亥年，二月二十六日丁卯日巳时崩。"②己亥年即顺治十六年，可知孝昭仁皇后比孝诚仁皇后小六岁，则圣祖册立孝诚仁皇后时孝昭仁皇后只有七岁而已，不可能被立为皇后。

不过，对于孝昭仁皇后是在何年、以何身份进入后宫，目前尚不明确。从康熙朝内务府《奏销档》的记载来看，康熙八年二位蒙古格格入宫以及康熙十年六位八旗格格入宫时，均没有孝昭仁皇后已在宫中的迹象。康熙十三年孝诚仁皇后崩逝之后，档案记载后宫主位去祭祀孝诚仁皇后时，提及后宫主位为"乾清宫之众福晋、众格格"③。在当时的宫廷档案中，"众福晋"一词可以作为福晋级庶妃和小福晋级庶妃的统称，因此也无法确定孝昭仁皇后是否已经入宫。直到康熙十五年四月，内务府将仓库中所存的一些钗子呈给孝庄文皇后进行分配。孝庄文皇后下达懿旨，将八个钗子给即将入宫的"佟舅舅之女格格"，再将八个钗子给"乾清宫之妃"④，此处的"妃"为单数，指的即是孝昭仁皇后，这是已知档案中第一次出现可以确定为孝昭仁皇后之记载。

在此背景之下，目前对孝昭仁皇后的入宫情况有两种推测。

第一种，在康熙十年入宫的六位八旗格格中，有一位是遏必隆之女钮祜禄氏，即孝昭仁皇后。

---

① 中国科学院编：《明清史料》丁编，下册，第8本，第617页。
② 《口奏绿头牌及红白本档案》，康熙十七年二月二十六日条，中国第一历史档案馆编：《内务府奏销档（缩微胶卷）》。
③ 《口奏绿头牌白本档案》，康熙十三年五月十九日条，中国第一历史档案馆编：《内务府奏销档（缩微胶卷）》。
④ 《口奏绿头牌白头本档案》，康熙十五年四月十四日条，中国第一历史档案馆编：《内务府奏销档（缩微胶卷）》。

第二种,在康熙十五年时,孝昭仁皇后作为既定的继皇后,以妃之名号直接进入宫廷。

以目前已知的史料来看,第二种推测或许更接近事实。一方面,根据档案记载,康熙十年入宫的遏必隆之女在当时非常年幼,需要乳母照顾,而孝昭仁皇后当时已经十三岁,不属于年幼范畴。另一方面,孝昭仁皇后虽然在宫中被称为"妃",但当时圣祖的后宫主位均无妃嫔等位号,亦未举行过相关的册封典礼。孝昭仁皇后被称为"妃",与其与后来的妃位进行对比,不如视为继立为皇后之前的一种短期尊称更为合适。特别是后来册立孝昭仁皇后时,朝廷还为其"补行纳采礼、大徵礼"①,可能即是因为孝昭仁皇后是在孝诚仁皇后丧期之内入宫。

无论孝昭仁皇后是在何时、以何身份入宫,康熙十六年八月二十二日,孝昭仁皇后被正式册立为皇后,成为圣祖的第二位皇后。但是,康熙十七年二月二十六日巳时,孝昭仁皇后崩逝于坤宁宫,只在皇后尊位上半年左右。

对于孝昭仁皇后崩逝的情况,其后入京的传教士张诚在其日记中提到:"(皇上)前两位皇后都在受封后相继难产崩逝。"②而根据档案记载,在康熙十六年十二月时,孝昭仁皇后的身体就已经出现问题。十二月二十五日,内务府档案内提及:"御前三等侍卫萨勒奉旨降谕总管内务府大臣噶鲁、海拉苏曰:'传知总管内务府大臣等,为皇后念经。'"③至康熙十七年正月,除让喇嘛们念经之外,圣祖还让道士们在大光明殿祭星,④大臣们也纷纷上折请求为皇后祈祷。⑤ 以上迹象均与难产不符。⑥

孝昭仁皇后崩逝之后,内务府原拟按照孝诚仁皇后的先例,将孝昭仁皇后奉移至北海团城西侧的空院暂安,但是圣祖认为其地不好,"殿与门皆无,

---

① 《大清会典(康熙朝)》卷43,清刻本,中国第一历史档案馆藏,第10页a。
② [法]张诚:《张诚日记》,陈霞飞译,陈泽宪校,北京:商务印书馆,1973年,第52页。
③ 《口奏绿头牌白本档案》,康熙十六年十二月二十五日条,中国第一历史档案馆编:《内务府奏销档(缩微胶卷)》。
④ 《口奏绿头牌及红白本档案》,康熙十七年正月初七条,中国第一历史档案馆编:《内务府奏销档(缩微胶卷)》。
⑤ 《口奏绿头牌及红白本档案》,康熙十七年正月二十七日条,中国第一历史档案馆编:《内务府奏销档(缩微胶卷)》。
⑥ 谨按,清宫本身有为皇后、太后诵经祈福的习惯,但是孝昭仁皇后属于临时特命念经,且从第二年正月的迹象来看,当时病情已经相当严重。对于孝昭仁皇后崩逝的情况,张诚也是从他人处听来。或许孝昭仁皇后是因流产或其他产后疾病崩逝,而被讹传为难产。

看守之众亦甚苦",于是下令将孝昭仁皇后由宫中正殿奉移至武英殿暂安。① 同年三月二十五日,奉移至巩华城暂安。圣祖在上谕中评价孝昭仁皇后道:"奉事太皇太后、皇太后恪恭婉顺,殚竭孝忱,正位宫闱,节俭宽仁,克襄内治。"②亦是一位称职的皇后。孝昭仁皇后被册立为皇后之后,圣祖为孝昭仁皇后之父遏必隆立庙祭祀。这座庙在康熙十七年十二月建成,圣祖御制碑文内称:"孝昭仁皇后仁孝性成,温恭德著,久存屺岵之思,每深霜露之感……落成之日,用锡丰碑,昭国家不忘故旧之恩,示皇后永怀顾复之念。"③体现出孝昭仁皇后作为八旗勋旧世家之女所产生的特殊影响。

【封谥释义】

孝昭仁皇后崩逝之后,内阁为其拟谥时,"大学士等议奏:按谥法,慈惠爱亲曰孝,圣闻昭达曰昭。皇后天性纯孝,睿德懋昭,允足垂范万世。臣等博询群议,载考彝章,谨拟尊谥曰孝昭皇后"。④ 得到圣祖的认可。其谥号为"昭"⑤,满文作"genggiyen"⑥,意为"明澈、英明"。

三、孝懿仁皇后

【简介】

孝懿温诚端仁宪穆和恪慈惠奉天佐圣仁皇后,原正蓝旗汉军后抬镶黄旗汉军档记满洲佟佳氏,承恩公、领侍卫内大臣佟国维之女。康熙十五年七月初四日入宫,称格格,属妃级。康熙十六年五月二十四日,诏封为贵妃。同年八月二十二日,以大学士觉罗勒德洪为使,册封为贵妃。康熙二十年十月二十五日,诏晋为皇贵妃。同年十二月二十日,以大学士觉罗勒德洪为使,册封为皇贵妃。康熙二十二年(1683年)六月十九日,生第八女。康熙二十八年七月病重。初八日,诏立为皇后;初九日,册立为皇后。康熙二十八年七月初十日申时崩。暂安于承乾宫。同年七月十三日,奉移至朝阳门

---

① 《口奏绿头牌及红白本档案》,康熙十七年二月二十六日条,中国第一历史档案馆编:《内务府奏销档(缩微胶卷)》。
② 《圣祖仁皇帝实录》卷72,康熙十七年三月癸酉条,《清实录》,第4册,第919页。
③ 《镶黄旗钮祜禄氏弘毅公家谱》,清康熙写本,国家图书馆藏。
④ 《圣祖仁皇帝实录》卷72,康熙十七年三月癸酉条,《清实录》,第4册,第919页。
⑤ 谨按,在雍正朝之后,"孝"字为皇后谥号所必有,故而此处只分析"昭"字。
⑥ 萦中明:《满语名号研究》,第73页。

外享殿暂安。九月二十二日,谥曰孝懿皇后。十月二十日,奉安景陵。十一月,升祔奉先殿。康熙六十一年十二月,恭上尊谥曰孝懿温诚端仁宪穆奉天佐圣皇后。雍正元年九月,系圣祖谥,升祔太庙。乾隆元年三月,加上和恪两字。嘉庆四年五月,加上慈惠两字。

【家族背景】

孝懿仁皇后出身巴虎特克慎系佟佳氏,是孝康章皇后的亲侄女,即圣祖亲舅之女,圣祖之舅表妹。其家世可以参考孝康章皇后条。孝懿仁皇后之父佟国维是佟图赖第三子,其长兄佟国纪早亡,次兄佟国纲原承袭一等公爵位,仕至镶黄旗汉军都统,在康熙二十九年(1690年)阵亡。佟国维在康熙初年任内大臣,后来升任领侍卫内大臣、议政大臣,并作为孝懿仁皇后之父得封一等公爵位,之后因支持皇子允禩而被圣祖疏远,最终在康熙五十八年(1719年)病故。佟国维的嫡妻是赫舍里氏,即孝懿仁皇后之生母。对于这位赫舍里氏的出身目前尚不清楚,不排除为孝诚仁皇后本家之可能。根据《皇清通志纲要》记载:"(康熙)五十九年六月初六日,孝懿皇后母,国舅佟国维妻卒。"①可知孝懿仁皇后之母赫舍里氏在康熙五十九年(1720年)去世。佟国维生有八个儿子和至少四个女儿。第一子名为叶克舒,仕至銮仪使;第二子名为特克新,仕至二等侍卫;第三子名为隆科多,承袭一等公爵位,仕至吏部尚书;第四子名为洪善,是康熙三十五年(1696年)举人;第五子名为庆元,承袭世管佐领,仕至光禄寺少卿;第六子名为庆恒,仕至三等侍卫;第七子名为庆复,承袭一等公爵位,仕至大学士、两江总督;第八子名为庆泰,承袭世管佐领,仕至护军统领。已知的四位女儿里,除一位即孝懿仁皇后,一位即圣祖悫惠皇贵妃之外,一位嫁给镶黄旗满洲钮祜禄氏头等侍卫彦珠为妻,即孝昭仁皇后之胞弟;一位嫁给护军参领宽保为妻,宽保是彦珠之堂侄。②

【宫廷生活】

根据康熙朝内务府《奏销档》记载,康熙十五年四月十三日,"首领太监刘忠、赵寿宝奉太皇太后旨意降谕总管内务府大臣噶鲁、图巴曰:'小舅舅佟

---

① 弘旺:《皇清通志纲要》卷5,清钞本,国家图书馆藏,第71页b。
② 此段佟佳氏谱系,整理自《八旗满洲氏族通谱》《清代谱牒档案(缩微胶卷)》《满族佟氏史略》《八旗通志初集》《钦定八旗通志》《爱新觉罗宗谱》。

国维之女著于七月进乾清宫。'"。① 孝懿仁皇后可能即在此日被选入宫。之后,经过钦天监的测算,决定让孝懿仁皇后在七月初四日丑时上轿入宫。同时,内务府还询问孝懿仁皇后入宫之后的待遇和居所,旨意表示:"令其居景仁宫,一切依照宫内之妃例配给。"②此处所谓"宫内之妃",即当时称为"乾清宫之妃"的孝昭仁皇后。由此可知,虽然孝懿仁皇后在入宫时的称呼只是"格格",③但是其实际待遇已经达到妃之等级。康熙十六年,圣祖册立孝昭仁皇后的同时,册封孝懿仁皇后为贵妃,还册封七位嫔位,形成康熙朝最早一批有号的后宫主位。入宫仅有一年的孝懿仁皇后得以位列七嫔之上,亦可见她在宫廷中的地位。

孝懿仁皇后被封为贵妃的数月后,孝昭仁皇后崩逝,孝懿仁皇后遂成为当时位分最高的后宫主位,有"主妇"之地位。这种地位随着她在康熙二十年被晋封为皇贵妃而得到进一步确立,一直到康熙二十八年病重,在"势在濒危"④的情况下急忙正位中宫,被册立为皇后,并在册立为后的第二日崩逝。

对于孝懿仁皇后崩逝以及立后的情况,传教士张诚在其日记中记载道:"皇后在流产中崩逝。""这位娘娘原系国舅胞兄之女,皇上的亲表妹,颇为皇上所宠爱。她崩逝以前不久晋位皇后,尽管在此之前已经享到这一尊号所有的一切尊荣,在三位皇后中也是第一个。据有些人传说,皇上原不打算立她为皇后,虽然皇上的祖母在世时曾经多次敦促他这样办,即使在今年前不久天旱的时候,北京最高中枢还奏请为她晋加皇后尊号。皇上认为皇后的尊号会使受封人折寿,因为前两位皇后都在受封后相继难产崩逝。"⑤"有人说这是因为迷信,怕皇后的尊号折受封人的寿命,前此已有两位因此死掉。另一些人则设想这样是故意压抑她,因为皇帝知道她的性格有些傲慢。"⑥以上说法虽然均为张诚由别处听来,亦多少能够反映当时的一些情况。孝

---

① 《口奏绿头牌白头本档案》,康熙十五年四月十三日条,中国第一历史档案馆编:《内务府奏销档(缩微胶卷)》。
② 《口奏绿头牌白头本档案》,康熙十五年六月二十三日条,中国第一历史档案馆编:《内务府奏销档(缩微胶卷)》。
③ 《口奏绿头牌及白头本档案》,康熙十五年七月初五日条,中国第一历史档案馆编:《内务府奏销档(缩微胶卷)》。
④ 《圣祖仁皇帝实录》卷141,康熙二十八年七月壬寅条,《清实录》,第5册,第551页。
⑤ [法]张诚,陈霞飞译,陈泽宪校:《张诚日记》,第52页。
⑥ [法]张诚,陈霞飞译,陈泽宪校:《张诚日记》,第58页。

懿仁皇后事实上掌管后宫近十二年,却在邻近崩逝之际才得以正位,有学者亦认可张诚之说法,认为是因圣祖参考孝诚仁皇后、孝昭仁皇后之例,认为自己命中克妻,故而刻意不立皇后,以求长久之意。①

孝懿仁皇后崩逝之后,暂安在承乾宫。同年七月十三日,奉移至朝阳门外享殿暂安。她曾经在康熙二十二年六月为圣祖生下第八女,但是不久即夭折。之后,孝懿仁皇后虽然未能继续生育,却以后宫首领的身份"鞠育众子",其中亦包括后来的世宗雍正帝。在世宗即位之后,给予孝懿仁皇后的尊谥册文中提及:"抚冲龄而顾复,备蒙鞠育之仁。溯十载之劬劳,莫报生成之德。"②可见一斑。圣祖在上谕中评价孝懿仁皇后道:"侍奉皇太后克尽孝诚,抚育诸子悉均慈爱,提躬敬慎,御下宽仁,式备仪型,宫闱胥化。"③亦是一位称职的皇后。

【封谥释义】

孝懿仁皇后的谥号为"懿",满文作"fujurungga"④,意为"端庄、文雅"。

四、孝恭仁皇后

【简介】

孝恭仁皇后孝恭宣惠温肃定裕慈纯钦穆赞天承圣仁皇后,原正黄旗包衣后抬正黄旗满洲乌雅氏,承恩公、护军参领威武之女,名玛琭⑤。顺治十七年三月十九日生。康熙十四年十二月初六日,参加挑选内务府秀女被选中,于同年十二月十三日入宫。康熙十七年十月三十日,生第十一子胤禛,即世宗宪皇帝。其间位分等级不明,康熙十八年(1679年)已封为贵格格(贵人)。同年五月十七日,晋封为嫔级;十月十三日,册封为德嫔。康熙十九年二月初五日,生第十四子允祯。康熙二十年十月二十五日,诏晋为德妃。同年十二月二十日,以侍郎额星格为使,册封为德妃。康熙二十一年六月初一日,生第七女。康熙二十二年九月二十二日,生第九女温宪固伦公主。康熙二十五年(1686年)闰四月二十四日,生第十二女。康熙二十七年

---

① 杨珍:《康熙皇帝一家人》,第105—106页。
② 《世宗宪皇帝实录》卷11,雍正元年九月庚辰条,《清实录》,第7册,第199—200页。
③ 《圣祖仁皇帝实录》卷141,康熙二十八年七月己酉条,《清实录》,第5册,第552—553页。
④ 萦中明:《满语名号研究》,第74页。
⑤ 谨按,玛琭,满文写为"malu",意为"酒瓶""大瓶子"。

正月初九日,生第二十三子多罗恂勤郡王允祎。康熙六十一年十一月,圣祖崩逝,世宗即位,尊为皇太后。同年十二月初四日,诏上徽号曰仁寿皇太后,未及封。雍正元年五月二十三日丑时崩,年六十四岁。由永和宫奉移至宁寿宫暂安。同年五月二十六日,奉移至景山寿皇殿暂安。八月,恭上尊谥曰孝恭宣惠温肃定裕赞天承圣仁皇后。九月初一日,奉安景陵,升祔太庙、奉先殿。乾隆元年三月,加上慈纯两字。嘉庆四年五月,加上钦穆两字。

【家族背景】

孝恭仁皇后出身巴拜系乌雅氏,此系的祖先名为巴拜,世居哈达地方①。巴拜生有三子,第一子名为托和托齐,第二子名为屯布禄,第三子名为巴尔布达,他们都有后裔流传下来,形成庞大的后裔群体,是清代乌雅氏一姓之中最庞大也是最著名的一系。在巴拜曾孙辈一代,各支纷纷归入八旗,孝恭仁皇后之曾祖父额伯根便在其中,他是巴拜之曾孙,托和托齐之子图囊阿之第二子。

关于额伯根家族入旗之后的职官以及所在旗分的情况,清代官书如《钦定八旗通志》《八旗满洲氏族通谱》等书大多因循世宗的描述,称:"仁寿皇太后(孝恭仁皇后)曾祖额布根(额伯根)者,本朝旧族,创业名家。太祖高皇帝时,抚育禁庭,视同子侄。一等阿思哈尼哈番兼佐领额参,乃仁寿皇太后之祖父也。历事三朝,军功懋著。"②这其实是对门第的夸大。乌雅氏在清代满洲姓氏中既不属于巨姓,也并非传统的国主、部长等领主阶层。额伯根入旗之后,其子名为额森,其名亦作"额参",初任膳房总领③,后升至内大臣,曾经因军功获封世职。对于此世职,《八旗通志初集》里说是"牛录章京世职",即骑都尉。《八旗满洲氏族通谱》里说是"男爵加一骑都尉"。《八旗通志初集》又引世宗上谕说是"一等阿思哈尼哈番",即一等男。《乌雅氏族谱》则说是"授世管佐领……一子世袭云骑尉"④。但是,在两版《八旗通志》内,

---

① 谨按,《八旗通志初集》称世居叶赫地方。这种不同官书中所记载世居地的差异在满洲姓氏中并不罕见。
② 《八旗通志(初集)》卷151,第3831页。
③ 谨按,膳房总领,满文作"buda i da",即《八旗通志(初集)》里说的"布达衣大"。乾隆之后改称为"尚膳正"。
④ 谨按,《乌雅氏族谱》可能是混淆了"牛录章京"的意义。"牛录章京"既有"佐领"之意,也有"骑都尉"之意。

均查询不到关于额森爵位或世管佐领的传承记录。《八旗满洲氏族通谱》对此的解释是额森后来"缘事削职"。至于孝恭仁皇后之父名为威武,曾任护军参领,是八旗内的中级官员。

由于膳房总领一职以及额森之子岳色所任司胙官一职均为典型的内务府系统职官,基本均由内务府旗人出任,所以学者多有怀疑孝恭仁皇后家族原为内务府包衣旗籍。① 在雍正朝后,孝恭仁皇后的家族旗籍在正黄旗满洲第三参领第十四佐领,远支同族则在正黄旗满洲第三参领第十五佐领。其第十四佐领明确指出:"系康熙六十一年十一月十九日,奉旨将镶蓝旗包衣佐领内太后之亲族及阿萨纳佐领内太后之亲族合编一佐领。"②雍正元年孝恭仁皇后之胞兄弟白启在奏本中说:"蒙皇太后之福,皇上之鸿恩,我族俱准入旗。其中六品官一人,七品官一人,蒙古护军校七人,佐领、二等侍卫颜德及原在正黄旗包衣佐领时之笔帖式三人皆为承恩之人。伏乞皇上给予何差效力,等因。于正月初三日具奏。"③明确提出新组建的第十四佐领来自阿萨纳佐领、正黄旗包衣佐领以及镶蓝旗包衣佐领。而孝恭仁皇后同族所在的正黄旗满洲第三参领第十五佐领原本是否在此旗内,亦值得怀疑。此佐领在《钦定八旗通志》内记为"国初编立",却只记有八任管理员④,十分不协调。加之,白启奏折内提及有"二等侍卫颜德","颜德"在《钦定八旗通志》内作"燕德",是第三参领第十五佐领的第四任管理员。如果第三参领第十五佐领原本即在正黄旗满洲旗分之内,似乎不应称为"承恩之人"。

目前,通过对康熙朝内务府《奏销档》进行整理,已经发现孝恭仁皇后参加挑选内务府秀女的档案。在档案中,孝恭仁皇后被记为"多弼佐领三等侍卫威武推荐之女玛琭"。⑤ 所谓"多弼佐领",即正黄旗包衣第三参领第二满洲佐领,由此可知孝恭仁皇后家族原本的确属于包衣旗籍,是正黄旗包衣佐

---

① 谨按,清代护军参领一职,有外八旗护军参领,也有包衣护军参领。根据《奏销档》记载,孝恭仁皇后之父威武所出任的即是包衣护军参领。
② 《钦定八旗通志》卷4,长春:吉林文史出版社,2002年点校本,第1册,第72—73页。
③ 中国第一历史档案馆编:《雍正朝满文朱批奏折全译》,上册,第20页。
④ 谨按,《钦定八旗通志》修撰于嘉庆元年,在当时,国初编立的佐领一般均有十余任甚至二十余任管理员。
⑤ 《奏销档案》,康熙十四年十二月初六日条,中国第一历史档案馆编:《内务府奏销档(缩微胶卷)》。

领下人①。后来，康熙三十年时，孝恭仁皇后的堂伯叔多弼以左副都御使的身份升任总管内务府大臣，萨穆哈一支可能即在此时抬出正黄旗包衣籍，改隶正黄旗满洲，形成第十五佐领，而额伯根一支仍在正黄旗包衣。至康熙末期或世宗初即位之时，孝恭仁皇后所出的十四阿哥允禵分府，正黄旗包衣旗籍的孝恭仁皇后族人全部或仅有一部分被允禵携带到其所封入的镶蓝旗，隶属镶蓝旗包衣旗籍，②即是白启在奏折内提到的"镶蓝旗包衣内太后之亲族"。而世宗在批复奏折时提到："奉旨：该人等俱问大将军王，区别优劣，缮写绿头牌，与人一并引见具奏。"③此处之"大将军王"即是允禵，亦说明这部分镶蓝旗包衣是允禵属下。世宗即位之后，将孝恭仁皇后家族抬旗，除原属正黄旗包衣、镶蓝旗包衣旗籍者外，还加入了正黄旗第三参领第十二佐领④内的一部分孝恭仁皇后的远亲，形成第十四佐领。

虽然目前已经确知孝恭仁皇后家族原本属于正黄旗包衣旗籍，但是这却并不代表着世宗称其家族"本朝旧族，创业名家"就完全没有依据。孝恭仁皇后的堂伯叔多弼仕至副都御史、总管内务府大臣；远族堂伯叔祖萨马哈是顺治十二年进士，仕至工部尚书；远族堂伯叔达里瑚仕至内阁学士兼礼部侍郎衔；远族堂伯叔新保仕至刑部侍郎。至于孝恭仁皇后之祖父额森仕至内大臣，父亲威武仕至护军参领，亦拥有中高级官员之门第。

根据乌雅氏谱牒记载，额森娶妻瓜尔佳氏，生有两子。第一子名为威武，仕至护军参领，在康熙二十四年（1685年）十二月十二日去世。⑤ 第二子名为岳色，曾任司胙官，他在雍正初年还在世，作为世宗的外叔祖被恩封骑都尉爵位。威武娶妻塞和里氏，生有一个儿子和至少三个女儿。独子名为白启，在雍正朝承袭一等公爵位和世管佐领，仕至散秩大臣。三位女儿中，

---

① 谨按，其实世宗雍正帝也隐约提到了孝恭仁皇后家族包衣旗籍的问题，即敕文里的"太祖高皇帝时，抚育禁庭，视同子侄"一句，实际上即是对包衣旗籍的一种隐晦阐述。又及，这种以特殊原因将外八旗之人养于包衣旗籍的情况，在清初其实并不罕见。
② 谨按，清代分封皇子时，不仅要获封旗内的旗分佐领，还要获封包衣佐领、管领。皇子的包衣佐领、管领一般多数由上三旗包衣内带出，如果皇子生母为包衣旗籍，经常会选择带出生母的亲族成为自己府邸之包衣。
③ 中国第一历史档案馆编：《雍正朝满文朱批奏折全译》，上册，第20页。
④ 谨按，正黄旗第三参领第十二佐领，即所谓"阿萨纳佐领"。
⑤ 《奏销档》，康熙二十四年十二月十二日条，中国第一历史档案馆编：《内务府奏销档（缩微胶卷）》。

除孝恭仁皇后之外,有一女名为玛颜珠,比孝恭仁皇后小四岁,曾在康熙十五年参加挑选内务府秀女;①还有一女名讳不详,比孝恭仁皇后小十岁,嫁给镶黄旗满洲钮祜禄氏一等公遏必隆之子阿灵阿,即孝昭仁皇后之胞弟。②

【宫廷生活】

根据康熙朝《奏销档》记载,康熙十四年十二月,圣祖挑选了一批内务府秀女。十二月初五日选中四位秀女,初六日亦选中四位秀女,圣祖命她们八位在同月十三日入宫。这八位内务府秀女之中,即有孝恭仁皇后以及后来的定妃万琉哈氏和良妃觉禅氏。其中,定妃与良妃是在十二月初五日被选中,孝恭仁皇后则是在十二月初六日被选中。孝恭仁皇后的秀女档案为:"多弼佐领三等侍卫威武推荐之女玛琭。子年。十六岁。大者已熟,小者未熟,无疮、气味。满洲。"③

孝恭仁皇后入宫之后,是否充任过官女子,是在何时、以何情况被圣祖收为后宫主位,目前尚不清楚。康熙十七年十月,她生下圣祖第十一子胤禛,即后来的世宗宪皇帝。康熙十八年五月十七日,圣祖下达旨意称:"贵格格一位,著将其吃喝用度各项,按照嫔之等级配给。"④此处之"贵格格"即孝恭仁皇后,由此可知她之前的位分等级为"贵格格",即后来的"贵人"。同年十月十三日,她被册封为德嫔⑤,与康熙十六年册封的七嫔同列。之后,在康熙二十年晋封为妃位,居住在永和宫。在此前后,她一共为圣祖生育三子

---

① 《口奏绿头牌及白头本档案》,康熙十五年十二月二十日条,中国第一历史档案馆编:《内务府奏销档(缩微胶卷)》。
② 此段乌雅氏谱系,整理自《八旗满洲氏族通谱》《清代谱牒档案(缩微胶卷)》《乌雅氏族谱》《八旗通志初集》《钦定八旗通志》《爱新觉罗宗谱》。
③ 《奏销档案》,康熙十四年十二月初六日条,中国第一历史档案馆编:《内务府奏销档(缩微胶卷)》。谨按,档案中"推荐"一词满文或作"anaha",或作"nakaha"(此两词在手写体中较难甄别),前者意为"推脱""退让",后者意为"停止""禁止"。此词在康熙朝档案中常用于形容挑选秀女后对落选秀女的处理,目前仍未确定其含义。一种解释认为,此词应为"nakaha",表示曾被禁婚待选之意。另一种解释认为,此词应为"anaha",即相当于后来之"撂牌子"。关于此词之解释,尚有待今后进一步研究。另外,关于"已熟""未熟",可参见本书上部"清代后宫主位的来源"一章内之讨论。
④ 《口奏绿头牌及红白本档案》,康熙十八年五月十七日条,中国第一历史档案馆编:《内务府奏销档(缩微胶卷)》。
⑤ 谨按,孝恭仁皇后被册封为德嫔一事,虽然见于《圣祖仁皇帝实录》,但是《实录》中对此事的记载十分模糊,既没有记载册文,也没有记载执行册封之官员。从当时的《奏销档》等档案来看,并无为册封进行相关准备的迹象,所以孝恭仁皇后是否真的得到过嫔位册封,目前并不确定。当然,无论孝恭仁皇后是否得到过嫔位册封,她早在当年五月即已得到嫔级待遇这一点并无疑问。

三女,其中:第二子允祚、第一女均夭折,第一子胤禛序齿为四阿哥,第三子允禵序齿为十四阿哥,第二女序齿为五公主,第三女序齿为七公主。孝恭仁皇后是康熙前期比较受宠于圣祖的后宫主位之一,亦与荣妃并列为生育子女最多的康熙朝后宫主位。

康熙六十一年十一月圣祖崩逝之后,作为新君世宗的生母,德妃被尊为皇太后,获得"仁寿"徽号。当时孝恭仁皇后已经六十三岁,"自圣祖仁皇帝升遐以来,皇太后哀痛深切,每致撤膳……皇太后积哀日久,疾遂大渐"。① 雍正元年五月底,孝恭仁皇后发病,世宗雍正帝"诣永和宫亲视汤药"②,第二天丑时,孝恭仁皇后崩逝于永和宫。世宗"擗踊号恸,抢地呼天。哭无停声,水浆不御"。③

孝恭仁皇后崩逝之后,奉移至宁寿宫暂安。同年五月二十六日,奉移至景山寿皇殿暂安。世宗在上谕中说:"我皇妣大行皇太后。端庄恭肃,慈惠安和。奉侍先皇,壸仪茂著。诞育冲藐,母道备隆。顾复恩周,命提义尽。宽仁逮下,泽洽宫庭。谦俭持躬,化流禁掖。"④由此可知,孝恭仁皇后的性格比较温婉。

【封谥释义】

孝恭仁皇后的封号为"德"。因为当时制度尚未健全,所以此封号是取自汉文喻意,满文方面未作意译,仅音译作"de"⑤。孝恭仁皇后的谥号为"恭",满文作"gungnecuke"⑥,意为"恭敬"。

第二节　清圣祖康熙帝后宫中三位丹阐出身的主位

一、平妃

【简介】

圣祖平妃,正黄旗满洲赫舍里氏,承恩公、领侍卫内大臣噶布喇之女。

---

① 《世宗宪皇帝实录》卷7,雍正元年五月辛丑条,《清实录》,第7册,第149页。
② 《世宗宪皇帝实录》卷7,雍正元年五月庚子条,《清实录》,第7册,第149页。
③ 《世宗宪皇帝实录》卷7,雍正元年五月辛丑条,《清实录》,第7册,第149页。
④ 《世宗宪皇帝实录》卷7,雍正元年五月甲辰条,《清实录》,第7册,第152页。
⑤ 《口奏绿头牌白本档案》,康熙四十三年四月二十一日条,中国第一历史档案馆编:《内务府奏销档(缩微胶卷)》。
⑥ 綦中明:《满语名号研究》,第74页。

康熙十九年十月入宫,称格格,属贵格格(贵人)级。康熙二十三年(1684年)正月,晋封为妃级。康熙三十年正月二十六日,生第二十四子允禨。康熙三十五年六月二十日薨,追封为平妃。同年,奉安景陵妃园寝。

【家族背景】

圣祖平妃出身穆瑚禄都督系赫舍里氏,是孝诚仁皇后之胞妹。其家世可以参考孝诚仁皇后条。

【宫廷生活】

根据康熙朝内务府《奏销档》记载,康熙十九年十月内,有两位格格嫁入宫中。十月十五日,内务府上奏,询问这两位格格入宫后的待遇等级,圣祖下达旨意称:"一位格格给妃之等级,一位格格给贵格格之等级。"[①]并且让两位格格从南大门,经隆宗门、内右门入宫。[②] 同月十九日,两位格格已经入宫,妃级之格格居住在永寿宫,即温僖贵妃;贵格格级之格格居住在储秀宫,即平妃。康熙十九年入宫的这两位格格,温僖贵妃是孝昭仁皇后之胞妹,平妃则是孝诚仁皇后之胞妹。圣祖将她们娶入宫中,既有维持八旗勋旧世家与宫廷婚姻关系之意义,亦可能是两位早逝皇后的一种余泽。

平妃入宫之初,获得贵格格(贵人)的位分等级。康熙二十三年正月二十九日,内务府档案内称:"储秀宫格格之饮食各项、年用缎匹等,均照妃例配给,故为其分派内管领。……旨意:将内管领拖尔弼分派与储秀宫格格。"[③]在当时的后宫制度中,每一位妃位分有一位内管领,每两位嫔位共同分有一位内管领,嫔位以下之后宫主位则不分有内管领。平妃原属贵格格(贵人)级,位下并无内管领,而在康熙二十三年正月二十九日旨意下达之后,则直接获得一个内管领。由此可知,平妃是从贵格格(贵人)级直接升至妃级。

康熙三十年正月,平妃为圣祖生下第二十四子允禨,但是在同年三月夭折。康熙三十五年六月二十日,平妃薨逝,因其未能等到册封后宫主位的批

---

① 《口奏绿头牌红白本档案》,康熙十九年十月十五日条,中国第一历史档案馆编:《内务府奏销档(缩微胶卷)》。
② 《口奏绿头牌红白本档案》,康熙十九年十月十五日条(另一条),中国第一历史档案馆编:《内务府奏销档(缩微胶卷)》。
③ 《奏销档》,康熙二十三年正月二十九日条,中国第一历史档案馆编:《内务府奏销档(缩微胶卷)》。

次,故而在生前未能正式册封为妃位。圣祖在上谕中称其"选入宫中,未经册封,倏以疾逝,良用轸恻"。① 亦是侧面之证明。

【封谥释义】

平妃的封谥②为"平",满文作"necin"③,意为"平和"。

二、温僖贵妃

【简介】

圣祖温僖贵妃,镶黄旗满洲钮祜禄氏,果毅公、领侍卫内大臣遏必隆第三女。康熙十九年十月入宫,称格格,属妃级。康熙二十年十月二十五日,诏封为贵妃。同年十二月二十日,以大学士明珠为使,册封为贵妃。康熙二十二年十月十一日,生第十八子固山贝子品级允祄。康熙二十四年九月二十七日,生第十一女。康熙三十三年十一月初三日辰时薨,谥曰温僖贵妃。康熙三十四年(1695年)九月初八日,奉安景陵妃园寝。

【家族背景】

圣祖温僖贵妃出身索和济巴颜系钮祜禄氏,是孝昭仁皇后之胞妹,其家世可以参考孝昭仁皇后条。根据《开国佐运功臣弘毅公家谱》记载,温僖贵妃是遏必隆的第三女,生母是遏必隆的侧室舒舒觉罗氏,故而温僖贵妃为孝昭仁皇后之同母胞妹。

目前未在档案中发现关于温僖贵妃生年之记载,仅知其于康熙十九年入宫。根据谱牒记载,舒舒觉罗氏共为遏必隆生下四子两女,其中:孝昭仁皇后生于顺治十六年,法喀生于康熙三年五月,颜珠生于康熙四年,富保生于康熙五年九月④,殷德生于康熙九年。考虑到国丧等情况影响,推算温僖贵妃应该生于富保与殷德之间,约在康熙七年左右。⑤

---

① 《圣祖仁皇帝实录》卷174,康熙三十五年六月辛亥条,《清实录》,第5册,第883页。
② 谨按,乾隆朝将后宫主位封谥制度定制之后,妃位之封号与谥号合一。而在康熙朝时期,后宫主位封谥制度尚不完善,故而妃位之封号与谥号仍有模糊之界限,故而此处称之为"封谥"。
③ 《为列祖列宗册封妃嫔字号事咨覆》,嘉庆六年正月,档案号:03-0197-3622-027,中国第一历史档案馆藏。
④ 谨按,《开国佐运功臣弘毅公家谱》中记载富保为"康熙丙申年"生,考丙申年为顺治十三年、康熙五十五年,不可能是富保之生年,应为"康熙丙午"即康熙五年之误。
⑤ 此段钮祜禄氏谱系,整理自《八旗满洲氏族通谱》《开国佐运功臣弘毅公家谱》《清代谱牒档案(缩微胶卷)》《八旗通志初集》《钦定八旗通志》《爱新觉罗宗谱》。

【宫廷生活】

根据康熙朝内务府《奏销档》记载,康熙十九年十月内,有两位格格嫁入宫中。十月十五日,内务府上奏,询问这两位格格入宫后的待遇等级,圣祖下达旨意称:"一位格格给妃之等级,一位格格给贵格格之等级。"①并且让两位格格从南大门,经隆宗门、内右门入宫。② 同月十九日,两位格格已经入宫,妃级之格格居住在永寿宫,即温僖贵妃;贵格格级之格格居住在储秀宫,即平妃。康熙十九年入宫的这两位格格,温僖贵妃是孝昭仁皇后之胞妹,平妃则是孝诚仁皇后之胞妹。圣祖将她们娶入宫中,既有维持八旗勋旧世家与宫廷婚姻关系之意义,亦可能是两位早逝皇后的一种余泽。

温僖贵妃入宫之初,获得妃级待遇,次年即晋封为贵妃。之后,她为圣祖生下第十八子允祄和第十一女,其中儿子允祄序齿为十阿哥,女儿则在两岁时夭折。康熙二十八年孝懿仁皇后崩逝之后,温僖贵妃以贵妃位分成为后宫实际之首领,直至康熙三十三年十一月薨逝,一共执掌后宫五年左右。

【封谥释义】

温僖贵妃的谥号为"温僖",满文作"nemgiyen ginggun"③,意为"温和恭敬"。

三、悫惠皇贵妃

【简介】

圣祖悫惠皇贵妃,原正蓝旗汉军后抬镶黄旗汉军档记满洲佟佳氏,承恩公、领侍卫内大臣佟国维之女。康熙七年七月十四日生。④ 康熙三十年十二月十一日入宫,称格格,属妃级。康熙三十九年九月二十八日,诏封为贵妃。同年十二月十七日,以大学士伊桑阿为使,册封为贵妃。康熙六十一年十一月,圣祖崩逝,世宗即位。同年十二月初六日,诏晋为皇贵妃。雍正二

---

① 《口奏绿头牌红白本档案》,康熙十九年十月十五日条,中国第一历史档案馆编:《内务府奏销档(缩微胶卷)》。
② 《口奏绿头牌红白本档案》,康熙十九年十月十五日条(另一条),中国第一历史档案馆编:《内务府奏销档(缩微胶卷)》。
③ 《为列祖列宗册封妃嫔字号事咨覆》,嘉庆六年正月,档案号:03-0197-3622-027,中国第一历史档案馆藏。
④ 《高宗纯皇帝实录》卷46,乾隆二年七月戊戌(十二日)条,"豫祝寿祺皇贵太妃七旬寿",同月七月庚子(十四日)条,"祝寿祺皇贵太妃寿",《清实录》,第9册,第800、803页。

年六月初十日,册封为皇贵妃。雍正十三年八月,世宗崩逝,高宗即位。同年九月十二日,诏晋徽号。乾隆元年十一月初三日,尊封为寿祺皇贵太妃。乾隆八年三月患病,高宗亲临视疾。乾隆八年四月初一日薨,年七十六岁。同年五月,谥曰愨惠皇贵妃。十二月十一日,奉安景陵皇贵妃园寝。

【家族背景】

圣祖愨惠皇贵妃出身巴虎特克慎系佟佳氏,是孝懿仁皇后之胞妹,世宗在上谕中亦曾提及,"贵妃系孝懿皇后亲妹"①。其家世可以参考孝懿仁皇后条。

【宫廷生活】

根据康熙朝内务府《奏销档》记载,康熙三十年十二月初六日,佟国维折奏内提及:"本月十一日格格入宫。"②同月十二月十一日,这位格格从东华门,经苍震门入宫,③即愨惠皇贵妃。入宫当年愨惠皇贵妃已经二十四岁,并不属于当时概念中的适婚年龄。但是,在她入宫之前,接连有孝庄文皇后与孝懿仁皇后的丧期,这可能是她出嫁迟误的重要原因。

与孝昭仁皇后和温僖贵妃之关系相仿,孝懿仁皇后丧期结束不久,作为其胞妹的愨惠皇贵妃即进入圣祖后宫,这依然既有维持八旗勋旧世家与宫廷婚姻关系之意义,亦可能是孝懿仁皇后的一种余泽。

宫分档案提及,康熙三十年愨惠皇贵妃入宫之后,宫内的妃位数量由六位升至七位,④由此可知愨惠皇贵妃入宫之后即得到妃级待遇。康熙三十九年,她获封为贵妃,成为后宫实际之首领,这种身份直至圣祖崩逝为止,共有二十余年。

愨惠皇贵妃与圣祖之间并无子女,根据高宗乾隆帝的说法:"朕自幼龄,仰蒙皇祖慈爱笃挚,抚育宫中。太妃皇贵妃、贵妃,仰体皇祖圣心,提携看

---

① 《世宗宪皇帝实录》卷2,康熙六十一年十二月丁巳条,《清实录》,第7册,第50页。
② 《口奏绿头牌白头本档案》,康熙三十年十二月初六日条,中国第一历史档案馆编:《内务府奏销档(缩微胶卷)》。
③ 《口奏绿头牌白头本档案》,康熙三十年十二月初六日条(另一条),中国第一历史档案馆编:《内务府奏销档(缩微胶卷)》。
④ 满文奏折,康熙三十四年十月初二日,档案号:04-02-002-000081-0001,中国第一历史档案馆藏。

视,备极周至。朕心感念不忘。"①还提及:"太妃将朕自幼抚养,前亦曾顾复皇考。"②可知在悫惠皇贵妃主掌后宫的时期,不仅照顾过世宗,亦抚养过高宗,这亦使得悫惠皇贵妃在晚年得到相当的尊崇。③

【封谥释义】

悫惠皇贵妃的徽号为"寿祺",满文作"jalafun fengšen"④,意为"长寿有福"。谥号为"悫惠",满文作"unenggi gosingga"⑤,意为"真诚仁惠"。

第三节　清圣祖康熙帝后宫中三位蒙古出身的主位

一、慧妃

【简介】

圣祖慧妃,科尔沁博尔济吉特氏,三等台吉阿郁锡之女。康熙八年十一月二十三日入宫,称格格,属福晋级。康熙九年四月十二日薨,追封为慧妃。奉移至巩华城暂安。康熙二十年三月初八日,奉安景陵妃园寝。

【家族背景】

圣祖慧妃出身蒙古科尔沁部,与孝端文皇后、孝庄文皇后等同族。其家世可以参考孝端文皇后条。慧妃之父为科尔沁左翼前旗三等台吉阿郁锡。阿郁锡是札萨克多罗冰图郡王孔果尔之孙、台吉额泰之子,从血缘关系上来讲,慧妃与太祖寿康妃关系最近,是太祖寿康妃胞兄弟的孙女。而从堂亲辈分上来讲,慧妃与世祖废皇后(静妃)、悼妃同辈,均为孝庄文皇后的本家侄女。⑥

【宫廷生活】

根据康熙朝内务府《奏销档》记载,康熙八年时,有两位出身蒙古的格格

---

① 《高宗纯皇帝实录》卷2,雍正十三年九月戊申条,《清实录》,第9册,第174页。
② 《高宗纯皇帝实录》卷188,乾隆八年四月癸亥条,《清实录》,第11册,第420页。
③ 谨按,世宗雍正帝在康熙三十四年即迁居至南薰殿成婚,高宗纯皇帝则因出生较晚,至康熙六十年(1721年)时才第一次见到圣祖康熙帝。故而,悫惠皇贵妃究竟对世宗雍正帝和高宗纯皇帝有多少"顾复"和"抚养",其实尚存疑问。
④ 《呈各皇帝位下妃嫔清单》,道光二年,档案号:03-2817-070,中国第一历史档案馆藏。
⑤ 《为列祖列宗册封妃嫔字号事咨覆》,嘉庆六年正月,档案号:03-0197-3622-027,中国第一历史档案馆藏。
⑥ 此段科尔沁博尔济吉特氏谱系,整理自《钦定外藩蒙古回部王公表传》。

嫁入宫中。当年九月，宫中重新安排内管领的分派，根据孝庄文皇后的旨意，将公中①的内管领"分派与由蒙古娶来之二格格"。②十一月二十三日，内务府奏报，为"本日入宫之二格格"增加口分。③这两位蒙古格格即是慧妃和储秀宫格格。又因她们入宫之前已经被预先分派有内管领，可知她们的位分等级属福晋级。④

康熙九年四月十二日，慧妃在宫中薨逝，距离其入宫只有不到半年。当日的档案提及："因福晋所处房屋墙、门狭窄，棺材不能送入。"⑤亦可证明慧妃在世时已经被尊称为"福晋"。慧妃薨逝之后，圣祖将她追封为慧妃。同年九月，慧妃的父亲、母亲以及两个妹妹均来到京城，圣祖对他们厚加赏赐。⑥

在以往研究中，由于圣祖在追封慧妃的旨意中使用了"选进宫中待年，方欲册封，今遽尔长逝"⑦的形容，所以一般认为慧妃在薨逝时年纪很小，甚至可能并未达到适婚年龄。目前，对于"待年"一词有两种解释：一种解释认为，"待年"指年纪很小，即"等待成年"之意；另一种解释则认为，康熙朝对后宫主位一般采取批次册封的办法，此处之"待年"指的是"等待册封之年"，未必与年龄有关。在《圣祖仁皇帝实录》满文本中，"待年"一词写作"se be aliyafi"⑧，直译为"等待年岁"，偏向于"等待成年"的解释。但是，清宫旧藏中有一幅《清人画慧妃常服像轴》⑨，像主盘发包头，一耳三钳，外穿蓝色常服褂，内穿赭色常服袍，服饰具有典型的清初时期特点，应为圣祖慧妃之常服像。从像主的面

---

① 谨按，公中，即暂无所属，空闲的。
② 《口奏绿头牌白本档案》，康熙八年九月初十日条，中国第一历史档案馆编：《内务府奏销档（缩微胶卷）》。
③ 《口奏绿头牌白本档案》，康熙八年十一月二十三日条，中国第一历史档案馆编：《内务府奏销档（缩微胶卷）》。
④ 谨按，根据顺治朝以及康熙朝初期的惯例，福晋级的庶妃领有一或二个内管领，小福晋级以下级别的庶妃则不领有内管领。
⑤ 《口奏绿头牌白本档案》，康熙九年四月十二日条，中国第一历史档案馆编：《内务府奏销档（缩微胶卷）》。
⑥ 《白头本及绿头牌档案》，康熙九年九月二十四日条，中国第一历史档案馆编：《内务府奏销档（缩微胶卷）》。谨按，目前认为，阿郁锡与其家人来到京师之后，可能均被圣祖康熙帝留在京城居住。其中，阿郁锡被赏给散秩大臣职衔，最后在康熙三十二年（1693年）十月去世。阿郁锡的女儿出嫁时，亦均由宫廷为之置办陪嫁财物。
⑦ 《圣祖仁皇帝实录》卷33，康熙九年五月癸亥条，《清实录》，第4册，第445页。
⑧ 《圣祖仁皇帝实录》卷33，康熙九年五月癸亥条，清满文写本，中国第一历史档案馆藏。
⑨ 《清人画慧妃常服像轴》，文物号：故00006630，故宫博物院藏。

貌来看,应该已经达到适婚年龄,则偏向于"等待册封之年"的解释。

【封谥释义】

慧妃的封谥为"慧",满文作"sure"①,意为"聪睿"。

二、储秀宫格格

【简介】

圣祖庶妃,扎鲁特博尔济吉特氏,四等台吉多尔济之侄女。康熙八年十一月二十三日入宫,称储秀宫格格,属福晋级。因故于康熙十六年七月初七日出宫,被族人接回蒙古。其后不明。

【概述】

根据康熙朝内务府《奏销档》记载,康熙八年时,有两位出身蒙古的格格嫁入宫中。当年九月,宫中重新安排内管领的分派,根据孝庄文皇后的旨意,将公中的内管领"分派与由蒙古娶来之二格格"。② 十一月二十三日,内务府奏报增加"本日入宫之二格格"的相关口分。③ 这两位蒙古格格即是慧妃和储秀宫格格。又因她们入宫之前已经被预先分派有内管领,可知她们的位分等级属福晋级。

康熙九年四月慧妃薨逝之后,储秀宫格格则被单独称为"蒙古格格"或"储秀宫格格"。同年十二月,储秀宫格格出疹,遂出宫养病,至康熙十年正月十二日才回到宫中居住。④

康熙十年八月,蒙古各部纷纷给本部出身的后宫主位送来物品,其中提及:"储秀宫格格之伯父,扎鲁特之扎木贝勒(旗)之四等台吉多尔济,送与格格貂皮十张。"⑤由此可知,储秀宫格格出身蒙古扎鲁特部。至于其家族的具

---

① 《为列祖列宗册封妃嫔字号事咨覆》,嘉庆六年正月,档案号:03-0197-3622-027,中国第一历史档案馆藏。
② 《口奏绿头牌白本档案》,康熙八年九月初十日条,中国第一历史档案馆编:《内务府奏销档(缩微胶卷)》。
③ 《口奏绿头牌白本档案》,康熙八年十一月二十三日条,中国第一历史档案馆编:《内务府奏销档(缩微胶卷)》。
④ 《奏销绿头牌白本档案》,康熙十年正月十二日条,中国第一历史档案馆编:《内务府奏销档(缩微胶卷)》。原档案为满文,书中所用为作者自译。谨按,其中"出疹"之满文作"eršehe",意为"出疹子",并不专指出天花。
⑤ 《奏销绿头牌白本档案》,康熙十年八月初三日条,中国第一历史档案馆编:《内务府奏销档(缩微胶卷)》。

体谱系,因档案内没有提及其父亲之名,而其伯父多尔济只是四等台吉,亦非札萨克,所以尚无法明确。通过对已知谱牒的查证,目前认为这位多尔济有可能是扎鲁特部创始人伟徵诺颜乌巴什的第一子巴颜达尔伊勒登的第四子果弼尔图的第一子。根据谱牒记载,果弼尔图生有四子,依次名为多尔济、满珠习礼、朝察、多达哈。① 如果此推测正确的话,则储秀宫格格是伟徵诺颜乌巴什之玄孙女,比太宗侧妃扎鲁特博尔济吉特氏小一辈,是她从堂侄女。②

康熙十六年五月,圣祖决定对后宫主位进行第一批正式册封,将七位后宫主位册封为嫔。与此同时,圣祖却下达旨意,将储秀宫格格送出宫廷。五月二十五日的内务府档案中记录道:"二十五日奏。令出宫之蒙古格格回往娘家前,其口分等物,是否仍照原先之例配给。……得旨:令出宫之蒙古格格配给之处,著总管内务府大臣上奏请旨。蒙古格格是否有母、兄尚在,著交付理藩院(将格格亲族)带来,(将格格交予他们)送还。……本日,总管内务府大臣噶鲁、海拉荪奏,蒙古格格回往娘家前,其口分等物,是否仍照原先之例配给。得旨:仍给。钦此。"③七月初七日的内务府档案则记录道:"由理藩院来告:现在兆祥所之出宫格格,其娘家众人本日到达。可否将格格送至客人下榻之所后,交予其娘家。等因。总管内务府大臣噶鲁奏上。得旨:依议。"④由此可知,储秀宫格格最终在康熙十六年从宫廷离开,回到蒙古本家。

三、宣妃

【简介】

圣祖宣妃,科尔沁博尔济吉特氏,和硕达尔汉亲王和塔之女。至迟在康熙十六年六月已经入宫,为嫔级贵格格(嫔级贵人)。康熙二十六年前后,晋封为妃级,称咸福宫格格。康熙五十七年四月十九日,诏封为宣妃。同年十

---

① 额尔敦朝格图:《扎鲁特部与扎鲁特二旗贵族世袭研究》,硕士学位论文,内蒙古大学,2015年,附表。
② 谨按,此处关于储秀宫格格的具体谱系尚未正式确定。
③ 《口奏绿头牌白本档案》,康熙十六年五月二十五日条,中国第一历史档案馆编:《内务府奏销档(缩微胶卷)》。
④ 《口奏绿头牌白本档案》,康熙十六年七月初七日条,中国第一历史档案馆编:《内务府奏销档(缩微胶卷)》。

二月二十八日,以大学士马齐为使,册封为宣妃。乾隆元年八月初八日寅时薨。乾隆二年九月十一日,奉安景陵妃园寝。

【家族背景】

圣祖宣妃出身蒙古科尔沁部,与孝端文皇后、孝庄文皇后等同族。其家世可以参考孝端文皇后条。宣妃之父为科尔沁左翼中旗札萨克和硕达尔汉亲王和塔。和塔是孝庄文皇后的幼弟满珠习礼之子,嫡母是太宗养女和硕公主,继母是广略贝勒褚英第三女多罗格格,嫡妻是郑王府奉恩镇国公屯齐之女,他在康熙八年病故。从血缘关系上来讲,宣妃与世祖悼妃关系最近,是世祖悼妃的亲侄女。另外,宣妃的胞兄班第娶世祖的养女端敏固伦公主为妻,所以宣妃家族与清廷的姻亲关系相当复杂且亲近。①

【宫廷生活】

关于圣祖宣妃入宫的时间,目前尚不明确。从目前已知的档案来看,康熙十六年时,后宫中除一位皇后(孝昭仁皇后)、一位贵妃(孝懿仁皇后)、七位嫔之外,还有四位贵格格(贵人),其中有一位贵格格享受嫔级待遇。② 这位嫔级贵格格(嫔级贵人)至康熙二十五年一直在位,并在康熙二十八年时已经晋升至妃级,却一直没有得到正式册封。这位待遇非同一般的后宫主位即是宣妃。

在晋升至妃级贵格格(妃级贵人)之后,宣妃在档案中一般被记为"咸福宫格格",如康熙三十五年的折档中称:"阿巴亥乌尔占噶喇布王之母往京城于宣化府相会。尔将此由,先奏于皇太后,仁慈待之,改大桌而食,玩耍之人即玩耍之,延禧宫、翊坤宫、永和宫之妃、咸福宫之格格往会。"③而康熙四十三年(1704年)的档案中称,当时后宫主位所乘车辆之等级,贵妃、惠妃、宣妃、德妃、荣妃、咸福宫格格均乘坐重顶金黄轿车,端嫔、和嫔、良嫔、六公主、八公主均乘坐平顶金黄色轿车。④ 由此可知,宣妃在获得正式册封之前,早

---

① 此段科尔沁博尔济吉特氏谱系,整理自《钦定外藩蒙回部王公表传》。
② 《口奏绿头牌白本档案》,康熙十六年六月初四日条,中国第一历史档案馆编:《内务府奏销档(缩微胶卷)》。
③ 《阿巴亥乌尔占噶喇布王之母与后妃等相会及游览片》,中国第一历史档案馆编:《康熙朝满文朱批奏折全译》,北京:中国社会科学出版社,1996年,第 106 页。
④ 《口奏绿头牌白本档案》,康熙四十三年四月二十一日条,中国第一历史档案馆编:《内务府奏销档(缩微胶卷)》。

已享受妃级待遇,与后来圣祖在旨意中所称,"宫中虽称妃嫔,尚未受封"相吻合。

康熙五十七年,圣祖下达上谕:"王阿哥等之母,备位宫闱,俱年及六十、五十、四十有余。宫中虽称妃嫔,尚未受封。今封博尔济锦氏、和嫔瓜尔嘉氏、淳郡王允祐之母达甲氏为妃。封贝子允祹之母瓦刘哈氏、十五阿哥允禑、十六阿哥允禄之母王氏、十七阿哥允礼之母陈氏为嫔。"[1]于是,宣妃在等待四十年之后,终于获得正式册封。乾隆元年八月初八日寅时,宣妃薨逝,[2]享年七十岁左右。

【封谥释义】

宣妃的封号为"宣",满文作"iletu"[3],意为"显然""显赫""豁达"。

第四节 清圣祖康熙帝的惠、荣、宜三妃与端、僖二嫔

一、惠妃

【简介】

圣祖惠妃,正黄旗包衣乌喇纳喇氏,郎中索尔和之女。康熙初年被选入宫中,属格格级。原服缎匹数不明。康熙八年七月二十八日,晋升为服十二匹缎。康熙九年闰二月初二日,生第三子承庆;同年,晋封为小福晋级。康熙十一年二月十四日,生第五子固山贝子品级允禔。康熙十六年五月二十四日,诏封为惠嫔。同年八月二十二日,以侍郎富鸿基为使,册封为惠嫔。康熙二十年十月二十五日,诏晋为惠妃。同年十二月二十日,以大学士李霨为使,册封为惠妃。雍正元年六月,获准出宫,移居于和硕廉亲王允禩府邸。雍正四年(1726年),因和硕廉亲王允禩获罪,回宫居住。雍正十年(1732年)四月初七日薨。同年九月,奉安景陵妃园寝。

【家族背景】

圣祖惠妃出身乌哈国主系纳喇氏(纳齐布禄系纳喇氏),与太祖大妃、太

---

[1] 《圣祖仁皇帝实录》卷278,康熙五十七年四月丁酉条,《清实录》,第6册,第730—731页。
[2] 《奏报宁寿宫显妃仙逝择定入殓日期及仪注折》,中国第一历史档案馆、故宫博物院编:《清宫内务府奏销档》,第15册,第5页。
[3] 《为列祖列宗册封妃嫔字号事咨覆》,嘉庆六年正月,档案号:03-0197-3622-027,中国第一历史档案馆藏。

宗继妃、圣祖通嫔、孝敬宪皇后同族。纳齐布禄之孙名为佳穆喀硕珠古，其生有四子，第一子都勒希后代形成乌喇部，即乌喇部国主家系。都勒希生有三子，第一子名为额和桑谷，第二子名为库绅升古禄，第三子名为古对朱燕。古对朱燕生有二子，第一子名为台费喀，第二子名为泰兰，后来乌喇国主即由泰兰后裔出任，而惠妃则是台费喀的四世孙女。从堂亲辈分上计算，惠妃是太祖大妃和孝敬宪皇后的族侄女、太宗继妃的族孙女、圣祖通嫔的族姑母，均已出五服。

惠妃一支乌喇纳喇氏虽然是乌喇国主同族，但是身份地位有限，在清初被编入正黄旗包衣旗籍，目前尚不清楚属于包衣佐领下人还是包衣管领下人。惠妃之父名为索尔和，在康熙朝原任司库，后来升至郎中，是内务府的中级官员。惠妃家族后来是否被抬出包衣旗籍，目前尚不明确。[①]

在以往研究中，由于杂史《永宪录》中曾经提及"明珠，武英殿大学士太子太傅兼礼部尚书，在康熙二十年间专权任事，妹为贵妃，生皇长子"[②]，称惠妃为叶赫纳喇氏大学士明珠之妹，学者据此参考明珠家族谱系，认为惠妃之父索尔和即明珠伯父之子索尔和，则惠妃为明珠之堂侄女。实际上，根据史料记载，明珠堂兄索尔和初任郎中，后来承袭二等男爵位和世管佐领，仕至吏部侍郎，在顺治十一年十一月去世。而惠妃在康熙四十五年（1706年）的《玉牒》中仍被记为"纳喇氏司库索尔和之女"[③]，在之后的《玉牒》中才被记为"纳喇氏郎中索尔和之女"[④]，可知惠妃之父索尔和在康熙朝中期原任司库，至康熙朝晚期才升任郎中，与明珠之堂兄索尔和同名，但仕官情况迥异，并非同一人。

【宫廷生活】

圣祖惠妃入宫的时间目前尚不明确。从康熙朝内务府《奏销档》的记载来看，至少在康熙二年和康熙五年，孝庄文皇后均为圣祖选送过内务府女子，惠妃可能即在这一阶段被选入宫中。惠妃入宫之后，是否充任过官女子，是在何时、以何情况被圣祖收为后宫主位，目前均不清楚。

---

① 此段乌喇纳喇氏谱系，整理自《八旗满洲氏族通谱》《那氏宗谱》《佛满洲家谱精选·辽宁卷》《清代谱牒档案（缩微胶卷）》。
② 萧奭：《永宪录》，北京：中华书局，1997年点校本，第191页。
③ 杨启樵：《揭开雍正皇帝隐秘的面纱》，上海：上海书店，2002年，书影第8、9页。
④ 《汉文列祖子孙直档玉牒》，中国第一历史档案馆编：《清代谱牒档案（缩微胶卷）》C69。

康熙八年七月二十八日,孝庄文皇后下达旨意,增加圣祖位下诸位庶妃的服缎匹数。其中,除已经生育子女的荣妃和庶妃张氏分别升为服二十匹缎和服十八匹缎之外,还有五位格格升为服十二匹缎,分别名为"格兰珠"、"乌鼐"、"安姐"、"华塞"、"观姐"。① 这五位格格中,已知"格兰珠"和"乌鼐"均为康熙二年被孝庄文皇后选送入宫,其中"乌鼐"即端嫔董氏,"格兰珠"为格勒之女,均非惠妃。考虑到当时惠妃已经怀有身孕,服缎匹数必不至低于端嫔等人,故而推断其即是"安姐"、"华塞"、"观姐"三位格格之一。

康熙九年闰二月和康熙十一年二月,惠妃先后为圣祖生育两位皇子,其中第一子承庆在康熙十年夭折,第二子允禔序齿为大阿哥。在生育皇子之后,惠妃晋升为小福晋,是康熙十年时圣祖位下的四位小福晋之一,②位分等级在储秀宫格格以及新入宫的六位外八旗格格之下。

康熙十六年,生育有两位皇子的惠妃作为第一批得到正式册封的后宫主位,被封为嫔位,在上谕中排在七嫔的第五位。康熙二十年,有四位嫔被晋封为妃,惠妃即列为四妃之首位。康熙朝中后期,惠妃居住在延禧宫,曾经抚养过数位皇子、公主。由此可知,惠妃在当时的后宫中,有着相当之地位。在康熙三十三年温僖贵妃薨逝之后,至康熙三十九年悫惠皇贵妃被封为贵妃之前,这六年左右时间内,惠妃是当时位分最高的后宫主位,可能在一段时间内充当过首领主位之角色。

康熙五十三年(1714年)时,云贵总督郭瑮曾在奏折中对圣祖言及:"奴才服思,惠妃主子之事,圣主必是叹恨。然圣主已有年纪,若多烦闷,恐御体必受苦累。"③由此可知,当时惠妃与圣祖之间有过矛盾,推测可能与惠妃曾经抚养过的八阿哥允禩谋求储位有关。

世宗即位之后,允许圣祖位下生有成年皇子的后宫主位出宫,"各随其子归养府邸"④。当时,惠妃所生之子允禔尚在圈禁之中,而惠妃曾经抚养

---

① 《口奏及绿头牌档案》,康熙八年八月初一日条,中国第一历史档案馆编:《内务府奏销档(缩微胶卷)》。
② 《口奏绿头牌及白头本档案》,康熙十年七月十一日条,中国第一历史档案馆编:《内务府奏销档(缩微胶卷)》。
③ 满文奏折,康熙五十三年正月,档案号:04-02-002-000043-0013,中国第一历史档案馆藏。
④ 中国第一历史档案馆编:《雍正朝满文朱批奏折全译》,上册,第209、210页。

过和硕廉亲王允祹,有"慈母"之身份,所以世宗想让允祹将惠妃接至府邸赡养,并就此事咨询惠妃。根据世宗所说,"母妃欣然允从"①。但是,允祹在雍正四年获罪,惠妃只得再次回到宫中居住,最终于雍正十年四月初七日薨逝,享年八十岁左右。

【封谥释义】

惠妃的封号为"惠",因为当时制度尚未健全,所以此封号是取自汉文喻意,满文方面未作意译,仅音译作"hui"②。至惠妃薨逝之后的乾隆年间,当时制度规定后宫主位封谥之满文必须意译,故而将惠妃之封号重新意译作"kesingge"③,意为"有福气的""有恩的"。④

二、荣妃

【简介】

圣祖荣妃,正黄旗包衣马佳氏,员外郎盖山之女,名吉蕭。康熙初年被选入宫中,属格格级。原服缎匹数不明。康熙六年九月二十一日,生第一子承瑞。康熙八年七月二十八日,晋封为小福晋级。康熙十年十二月二十五日,生第四子赛音察浑。康熙十二年五月初六日,生第三女荣宪固伦公主。康熙十三年四月初六日,生第六子长华。康熙十四年六月二十一日,生第八子长生。康熙十六年二月二十日,生第十子多罗诚隐郡王允祉。同年五月二十四日,诏封为荣嫔。八月二十二日,以侍郎马喇为使,册封为荣嫔。康熙二十年十月二十五日,诏晋为荣妃。同年十二月二十日,以侍郎杨正中为使,册封为荣妃。雍正元年六月,获准出宫,移居于多罗诚隐郡王允祉府邸。雍正五年闰三月初七日薨。同年十二月,奉安景陵妃园寝。

【家族背景】

圣祖荣妃出身马穆敦系马佳氏,此系的祖先名为马穆敦,其子名为黑德

---

① 《世宗宪皇帝实录》卷40,雍正四年正月戊戌条,《清实录》,第7册,第593页。
② 《口奏绿头牌白本档案》,康熙四十三年四月二十一日条,中国第一历史档案馆编:《内务府奏销档(缩微胶卷)》。
③ 《为列祖列宗册封妃嫔字号事咨覆》,嘉庆六年正月,档案号:03-0197-3622-027,中国第一历史档案馆藏。
④ 《奏呈圣祖仁皇帝惠妃等牌位清文》,乾隆二年四月二十二日,登录号:026362-001,台湾"中央研究院"历史语言研究所藏内阁大库档案。

墨尔根。黑德墨尔根生有十九子,分居各地,形成庞大的后裔群体,是清代马佳氏一姓之中最庞大也是最著名的一系。黑德墨尔根第五子名为光文,他的后代有一支迁居到绥芬地方。清初,光文之曾孙瑚石由绥分地方率众入旗,被编入正黄旗满洲,这位瑚石即是荣妃的高祖父。

根据谱牒记载,瑚石生有六子,第一子名为宁古德,第二子名为政古德,第三子名为噶哈那,第四子名为名海宴,第五子名为孙金钦,第六子名为胡尔班,其中第四、五、六子三支均绝嗣或失载。宁谷德生有四子,其中第二子富哈理和第四子满屯两支均绝嗣,第一子名为西巴里,仕至总管内务府大臣,其子孙在正黄旗满洲旗籍,拥有二等男爵位和三个世管佐领;第三子鼐格亦仕至总管内务府大臣,其子孙在正黄旗包衣旗籍,这位鼐格即是荣妃之祖父。

鼐格生有两子,第一子名为盖山,仕至员外郎;第二子名为拜山,仕至二等侍卫。荣妃为盖山之女,至少有三位兄弟,依次名为盖克、七克、瓦立哈,他们应该均为荣妃之兄,其中盖克和瓦立哈均仕至员外郎,可知其家族拥有中高级官员之门第。荣妃家族后来是否被抬出包衣旗籍,目前尚不明确。①

马佳氏中最为著名之人,莫过于清初名臣图海。他由笔帖式入仕,在顺治朝历任刑部尚书、议政大臣,康熙朝升至中和殿大学士,参与平定三藩之乱,功封为三等公爵位,得谥文襄,为八旗一等世家之一。由于世宗曾在提及图海之孙马尔赛时指出:"马尔赛乃勋旧之后、国家柱石之臣,又系允祉母党之亲。"②故而在以往研究中,学者经常认为荣妃家族与图海为近亲,均为正黄旗满洲旗籍,且关系密切。而实际上,图海虽然与荣妃同为瑚石之后裔,但图海为瑚石第三子噶哈那之孙,而荣妃为瑚石第一子宁古德之曾孙女,关系已经在五服边缘。况且荣妃一支为正黄旗包衣旗籍,荣妃所生的第一子承瑞,即由其长兄盖克一家抚养,当时档案内称盖克为"采捕衙门员外郎"③,即都虞司员外郎,为典型的内务府系统职官,亦是荣妃家族原为包衣旗籍之证据,因此图海家族与荣妃家族关系未必十分密切。

---

① 此段马佳氏谱系,整理自《八旗满洲氏族通谱》《清代谱牒档案(缩微胶卷)》《马佳氏宗谱文献汇编》《八旗通志初集》《钦定八旗通志》《爱新觉罗宗谱》。
② 中国第一历史档案馆编:《雍正朝起居注》,第5册,雍正八年五月十九日条,第3642页。
③ 《口奏绿头牌白本档案》,康熙六年十月初七日条,中国第一历史档案馆编:《内务府奏销档(缩微胶卷)》。

【宫廷生活】

圣祖荣妃入宫的时间目前尚不明确。从康熙朝内务府《奏销档》的记载来看,至少在康熙二年和康熙五年,孝庄文皇后均为圣祖选送过内务府女子,荣妃可能即在这一阶段被选入宫中。荣妃入宫之后,是否充任过官女子,是在何时、以何情况被圣祖收为后宫主位,目前均不清楚。

从康熙六年至康熙十六年十年间,荣妃共为圣祖生育五子一女,其中第一子承瑞、第二子赛音察浑、第三子长华、第四子长生均年幼夭折,第五子允祉序齿为三阿哥,独女序齿为二公主。荣妃是康熙前期比较受宠于圣祖的后宫主位之一,亦与孝恭仁皇后并列为生育子女最多的康熙朝后宫主位。

康熙八年七月二十八日,孝庄文皇后下达旨意,增加圣祖位下诸位庶妃的服缎匹数。其中,已经生育圣祖第一子承瑞的荣妃在档案中被记为"吉鼐格格",升为服二十匹缎。① 至康熙十年时,荣妃是圣祖位下的四位小福晋之一,②位分等级在储秀宫格格以及新入宫的六位外八旗格格之下。

康熙十六年,生育有六位子女的荣妃作为第一批得到正式册封的后宫主位,被封为嫔位,在上谕中排在七嫔的第四位。康熙二十年,有四位嫔被晋封为妃,荣妃即列为四妃之末位。康熙朝中后期,荣妃居住在钟粹宫,曾经抚养过数位皇子、公主。由此可知,荣妃在当时的后宫中,有着相当之地位。

世宗即位之后,允许圣祖位下生有成年皇子的后宫主位出宫,"各随其子归养府邸"③。故而,荣妃移居至其子多罗诚隐郡王允祉之府邸,④在那里度过晚年,于雍正五年闰三月初七日薨逝。荣妃薨逝时,世宗本欲亲自前往祭奠,因大臣们认为于礼不合而停止,遂令"庄亲王允禄、公马尔赛、一等公舅舅白启率侍卫二十员往奠"。⑤

---

① 《口奏及绿头牌档案》,康熙八年八月初一日条,中国第一历史档案馆编:《内务府奏销档(缩微胶卷)》。
② 《口奏绿头牌及白头本档案》,康熙十年七月十一日条,中国第一历史档案馆编:《内务府奏销档(缩微胶卷)》。
③ 《世宗宪皇帝实录》卷40,雍正四年正月戊戌条,《清实录》,第7册,第593页。
④ 中国第一历史档案馆编:《雍正朝满文朱批奏折全译》,上册,第209、210页。
⑤ 《世宗宪皇帝实录》卷55,雍正五年闰三月癸亥条,《清实录》,第7册,第830页。

【封谥释义】

荣妃的封号为"荣",因为当时制度尚未健全,所以此封号是取自汉文喻意,满文方面未作意译,仅音译作"žung"①。至荣妃薨逝之后的乾隆年间,当时制度规定后宫主位封谥之满文必须意译,故而将荣妃之封号重新意译作"derengge"②,意为"体面""荣华"。

三、宜妃

【简介】

圣祖宜妃,原正黄旗包衣后抬镶黄旗满洲郭络罗氏,佐领三官保之女,名纳兰珠③。顺治十七年生。康熙十六年正月二十一日,以内务府秀女的身份被选入宫中,于同年正月二十六日入宫。其间位分等级不明。五月二十四日,诏封为宜嫔。八月二十一日,以内阁学士项景襄为使,册封为宜嫔。康熙十八年十二月初四日,生第十三子和硕恒温亲王允祺。康熙二十年十月二十五日,诏晋为宜妃。同年十二月二十日,以尚书吴正治为使,册封为宜妃。康熙二十二年八月二十七日,生第十七子允禑。康熙二十四年五月初七日,生第二十子允禕。雍正元年六月,获准出宫,移居于和硕恒温亲王允祺府邸。雍正十一年(1733年)八月二十五日薨,享年七十四岁。乾隆二年,奉安景陵妃园寝。

【家族背景】

圣祖宜妃出身查库系郭络罗氏,此系的祖先名为查库,原为科尔沁地方郭尔罗斯氏,后移居满洲,改姓郭络罗氏,在沽河地方居住,其后代成为沽河寨长,属于建州女真苏克素护河部,是清代郭络罗氏一姓之中最庞大也是最著名的一系。清太祖起兵之后,沽河寨长常舒、杨舒兄弟率众归附,分别被编入镶白旗满洲和正蓝旗满洲,成为清代郭络罗氏门第最高的二支。宜妃一支的祖先名为阿凯。根据《八旗满洲氏族通谱》记载,他与常舒、杨舒兄弟为同族,但是在《郭络罗氏族谱》中并未能找到名为"阿凯"之人,可能他们的

---

① 《口奏绿头牌白本档案》,康熙四十三年四月二十一日条,中国第一历史档案馆编:《内务府奏销档(缩微胶卷)》。
② 《为列祖列宗册封妃嫔字号事咨覆》,嘉庆六年正月,档案号:03-0197-3622-027,中国第一历史档案馆藏。
③ 谨按,纳兰珠,满文写为"naranju",意为"爱恋的""留恋的""贪恋的"。

堂亲血缘关系已经十分疏远。

宜妃家族的祖先阿凯在国初归来,被编入包衣旗籍。其子名为安塔穆,仕至盛京佐领,并曾受太宗之委托抚养宗室遗孤,由此可知其家族在当时已经受到宫廷的宠信。安塔穆之子名为三官保,仕至盛京工部侍郎兼盛京内务府佐领掌盛京内务府关防印,实际上即是盛京内务府的负责人。① 三官保已知的两位女儿均被圣祖收入后宫,年长的一位闺名为布音珠,封为贵人,年幼的一位闺名为纳兰珠,即是宜妃。宜妃之兄弟及堂兄弟有仕至副都统的道保,仕至佐领的多普库、特普库,仕至郎中的鄂普库以及仕至司库的他普库,其中鄂普库的两个女儿,一位嫁给裕王府三等侍卫广贵,他是圣祖之兄和硕裕宪亲王福全之孙;另一位嫁给谦郡王府的闲散宗室纳穆善。根据档案记载,三官保之妻在康熙二十五年二月去世,②她是否宜妃以及贵人郭络罗氏的生母则不得而知。

目前,通过对康熙朝内务府《奏销档》进行整理,已经发现宜妃及其胞姊贵人郭络罗氏参加挑选内务府秀女的档案。在档案中,明确记载其为"拖尔弼管领盛京佐领三官保之女"③。所谓"拖尔弼管领",即正黄旗包衣第一参领第一管领,由此可知宜妃家族原本为正黄旗包衣管领下人,是否为辛者库人则不得而知。其后,康熙二十六年十一月时,三官保之子鄂普库向圣祖呈奏称:"受主子殊恩,令我父三官保出旗,故将我任为将军衙门笔帖式。"④由此可知,宜妃家族在康熙二十六年被抬旗,应该是抬入镶黄旗满洲。⑤ 这可

---

① 谨按,盛京内务府形成于乾隆十七年(1752年),在此之前,盛京内务府事务实际上是由盛京包衣佐领处理。盛京包衣佐领惯例由京旗内务府派出,属于京旗包衣缺,共有三缺,即镶黄、正黄、正白每旗一缺,并以其中一人"掌关防",实际上即是盛京内务府事务的领衔人。宜妃家族的安塔穆、三官保、特普库均曾出任盛京包衣佐领之职。相关内容可参见佟永功、关嘉录:《盛京上三旗包衣佐领述略》,《历史档案》1992年第3期。
② 《奏销档》,康熙二十五年二月十九日条,中国第一历史档案馆编:《内务府奏销档(缩微胶卷)》。
③ 《口奏绿头牌白本档案》,康熙十六年五月二十三日条,中国第一历史档案馆编:《内务府奏销档(缩微胶卷)》。
④ 《奏销档》,康熙二十六年十一月十一日条,中国第一历史档案馆编:《内务府奏销档(缩微胶卷)》。
⑤ 谨按,虽然内务府《奏销档》中记载三官保家族在康熙二十六年抬旗,但是根据盛京内务府档案记载,三官保之子特布库后来在康熙四十九年(1710年)又出任盛京镶黄旗包衣佐领。盛京包衣佐领缺为京旗包衣缺,如果三官保家确已抬旗,似乎不方便补任此缺。对于这种情况,尚无合理解释。总而言之,目前已知的是,在世宗雍正帝即位清查诸母妃本家时,三官保家族似已不在包衣旗分之内。

能亦是后来修撰《八旗满洲氏族通谱》时将其家族记为"镶黄旗人"之原因。①

【宫廷生活】

根据康熙朝《奏销档》记载，康熙十六年正月，圣祖挑选了一批内务府秀女，这次挑选实际是对康熙十五年十二月挑选的延续，当时已经有二十三位内务府秀女被记名。正月二十日，六十二位秀女入宫参加挑选，圣祖从中选出两位记名。② 二十一日，二十五位内务府记名秀女加上从盛京和乡屯送来的几位秀女一起入宫参加挑选，圣祖从中选出九位入宫。根据后续档案记载，这九位秀女在正月二十六日入宫。③ 其中，宜妃即是从盛京送来的秀女之一，亦是最终中选的九位秀女之一。宜妃的秀女档案为："盛京佐领三官保之女纳兰珠。十八岁。满洲。"④

宜妃入宫之后，是否充任过官女子，是在何时、以何情况被圣祖收为后宫主位，目前尚不清楚。康熙十六年，宜妃作为第一批得到正式册封的后宫主位，被封为嫔位，在上谕中排在七嫔的第六位，此时距离其入宫只有四个月。康熙二十年，有四位嫔被晋封为妃，宜妃即列为四妃的第二位。在此前后，宜妃共为圣祖生育三子，其中第一子允祺序齿为五阿哥，第二子允禟序齿为九阿哥，第三子允禌序齿为十一阿哥。康熙朝中后期，宜妃居住在翊坤宫，曾经抚养过数位皇子、公主。由此可知，宜妃在当时的后宫中，有着相当之地位。

根据《永宪录》记载："宜妃生皇五子、九子，眷顾最深。"⑤ 由于圣祖对宜妃比较宠爱，所以宜妃在行事上可能亦有些骄纵。根据世宗的说法，在圣祖崩逝之后，"宜妃母妃，用人扶腋可以行走，则应与众母妃一同行礼，或步履艰难，随处可以举哀。乃坐四人软榻，在皇太后前与众母妃先后搀杂行走，

---

① 此段郭络罗氏谱系，整理自《八旗满洲氏族通谱》《清代谱牒档案（缩微胶卷）》《郭络罗氏家谱家传并老八旗通谱》《八旗通志初集》《钦定八旗通志》《爱新觉罗宗谱》。
② 《口奏绿头牌白本档案》，康熙十六年正月二十日条，中国第一历史档案馆编：《内务府奏销档（缩微胶卷）》。
③ 《口奏绿头牌白本档案》，康熙十六年正月二十二日条，中国第一历史档案馆编：《内务府奏销档（缩微胶卷）》。
④ 《口奏绿头牌白本档案》，康熙十六年正月二十一日条，中国第一历史档案馆编：《内务府奏销档（缩微胶卷）》。
⑤ 萧奭：《永宪录》，第87页。

甚属僭越，于国礼不合。皇考未登梓宫前，仓猝之际，宜妃母妃见朕时，气度竟与皇太后相似，全然不知国体。"①故而被世宗申斥。

世宗即位之后，允许圣祖位下生有成年皇子的后宫主位出宫，"各随其子归养府邸"②。故而，宜妃移居至其第一子和硕恒温亲王允祺之府邸，③在那里度过晚年，于雍正十一年八月二十五日薨逝，享年七十四岁。

【封谥释义】

宜妃的封号为"宜"，因为当时制度尚未健全，所以此封号是取自汉文喻意，满文方面未作意译，仅音译作"i"④。至宜妃薨逝之后的乾隆年间，当时制度规定后宫主位封谥之满文必须意译，故而将宜妃之封号重新意译作"giyangga"⑤，意为"有理的"。

【考证·姊妹】

在以往研究中，一般均称盛京佐领三官保有两位女儿入宫，其中姐姐封为宜妃，妹妹封为贵人。但是，目前经过考证，宜妃应为贵人郭络罗氏之胞妹。

清代官方所修的《玉牒》中，宜妃与贵人郭络罗氏均只被记为"三官保之女"，并未说明谁为姊、谁为妹。民国初年张采田所著《清列朝后妃传稿》中，亦只称："贵人郭络罗氏，三官保女，生皇子允禑，皇六女固伦恪靖公主。"正文及所引史料均未提及长幼问题。⑥ 最先提出长幼次序者，是唐邦治所著《清皇室四谱》，其称："贵人郭啰罗氏，宜妃之妹，康熙十八年生皇六女固伦恪靖公主，二十二年生皇子允禑。"⑦其后的《清史稿》亦因循唐氏之说法，称贵人郭络罗氏为宜妃之妹。

但是，正如唐氏在《清皇室四谱》前言中所称："惟后妃生卒，玉牒不载，故不能悉详。"⑧既然如此，唐氏得出贵人郭络罗氏为宜妃之妹的结论，是否

---

① 《国朝宫史》卷3，上册，第17页。
② 《世宗宪皇帝实录》卷40，雍正四年正月戊戌条，《清实录》，第7册，第593页。
③ 中国第一历史档案馆编：《雍正朝满文朱批奏折全译》，上册，第209、210页。
④ 《口奏绿头牌白本档案》，康熙四十三年四月二十一日条，中国第一历史档案馆编：《内务府奏销档（缩微胶卷）》。
⑤ 《为列祖列宗册封妃嫔字号事咨覆》，嘉庆六年正月，档案号：03-0197-3622-027，中国第一历史档案馆藏。
⑥ 张尔田：《清列朝后妃传稿》传上，民国绿樱花馆刻本，第101页a、b。
⑦ 唐邦治：《清皇室四谱》，沈云龙主编：《近代中国史料丛刊（第八辑）》，第63页。
⑧ 唐邦治：《清皇室四谱》，沈云龙主编：《近代中国史料丛刊（第八辑）》，第2、3页。

有可靠之根据，值得探讨。

目前，通过对康熙朝内务府《奏销档》的整理，已知三官保两女之中，姐姐布音珠在康熙十六年五月二十六日以二十五岁寡妇之身份被选入宫中，妹妹纳兰珠在康熙十六年正月二十一日以十八岁秀女之身份被选入宫中。而根据圣祖《御制文集》所收康熙十六年诏封七嫔之上谕，所属日期为"康熙十六年五月二十四日"①，当时布音珠尚未参选。由此可知，宜妃应为贵人郭络罗氏之胞妹。

四、端嫔

【简介】

圣祖端嫔，正黄旗包衣董氏（董佳氏），员外郎董德启之女，名乌雅。康熙二年九月初六日，参加挑选内务府秀女被选中，于同年九月二十日入宫，属格格级。原服缎匹数不明。康熙八年七月二十八日，晋升为服十二匹缎。康熙十年三月初九日，生第二女。同年，晋封为小福晋级。康熙十六年五月二十四日，诏封为端嫔。同年八月二十二日，以侍郎杨正中为使，册封为端嫔。康熙五十九年四月二十八日薨。同年九月初九日，奉安景陵妃园寝。

【家族背景】

圣祖端嫔出身抚顺董氏，是入旗的汉人，其入旗的始祖名为董文选，在清初被编入包衣旗籍，是正黄旗包衣第五参领第二旗鼓佐领下人。董氏家族从国初就担任旗鼓佐领一职，董文选之玄孙董德贵，以包衣佐领从征，因功封为二等轻车都尉，使家族跻身军功世家之行列。董德贵之子董殿邦承袭爵位后，仕至总管内务府大臣，又跻身高级官员之行列。端嫔之父名为董德启，其名亦作"董达齐"，是董德贵的叔父，仕至会计司员外郎，在康熙十八年十月去世，②是内务府的中级官员。③

【宫廷生活】

根据康熙朝内务府《奏销档》记载，康熙二年九月初六和初九两日，孝庄

---

① 《康熙帝御制文集》，第 123、124 页。
② 《口奏绿头牌红白本档案》，康熙十八年十月十二日条，中国第一历史档案馆编：《内务府奏销档（缩微胶卷）》。
③ 此段董氏谱系，整理自《八旗满洲氏族通谱》《清代谱牒档案（缩微胶卷）》《八旗通志初集》《钦定八旗通志》《爱新觉罗宗谱》。

文皇后共选看了三十位内务府秀女,从中选中三位,并传旨:"著员外郎裕祺将此三位女子于九月二十日辰时交予图克善乳母,送进汗处。"①这三位秀女入宫之后,在十月初五日,其中一位因嗓音不好而被送出宫廷,其余两位则均被给予"扫炕女子"之等级。② 她们分别是"董德贵佐领董德启之女乌鼐"以及"阿明阿佐领格勒之女格兰珠",③其中前者即是端嫔。端嫔入宫之后,是在何时、以何情况被圣祖收为后宫主位,目前均不清楚。

康熙八年七月二十八日,孝庄文皇后下达旨意,增加圣祖位下诸位庶妃的服缎匹数。其中,除已经生育子女的荣妃和庶妃张氏分别升为服二十匹缎和服十八匹缎之外,还有五位格格升为服十二匹缎,其中即有端嫔以及与她同日入宫的格兰珠。

康熙十年三月,端嫔为圣祖生下第二女,其位分等级亦晋升为小福晋,是当时圣祖位下的四位小福晋之一,④位分等级在储秀宫格格以及新入宫的六位外八旗格格之下。康熙十二年,端嫔所生之女夭折,其后端嫔亦未能再生育子女。

康熙十六年,端嫔作为第一批得到正式册封的后宫主位,被封为嫔位,在上谕中排在七嫔的第三位。康熙二十年,有四位嫔被晋封为妃,端嫔却未在其列。其后,端嫔在嫔位上度过四十余年,于康熙五十九年四月二十八日薨逝。内务府在处理其丧仪时,基本因循了僖嫔之旧例。⑤

【封谥释义】

端嫔的封号为"端"。因为当时制度尚未健全,所以此封号是取自汉文喻意,满文方面未作意译,仅音译作"duwan"⑥。至端嫔薨逝之后的乾隆年间,当时制度规定后宫主位封谥之满文必须意译,故而将端嫔之封号重新意

---

① 《绿头牌档》,康熙二年七月初七日条,中国第一历史档案馆编:《内务府奏销档(缩微胶卷)》。
② 《口奏档案》,康熙二年十月十五日条,中国第一历史档案馆编:《内务府奏销档(缩微胶卷)》。
③ 《口奏档案》,康熙二年九月初六日条,中国第一历史档案馆编:《内务府奏销档(缩微胶卷)》。谨按,在《奏销档》中,提及端嫔名讳的有数次,其中有一两次将其闺名写为"二姐",其实是因当时选中的三位秀女闺名串写之误。
④ 《口奏绿头牌及白头本档案》,康熙十年七月十一日条,中国第一历史档案馆编:《内务府奏销档(缩微胶卷)》。
⑤ 《口奏绿头牌白本档案》,康熙五十九年四月二十八日条,中国第一历史档案馆编:《内务府奏销档(缩微胶卷)》。
⑥ 《奏销档》,康熙二十年十月三十日条,中国第一历史档案馆编:《内务府奏销档(缩微胶卷)》。

译作"tob"①，意为"端正"。

五、僖嫔

【简介】

圣祖僖嫔，赫舍里氏，赉山之女。康熙年间被选入宫中。康熙十六年五月二十四日，诏封为僖嫔。同年八月二十二日，以内阁学士李天馥为使，册封为僖嫔。康熙四十一年（1702年）九月十一日薨。康熙四十四年二月初九日，奉安景陵妃园寝。

【概述】

在《星源集庆》等史料中，均指出圣祖僖嫔为"赫舍里氏，赉山之女"。由于赉山本身没有官职，或者因故并未记录其官职，故而目前尚不清楚赉山的具体身份、谱系以及旗分，亦因此无法确定僖嫔入宫的时间及情况，尚均有待进一步发掘资料。

康熙十六年，僖嫔作为第一批得到正式册封的后宫主位，被封为嫔位，在上谕中排在七嫔的末位。根据《实录》《奏销档》等官书或档案，七嫔之排序为安嫔、敬嫔、端嫔、荣嫔、惠嫔、宜嫔、僖嫔，目前认为，此七嫔之排序有其特殊的规律。其中，安嫔和敬嫔均为康熙十年入宫的六位外八旗格格之一，她们出身外八旗世家，入宫之后即享受福晋级待遇，与其余几位身份迥异，故而居首。端嫔、荣嫔、惠嫔、宜嫔、僖嫔五位之中，已知前四位均为内务府包衣旗籍出身，端嫔在康熙二年入宫，荣嫔和惠嫔约在康熙五年入宫，宜嫔康熙十六年入宫。由此推断，其排序很可能是以年纪长幼或入宫先后为依据。如果这种推断成立，则居于末位的僖嫔很可能与宜妃一样，同为康熙十六年入宫的内务府秀女。②

康熙二十年，有四位嫔被晋封为妃，僖嫔未在其列。其后，僖嫔在嫔位上度过二十余年。康熙四十一年九月初四日，首领太监梁九功传达圣祖旨

---

① 《为列祖列宗册封妃嫔字号事咨覆》，嘉庆六年正月，档案号：03-0197-3622-027，中国第一历史档案馆藏。
② 谨按，根据内务府《奏销档》记载，康熙十六年正月二十一日，圣祖一共选中九位内务府秀女。圣祖下达旨意，令其中两位内务府秀女入宫时各带家下女子一人，其余七位则无此待遇。此两位内务府秀女，一位即宜妃，另一位则是"拖尔弼管领护军齐锡之妹赉姐，十六岁，满洲"，她可能即是僖嫔赫舍里氏。但是，这种推测仍需进一步发掘史料以证实。

意,称僖嫔病重,要提前预备棺材。① 初六日,僖嫔的病情继续加重,内务府开始为其准备丧仪用品。由于当时没有现成的嫔位仪仗,内务府即向圣祖建议,在僖嫔丧仪中,暂借一位妃位的仪仗使用。圣祖认可了这个建议,并让他们借用惠妃之仪仗。② 最终,僖嫔于康熙四十一年九月十一日薨逝。

【封谥释义】

僖嫔的封号为"僖"。因为当时制度尚未健全,所以此封号是取自汉文喻意,满文方面未作意译,仅音译作"hi"③。至僖嫔薨逝之后的乾隆年间,当时制度规定后宫主位封谥之满文必须意译,故而将僖嫔之封号重新意译作"olhoba"④,意为"谨慎"。

第五节　清圣祖康熙帝的安嫔、敬嫔等六位格格

一、安嫔

【简介】

圣祖安嫔,正蓝旗汉军李氏(李佳氏),宣府总兵官刚阿泰之女。康熙十年六月二十三日入宫,称格格,属福晋级。康熙十六年五月二十四日,诏封为安嫔。同年八月二十二日,以尚书吴正治为使,册封为安嫔。康熙二十八年时仍在嫔位,至康熙三十六年时已不在嫔位。其后不明。

【家族背景】

圣祖安嫔出身铁岭李氏,是入旗的汉人,其入旗的始祖名为李永芳,即著名的"抚西额驸"。李永芳原为明代游击,后来归顺清太祖。由于李永芳是第一位归降清廷的明代高级军官,故而得到太祖的特别优待,不仅封为三等子爵位,还将和硕饶余敏亲王阿巴泰的第一女嫁给他,称为额驸。其后,汉军肇建,李永芳家族被编入正蓝旗汉军,拥有数个世管佐领,是汉军八旗

---

① 《奏销档案》,康熙四十一年九月初四日条,中国第一历史档案馆编:《内务府奏销档(缩微胶卷)》。
② 《奏销档案》,康熙四十一年九月初六日条,中国第一历史档案馆编:《内务府奏销档(缩微胶卷)》。
③ 《奏销档》,康熙二十年十月三十日条,中国第一历史档案馆编:《内务府奏销档(缩微胶卷)》。
④ 《为列祖列宗册封妃嫔字号事咨覆》,嘉庆六年正月,档案号:03-0197-3622-027,中国第一历史档案馆藏。

内著名的勋旧世家。

李永芳生有九子和至少一位女儿。九子之中,第一子名为洋阿,仕至吏部尚书;第二子名为李率泰,承袭一等轻车都尉又一云骑尉爵位,仕至闽浙总督,得谥忠襄;第三子名为刚阿泰,仕至总兵官;第四子名为哈什库,仕至提督;第五子名为巴颜,承袭一等昭信伯爵位和世管佐领,仕至都统;第六子名为瑚图礼,仕至提督;第七子名为瑚拜,娶和硕饶余敏亲王阿巴泰之孙女郡君为妻,为郡君额驸,仕至提督;第八子名为克胜额,承袭世管佐领,仕至副都统;第九子名为克德,仕至总兵官。已知的一女,嫁给和硕饶余敏亲王阿巴泰之孙奉恩辅国公翁古为妻。其中,李永芳第三子刚阿泰即是安嫔之父。

刚阿泰,其名亦作"刚阿岱",顺治朝时仕至宣府总兵官,在顺治十一年因故革职,安嫔入宫时他已经去世。刚阿泰至少生有三子,分别名为李荣宗、李耀宗和李显宗,其后裔承袭一个世管佐领,属于旗人世家之列。①

【宫廷生活】

根据康熙朝内务府《奏销档》记载,在孝诚仁皇后大婚礼之后,宫中再次娶进外八旗秀女,即是在康熙十年时娶进了六位出身外八旗之格格。这六位格格在康熙十年六月二十三日入宫,路线为进内左门,入住钟粹宫,②并且享受与储秀宫格格扎鲁特博尔济吉特氏同样的福晋级待遇,③位分等级在惠妃、荣妃、端嫔等四位小福晋级庶妃之上。虽然档案内没有直接记载六位格格的个人信息,却记录了她们入宫时随行人员之情况,分别为:"镶黄(旗)遏必隆公之跟随女子四位,正黄(旗)左都御史明珠之跟随女子四位,正白(旗)瓦尔达侍卫之跟随女子三位,镶红(旗)参领华善之跟随女子三位,镶红(旗)原任总兵官、以原品行走佟国玺之跟随女子四位,正蓝(旗)六品官李显宗之跟随女子三位。"④此处李显宗家之格格即是安嫔。

---

① 此段李氏谱系,整理自《清代谱牒档案(缩微胶卷)》《八旗通志初集》《钦定八旗通志》《爱新觉罗宗谱》。
② 《奏销绿头牌白本档案》,康熙十年六月十六日条,中国第一历史档案馆编:《内务府奏销档(缩微胶卷)》。
③ 《奏销绿头牌白本档案》,康熙十年六月十二日条,中国第一历史档案馆编:《内务府奏销档(缩微胶卷)》。
④ 《奏销绿头牌白本档案》,康熙十年六月二十三日条,中国第一历史档案馆编:《内务府奏销档(缩微胶卷)》。

安嫔入宫之后,在康熙十六年时,作为第一批得到正式册封的后宫主位,被封为嫔位,在上谕中排在七嫔的首位。康熙二十年,有四位嫔被晋封为妃,安嫔却未在其列。

　　从康熙二十年之后,档案中对于安嫔的记录逐渐减少。在康熙朝内务府《奏销档》中,她最后出现于康熙二十五年的宫分档案之中,当时仍是嫔位之一。① 康熙二十八年十二月时,内务府为新封的两位嫔位分派内管领,安嫔属下的内管领没有作为公中的内管领参加挑选,证明她当时应该仍在嫔位。② 而在康熙三十六年的宫分档案中,提及当时宫内有嫔位四位,③分别是已经获得册封的端嫔和僖嫔,以及未经册封的敬敏皇贵妃和良妃。由此可知,安嫔这时已经不在嫔位。康熙四十一年僖嫔薨逝时,内务府在奏报中曾经提及,在僖嫔薨逝之前,并无嫔位丧仪之定例或先例,④在景陵妃园寝内,亦未发现安嫔之名,故而可知安嫔是在康熙二十九年至康熙三十六年间从宫中消失。

　　关于安嫔究竟是被降位之后在宫中薨逝,还是因故从宫中退出,目前尚不得而知,均有待进一步发掘资料。

【封谥释义】

　　安嫔的封号为"安"。因为当时制度尚未健全,所以此封号是取自汉文喻意,满文方面未作意译,仅音译作"an"⑤。至安嫔薨逝之后的乾隆年间,当时制度规定后宫主位封谥之满文必须意译,故而将安嫔之封号重新意译作"elhe"⑥,意为"安康"。

---

① 《奏销档》,康熙二十五年二月三十日条,中国第一历史档案馆编:《内务府奏销档(缩微胶卷)》。
② 《口奏绿头牌白头本档案》,康熙二十八年十二月初一日条,中国第一历史档案馆编:《内务府奏销档(缩微胶卷)》。
③ 《为皇太后皇子公主等预备猪鹅鸡等数目清单》,中国第一历史档案馆编:《康熙朝满文朱批奏折全译》,第1706页。
④ 《奏销档案》,康熙四十一年九月初六日条,中国第一历史档案馆编:《内务府奏销档(缩微胶卷)》。
⑤ 《奏销档》,康熙二十年十月三十日条,中国第一历史档案馆编:《内务府奏销档(缩微胶卷)》。
⑥ 《为列祖列宗册封妃嫔字号事咨覆》,嘉庆六年正月,档案号:03-0197-3622-027,中国第一历史档案馆藏。

二、敬嫔

【简介】

圣祖敬嫔,镶红旗满洲完颜氏(王佳氏),护军参领华善之女。康熙十年六月二十三日入宫,称格格,属福晋级。康熙十六年五月二十四日,诏封为敬嫔。同年八月二十二日,以侍郎额星格为使,册封为敬嫔。康熙二十八年时仍在嫔位,至康熙三十六年时已不在嫔位。其后不明。

【家族背景】

圣祖敬嫔出身东归系完颜氏,与仁宗恕妃同族。"完颜"之满文为"wanggiya",音译即"王佳",故而亦常写作"王佳氏"。根据谱牒记载,此系的祖先名为完颜守祥,是金哀宗完颜守绪的远房堂兄弟。据传说,完颜守祥在金朝末年返回东北居住,为此系之远祖。完颜守祥之五世孙名为杭爱,约为明中叶之人,以善于打虎而闻名,为此系之近祖。此系后裔自称为"东归本支",故而在此称此系为东归系,亦是清代完颜氏一姓之中最庞大也是最著名的一系。国初时镶红旗满洲一等男、扎尔固齐博尔晋家族以及清中后期著名的内务府世家镶黄旗包衣鲁克素家族等,均出身于此系。敬嫔家族则属于此系内镶红旗满洲礼谷理扎秦一支。

礼谷理扎秦,世居翁果尔和地方,在国初入旗,被编入镶红旗满洲,与堂侄苏山家族共同拥有两个世管佐领。礼谷理扎秦生有两子,第一子名为额德,以护军校从征阵亡,追封为云骑尉;第二子名为吴荪,因功封为三等轻车都尉,仕至护军参领。吴荪亦生有两子,第一子名为华善,承袭世管佐领,仕至护军参领;第二子名为岱禄,承袭三等轻车都尉爵位。其中华善即是敬嫔之父。根据谱牒记载,敬嫔至少有一位胞兄弟,名为硕林,承袭世管佐领,仕至参领。敬嫔家族属于八旗军功世家,大多出任旗内武职,为中级官员。①

【宫廷生活】

根据康熙朝内务府《奏销档》记载,在孝诚仁皇后大婚礼之后,宫中再次娶进外八旗秀女,即是在康熙十年时娶进了六位出身外八旗之格格。这六

---

① 此段完颜氏谱系,整理自《八旗满洲氏族通谱》;《清代谱牒档案(缩微胶卷)》;景爱:《皇裔沉浮》,北京:学苑出版社,2002年;完颜氏后裔藏:《长白佛满洲完颜氏东归本支统系表》《长白山本支完颜氏宗谱》《八旗通志初集》《钦定八旗通志》《爱新觉罗宗谱》。

位格格在康熙十年六月二十三日入宫,路线为进内左门,入住钟粹宫,①并且享受与储秀宫格格扎鲁特博尔济吉特氏同样的福晋级待遇,②位分等级在惠妃、荣妃、端嫔等四位小福晋级庶妃之上。虽然档案内没有直接记载六位格格的个人信息,却记录了她们入宫时随行人员之情况,分别为:"镶黄(旗)遏必隆公之跟随女子四位,正黄(旗)左都御史明珠之跟随女子四位,正白(旗)瓦尔达侍卫之跟随女子三位,镶红(旗)参领华善之跟随女子三位,镶红(旗)原任总兵官、以原品行走佟国玺之跟随女子四位,正蓝(旗)六品官李显宗之跟随女子三位。"③此处华善家之格格即是敬嫔。

敬嫔入宫之后,在康熙十六年时,作为第一批得到正式册封的后宫主位,被封为嫔位,在上谕中排在七嫔的第二位。康熙二十年,有四位嫔被晋封为妃,敬嫔却未在其列。

从康熙二十年之后,档案中对于敬嫔的记录逐渐减少。在康熙朝内务府《奏销档》中,她最后出现于康熙二十五年的宫分档案之中,当时仍是嫔位之一。④康熙二十八年十二月时,内务府为新封的两位嫔位分派内管领,敬嫔属下的内管领没有作为公中的内管领参加挑选,证明她当时应该仍在嫔位。⑤而在康熙三十六年的宫分档案中,提及当时宫内有嫔位四位,⑥分别是已经获得册封的端嫔和僖嫔,以及未经册封的敬敏皇贵妃和良妃,由此可知敬嫔这时已经不在嫔位。康熙四十一年僖嫔薨逝时,内务府在奏报中曾经提及,在僖嫔薨逝之前,并无嫔位丧仪之定例或先例,⑦在景陵妃园寝内,亦未发现敬嫔之名,故而可知敬嫔是在康熙二十九年至康熙三十六年间从

---

① 《奏销绿头牌白本档案》,康熙十年六月十六日条,中国第一历史档案馆编:《内务府奏销档(缩微胶卷)》。
② 《奏销绿头牌白本档案》,康熙十年六月十二日条,中国第一历史档案馆编:《内务府奏销档(缩微胶卷)》。
③ 《奏销绿头牌白本档案》,康熙十年六月二十三日条,中国第一历史档案馆编:《内务府奏销档(缩微胶卷)》。
④ 《奏销档》,康熙二十五年二月三十日条,中国第一历史档案馆编:《内务府奏销档(缩微胶卷)》。
⑤ 《口奏绿头牌白头本档案》,康熙二十八年十二月初一日条,中国第一历史档案馆编:《内务府奏销档(缩微胶卷)》。
⑥ 《为皇太后皇子公主等预备猪鹅鸡等数目清单》,中国第一历史档案馆编:《康熙朝满文朱批奏折全译》,第1706页。
⑦ 《奏销档案》,康熙四十一年九月初六日条,中国第一历史档案馆编:《内务府奏销档(缩微胶卷)》。

宫中消失。

关于敬嫔究竟是被降位之后在宫中薨逝,还是因故从宫中退出,目前尚不得而知,均有待进一步发掘资料。

【封谥释义】

敬嫔的封号为"敬"。因为当时制度尚未健全,所以此封号是取自汉文喻意,满文方面未作意译,仅音译作"ging"①。至敬嫔薨逝之后的乾隆年间,当时制度规定后宫主位封谥之满文必须意译,故而将敬嫔之封号重新意译作"ginggun"②,意为"恭敬"。

三、庶妃佟佳氏

【简介】

圣祖庶妃,镶红旗汉军档记满洲佟佳氏,广东廉州总兵官佟国玺之女。康熙十年六月二十三日入宫,称格格,属福晋级。因故于康熙十六年(1677年)出宫,返回本家。其后不明。

【概述】

根据康熙朝内务府《奏销档》记载,在孝诚仁皇后大婚礼之后,宫中再次娶进外八旗秀女,即是在康熙十年时娶进了六位出身外八旗之格格。这六位格格在康熙十年六月二十三日入宫,路线为进内左门,入住钟粹宫,③并且享受与储秀宫格格扎鲁特博尔济吉特氏同样的福晋级待遇,④位分等级在惠妃、荣妃、端嫔等四位小福晋级庶妃之上。虽然档案内没有直接记载六位格格的个人信息,却记录了她们入宫时随行人员之情况,分别为:"镶黄(旗)遏必隆公之跟随女子四位,正黄(旗)左都御史明珠之跟随女子四位,正白(旗)瓦尔达侍卫之跟随女子三位,镶红(旗)参领华善之跟随女子三位,镶红(旗)原任总兵官、以原品行走佟国玺之跟随女子四位,正蓝(旗)六品官李

---

① 《奏销档》,康熙二十年十月三十日条,中国第一历史档案馆编:《内务府奏销档(缩微胶卷)》。
② 《为列祖列宗册封妃嫔字号事咨覆》,嘉庆六年正月,档案号:03-0197-3622-027,中国第一历史档案馆藏。
③ 《奏销绿头牌白本档案》,康熙十年六月十六日条,中国第一历史档案馆编:《内务府奏销档(缩微胶卷)》。
④ 《奏销绿头牌白本档案》,康熙十年六月十二日条,中国第一历史档案馆编:《内务府奏销档(缩微胶卷)》。

显宗之跟随女子三位。"①此处佟国玺家之格格即是庶妃佟佳氏。

庶妃佟佳氏出身巴虎特克慎系佟佳氏,与孝康章皇后、孝懿仁皇后、悫惠皇贵妃同族。从谱牒上来看,她们均为巴虎特克慎之子达尔汉图谋图的后代。孝康章皇后、孝懿仁皇后、悫惠皇贵妃为达尔汉图墨图之孙佟昱第一子佟瑛之后代,而庶妃佟佳氏为佟昱第四子佟琮之后代,其堂亲血缘关系已经十分疏远。

庶妃佟佳氏家族入旗的始祖名为佟养谦。他是佟琮的玄孙,在清初被编入镶红旗汉军,授予世管佐领。其子名为佟荣年,承袭世管佐领,仕至前锋参领。佟荣年生有三子,第一子名为佟国玺,承袭世管佐领,仕至总兵官;第二子名为佟国璋,承袭世管佐领;第三子名为佟国珍,早亡。佟国玺即为庶妃佟佳氏之父。

佟国玺,顺治朝以世管佐领入仕,顺治十一年升任参领,康熙三年升任广东海丰总兵官。之后曾经开缺,在原品上行走。康熙十三年,出任山东援剿总兵官。康熙十六年,转任广东廉州总兵官。康熙二十三年以病乞休,在康熙二十八年正月病故。佟国玺嫡妻李氏,为正黄旗汉军一等男又一云骑尉、总兵官李思忠第一女。生有至少一子,名为佟世茂,仕至知县,即庶妃佟佳氏之胞兄弟。②

康熙十年入宫的这六位格格均出身外八旗的名门世家,入宫之后,即享受福晋级待遇,可见其受到宫廷相当之重视。目前推测,这六位格格原本即是后宫高级主位的候选人。但是,在康熙十六年五月,圣祖决定对后宫主位进行第一批正式册封时,却只将六位格格中的两位册封为嫔位,即安嫔及敬嫔,其余四位格格不仅未得册封,并且在档案中失去记载。其中,只有庶妃佟佳氏之情况在档案中有所提及。根据内务府《奏销档》记载,在圣祖诏封七嫔的第二天,即康熙十六年五月二十五日,圣祖下达旨意,让福晋级庶妃储秀宫格格扎鲁特博尔济吉特氏出宫。同日,内务府请旨询问储秀宫格格扎鲁特博尔济吉特氏出宫前是否仍旧配给口分,并且询问如何赔付"佟格

---

① 《奏销绿头牌白本档案》,康熙十年六月二十三日条,中国第一历史档案馆编:《内务府奏销档(缩微胶卷)》。
② 此段佟佳氏谱系,整理自《八旗满洲氏族通谱》《清代谱牒档案(缩微胶卷)》《满族佟氏史略》《八旗通志初集》《钦定八旗通志》《爱新觉罗宗谱》。

格"带入宫中之家下女子①。同年七月十四日之档案,则进一步明确提到赔付之家下女子原为"令出(宫)之佟格格"位下之人②。由此可知,庶妃佟佳氏最终在康熙十六年从宫中退出,回到其本家。

四、庶妃扎斯瑚里氏

【简介】

圣祖庶妃,正白旗满洲扎斯瑚里氏,三等男、副都统瓦尔达之女。康熙十年六月二十三日入宫,称格格,属福晋级。其后不明。

【概述】

根据康熙朝内务府《奏销档》记载,在孝诚仁皇后大婚礼之后,宫中再次娶进外八旗秀女,即是在康熙十年时娶进了六位出身外八旗之格格。这六位格格在康熙十年六月二十三日入宫,路线为进内左门,入住钟粹宫,③并且享受与储秀宫格格扎鲁特博尔济吉特氏同样的福晋级待遇,④位分等级在惠妃、荣妃、端嫔等四位小福晋级庶妃之上。虽然档案内没有直接记载六位格格的个人信息,却记录了她们入宫时随行人员之情况,分别为:"镶黄(旗)遏必隆公之跟随女子四位,正黄(旗)左都御史明珠之跟随女子四位,正白(旗)瓦尔达侍卫之跟随女子三位,镶红(旗)参领华善之跟随女子三位,镶红(旗)原任总兵官、以原品行走佟国玺之跟随女子四位,正蓝(旗)六品官李显宗之跟随女子三位。"⑤此处瓦尔达家之格格即是庶妃扎斯瑚里氏。

庶妃扎斯瑚里氏出自珍柱恳系扎斯瑚里氏,其入旗的始祖名为珍柱恳,世居卦尔察和伦地方,在国初率四十人来归,被编入正白旗满洲,封三等男,授世管佐领。其家族亦为清代扎斯瑚里一姓之中最显要的一系。珍柱恳之

---

① 《口奏绿头牌白本档案》,康熙十六年五月二十五日条,中国第一历史档案馆编:《内务府奏销档(缩微胶卷)》。
② 《口奏绿头牌白本档案》,康熙十六年七月十四日条,中国第一历史档案馆编:《内务府奏销档(缩微胶卷)》。
③ 《奏销绿头牌白本档案》,康熙十年六月十六日条,中国第一历史档案馆编:《内务府奏销档(缩微胶卷)》。
④ 《奏销绿头牌白本档案》,康熙十年六月十二日条,中国第一历史档案馆编:《内务府奏销档(缩微胶卷)》。
⑤ 《奏销绿头牌白本档案》,康熙十年六月二十三日条,中国第一历史档案馆编:《内务府奏销档(缩微胶卷)》。

子名为科岳尔图,承袭世管佐领,仕至都统、议政大臣。科岳尔图生有二子,第一子名为瓦尔达,承袭三等男爵位、世管佐领,仕至副都统;第二子名为恩启,承袭世管佐领。瓦尔达即为庶妃扎斯瑚里氏之父。

瓦尔达,康熙四年承袭祖父珍柱恩所遗三等男爵位入仕,初任侍卫,后升任护军参领。康熙三十八年,升任正蓝旗汉军副都统,后转为镶白旗满洲副都统,在康熙四十年去世。瓦尔达至少生有二子,第一子名为吴雅图,降袭三等男爵位为二等轻车都尉,并承袭世管佐领;第二子名为索柱,在兄长去世后承袭二等轻车都尉爵位,他们即是庶妃扎斯瑚里氏之胞兄弟。①

康熙十年入宫的这六位格格均出身外八旗的名门世家,入宫之后,即享受福晋级待遇,可见其受到宫廷相当之重视。目前推测,这六位格格原本即是后宫高级主位的候选人。但是,在康熙十六年五月,圣祖决定对后宫主位进行第一批正式册封时,却只将六位格格中的两位册封为嫔位,即安嫔及敬嫔,其余四位格格不仅未得册封,并且在档案中失去记载。

庶妃扎斯瑚里氏究竟是在入宫之后薨逝,还是与庶妃佟佳氏一样在康熙十六年出宫,目前尚不得而知,均有待进一步发掘资料。

五、庶妃钮祜禄氏

【简介】

圣祖庶妃,镶黄旗满洲钮祜禄氏,果毅公、领侍卫内大臣遏必隆之女。康熙十年六月二十三日入宫,称格格,属福晋级。其后不明。

【概述】

根据康熙朝内务府《奏销档》记载,在孝诚仁皇后大婚礼之后,宫中再次娶进外八旗秀女,即是在康熙十年时娶进了六位出身外八旗之格格。这六位格格在康熙十年六月二十三日入宫,路线为进内左门,入住钟粹宫,②并且享受与储秀宫格格扎鲁特博尔济吉特氏同样的福晋级待遇,③位分等级

---

① 此段扎斯瑚里氏谱系,整理自《八旗满洲氏族通谱》《八旗通志初集》《钦定八旗通志》《爱新觉罗宗谱》。
② 《奏销绿头牌白本档案》,康熙十年六月十六日条,中国第一历史档案馆编:《内务府奏销档(缩微胶卷)》。
③ 《奏销绿头牌白本档案》,康熙十年六月十二日条,中国第一历史档案馆编:《内务府奏销档(缩微胶卷)》。

在惠妃、荣妃、端嫔等四位小福晋级庶妃之上。虽然档案内没有直接记载六位格格的个人信息,却记录了她们入宫时随行人员之情况,分别为:"镶黄(旗)遏必隆公之跟随女子四位,正黄(旗)左都御史明珠之跟随女子四位,正白(旗)瓦尔达侍卫之跟随女子三位,镶红(旗)参领华善之跟随女子三位,镶红(旗)原任总兵官、以原品行走佟国玺之跟随女子四位,正蓝(旗)六品官李显宗之跟随女子三位。"①此处遏必隆家之格格即是庶妃钮祜禄氏。

根据弘毅公府的谱牒记载,遏必隆一共有五位女儿,其中:大女儿嫁给巴林蒙古王扎什为福晋,第二女即孝昭仁皇后,第三女即温僖贵妃,第四女嫁给太宗之孙不入八分辅国公云升为继妻,第五女嫁给镶白旗蒙古一等子阿玉什为妻。而在庶妃钮祜禄氏入宫之前的康熙十年六月二十一日,遏必隆曾遣人向孝庄文皇后陈奏道:"余之女甚是年幼,其入宫时,可否令其乳母随入一年或三年,操持唤醒、梳头、洗脸等事。"②获得孝庄文皇后的允准。由此可知,庶妃钮祜禄氏入宫时年纪尚小,可能比当时的适婚年龄要小几岁。目前已知孝昭仁皇后生于顺治十六年,康熙十年时为十三岁,在当时的社会观念之下,已经属于适婚年龄,不大符合遏必隆所谓"甚是年幼"之说,至于温僖贵妃则是在康熙十九年入宫,故而庶妃钮祜禄氏可能是遏必隆的另外三位女儿之一,亦可能是弘毅公府谱牒有阙载之现象。

康熙十年入宫的这六位格格均出身外八旗的名门世家,入宫之后,即享受福晋级待遇,可见其受到宫廷相当之重视。目前推测,这六位格格原本即是后宫高级主位的候选人。但是,在康熙十六年五月,圣祖决定对后宫主位进行第一批正式册封时,却只将六位格格中的两位册封为嫔位,即安嫔及敬嫔,其余四位格格不仅未得册封,并且在档案中失去记载。

庶妃钮祜禄氏究竟是在入宫之后薨逝,还是与庶妃佟佳氏一样在康熙十六年出宫,目前尚不得而知,均有待进一步发掘资料。

---

① 《奏销绿头牌白本档案》,康熙十年六月二十三日条,中国第一历史档案馆编:《内务府奏销档(缩微胶卷)》。
② 《奏销绿头牌白本档案》,康熙十年六月二十一日条,中国第一历史档案馆编:《内务府奏销档(缩微胶卷)》。

六、庶妃叶赫纳喇氏

【简介】

圣祖庶妃,正黄旗满洲叶赫纳喇氏,武英殿大学士明珠之女。康熙十年六月二十三日入宫,称格格,属福晋级。其后不明。

【概述】

根据康熙朝内务府《奏销档》记载,在孝诚仁皇后大婚礼之后,宫中再次娶进外八旗秀女,即是在康熙十年时娶进了六位出身外八旗之格格。这六位格格在康熙十年六月二十三日入宫,路线为进内左门,入住钟粹宫,[①]并且享受与储秀宫格格扎鲁特博尔济吉特氏同样的福晋级待遇,[②]位分等级在惠妃、荣妃、端嫔等四位小福晋级庶妃之上。虽然档案内没有直接记载六位格格的个人信息,却记录了她们入宫时随行人员之情况,分别为:"镶黄(旗)遏必隆公之跟随女子四位,正黄(旗)左都御史明珠之跟随女子四位,正白(旗)瓦尔达侍卫之跟随女子三位,镶红(旗)参领华善之跟随女子三位,镶红(旗)原任总兵官、以原品行走佟国玺之跟随女子四位,正蓝(旗)六品官李显宗之跟随女子三位。"[③]此处明珠家之格格即是庶妃叶赫纳喇氏。

庶妃叶赫纳喇氏出自叶赫国主系叶赫纳喇氏(星恳达尔汉系叶赫纳喇氏),与孝慈高皇后、太祖侧妃叶赫纳喇氏、高宗舒妃同族,均为金台石之后裔。从堂亲辈分上计算,孝慈高皇后与太祖侧妃叶赫纳喇氏均为金台石之姊妹,亦即庶妃叶赫纳喇氏之姑祖母。高宗舒妃为明珠之曾孙女,亦即庶妃叶赫纳喇氏之侄孙女。其家世可以参考孝慈高皇后条。

根据谱牒记载,金台石第二子名为尼雅哈,入旗之后,原被编入正黄旗满洲,封骑都尉。后因在家中受嫡母虐待,故而被太宗收入包衣旗分恩养,遂成为正黄旗包衣佐领下人,[④]仕至郎中。尼雅哈生有四子,第一子名为郑库,承袭骑都尉爵位;第二子名为贞泰,早亡;第三子名为明珠,仕至大学士;

[①] 《奏销绿头牌白本档案》,康熙十年六月十六日条,中国第一历史档案馆编:《内务府奏销档(缩微胶卷)》。

[②] 《奏销绿头牌白本档案》,康熙十年六月十二日条,中国第一历史档案馆编:《内务府奏销档(缩微胶卷)》。

[③] 《奏销绿头牌白本档案》,康熙十年六月二十三日条,中国第一历史档案馆编:《内务府奏销档(缩微胶卷)》。

[④] 永莉娜:《明珠家族佐领承袭初探——以明珠二世孙瞻岱满文奏折为中心的考察》,《中央民族大学学报(哲学社会科学版)》2019 年第 4 期。

第四子名为国立，亦早亡。又根据档案记载，康熙十年六月二十一日，遏必隆曾遣人向孝庄文皇后奏称，自己的女儿作为即将入宫的六位格格之一，年龄尚小，是否可以让乳母随其入宫伺候一年或三年。在遏必隆的请求获得孝庄文皇后的允准之后，内务府又上奏称："都察院左都御史明珠，其女亦甚年幼。其入宫时，可否亦令其乳母随入二月，使其适应。"①同样亦获得孝庄文皇后的允准。由此可知，明珠即为庶妃叶赫纳喇氏之父。

明珠，生于天聪九年十月初十日，以銮仪卫云麾使入仕，升任内务府郎中。康熙三年，升任总管内务府大臣。康熙五年，升任内弘文院学士。康熙六年，奉圣祖旨意归隶原旗。康熙七年，升任刑部尚书。之后历任都察院左都御史、兵部尚书、吏部尚书，在康熙十六年升至武英殿大学士。康熙二十七年，降为内大臣，最终在康熙四十七年四月十七日病故，是康熙朝炙手可热、权倾一时之重臣。根据明珠之墓志铭记载，他娶和硕英亲王阿济格第五女为妻，生有三子三女。第一子名为性德，号容若，是康熙十五年进士，仕至头等侍卫；第二子名为揆叙，号凯功，仕至左都御史，得谥文端，后来因为党附和硕廉亲王允禩而被追夺谥号；第三子名为揆方，娶和硕康良亲王杰书第八女郡主为妻，为和硕额驸。三位女儿中，第一女嫁与正蓝旗汉军一等昭信伯、副将天保为妻，天保是"抚西额驸"李永芳之曾孙，亦即为同日入宫的安嫔之堂侄；第二女嫁与温王府大宗多罗贝勒延绶为嫡妻；第三女则早亡。②庶妃叶赫纳喇氏究竟是明珠三位女儿中的哪一位，抑或为墓志铭所阙载，目前尚不得而知。③

康熙十年入宫的这六位格格均出身外八旗的名门世家，入宫之后，即享受福晋级待遇，可见其受到宫廷相当之重视。目前推测，这六位格格原本即是后宫高级主位的候选人。但是，在康熙十六年五月，圣祖决定对后宫主位进行第一批正式册封时，却只将六位格格中的两位册封为嫔位，即安嫔及敬

---

① 《奏销绿头牌白本档案》，康熙十年六月二十一日条，中国第一历史档案馆编：《内务府奏销档（缩微胶卷）》。
② 皇清诰授光禄大夫议政内大臣前太子太师礼部尚书武英殿大学士明公墓志铭，首都博物馆藏。
③ 此段叶赫纳喇氏谱系，整理自《八旗满洲氏族通谱》《叶赫那兰氏八旗族谱》《纳丹珠承袭世管佐领家谱》《清代谱牒档案（缩微胶卷）》《八旗通志初集》《钦定八旗通志》《爱新觉罗宗谱》。

嫔,其余四位格格不仅未得册封,并且在档案中失去记载。

庶妃叶赫纳喇氏究竟是在入宫之后薨逝,还是与庶妃佟佳氏一样在康熙十六年出宫,目前尚不得而知,均有待进一步发掘资料。

第六节　清圣祖康熙帝中期的有号主位

一、敬敏皇贵妃

【简介】

圣祖敬敏皇贵妃,原镶黄旗包衣后抬镶黄旗满洲章佳氏,二等侍卫海宽之女。康熙年间被选入宫中。康熙二十五年十月初一日,生第二十二子和硕怡贤亲王允祥。康熙二十六年十一月二十七日,生第十三女温恪和硕公主。其间位分等级不明。康熙二十八年,晋封为嫔级。康熙三十年正月初六日,生第十五女敦恪和硕公主。康熙三十八年七月二十五日薨。同年闰七月初二日,追封为敏妃。十月,暂安景陵琉璃花门内宝城近处。雍正元年六月二十五日,追晋为敬敏皇贵妃。同年九月,奉安景陵宝城之内。

【家族背景】

圣祖敬敏皇贵妃出身穆都巴颜系章佳氏,此系的始祖名为穆都巴颜,原本世居额穆和苏鲁地方,后来迁至瓦尔喀什罗尔锦地方居住。其生有五子,在分家之后分别居住在不同地方,各自形成支系,是清代章佳氏一姓之中最庞大也是最著名的一系。乾隆朝之名臣一等诚谋英勇公、大学士阿桂即是穆都巴颜第一子瑚鲁瑚昌吉萧之后代,两江总督尹继善则是穆都巴颜第三子辉色之后代。至于敬敏皇贵妃,则为穆都巴颜第二子章库之后代。

在穆都巴颜五子分家之后,章库迁至马尔墩章佳地方居住,其曾孙名为逊扎齐,即是敬敏皇贵妃家族入旗的始祖,他在清初被编入包衣旗籍,是镶黄旗包衣佐领下人。逊扎齐生有二子,第一子名为苏尔泰,仕至上驷院卿;第二子名为达尔泰,因功封为云骑尉,仕至包衣佐领。达尔泰生有四子,第一子名为窦特,承袭云骑尉爵位,晋封为骑都尉,仕至参领;第二子名为德穆图;第三子名为科岱,仕至委署护军参领;第四子名为海福。其中承袭爵位的窦特即是敬敏皇贵妃之祖父。

窦特生有两子,第一子名为海宽,历任包衣佐领、包衣参领,仕至二等侍卫;第二子名为朔色,仕至骁骑校。海宽与朔色兄弟二人究竟何人为敬敏皇贵妃之父,不同史料中的记载有所差异。《玉牒》《星源集庆》等书均记载敬敏皇贵妃为海宽之女,而《章佳氏哈拉宗谱》则记载敬敏皇贵妃为朔色之女。

出现这种差异,既可能是历史文献本身的问题,亦可能的确在血缘上有相应变化。从历史文献的角度来讲,《章佳氏哈拉宗谱》为东北旗人谱书,其中主要记载的是屯居于沈阳城西榆林堡的逊扎齐三叔萨穆占一支,其支系与敬敏皇贵妃家族虽属同一祖先,但实际早已分为两支,且分在京师、盛京两地,内中所记敬敏皇贵妃家事难免会出现错谬。而从血缘上来讲,有可能敬敏皇贵妃原为朔色之女,出于某些原因,过继给伯父海宽为养女。同时,根据清代选秀制度,秀女"本人父母或亲伯叔父母兄弟、兄弟之妻送至神武门"。① 抑或是当时朔色已经去世,敬敏皇贵妃即以伯父海宽之女的身份参加挑选。

不过,根据谱牒记载,海宽生有五子,依次名为阿林、哈达、毕拉、毕汉、偏古;朔色生有一子,名为塔沁。而根据康熙朝内务府《奏销档》记载,康熙四十九年(1710年)十一月,宫中为和硕怡贤亲王允祥派出的管理家务大臣噶达出差,内务府奏请圣祖挑选官员替补其缺,圣祖即下达旨意:"令阿哥之舅父哈达管理其家事。"②哈达为海宽的第二子,圣祖称其为和硕怡贤亲王允祥之舅父,似表明敬敏皇贵妃确为海宽之女。故而,此处仍以海宽为敬敏皇贵妃之父,有待今后进一步发掘资料。③

根据档案记载,世宗即位之后,曾降旨调查几位母妃之旗籍、家属。内务府回奏称,敬敏皇贵妃家族旗籍为"镶黄旗包衣海章佐领"④,亦即镶黄旗包衣第二参领第二满洲佐领。其后,世宗将敬敏皇贵妃家族从镶黄旗包衣抬出,编为镶黄旗满洲第五参领第十四佐领,并且定为世管佐领,由海宽后

---

① 光绪朝《钦定大清会典事例》卷154,《续修四库全书》编纂委员会编:《续修四库全书》,第800册,第520页。
② 《口奏绿头牌及白本档案》,康熙四十九年十一月十一日条,中国第一历史档案馆编:《内务府奏销档(缩微胶卷)》。
③ 此段章佳氏谱系,整理自《八旗满洲氏族通谱》;《清代谱牒档案(缩微胶卷)》;《章佳氏族谱》;《满族家谱选编》;《章佳氏哈拉宗谱》,赵立静、何溥滢、傅波主编:《满族家谱选》,北京:中国社会科学出版社,1994年;《八旗通志初集》《钦定八旗通志》《爱新觉罗宗谱》。
④ 《口奏绿头牌及白本档案》,康熙六十一年十二月十四日条,中国第一历史档案馆编:《内务府奏销档(缩微胶卷)》。

裔世袭。①

【宫廷生活】

圣祖敬敏皇贵妃入宫的时间目前尚不明确。敬敏皇贵妃出身镶黄旗包衣,故而应该是在康熙朝中前期作为内务府秀女被选入宫中,进而成为后宫主位。

敬敏皇贵妃入宫之后,先后共为圣祖生育一子两女,其中:独子允祥序齿为十三阿哥,第一女序齿为八公主,第二女序齿为十公主。康熙二十八年十二月,内务府为新封的两位嫔位分派内管领,②结合前后信息来看,这两位嫔位即是已经生育皇子的敬敏皇贵妃和良妃。至于敬敏皇贵妃在此之前的位分等级,目前尚不清楚。在当时后宫的高级主位之中,敬敏皇贵妃的年齿可能最小。

敬敏皇贵妃未能等到册封后宫主位的批次,即于康熙三十八年七月薨逝。圣祖在上谕中评价敬敏皇贵妃道:"妃章佳氏,性行温良,克娴内则,久侍宫闱,敬慎素著。"③并且追封她为敏妃。目前已知,至少在康熙三十六年时,敬敏皇贵妃仍为嫔级待遇,④其生前是否已经晋封为妃级,则不得而知。

根据《陵寝事宜易知》记载,敬敏皇贵妃薨逝之后,于康熙三十八年十月奉安。雍正元年正月二十六日,世宗在给礼部的上谕中提及:"昔日,皇考建设妃园寝,为妃母等殡所,惟敏妃母一位,皇考曾降谕旨暂安于陵寝琉璃花门之内宝城近处俟入宝城。今钦遵皇考原旨,奉敏妃母安于宝城内。在宝城内安奉者,只有敏妃母一位,应追封为皇考皇贵妃。"⑤指出敬敏皇贵妃在康熙三十八年十月时奉安的地点是在景陵琉璃花门内宝城的近处。但是,针对《陵寝事宜易知》的记载和世宗的相关说明,有学者提出疑问,认为敬敏

---

① 谨按,此佐领在乾隆十二年因故改为公中佐领,海宽后裔就此失去世袭权限,亦间接导致海宽后裔在其后逐渐没落。
② 《口奏绿头牌白头本档案》,康熙二十八年十二月初一日条,中国第一历史档案馆编:《内务府奏销档(缩微胶卷)》。
③ 《圣祖仁皇帝实录》卷194,康熙三十八年闰七月戊戌条,《清实录》,第5册,第1052页。
④ 《为皇太后皇子公主等预备猪鹅鸡等数目清单》,中国第一历史档案馆:《康熙朝满文朱批奏折全译》,第1706页。
⑤ 中国第一历史档案馆编:《雍正朝汉文谕旨汇编》,桂林:广西师范大学出版社,1999年,第1册,第23页。

皇贵妃原本奉安于景陵妃园寝内,《陵寝事宜易知》中所记时间即是奉安景陵妃园寝之时间。其后,由于敬敏皇贵妃之子和硕怡贤亲王允祥在雍正朝得到重用,故而世宗虚构了圣祖的旨意,强行将敬敏皇贵妃由景陵妃园寝奉移至景陵宝城之内。

目前,通过对清初及清中叶档案进行整理,相关质疑亦可以得到回应。根据康熙朝内务府《奏销档》记载,康熙三十八年十一月时,景陵的内务府官员奏称,由于山陵(景陵)增加宝位①而需要添设各项人员,其中提及:"先是,照三宝位派放人员,祭时,官员、太监、饭茶上人、拜唐阿等,共同谨慎尽力,方不至延误。现因增敏妃宝位,太监、饭茶上人、饭茶妇人、拜唐阿等实为不足,祭祀之处关系甚重,若不增添人员,难能行事。"对此,圣祖下达旨意称,"照掌山陵(景陵)关防官员之请,增加派放太监二人、饭上人二人、饭上妇人一人、茶上人一人、茶上妇人一人、柏唐阿五人、厨子三人。"②档案中明确记述新增的敬敏皇贵妃宝位在"山陵"(景陵),而非妃衙门(妃园寝),故而可证敬敏皇贵妃的确于康熙三十八年十月暂安在景陵近处,而并非奉安于景陵妃园寝。

【封谥释义】

敬敏皇贵妃原本的封谥为"敏"③,满文作"ulhisu"④,意为"灵敏"。雍正元年追晋为皇贵妃后,获得的谥号为"敬敏",满文作"ginggun ulhisu"⑤,意为"恭敬灵敏"。

二、悫怡皇贵妃

【简介】

圣祖悫怡皇贵妃,镶红旗满洲瓜尔佳氏,三品协领祐满之女。康熙二十

---

① 谨按,宝位一词,满文作"soorin",意为"王位"、"宝座",不知所指为牌位抑或为棺位,故而此处只翻译为宝位。
② 《绿头牌白本档案》,康熙三十八年十一月十三日条,中国第一历史档案馆编:《内务府奏销档(缩微胶卷)》。
③ 谨按,清初对于后宫妃嫔的封号和谥号等称谓有一些混淆。"敏妃"之称在康熙朝当时记载为"追谥",但是在乾隆朝制度进一步确立之后,因为制度内妃已经不与谥号,所以改成"追封"。本书此处写为"封谥"。相关问题可参见本书上部后宫主位封谥部分。
④ 《呈各皇帝位下妃嫔清单》,道光二年,档案号:03-2817-070,中国第一历史档案馆藏。
⑤ 《为列祖列宗册封妃嫔字号事咨覆》,嘉庆六年正月,档案号:03-0197-3622-027,中国第一历史档案馆藏。

二年十月十六日生。① 康熙年间被选入宫中。康熙三十九年九月二十八日，诏封为和嫔。同年十二月十七日，以大学士马齐为使，册封为和嫔。康熙四十年十月十八日，生第十八女。康熙五十七年四月十九日，诏晋为和妃。同年十二月二十八日，以大学士嵩祝为使，册封为和妃。康熙六十一年十一月，圣祖崩逝，世宗即位。同年十二月初六日，诏晋为贵妃。雍正二年六月初十日，册封为贵妃。雍正十三年八月，世宗崩逝，高宗即位。同年九月十二日，诏晋徽号。乾隆元年十一月初三日，尊封为温惠贵太妃。乾隆八年七月初七日，诏晋为温惠皇贵太妃。同年十一月二十七日，尊封为温惠皇贵太妃。乾隆三十三年二月患病，高宗亲临视疾。乾隆三十三年三月十四日薨，享年八十六岁。同年五月，谥曰惇怡皇贵妃。十月十二日，奉安景陵皇贵妃园寝。

【家族背景】

根据目前已知资料，圣祖惇怡皇贵妃是少数出身于东北驻防八旗的清代后宫主位，其家族为宁古塔驻防镶红旗满洲瓜尔佳氏，家族谱书为《宁古塔满洲厢红旗瓜勒佳氏族谱》。②

其家谱内称："瓜勒佳氏，于清太祖高皇帝初年收为麾下，赏入京都镶红旗当差，后随六贝勒王驾到宁古塔，康熙五年移今之城。十五年，将军巴海移往吉林，随充一支，并分打牲乌拉。住京旗协领瑚满，治家有法，教子有方，故生贤淑之行四，蒙圣祖仁皇帝收为贵妃娘娘，因至宁安落户。讫后，乾隆初年间拨黑龙江齐齐哈尔三支，仅□③老一、二支及瑚满以下四小支，迄今三百年有余。……娘娘之父，原任协领瑚满之墓，奉国款修在宁安东园关帝庙东，有九眼汉白玉碑记。又在东江沿修筑皇亲府，有圣旨一道，房上黄琉璃瓦、三块月亮窗，均被庚子兵焚，被俄人截往他国。"④

此段记录中有不少夸张之处，但是宁古塔驻防确实是在康熙五年从旧

---

① 《高宗纯皇帝实录》卷425，乾隆十七年十月癸卯（十六日）条，"温惠皇贵太妃七旬寿"，《清实录》，第14册，第561页。
② 马文业：《宁古塔满族宗谱概说》，中国人民政治协商会议牡丹江市委员会文史资料研究委员会编：《牡丹江文史资料第七辑：宁古塔满族谈往录》，1992年，第87页。
③ 谨按，谱中此字不可识别，以前后文推断，大致为"遗"或"留"字。
④ 中国人民政治协商会议宁安县委员会文史资料研究委员会编：《宁安文史资料第一辑》，1983年，第73—74页。

城迁往新城宁安城,康熙十五年时,亦确有原宁古塔将军移驻吉林乌喇之事,加之宁安城当地人将悫怡皇贵妃称为"黑妃",有许多相关传说,①故而目前认为悫怡皇贵妃确为宁古塔驻防镶红旗满洲出身,其父名为祜满,仕至三品协领,为当地驻防的中级官员,②悫怡皇贵妃是祜满行四之女。③ 从祜满后裔的情况来看,悫怡皇贵妃还有至少四位兄弟。

在清廷入关之后,随着京师禁旅八旗和东北驻防八旗各自的发展,其制度、风俗、文化等逐渐产生差异。至乾隆十一年,清廷规定驻防旗人内只有将军、都统、副都统之女需要参选秀女,其余驻防旗人之女一律不予挑选。于是,似悫怡皇贵妃这等出身东北驻防八旗的后宫主位,即成为清初至清中叶这一阶段所特有之情况。

【宫廷生活】

圣祖悫怡皇贵妃入宫的时间目前尚不明确。悫怡皇贵妃出身宁古塔驻防镶红旗满洲,故而应该参加挑选八旗秀女。根据其年龄及康熙朝已知的几次挑选八旗秀女之年届推算,悫怡皇贵妃有可能是在康熙三十六年作为八旗秀女被选中而入宫。

悫怡皇贵妃入宫之后,在康熙三十九年,作为第二批得到正式册封的后宫主位被封为嫔位。第二批得到正式册封的三位后宫主位中,一位是出身名门的悫惠皇贵妃,另一位是已经入宫二十余年且育有成年皇子的良妃。相比之下,悫怡皇贵妃并非名门出身,其家族亦无朝中高官,且入宫时间尚短,却能与悫惠皇贵妃和良妃同列。加之,根据内务府档案记载,康熙三十九年九月诏封为嫔之后,内务府并未提出为悫怡皇贵妃派出内管领之事,说明在此

---

① 谨按,当地有许多关于"黑妃"的传说,见于县志以及文史资料,但受环境所限,这些传说大多荒诞不经,故而此处不录。

② 谨按,清代八旗协领为从三品武职,在驻防当地,这是一个相当高的品级。清代驻防地采取分防制度,每防长官等级不同。如吉林驻防,统归吉林将军管理,吉林将军系从一品武职。吉林驻防系统内,还有许多驻防点,其中,宁古塔城、三姓城等地,驻防长官为副都统,系正二品武职;拉林城、双城堡等地,驻防长官为协领,系从三品武职;伊通、额穆赫索罗等地,驻防长官为佐领,系正四品武职。故而,协领若非将军、都统、副都统之辅佐官,即为某个小驻防点之"一把手",在当地显然属于"高官""名门"。但是,如果将其放在京旗或者整个八旗官僚体系内,则只能算作中级官员而已。而且,驻防官员中,除将军、都统等高级官员升转较易外,协领等中级官员大多没有升转途径,所以与京旗同品级官员相比门第有限。

③ 谨按,目前不知原谱中"行四"指的是第四女,还是男女大排行一共行四,抑或堂房大排行行四,故而仅写为"行四"。

第十章　清圣祖康熙帝的后宫

之前,惇怡皇贵妃即已经享受嫔级待遇,分得有内管领。以上这些,均表明惇怡皇贵妃在入宫后不久,即得到圣祖相当的宠爱。①

康熙五十七年,惇怡皇贵妃又与宣妃、成妃、定妃、顺懿密妃、纯裕勤妃一起作为第三批得到正式册封的后宫主位被晋为妃位。对于此次册封,圣祖在上谕中说道:"王阿哥等之母,备位宫闱,俱年及六十、五十、四十有余。宫中虽称妃嫔,尚未受封。今封博尔济锦氏、和嫔瓜尔嘉氏、淳郡王允祐之母达甲氏为妃。封贝子允祹之母瓦刘哈氏、十五阿哥允禑、十六阿哥允禄之母王氏、十七阿哥允礼之母陈氏为嫔。"②此处提及的六位后宫主位中,除宣妃和惇怡皇贵妃之外,其余四位均是入宫多年,且为圣祖育有成年皇子。至于宣妃,为蒙古科尔沁部王公之女,入宫已达四十余年,且在此之前已经享受妃级待遇,此次只是获得正式册封而已。而惇怡皇贵妃从未生育皇子,其在康熙四十年曾生下一女,亦于同日夭折,却得以位列其中,晋为妃位,由此可知圣祖对惇怡皇贵妃的宠爱直到此时亦未衰减。甚至,高宗在十二岁时,"祗谒圣祖于圆明园之镂月开云,见即惊爱,命宫中养育,抚视周挚。……木兰从狝,入永安莽喀围场,命侍卫引射熊,取初围获熊兆。甫上马,熊突起,控辔自若,圣祖御枪殪之。事毕,入武帐,顾语温惠皇贵太妃曰:'是命贵重,福将过予。'"③高宗十二岁时即为康熙六十一年,可知至圣祖晚年时,惇怡皇贵妃依然是圣祖身边侍奉的后宫主位之一。

世宗即位后,称惇怡皇贵妃"奉事先帝最为谨慎"④,故而晋封为贵妃。其后,高宗即位,称"朕自幼龄,仰蒙皇祖慈爱笃挚,抚育宫中。太妃皇贵妃、贵妃,仰体皇祖圣心,提携看视,备极周至。朕心感念不忘。"⑤遂给予惇怡皇贵妃"温惠"之徽号,并于乾隆八年晋封为皇贵妃。最终,惇怡皇贵妃在乾隆三十三年以八十六岁高龄薨逝。

【封谥释义】

惇怡皇贵妃的封号为"和"。因为当时制度尚未健全,所以此封号是取

---

① 谨按,当时,已经育有成年皇子之成妃戴佳氏、定妃万琉哈氏等位,还均处于庶妃之身份。从此亦可见惇怡皇贵妃颇获圣祖宠爱之一斑。
② 《圣祖仁皇帝实录》卷278,康熙五十七年四月丁酉条,《清实录》,第6册,第730—731页。
③ 《高宗纯皇帝实录》卷1,《清实录》,第9册,第139—140页。
④ 《世宗宪皇帝实录》卷2,康熙六十一年十二月丁丁条,《清实录》,第7册,第50页。
⑤ 《高宗纯皇帝实录》卷2,雍正十三年九月戊申条,《清实录》,第9册,第174页。

自汉文喻意,满文方面未作意译,仅音译作"ho"①。至乾隆年间,当时制度规定后宫主位封谥之满文必须意译,故而将惇怡皇贵妃之封号重新意译作"hūwaliyasun"②,意为"温和""和谐"。乾隆朝时,惇怡皇贵妃的徽号为"温惠",满文作"nemgiyen fulehun"③,意为"温和恩惠"。谥号为"惇怡",满文作"jingji urgun"④,意为"稳重喜庆"。

三、良妃

【简介】

圣祖良妃,正黄旗包衣觉禅氏(卫氏、魏氏),内管领阿布鼐之女,名双姐。康熙元年生。康熙十四年十二月初五日,参加挑选内务府秀女被选中,于同年十二月十三日入宫。康熙二十年二月初十日,生第十六子允禵。其间位分等级不明。康熙二十八年,晋封为嫔级。康熙三十九年九月二十八日,诏封为良嫔。同年十二月十七日,以内阁学士席哈纳为使,册封为良嫔。康熙四十八年左右,晋封为妃级。康熙五十年(1711年)十一月二十日薨,年五十岁。康熙五十一年(1712年),奉安景陵妃园寝。⑤

【家族背景】

圣祖良妃出身正黄旗包衣觉禅氏,《圣祖仁皇帝实录》中记为"卫氏",《皇清通志纲要》则记为"魏氏",⑥可能均为其家族所使用之汉姓或是档案上之误写。⑦ 觉禅氏是满洲的一个小姓氏,散居满洲各地。根据《八旗满洲

---

① 《口奏绿头牌白本档案》,康熙四十三年四月二十一日条,中国第一历史档案馆编:《内务府奏销档(缩微胶卷)》。
② 《呈各皇帝位下妃嫔清单》,道光二年,档案号:03-2817-070,中国第一历史档案馆藏。
③ 《为列祖列宗册封妃嫔字号事咨覆》,嘉庆六年正月,档案号:03-0197-3622-027,中国第一历史档案馆藏。
④ 《为抄送制造惇怡皇贵妃神牌并刻字填青及奏派大臣行礼事宜原奏事致内务府等》,乾隆三十三年十月,档案号:05-13-002-000021-0114,中国第一历史档案馆藏。
⑤ 谨按,根据《陵寝事宜易知》记载,良妃于康熙五十二年二月内奉安景陵妃园寝。而根据乾隆三年景陵妃园寝所报人员沿革之奏折记载,良妃于康熙五十一年奉安景陵妃园寝。目前仅根据康熙朝内务府《奏销档》记载,确知良妃金棺于康熙五十一年四月送往景陵妃园寝,具体何时奉安,尚有待今后继续发掘史料。
⑥ 弘旺:《皇清通志纲要》卷4,清钞本,国家图书馆藏,第84页a。
⑦ 谨按,一方面,在清初的时候,满洲姓氏被略写或者改写是常见之现象。如孝献皇后董鄂妃,在《世祖章皇帝实录》中便只写为"董氏"。另一方面,不同于外八旗人的习惯,内务府三旗包衣本身即有使用单字汉姓作为简称之习惯,如大学士英和家族,出身正白旗包衣管领下索绰络氏,其家族从清初一直自称为"石氏"。类似这样的单字汉姓,在清代(转下页)

氏族通谱》记载,良妃家族入旗的始祖名为瑚柱,世居佛阿拉地方,在天聪年间入旗,被编入正黄旗包衣,仕至膳房总领。瑚柱之子名为都楞额,仕至内管领。都楞额生有三子,第一子名为都尔柏,仕至内管领;第二子名为塔布鼐,仕至膳房总领;第三子名为阿布鼐,仕至内管领,在康熙八年去世。这位阿布鼐即为良妃之父。根据谱牒记载,阿布鼐生有两子,第一子名为阿林,仕至内管领;第二子名为噶达珲,仕至总管内务府大臣,分别是良妃的胞兄及胞弟。①

康熙五十三年时,由于谋求储位等事,圣祖与允禩之间产生严重矛盾。根据《圣祖仁皇帝实录》记载,圣祖在给诸皇子的朱谕中申斥允禩称:"允禩系辛者库贱妇所生。"②原档案则更为明确,写为:"in sy serengge mini sin jekui umesi fusihūn hehe šuwang jiye de banjihangge."③意为:"胤禩,系朕辛者库之十分低贱之女人双姐所生。"所谓辛者库,为满语"sin jeku jetere aha"之音译简称,意为"食口粮之奴仆"。在清代八旗包衣体系内,根据所属组织的不同,包衣旗人可以分为旗籍属于包衣佐领的"佐领下人"与旗籍属于包衣管领的"管领下人"两类。其中管领下人内还进而分为两类人丁:一类与佐领下人相比只是所属组织不同,待遇却相差无几;另一类则不然,他们的待遇与佐领下人和前一类管领下人均有较大之区别,主要为主人从事洒扫等杂差,并每月向主人领有固定之口粮。这两类管领下人,前一类在档案内称为"不食口粮人",后一类在档案内称为"食口粮人"。这种"食口粮人",即为"辛者库"。④

清代的辛者库,或称辛者库人丁,在拥有正式旗籍的旗人之中,身份最

(接上页)内务府中尤其明显,卫氏很可能即是觉禅氏所使用的单字汉姓。而在清中后期,良妃家族也自称姓伊尔根觉罗氏,单字汉姓为"赵氏"。
① 此段觉禅氏谱系,整理自《八旗满洲氏族通谱》《八旗通志初集》《钦定八旗通志》《爱新觉罗宗谱》。《顺天乡试同年齿录》《清代谱牒档案(缩微胶卷)》。
② 《圣祖仁皇帝实录》卷261,康熙五十三年十一月甲子条,《清实录》,第6册,第572页。
③ 满文奏折,康熙五十三年十一月二十六日,档案号:04-02-002-000206-0001,中国第一历史档案馆藏。
④ 谨按,对于"管领下人"和"辛者库"之关系,学术界尚有争议。一派学者认为,"管领下人"即为"辛者库",两者完全等同。另一派的学者认为,"管领下人"分为两种:一种是"辛者库",另外一种是非"辛者库"。在近两年,随着对内务府档案的进一步研究,发现在清代内务府户口档案之中,对于管领下人是"食口粮人"还是"不食口粮人"有着十分明确的区分,由此可证管领下人的确分为"辛者库"和"非辛者库"两种。但是,对于"辛者库"的待遇、仕途等研究,还有待进一步深入。

为低下。故而，在清初时，凡是内外佐领下人犯有重罪时，所获之处罚经常为"罚入本旗辛者库"，即改入辛者库旗籍。以顺治十七年镇江失陷为例，镇江失陷之后，巡抚蒋国柱、提督管效忠①败绩遁走，清廷对他们的处罚即是"蒋国柱免死，革职，与本王下为奴。管效忠免死，革提督并世职，鞭一百，发包衣下辛者库为奴。俱籍没家产。"②所以，八旗内部有一种对辛者库的贱视偏见，尤其以清初最为强烈。在顺、康时期的上谕和档案中，常能见到皇帝或官员辱骂辛者库旗人的内容。如康熙五十一年办理托合齐结党一案时，圣祖申斥与犯诸人道："迓图，系高丽之贱俘，为安亲王属下辛者库。因王厚待之，朕不次擢用，授为都统。……都图、皂保、武拜、张伯良，俱系辛者库，贫穷下贱，并非守分安静之人。"③可见一斑。

有清一代，出身为内务府管领下人的后宫主位并不罕见，但是由于清代内务府管领下人是辛者库与非辛者库的统称，一般记载旗籍时，大多只记为"某旗管领下人"，很难具体得知其家族为食口粮的辛者库还是不食口粮的非辛者库。故而，圣祖良妃是目前已知的第一位明确为辛者库出身的后宫主位。应指出的是，良妃家族虽然属于八旗正身旗人内身份最低的辛者库旗籍，但是其家族在清初即出任内务府中级职官，并且久为宫廷效力。良妃之父阿布鼐在内管领任上去世时，为挑补继任内管领之事，圣祖还专门下达旨意称："都尔柏、塔布鼐、阿布鼐等，皆效力年久，著将其子弟查明后呈奏。"最终以塔布鼐之子、阿布鼐之侄塔汉继任为内管领，④可见对良妃家族之关照。整体而言，除属辛者库旗籍一点之外，良妃之家族门第，与圣祖后宫中其他出身包衣旗籍之主位相比，其实并不逊色多少。

从康熙朝初年的档案来看，良妃家族之旗籍为正黄旗包衣第三参领第二管领，良妃之父阿布鼐、堂兄塔汉、胞兄阿林，均担任过此管领之管理员。而在世宗即位之后，曾降旨调查几位母妃之旗籍、家属。内务府回奏称，良

---

① 谨按，蒋国柱与管效忠均原为汉军旗人。
② 《世祖章皇帝实录》卷133，顺治十七年三月辛未条，《清实录》，第3册，第1030页。
③ 《圣祖仁皇帝实录》卷250，康熙五十一年四月乙丑条，《清实录》，第6册，第474页。
④ 《口奏绿头牌白本档案》，康熙八年正月十七日条，中国第一历史档案馆编：《内务府奏销档（缩微胶卷）》。

妃家族旗籍为"正黄旗包衣五格管领"①,亦即正黄旗包衣第一参领第二管领。出现这种差异的原因目前尚不清楚。其后,世宗特令良妃家族从正黄旗包衣抬出,因人数不足,暂时编为正蓝旗满洲半分世管佐领,②可能是直接拨为和硕廉亲王允禩之属人③。至雍正四年允禩获罪之后,良妃家族则又被拨回原旗,再次成为正黄旗包衣辛者库旗籍。

【宫廷生活】

根据康熙朝《奏销档》记载,康熙十四年十二月,圣祖挑选了一批内务府秀女。十二月初五日选中四位秀女,初六日又选中四位秀女,圣祖命她们八位在同月十三日入宫。这八位内务府秀女之中,即有良妃以及后来的孝恭仁皇后和定妃万琉哈氏。其中,良妃与定妃是在十二月初五日被选中的,孝恭仁皇后则是在十二月初六日被选中的。良妃的秀女档案为:"硕礼管领饭上人阿林之妹双姐。寅年。十四岁。大者已熟,小者未熟,无疮、气味。满洲。"④

良妃入宫之后,是否充任过官女子,是在何时、以何情况被圣祖收为后宫主位,目前尚不清楚。康熙二十年二月,她为圣祖生下第十六子允禩,后来序齿为八阿哥。康熙二十八年十二月,内务府为新封的两位嫔位分派内管领。⑤结合前后信息来看,这两位嫔位即是已经生育皇子的良妃和敬敏皇贵妃。至于良妃在此之前的位分等级,目前尚不清楚。

康熙三十九年,良妃作为第二批得到正式册封的后宫主位被封为嫔位。最后,于康熙五十年十一月二十日薨逝。根据康熙朝内务府《奏销档》记载,在康熙五十一年内务府办理良妃丧仪时曾经提及:"查得,去年十一月十六日奏信之内,有'若良妃事出,送至花园⑥,待满百日之后,将奉往陵寝安放等事另行议奏。'等语。"⑦表明良妃在生前已经晋封为妃位。而在康熙四十

---

① 《口奏绿头牌及白本档案》,康熙六十一年十二月十四日条,中国第一历史档案馆编:《内务府奏销档(缩微胶卷)》。
② 中国第一历史档案馆编:《雍正朝满文朱批奏折全译》,上册,第32页。
③ 谨按,和硕廉亲王允禩分府之后被封入正蓝旗。
④ 《奏销档案》,康熙十四年十二月初五日条,中国第一历史档案馆编:《内务府奏销档(缩微胶卷)》。
⑤ 《口奏绿头牌白头本档案》,康熙二十八年十二月初一日条,中国第一历史档案馆编:《内务府奏销档(缩微胶卷)》。
⑥ 谨按,此"花园"位于朝阳门外。
⑦ 《口奏绿头牌白本档案》,康熙五十一年二月初三日条,中国第一历史档案馆编:《内务府奏销档(缩微胶卷)》。

六年的宫分档案内,良妃仍只是嫔位。① 由此可知,良妃晋封妃位是在康熙四十六年至康熙五十年之间,具体时间则不明。

根据《世宗宪皇帝上谕八旗》记载,在雍正四年二月时,多罗诚隐郡王允祉、和硕恒温亲王允祺和硕淳度亲王允祐联名上奏,提及圣祖曾就允䄉不孝不义之事面谕他们兄弟三人,其中有一条为:"允䄉母妃病笃时,遗允䄉之言曰:'尔皇父以我出自微贱,常指我以责汝。我惟愿我身何以得死。我在一日,为汝一日之累。'因而不肯服药,允䄉亦不尽心医治。"②满文原折之内容与其基本一致,只是更加口语化,较为生动一些。由此可看出,在良妃薨逝之前,由于允䄉谋求储位等举措,使得良妃之处境相当尴尬。

【封谥释义】

良妃的封号为"良"。因为当时制度尚未健全,所以此封号是取自汉文喻意,满文方面未作意译,仅音译作"liyang"③。至良妃薨逝之后,其封号自动变为谥号,遂重新意译作"nomhon"④,意为"循良""老实"。

第七节 清圣祖康熙帝后期的有号主位

一、成妃

【简介】

圣祖成妃,原镶黄旗包衣后抬镶黄旗满洲戴佳氏,司库卓奇之女。至迟在康熙十四年十二月已经入宫。康熙十九年七月二十五日,生第十五子和硕淳度亲王允祐。其间位分等级不明。康熙四十八年三月,晋封为嫔级。康熙五十七年四月十九日,诏封为成妃。同年十二月二十八日,以大学士萧永藻为使,册封为成妃。雍正元年六月,获准出宫,移居于和硕淳度亲王允祐府邸。乾隆五年十月三十日薨。乾隆六年三月二十四日,奉安景陵妃园寝。

---

① 《呈报康熙四十六年乾清宫毓庆宫贵妃妃嫔等人数清单》,嘉庆元年,档案号:04-01-14-0015-018,中国第一历史档案馆藏。
② 《世宗宪皇帝上谕八旗》卷4,四库全书本,第5页b、第6页a。
③ 《口奏绿头牌白本档案》,康熙五十一年二月初三日条,中国第一历史档案馆编:《内务府奏销档(缩微胶卷)》。
④ 《为列祖列宗册封妃嫔字号事咨覆》,嘉庆六年正月,档案号:03-0197-3622-027,中国第一历史档案馆藏。

【家族背景】

圣祖成妃出身穆克谭系戴佳氏,此系的祖先情况暂时不明,世居杭佳地方,在清初入旗时已经拥有许多支系,是清代戴佳氏一姓之中最庞大也是最著名的一系。其中,被编入镶蓝旗满洲的穆克谭,因战功获封一等男爵位,赐号讬恩多巴图鲁,授予世管佐领,位列十六大臣之一,阵亡之后得谥忠勇,在各个支系之中名位最为显著,故而谨以穆克谭之名为此支系命名。成妃的祖先是穆克谭的同族,被编入镶黄旗包衣,入旗的始祖名为兑齐。

兑齐之孙名为卓奇,仕至内务府司库,是内务府的中级官员,即成妃之父。卓奇的胞弟中,准泰仕至二等侍卫,国泰仕至治仪正。堂兄弟中,色赫功封骑都尉,仕至包衣佐领;翁爱功封云骑尉,仕至护军参领。卓奇之侄噶鲁仕宦尤其出色,承袭色赫之骑都尉爵位,仕至总管内务府大臣,跻身高级官员之列,是与圣祖关系相当亲近的大臣。①

成妃家族之旗籍原为镶黄旗包衣第一参领第一满洲佐领,康熙十九年时,因噶鲁当差得力,被施恩抬出包衣旗籍,编成镶黄旗满洲第二参领第一佐领,为世管佐领,由噶鲁后裔世袭。成妃一家作为噶鲁的近亲,亦随之抬出包衣旗籍。②

【宫廷生活】

圣祖成妃入宫的时间目前尚不明确。成妃出身镶黄旗包衣,故而应该是在康熙初年作为内务府秀女被选入宫中,进而成为后宫主位。根据康熙朝内务府《奏销档》记载,康熙十四年十二月,圣祖挑选了一批内务府秀女。在十二月初六日参加挑选的众多内务府秀女之中,有两位均与成妃有关,她们的秀女档案分别为:"实图佐领牧长国泰推荐之女玛济格。子年。十六岁。大小均已熟,无疮、气味。满洲。胞伯父卓奇(joki)之女姐姐③现在宫内。""二等侍卫准泰推荐之女福格。子年。十六岁。大者已熟,小者未熟,

---

① 谨按,圣祖之大阿哥允禔幼年即是在噶鲁家中抚养,可见噶鲁与圣祖关系之一斑。
② 此段戴佳氏谱系,整理自《八旗满洲氏族通谱》《清代谱牒档案(缩微胶卷)》《八旗通志初集》《钦定八旗通志》《爱新觉罗宗谱》。
③ 谨按,此处"胞伯父卓奇之女"与"姐姐"为同位语,可理解为"玛济格胞伯父之女,亦即玛济格之堂姐"。

无疮、气味。满洲。胞伯父卓奇之女姐姐现在宫内。"①由此可知,成妃至迟在康熙十四年十二月已经入宫。

成妃入宫之后,是否充任过官女子,是在何时、以何情况被圣祖收为后宫主位,目前均不清楚。康熙十九年七月,成妃为圣祖生下第十五子允祐,后来序齿为七阿哥。之后很长的一段时间内,成妃都处于庶妃身份,这可能与其子和硕淳度亲王允祐的境遇有关。② 康熙四十八年正月③和三月④,后宫中新封两位嫔位,其中正月晋封的嫔位为顺懿密妃,而三月晋封的嫔位当时居住在"西头所"⑤,即是成妃。⑥

康熙五十七年,圣祖下达上谕称:"王阿哥等之母,备位宫闱,俱年及六十、五十、四十有余。宫中虽称妃嫔,尚未受封。"⑦遂将成妃晋封为妃位。在当时获得册封的六位后宫主位中,以成妃年齿最尊,入宫已达四十余年。

世宗即位之后,允许圣祖位下生有成年皇子的后宫主位出宫,"各随其子归养府邸"⑧。故而,成妃移居至其子和硕淳度亲王允祐之府邸,⑨在那里度过晚年,于乾隆五年十月三十日薨逝,享年八十余岁。

【封谥释义】

成妃的封号为"成",满文作"mutebuhe"⑩,意为"成就"。

---

① 《奏销档案》,康熙十四年十二月初六日条,中国第一历史档案馆编:《内务府奏销档(缩微胶卷)》。
② 谨按,和硕淳度亲王允祐自幼患有足疾,后来世宗在上谕中曾经提及,圣祖曾经把和硕淳度亲王允祐过继与和硕纯靖亲王隆禧为嗣。从康熙朝内务府《奏销档》等档案来看,康熙朝中期时,很多有关皇子的祭祀和活动,和硕淳度亲王允祐均未参与,直到康熙朝后期才逐渐活跃,这可能亦是他当时身份变化的一种反映。
③ 《口奏绿头牌白头本档案》,康熙四十八年正月初九日条,中国第一历史档案馆编:《内务府奏销档(缩微胶卷)》。
④ 《口奏绿头牌白头本档案》,康熙四十八年三月初五日条,中国第一历史档案馆编:《内务府奏销档(缩微胶卷)》。
⑤ 谨按,西头所,即乾西五所内之头所,乾隆年间改建为漱芳斋。
⑥ 谨按,康熙五十七年诏封宣妃、和妃(惇怡皇贵妃)、成妃、密嫔(顺懿密妃)、勤嫔(纯裕勤妃)、定嫔(定妃)时,内务府档案提及,宣妃、和妃(惇怡皇贵妃)、成妃、密嫔(顺懿密妃)已经领有专属内管领,证明她们在诏封之前已经获得妃级或嫔级。其中,宣妃和和妃获得妃级和嫔级较早,顺懿密妃获得嫔级在康熙四十八年正月,故而可知西头所之嫔即是成妃。
⑦ 《圣祖仁皇帝实录》卷278,康熙五十七年四月丁酉条,《清实录》,第6册,第730—731页。
⑧ 《世宗宪皇帝实录》卷40,雍正四年正月戊戌条,《清实录》,第7册,第593页。
⑨ 中国第一历史档案馆编:《雍正朝满汉文朱批奏折全译》,上册,第209、210页。
⑩ 《为列祖列宗册封妃嫔字号事咨覆》,嘉庆六年正月,档案号:03-0197-3622-027,中国第一历史档案馆藏。

二、定妃

【简介】

圣祖定妃,原正黄旗包衣后抬正黄旗满洲万琉哈氏(谢氏),郎中拖尔弼之女,名妞妞①。顺治十八年正月初三日生。②康熙十四年十二月初五日,参加挑选内务府秀女被选中,于同年十二月十三日入宫。康熙二十四年十二月二十四日,生第二十一子和硕履懿亲王允祹。其间位分等级不明。康熙五十七年四月十九日,诏封为定嫔。同年十二月二十八日,以大学士王顼龄为使,册封为定嫔。康熙六十一年十一月,圣祖崩逝,世宗即位。同年十二月初六日,诏晋为定妃。雍正元年六月,获准出宫,移居于和硕履懿亲王允祹府邸。雍正二年六月初十日,册封为定妃。乾隆十九年三月患病,高宗亲临视疾。乾隆二十一年(1756年)十一月,高宗再次亲临视疾。乾隆二十二年四月初七日薨,享年九十七岁。同年十月二十五日,奉安景陵妃园寝。

【家族背景】

圣祖定妃出身万琉哈氏,《皇清通志纲要》中记为"谢氏",③可能是其家族所使用之汉姓或是档案上之误写。万琉哈氏是满洲的一个小姓氏,散居满洲各地。根据《八旗满洲氏族通谱》记载,定妃家族入旗的始祖名为尼喀达,世居清河地方,在国初入旗,被编入正黄旗包衣。尼喀达之子名为托和齐,仕至内务府司库。托和齐之子名为拖尔弼,仕至郎中兼参领,是内务府的中级官员,即定妃之父。托合齐的同辈兄弟中,托赖、满丕均仕至内管领,桑格仕至头等侍卫、太常寺卿,瑚什屯仕至膳房总领。而托合齐之子名为齐色,仕至司库。

目前,通过对康熙朝内务府《奏销档》进行整理,已经发现定妃参加挑选内务府秀女的档案。在档案中,定妃被记为"内管领拖尔弼之女妞妞"。④ 拖尔弼当时所管理之管领,即正黄旗包衣第一参领第一管领下人,由此可知定妃家族原本属于包衣管领下人,至于是否为辛者库人则不得而知。

---

① 谨按,妞妞,满文写为"nionio",意为"眼珠"。
② 《高宗纯皇帝实录》卷356,乾隆十五年正月丁未(初三日)条,"上奉皇太后至定太妃宫,祝九十寿",《清实录》,第13册,第912页。
③ 弘旺:《皇清通志纲要》卷5,清钞本,国家图书馆藏,第6页 b。
④ 《奏销档案》,康熙十四年十二月初五日条,中国第一历史档案馆编:《内务府奏销档(缩微胶卷)》。

雍正元年,世宗下旨将定妃家族抬出包衣旗籍,编成正黄旗满洲第五参领第十七佐领,因人数不足,暂时编为半分世管佐领,由定妃的族兄弟谢尼管理。同年,正红旗的尚义图一族被移到正黄旗,与定妃家族合编为一个整佐领,遂改为公中佐领。①

【宫廷生活】

根据康熙朝《奏销档》记载,康熙十四年十二月,圣祖挑选了一批内务府秀女。十二月初五日选中四位秀女,初六日又选中四位秀女,圣祖命她们八位在同月十三日入宫。这八位内务府秀女之中,即有定妃万琉哈氏以及后来的孝恭仁皇后和良妃觉禅氏。其中,定妃与良妃是在十二月初五日被选中,孝恭仁皇后则是在十二月初六日被选中。定妃的秀女档案为:"内管领拖尔弼之女妞妞。丑年。十五岁。大者已熟,小者未熟,无疮、气味。满洲。"②

定妃入宫之后,是否充任过官女子,是在何时、以何情况被圣祖收为后宫主位,目前尚不清楚。康熙二十四年十二月,她为圣祖生下第二十一子允祹,后来序齿为十二阿哥。之后很长的一段时间内,定妃都处于庶妃身份。康熙五十七年,圣祖下达上谕称:"王阿哥等之母,备位宫闱,俱年及六十、五十、四十有余。宫中虽称妃嫔,尚未受封。"③其言下之意,似乎表明当时获得册封的六位后宫主位原本在后宫中均已获得妃级或嫔级之待遇。但是,根据档案记载,康熙五十七年圣祖下达上谕之后,内务府奏称,宣妃、和妃(悫怡皇贵妃)、成妃、密嫔(顺懿密妃)四位均已领有专属内管领,而勤嫔(纯裕勤妃)和定嫔(定妃)则尚未领有。④ 由此可知,纯裕勤妃和定妃在康熙五十七年诏封之前并未有过妃级或嫔级之待遇。此时,距离定妃入宫已经有四十三年,距离生育皇子亦有三十三年。

世宗即位之后,在上谕中称:"朕念十二阿哥之母,多年侍奉皇考,甚为谨慎。"⑤遂将定妃晋封为妃位。同时,根据当时之习惯,世宗允许圣祖位下

---

① 此段万琉哈氏谱系,整理自《八旗满洲氏族通谱》《清代谱牒档案(缩微胶卷)》《八旗通志初集》《钦定八旗通志》《爱新觉罗宗谱》。
② 《奏销档案》,康熙十四年十二月初五日条,中国第一历史档案馆编:《内务府奏销档(缩微胶卷)》。
③ 《圣祖仁皇帝实录》卷278,康熙五十七年四月丁酉条,《清实录》,第6册,第730—731页。
④ 《口奏绿头牌白本档案》,康熙五十七年六月十二日条,中国第一历史档案馆编:《内务府奏销档(缩微胶卷)》。
⑤ 《世宗宪皇帝实录》卷2,康熙六十一年十二月丁巳条,《清实录》,第7册,第51页。

生有成年皇子的后宫主位出宫,"各随其子归养府邸"①。故而,定妃移居至其子和硕履懿亲王允祹之府邸,②在那里度过晚年。乾隆十九年,定妃患病,高宗亲临履亲王府邸视疾。其后,定妃于乾隆二十一年再次患病,高宗亦亲临履亲王府邸视疾。最终,定妃于乾隆二十二年四月初七日薨逝,享寿九十七岁,是圣祖后宫主位中,亦是清代所有后宫主位中享寿最高之人。

【封谥释义】

定妃的封号为"定",满文作"toktoho"③,意为"稳定""安定"。

三、顺懿密妃

【简介】

圣祖顺懿密妃,苏州民籍王氏,知县王国正之女。康熙年间被选入宫中。康熙三十三年十一月二十八日,生第二十五子多罗愉恪郡王允祸。康熙三十五年六月十八日,生第二十六子和硕庄恪亲王允禄。康熙四十年八月初八日,生第二十八子允祄。其间位分等级不明。康熙四十八年正月,晋封为嫔级。康熙五十七年四月十九日,诏封为密嫔。同年十二月二十八日,以内阁学士勒什布为使,册封为密嫔。康熙六十一年十一月,圣祖崩逝,世宗即位。同年十二月初六日,诏晋为密妃。雍正二年六月初十日,册封为密妃。雍正十三年八月,世宗崩逝,高宗即位。同年九月十二日,诏晋徽号。乾隆元年十一月初三日,尊封为顺懿密太妃。乾隆七年十月患病,高宗亲临视疾。乾隆八年七月,高宗再次亲临视疾。乾隆九年四月十八日薨。乾隆十年(1745年)十月十六日,奉安景陵妃园寝。

【家族背景】

根据目前已知资料来看,圣祖顺懿密妃可能是民籍汉人之女。④

康熙四十八年七月十六日,时任苏州织造的李煦呈递奏折,其中提及:"王嫔娘娘之母黄氏,七月初二日忽患痢疾,医治不痊,于七月十四日午时病

---

① 《世宗宪皇帝实录》卷40,雍正四年正月戊戌条,《清实录》,第7册,第593页。
② 中国第一历史档案馆编:《雍正朝满文朱批奏折全译》,上册,第209、210页。
③ 《为列祖列宗册封妃嫔字号事咨覆》,嘉庆六年正月,档案号:03-0197-3622-027,中国第一历史档案馆藏。
④ 谨按,关于民籍汉女入宫的问题,可参考本书上部"清代后宫主位的来源"一章内相关内容。

故,年七十岁,理合奏闻。"圣祖的朱批则写:"知道了。家书留下了,随便再叫知道罢。"①此处之"王嫔娘娘"即是顺懿密妃。对于顺懿密妃之母黄氏在苏州病故,目前有两种解释。第一种解释认为,王国正是汉军旗人或内务府包衣汉姓人,在南方任知县,妻子随任时在南方病故。另一种解释认为,王国正并非旗人,而是苏州民籍汉人,与妻子黄氏一直居住在苏州。

一方面,在《八旗满洲氏族通谱》内,并未发现有"知县王国正"之人。因《八旗满洲氏族通谱》只收录八旗满洲旗分内满蒙汉各姓人员,亦含包衣旗籍之人,"知县王国正"未在其中,可证其并非内务府旗人,范围进一步缩小为民籍汉人或汉军旗人。

另一方面,有一份指向顺懿密妃出身为民籍汉人的史料,是沈汉宗的《圣驾阅历河工兼巡南浙惠爱录》,这是一部记录圣祖在康熙三十八年第三次南巡时状况的私著史书,其中提及南巡时一位王姓后宫主位在苏州寻亲之故事,其内容为:

> 苏州东城有王姓者,开机为业。有女幼时德行兼优,后至京中,长成,得入宫中,贵幸,立为贵妃,生有二位王子,宠冠三宫。常思父母,未知如何,音信难通。己巳年,圣驾二次临吴,先曾访问,无从寻觅。今逢太后降香吴中,请旨欲随陪侍全行,兼访父母消耗。三月十四日临吴,在织造府。十五日启请皇上,着令寻亲。特召抚臣宋,着有司查来。于十六日查着,遂率其父母前来见驾,令其父母相见。二十年分别,相见时悲喜交集。太后闻知,随赐宴。宴毕,赐其父百金,母衣四袭,贵妃别有所赠。着长洲县每年给银养膳,遂谢恩而出。②

《圣驾阅历河工兼巡南浙惠爱录》作为私著史书,难免有不实之处,但是作者自称"是录皆从京报、小抄及所见所闻之事,非泛言迭出,致于欺诳者"。③

---

① 《奏为王嫔娘娘之母黄氏病故日期事》,康熙四十八年七月十六日,档案号:04-01-30-0006-004,中国第一历史档案馆藏。
② 沈汉宗:《圣驾阅历河工兼巡南浙惠爱录》卷上,转引自黄一农:《红学与清史的对话》,北京:中华书局,2015年,第337页。
③ 沈汉宗:《圣驾阅历河工兼巡南浙惠爱录》卷上,转引自黄一农:《红学与清史的对话》,第336页。

所以王氏寻亲之事，应当确有所本。

综合以上原因，目前认为顺懿密妃应该是作为民籍汉人之女被送入宫中，成为后宫主位。①

【宫廷生活】

圣祖顺懿密妃入宫的时间目前尚不明确。顺懿密妃薨逝于乾隆九年，当时高宗在上谕中称她"侍奉皇祖三十余年""寿踰七袠"②，以此推算，顺懿密妃最晚亦当生于康熙十四年，且至迟在康熙三十一年就已经进入宫中。

顺懿密妃入宫之后，是否充任过官女子，是在何时、以何情况被圣祖收为后宫主位，目前均不清楚。她一共为圣祖生育三位皇子，其中：第一子允禑序齿为十五阿哥，第二子允禄序齿为十六阿哥，第三子允祄序齿为十八阿哥。在这一时期，顺懿密妃一直处于庶妃身份。

康熙四十八年正月③和三月④，后宫中新封两位嫔位，其中正月晋封的嫔位没有提及住所，而三月晋封的嫔位当时居住在"西头所"。康熙五十年六月，顺懿密妃的第一子允禄成婚。内务府在呈奏婚礼安排的档案内指出，允禄与福晋向后宫主位们行礼的环节，不仅要向贵妃（悫惠皇贵妃）和四位妃（惠妃、宜妃、孝恭仁皇后、荣妃）行礼，还要向"钟粹宫之嫔"⑤行礼。此处"钟粹宫的嫔"显然尚无具体封号，结合前后档案，加之康熙四十八年七月时李煦奏折内已经称顺懿密妃为"王嫔娘娘"，由此推定顺懿密妃即是康熙四十八年正月新封之嫔。康熙五十七年，圣祖下达上谕称："王阿哥等之母，备位宫闱，俱年及六十、五十、四十有余。宫中虽称妃嫔，尚未受封。"⑥遂将顺懿密妃正式册封为嫔位。

世宗即位之后，顺懿密妃晋封为妃位，与纯裕勤妃一起居住于宁寿宫。高宗即位之后，由于和硕庄恪亲王允禄是乾隆朝初期重要的辅政亲王，故而

---

① 谨按，黄一农认为顺懿密妃之父王国正可能是苏州织造的机户之一，其"知县"只是其获得的虚衔。这种推论也是合理的。可参见黄一农：《红学与清史的对话》，第7章第3节。
② 《高宗纯皇帝实录》卷215，乾隆九年四月乙丑条，《清实录》，第11册，第757页。
③ 《口奏绿头牌白头本档案》，康熙四十八年正月初九日条，中国第一历史档案馆编：《内务府奏销档（缩微胶卷）》。
④ 《口奏绿头牌白头本档案》，康熙四十八年三月初五日条，中国第一历史档案馆编：《内务府奏销档（缩微胶卷）》。
⑤ 《口奏绿头牌档案》，康熙五十年六月二十日条，中国第一历史档案馆编：《内务府奏销档（缩微胶卷）》。
⑥ 《圣祖仁皇帝实录》卷278，康熙五十七年四月丁酉条，《清实录》，第6册，第730—731页。

高宗给予顺懿密妃"顺懿"之徽号。最终,顺懿密妃在乾隆九年四月十八日薨逝。高宗在上谕中称她"淑慎温恭,慈祥和易"。① 可能性格较为温和。

【封谥释义】

顺懿密妃的封号为"密",满文作"kimcikū"②,意为"细密""细心"。徽号为"顺懿",满文作"ijishūn fujurungga"③,意为"淑顺端庄"。

四、纯裕勤妃

【简介】

圣祖纯裕勤妃,原镶黄旗包衣后抬镶黄旗满洲陈氏(陈佳氏),浙江巡抚陈秉直之女。康熙年间被选入宫中。康熙三十六年三月初二日,生第二十七子和硕果毅亲王允礼。其间位分等级不明。康熙五十七年四月十九日,诏封为勤嫔。同年十二月二十八日,以内阁学士长寿为使,册封为勤嫔。雍正四年二月,晋封为勤妃。雍正十三年八月,世宗崩逝,高宗即位。同年九月十二日,诏晋徽号。乾隆元年十一月初三日,尊封为纯裕勤太妃。乾隆十八年(1753年)十二月二十日薨。乾隆十九年四月二十日,奉安景陵妃园寝。

【家族背景】

圣祖纯裕勤妃出身海州陈氏,是入旗的汉人。其入旗的始祖名为陈善道,在清初被编入包衣旗籍,是镶黄旗包衣第五参领第三旗鼓佐领下人。陈氏家族从清初便出任中级官员,陈善道之子陈抚远仕至苏常道,陈善道之孙辈至少有五人,大多为内务府中级官员,其中以陈秉直仕宦最为得力,顺治朝末期由知府升任盐运使,康熙三年升任河南按察使,转任陕西按察使、江南按察使,康熙十二年升任浙江布政使,次年即升任浙江巡抚,在康熙十八年因故解任。陈秉直之子名为陈希敏,其名亦作"陈希闵",仕至二等侍卫、銮仪使。雍正十二年(1734年)九月,世宗将纯裕勤妃家族从镶黄旗包衣抬出,编为镶黄旗满洲第四参领第十七佐领,并且定为世管佐领。④

---

① 《高宗纯皇帝实录》卷215,乾隆九年四月乙丑条,《清实录》,第11册,第757页。
② 《呈各皇帝位下妃嫔清单》,道光二年,档案号:03-2817-070,中国第一历史档案馆藏。
③ 《为列祖列宗册封妃嫔字号事咨覆》,嘉庆六年正月,档案号:03-0197-3622-027,中国第一历史档案馆藏。
④ 此段陈氏谱系,整理自《八旗满洲氏族通谱》《清代谱牒档案(缩微胶卷)》《八旗通志初集》《钦定八旗通志》《爱新觉罗宗谱》。

纯裕勤妃之父究竟为陈秉直还是陈希敏,不同史料中的记载有所差异。清代官方《玉牒》中记载:"勤嫔陈氏,二等侍卫陈希闵之女。"①但是在《钦定八旗通志》中,记载纯裕勤妃家族抬旗之后所编立之佐领,"着太妃之兄晋观之子陈镁管理"。② 根据《八旗满洲氏族通谱》记载,晋观与陈希敏同辈,均为陈善道之曾孙。乾隆朝初年之档案《已入满洲姓氏》册亦记载,"kin fei i banjiha ahūn kangwan□□□□ i jui cembu de bošobuki"③,意为"令勤妃之胞兄□□□□之子陈镁管理"。此处"□□□□"四字为原档书写不清,推测为晋观及其职衔。又及,《上谕档》内记载,乾隆五十四年(1789年)正月时,"遵查,原任浙江巡抚陈秉直,原系镶黄旗包衣汉军人,因系果亲王母妃纯裕勤妃之父,于雍正十二年奉旨入在镶黄旗满洲。谨奏"。④ 则指出纯裕勤妃为陈秉直之女、陈希敏之姐妹。出现这种差异的原因目前尚不清楚。由于复数档案及史料均指出纯裕勤妃与陈希敏同辈,故而此处暂且以陈秉直为纯裕勤妃之父,有待今后进一步发掘资料。

【宫廷生活】

圣祖纯裕勤妃入宫的时间目前尚不明确。纯裕勤妃出身镶黄旗包衣,故而应该是在康熙朝中前期作为内务府秀女被选入宫中,进而成为后宫主位。

纯裕勤妃入宫之后,是否充任过官女子,是在何时、以何情况被圣祖收为后宫主位,目前尚不清楚。康熙三十六年三月,她为圣祖生下第二十七子允礼,后来序齿为十七阿哥。之后很长的一段时间内,纯裕勤妃都处于庶妃身份。康熙五十七年,圣祖下达上谕称:"王阿哥等之母,备位宫闱,俱年及六十、五十、四十有余。宫中虽称妃嫔,尚未受封。"⑤其言下之意,似乎表明当时获得册封的六位后宫主位原本在后宫中均已获得妃级或嫔级之待遇。但是,根据档案记载,康熙五十七年圣祖下达上谕之后,内务府奏称,宣妃、和妃(惇怡皇贵妃)、成妃、密嫔(顺懿密妃)四位均已领有专属内管领,而勤

---

① 《汉文列祖子孙直档玉牒》,中国第一历史档案馆编:《清代谱牒档案(缩微胶卷)》C69。
② 《钦定八旗通志》,第1册,第2卷,第44页。
③ 細谷良夫「歴史語言研究所所蔵『已入満州姓氏』档案——包衣ニルをめぐって」『満族史研究』2002(1)、66、67頁。
④ 中国第一历史档案馆编:《乾隆上谕档》,北京:档案出版社,1991年,第14册,第751页。
⑤ 《圣祖仁皇帝实录》卷278,康熙五十七年四月丁酉条,《清实录》,第6册,第730—731页。

嫔(纯裕勤妃)和定嫔(定妃)则尚未领有。① 由此可知,纯裕勤妃和定妃在康熙五十七年诏封之前并未有过妃级或嫔级之待遇。

世宗即位之后,在雍正四年二月,将纯裕勤妃晋封为妃位。② 高宗即位之后,由于和硕果毅亲王允礼是乾隆朝初期重要的辅政亲王,故而高宗给予纯裕勤妃"纯裕"之徽号。最终,纯裕勤妃在乾隆十八年十二月二十日薨逝。

【封谥释义】

纯裕勤妃的封号为"勤",满文作"kicebe"③,意为"勤奋""勤勉"。徽号为"纯裕",满文作"gulu elgiyen"④,意为"纯正丰裕"。

第八节　清圣祖康熙帝身后得位的有号主位

一、通嫔

【简介】

圣祖通嫔,正黄旗包衣乌喇纳喇氏,七品监生常素保之女,名翟济迈。康熙三年生。康熙十六年正月二十一日,参加挑选内务府秀女被选中,于同年正月二十六日入宫。康熙二十四年二月十六日,生第十女纯悫固伦公主。其间位分等级不明。康熙六十一年十一月,圣祖崩逝,世宗即位。同年十二月初六日,诏封为通嫔。雍正二年六月初十日,册封为通嫔。乾隆九年六月二十三日薨,年八十一岁。乾隆十年十月十六日,奉安景陵妃园寝。

【家族背景】

圣祖通嫔出身乌哈国主系纳喇氏(纳齐布禄系纳喇氏),与太祖大妃、太宗继妃、圣祖惠妃、孝敬宪皇后同族。乌喇第一代国主贝勒布颜生有六子,依次为布罕、布尔喜、布三泰、布准、吴三泰、博克铎。太祖大妃是布罕的孙女,太宗继妃是博克铎之女,圣祖通嫔是布准的玄孙女,至于圣祖惠妃则是

---

① 《口奏绿头牌白本档案》,康熙五十七年六月十二日条,中国第一历史档案馆编:《内务府奏销档(缩微胶卷)》。
② 《汉文列祖子孙直档玉牒》,中国第一历史档案馆编:《清代谱牒档案(缩微胶卷)》C69。
③ 《呈各皇帝位下妃嫔清单》,道光二年,档案号:03-2817-070,中国第一历史档案馆藏。
④ 《为列祖列宗册封妃嫔字号事咨覆》,嘉庆六年正月,档案号:03-0197-3622-027,中国第一历史档案馆藏。

布颜伯父台费喀的四世孙女。从堂亲辈分上计算,通嫔是太祖大妃的族孙女、太宗继妃的族曾孙女、圣祖惠妃的族侄女,均已出五服。

布准生有三子,依次名为喀尔喀玛、车臣、莽鉴,其中车臣即是通嫔之曾祖父。车臣入旗之后,被编入正黄旗包衣旗籍,是正黄旗包衣第一参领第一满洲佐领下人。车臣生有六子①,依次为尼堪、萨斌图、阿明阿、钦泰、博尔赫图、吴努春。其中,第三子阿明阿仕至包衣佐领,生有五子,第一子名为官保,仕至包衣佐领、头等侍卫;第二子名为常素保,仕至七品监生;第三子名为年色,仕至包衣佐领;第四子名为骚达塞,仕至骁骑校;第五子名为赫达塞,均为内务府的中级官员。其中,常素保即为通嫔之父。②

【宫廷生活】

根据康熙朝《奏销档》记载,康熙十六年正月,圣祖挑选了一批内务府秀女,这次挑选实际是对康熙十五年十二月挑选的延续,当时已经有二十三位内务府秀女被记名。正月二十日,六十二位秀女入宫参加挑选,圣祖从中选出两位记名。③ 二十一日,二十五位内务府记名秀女加上从盛京和乡屯送来的几位秀女一起入宫参加挑选,圣祖从中选出九位入宫。根据后续档案记载,这九位秀女在正月二十六日入宫。④ 其中,通嫔即是在正月二十日选出的两位记名秀女之一,亦是最终中选的九位秀女之一。通嫔的秀女档案为:"多弼佐领七品监生常素保之女翟济迈。辰年。十四岁。大小均已熟,无疮、气味。满洲。"⑤

通嫔入宫之后,是否充任过官女子,是在何时、以何情况被圣祖收为后宫主位,目前尚不清楚。康熙二十四年二月,她为圣祖生下第十女,后来序齿为六公主。之后很长的一段时间内,通嫔都处于庶妃身份,在圣祖崩逝之前,位分等级为贵人。

---

① 谨按,根据《八旗满洲氏族通谱》记载,阿明阿等六兄弟为车臣之子,喀尔喀玛为车臣之兄。而根据康熙年间奏折记载,阿明阿等六兄弟为喀尔喀玛之子,车臣则是阿明阿等六兄弟之叔父。此处仍暂以《八旗满洲氏族通谱》之说法为准。
② 此段乌喇纳喇氏谱系,整理自《八旗满洲氏族通谱》卷23、卷24。
③ 《口奏绿头牌白本档案》,康熙十六年正月二十日条,中国第一历史档案馆编:《内务府奏销档(缩微胶卷)》。
④ 《口奏绿头牌白本档案》,康熙十六年正月二十二日条,中国第一历史档案馆编:《内务府奏销档(缩微胶卷)》。
⑤ 《口奏绿头牌白本档案》,康熙十六年正月二十日条,中国第一历史档案馆编:《内务府奏销档(缩微胶卷)》。

《清史稿》中称,通嫔为"雍正二年,世宗以其婿喀尔喀郡王策棱功尊封"。① 但是,根据《世宗宪皇帝实录》《玉牒》记载,世宗即位之后的第二个月,即下达旨意称:"朕念十二阿哥之母,多年侍奉皇考,甚为谨慎,久列嫔位,今晋封为妃。十五阿哥、十六阿哥之母嫔,亦晋封为妃。再,现在有曾生兄弟之母未经受封者,俱应封为贵人。六公主之母,应封为嫔。"② 遂将通嫔晋封为嫔位。当时,曾经为圣祖生育过成年公主的后宫主位中,仍然在世且未及嫔位者,只有通嫔一位,这可能才是通嫔得以晋位的主要原因。

【封谥释义】

通嫔的封号为"通",满文作"hafu"③,意为"通彻""公正"。

二、襄嫔

【简介】

圣祖襄嫔,正定府民籍高氏,高廷秀之女。康熙年间被选入宫中。康熙四十一年九月初五日,生第二十九子允禨。康熙四十二年(1703年)二月十四日,生第十九女。康熙四十五年七月二十五日,生第三十子多罗简靖贝勒允祎。其间位分等级不明。康熙六十一年十一月,圣祖崩逝,世宗即位。同年十二月初六日,晋封为贵人。雍正十三年八月,世宗崩逝,高宗即位。同年十一月十三日,诏晋为嫔。乾隆元年十二月,册封为襄嫔。乾隆十一年六月二十八日薨。同年七月十六日,奉安景陵妃园寝。

【概述】

圣祖襄嫔在《玉牒》中被记为"高氏,高廷秀之女"④,根据档案记载,这位"高廷秀"是"正定府民"。⑤ 黄一农则引《余姚六仓志》内"高廷秀"之传记,认为高廷秀为余姚县民人,是高士奇之族侄。⑥ 无论是哪种说法,高廷秀均为民籍汉人。由此可知,襄嫔是作为民籍汉人之女被送入宫中,成为后

---

① 《清史稿》卷214,第30册,第8912页。
② 《世宗宪皇帝实录》卷2,康熙六十一年十二月丁巳条,《清实录》,第7册,第51页。
③ 《为列祖列宗册封妃嫔字号事咨覆》,嘉庆六年正月,档案号:03-0197-3622-027,中国第一历史档案馆藏。
④ 《汉文列祖子孙直档玉牒》,中国第一历史档案馆编:《清代谱牒档案(缩微胶卷)》C69。
⑤ 《为咨查寿祺皇贵太妃等姓氏事致内务府等》,乾隆七年十二月二十二日,档案号:05-13-002-000002-0067,中国第一历史档案馆藏。
⑥ 黄一农:《红学与清史的对话》,第351—354页。谨按,黄一农此说或许有重名的可能。

宫主位。

襄嫔在何时入宫，入宫之后，是否充任过官女子，是在何时、以何情况被圣祖收为后宫主位，目前均不清楚。她一共为圣祖生育两子一女，其中：第一子允禝序齿为十九阿哥；第二子允祎序齿为二十阿哥；独女则因夭折未与序齿。之后一段时间内，襄嫔都处于庶妃身份，在圣祖崩逝之前，位分等级未及贵人。

世宗即位之后，将康熙四十年以后为圣祖生育皇子的诸位庶妃皆晋封为贵人，襄嫔即在其中。其后，高宗即位，襄嫔又继续得到尊封，晋封为嫔位。最终，于乾隆十一年六月二十八日薨逝。

【封谥释义】

襄嫔的封号为"襄"，满文作"tusangga"①，意为"有益的"。

三、谨嫔

【简介】

圣祖谨嫔，色赫图氏，员外郎多尔济之女。康熙年间被选入宫中。康熙五十年十二月初三日，生第三十二子多罗恭勤贝勒允祜。康熙六十一年十一月圣祖崩逝，世宗即位。同年十二月初六日，晋封为贵人。雍正十三年八月，世宗崩逝，高宗即位。同年十一月十三日，诏晋为嫔。乾隆元年十二月，册封为谨嫔。乾隆四年三月十六日薨。同年九月二十六日，奉安景陵妃园寝。

【概述】

圣祖谨嫔在《玉牒》中被记为"色赫图氏，员外郎多尔济之女"②。色赫图氏亦作"色克图氏"，是一个蒙古姓氏，在八旗满洲和蒙古旗分内均有分布。经查《八旗满洲氏族通谱》，在八旗满洲和包衣旗分内的色克图氏中，并未发现有"员外郎多尔济"之人，故而推断谨嫔出身于八旗蒙古旗分。但是，因为由于八旗蒙古没有官修的整体谱牒，世袭谱档中亦未找到相关信息，所

---

① 《为列祖列宗册封妃嫔字号事咨覆》，嘉庆六年正月，档案号：03-0197-3622-027，中国第一历史档案馆藏。
② 《汉文列祖子孙直档玉牒》，中国第一历史档案馆编：《清代谱牒档案（缩微胶卷）》C69。

以目前尚不确定谨嫔之出身。①

谨嫔在何时入宫,入宫之后,是否充任过官女子,是在何时、以何情况被圣祖收为后宫主位,目前均不清楚。康熙五十年十二月,她为圣祖生下第三十二子允祜,后来序齿为二十二阿哥。之后一段时间内,谨嫔都处于庶妃身份,在圣祖崩逝之前,位分等级未及贵人。

世宗即位之后,将康熙四十年以后为圣祖生育皇子的诸位庶妃皆晋封为贵人,谨嫔即在其中。其后,高宗即位,谨嫔又继续得到尊封,晋封为嫔位。最终,于乾隆四年三月十六日薨逝。

【封谥释义】

谨嫔的封号为"谨",满文作"gingguji"②,意为"恭谨"。

四、静嫔

【简介】

圣祖静嫔,陕西宁夏民籍石氏,石怀玉之女。康熙年间被选入宫中。康熙五十二年十一月二十八日,生第三十三子郡王品级多罗诚贝勒允祁。康熙六十一年十一月,圣祖崩逝,世宗即位。同年十二月初六日,晋封为贵人。雍正十三年八月,世宗崩逝,高宗即位。同年十一月十三日,诏晋为嫔。乾隆元年十二月,册封为静嫔。乾隆二十三年(1758年)六月初六日薨。乾隆二十四年三月二十二日,奉安景陵妃园寝。

【概述】

圣祖静嫔在《玉牒》中被记为"石氏,石怀玉之女"③。根据档案记载,这位"石怀玉"是"陕西宁夏民"④。由此可知,静嫔是作为民籍汉人之女被送入宫中,成为后宫主位。

静嫔在何时入宫,入宫之后,是否充任过官女子,是在何时、以何情况被圣祖收为后宫主位,目前均不清楚。康熙五十二年十一月,她为圣祖生下第

---

① 此段色赫图氏谱系,整理自《八旗满洲氏族通谱》卷69。
② 《为列祖列宗册封妃嫔字号事咨覆》,嘉庆六年正月,档案号:03-0197-3622-027,中国第一历史档案馆藏。
③ 《汉文列祖子孙直档玉牒》,中国第一历史档案馆编:《清代谱牒档案(缩微胶卷)》C69。
④ 《为咨查寿祺皇贵太妃等姓氏事致内务府等》,乾隆七年十二月二十二日,档案号:05-13-002-000002-0067,中国第一历史档案馆藏。

三十三子允祁,后来序齿为二十三阿哥。之后一段时间内,静嫔都处于庶妃身份,在圣祖崩逝之前,位分等级未及贵人。

世宗即位之后,将康熙四十年以后为圣祖生育皇子的诸位庶妃皆晋封为贵人,静嫔即在其中。其后,高宗即位,静嫔又继续得到尊封,晋封为嫔位。最终,于乾隆二十三年六月初六日薨逝。

【封谥释义】

静嫔的封号为"静",满文作"nemgiyen"①,意为"温和"。

五、熙嫔

【简介】

圣祖熙嫔,陈氏,陈玉卿之女。康熙年间被选入宫中。康熙五十年正月十一日,生第三十一子多罗慎靖郡王允禧。康熙六十一年十一月,圣祖崩逝,世宗即位。同年十二月初六日,晋封为贵人。雍正十三年八月,世宗崩逝,高宗即位。同年十一月十三日,诏晋为嫔。乾隆元年十二月,册封为熙嫔。乾隆二年正月初二日薨。同年四月十二日,奉安景陵妃园寝。

【概述】

圣祖熙嫔在《玉牒》中被记为"陈氏,陈玉卿之女"②,可能亦为民籍汉人之女。关于这点,尚有待进一步发掘资料。

熙嫔在何时入宫,入宫之后是否充任过官女子,是在何时、以何情况被圣祖收为后宫主位,目前均不清楚。康熙五十年正月,她为圣祖生下第三十一子允禧,后来序齿为二十一阿哥。之后一段时间内,熙嫔都处于庶妃身份,在圣祖崩逝之前,位分等级未及贵人。

世宗即位之后,将康熙四十年以后为圣祖生育皇子的诸位庶妃皆晋封为贵人,熙嫔即在其中。其后,高宗即位,熙嫔又继续得到尊封,晋封为嫔位。最终,于乾隆二年正月初二日薨逝。

---

① 《为列祖列宗册封妃嫔字号事咨覆》,嘉庆六年正月,档案号:03-0197-3622-027,中国第一历史档案馆藏。
② 《汉文列祖子孙直档玉牒》,中国第一历史档案馆编:《清代谱牒档案(缩微胶卷)》C69。

【封谥释义】

熙嫔的封号为"熙",满文作"iletungge"①,意为"有文采的"。

六、穆嫔

【简介】

圣祖穆嫔,陈氏,陈岐山之女。康熙年间被选入宫中。康熙五十五年(1716年)五月十六日,生第三十四子和硕諴恪亲王允祕。康熙六十一年十一月,圣祖崩逝,世宗即位。同年十二月初六日,晋封为贵人,称白②贵人。雍正四年正月初五日薨。雍正五年十二月初四日,奉安景陵妃园寝。雍正十三年八月,世宗崩逝,高宗即位。同年十一月十三日,追晋为嫔。乾隆元年(1736年)十二月,册封为穆嫔。

【概述】

圣祖穆嫔在《玉牒》里被记为"陈氏,陈岐山之女"③。根据《永宪录》记载,穆嫔"籍苏州",亦为民籍汉人之女。关于这点,尚有待进一步发掘资料。

穆嫔在何时入宫,入宫之后是否充任过官女子,是在何时、以何情况被圣祖收为后宫主位,目前尚不清楚。康熙五十五年五月,她为圣祖生下第三十四子允祕,后来序齿为二十四阿哥。之后很长的一段时间内,穆嫔都处于庶妃身份,在圣祖崩逝之前,位分等级未及贵人。

世宗即位之后,将康熙四十年以后为圣祖生育皇子的诸位庶妃皆晋封为贵人,穆嫔即在其中。萧奭所著《永宪录》中记载,雍正五年十一月,"庚午。先朝贵人白氏薨。贵人籍苏州,生皇弟二十四阿哥,居宁寿宫。……丙子。起送先朝荣妃、白贵人金棺至妃衙门。……冬十有二月壬午朔。乙酉。葬荣妃、白贵人"。④ 按照此说法,穆嫔在雍正年间被称为"白贵人",于雍正五年十一月十八日薨逝,在同月二十四日送往妃衙门,并在十二月初四日奉安。不过,《永宪录》本身属于私著杂史,其中错谬很多,按照其中之记载,白

---

① 《为列祖列宗册封妃嫔字号事咨覆》,嘉庆六年正月,档案号:03 - 0197 - 3622 - 027,中国第一历史档案馆藏。
② 谨按,此处"白"音为"bó"。
③ 《汉文列祖子孙直档玉牒》,中国第一历史档案馆编:《清代谱牒档案(缩微胶卷)》C69。
④ 萧奭:《永宪录》,第382—384页。

贵人仅仅去世七日便奉移妃衙门,亦与清宫之习惯不符。经查雍正朝内务府《奏销档》,雍正四年二月十六日之档案内称:"本月初五日,现停放曹八里屯衙门之宁寿宫白贵人满二月祭礼。"①由此可知,穆嫔的确曾被称为"白贵人",但她是于雍正四年正月初五日薨逝,并暂安在曹八里屯。

高宗即位之后,在雍正十三年十一月下达旨意,将康熙四十年以后为圣祖生育皇子的诸位庶妃皆晋封为嫔位,其中只有穆嫔已经作古,高宗亦特地指出"允秘之母著追封为嫔"②,故而穆嫔最终在其身后获得嫔位。

【封谥释义】

穆嫔封号为"穆",满文作"šumin"③,意为"深的"。

第九节 清圣祖康熙帝的庶妃们

根据《陵寝事宜易知》记载,在景陵妃园寝内,一共奉安有圣祖的二十八位庶妃,其中贵人十位、常在九位、答应九位。十位贵人分别为:布贵人、伊贵人、蓝贵人、马贵人、袁贵人、文贵人、尹贵人、新贵人、常贵人、勒贵人;九位常在分别为:贵常在、瑞常在、常常在、尹常在、禄常在、徐常在、石常在、寿常在、色常在;九位答应分别为:妙答应、秀答应、庆答应、灵答应、春答应、晓答应、治答应、牛答应、双答应。④ 而在清代官方的《玉牒》中,一共只记载有十位庶妃,其中六位称为"贵人",四位称为"庶妃",大多是曾经为圣祖生育过子女的庶妃。她们分别为:贵人兆佳氏、贵人郭络罗氏、贵人袁氏、贵人纳喇氏、贵人陈氏、贵人纳喇氏、庶妃张氏、庶妃王氏、庶妃刘氏、庶妃钮祜禄氏。但是,《玉牒》所记载之庶妃皆以姓氏称呼,而《陵寝事宜易知》所记载之庶妃皆以称号称呼,大多无法互相对应,同一时期或者稍后时期的宫廷档案所提及的圣祖庶妃,其称呼亦与两者不尽相同。

由于目前圣祖庶妃的信息相当有限,故而此处谨以《陵寝事宜易知》《玉

---

① 《奏销档》,雍正四年二月十六日条,中国第一历史档案馆编:《内务府奏销档(缩微胶卷)》。
② 《高宗纯皇帝实录》卷6,雍正十三年十一月戊申条,《清实录》,第9册,第269页。
③ 《为列祖列宗册封妃嫔字号事咨覆》,嘉庆六年正月,档案号:03-0197-3622-027,中国第一历史档案馆藏。
④ 《陵寝事宜易知》,转引自于善浦:《清代帝后的归宿》,北京:紫禁城出版社,2006年,第109、110页。

牒》以及康熙朝内务府《奏销档》的记载为基础，对已知的信息进行整合，并将未能整合的信息亦开列于后，有待今后继续研究。

一、布贵人

【简介】

圣祖布贵人，正白旗包衣兆佳氏，参领塞克塞赫之女。康熙初年被选入宫中。康熙十三年五月初六日，生第五女端静和硕公主。原封为常在，后晋封为贵人。康熙五十六年正月十一日亥时薨。康熙五十八年十二月十七日，奉安景陵妃园寝。

【概述】

圣祖布贵人出身舒赛系兆佳氏，此系的祖先情况暂时不明，世居瑚普察、额尔敏等地方，在清初入旗时已经拥有许多支系，是清代兆佳氏一姓之中最庞大也是最著名的一系。其中，世居瑚普察地方，被编入镶白旗满洲的舒赛一支，拥有两个世管佐领，在各个支系之中名位最为显著，故而谨以舒赛之名为此支系命名。布贵人的祖先是舒赛的同族，被编入正白旗包衣第三参领第一满洲佐领，入旗的始祖名为塔郎阿。

塔郎阿仕至包衣佐领，其子名为叶思赫，亦仕至包衣佐领。塔郎阿的孙辈多为内务府中低级官员，其中仕宦最为出色者名为塞克塞赫，他以护军校从征，功封骑都尉，仕至参领。这位塞克塞赫即是布贵人之父。[①]

布贵人在何时入宫，入宫之后，是否充任过官女子，是在何时、以何情况被圣祖收为后宫主位，目前均不清楚。康熙十三年五月，她为圣祖生下第五女，后来序齿为三公主。之后很长的一段时间内，布贵人都处于庶妃身份。康熙四十六年的宫分档案中，她被记为"布常在"[②]。康熙五十八年的折档提及，"五十六年正月十一日，卜贵人薨"[③]。此处之"卜贵人"，在原档中作

---

① 此段兆佳氏谱系，整理自《八旗满洲氏族通谱》卷31。
② 《呈报康熙四十六年乾清宫毓庆宫贵妃妃嫔等人数清单》，嘉庆元年，档案号：04-01-14-0015-018，中国第一历史档案馆藏。
③ 《内务府奏为办理衰常在丧礼折》，中国第一历史档案馆编：《康熙朝满文朱批奏折全译》，第1427、1428页。

"bu gui žin"①,亦即"布贵人"。由此可知,布贵人在康熙五十六年正月十一日薨逝。

二、伊贵人

【简介】

圣祖伊贵人。出身不详。雍正六年(1728年)四月薨。雍正七年八月二十五日,奉安景陵妃园寝。

【概述】

圣祖伊贵人身世不详。康熙四十六年的宫分档案中未有她的记载。雍正六年四月二十一日,世宗下达上谕称:"今日总管等所奏易贵人之事,似此贵人入陵尚可。陵内关系风水之地,嗣后尔等宜加意斟酌。如曾奉御皇考之贵人尚可,若随常加封者,则不可。或在外围周方左右,或在苏妈里姑之左右,另建园寝。尔等谨记,若遇事出,同内务府总管密议具奏。"②此处之"易贵人",在满文档案中作"i gui žin"③,亦即"伊贵人"。由此可知,伊贵人在雍正六年四月薨逝。

三、蓝贵人

【简介】

圣祖蓝贵人。出身不详。乾隆二年五月二十六日申时薨。同年闰九月二十七日,奉安景陵妃园寝。

【概述】

圣祖蓝贵人身世不详。康熙四十六年的宫分档案中尚未有她的记载。乾隆二年五月的档案提及,"宁寿宫兰贵人,于本月二十六日申时薨。"④可知其于乾隆二年五月二十六日申时薨逝。

---

① 满文奏折,康熙五十八年八月十三日,档案号:04-02-002-000062-0003,中国第一历史档案馆藏。
② 《国朝宫史》卷3,上册,第27页。
③ 《奏销档》,雍正六年八月十八日条,中国第一历史档案馆编:《内务府奏销档(缩微胶卷)》。
④ 《奏报宁寿宫兰贵人仙逝出殡日期及仪注折》,中国第一历史档案馆、故宫博物院编:《清宫内务府奏销档》,第17册,第347页。

四、马贵人

【简介】

圣祖马贵人。出身不详。康熙年间被选入宫中。康熙四十二年薨。康熙五十七年八月十八日,奉安景陵妃园寝。

【概述】

圣祖马贵人身世不详。康熙四十三年的档案中提及:"为马贵人周年祭礼,派出总管内务府大臣一位事。"[①]由此可知,马贵人在康熙四十二年薨逝。

五、袁贵人

【简介】

圣祖袁贵人。出身不详。康熙年间被选入宫中。康熙二十八年十二月初七日,生第十四女悫靖和硕公主。康熙五十八年八月十二日戌时薨。同年十二月,奉安景陵妃园寝。

【概述】

圣祖袁贵人身世不详。康熙二十八年十二月,她为圣祖生下第十四女,后来序齿为九公主。之后很长的一段时间内,袁贵人都处于庶妃身份。康熙四十六年的宫分档案中并无"袁贵人"或"袁常在"之人,当时袁贵人已经生育公主,不应该未预后宫主位之列,故而推测袁贵人可能是宫分档案中"查常在""尧常在"或是大答应里的一位。康熙五十八年八月的折档提及:"今景山袁常在于本月十二日戌时薨。"[②]由此可知,袁贵人在康熙五十八年八月十二日戌时薨逝。当时为常在位分,何时晋封为贵人则不得而知。

六、文贵人

【简介】

圣祖文贵人。出身不详。乾隆二年九月二十一日,奉安景陵妃园寝。

---

① 《口奏绿头牌白头本档案》,康熙四十三年九月二十八日条,中国第一历史档案馆编:《内务府奏销档(缩微胶卷)》。
② 《内务府奏为办理袁常在丧礼折》,中国第一历史档案馆编:《康熙朝满文朱批奏折全译》,第 1427、1428 页。

【概述】

圣祖文贵人身世不详。康熙四十六年的宫分档案中未有她的记载。

七、尹贵人

【简介】

圣祖尹贵人。出身不详。康熙年间被选入宫中。乾隆四年七月二十七日薨。同年九月二十六日,奉安景陵妃园寝。

【概述】

圣祖尹贵人身世不详。康熙四十六年的宫分档案中,她被记为"尹贵人"①。根据乾隆四年的档案提及:"十一月初七日,尹贵人百日礼致祭。"②由此可知,尹贵人于乾隆四年七月二十七日薨逝。

八、新贵人

【简介】

圣祖新贵人。出身不详。康熙年间被选入宫中。康熙五十五年十月初五日薨。康熙五十八年十二月十七日,奉安景陵妃园寝。

【概述】

圣祖新贵人身世不详。康熙四十六年的宫分档案中,她被记为"新常在"③。康熙五十五年的折档提及为"忻贵妃"百日之后奉移做准备。④ 此处之"忻贵妃",在原档中作"sin gui žin"⑤,亦即"新贵人"。而根据康熙朝内务府《奏销档》记载,康熙五十五年十月初六日,内务府奏文内提及:"贵格格本年十月初五日申时薨逝。"因为当时后宫主位等级制度还不完善,内务府亦

---

① 《呈报康熙四十六年乾清宫毓庆宫贵妃妃嫔等人数清单》,嘉庆元年,档案号:04-01-14-0015-018,中国第一历史档案馆藏。
② 《为尹贵人百日礼致祭各部奏派堂官事致内务府》,乾隆四年十月二十七日,档案号:05-13-002-000001-0105,中国第一历史档案馆藏。
③ 《呈报康熙四十六年乾清宫毓庆宫贵妃妃嫔等人数清单》,嘉庆元年,档案号:04-01-14-0015-018,中国第一历史档案馆藏。
④ 《内务府奏报忻贵妃等丧仪折》,中国第一历史档案馆编:《康熙朝满文朱批奏折全译》,第1155、1156 页。
⑤ 满文奏折,康熙五十五年十一月十一日,档案号:04-02-002-000052-0024,中国第一历史档案馆藏。

未把贵格格视为贵人[①],于是将康熙四十二年马贵人的先例无视,称"查得,原先并无办理贵格格等之例"。圣祖批评"总管内务府大臣(竟)不知此例",于是让内务府重新讨论呈报。[②] 之后,内务府将贵格格作为贵人报上,才顺利得到准许,圣祖还特地指出:"将贵人写为新贵人。"[③]由此可知,新贵人在康熙五十五年十月初五日薨逝。

九、常贵人

【简介】

圣祖常贵人。出身不详。乾隆十九年四月二十一日,奉安景陵妃园寝。

【概述】

圣祖常贵人身世不详。康熙四十六年的宫分档案中未有她的记载。

十、勒贵人

【简介】

圣祖勒贵人。出身不详。乾隆二十年(1755年)五月初十日薨。乾隆二十二年十月,奉安景陵妃园寝。

【概述】

圣祖勒贵人身世不详。康熙四十六年的宫分档案中尚未有她的记载。乾隆十六年(1751年)的档案中,她被记为"宁寿宫西所洛贵人"。[④] 而根据乾隆二十年的档案中提及:"本月十七日,勒贵人头七礼祭。"[⑤]由此可知,勒贵人在乾隆二十年五月初十日薨逝。

---

① 谨按,此处"贵格格"一词满文为"wesihun gege",本书内译为"贵格格",中国第一历史档案馆在《康熙朝满文朱批奏折全译》一书中译为"荣格格"。可参见中国第一历史档案馆编:《康熙朝满文朱批奏折全译》,第1146、1147页。
② 《口奏绿头牌白本档案》,康熙五十五年十月初六日条,中国第一历史档案馆编:《内务府奏销档(缩微胶卷)》。
③ 《口奏绿头牌白本档案》,康熙五十五年十月初十日条,中国第一历史档案馆编:《内务府奏销档(缩微胶卷)》。
④ 《奏为宁寿宫官女子五妞在太监赵国宝屋内自行抹脖将赵国宝发往黑龙江事》,档案号:05-0117-024,中国第一历史档案馆藏。
⑤ 《为勒贵人头七大七礼祭圆坟贝勒以下子爵以上贝勒夫人以下子爵夫人以上齐集曹八里屯抄录粘单事致内务府》,乾隆二十年五月,档案号:05-13-002-000007-0054,中国第一历史档案馆藏。

十一、贵人郭络罗氏

【简介】

圣祖贵人,原正黄旗包衣后抬镶黄旗满洲郭络罗氏,佐领三官保之女,名布音珠①。顺治十年生。原嫁与某氏为妻,后因故寡居。康熙十六年五月二十六日,以内务府寡居妇人的身份被选入宫中,于同年五月二十七日入宫。康熙十八年五月二十七日,生第六女恪靖固伦公主。康熙二十二年七月二十三日,生第十九子允禝。其后不明。

【概述】

圣祖贵人郭络罗氏出身查库系郭络罗氏,是圣祖宜妃之胞姊。其家世可以参考圣祖宜妃条。

根据康熙朝内务府《奏销档》记载,康熙十六年五月,圣祖挑选了一批内务府秀女。在这次挑选中,内务府除将年及十三、十四、十五岁的五百七十位内务府秀女呈报御览之外,还将八位守寡、离异妇人一并呈报御览。圣祖下达旨意,命令内务府先在五月二十五日将八位守寡、离异妇人送入宫中参加挑选。经过选看之后,八位守寡、离异妇人中只有一位被保留下来,圣祖下令这位守寡妇女与其他五百七十位内务府秀女在第二日一起入宫参加挑选。五月二十六日,五百七十位内务府秀女先经圣祖的乳母以及总管内务府大臣噶鲁、海拉苏、顾太监以及太监翟林初步挑选之后,选出八十九位内务府秀女,加上前一日保留的那位守寡妇人一起引至圣祖御前亲自挑选。最终,圣祖从中选出十四位入宫。这十四位包括十三位内务府秀女以及二十五日那位守寡妇人,而那位守寡妇人即是贵人郭络罗氏。贵人郭络罗氏的秀女档案为:"拖尔弼管领盛京佐领三官保之女寡妇。巳年。二十五岁。无疮、气味。满洲。"圣祖的旨意中则称:"选取此十三位女子及盛京佐领三官保之女布音珠,著于明日早晨送入宫内。"可知贵人郭络罗氏之闺名为布音珠,亦是在入关后,少数被确定为再醮的后宫主位。②

贵人郭络罗氏原本嫁与何人,是因故离异还是原夫早亡,其入宫之后,

---

① 谨按,布音珠,满文写为"buyenju",意为"喜爱的""希望的""贪爱的"。
② 《口奏绿头牌白本档案》,康熙十六年五月二十三日条,中国第一历史档案馆编:《内务府奏销档(缩微胶卷)》。谨按,原档案文本颇长,本处仅进行概述,全文可见本书上部中"后宫主位的来源"部分。

是否充任过官女子,是在何时、以何情况被圣祖收为后宫主位,目前均不清楚。贵人郭络罗氏共为圣祖生育一子一女,其中独子允禶因夭折未与序齿,独女则序齿为四公主。在此之后,贵人郭络罗氏的情况不明。《玉牒》中记载她的位分等级为贵人。她究竟是圣祖贵人中的哪一位,在何时薨逝,奉安于何处,均不清楚。

十二、贵人纳喇氏

【简介】

圣祖贵人,正白旗包衣纳喇氏,骁骑校昭格之女,名妞妞①。康熙十年六月,参加挑选内务府秀女被选中,于同年六月十九日入宫。康熙十四年十月初八日,生第九子万黼。康熙十八年二月三十日,生第十二子允禶。其后不明。

【概述】

根据康熙朝内务府《奏销档》记载,康熙十年六月,有六位外八旗格格嫁入宫中。与此同时,六月十五日,圣祖下达旨意称:"既令六格格入宫,著选看包衣女子俊秀者九人送入宫中。"②随后,这九位内务府秀女在六月十九日入宫,其中即有贵人纳喇氏,她的秀女档案为:"三泰佐领牧上(人)昭格之女妞妞。"③所谓"三泰佐领",即正白旗包衣第一参领第一佐领。由此可知,贵人纳喇氏出身内务府包衣佐领下人。其父名为昭格,在贵人纳喇氏入宫时只是牧丁,后来挑补为骁骑校,《玉牒》中则记为"护军校"④。目前并未查到昭格的家族信息,可能出身比较普通。

贵人纳喇氏入宫之后,是否充任过官女子,是在何时、以何情况被圣祖收为后宫主位,目前均不清楚。贵人纳喇氏共为圣祖生育两子,其中第一子万黼在五岁时夭折,第二子允禶在二岁时夭折,均未与序齿。在此之后,贵人纳喇氏的情况不明,《玉牒》中记载她的位分等级为贵人。她究竟是圣祖贵人中的哪一位,在何时薨逝,奉安于何处,均不清楚。

---

① 谨按,妞妞,满文写为"nionio",意为"眼珠"。
② 《奏销绿头牌白本档案》,康熙十年六月十六日条,中国第一历史档案馆编:《内务府奏销档(缩微胶卷)》。
③ 《奏销绿头牌白本档案》,康熙十年六月十九日条,中国第一历史档案馆编:《内务府奏销档(缩微胶卷)》。
④ 《汉文列祖子孙直档玉牒》,中国第一历史档案馆编:《清代谱牒档案(缩微胶卷)》C69。

十三、贵人纳喇氏

【简介】

圣祖贵人,纳喇氏,那丹珠之女。康熙年间被选入宫中。其后不明。

【概述】

圣祖贵人纳喇氏身世不详。《玉牒》中只将她记为"贵人纳喇氏,那单珠之女"。① 由此可知,她的位分等级为贵人。但是,她出身如何,是在何时入宫,究竟是圣祖贵人中的哪一位,在何时薨逝,奉安于何处,均不清楚。

在圣祖的后宫之中,通嫔乌喇纳喇氏、贵人纳喇氏那丹珠之女以及贵人纳喇氏昭格之女这三位姓纳喇氏之后宫主位,在不同学术著作中的记载差异较大。究其本源,主要源自三种说法。

第一种,以唐邦治《清皇室四谱》《清史稿》为代表,称通嫔为纯悫固伦公主、皇九子万黼、皇十二子允禝三人之生母,而贵人纳喇氏那丹珠之女以及贵人纳喇氏昭格之女均无出。

第二种,以张尔田《清列朝后妃传稿》为代表,称通嫔为纯悫固伦公主之生母,贵人纳喇氏那丹珠之女为皇九子万黼、皇十二子允禝两人之生母,而贵人纳喇氏昭格之女则无出。

第三种,以1937年宣统帝在东北所修《星源集庆》为代表,称通嫔为纯悫固伦公主之生母,贵人纳喇氏昭格之女为皇九子万黼、皇十二子允禝之生母,而贵人纳喇氏那丹珠之女则无出。

经查《玉牒》原文:"万黼。幼龄。康熙十四年乙卯十月初八日巳时,贵人纳喇氏护军校兆格之女所出。康熙十八年己未正月二十九日戌时卒,年五岁。""允禝。幼龄。康熙十八年己未二月三十日巳时,贵人纳喇氏护军校兆格之女所出。康熙十九年四月初二日亥时卒,年二岁。"② 由此可知,《星源集庆》所记无误,三位姓纳喇氏之后宫主位中,无出者即为贵人纳喇氏那丹珠之女。

【猜测】

清代《玉牒》中所记载的圣祖庶妃一共只有十位,分别为贵人兆佳氏、贵

---

① 《汉文列祖子孙直档玉牒》,中国第一历史档案馆编:《清代谱牒档案(缩微胶卷)》C69。
② 《汉文列祖子孙直档玉牒》,中国第一历史档案馆编:《清代谱牒档案(缩微胶卷)》C69。

人郭络罗氏、贵人袁氏、贵人纳喇氏、贵人陈氏、贵人纳喇氏、庶妃张氏、庶妃王氏、庶妃刘氏、庶妃钮祜禄氏。其中,除贵人纳喇氏那丹珠之女之外,其余九位均是为圣祖生育过子女的后宫主位。贵人纳喇氏无出,却可以位列其中,证明其身份与众不同。以目前已知的圣祖后宫主位信息来看,猜测贵人纳喇氏可能即是奉安在清东陵周边马家庄的老贵人。当然,这种猜测还需要对档案进一步挖掘查证。

十四、贵人陈氏

【简介】

圣祖贵人,陈氏,陈秀之女。康熙年间被选入宫中。康熙五十七年二月初一日,生第三十五子允禐。其后不明。

【概述】

圣祖贵人陈氏身世不详。可能为民籍汉人之女。贵人陈氏在何时入宫,入宫之后是否充任过官女子,是在何时、以何情况被圣祖收为后宫主位,目前均不清楚。康熙五十七年二月,她为圣祖生下第三十五子允禐,当日即夭折,未与序齿,这亦是圣祖最后的一位子女。在此之后,贵人陈氏的情况不明,《玉牒》中记载她的位分等级为贵人。她究竟是圣祖贵人中的哪一位,在何时薨逝,奉安于何处,均不得而知。

十五、庶妃钮祜禄氏

【简介】

圣祖庶妃,内务府包衣钮祜禄氏,员外郎晋宝之女,名萨尔丹。康熙三十九年五月初二日,参加挑选内务府秀女被选中而入宫。康熙四十七年十一月初九日,生第二十女。其后不明。

【概述】

根据康熙朝内务府《奏销档》记载,康熙三十九年五月初二日,"总管内务府大臣海拉荪等看后带来之盛京女子七位、易州[①]女子一位、乌喇女子三位,共女子十一位,各自缮写绿头牌后呈进选看。得旨:晋宝之女萨尔丹、

---

① 谨按,此处"易州"满文为"i jeo",或译为"义州",均为东北地名。

牛钮之女牡丹珠、穆克登之女乌哩、满达尔汉之女图伦珠、璜鉴之女乌库瑚，著挑选吉日，将此五位女子送入宫中。晋宝之女既将入宫，其处无人看顾。晋宝遭发遣并非大罪，著将其带回，令其照料其女。若有随行发遣之亲属，亦著带回。"①由此可知，庶妃钮祜禄氏出身于东北内务府，其父晋宝在其被选入宫中时已经因罪发遣，却因女儿被选入后宫，而被赦免带回家中。

庶妃钮祜禄氏入宫之后，是否充任过官女子，是在何时、以何情况被圣祖收为后宫主位，目前均不清楚。康熙四十七年十一月，她为圣祖生下第二十女，在第二月夭折，未与序齿。在此之后，庶妃钮祜禄氏的情况不明，《玉牒》中只将她称为"庶妃"。她究竟是圣祖庶妃中的哪一位，在何时薨逝，奉安于何处，均不得而知。

十六、庶妃张氏

【简介】

圣祖庶妃，张氏，名桂姐。康熙初年被选入宫中，属格格级。原服缎匹数不明。康熙七年十一月二十六日，生第一女。康熙八年七月二十八日，晋升为服十八匹缎。后晋封为小福晋级。康熙十三年二月初十日，生第四女。其后不明。

【概述】

圣祖庶妃张氏入宫的时间目前尚不明确。从康熙朝内务府《奏销档》的记载来看，至少在康熙二年和康熙五年，孝庄文皇后均为圣祖选送过内务府女子，庶妃张氏可能即在这一阶段被选入宫中。庶妃张氏入宫之后是否充任过官女子，是在何时、以何情况被圣祖收为后宫主位，目前均不清楚。

康熙七年十一月，庶妃张氏为圣祖生下第一女，后来在四岁时夭折，未与序齿。康熙八年七月二十八日，孝庄文皇后下达旨意，增加圣祖位下诸位庶妃的服缎匹数。其中，已经生育圣祖第一女的庶妃张氏在档案中被记为"桂姐格格"，升为服十八匹缎。② 其后，庶妃张氏晋升为小福晋，是康熙十

---

① 《口奏绿头牌白头本档案》，康熙三十九年五月初二日条，中国第一历史档案馆编：《内务府奏销档（缩微胶卷）》。
② 《口奏及绿头牌档案》，康熙八年八月初一日条，中国第一历史档案馆编：《内务府奏销档（缩微胶卷）》。

年时圣祖位下的四位小福晋之一,①位分等级在储秀宫格格以及新入宫的六位外八旗格格之下。康熙十三年二月,庶妃张氏又为圣祖生下第四女,后来在五岁时夭折,亦未与序齿。在此之后,庶妃张氏的情况不明,《玉牒》中只将她称为"庶妃"。她究竟是圣祖庶妃中的哪一位,在何时薨逝,奉安于何处,均不得而知。

十七、庶妃王氏

【简介】

圣祖庶妃,王氏。康熙年间被选入宫中。康熙三十四年十月二十一日,生第十六女。其后不明。

【概述】

圣祖庶妃王氏身世不详。庶妃王氏在何时入宫,入宫之后,是否充任过官女子,是在何时、以何情况被圣祖收为后宫主位,目前均不清楚。康熙三十四年十月,她为圣祖生下第十六女,后来在十三岁时夭折,生前应该已经序齿为十一公主。在此之后,庶妃王氏的情况不明,《玉牒》中只将她称为"庶妃"。她究竟是圣祖庶妃中的哪一位,在何时薨逝,奉安于何处,均尚不得而知。

十八、庶妃刘氏

【简介】

圣祖庶妃,刘氏。康熙年间被选入宫中。康熙三十七年十二月十二日,生第十七女。其后不明。

【概述】

圣祖庶妃刘氏身世不详。庶妃刘氏在何时入宫,入宫之后是否充任过官女子,是在何时、以何情况被圣祖收为后宫主位,目前均不清楚。康熙三十七年十二月,她为圣祖生下第十七女,后来在三岁时夭折,未与序齿。在此之后,庶妃刘氏的情况不明,《玉牒》中只将她称为"庶妃"。她究竟是圣祖

---

① 《口奏绿头牌及白头本档案》,康熙十年七月十一日条,中国第一历史档案馆编:《内务府奏销档(缩微胶卷)》。

庶妃中的哪一位,在何时薨逝,奉安于何处,均尚不得而知。

十九、贵常在

【简介】

圣祖贵常在。出身不详。雍正二年四月十九日,奉安景陵妃园寝。

【概述】

圣祖贵常在身世不详。康熙四十六年的宫分档案中尚未有她的记载。

二十、瑞常在

【简介】

圣祖瑞常在。出身不详。雍正二年十月,奉安景陵妃园寝。

【概述】

圣祖瑞常在身世不详。康熙四十六年的宫分档案中尚未有她的记载。

二十一、常常在

【简介】

圣祖常常在。出身不详。雍正十一年九月初七日,奉安景陵妃园寝。

【概述】

圣祖常常在身世不详。康熙四十六年的宫分档案中尚未有她的记载。

二十二、徐常在

【简介】

圣祖徐常在。内务府包衣徐氏(徐佳氏)。康熙年间被选入宫中。康熙四十一年十月十四日薨。雍正三年三月十一日,奉安景陵妃园寝。

【概述】

圣祖徐常在身世不详,目前只知其出身内务府包衣徐氏,是入旗的汉人。康熙五十八年的折档中提及:"康熙四十一年十月十四日,徐常在薨。"[①]由此

---

① 《内务府奏为办理袁常在丧礼折》,中国第一历史档案馆编:《康熙朝满文朱批奏折全译》,第1427、1428页。

可知,徐常在在康熙四十一年十月十四日薨逝。

在康熙朝内务府《奏销档》中,记载有徐常在去世之后的处理情况。档案内称:"初七日,总管内务府大臣马斯喀、吉祥门总管太监梁九功、四执事首领太监王义成,将牧长徐金鼎之事奏上。得旨:徐金鼎非徐达华塞所生之子,已故之格格亦非徐金鼎所生之子。再,其家现有从大内交出之物,均系何人持送至其家,著将此等之处,对徐金鼎用夹棍、对其妻用拶子①讯问。其若将格格之使唤女子指认出来,则即交予翟林,往女子之处(当场)讯问,写成文本,与徐金鼎夫妇对口供。徐金鼎愚昧恶劣,甚是不堪,著将其家抄没,像手指似的东西都不要剩②,让其夫妇只身出来。若将此(抄来之)物皆置于公中,全无赏人之处,著皆用于格格吊祭、道场等事项。"③内务府《奏销档》对此事的记载不大完整,故而难以知晓其前因后果,仅从已知信息来看,徐常在之家人显然犯有过错,而从抄没之家产都用于对徐常在的祭祀来看,徐常在自身应该无辜。

二十三、尹常在

【简介】

圣祖尹常在。出身不详。雍正三年三月十一日,奉安景陵妃园寝。

【概述】

圣祖尹常在身世不详。康熙四十六年的宫分档案中尚未有她的记载。从她与徐常在一起奉安来看,可能在康熙年间即已薨逝。

二十四、禄常在

【简介】

圣祖禄常在。出身不详。雍正三年三月十一日,奉安景陵妃园寝。

【概述】

圣祖禄常在身世不详。康熙四十六年的宫分档案中尚未有她的记载。

---

① 谨按,夹棍与拶子,都是官方所用的刑具。
② 谨按,本句原文为"šumhun i gese jaka ume funcebure",大致意思相当于"连手指头那么小的东西都不要剩下"。
③ 《口奏绿头牌白头本档案》,康熙四十二年正月初七日条,中国第一历史档案馆编:《内务府奏销档(缩微胶卷)》。

从她与徐常在一起奉安来看,可能在康熙年间即已薨逝。

二十五、石常在

【简介】

圣祖石常在。出身不详。雍正三年三月十一日,奉安景陵妃园寝。

【概述】

圣祖石常在身世不详。康熙四十六年的宫分档案中尚未有她的记载。从她与徐常在一起奉安来看,可能在康熙年间即已薨逝。

二十六、寿常在

【简介】

圣祖寿常在。出身不详。雍正三年三月十一日,奉安景陵妃园寝。

【概述】

圣祖寿常在身世不详。康熙四十六年的宫分档案中尚未有她的记载。从她与徐常在一起奉安来看,可能在康熙年间即已薨逝。

二十七、色常在

【简介】

圣祖色常在。出身不详。雍正三年三月十一日,奉安景陵妃园寝。

【概述】

圣祖色常在身世不详。康熙四十六年的宫分档案中尚未有她的记载。从她与徐常在一起奉安来看,可能在康熙年间即已薨逝。

二十八、妙答应

【简介】

圣祖妙答应。出身不详。雍正十一年九月初七日,奉安景陵妃园寝。

【概述】

圣祖妙答应身世不详。她在康熙朝可能属于大答应之位分。

二十九、秀答应

【简介】

圣祖秀答应。出身不详。雍正十三年九月初六日,奉安景陵妃园寝。

【概述】

圣祖秀答应身世不详。她在康熙朝可能属于大答应之位分。

三十、庆答应

【简介】

圣祖庆答应。出身不详。乾隆五年薨逝。乾隆六年三月二十四日,奉安景陵妃园寝。

【概述】

圣祖庆答应身世不详。她在康熙朝可能属于大答应之位分。雍正十三年的宫分档案中尚未有她的记载。乾隆五年的档案提及,"宁寿宫琼答应于本月初七日初上坟"①,另有一份满文残折称其为"ning šeo gung ni kiong da ing"②,即"宁寿宫之琼答应"。从奉安时间和发音讹化来看,此"琼答应"即是"庆答应"。

三十一、灵答应

【简介】

圣祖灵答应。出身不详。乾隆十一年十月十六日,奉安景陵妃园寝。

【概述】

圣祖灵答应身世不详。她在康熙朝可能属于大答应之位分。雍正十三年的宫分档案内,她是当时已经有答应位分的两位后宫主位之一,写作"令答应"。③

---

① 《为宁寿宫琼答应初上坟大上坟俱有焚化衣服事致内务府》,乾隆五年五月,档案号:05-13-002-000001-0121,中国第一历史档案馆藏。
② 《为五月初七日琼答应上坟事》,乾隆五年五月初六日,档案号:05-13-002-000001-0150,中国第一历史档案馆藏。
③ 《呈报雍正十三年乾清宫宁寿宫皇贵妃贵妃妃嫔等缎布等项分例清单稿》,嘉庆元年,档案号:05-0462-052,中国第一历史档案馆藏。

三十二、春答应

【简介】

圣祖春答应。出身不详。乾隆十九年四月,奉安景陵妃园寝。

【概述】

圣祖春答应身世不详。她在康熙朝可能属于大答应之位分。雍正十三年的宫分档案中尚未有她的记载。

三十三、晓答应

【简介】

圣祖晓答应。出身不详。乾隆三十三年十月十二日,奉安景陵妃园寝。

【概述】

圣祖晓答应身世不详。她在康熙朝可能属于大答应之位分。雍正十三年的宫分档案中尚未有她的记载。

三十四、治答应

【简介】

圣祖治答应。出身不详。乾隆十九年四月二十九日,奉安景陵妃园寝。

【概述】

圣祖治答应身世不详。她在康熙朝可能属于大答应之位分。雍正十三年的宫分档案内,她是当时已经有答应位分的两位后宫主位之一,写作"智答应"。[①]

三十五、牛答应

【简介】

圣祖牛答应。出身不详。雍正十一年九月初六日,奉安景陵妃园寝。

【概述】

圣祖牛答应身世不详。她在康熙朝可能属于大答应之位分。雍正十三年的宫分档案中尚未有她的记载。

[①] 《呈报雍正十三年乾清宫宁寿宫皇贵妃贵妃妃嫔等缎布等项分例清单稿》,嘉庆元年,档案号:05-0462-052,中国第一历史档案馆藏。

三十六、双答应

【简介】

圣祖双答应。出身不详。雍正七年四月二十七日,奉安景陵妃园寝。

圣祖双答应身世不详。她在康熙朝可能属于大答应之位分。雍正十三年的宫分档案中尚未有她的记载。

三十七、苏贵人、仙贵人、牛常在、查常在、尧常在

此五位出自康熙四十六年宫分档案①,是当时在世的贵人和常在。

三十八、倩贵人、秀贵人、玉贵人、绮贵人

此四位出自雍正十三年宫分档案之稿本,当时在世之贵人原写为"尹贵人、常贵人、兰贵人、洛贵人",之后被涂改,在旁边写上"老贵人、倩贵人、秀贵人、玉贵人、绮贵人"②。她们可能是襄嫔、谨嫔、静嫔、熙嫔四位获得嫔位之前的称呼。

三十九、蒋答应、袁答应、丰答应、玉答应、御答应、采答应

此六位均出自雍乾两朝的内务府档案。雍正九年(1731年)十二月档案称:"宁寿宫病故蒋答应,本月二十一日初上坟。"③雍正十年七月档案称:"宁寿宫病故袁答应⋯⋯本月七月十三日动土安葬。"④雍正十二年四月档案称:"宁寿宫后所穿八匹缎子丰答应于四月初三日初上坟。"⑤乾隆元年十月档案称:"宁寿宫玉答应、女孩儿苏伯礼动土安葬"⑥。乾隆五年二月档案

---

① 《呈报康熙四十六年乾清宫毓庆宫贵妃妃嫔等人数清单》,嘉庆元年,档案号:04-01-14-0015-018,中国第一历史档案馆藏。
② 《呈报雍正十三年乾清宫宁寿宫皇贵妃贵妃妃嫔等缎布等项分例清单稿》,嘉庆元年,档案号:05-0462-052,中国第一历史档案馆藏。
③ 《为宁寿宫病故蒋答应照穿八匹缎子答应例办理知会上坟日期并俱有焚化衣服俱次日圆坟事致内务府》,雍正九年十二月,档案号:05-13-001-000004-0120,中国第一历史档案馆藏。
④ 《为知会宁寿宫病故袁答应动土安葬吉期事致内务府》,雍正十年七月,档案号:05-13-001-000005-0041,中国第一历史档案馆藏。
⑤ 《为知会宁寿宫后所穿八品缎子丰答应瑞答应初上坟大上坟俱有焚化衣服事致内务府》,雍正十二年四月初一日,档案号:05-13-001-000008-0020,中国第一历史档案馆藏。
⑥ 《为曹八里屯暂安宁寿宫玉答应女孩儿苏伯礼动土安葬日期事致内务府》,乾隆元年十月初九日,档案号:05-13-002-000001-0013,中国第一历史档案馆藏。

称:"宁寿宫所内御答应于二月二十五日初上坟。"①乾隆七年二月档案提及"宁寿宫所内采答应"丧仪安排。②

康熙朝时,后宫主位的位分等级制度还未完全成型,在当时,"答应"不仅为后宫主位的位分等级,亦囊括有地位较高之官女子。故而此六位答应究系后宫主位还是有一定身份之官女子,目前尚不清楚,有待今后进一步发掘资料。

第十节 关于"老贵人"

清东陵周边的马家庄有一座特殊的园寝,葬有苏麻喇姑和一位"老贵人"。关于这位老贵人之身份,学者多有争论。目前,随着档案进一步的公开和整理,可以初步梳理出这位老贵人的情况。

在满文档案中,老贵人被记为"sakda gui žin"③,直译为"年老之贵人",故而老贵人之"老"为年老之意,既非姓氏,亦非封号,只是一种口语称呼。④目前,在清代官方档案中只见过一位被称为"老贵人"或"sakda gui žin"之人物,即葬于东陵马家庄的这位老贵人。

世宗即位不久,便下达上谕称:"朕奉皇太后懿旨:尔兄弟之母,当加意相待。朕念十二阿哥之母,多年侍奉皇考,甚为谨慎,久列嫔位,今晋封为妃。十五阿哥十六阿哥之母嫔,亦晋封为妃。再,现在有曾生兄弟之母未经受封者,俱应封为贵人。六公主之母,应封为嫔。内有一常在,年已七旬,亦应封为贵人。"⑤其中提及"年已七旬"之常在被晋封为贵人,应该即是老贵人。以此计算,老贵人最晚生于顺治十年。

雍正六年时,世宗曾经在上谕中提及:"今日总管等所奏易贵人之事,似此贵人入陵尚可。陵内关系风水之地,嗣后尔等宜加意斟酌。如曾奉御皇

---

① 《为宁寿宫所内御答应初上坟大上坟俱有焚化衣服事致内务府》,乾隆五年二月,档案号:05-13-002-000001-0110,中国第一历史档案馆藏。
② 《为钦天监选择宁寿宫所内采答应金棺漆饰动土吉期事致内务府》,乾隆七年二月,档案号:05-13-002-000002-0037,中国第一历史档案馆藏。
③ 《奏请办理景山年老贵人丧事仪注折》,档案号:奏销档193-124,中国第一历史档案馆藏。
④ 谨按,如果"老"为姓氏的话,满文档案内应该写为"loo gui žin"。
⑤ 《世宗宪皇帝实录》卷2,康熙六十一年十二月丁巳条,《清实录》,第7册,第51页。

考之贵人尚可,若随常加封者则不可。或在外围周方左右,或在苏妈里姑之左右,另建园寝。尔等谨记,若遇事出,同内务府总管密议具奏。"①由此可知,老贵人虽然是圣祖的后宫主位,原为常在位分,但是未能"奉御"②,故而不能葬入皇陵妃园寝之中。乾隆三十九年(1774年)时,高宗上谕亦有提及:"老贵人,原因照看和恭亲王赏给贵人名号,不过与照看履懿亲王之苏妈拉妈妈相等。"③亦即言之,老贵人最终能够葬于马家庄,其情况与苏麻喇姑相仿。一来,她们的确与宫廷有关,但是均不属于"奉御"过的主位;二来,她们均抚养过皇子以至成年。其中,苏麻喇姑抚养的是圣祖第十二子和硕履懿亲王允祹,而老贵人抚养的则是世宗第五子和硕和恭亲王弘昼。这种抚养关系并非是传统意义上"乳母""嬷嬷"的关系,而类似于养母、慈母之身份,这的确与苏麻喇姑类似。一般认为,苏麻喇姑的年纪与孝庄文皇后相近,④生于万历四十一年前后。其抚养的和硕履懿亲王允祹生于康熙二十四年,苏麻喇姑抚养他的时候已经七十余岁,老贵人抚养和硕和恭亲王弘昼时的年纪应该与之相仿。

又根据《奏请办理景山年老贵人丧事仪注折》,可以对老贵人薨逝之时间有更详细的了解。其中提及:"总管内务府衙门等部恭奏,为请旨事。景山之老贵人于乾隆元年四月二十六日午时薨逝。查得,雍正八年六月初三日,奏事太监张玉柱、王长贵奉旨降谕:老贵人现在患病,倘若事出,毋用传知外面之人,亦毋用奏报,总管内务府衙门之人按例备办。"⑤由此可知,老贵人曾经在雍正八年时得过重病,当时世宗为其安排过后事,最终于乾隆元年四月二十六日午时薨逝。

综上,老贵人的情况为:至迟生于顺治十年,康熙年间被选入宫中,封

---

① 《国朝宫史》卷3,上册,第27页。
② 谨按,一般认为"奉御"即侍寝之意。清代中后期制度形成之后,有位分的后宫主位必然都"奉御"过。而清初出现这种情况,是因为当时后宫低级位分称谓还不确定,而且清初一直以服缎匹数衡量地位,使得一些后宫内的仆妇、宫女拥有的身份并不低于低级主位。如与老贵人一同葬于马家庄的苏麻喇姑,她作为孝庄文皇后的使女,生前的服缎匹数达到二十匹,相当于贵人级,去世之后的礼仪待遇达到三十匹,相当于嫔级。
③ 《奏为有老贵人及苏妈拉妈妈坟茔一处安二人係照看懿亲王和恭亲王之嬷嬷请该二府修理事》,嘉庆二十五年十月二十一日,档案号:04-01-14-0054-019,中国第一历史档案馆藏。
④ 杨珍:《康熙皇帝一家人》,第361页。
⑤ 《奏请办理景山年老贵人丧事仪注折》,档案号:奏销档193-124,中国第一历史档案馆藏。

为常在,但是未曾"奉御"过。世宗即位后,因其年老,随常晋封为贵人,称为"老贵人",曾经抚养过世宗第五子和硕和恭亲王弘昼。在雍正八年(1730年)时得过重病,最终在乾隆元年四月二十六日午时薨逝,被葬于马家庄园寝。由其抚养过的和硕和恭亲王弘昼的后代负责相当一部分的祭祀事务。

另外,目前猜测老贵人可能即是圣祖后宫主位中的贵人纳喇氏那丹珠之女。关于这一点,可以参考前文贵人纳喇氏条。

第十一章　清世宗雍正帝的后宫

清世宗敬天昌运建中表正文武英明宽仁信毅睿圣大孝至诚宪皇帝,名胤禛,满文作"in jen"①。作为圣祖仁皇帝的第十一子,序齿为第四子,生于康熙十七年十月三十日寅时,生母为孝恭仁皇后乌雅氏。康熙三十七年三月,恩封为多罗贝勒。康熙四十八年十月,晋封为和硕雍亲王。康熙六十一年十一月十三日,圣祖崩逝。世宗以皇四子和硕雍亲王之身份于十一月二十日即位,改元雍正。在位期间,锐意改革,整顿八旗,因用兵西北设立军机处,创立秘密立储制度。雍正十三年八月二十三日子时崩,年五十八岁,在位十三年。雍正十三年十一月,恭上尊谥曰敬天昌运建中表正文武英明宽仁信毅大孝至诚宪皇帝,庙号世宗。乾隆二年三月,奉安泰陵,升祔太庙、奉先殿。嘉庆四年五月,加上睿圣两字。

世宗雍正朝时期,后宫制度进一步完善。这一时期,宫廷的档案文书制度虽然逐渐成型,但是与乾隆朝定制之后之时期相比,留存下来的档案仍然较少。关于雍正朝挑选八旗秀女的年届,目前只确定在雍正五年和雍正十二年进行过挑选,高宗乾隆帝的孝贤纯皇后与继皇后辉发纳喇氏即分别在这两届挑选中被指婚。以此作为基础,推断雍正二年进行过挑选,之后按例为雍正五年。雍正八年原本亦应进行挑选,但是当年世宗罹患重病,或许因此推迟到雍正九年方才进行。之后是雍正十二年,即雍正朝最后一次挑选八旗秀女。不过,亦应指出,以上推论与已知档案尚有矛盾之处。根据《奏销档》,雍正十年曾经挑选过一次八旗秀女,在其过程中,将内大臣海望之女乌雅氏指婚给世宗的幼弟和硕諴恪亲王允祕为嫡福晋。② 故而,关于世宗雍正朝挑选八旗秀女之年届,还有待进一步整理确定。

---

① 罗盛吉:《清朝满文避讳漫议》,《满语研究》2014 年第 2 期。
② 《奏为选定咸福宫皇子等成婚日期事褶》,中国第一历史档案馆、故宫博物院编:《清宫内务府奏销档》,第 5 册,第 13 页。

根据目前的资料统计,清世宗一生中至少有二十四位妻妾,其中多半是藩邸时期娶纳,也有一些是即位之后才收入后宫。谨按照成为世宗妻妾的时间、方式,将世宗的二十四位后宫主位分类综述如下。

第一节　清世宗雍正帝的两位皇后

一、孝敬宪皇后

【简介】

孝敬恭和懿顺昭惠庄肃安康佐天翊圣宪皇后,正黄旗满洲乌喇纳喇氏,承恩公、内大臣、步军统领费扬古之女。康熙二十年五月十三日生。于康熙年间被圣祖指与皇四子世宗为嫡福晋。康熙三十四年,入宫行大婚礼,册封为皇子福晋。康熙三十六年三月二十六日,生第一子和硕端亲王弘晖。康熙六十一年十一月,圣祖崩逝,世宗即位。雍正元年二月初四日,诏立为皇后。同年十二月二十二日,以吏部尚书、公隆科多为正使,领侍卫内大臣马武为副使,册立为皇后。雍正九年九月二十九日未时崩,年五十一岁。同年十二月,谥曰孝敬皇后。雍正十三年十月,恭上尊谥曰孝敬恭和懿顺昭惠佐天翊圣宪皇后。乾隆二年三月,奉安泰陵,升祔太庙、奉先殿。嘉庆四年五月,加上庄肃两字。嘉庆二十五年(1820年)十二月,加上安康两字。

【家族背景】

孝敬宪皇后出身乌哈国主系纳喇氏(纳齐布禄系纳喇氏),是太祖大妃的远族堂妹,她们虽然辈分相平,年纪却相差九十一岁,其家世可以参考太祖大妃条。根据谱牒记载,乌喇部始祖名为都尔希,是纳齐布禄的长曾孙,其生有三子,依次名为额和商古、库绅升古禄、古对朱颜。后来承袭部主地位的是古对朱颜一支,太祖太妃即是古对朱颜之后代,而孝敬宪皇后则是额和商古之后代。孝敬宪皇后虽然是乌喇国主的同族,但是其家系已经脱离嫡流很久。①

---

① 谨按,根据《八旗满洲氏族通谱》,孝敬宪皇后为都勒希的六世孙女,谱系为"都勒希—额和商古—额和布尔津—喀拜—博瑚察—费扬古",可参考《八旗满洲氏族通谱》卷23。而根据《那氏宗谱》,孝敬宪皇后为都勒希的七世孙女,谱系为"都勒希—额和商古—额和布尔津—乌金特噶尔珠—喀拜—博瑚察—费扬古",可参考《那氏宗谱》,吕萍主编:《佛满洲家谱精选·辽宁卷》。以前一种方式计算,孝敬宪皇后为太祖大妃的远族堂妹。以(转下页)

额和商古的玄孙博瑚察在国初被编入八旗,仕至佐领,娶妻纳喇氏,生有两子。第一子名为讷穆齐,仕至佐领、二等侍卫;第二子名为费扬古。根据乾隆朝初年成书的《八旗满洲氏族通谱》记载,费扬古"奉太宗文皇帝谕旨,令入包衣佐领,在内廷养育",以三等侍卫从征朝鲜、大凌河、锦州等处,立有战功,封为骑都尉。康熙初年曾任总管内务府大臣,之后"请旨归隶本旗",并在康熙十七年任步军统领,最后仕至内大臣,于康熙二十三年二月休致。这位费扬古即是孝敬宪皇后的父亲。费扬古所娶原配不明,①继妻爱新觉罗氏,是太祖第一子广略贝勒褚英的曾孙女,已革固山贝子穆尔祜的第四女,即是孝敬宪皇后的生母。穆尔祜原为固山贝子,后来被革爵,故而孝敬宪皇后的母亲也无法获得宗女爵位,只是一位无爵宗女,孝敬宪皇后就是这位爱新觉罗氏所生的。顺便一提,孝敬宪皇后有一位姨母,是其母爱新觉罗氏同父同母的胞姊,嫁给董鄂氏内大臣鄂硕为继妻,即为世祖孝献皇后的继母。

费扬古一共生有四子数女。第一子名为星禅,仕至副都统;第二子名为富昌,仕至二等侍卫;第三子名为富存,承袭父亲费扬古骑都尉又一云骑尉的爵位;第四子名为武格,后来承袭承恩公爵,仕至散秩大臣。已知的女儿有两位,一位即孝敬宪皇后;另一位则嫁给觉罗内大臣务默讷作为二继妻。从年龄上来看,务默讷的二继妻可能是孝敬宪皇后的姐姐。

孝敬宪皇后的父亲费扬古在康熙年间病故,具体时间不详。而根据《玉牒》的记载,孝敬宪皇后的母亲爱新觉罗氏为顺治三年生人,在康熙四年嫁给费扬古为妻,最后在康熙四十九年十二月病故。② 所以孝敬宪皇后成为皇后的时候,她的父亲费扬古和母亲爱新觉罗氏都已经作古。另外,根据年纪计算,孝敬宪皇后出生时其母爱新觉罗氏已经三十六岁,以此推算,孝敬宪皇后在兄弟姐妹中可能排行比较靠后。

(接上页)后一种方式计算,孝敬宪皇后为太祖大妃的远族堂侄女。此处按照《八旗满洲氏族通谱》的记录计算。
① 谨按,根据《八旗满洲氏族通谱》记载,孝敬宪皇后之父费扬古在崇德朝已经从征,于康熙二十三年二月休致。而根据《玉牒》记载,孝敬宪皇后之母亲爱新觉罗氏生于顺治三年。可知爱新觉罗氏比费扬古不止年幼十岁,不应是费扬古的原配嫡妻。但是,在世宗追封费扬古妻室的时候只提到了爱新觉罗氏,所以对于费扬古原配的情况尚不确定。
② 谨按,《圣祖仁皇帝实录》记为十一月乙亥病故。

单以爵位来看,只有低级爵位的孝敬宪皇后的家族属于八旗内的中下层世家,但是费扬古在康熙朝颇受重用,并且已经跻身高级官员之列,婚姻圈亦在世家范畴之内,拥有相当的门第。①

【入宫背景】

由于目前已知的康熙朝挑选八旗秀女以及指婚皇子的档案相当有限,故而尚不明确孝敬宪皇后是在哪一年以什么方式被圣祖指婚给当时的皇四子世宗。在孝敬宪皇后崩逝之后,世宗追忆她的时候,曾经提及:"今皇后自垂髫之年奉皇考恩命作配朕躬,结褵以来,四十余载。"②以此计算的话,孝敬宪皇后是在康熙三十年左右嫁与世宗。但是根据康熙朝的档案,孝敬宪皇后第一次作为"四阿哥福晋"出现,是在康熙三十四年十二月提及后宫主位们宫分用度的时候。③ 根据康熙朝时的惯例,皇子在成婚之前,要从内廷皇子们的共同居所迁出,至分配好的宫中别院独居。世宗雍正帝作为皇四子迁居即是在康熙三十四年七月。因此,目前认为孝敬宪皇后是在康熙三十四年下半年与世宗成婚,当时世宗十八岁,孝敬宪皇后十五岁。

【宫廷生活】

孝敬宪皇后嫁与世宗为嫡福晋后,与世宗一同居住在南薰殿,④并在此生育了世宗的第一子和硕端亲王弘晖,也是孝敬宪皇后所生的唯一子女。康熙四十二年五月初六日,她与世宗一起迁居到东城的四贝勒府,⑤即后来之雍和宫,而弘晖却在迁居的第二年夭折。世宗即位之后,孝敬宪皇后作为嫡福晋被册立为皇后,正位中宫。根据后来世宗追忆她时所述,孝敬宪皇后"奉事皇祖妣孝惠章皇后、皇考圣祖仁皇帝、皇妣孝恭仁皇后克尽孝忱,深蒙慈爱。服膺朕训,历久而敬德弥纯。懋著坤仪,正位而小心益至。居身节俭,待下宽仁。慈惠播于宫闱,柔顺发于诚悃。昔年藩邸,内

---

① 此段乌喇纳喇氏谱系,整理自《八旗满洲氏族通谱》《清代谱牒档案(缩微胶卷)》《那氏宗谱》《八旗通志初集》《钦定八旗通志》《爱新觉罗宗谱》。
② 《世宗宪皇帝实录》卷 111,雍正九年十月癸巳条,《清实录》,第 8 册,第 472 页。
③ 《绿头牌白本档案》,康熙三十四年十二月二十一日条,中国第一历史档案馆编:《内务府奏销档(缩微胶卷)》。
④ 《口奏绿头牌白头本档案》,康熙三十四年七月初二日条,中国第一历史档案馆编:《内务府奏销档(缩微胶卷)》。
⑤ 《口奏绿头牌白头本档案》,康熙四十二年五月初四日条,中国第一历史档案馆编:《内务府奏销档(缩微胶卷)》。

政事修。九载中宫,德辉愈耀"。① 由此可见,孝敬宪皇后作为嫡福晋和皇后均堪称职。

根据《世宗宪皇帝实录》记载,雍正九年九月二十九日,"皇后病笃,移驻畅春园"。同为大病初愈的世宗"亲往看视,逾时回宫"。② 当天未时,孝敬宪皇后崩逝。世宗原本准备为孝敬宪皇后亲临尽礼,大臣们则劝谏世宗考虑自己身体,所以世宗最终没有亲临。孝敬宪皇后在畅春园九经三事殿停灵,之后奉移田村暂安。

【封谥释义】

孝敬宪皇后崩逝之后,朝廷为其敬拟谥号,拟出五种主谥,其内容为:

孝肃　慈惠爱亲曰孝　正己摄下曰肃　　doronggo(满文"肃")
孝恪　慈惠爱亲曰孝　温恭朝夕曰恪　　gingguji(满文"恪")
孝纯　慈惠爱亲曰孝　中正和粹曰纯　　gulu(满文"纯")
孝敬　慈惠爱亲曰孝　夙兴恭事曰敬　　ginggun(满文"敬")
孝安　慈惠爱亲曰孝　和平顺处曰安　　nesuken(满文"安")③

在这五种主谥中,世宗雍正帝亲自选择"敬",其满文作"ginggun",意为"恭敬"。

二、孝圣宪皇后

【简介】

孝圣慈宣康惠敦和诚徽仁穆敬天光圣宪皇后,原镶白旗满洲后抬镶黄旗满洲钮祜禄氏,④承恩公、四品典仪凌柱第一女。康熙三十一年十一月二十五日生。康熙四十三年,入侍世宗藩邸,称格格。康熙五十年八月十三日,生第四子弘历,即高宗纯皇帝。康熙六十一年十一月,圣祖崩逝,世宗即

---

① 《世宗宪皇帝实录》卷111,雍正九年十月甲午条,《清实录》,第8册,第473页。
② 《世宗宪皇帝实录》卷110,雍正九年九月己丑条,《清实录》,第8册,第470页。
③ 《恭拟大行皇后尊谥字样》,雍正九年,登录号:153951-001,台湾"中央研究院"历史语言研究所藏内阁大库档案。
④ 谨按,一些档案将孝圣宪皇后姓氏误写为"钱氏",可参考杜家骥:《乾隆之生母及乾隆帝的汉人血统问题》,《清史研究》2016年第2期。

位。雍正元年二月十四日，诏封为熹妃。同年十二月二十二日，以礼部左侍郎登德为正使，内阁学士塞楞额为副使，册封为熹妃。雍正八年，晋封为熹贵妃。雍正十三年八月，世宗崩逝。九月，高宗即位，尊为皇太后。同年十二月十三日，尊上徽号曰崇庆皇太后。乾隆二年十二月，因册立皇后，加上慈宣两字。乾隆十四年四月，因册封皇贵妃，加上康惠两字。乾隆十五年八月，因册立皇后，加上敦和两字。乾隆十六年十一月，因六旬万寿，加上裕寿两字。乾隆二十年六月，因平定准噶尔，加上纯禧两字。乾隆二十六年（1761年）十一月，因七旬万寿，加上恭懿两字。乾隆三十六年（1771年）十一月，因八旬万寿，加上安祺两字。乾隆四十一年五月，因平定金川，加上宁豫两字。累计徽号曰崇庆慈宣康惠敦和裕寿纯禧恭懿安祺宁豫皇太后。乾隆四十二年（1777年）正月二十三日丑时崩，年八十六岁。同年三月，恭上尊谥曰孝圣慈宣康惠敦和敬天光圣宪皇后。四月二十五日，奉安泰东陵。五月，升祔太庙、奉先殿。嘉庆四年五月，加上诚徽两字。嘉庆二十五年十二月，加上仁穆两字。

【家族背景】

孝圣宪皇后出身索和济巴颜系钮祜禄氏，是太宗元妃、孝昭仁皇后等人的远亲。从堂亲辈分上来看，她是太宗元妃的远族侄孙女，孝昭仁皇后的远族侄女，其祖系可以参考太宗元妃、孝昭仁皇后等条。

根据谱牒记载，孝圣宪皇后的祖先是阿灵阿巴颜的第一子萨穆哈图，而太宗元妃和孝昭仁皇后的祖先是阿灵阿巴颜的第二子都灵额都督。萨穆哈图的第一子名为额宜腾，即孝圣宪皇后的曾祖父。都灵额都督的独子名为额亦都，即弘毅公府之创始人。故而额宜腾与额亦都是嫡堂兄弟关系，但是早在两支分别编入八旗时，便已经不是同"族"。所谓的"族"，是清代八旗内的一种氏族组织。每一个大的"系"，根据旗分不同、各支祖先不同，分为数个"族"，每个"族"自己设有族长以管理"族"内人员事务。在清代，两家是否"同族"，代表其宗族利益是否为一个共同整体，这也涉及继承爵位以及族中公产等权益。额宜腾一支入旗之后隶属镶白旗满洲，额亦都一支则隶属镶黄旗满洲，两者分别立"族"，而且门第差异巨大。但是，在高宗即位之后，下令将孝圣宪皇后本家抬入镶黄旗满洲，合在额亦都"族"中，实际即是将孝圣宪皇后家族并入弘毅公家族，以提升其门第。

萨穆哈图一支入旗后，被派往宝坻驻防，后代大多是没有官职的兵丁或白身，并在当地落户。额宜腾生有三子，依次名为佛苏、吴禄、察穆达。吴禄生有两子，第一子名为凌泰，第二子名为凌柱，凌柱即是孝圣宪皇后的父亲。凌柱生于康熙四年八月二十一日子时。世宗雍正帝在康熙三十七年以皇四子的身份被恩封为多罗贝勒，后晋封为和硕雍亲王，封旗即在镶白旗。作为镶白旗的领主之一，世宗被赐予镶白旗满洲、蒙古、汉军的数个佐领作为"属人"，作为镶白旗满洲佐领下人的凌柱一族即在其内。按照当时属人制度的要求，凌柱可能是作为属人在雍亲王府当差，并出任四品典仪，①最后在乾隆十二年（1747年）正月二十六日病故，年八十三岁。凌柱的嫡妻彭氏为民籍汉人出身，是宝坻县生员彭武的女儿。她生于康熙十一年三月二十八日子时，在乾隆十七年（1752年）二月十三日寅时病故，年八十一岁。凌柱夫妻生有四子三女，第一子名为伊通阿，比孝圣宪皇后小七岁，康熙年间为闲散人；第二子名为伊松阿，比孝圣宪皇后小九岁，康熙年间为官学生；第三子名为伊三泰，比孝圣宪皇后小十五岁；第四子名为伊申泰，比孝圣宪皇后小二十二岁。三位女儿中，孝圣宪皇后是第一女；第二女嫁给正蓝旗汉军生员郑廷辅为妻；第三女嫁给镶白旗满洲刑部笔帖式马金泰为妻。由此可知，虽然凌柱在康熙朝出任四品典仪，从白身跻身官员阶层，但是其家整体门第仍然不高，诸子均未能出仕，孝圣宪皇后的两个胞妹也都只能嫁给低级官员。

世宗即位之后，这种情况得到改变。根据谱牒内记载，凌柱的第一子伊通阿和第二子伊松阿均在康熙六十一年被选为护军校，遂列身官员行列，这显然是世宗即位之后给予的优待。而在高宗即位之后，凌柱一家作为皇太后的丹阐本家更是被给予承恩公爵位和世管佐领，伊通阿升任散秩大臣，伊松阿升任侍卫什长，伊三泰和伊申泰升任蓝翎侍卫，并且受钦命与弘毅公府合族，进入世家的行列。②

【入宫背景】

孝圣宪皇后家族是世宗在藩邸时的属人，所以孝圣宪皇后成为世宗藩

---

① 谨按，根据谱牒记载，孝圣宪皇后一族在凌柱之前均为白身或兵丁，而凌柱的履历显示其初官即是四品典仪。典仪虽然只是王府的属官，却也有四品的官品。作为出身白身、兵丁阶层的凌柱初官即达到四品，很可能是在女儿被收为妾室甚至是生育了高宗之后的事情。
② 此段钮祜禄氏谱系，整理自《八旗满洲氏族通谱》《开国佐运功臣弘毅公家谱》《清代谱牒档案（缩微胶卷）》《乾隆之生母及乾隆帝的汉人血统问题》《八旗通志初集》《钦定八旗通志》《爱新觉罗宗谱》。

第十一章　清世宗雍正帝的后宫

邸时的妾室有两种途径。第一种是作为属人之女,孝圣宪皇后有义务在属主世宗的藩邸内充任使女,由此被收为妾室。第二种是作为下五旗旗分佐领下人之女参加挑选八旗秀女,在这过程中被皇帝或皇太后指赐给尚未皇子的世宗为妾室。《星源集庆》等书称孝圣宪皇后在康熙四十三年"赐侍世宗藩邸"①,似乎倾向于第二种说法。但是目前尚无明确档案证明孝圣宪皇后为帝后指赐。②

【宫廷生活】

孝圣宪皇后被世宗纳为妾室之后一直是格格名号,位在侧福晋年氏(敦肃皇贵妃)、和李氏(齐妃)之下。在世宗即位之后,孝圣宪皇后获封为熹妃。至雍正八年,随着敦肃皇贵妃以及弘时等人的故去,高宗作为世宗继承人的身份愈发稳固。在此背景之下,孝圣宪皇后也由熹妃被晋封为熹贵妃,但是因故没有正式举行册封典礼。③ 从雍正九年底开始,孝圣宪皇后已经成为后宫的首领。雍正十三年八月二十三日,世宗崩逝,孝圣宪皇后所生的高宗即位,尊其为皇太后,四十四岁孝圣宪皇后开始颐养天年的生活。

高宗对孝圣宪皇后极为孝顺,晨昏定省,而且经常奉其巡幸。孝圣宪皇后的出身门第虽然普通,但或是因其父母均有长寿基因,孝圣宪皇后身体一直比较健朗,故而作为皇太后享受了四十余年的悠游时光。乾隆四十二年正月,高宗奉孝圣宪皇后往圆明园,孝圣宪皇后住在长春仙馆。同月二十三日子时,孝圣宪皇后病重,高宗在长春仙馆问侍。当日丑时,孝圣宪皇后崩逝,高宗"哀痛号呼,擗踊无数"。④ 奉孝圣宪皇后还宫,在慈宁宫正殿停灵。高宗追忆孝圣宪皇后道:"朕蒙圣母皇太后鞠育恩慈,情深罔极。临御四十二年,承欢奉养,深荷慈愉。且见圣母动履康强,不烦扶掖,私心庆慰。……

---

① 《星源集庆》,季羡林主编:《中国少数民族古籍集成》,第 64 册,第 238 页。
② 谨按,目前已知在康熙朝《奏销档》中记载,康熙四十五年时,孝惠章皇后将一位镶白旗的秀女指赐给世宗为妾室,但是这位秀女并不是孝圣宪皇后。同时应指出,目前已知的康熙朝档案尚不全面,有待进一步研究。
③ 谨按,关于孝圣宪皇后晋封为熹贵妃的情况,由于官书记载不详,且未举行过册封典礼,故而一直存有争议。有学者认为孝圣宪皇后是在雍正八年晋封为熹贵妃,有学者则认为是在雍正十年。目前根据内务府奏销档得知,在雍正八年十二月初七日,内务府曾经承办制作"熹贵妃"和"裕妃"的冠服,并上奏讨论冠服等级,见《口奏绿头牌白本档案奏销档》,雍正八年十二月初七日条,中国第一历史档案馆编:《内务府奏销档(缩微胶卷)》。由此可知,孝圣宪皇后和纯懿皇贵妃均在雍正八年晋位。
④ 《高宗纯皇帝实录》卷 1025,乾隆四十二年正月庚寅条,《清实录》,第 21 册,第 743 页。

今春恭奉皇太后幸御园,初九日,于九洲清宴侍膳观灯,五世一堂,同伸欢忻。是日慈颜康豫,不减常年。朕方庆幸,以望七之龄,得侍望九圣母,实从来史册所未有。十一日,进宫斋戒。十四日,祈谷礼成,回御园请安,知圣母偶尔违和,旋进参药调治,体亦稍安。不意疾寻反复,圣母犹不欲令朕知慈躬病剧,恐朕忧烦。然势日以增,急难平复。朕昨两次诣寝宫问安,圣母言笑如常,惟气力稍觉疲倦。谕朕云:'颐养数日,可即就痊。'朕亦冀可克副慈谕,讵意将及夜分,痰忽上涌,遂至大渐。遽于二十三日丑时仙驭升遐。奄弃朕躬,一何迅速。昨日未时请安以后,竟无由再仰懿颜。呼天抢地,痛何能极。"① 亦可看出高宗对孝圣宪皇后深厚感情。

【封谥释义】

孝圣宪皇后原本的封号为"熹",满文作"fengšengge"②,意为"有福分的""有造化的"。后来获得的谥号是"圣",满文作"enduringge"③,意为"神圣的""圣贤的"。

第二节　清世宗雍正帝潜邸时的四位有号主位

一、敦肃皇贵妃

【简介】

世宗敦肃皇贵妃,原镶白旗汉军后抬镶黄旗汉军年氏(年佳氏),一等公、巡抚年遐龄之女。事世宗于潜邸,为侧福晋。康熙五十四年(1715年)三月十二日,生第四女。康熙五十九年五月二十五日,生第七子福宜。康熙六十年(1721年)十月初九日,生第八子和硕怀亲王福惠。康熙六十一年十一月,圣祖崩逝,世宗即位。雍正元年二月十四日,诏封为贵妃。同年五月初十日,生第九子福沛。十二月二十二日,以文华殿大学士嵩祝为正使,礼部右侍郎三泰为副使,册封为贵妃。雍正三年十一月病重。同月十五日,诏晋为皇贵妃。雍正三年十一月二十三日薨,谥曰敦肃皇贵妃。乾隆二年三

---

① 《高宗纯皇帝实录》卷1025,乾隆四十二年正月庚寅条,《清实录》,第8册,第736、737页。
② 《册立纳喇氏为皇后》,雍正元年十二月二十二日,登录号:163537-001,台湾"中央研究院"历史语言研究所藏内阁大库档案。
③ 綦中明:《满语名号研究》,第75页。

月初二日,奉安泰陵。

【家族背景】

世宗敦肃皇贵妃出身广宁年氏,是入旗的汉人。根据史料记载,年家本姓严,祖籍安徽怀远,后来"严"逐渐被讹为"年",遂以年为姓。明朝晚期,其家族从安徽怀远迁居到辽东广宁。清太祖起兵之后,敦肃皇贵妃的曾祖父年有升被俘,编入镶白旗包衣旗籍。顺治十二年,年有升之子年仲隆考中进士,年家一族因此脱离包衣旗籍,改隶镶白旗汉军旗籍,这位年仲隆即是敦肃皇贵妃的祖父,后来仕至知州。

年仲隆生子年遐龄,年遐龄由笔帖式出身,仕至湖广巡抚,生有至少两子三女。两子之中,居长的是年希尧,生于康熙十年,仕至工部侍郎;居幼的是年羹尧,生于康熙十八年,以康熙三十九年进士出身仕至川陕总督、抚远大将军,功封一等公,是康雍两朝举足轻重的臣子,最终在雍正三年失脚,于雍正四年被赐自尽。三女之中,除敦肃皇贵妃外,一位嫁给镶白旗汉军知县胡凤翚为妻,一位嫁给正红旗汉军两广总督杨琳之子户部郎中杨晏为妻。敦肃皇贵妃比年希尧和年羹尧都要年幼,大约生在康熙三十四年前后。年家自年仲隆脱离包衣旗籍之后,年遐龄和年羹尧两代都仕至高官,年羹尧的两任嫡妻第一任为康熙朝重臣明珠的孙女,第二任为英亲王府出身的宗室后代,这显示年家凭借科举以及高官为基础,已经跻身世家婚姻圈。

康熙三十七年三月,世宗以皇四子的身份被恩封为多罗贝勒,封入镶白旗。按照制度,他领有镶白旗满洲、蒙古、汉军三种佐领各数个,以及镶白旗包衣佐领、管领各数个。康熙四十八年十月,晋封为和硕雍亲王之后,所领佐领、管领的数量也随之增加。已知敦肃皇贵妃一族所在的镶白旗汉军佐领,即是在康熙四十八年作为世宗从多罗贝勒晋封为和硕雍亲王的增管佐领划为世宗属下。世宗即位之后,将敦肃皇贵妃一族抬入镶黄旗汉军旗分,并且在雍正二年将年氏一族与其他抬旗人等合编为新的佐领,作为年氏的世管佐领,最终因雍正三年年羹尧获罪而撤销,①而年家却依然留在镶黄旗汉军旗分内。②

---

① 《都统观音保等奏请废黜年羹尧子年富等官爵事折》,中国第一历史档案馆编:《雍正朝满文朱批奏折全译》,下册,第1162页。
② 此段年氏谱系,整理自《年羹尧之死》《八旗通志初集》《钦定八旗通志》《爱新觉罗宗谱》。

【入宫背景】

在清代王府之中,侧福晋与妾室的身份存在明显差异。侧福晋是经过官方手续,在宗人府存留有记录,被正式承认的,处于嫡妻与妾室之间的一种身份。以出身进行划分,王府的侧福晋主要有内务府包衣出身、本府属人出身以及本府包衣出身三种情况。以娶进方式进行划分,王府的侧福晋主要有直接作为侧福晋娶入以及先作为妾室再"请侧"成为侧福晋两种情况。直接作为侧福晋娶入的,大多是由皇帝直接"指婚"。至于"请侧",指的是由王府上奏宫中以及宗人府,请求册封某位妾室为侧福晋,故而称为"请侧"。

前文已述,敦肃皇贵妃是世宗在潜邸时的属人。属人本身即有服务属主之义务,男性属人在外宅供驱使,女性属人则在内宅供驱使。敦肃皇贵妃的父兄虽然都是高官,但是作为属人的义务并不因此而削减,所以敦肃皇贵妃一样有侍奉世宗藩邸之义务。至于敦肃皇贵妃究竟是作为下五旗旗分佐领下人之女参加挑选八旗秀女,在其过程中被皇帝或皇太后指赐给尚为皇子的世宗为侧福晋,还是在属主世宗的藩邸内充任使女而被收为妾室,进而获得侧福晋册封,关于这点目前尚不明确。世宗后来在上谕中提及:"贵妃年氏,秉性柔嘉,持躬淑慎。朕在藩邸时,事朕克尽敬慎。在皇后前,小心恭谨,驭下宽厚和平。皇考嘉其端庄贵重,封为亲王侧妃。"①在清代官方行文中,由皇帝直接指赐之侧福晋均用"指赏""指赐""指给"等字样,而世宗上谕中却称圣祖将敦肃皇贵妃"封为亲王侧妃",加之,上谕中先指出敦肃皇贵妃在潜邸时侍奉世宗与孝敬宪皇后,然后才提及册封侧福晋之事,似与直接指赐有别。故而此处认为敦肃皇贵妃是先以属人身份入世宗潜邸侍奉,成为世宗妾室之后,因为品性端庄,被圣祖封为侧福晋。

【宫廷生活】

世宗在藩邸时只有两位侧福晋,除敦肃皇贵妃之外,另外一位是齐妃李氏。齐妃比敦肃皇贵妃年长,生育子女也比敦肃皇贵妃早,获得侧福晋册封可能也早于敦肃皇贵妃。但是,由于敦肃皇贵妃门第较高,且其兄年羹尧在当时是朝廷倚重的臣子,故而在世宗即位之后,敦肃皇贵妃直接获得贵妃的位分,而同为侧福晋的齐妃只获得妃位。

---

① 《世宗宪皇帝实录》卷38,雍正三年十一月己酉条,《清实录》,第7册,第560页。

敦肃皇贵妃在潜邸时是侧福晋，世宗即位之后则是贵妃，最后又在病重之时诏晋为皇贵妃，其待遇一直仅次于孝敬宪皇后。从入侍潜邸以来，敦肃皇贵妃为世宗生育了三子一女，与同为侧福晋的齐妃并列为世宗后宫中生育子女最多的后宫主位，由此也可以看出她得到世宗相当的重视。可惜，敦肃皇贵妃所生的三子一女均年幼夭折。在敦肃皇贵妃病重时，世宗在上谕中称其："秉性柔嘉，持躬淑慎。朕在藩邸时，事朕克尽敬慎。在皇后前，小心恭谨，驭下宽厚和平。……朕即位后，贵妃于皇考、皇妣大事，悉皆尽心，力疾尽礼，实能赞襄内政。"给予其相当高之评价，同时也指出敦肃皇贵妃"素病弱"①等生活细节。

由于敦肃皇贵妃是清代事实上第一位以皇贵妃的身份薨逝且办理丧仪的后宫主位，②所以她的丧仪待遇也成为清代后来皇贵妃丧仪的标准参考。

【封谥释义】

敦肃皇贵妃崩逝之后，世宗给她的谥号为"敦肃"，满文作"ujen doronggo"③，意为"郑重端庄"④。

二、齐妃

【简介】

世宗齐妃，镶白旗包衣李氏（李佳氏），知府李文烨之女。事世宗于潜邸，为侧福晋。康熙三十四年七月初六日，生第二女怀恪和硕公主。康熙三十六年六月初二日，生第二子弘昐。康熙三十九年八月初七日，生第三子弘昀。康熙四十三年二月十三日，生第四子弘时。康熙六十一年十一月，圣祖崩逝，世宗即位。雍正元年二月十四日，诏封为齐妃。同年十二月二十二日，以保和殿大学士马齐为正使，都察院左都御史尹泰为副使，册封为齐妃。乾隆二年四月初八日薨。同年十二月，奉安泰陵妃园寝。

---

① 《世宗宪皇帝实录》卷38，雍正三年十一月己酉条，《清实录》，第7册，第560、561页。
② 谨按，之前的孝献皇后以皇贵妃的身份薨逝之后追晋为皇后，孝懿仁皇后直接是以皇后的身份崩逝的，都是以皇后的身份办理的丧仪，而圣祖的敬敏皇贵妃是以妃的身份办理的丧仪。
③ 《为列祖列宗册封妃嫔字号事咨覆》，嘉庆六年正月，档案号：03 - 0197 - 3622 - 027，中国第一历史档案馆藏。
④ 谨按，敦肃皇贵妃之谥号"敦肃"之满文词义，与世宗雍正帝在上谕中提及圣祖康熙帝给予敦肃皇贵妃之考语"端庄贵重"一致，不知世宗雍正帝在选取谥号时是否即参考此语。

【家族背景】

世宗齐妃出身包衣李氏,是入旗的汉人。根据雍正元年之档案:"领侍卫内大臣觉罗苏路、户部郎中双喜传旨:将妃娘家之劳格出旗,伊愿入左翼何旗,即入何旗可也。"这里的"出旗"指的是从包衣旗分中抬出,"左翼"则指的是镶黄、正白、镶白、正蓝四旗。可知齐妃家族原隶属镶白旗包衣旗籍,① 是世宗在潜邸时的府属包衣,为包衣佐领下人。世宗即位之后,将其家族抬旗。后来成书之《八旗满洲氏族通谱》中未记载有齐妃家族,由此可知其家族最终抬入左翼某旗的汉军旗分。②

齐妃的父亲名为李文煜,在康熙四十五年的《玉牒》中,他被写为"李文璧",并且没有任职。这说明后来《玉牒》里所写的"知府"可能只是一个虚衔。③ 又根据雍正元年之档案,指出"尚志顺佐领下闲散李煤既系妃娘家之人,将李煤之族亦拟出旗"。④ 这个"尚志顺佐领"是正白旗包衣第五参领第一旗鼓佐领,说明当时齐妃还有亲族为正白旗包衣佐领下人。

这种同族属于不同包衣旗籍的情况,既可能是早在其族被编入八旗时便已经分隶不同旗籍,亦可能是与清代皇子分府分封制度有关。前文曾经提及,清代皇子封爵分府之后,会获得属于自己的满洲、蒙古、汉军旗分佐领以及包衣佐领、管领。其中满洲、蒙古、汉军的旗分佐领,除在康熙中期之前有少部分是从上三旗带入所封旗之外,自康熙中期之后则均从所封旗内调拨。而包衣佐领、管领则一直是以从上三旗包衣带入所封旗为主,所带之人员大多是皇子身边的乳母、保姆、侍女家族。⑤ 在这种随爵分封的过程中,一些原属上三旗包衣的家族便被拆散,有些跟随皇子封入下五旗,有些则继续留在内务府,齐妃之家族可能即是如此。⑥

---

① 谨按,如果属于上三旗包衣,一般直接抬入本旗满洲或本旗汉军,不会让他们在左翼四旗中选择。
② 谨按,根据《八旗满洲氏族通谱》凡例,其书收录范围为满洲、蒙古、汉军旗分内之满洲姓、包衣旗分内之各姓,满洲旗分内之蒙古姓、汉姓。故八旗蒙古、八旗汉军的大部分人员均不在其范围之内。
③ 杨启樵:《揭开雍正皇帝隐秘的面纱》,书影第8、9页。
④ 《内务府奏请将妃娘家人李煤之族出旗折》,中国第一历史档案馆编:《雍正朝满文朱批奏折全译》,上册,第34页。
⑤ 关于清代皇子封爵分府时获分佐领、管领的情况,可参看杜家骥:《八旗与清朝政治论稿》,第253—334页。
⑥ 此段李氏谱系,整理自《八旗通志初集》《钦定八旗通志》《爱新觉罗宗谱》。

综上所述,齐妃家族可能原属正白旗包衣旗鼓佐领下人,在康熙三十七年世宗封爵分府之后,齐妃家族的一部分人丁随之出宫,成为镶白旗包衣佐领下人。世宗即位之后,将其家族抬出包衣,改隶左翼某旗汉军。另外,从齐妃家族人员多为兵丁或白身阶层来看,就算是在府属包衣之中,其家族之门第也相当有限。

【入宫背景】

目前已知齐妃的第一次生育是在康熙三十四年七月,这表明她至迟在康熙三十三年时就已经在世宗潜邸内。而世宗是在康熙三十七年被恩封为多罗贝勒,并在康熙四十二年分府出宫,故而可知齐妃是世宗在宫内居住时便已经成为其妾室,这亦是推测齐妃出身上三旗包衣的依据之一。在康熙四十五年时,齐妃依然是侍妾身份,后来才被册封为侧福晋。

【宫廷生活】

在藩邸时,齐妃与世宗生有三子一女,并且获封为侧福晋,与同为侧福晋的敦肃皇贵妃并列为世宗后宫中生育最多的后宫主位,这也可以看出她受到世宗相当的宠爱。齐妃比敦肃皇贵妃年长,生育子女也比敦肃皇贵妃早,获得侧福晋册封可能也早于敦肃皇贵妃。但是,由于敦肃皇贵妃门第较高,且其兄年羹尧在当时是朝廷倚重的臣子,故而在世宗即位之后,敦肃皇贵妃直接获得贵妃的位分,而同为侧福晋的齐妃只获得妃位。

齐妃与世宗所生育的三子一女之中,顺利长大成人的只有末子弘时和独女怀恪和硕公主。其中,怀恪和硕公主在康熙五十一年被封为郡主,嫁与纳喇氏星德为嫡妻,却在康熙五十六年薨逝。弘时则在雍正朝与世宗失和,以至于被削除宗籍,在二十四岁那年故去。亲生子女均早早谢世,齐妃的晚年难免凄凉。乾隆二年四月初一日,齐妃病笃,移居五龙亭,"上(高宗)奉皇太后(孝圣宪皇后)驾至五龙亭视疾"。[①] 同月初八日,齐妃薨逝,"上(高宗)至五龙亭殡所奠酒"。[②]

【封谥释义】

齐妃的封号为"齐",满文作"yangsangga"[③],意为"俏丽""艳丽"。

---

① 《高宗纯皇帝实录》卷40,乾隆二年四月己未条,《清实录》,第9册,第709页。
② 《高宗纯皇帝实录》卷40,乾隆二年四月丙寅条,《清实录》,第9册,第720页。
③ 《为列祖列宗册封妃嫔字号事咨覆》,嘉庆六年正月,档案号:03-0197-3622-027,中国第一历史档案馆藏。

三、纯懿皇贵妃

【简介】

世宗纯懿皇贵妃,原镶白旗包衣后抬镶黄旗包衣耿氏(耿佳氏),管领耿德金之女。康熙二十八年十月二十八日生。事世宗于潜邸,为格格。康熙五十年十一月二十七日,生第六子和硕和恭亲王弘昼。康熙六十一年十一月,圣祖崩逝,世宗即位。雍正元年二月十四日,诏封为裕嫔。同年十二月二十二日,以吏部左侍郎巴泰为正使,礼部左侍郎王景曾为副使,册封为裕嫔。雍正八年,晋封为裕妃。雍正十三年八月,世宗崩逝。九月,高宗即位,尊封为裕贵妃。乾隆四十三年十月,尊封为裕皇贵太妃。乾隆四十九年(1784年)十二月十七日薨,年九十六岁。乾隆五十年(1785年)二月,谥曰纯懿皇贵妃。奉安泰陵妃园寝。

【家族背景】

世宗纯懿皇贵妃出身沈阳耿氏,是入旗的汉人。其曾祖父名为耿世龙,在清初被编入包衣旗籍。在乾隆初年成书的《八旗满洲氏族通谱》中,耿世龙被记为"镶黄旗包衣旗鼓人",即为镶黄旗包衣旗鼓佐领下人。但是根据雍正元年之档案,世宗在当年二月十三日下达的旨意内说:"将耿德金招入上包衣佐领。"①所谓"上包衣佐领"即皇帝所亲领的上三旗包衣佐领,可知耿德金原本并非上三旗包衣,而是世宗潜邸所属的镶白旗包衣。至于纯懿皇贵妃家族原属镶白旗包衣佐领下人还是管领下人尚不得而知,是否与齐妃、懋嫔家族一样最早隶属上三旗包衣亦不得而知。

根据《八旗满洲氏族通谱》记载,耿氏一族入旗之后第一位获得官员身份的即是纯懿皇贵妃之父耿德金,其曾任司库,仕至管领,均为包衣系统内的中低级官员,而且这些职官很有可能是在纯懿皇贵妃入仕潜邸成为妾室之后才获得的。这些都表明纯懿皇贵妃一家只是刚刚跻身官宦人家阶层。②

【入宫背景】

纯懿皇贵妃家族作为镶白旗包衣,是世宗潜邸时期的府属包衣。府属

---

① 《内务府奏请将妃娘家人李煤之族出旗折》,中国第一历史档案馆编:《雍正朝满文朱批奏折全译》,上册,第34页。
② 此段耿氏谱系,整理自《八旗满洲氏族通谱》《八旗通志初集》《钦定八旗通志》《爱新觉罗宗谱》。

包衣有服务属主的义务,男性在外宅供驱使,女性则在内宅供驱使,不需要参加挑选八旗秀女,亦不需要参加挑选内务府秀女,婚姻皆由属主决定。纯懿皇贵妃应该是在这种背景之下进入属主世宗的潜邸伺候,进而被世宗纳为妾室。

【宫廷生活】

在世宗潜邸时,纯懿皇贵妃虽然生有皇子,却只有格格名号。世宗即位之后,她作为和硕和恭亲王弘昼的生母获封嫔位,后来又在雍正八年晋封为妃位。雍正十三年八月世宗崩逝之后,又被高宗尊封为贵妃。

纯懿皇贵妃享有高寿,在乾隆四十三年时,虚岁已经达到九十岁,也因此被尊封为皇贵妃。高宗称她"淑慎素著","四十余年,慈宁随侍,亲爱尤深"。① 可知其与孝圣宪皇后以及高宗的关系都比较亲密。而纯懿皇贵妃所生的和硕和恭亲王弘昼则先于纯懿皇贵妃,在乾隆三十五年(1770年)七月十三日薨逝,享年六十岁。

最终,纯懿皇贵妃在乾隆四十九年十二月十七日薨逝,享年九十六岁,寿数仅次于圣祖定妃,为清代第二长寿之后宫主位。

【封谥释义】

纯懿皇贵妃原本的封号为"裕",满文作"fulu"②,意为"富裕""广博"。后来的谥号为"纯懿",满文作"gulu fujurungga"③,意为"纯正端庄"。

四、懋嫔

【简介】

世宗懋嫔,内务府包衣宋氏(宋佳氏),主事金柱之女。事世宗于潜邸,为格格。康熙三十三年三月十六日,生第一女。康熙四十五年十二月初五日,生第三女。康熙六十一年十一月,圣祖崩逝,世宗即位。雍正元年二月十四日,诏封为懋嫔。同年十二月二十二日,以兵部右侍郎牛钮为正使,礼部右侍郎蒋廷锡为副使,册封为懋嫔。雍正八年薨。乾隆

---

① 《高宗纯皇帝实录》卷1050,乾隆四十三年二月壬辰条,《清实录》,第22册,第26页。
② 《呈各皇帝位下妃嫔清单》,道光二年,档案号:03-2817-070,中国第一历史档案馆藏。
③ 《为列祖列宗册封妃嫔字号事咨覆》,嘉庆六年正月,档案号:03-0197-3622-027,中国第一历史档案馆藏。

二年,奉安泰陵妃园寝。

【家族背景】

世宗懋嫔的家族信息不多。在《八旗满洲氏族通谱》中并未发现宋氏有名为金柱之人。从懋嫔的履历进行推测,她的出身应该与齐妃相仿,即原本为内务府上三旗包衣,世宗在宫内时便已经纳其为妾室,并在之后随世宗分府出宫,其家族亦改隶镶白旗包衣旗籍。世宗即位之后,其家族应该亦与齐妃家族一样被抬出包衣,改隶某旗汉军,因此才没有在乾隆初年成书的《八旗满洲氏族通谱》之中出现。

【入宫背景】

目前已知懋嫔的第一次生育是在康熙三十三年三月,这表明她至迟在康熙三十二年(1693年)时就已经在世宗潜邸内。而世宗是在康熙三十七年被恩封为多罗贝勒,并在康熙四十二年分府出宫,故而可知懋嫔是世宗在宫内居住时便已经成为其妾室,这亦是推测懋嫔出身上三旗包衣的依据之一。在世宗潜邸中,懋嫔一直是侍妾身份。

【宫廷生活】

在世宗藩邸时,懋嫔为世宗生育有两位女儿,却都年幼夭折,自己亦只有格格名号。世宗即位之后,她获得嫔位,在宫中终老,于雍正八年薨逝。官方在给她的祭文中称她"秉心温厚,赋性平和"[①]。由此可见,其性格可能比较温婉。

【封谥释义】

懋嫔的封号为"懋",满文作"kicen"[②],意为"勤奋""勤勉"。

第三节 清世宗雍正帝即位后的两位有号主位

一、宁妃

【简介】

世宗宁妃,镶黄旗汉军武氏(武佳氏),知州武柱国之女。雍正年间被选

---

① 《皇朝文典》卷45,清刻本,第33页a。
② 《为列祖列宗册封妃嫔字号事咨覆》,嘉庆六年正月,档案号:03-0197-3622-027,中国第一历史档案馆藏。

入世宗后宫,封为宁妃。雍正十二年五月二十四日薨。乾隆二年,奉安泰陵妃园寝。

【家族背景】

世宗宁妃的家族信息不多。其父名为武柱国,字鼎臣,原籍山西大同,入旗之后被编入镶黄旗汉军。武柱国由监生出身,康熙四十二年时曾任江苏山阳县知县。圣祖南巡,巡看其所管辖的河道,武柱国奏对称旨,得到圣祖的嘉奖和赐诗。康熙四十六年泰州知州出缺,圣祖便让武柱国升任泰州知州。康熙五十二年,武柱国再次出任泰州知州,在康熙五十三年解任,之后仕至湖广某地知州。① 另外,根据满文上谕档,在宁妃薨逝时,世宗下达上谕,要求宁妃的哥哥回京,其中提及:"宁妃之兄镶黄旗汉军蒲定勋佐领之副骁骑校武启欣现在北路兵处。"② 所谓"镶黄旗汉军蒲定勋佐领",即镶黄旗汉军第三参领第五佐领,为蒲洪一族世管。由此可知,宁妃所出身的武氏一族即属于其佐领。

宁妃薨逝之后,其初祭祭文以及大祭祭文中均提到她出身"旧族令媛""高门毓秀"③。但是从目前已知的信息来看,宁妃之父武柱国只仕至知州,其兄武启欣也只是旗内中下级官员,已知的汉军八旗世家中没有武氏,镶黄旗汉军内的世管佐领以及世爵世职内也没有武氏,故而这个"高门旧族"具体所指为何,尚待进一步研究。

【入宫背景】

宁妃出身镶黄旗汉军,是外八旗旗人。以此旗籍进行分析,宁妃不会是世宗在藩邸的属人、包衣,也不会是世宗即位之后入宫的宫女,只有在世宗即位之后可能通过挑选八旗秀女入宫。

【宫廷生活】

宁妃在雍正年间通过八旗选秀入宫之后,没能生育子女,并在雍正十二年五月二十四日薨逝。按照《星源集庆》等书的说法,宁妃是在薨逝之后被

---

① 关于武柱国,可参见《道光泰州志》,《中国地方志集成·江苏府县志辑》,南京:江苏古籍出版社,1991年,第50册,第219页。《雍正泰州志》卷4,哈佛大学汉和图书馆藏清刻本,第87页。
② 《为宁妃殡天命其兄自北路乘驿回京事》,雍正十二年五月二十五日,档案号:03-18-009-000002-0002,中国第一历史档案馆藏。
③ 《皇朝文典》卷45,清刻本,第24页a。

追封为妃。但是根据档案，雍正十二年四月时，宫廷为宁妃添做了不少生活用品，这时距离宁妃薨逝还有一个月的时间，而她已经被记载为"宁妃"[1]，可知其在生前已经位列妃位。又及，在四月内，宫廷为宁妃所添做的器物有红铜蜡台、签盘、剪烛罐、锡座壶、柿子壶、莲子壶、卤锅、喷壶、盒、手把灯的红铜络子[2]、银莲子壶、钟盖、匙、镶牙箸、小刀束等[3]，如此行为显然不似为病重即将薨逝的宁妃制作丧仪用品，而更像是为刚入宫的后宫主位添置家具。考虑到雍正十二年是已知的挑选八旗秀女之年，故而此处猜测宁妃有可能是在当年二月参加挑选八旗秀女，被指定为后宫主位，在三月或四月入宫，并且作为世宗后宫中少数出身外八旗的后宫主位很快位列妃位，却在同年五月患急病薨逝。当然，以上猜测还需要档案的进一步证实。

【封谥释义】

宁妃的封号为"宁"。根据档案，世宗崩逝之前，只给出了"宁妃"的汉文封号，其满文封号字样并未给出，所以当时的档案内只称呼她为"ning fei"[4]。直到乾隆二年，相关部门才请高宗钦定。[5] 最终，高宗钦定满文"elehun"[6]一词，意为"泰然""恬静"。

二、谦妃

【简介】

世宗谦妃，内务府包衣刘氏（刘佳氏），管领刘茂之女。康熙五十三年生。雍正年间被选入宫中为官女子。雍正七年，封为刘答应。雍正八年，晋封为刘贵人。雍正十一年六月十一日，生第十子多罗果恭郡王弘曕。同年六月十二日，诏晋为谦嫔。雍正十三年八月，世宗崩逝。九月，高宗即位，尊封为谦妃。乾隆三十二年五月二十一日薨，年五十四岁。奉安泰陵妃园寝。

---

[1] 大连图书馆编：《大连图书馆藏清代内务府档案》，第17册，第19页。
[2] 大连图书馆编：《大连图书馆藏清代内务府档案》，第17册，第19页。
[3] 大连图书馆编：《大连图书馆藏清代内务府档案》，第17册，第32页。
[4] 《为知会中元礼致祭宁妃事致内务府》，雍正十二年七月，档案号：05-13-001-000007-0067，中国第一历史档案馆藏。
[5] 《奏呈圣祖仁皇帝惠妃等牌位清文》，乾隆二年四月二十二日，登录号：026362-001，台湾"中央研究院"历史语言研究所内阁大库档案。
[6] 《为列祖列宗册封妃嫔字号事咨覆》，嘉庆六年正月，档案号：03-0197-3622-027，中国第一历史档案馆藏。

【家族背景】

世宗谦妃的家族信息不多。谦妃的父亲为管领刘茂,其名亦作"刘满",是因"茂"与"满"发音相近所致。管领是一个典型的包衣系统官缺,只能由出身包衣旗籍之人出任,又结合谦妃入宫之情况,可知谦妃之家族为内务府上三旗包衣。而在《八旗满洲氏族通谱》所载刘氏中,并没有"刘茂"或"刘满"之名。出现这种情况的原因有两种:其一,谦妃的本家刘氏一族当时已经改变旗分,抬入八旗汉军。因《八旗满洲氏族通谱》只记录满洲旗分和包衣旗分之姓氏,故而没有收入其中。其二,谦妃的父亲刘茂之名不仅可以写作"刘满",还有别的名字,《八旗满洲氏族通谱》内收录的即是他"刘茂""刘满"之外的名字,这在清初的汉姓旗人群体中亦不为罕见。

【入宫背景】

《清史稿》中称谦妃"事世宗潜邸号贵人"①,而现在已知谦妃生于康熙五十三年,世宗即位时她只有九岁,不可能在潜邸内被收为妾室,所以《清史稿》的记载应该有误。根据谦妃其父官职为管领来看,谦妃应该出身于内务府上三旗包衣,在雍正朝参加挑选内务府秀女,被选中作为官女子进入宫中,并在之后被世宗收为后宫主位。于善浦所录档案中称谦妃"雍正七年入宫,初称刘答应"②,因目前相关档案尚未开放,有待今后进一步确认。

【宫廷生活】

根据于善浦书内记载,谦妃在雍正七年封为刘答应,雍正八年晋封为刘贵人,后来在雍正十年怀孕,于雍正十一年六月生下多罗果恭郡王弘曕,并得以晋封为嫔位,是世宗即位后所纳的后宫主位中位分较高的一位。

【封谥释义】

谦妃的封号为"谦",满文作"gocishūn"③,意为"谦逊"。

第四节 清世宗雍正帝的低级主位们

在世宗泰陵的妃园寝中,除了葬有上述几位高级主位之外,还葬有十六

---

① 《清史稿》卷214,第30册,第8915页。
② 于善浦:《清代帝后的归宿》,第126页。
③ 《为列列宗册封妃嫔字号事咨覆》,嘉庆六年正月,档案号:03-0197-3622-027,中国第一历史档案馆藏。

位低级主位。对于这十六位低级主位的情况,清代官方谱牒的记载十分稀少,如《星源集庆》只记载了其中"贵人李氏"一位而已。目前对这十六位低级主位记述较为全面的,是于善浦《清代帝后的归宿》一书,其通过《宫中等处女子嬷嬷妈妈里食肉底账》等档案,对这十六位低级主位的情况进行了初步整理。不过,由于《宫中等处女子嬷嬷妈妈里食肉底账》等档案目前均不予开放,①其中内容也无从核对。故而此处只依据于善浦书中资料,加上现在已经开放之档案整理如下。同时,档案中还发现世宗有二位低级主位,亦一并整理如下。

一、海贵人

【简介】

世宗海贵人。出身不详。雍正三年时为海常在。雍正十三年九月,晋封为海贵人。乾隆二十六年十二月薨,暂安田村。乾隆二十七年(1762年)四月初十日,奉安泰陵妃园寝。

【概述】

世宗海贵人身世不详。根据已知档案,在雍正十三年底,海贵人是当时世宗后宫内在世的四位贵人之一,排在第四位。② 乾隆二十六年她薨逝之后,暂安在田村,由钦天监派员从当年十二月二十三日至乾隆二十七年四月初一日连续供饭、上香九十八天。③

二、安贵人

【简介】

世宗安贵人。出身不详。乾隆十四年薨,暂安田村。乾隆二十一年之后,奉安泰陵妃园寝。

【概述】

世宗安贵人身世不详。根据已知档案,在雍正十三年底,安贵人是当时

---

① 谨按,截至2021年年底,相关档册依然未予开放。
② 《呈报雍正十三年乾清宫宁寿宫皇贵妃贵妃妃嫔等缎布等项例清单稿》,嘉庆元年,档案号:05-0462-052,中国第一历史档案馆藏。
③ 《为领取海贵人安奉田村应用时辰香事致内务府》,乾隆二十六年十二月,档案号:05-13-002-000013-0108,中国第一历史档案馆藏。

世宗后宫内在世的四位贵人之一,排在第二位。① 她薨逝之后,至乾隆二十一年依然暂安在田村。②

三、郭贵人

【简介】

世宗郭贵人。出身不详。初封郭常在。雍正七年,晋封为郭贵人。乾隆五十一年(1786年)正月十一日巳时薨。同年三月十三日,奉安泰陵妃园寝。

【概述】

世宗郭贵人身世不详。根据已知档案,在雍正十三年底,郭贵人是当时世宗后宫内在世的四位贵人之一,排在第一位。③ 内务府记录收纳折奏的档案内称:"(乾隆五十一年)十二日,堂衔白折,具奏为十一日巳时郭贵人薨逝丧仪事。"④

四、李贵人

【简介】

世宗李贵人。出身不详。雍正七年,封为李贵人。乾隆二十五年(1760年)四月二十八日薨。奉安泰陵妃园寝。

【概述】

世宗李贵人身世不详。根据已知档案,在雍正十三年底,李贵人是当时世宗后宫内在世的四位贵人之一,排在第三位。⑤ 乾隆二十五年时,李贵人"于本年四月二十八日薨逝,二十九日奉移,九月二十一日百日礼致祭"。⑥

---

① 《呈报雍正十三年乾清宫宁寿宫皇贵妃贵妃妃嫔等缎布等项分例清单稿》,嘉庆元年,档案号:05-0462-052,中国第一历史档案馆藏。
② 《为知会冬至移时致祭田村安放之安贵人曹八里屯安放之勒贵人事致内务府》,乾隆二十一年闰九月,档案号:05-13-002-000008-0116,中国第一历史档案馆藏。
③ 《呈报雍正十三年乾清宫宁寿宫皇贵妃贵妃妃嫔等缎布等项分例清单稿》,嘉庆元年,档案号:05-0462-052,中国第一历史档案馆藏。
④ 《旧档》,乾隆年间写本,国家图书馆藏。
⑤ 《呈报雍正十三年乾清宫宁寿宫皇贵妃贵妃妃嫔等缎布等项分例清单稿》,嘉庆元年,档案号:05-0462-052,中国第一历史档案馆藏。
⑥ 《为咨查李贵人薨逝百日礼致祭用过日供羊只数目事致总管内务府》,乾隆二十五年九月二十七日,档案号:05-13-002-000012-0064,中国第一历史档案馆藏。

五、张贵人

【简介】

世宗张贵人。出身不详。初封张常在。雍正十三年四月,晋封为张贵人。雍正十三年四月二十一日薨。乾隆二年之后,奉安泰陵妃园寝。

【概述】

世宗张贵人身世不详。根据已知档案,乾隆元年四月二十一日为其周年礼,[①]可知其在雍正十三年四月二十一日薨逝。

六、那常在

【简介】

世宗那常在。出身不详。雍正年间薨逝,暂安田村。乾隆二年之后,奉安泰陵妃园寝。

【概述】

世宗那常在身世不详。根据已知档案,雍正十三年底她已经薨逝。[②]乾隆二年二月时,她与顾常在、高常在、常常在一起暂安在田村。[③]

七、李常在

【简介】

世宗李常在。出身不详。雍正八年,封为李答应。雍正十年闰五月,晋封为李常在。乾隆五十年以后薨逝。奉安泰陵妃园寝。

【概述】

世宗李常在身世不详。根据已知档案,在雍正十三年底,李常在是当时世宗后宫内在世的四位常在之一,排在第一位。[④]

---

① 《为添设张贵人周年礼致祭需用饭桌事致内务府》,乾隆元年四月,档案号:05-13-002-000001-0002,中国第一历史档案馆藏。
② 《呈报雍正十三年乾清宫宁寿宫皇贵妃贵妃妃嫔等缎布等项分例清单稿》,嘉庆元年,档案号:05-0462-052,中国第一历史档案馆藏。
③ 《为清明礼致祭田村安放之那常在等事致内务府》,乾隆二年二月,档案号:05-13-002-000001-0034,中国第一历史档案馆藏。
④ 《呈报雍正十三年乾清宫宁寿宫皇贵妃贵妃妃嫔等缎布等项分例清单稿》,嘉庆元年,档案号:05-0462-052,中国第一历史档案馆藏。

八、春常在

【简介】

世宗春常在。出身不详。雍正年间封为春常在。乾隆二十六年以后薨逝。奉安泰陵妃园寝。

【概述】

世宗春常在身世不详。根据已知档案,在雍正十三年底,春常在是当时世宗后宫内在世的四位常在之一,排在第三位。①

九、常常在

【简介】

世宗常常在。出身不详。雍正七年时为常常在。雍正十年八月薨,暂安田村。乾隆二年之后,奉安泰陵妃园寝。

【概述】

世宗常常在身世不详。根据已知档案,雍正十三年底她已经薨逝。② 乾隆二年二月时,她与那常在、高常在、顾常在一起暂安在田村。③

十、高常在

【简介】

世宗高常在。出身不详。初封为高答应。雍正八年正月,晋封为高常在。雍正年间薨逝,暂安田村。乾隆二年之后,奉安泰陵妃园寝。

【概述】

世宗高常在身世不详。根据已知档案,雍正十三年底她已经薨逝。④ 乾隆二年二月时,她与那常在、顾常在、常常在一起暂安在田村。⑤

---

① 《呈报雍正十三年乾清宫宁寿宫皇贵妃贵妃妃嫔等缎布等项分例清单稿》,嘉庆元年,档案号:05-0462-052,中国第一历史档案馆藏。
② 《呈报雍正十三年乾清宫宁寿宫皇贵妃贵妃妃嫔等缎布等项分例清单稿》,嘉庆元年,档案号:05-0462-052,中国第一历史档案馆藏。
③ 《为清明礼致祭田村安放之那常在等事致内务府》,乾隆二年二月,档案号:05-13-002-000001-0034,中国第一历史档案馆藏。
④ 《呈报雍正十三年乾清宫宁寿宫皇贵妃贵妃妃嫔等缎布等项分例清单稿》,嘉庆元年,档案号:05-0462-052,中国第一历史档案馆藏。
⑤ 《为清明礼致祭田村安放之那常在等事致内务府》,乾隆二年二月,档案号:05-13-002-000001-0034,中国第一历史档案馆藏。

十一、顾常在

【简介】

世宗顾常在。出身不详。雍正七年九月薨,暂安田村。乾隆二年之后,奉安泰陵妃园寝。

【概述】

世宗顾常在身世不详。雍正十三年底她已经薨逝。① 根据已知档案,乾隆二年二月时,她与那常在、高常在、常常在一起暂安在田村。②

十二、马常在

【简介】

世宗马常在。出身不详。乾隆三十三年四月十一日薨逝。奉安泰陵妃园寝。

【概述】

世宗马常在身世不详。根据已知档案,在雍正十三年底,马常在是当时世宗后宫内在世的四位常在之一,排在第二位。③ 乾隆三十三年四月十一日,马常在在寿康宫薨逝。④

十三、苏答应

【简介】

世宗苏答应。出身不详。雍正四年七月,封为苏格格。后晋封为苏答应。卒年不详。奉安泰陵妃园寝。

【概述】

世宗苏答应身世不详。已知档案未见此人。在雍正十三年底,世宗后

---

① 《呈报雍正十三年乾清宫宁寿宫皇贵妃贵妃妃嫔等缎布等项分例清单稿》,嘉庆元年,档案号:05-0462-052,中国第一历史档案馆藏。
② 《为清明礼致祭田村安放之那常在等事致内务府》,乾隆二年二月,档案号:05-13-002-000001-0034,中国第一历史档案馆藏。
③ 《呈报雍正十三年乾清宫宁寿宫皇贵妃贵妃妃嫔等缎布等项分例清单稿》,嘉庆元年,档案号:05-0462-052,中国第一历史档案馆藏。
④ 《奏为办理马常在白事迟误将承办员外郎诺尔逊罚俸事》,乾隆三十三年十二月初六日,档案号:05-0259-012,中国第一历史档案馆藏。

宫内在世的主位内有"大答应一人、照大答应例女子一人"①,其中的"大答应"有可能就是这位苏答应。

十四、伊格格

【简介】

世宗伊格格。出身不详。奉安泰陵妃园寝。

【概述】

世宗伊格格身世不详。目前没有见到过关于她的记录。有可能是世宗在潜邸时的侍妾。

十五、张格格

【简介】

世宗张格格。出身不详。奉安泰陵妃园寝。

【概述】

世宗张格格身世不详。目前没有见到过关于她的记录。有可能是世宗在潜邸时的侍妾。

十六、张格格

【简介】

世宗张格格。出身不详。奉安泰陵妃园寝。

【概述】

世宗张格格身世不详。目前没有见到过关于她的记录。有可能是世宗在潜邸时的侍妾。她与另外一位"张格格"并非同一人物。

十七、吉常在

【简介】

世宗吉常在。出身不详。乾隆年间薨逝。

---

① 《呈报雍正十三年乾清宫宁寿宫皇贵妃贵妃妃嫔等缎布等项分例清单稿》,嘉庆元年,档案号:05-0462-052,中国第一历史档案馆藏。

【概述】

世宗吉常在身世不详。根据已知档案,在雍正十三年底,吉常在是当时世宗后宫内在世的四位常在之一,排在第四位。① 但是泰陵妃园寝中并没有以"吉常在"之名葬入的后宫主位。这有两种可能:一是吉常在还有别的称呼,是以别的称呼入葬在泰陵妃园寝内。可能是苏答应、伊格格,或者两位张格格之一。二是吉常在与圣祖老贵人相仿,是"随常加封"之人,未曾奉御过世宗,所以没能葬入皇陵。

十八、常安之女

【简介】

常安之女。镶白旗满洲人,监生常安之女。在康熙四十五年时参加八旗选秀,于正月二十八日被孝惠章皇后指赐与世宗。其后不明。

【概述】

根据康熙朝《奏销档》记载,康熙四十五年正月二十八日,"宁寿宫副总管太监赵密申奉传皇太后懿旨:将镶白(旗)图思希佐领监生常安之女给四阿哥,钦此。"② 所谓"镶白的图思希佐领",即镶白旗满洲第三参领第四佐领,可知其为镶白旗满洲旗人。但是在已知的档案中并未发现这位秀女被指赐给世宗之后的情况。作为直接被皇太后指赐的外八旗秀女,如果她在世宗即位时仍然在世,应该拥有不低的位分。故而,此处怀疑常安之女在世宗即位之前即已去世。泰陵妃园寝所葬伊格格或许即是这位常安之女。

---

① 《呈报雍正十三年乾清宫宁寿宫皇贵妃贵妃妃嫔等缎布等项分例清单稿》,嘉庆元年,档案号:05-0462-052,中国第一历史档案馆藏。
② 《口奏绿头牌及白本档案》,康熙四十五年正月二十八日条,中国第一历史档案馆编:《内务府奏销档(缩微胶卷)》。中国第一历史档案馆藏。其中,由于档案内书写模糊,太监之名"赵密申"可能识别有误。

第十二章　清高宗乾隆帝的后宫

清高宗法天隆运至诚先觉体元立极敷文奋武钦明孝慈神圣纯皇帝,名弘历,满文作"hung li"①。作为世宗宪皇帝的第四子,生于康熙五十年八月十三日子时,生母为孝圣宪皇后钮祜禄氏。雍正元年八月,由世宗秘密立为储嗣,缄置镡匣。雍正十一年二月,恩封为和硕宝亲王。雍正十三年八月二十三日,世宗病危,召集皇子与王公大臣等,亲启镡匣,立为皇太子。同日,世宗崩逝。九月初三日,高宗即位,改元乾隆。在位期间,整顿制度,重视农商,多处用兵,自诩"十全武功"。因不敢自比圣祖仁皇帝御极六十一年之数,故于乾隆六十年九月初三日,召集皇子、皇孙、王公大臣等,亲启镡匣,立皇十五子仁宗为皇太子,定于次年内禅。嘉庆元年正月初一日,内禅于仁宗,由仁宗尊为太上皇帝,军国重务仍由其裁决。嘉庆四年正月初三日辰时崩,年八十九岁,在皇帝位六十年,在太上皇帝位四年。同年四月,恭上尊谥曰法天隆运至诚先觉体元立极敷文奋武孝慈神圣纯皇帝,庙号高宗。九月十五日,奉安裕陵,升祔太庙、奉先殿。嘉庆二十五年十二月,加上钦明两字。

高宗乾隆朝时期,宫廷内各种档案文书制度逐渐成熟,并且形成定制,留存下来大量的宫廷生活档案资料。关于乾隆朝挑选八旗秀女的年届,根据目前已知的资料来看,情况较为复杂。例如,乾隆四十二年户部奏文内称:"因去年系应选看女子之年,臣部于十二月十八日,为由何月何日开始选看之事奏闻。得旨,著明年选看。钦此。钦遵。现查得,前次乾隆三十九年八旗应选看女子共七千七百七十四人,不计旗分,仅计人数多少,分为四日选看。本年八旗应选看女子共六千七百八十七人,臣等窃思,请仍依前次之例,分为四日,不计旗分,仅计人数多少,一日预备选看二旗女子。何日开始

---

① 罗盛吉:《清朝满文避讳漫议》,《满语研究》2014年第2期。

选看之处,经上指定后,由臣部传知八旗各处,恭行预备。为此恭奏请旨。等因。乾隆四十二年正月二十二日奏入。本日。得旨,著二三月再奏。钦此。"①说明乾隆四十一年为应选年届,而当年及上届的挑选均延后一年进行。又如乾隆六十年二月,高宗乾隆帝曾挑选八旗秀女,②按照制度年届推算,亦是将乾隆五十九年(1794年)的挑选延后一年。由此可知,乾隆朝挑选八旗秀女多在制度规定之年的第二年春季进行。以此推断,乾隆朝挑选八旗秀女的制度年届依次为乾隆二年、乾隆五年、乾隆八年、乾隆十一年、乾隆十四年、乾隆十七年、乾隆二十年、乾隆二十三年、乾隆二十六年、乾隆二十九年(1764年)、乾隆三十二年、乾隆三十五年、乾隆三十八年、乾隆四十一年、乾隆四十四年(1779年)、乾隆四十七年(1782年)、乾隆五十年、乾隆五十三年(1788年)、乾隆五十六年(1791年)、乾隆五十九年,实际挑选年届依次为乾隆三年、乾隆六年、乾隆九年、乾隆十二年、乾隆十五年、乾隆十八年、乾隆二十一年、乾隆二十四年、乾隆二十七年、乾隆三十年、乾隆三十三年、乾隆三十六年、乾隆三十九年、乾隆四十二年、乾隆四十五年(1780年)、乾隆四十八年、乾隆五十一年、乾隆五十四年、乾隆五十七年(1792年)、乾隆六十年。但是,以上推断与乾隆朝后宫主位们的入宫时间仍有矛盾之处。如根据档案,循贵妃伊尔根觉罗氏是在乾隆四十一年十一月被指定为贵人入宫,而当届八旗秀女在同年十二月才被户部奏报。出现这种差异,可能是因为乾隆朝挑选八旗随任秀女的时间与挑选在京八旗秀女的时间不同。总之,关于乾隆朝挑选八旗秀女的年届,还有进一步研究确认的必要。

根据目前的资料统计,清高宗一生中至少有四十余位妻妾,其中有一些是藩邸时期娶纳,也有一些是即位之后才收入后宫。谨按照成为高宗妻妾的时间、方式,将高宗的四十余位后宫主位分类综述如下。

---

① 《奏于京师八旗内选秀女入宫稿》,乾隆四十二年正月二十二日,档案号:03-0187-2709-046,中国第一历史档案馆藏。
② 《验看秀女排单》,乾隆朝,档案号:05-08-005-000001-0033,中国第一历史档案馆藏。

第一节　清高宗乾隆帝的三位皇后

一、孝贤纯皇后
【简介】

孝贤诚正敦穆仁惠徽恭康顺辅天昌圣纯皇后，镶黄旗满洲富察氏，承恩公、察哈尔总管李荣保之女。康熙五十一年二月二十二日生。于雍正五年参加八旗选秀，被世宗指与皇四子高宗为嫡福晋。同年七月十八日，入宫行大婚礼，册封为皇子福晋。雍正六年十月初二日，生第一女。雍正八年六月二十六日，生第二子端慧皇太子永琏。雍正九年五月二十四日，生第三女和敬固伦公主。雍正十三年九月，高宗即位，诏立为皇后。乾隆二年十二月初四日，以保和殿大学士鄂尔泰为正使，户部尚书海望为副使，册立为皇后。乾隆十一年四月初八日，生第七子和硕哲亲王永琮。乾隆十三年三月十一日亥时，崩于东巡途中，年三十七岁。同年三月十七日，灵柩还宫，停灵长春宫。三月二十二日，谥曰孝贤皇后。乾隆十七年十月二十七日，奉安裕陵。嘉庆四年九月，恭上尊谥曰孝贤诚正敦穆仁辅天昌圣纯皇后，升祔太庙、奉先殿。嘉庆二十五年十二月，加上徽恭两字。道光三十年四月，加上康顺两字。

【家族背景】

孝贤纯皇后出身檀都系富察氏，与太祖继妃、高宗晋妃、宣宗恬嫔、穆宗淑慎皇贵妃同族。其家世可以参考她们各条。檀都一族在檀都孙辈时分为果臣噶哈善、莽泰、德云珠三大支，太祖继妃为果臣噶哈善之孙女，而孝贤纯皇后、高宗晋妃、宣宗恬嫔、穆宗淑慎皇贵妃均为德云珠一支后代。

根据谱牒记载，德云珠第一子名为旺吉砮，率众入旗，被编入镶黄旗满洲，给予世管佐领。旺吉砮之孙名为哈锡屯，承袭世管佐领，参与入关征战，功封一等男又一云骑尉，仕至内大臣、总管内务府大臣。哈锡屯之女嫁太祖之孙奉恩辅国公班穆布尔善。虽然班穆布尔善后来因党附鳌拜被处死，但是这次联姻显示出哈锡屯一族已经跻身世家婚姻圈。

哈锡屯第一子名为米思翰，袭父一等男又一云骑尉和世管佐领，仕至议政大臣、户部尚书、总管内务府大臣，是康熙初年的重臣之一，即是孝贤纯皇后的祖父。米思翰娶妻穆奇觉罗氏、博尔济吉特氏,先后生有四子,依次名为马思哈、马齐、马武和李荣保,均作为世家子弟出仕。马思哈仕至内大臣、都统、总管内务府大臣,得谥襄贞;马齐功封二等伯,仕至保和殿大学士,得谥文穆,入祀贤良祠;马武功封三等轻车都尉,仕至领侍卫内大臣,得谥勤恪;而李荣保作为幼子承袭其父米思翰的爵位,仕至察哈尔总管,兄弟四人均位列高官。其中,马齐在康雍两朝十分得势,掌握大权,将此支富察氏门第进一步提高。而孝贤纯皇后的父亲李荣保,在兄弟四人中仕宦并不十分如意。

李荣保娶妻觉罗氏,至少生有九子两女。九子依次名为广成、傅清、傅宁、傅文、傅宽、傅新、傅玉、傅谦、傅恒。① 两女中,除一位为孝贤纯皇后外,还有一位嫁给太宗第十子奉恩辅国公韬塞之孙萨喇善为妻,她是孝贤纯皇后的胞妹。

在孝贤纯皇后被选为皇子福晋时,其家族虽然已经名列旗人世家,但是与弘毅公等一等世家相比,还有一定的差距。不过,作为当时炙手可热的权贵马齐之胞弟,李荣保一家也借势提升门第。特别是在高宗即位之后,孝贤纯皇后的兄弟子侄均受到重用。而孝贤纯皇后的这些兄弟子侄也大多能够尽心当差,不辱使命,使得李荣保后代的门第扶摇直上。经历乾隆一朝之后,李荣保的后裔拥有八个世职,形成了八支世家,分别为大宗承恩公家、嘉勇忠锐公家、诚嘉毅勇公家、忠勇公家、襄勇侯家、一等子傅清家、一等男奎林家、云骑尉福灵安家,遂成为清中后期旗人世家中的翘楚。孝贤纯皇后的妹夫萨喇善,作为闲散宗室出身的宗室侍卫,亦受到高宗的特殊重用,从乾隆元年开始历任副都统、吉林将军,达成门第的"逆袭"。就连孝贤纯皇后的乳母家族,亦因孝贤纯皇后的缘故,以李荣保家户下家奴的身份被赐入旗,②成为镶黄旗包衣管领下的开户旗人。③

---

① 谨按,根据清人笔记,傅恒行十,这个排行可能是计算上了夭折的兄长,也可能是男女大排行。
② 《奏请将皇后之奶公塞克一家归入镶黄旗给差食俸折》,中国第一历史档案馆、故宫博物院编:《清宫内务府奏销档》,第 19 册,第 96—99 页。
③ 此段富察氏谱系,整理自《八旗满洲氏族通谱》《清代谱牒档案(缩微胶卷)》《沙济富察氏宗谱》;敦崇:《思恩太守年谱》,长春:吉林文史出版社,2015 年;《八旗通志初集》《钦定八旗通志》《爱新觉罗宗谱》。

【入宫背景】

根据目前的资料,雍正朝第一次挑选八旗秀女可能是雍正二年,第二次则为雍正五年。孝贤纯皇后应该即是在雍正五年的挑选中被选为高宗的嫡福晋。根据清代官方的说法,世宗秘密立储是在雍正元年八月,即世宗在挑选孝贤纯皇后为高宗元妃时,高宗未来的身份已经内定,可知世宗是按照未来皇后的标准选中孝贤纯皇后的。当时,孝贤纯皇后的二伯父马齐仍在朝中担任保和殿大学士,是举足轻重的大臣,孝贤纯皇后作为其侄女被选为储君嫡室,亦有政治上的考量。

【宫廷生活】

根据档案,孝贤纯皇后在雍正五年七月十八日入宫与高宗成大婚礼。[①]成婚之后,高宗与孝贤纯皇后住在西二所,此西二所在高宗即位之后,作为潜邸被升为重华宫。在潜邸时期,作为高宗的嫡福晋,孝贤纯皇后为高宗生育了一子两女,其中:第一女两岁夭折;第二子永琏在乾隆三年夭折;第三女长大成人,即和敬固伦公主。高宗即位之后,孝贤纯皇后以嫡福晋的身份被册立为皇后,统御后宫。对孝贤纯皇后统御后宫的情况,高宗曾经评价道:"朕躬揽万几,勤劳宵旰。宫闱内政,全资孝贤皇后综理。皇后上侍圣母皇太后,承欢朝夕,纯孝性成。而治事精详,轻重得体,自妃嫔以至宫人,无不奉法感恩,心悦诚服。十余年来,朕之得以专心国事,有余暇以从容册府者,皇后之助也。"[②]至于细节之处,高宗曾经在御制诗的题记中写道:"朕读皇祖御制清文鉴,知我国初旧俗,有取鹿尾绒毛缘袖以代金线者,盖彼时居关外,金线殊艰致也。去秋塞外较猎,偶忆此事,告之先皇后,皇后即制此燧囊以献。"[③]由此可见,孝贤纯皇后不仅相当称职,而且在细微之处也颇见体贴。[④]

以后世的角度来看,高宗生平自视极高,万事皆自以为表率,在生活方面,亦汲汲营造一种"模范家庭"的氛围。孝贤纯皇后的贤淑,难免有高宗的

---

① 《口奏绿头牌白本档案》,雍正五年七月十七日条,中国第一历史档案馆编:《内务府奏销档(缩微胶卷)》。
② 《高宗纯皇帝实录》卷318,乾隆十三年七月癸未条,《清实录》,第13册,第218、219页。
③ 《乾隆御制诗文全集》,北京:中国人民大学出版社,2013年,第2册,第227页。
④ 谨按,孝贤纯皇后所制的荷包(燧囊),后来被作为遗念珍藏在宫廷内,现藏于台北"故宫博物院"。

刻意夸大,但是基本与高宗的期许相符。除此之外,高宗还有一个重大愿望,即在于以嫡子立嗣。早在即位伊始的乾隆元年,高宗便将孝贤纯皇后所生的皇二子永琏秘密立储,结果永琏在乾隆三年夭折。乾隆十一年,已经三十五岁的孝贤纯皇后再次生子,即皇七子永琮。高宗称:"圣母皇太后因其出自正嫡,聪颖殊常,钟爱最笃。朕亦深望教养成立,可属承祧。"然而永琮在乾隆十二年十二月因出痘而夭折。高宗自己反省道:"嫡嗣再殇,推求其故,得非本朝自世祖章皇帝以至朕躬,皆未有以元后正嫡绍承大统者。岂心有所不愿,亦遭遇使然耳。似此竟成家法,乃朕立意私庆,必欲以嫡子承统,行先人所未曾行之事,邀先人所不能获之福,此乃朕过耶。"①最终,以嫡子立嗣的愿望亦未能实现。

乾隆十三年二月,孝贤纯皇后随高宗和孝圣宪皇后东巡山东。三月十一日,帝后在德州登舟。同日亥时,孝贤纯皇后在御舟上病逝。根据高宗的说法:"皇后同朕奉皇太后东巡,诸礼已毕。忽在济南,微感寒疾。将息数天,已觉渐愈。诚恐久驻劳众,重厪圣母之念,劝朕回銮。朕亦以肤疴已痊,途次亦可将息,因命车驾还京。今至德州水程,忽遭变故。"②由此可知,孝贤纯皇后是在东巡路上染病而崩逝。三月十七日,孝贤纯皇后的灵柩还宫,停灵在长春宫。关于孝贤纯皇后灵柩回宫的情况,时代稍后的和硕礼亲王昭梿在其《啸亭杂录》中记载说:"孝贤纯皇后崩于德州舟次,上命运舟入京,焚毁城门,隘不容人。公(海望)命造架堞上,以菜叶铺垫,千夫维挽,舟借其柔滑而入,皆一时之巧思也。"③而根据史料,孝贤纯皇后是以梓宫(灵柩)的形式运回。三月十七日未刻,暂奉通州芦殿,京官齐集举哀行礼。同日戌刻,梓宫入京,从东华门入苍震门,奉安长春宫。④ 一路上时间紧凑,似乎并未有太多耽搁。《啸亭杂录》的说法并非昭梿亲见,⑤可能只是一种传说,御舟亦可能是在孝贤纯皇后梓宫入京之后才运入京中。

孝贤纯皇后的崩逝,对于高宗而言是一个相当大的打击。一来孝贤纯皇后作为高宗的元后,本身受到高宗尊重,其崩逝必然让高宗伤痛。二来一

---

① 《高宗纯皇帝实录》卷305,乾隆十二年十二月乙酉条,《清实录》,第12册,第998、999页。
② 《高宗纯皇帝实录》卷310,乾隆三十年三月丙申条,《清实录》,第13册,第81页。
③ 昭梿:《啸亭续录》卷4,海司空条,北京:中华书局,2006年,第485页。
④ 《高宗纯皇帝实录》卷311,乾隆十三年三月辛丑条,《清实录》,第13册,第82、83页。
⑤ 谨按《玉牒》,昭梿生于乾隆四十一年二月初七日寅时。

直致力于营造"模范夫妇"的高宗,也必然会将此作为头等大事对待。故而,高宗对于孝贤纯皇后的丧仪尤为重视,并且对于内外人员的态度也尤为敏感。首当其冲的是高宗的皇长子和硕定安亲王永璜和皇三子多罗循郡王永璋,在面对孝贤纯皇后这位嫡母的丧仪中,被高宗认为表现得不够悲戚,而受到数次上谕申斥,其申斥语中甚至有"此二人断不可承继大统""伊等如此不孝,朕以父子之情,不忍杀伊等,伊等当知保全之恩,安分度日"①等语,用词之重,亦可见高宗当时之心情。另外,如苏州巡抚安宁,在乾隆十三年闰七月进京面圣,被高宗指责为"于孝贤皇后大事,仅饰浮文,全无哀敬实意。伊系亲近旧仆,岂有如此漠不关心之理"。②又如,锦州知府金文醇、江南河道总督周学健、湖广总督塞楞额等,均违禁在孝贤纯皇后丧期内剃发,其中塞楞额作为旗人被判最重,高宗怒斥其"丧心病狂"③,部拟斩决,钦命自尽。再如,盛京、杭州、宁夏、京口、凉州、四川等省的地方官,只传令让当地官员"过百日剃头",并没有涉及当地兵丁。高宗知悉后指出:"兵丁虽属微贱,俱系满洲臣仆,亦应与官员一例传行。因未一例传行,兵丁始于百日内剃头。伊等忘满洲旧规,可谓不知轻重矣。其未经办理之处,甚属糊涂。"④于是这些地方大员也纷纷被交部察议。甚至当时的名臣张廷玉也未能幸免,因为在翰林院拟撰的孝贤纯皇后冬至祭文中,有"泉台"一词,高宗认为"此二字,用之常人尚可,即王公等宜不用,岂可加之皇后之尊",⑤于是以大学士张廷玉为首的内阁官员均罚本俸一年。约至孝贤纯皇后周年祭礼之后,高宗的心情才逐渐归于理性。为纪念孝贤纯皇后以及几位已故的皇贵妃,高宗在长春宫设立影堂,供奉孝贤纯皇后以及几位已故皇贵妃的画像、冠服,后来因故在乾隆四十二年撤除。另外,高宗也写了不少诗文,以追忆这位贤淑的皇后。

【封谥释义】

孝贤纯皇后的主谥为"贤",满文作"erdemungge"⑥,意为"有贤德的"

---

① 《高宗纯皇帝实录》卷317,乾隆十三年六月甲戌条,《清实录》,第13册,第207—209页。
② 《高宗纯皇帝实录》卷321,乾隆十三年闰七月庚午条,《清实录》,第13册,第280、281页。
③ 《高宗纯皇帝实录》卷321,乾隆十三年闰七月癸酉条,《清实录》,第13册,第286页。
④ 《高宗纯皇帝实录》卷320,乾隆十三年闰七月丁巳条,《清实录》,第13册,第262页。
⑤ 《高宗纯皇帝实录》卷327,乾隆十三年十月辛丑条,《清实录》,第13册,第404页。
⑥ 綦中明:《满语名号研究》,第76页。

"有德才的"。按照清代的制度,皇后谥号一般是由内阁拟出数种,然后由皇帝在其中钦定。但是根据史料,孝贤纯皇后的谥号未经内阁拟出,即由高宗直接钦定。关于此谥号的由来,史料中有两种记载。一是高宗在给礼部的上谕中称:"从来,知臣者莫如君,知子者莫如父,则知妻者莫如夫。朕昨赋皇后挽诗,有'圣慈深忆孝,宫壸尽称贤'之句。思惟孝贤二字之嘉名,实该皇后一生之淑德,应谥为孝贤皇后。"①二是《清史稿》中记载:"初,皇贵妃高佳氏薨,上谥以'慧贤'。后在侧,曰:'吾他日期以"孝贤"可乎?'至是,上遂用为谥。"②无论是哪一种记载,均体现高宗对于孝贤纯皇后贤淑的认可。在孝贤纯皇后的册文中,亦有"追思皇后之淑德,惟朕知之为最深。畴咨谥典之隆称,自朕衡之而允协。惟贤与孝,实乃兼优。曰孝且贤,词无溢美"。③ 这在清代所有皇后的评价之中,亦属名列前茅。

二、继皇后

【简介】

高宗继皇后,原镶蓝旗满洲后抬正黄旗满洲辉发纳喇氏,④佐领讷尔布之女。康熙五十七年二月初十日生。在雍正十二年正月二十八日参加八旗选秀,于二月十四日被世宗指与皇四子高宗为侧福晋。同年十一月初八日,入宫成婚。雍正十三年九月,高宗即位,诏封为妃。乾隆二年十二月初四日,以协办大学士、礼部尚书三泰为正使,内阁学士岱奇为副使,册封为娴妃。乾隆十年正月二十三日,诏晋为娴贵妃。同年十一月十七日,以大学士史贻直为正使,礼部右侍郎觉罗勒尔森为副使,册封为娴贵妃。乾隆十三年三月,孝贤纯皇后崩逝。同年七月初一日,诏晋为皇贵妃,摄六宫事。乾隆十四年四月初五日,以大学士来保为正使,礼部尚书海望为副使,册封为皇贵妃。乾隆十五年八月初二日,以大学士公傅恒为正使,大学士史贻直为副使,册立为皇后。乾隆十七年四月二十五日,生第十二子多罗贝勒永璂。乾隆十八年六月二十三日,生第五女。乾隆二十年十二月二十一日,生第十三

---

① 《高宗纯皇帝实录》卷311,乾隆十三年三月丙午条,《清实录》,第13册,第88、89页。
② 《清史稿》卷214,第30册,第8916页。
③ 《高宗纯皇帝实录》卷315,乾隆十三年五月甲辰条,《清实录》,第13册,第171、172页。
④ 谨按,在继皇后事出之后,其家族又从正黄旗满洲拨回镶蓝旗满洲。

子永璟。乾隆三十年正月,随高宗南巡。因故自行剪发,忤上旨。同年闰二月十八日,单独被送回京城。五月初十日,收缴宝册。乾隆三十一年(1766年)七月十四日未时崩,年四十九岁。诏以皇贵妃之礼殡葬,奉安于裕陵妃园寝纯惠皇贵妃地宫内。

【家族背景】

成书于民国时期的《清史稿》称高宗继皇后姓乌喇纳喇氏①,但是根据乾隆年间成书的《八旗满洲氏族通谱》,继皇后并非姓乌喇纳喇氏,而是出身辉发国主系辉发纳喇氏,是辉发国主之后代。

纳喇氏是一个古老的女真姓氏,在唐代末年就有此氏族的相关记录。后来纳喇氏族逐步发展,在明代形成海西四部,因为四部部长均姓纳喇氏,所以也被称为"纳喇四部"。此四部根据地域不同,分别被称为叶赫、哈达、乌喇、辉发。从传统上讲,纳喇四部可以算作一个整体,均由纳喇氏作为部长掌控,但实际上,这四支纳喇氏中有两支是外来的血统。

根据《八旗满洲氏族通谱》的说法,纳喇四部之中形成最早的是乌喇部,部长姓纳喇氏,后来乌喇国主的旁支迁徙到哈达地方,形成哈达部,所以乌喇部长纳喇氏家族与哈达部长纳喇氏家族同源,本书中称其为"乌哈国主系纳喇氏"。叶赫部,源于一位姓土默特氏,名为星恳达尔汉的蒙古人。他带领自己的人马灭掉"张"地方的纳喇氏部落,又发现当地部落有把"纳喇氏"视为部落首领的传统,于是他们虽然灭掉当地的纳喇氏,却继承他们的姓氏,改姓纳喇氏,以统治当地。后来这支"土默特-纳喇氏"率领部众迁徙到叶赫地方,形成叶赫部,本书中称其为"叶赫国主系叶赫纳喇氏(星恳达尔汉系叶赫纳喇氏)"。至于辉发部,则源于黑龙江女真尼马察部的昂古里和星古力。这对兄弟姓益克得里氏,带着族人迁到"张"地方。当地有个大的领主,姓纳喇氏,名为噶扬噶土墨图。昂古里和星古力受到他的帮助,因此宰七牛祭天,跟随噶扬噶土墨图改姓纳喇氏。后来,星古力的后裔征服辉发地区的诸部,形成辉发部,其家族即是"辉发国主系辉发纳喇氏"。

因此,纳喇四部的四支纳喇氏,虽然只有两支是血统上真正的纳喇氏,但是他们都标榜自己是纳喇氏的后裔。另外,清代满洲人在姓氏的使用上

---

① 《清史稿》卷214,第30册,第8917页。

有许多攀附或错写的情况。例如觉罗氏,有爱新觉罗氏、伊尔根觉罗氏、西林觉罗氏、舒舒觉罗氏、嘉木湖觉罗氏等分支,其中除爱新觉罗氏为皇族之外,以伊尔根觉罗氏人口最多,故而在清代档册或者传记中,舒舒觉罗氏、嘉木湖觉罗氏的后裔,经常自称或被误写为伊尔根觉罗氏。由此亦可知清代满洲旗人姓氏复杂的一面。

继皇后的高祖父名为莽科,是辉发国贝勒王吉笞之孙,与末代辉发贝勒拜音达里同辈。莽科带领兄弟和族人归入八旗,被编入镶蓝旗满洲,拥有两个世管佐领。莽科之孙名为罗和,承袭世管佐领,仕至副都统。罗和生有两子,一子名为罗多,仕至右卫副都统;一子名为讷尔布,承袭世管佐领,即是继皇后之父。

根据谱牒信息,讷尔布在乾隆初年去世,其嫡妻为郎佳氏,在乾隆二十二年二月初一日故去。讷尔布生有数位子女,除继皇后之外,至少还有一子一女,一子名为讷礼,承袭世管佐领,亦在乾隆初年去世;一女则嫁给太祖第一子广略贝勒褚英的玄孙奉恩辅国公富增为嫡夫人。从目前已知的信息来看,讷礼可能比继皇后年长不少。而奉恩辅国公富增生于康熙三十一年,在乾隆十六年去世,其嫡夫人应该与其年纪相仿,故而继皇后可能在讷尔布的子女之中排行比较靠后。

继皇后出身辉发国主旁支,拥有世管佐领,如孝诚仁皇后条所述,在清初的旗人社会中,尤其注重"国主后裔"以及"世管佐领",将其视为女真旧族势力的代表,是衡量门第的重要标准之一。但是,随着入关之后情况的变化,这种推崇"国主后裔"的习惯逐渐减弱,而更多地以"爵位"和"官员品级"来衡量门第。继皇后家族虽然为国主后裔,但是在入关战争中没有立下军功,未能获得世爵世职,在仕宦上,最高也只仕至副都统,其门第虽然还能保持在世家范围内,却已经略显颓势。

在继皇后被晋封为皇贵妃,并被册立为皇后之后,其家族作为"后族",从镶蓝旗满洲被抬入正黄旗满洲,获得承恩侯爵位。继皇后之侄讷苏肯也被高宗派到边疆历练,准备之后加以重用,似乎其家族复兴指日可待。但是,随着继皇后在乾隆三十年发生变故,这些恩荣也瞬间失去。获封的承恩侯爵位被剥夺,抬入正黄旗的佐领不仅被勒令退回原旗,顺带连世管的身份亦被剥夺,失去世袭性,成为公中佐领,这也导致继皇后家族就此彻底没落。①

【入宫背景】

根据《奏销档》记载,继皇后作为八旗秀女,按照当时的习惯,原本要在雍正十一年冬季入宫参选。由于当时天气寒冷,世宗下达旨意,延至明年春季再行选看。雍正十二年正月二十八日,继皇后入宫参选。② 三月,总管内务府大臣等褶内称,"雍正十二年二月初四日,宫殿监督领侍苏培盛奉旨:镶蓝旗讷礼佐领下原任佐领讷尔布之女,著指与宝亲王为侧福晋。"③由此可知,继皇后在二月初四日被世宗直接指与高宗作为侧福晋。同样根据《奏销档》中总管内务府大臣等褶内称:"本年十一月初八日,和硕宝亲王娶侧福晋。"④可知继皇后在当年十一月初八日入宫成婚。

根据清中叶以来宫廷的习惯,对于身份比较重要之皇子,皇帝一般会特地从八旗秀女中挑选出身较好或身份特殊者,直接指婚为侧福晋。这些直接指婚的侧福晋与使女出身的侧福晋、格格地位有相当的差距。对于未来帝位的继承人,世宗先在二月初四日将出身外八旗旧世家的继皇后指婚与高宗为侧福晋,又将出身内务府包衣却为当朝新贵的慧贤皇贵妃从高宗使女中超拔为侧福晋,可能是希望高宗能够同时兼具"旧族"和"新贵"两方面的协助。

【宫廷生活】

继皇后嫁入宫廷之后,在高宗潜邸一直处于侧福晋的身份,未能生下子女。高宗即位之后,同样作为没有生育的侧福晋,慧贤皇贵妃直接获封贵妃之位,而继皇后则排在其次,获得妃位。之后在乾隆十年随同其他主要主位一起晋位,并未显示出特别的恩宠。而在乾隆十三年孝贤纯皇后崩逝之后,继皇后的地位逐渐变得微妙起来。

孝贤纯皇后崩逝之后,后宫之中位分最高者即是同为贵妃位的继皇后

---

① 此段辉发纳喇氏谱系,整理自《八旗满洲氏族通谱》《清代谱牒档案(缩微胶卷)》《八旗通志初集》《钦定八旗通志》《爱新觉罗宗谱》。
② 《奏报内府佐领备选女子人数折》,雍正十二年正月二十九日,中国第一历史档案馆、故宫博物院编:《清宫内务府奏销档》,第9册,第36—41页。
③ 《奏为多罗和亲王等迎娶侧福晋备办冠服首饰事折》,雍正十二年三月十五日,中国第一历史档案馆、故宫博物院编:《清宫内务府奏销档》,第9册,第63—69页。
④ 《奏报和硕宝亲王娶侧福晋拟谒帝后日期折》,雍正十二年十月十八日,中国第一历史档案馆、故宫博物院编:《清宫内务府奏销档》,第9册,第426—430页。

和纯惠皇贵妃。纯惠皇贵妃比较受宠于高宗,但其为江南民籍汉人出身,其家族在乾隆四年才被加恩入旗,所以纯惠皇贵妃的存在,事实上违背世祖顺治帝所谓"宫中从无汉女"①的家法,只不过其作为普通后宫主位,外界不甚清楚而已。若此时将纯惠皇贵妃立为皇后,则与普通后宫主位不同,其家世难免被世间所知,故而只能选择让继皇后成为继后,或者重新挑选八旗秀女,选出新的皇后。出于各方面的考虑,加之继皇后"持躬淑慎,礼教夙娴,暨乎综理内政。恩洽彤闱,用克仰副皇太后端庄惠下之懿训,允足母仪天下。"②高宗最终选择让她成为自己的继皇后。

在被册立为皇后之后,继皇后与高宗的关系似乎也有进一步的发展,分别在乾隆十七年、乾隆十八年和乾隆二十年生育两子一女。

【变故】

自乾隆十三年三月孝贤纯皇后崩逝之后,继皇后被诏晋为皇贵妃,摄六宫事。而自乾隆十五年正式被册立为皇后算起,继皇后前后统御后宫近十八年。正如高宗所说,"自册立以来,尚无失德"③,算得上恪尽职守。乾隆三十年正月,继皇后陪伴高宗和孝圣宪皇后开始南巡。二月初十日,是继皇后的生辰,因在南巡途中,故在行宫中行礼受贺,④当时尚一切正常。闰二月十八日,高宗一行人经过杭州,早膳时高宗尚与继皇后有过互动,还赏继皇后"攒盘肉一品",而在晚膳时,随行却已无继皇后之记载,实际已经由福隆安护送回京。⑤

乾隆三十年闰二月十八日这一天,在杭州的高宗和继皇后之间究竟发生何事。虽然后来高宗在上谕中提到:"去岁皇后一事,天下人所共知共闻。"⑥但其实,当时详细知悉此事的人并不多。根据后来高宗的描述:"朕恭奉皇太后巡幸江浙,正承欢洽庆之时,皇后性忽改常,于皇太后前不能恪

---

① 《世祖章皇帝实录》卷92,顺治十二年七月乙酉条,《清实录》,第3册,第725页。
② 《高宗纯皇帝实录》卷368,乾隆十五年七月壬子条,《清实录》,第13册,第1067页。
③ 《高宗纯皇帝实录》卷764,乾隆三十一年七月癸未条,《清实录》,第18册,第396页。
④ 《为皇后千秋恭遇圣驾南巡行礼仪注抄原题事致行在总管内务府等》,乾隆三十年二月初七日,档案号:05-13-002-000017-0009,中国第一历史档案馆藏。
⑤ 《乾隆三十年江南节次膳底档》,中国第一历史档案馆:《清宫御膳》,杭州:华宝斋书社,2001年,第1册,第235—239页。
⑥ 《高宗纯皇帝实录》卷765,乾隆三十一年七月壬辰条,《清实录》,第18册,第404、405页。

尽孝道。比至杭州，则举动尤乖正理，迹类疯迷。因令先程回京，在宫调摄。"①乾隆四十三年，事发的十三年之后，高宗再次提及此事，形容得更为具体，提到继皇后"乃至自行剪发，则国俗所最忌者，而彼竟悍然不顾"。②而在目前存留的宫廷档案中，有继皇后之侄讷苏肯在杭州事件之后呈递的奏折，其中提到，讷苏肯接到高宗密信上谕的时候，是在乾隆三十年的六月二十日。当时他所收到的是乾隆三十年三月初三日的由高宗行辕发出的密信上谕。在这份密信上谕中，高宗说道："近日，朕驾临杭州之后，正欲恭侍皇太后回銮，于启程前一日，皇后忽然意欲出家，肆行剪发。身为皇后，如此行为，甚为无理。"③由此可见，继皇后在乾隆三十年闰二月十八日这一天，突然自行剪发，被高宗认为行止无礼，才送回京城。

在上谕中，高宗形容继皇后的具体动词为"hasalaha"，其动词原形为"hasalambi"，意为"剪"。《御制增订清文鉴》中说，"hasalambi：hasaha jafafi faitara meitere be hasalambi sembi."④译为："hasalambi：持剪刀截断，称为 hasalambi。"在清代，"剃发"满语为"fusimbi"，指的是用小刀剃发，属于日常理发，即民间俗称为"剃头"。而"截发"和"剪发"，在满洲旧俗之中，是主人或者尊亲去世时，作为属下或者晚辈男女表示悼惜的一种礼仪。其中，男性原梳发辫，要将辫子截下一截，称为"截发"，女性则要"剪发"。例如，孝贤纯皇后崩逝时，作为国母之丧，清廷便要求"妃嫔以下、皇子、皇子福晋，咸服白布，截发辫、剪发"。⑤继皇后以皇后之尊，自行剪发，可以理解为一种对尊长的诅咒，这也即是为何高宗会说"自行剪发，则国俗所最忌者"。

对于继皇后剪发的细节，在宫廷内部的一些档案中还有更为细致的反映。南京博物馆藏有继皇后事发之后宫内皇子、皇孙等写给高宗的几份请安折。其中，在两份请安折中，高宗用朱笔写下了几条谕旨，此处谨整理如下：

---

① 《高宗纯皇帝实录》卷764，乾隆三十一年七月癸未条，《清实录》，第18册，第396页。
② 《高宗纯皇帝实录》卷1066，乾隆四十三年九月乙未条，《清实录》，第22册，第259—262页。
③ 《讷苏肯奏因皇后擅自剃发欲意出家颁谕削侯爵留任而谢恩折》，乾隆三十年六月二十四日，档案号：03-0181-2146-037，中国第一历史档案馆藏。
④ 《御制增订清文鉴》卷24，四库全书本，第60页a。
⑤ 《高宗纯皇帝实录》卷311，乾隆十三年三月辛丑条，《清实录》，第13册，第83页。

原有旨意,阿哥、公主、福晋们都不许接见,如今,著于他到宫之日,都在别处伺候。著俟他进翊坤宫后殿,然后同福隆安一同进去开读旨意,不可预先见面。事毕同出,也不用关防。除此段不用告诉妃们,别的只管告诉他们。

谕王成:皇后此事,甚属乖张。如此看来,他平日恨我必深。宫外、圆明园他住处、净房,你同毛团细细密看,不可令别人知道。若有邪道踪迹,等朕回宫再奏,密之又密。

再,他到宫之日,你接至齐化门,同福隆安随进,由苍震门、基化、端则门走至翊坤宫后殿,再令阿哥公主福晋们进去。福隆安有持去的旨意,你看著阿哥们念,他怎么听、做何光景,一一记下,不必写折子,涿州接驾你再奏。

到宫之日,你带开齐礼去,俟传旨诸事毕,把后殿锁了。每日进茶饭,开齐礼经管。他宫里老实女子择两名进去,也不许换。其余女子并活计,都搬到端则门暂住。翊坤宫留老实太监十名,别人不许一个在内,开齐礼就且是那宫的首领。

跟了去的女子三名,当下你同福隆安审问他们,十八日如何剪发之事,他们为何不留心?叫他们出去他们就出去吗?要寻自尽难道他们也装不知道吗?问明白,每人重责六十板,发打牲乌喇。著阿哥、公主、福晋并他本人都看着。小太监一个不许留,都拨各处当差。外头的它坦也散了,每日只吃茶膳房茶饭,他的分例也用不完,你同总管们再议。

(另一件)

谕王成:将皇后所有一切东西,在宫、在圆明园者,具查明封贮,俟进宫请旨。再传旨与潘凤等:皇后疯了,送到宫时,在翊坤宫后殿养病,不许见一人。阿哥、公主请安,只许向潘凤等打听。此旨俟他到宫前一日再传,不可预先传出。屋里只许跟去的两个女子扶侍,也不许出门。[①]

---

① 《十五阿哥请安折》(两件),南京博物院藏。见于2017年《走进养心殿——大清的家国天下》展。

由此可知,继皇后是在乾隆三十年闰二月十八日这一天,将身边的宫女都打发走后,自行剪发。而且,从字里行间亦可以看出,高宗除认为继皇后的行为"甚属乖张""平日恨我必深"之外,对继皇后发作的原因其实并不十分清楚。而且,继皇后的行为举动可能的确不合常理,故而会有"皇后疯了"之语。

在当时,民间亦有各种说法出现。例如,在乾隆三十一年时正作为使者驻在京城的朝鲜人洪大容,便在其文集内记载他所听到的信息,称:"是时,皇后见囚冷宫,朝野冤之。是年秋,果薨。以贵妃礼葬之。自凤城移咨于我国。盖闻,昨年皇帝往关东打围,皇后从焉,失大珠一颗,宫中重宝也。帝疑之大索,得之于典当铺,以为皇后侍卫官某人典银四百两,乃捕其而鞫之。搜其身,衣缝中有一札,乃皇后手笔也。乃不复问腰斩。皇后之得罪以此。而其实宫中有专宠者,设计而潜诬之云。"①又如,乾隆四十一年七月,山西高平县有位名为严譄的人,曾在都察院担任吏员,任满之后候选从九品。他给当时的武英殿大学士舒赫德呈递奏折,请求舒赫德为其代奏给高宗,里面写了一些严譄自认为应该执行的"善政",想要以此为升官之途。受到其知识、信息层面的影响,这些"善政"很多都是天马行空之事,其中有一条,是请高宗立正宫皇后,并说"纳皇后贤美节烈"。高宗知道后,怒斥道:"严譄乃微贱莠民,何由知宫闱之事?且何由知有纳喇氏之姓?"于是派人详加审问。据严譄口供内说:"(乾隆)三十年,皇上南巡在江南路上,先送皇后回京,我那时在山西本籍,即闻得有此事。人家都说,皇上在江南要立一个妃子,纳皇后不依,因此挺触,将头发剪去。这个话说的人很多。"②可见当时说法混乱之一斑。

有学者认为,高宗称继皇后"疯了",是一种故意为之的托词。目前,对于继皇后是否真的患有精神问题,尚不得而知。但是在清代档案之中,无论是清代皇族还是旗人世家,抑或是普通官员兵丁、内省汉民,均常有"患疯疾"的记录。在旧时代,由于生活压力较大,人们的知识水平又十分有限,故而遇到事情刺激,偶尔便会引发疯疾。清代宫廷生活本身就比较肃穆、压

---

① [朝鲜]洪大容:《湛轩书·外集·燕记》卷8,刻本,第22页a,韩国古典翻译院在线古籍。
② 《严譄私拟奏折请立正宫案》,原北平故宫博物院文献馆编:《清代历史资料丛刊——清代文字狱档》,上海:上海书店,1986年,第3辑,第263—287页。

抑,若说继皇后是因为长期积累的压力而引发疯疾,并非无有可能。

【崩逝与身后事】

如前文所引高宗谕旨内提到的,继皇后被送回京城之后,被关在翊坤宫的后殿内,只留下十名太监和两名宫女伺候,不许外出。其属下的他坦被撤掉,生活上的物质待遇也随之下降。同年五月十四日,高宗令人将继皇后所拥有的四份册宝全部收回销毁。按照清代的惯例,皇太后、皇后、皇贵妃的册宝一般均保存在体仁阁内,将继皇后的妃、贵妃、皇贵妃、皇后册宝全部收回销毁,其实已经表现出高宗当时不准备将继皇后作为后宫高级主位,特别作为皇后的身份流传后世的想法。

乾隆三十一年七月十五日,总管内务府大臣等呈递奏折给正在承德避暑的高宗,折子内称:"皇后于本月十四日未时逝了。"①知悉此事之后,高宗下旨道:"(皇后)经今一载余,病势日剧,遂尔奄逝。此实皇后福分浅薄,不能仰承圣母慈眷,长受朕恩礼所致。若论其行事乖违,即予以废黜,亦理所当然。朕仍存其名号,已为格外优容。但饰终典礼,不便复循孝贤皇后大事办理,所有丧仪,止可照皇贵妃例行,交内务府大臣承办。"②根据档案,继皇后的丧事一共"成造金棺一分,领取杉木见方尺五十九尺七寸二分五厘……漆饰金棺二次刷黄一遍……金棺套一个用官用妆缎……座罩一分用官用黄云缎……金黄缎轿刷一分……金黄绫轿刷一分……金黄缎车刷一分"。③根据清代典制:"皇贵妃金棺,以楠木为之,漆三十五次,金棺套用明黄行龙妆缎。贵妃金棺,以杉木为之,漆十有五次,金棺套用香色妆龙缎。妃金棺,以杉木为之,漆十有五次,金棺套用金黄龙缎。嫔金棺,以杉木为之,漆十有五次,金棺套用金黄云缎。"④由此可知,继皇后的丧仪实际并非按照皇贵妃的标准进行,除上漆次数被大大削减之外,皇贵妃可用的明黄色亦被剥夺,只与贵妃、妃同级。不仅如此,继皇后的奉安之处亦十分特殊,根据《陵寝事

---

① 《奏为皇后寿终一切事宜臣等商办事折》,中国第一历史档案馆、故宫博物院编:《清宫内务府奏销档》,第 78 册,第 345—356 页。
② 《高宗纯皇帝实录》卷 764,乾隆三十一年七月癸未条,《清实录》,第 18 册,第 396 页。
③ 《奏为皇后寿终一切事宜臣等商办事折》,中国第一历史档案馆、故宫博物院编:《清宫内务府奏销档》,第 78 册,第 345—356 页。
④ 《钦定大清会典事例(光绪朝)》卷 1189,《续修四库全书》,上海:上海古籍出版社,2002 年,第 814 册,第 449—453 页。

宜易知》,她在乾隆三十一年九月二十八日被葬入裕陵妃园寝,没有单独开辟葬位,而是被放进纯惠皇贵妃的地宫内,亦没有和裕陵妃园寝的其他皇贵妃、贵妃、妃位一样受到供奉祭祀。

对于继皇后之事,高宗在相当一段时间内,似乎颇不想提及,其对继皇后所做的处理方法,亦是标准的"冷处理",目的就是想要淡化继皇后的存在感,而一些臣子非要议论此事,也难免受到高宗的严惩,其中以觉罗阿永阿最为知名。据《啸亭杂录》记载:"觉罗少司寇阿永阿,以笔帖式起家,任刑部侍郎。……纳兰皇后以病废,公欲力谏,以有老亲在堂难之。其母识其意,喟然曰:'汝为天家贵胄,今欲进谏当宁,乃以亲老之故以违汝忠荩之志耶,可舍我以伸其志也。'公涕泣从命,因置酒别母,侃然上疏。纯皇帝大怒曰:'阿某宗戚近臣,乃敢蹈汉人恶习,以博一己之名耶?'特召九卿谕之。陈文恭公曰:'此若于臣宅室中,亦无可奈何事。'托冢宰庸曰:'帝后即臣等之父母,父母失和,为人子者何忍于其中辨是非也。'钱司寇汝诚曰:'阿永阿有母在堂,尽忠不能尽孝也。'上斥之曰:'钱陈群老病居家,汝为独子,何不归家尽孝也?'钱叩谢。上乃戍公于黑龙江,命钱司寇归终养焉。逾年,后既崩,御史李玉鸣复上书请行三年丧礼,亦戍于伊犁。二公先后卒于边,未果赦归也。"①而实际上,高宗对阿永阿的处理远比《啸亭杂录》所记载的要重。根据档案记载,阿永阿对继皇后之事发表谏言,是在乾隆三十年四月内。四月二十五日,高宗下达上谕,将阿永阿之子销掉觉罗旗籍,②发往广东为民。③五月初一日,又下达上谕,将阿永阿革职,销掉觉罗旗籍,发往伊犁充当披甲。④ 最终,阿永阿在发配伊犁十三年后,死于当地。⑤

除阿永阿之外,在十余年之后的乾隆四十三年,高宗东巡盛京的时候,有锦县生员金从善在御路旁呈递文本条陈四事,其中仍有"立后"一事,被高宗斥为"狂诞悖逆为从来所未有",并且长谕批驳称:"至所称立后一事,更属

---

① 昭梿:《啸亭杂录》卷7,阿司寇条,北京:中华书局,2006年,第188页。
② 谨按,销掉觉罗旗籍,即从皇族中除名。
③ 《为著宗人府将阿永阿之子注销觉罗档发广东为民事》,乾隆三十年四月二十五日,档案号:03-18-009-000033-0002,中国第一历史档案馆藏。
④ 《为阿永阿著革职销觉罗档发往伊犁披甲事》,乾隆三十年五月初一日,档案号:03-18-009-000033-0002,中国第一历史档案馆藏。
⑤ 《奏发来伊犁披甲之原侍郎阿永阿病故片》,档案号:03-0188-2739-034,中国第一历史档案馆藏。

妄延。乾隆十三年孝贤皇后崩逝时,因纳喇氏本系朕青宫时皇考所赐之侧室福晋,位次相当,遂奏闻圣母皇太后,册为皇贵妃摄六宫事。又越三年,乃册立为后。其后自获过愆,朕仍优容如故。乃至自行翦发,则国俗所最忌者,而彼竟悍然不顾。然朕犹曲予包含,不行废斥,后因病薨逝,祇令减其仪文,并未降明旨削其位号。朕处此事,实为仁至义尽。且其立也,循序而进,并非以爱选色升。及其后自蹈非理,更非因色衰爱弛。况自此不复继立皇后,朕心事光明正大如此,洵可上对天祖,下对臣民。天下后世,又何从訾议乎。该逆犯乃欲朕下罪已之诏,朕有何罪而当下诏自责乎。逆犯又请复立后,朕春秋六十有八,岂有复册中宫之理。况现在妃嫔中,既无克当斯位之人。若别为选立,则在朝满洲大臣及蒙古扎萨克诸王公皆朕儿孙辈行,其女更属卑幼,岂可与朕相匹而膺尊号乎。此更可笑,不足论矣。"①最终,金从善被判斩立决。

从目前已知的档案来看,高宗晚年时,或许有重改继皇后地位之想法。乾隆六十年时,高宗正式公布以仁宗为继皇帝,准备退位事宜。当时,作为继皇帝的生母,已故的孝仪纯皇后以令懿皇贵妃的身份被追赠皇后之位。原本在裕陵享殿内,孝贤纯皇后之神牌居于正龛正中,孝仪纯皇后作为令懿皇贵妃,与其他三位皇贵妃之神牌并列居于西龛。孝仪纯皇后以令懿皇贵妃的身份被追赠为皇后之后,按理应该挪入中龛,与孝贤纯皇后同列,高宗亦下旨,令孝仪纯皇后"列孝贤皇后之次"②。故而,礼部行文内务府,"请将孝贤皇后神牌、孝仪皇后神牌并奉安于龛内正中",即将孝贤纯皇后和孝仪纯皇后之神牌并列于中龛。而高宗对于这份文件的批示则是:"奉旨:知道了。孝贤皇后神位仍居中,孝仪皇后居右。钦此。"③按照清代享殿祭祀的相关礼仪,一般以中为尊、以左为尊。如在太庙中殿,清太祖高皇帝龛内,"太祖高皇帝居左、孝慈高皇后居右"。宣宗成皇帝龛内,原为"宣宗成皇帝居左,孝穆成皇后居右,孝慎成皇后居左次,孝全成皇后居右次",孝静成皇后袝庙之后,则变为"宣宗成皇帝居中,孝穆成皇后居左,孝慎成皇后居右,

---

① 《高宗纯皇帝实录》卷1066,乾隆四十三年九月乙未条,《清实录》,第22册,第259—262页。
② 《高宗纯皇帝实录》卷1486,乾隆六十年九月辛亥条,《清实录》,第27册,第859页。
③ 《为奉旨孝贤皇后神位仍居中孝仪皇后神牌位次居右抄录原奏事致内务府等》,乾隆六十年十月初十日,档案号:05-13-002-000073-0037,中国第一历史档案馆藏。

孝全成皇后居左次、孝静成皇后居右次"。① 高宗命中龛内孝贤纯皇后居中，孝仪纯皇后居右，却空出左侧之位，其位要尊于居右的孝仪纯皇后之位。这是否表明，高宗有意恢复继皇后之身份，则不得而知。无论如何，高宗最终并未更改继皇后之身份。

【封谥释义】

高宗继皇后的封号为"娴"，满文作"elehun"②，意为"恬然""娴静"。

三、孝仪纯皇后

【简介】

孝仪恭顺康裕慈仁端恪敏哲翼天毓圣纯皇后，原正黄旗包衣后抬镶黄旗满洲魏氏（魏佳氏），承恩公、内管领清泰之女。雍正五年九月初九日生。在乾隆年间被选入宫，为官女子。后封为贵人。乾隆十年正月二十三日，诏晋为令嫔。同年十一月十七日，以工部尚书哈达哈为正使，内阁学士伍龄安为副使，册封为令嫔。乾隆十三年七月初一日，诏晋为令妃。乾隆十四年四月初五日，以协办大学士、吏部尚书陈大受为正使，礼部侍郎木和林为副使，册封为令妃。乾隆二十一年七月十五日，生第七女和静固伦公主。乾隆二十二年七月十七日，生第十四子永璐。乾隆二十三年七月十四日，生第九女和恪和硕公主。乾隆二十四年十一月二十一日，诏晋为贵妃。乾隆二十四年十二月十七日，以大学士傅恒为正使，协办大学士刘统勋为副使，册封为令贵妃。乾隆二十五年十月初六日，生第十五子永琰，即仁宗睿皇帝。乾隆二十七年十一月三十日，生第十六子。乾隆三十年五月初九日，诏晋为皇贵妃。同年六月十一日，以大学士公傅恒为正使，协办大学士、吏部尚书陈宏谋为副使，册封为皇贵妃。乾隆三十一年五月十一日，生第十七子和硕庆僖亲王永璘。乾隆四十年正月患病，十六日，高宗亲临视疾；二十七日，再次视疾。乾隆四十年正月二十九日崩，年四十九岁，谥曰令懿皇贵妃。同年十月二十三日，奉安裕陵。乾隆六十年九月初三日，高宗立皇十五子仁宗为皇太子，定于次年内禅，追晋为皇后，谥曰孝仪皇后。嘉庆四年九月，恭上尊谥曰

---

① 《为孝静成皇后神牌升祔太庙奉先殿位次各事宜一折抄录原奏事致内务府等》，同治元年闰八月二十三日，档案号：05-13-002-000218-0122，中国第一历史档案馆藏。

② 《呈各皇帝位下妃嫔清单》，道光二年，档案号：03-2817-070，中国第一历史档案馆藏。

孝仪恭顺康裕慈仁翼天毓圣纯皇后，升祔太庙、奉先殿。嘉庆二十五年十二月，加上端恪两字。道光三十年四月，加上敏哲两字。

【家族背景】

孝仪纯皇后出身沈阳魏氏，是入旗的汉人，其入旗的始祖名为绥恩，在清初被编入包衣旗籍，为正黄旗包衣管领下人，是否属于辛者库人则不明。绥恩入旗之后，其孙名为嗣兴，仕至护军校，娶妻陈佳氏。嗣兴之子名为五十一，亦作"武世宜"，原任内管领，雍正年间虽然升为总管内务府大臣，却在任官不久去世。五十一娶妻年氏、晁氏，生有三子，第一子名为清泰，即孝仪纯皇后之父；第二子名为清宁，仕至六品官；第三子名为玉保住，仕至库掌。清泰亦仕至内管领，其娶妻杨佳氏，生有三子，依次名为和绷额、英敏、德馨。后来承袭大宗承恩公爵位的即是幼子德馨一支。

从仕官情况来看，孝仪纯皇后家族作为内务府旗人，在乾隆朝之前，已经仕至总管内务府大臣，这是内务府职官系统内的最高官职。虽然尚未脱离内务府职官系统，却也跻身高级官员之列。根据档案记载，作为新兴的内务府中高官员之家，孝仪纯皇后家族在雍正初年也积累一定的财产，仅房屋就至少有八所约二百余间。但是在雍正朝中期，其家却经历了一次冲击。世宗即位之初，孝仪纯皇后的祖父五十一曾任崇文门监督，后来在雍正三年升任总管内务府大臣，并在同年去世。所谓崇文门监督，是主管京城税务的差事，同时还负责将宫中多余物品以及抄没物品变卖等事务，是著名的肥差。在五十一去世之后，由于在其任内变卖抄没物品时出现问题，世宗下令让其赔付相关费用，"共计银一万六千七百三十二两三钱七分五厘"。因五十一已故，便由孝仪纯皇后之父清泰负责偿还。清泰将自家存银一百一十两，以及除去住房外的七所房屋共一百八十二间半，加上宛平等处地亩，均变价入官，还余下银二千五百零九两未还，在雍正十三年奏请豁免。①

后来，随着孝仪纯皇后入宫，乾隆十六年九月二十二日，高宗发布上谕，将孝仪纯皇后本家从正黄旗包衣管领下抬入正黄旗包衣佐领下。② 乾隆四

---

① 《呈为内务府三旗人员入官现存房地清单》，乾隆三年十月初二日，档案号：05-0023-008，中国第一历史档案馆藏。
② 《为嘉妃家人抬出包衣佐领事》，乾隆十六年九月二十二日，档案号：03-18-009-000008-0004，中国第一历史档案馆藏。谨按，此档案题名翻译错误，内容实为孝仪纯皇后家族抬旗相关。

第十二章　清高宗乾隆帝的后宫

十年孝仪纯皇后崩逝之后,又将其本家从正黄旗包衣佐领下抬入镶黄旗满洲,并给予半分世管佐领,由德馨的后裔进行传承。乾隆六十年孝仪纯皇后被正式追晋为皇后,其家族也获得承恩公爵位,从此列于世家之列。根据敦崇记载:"孝懿(仪)纯皇后者,仁宗睿皇帝嘉庆之母也,有淑德。高宗欲授后族官,后曰:'彼等无教,不能尽为官,但人给兵,一兵丁之饷足矣,不必官也。'故魏佳氏子弟,生而当兵,其材可为官者,听其进取,然亦无甚显者,可谓能见其远矣。"①从后世谱牒来看,魏佳氏家族除德馨这支大宗因承袭公爵和世管佐领故跻身官员之列外,其余支系在乾隆朝后大多处于低级官员以及兵丁、杂差阶层,与敦崇所记基本相符。②

【入宫背景】

孝仪纯皇后出身正黄旗包衣,是正黄旗包衣管领下人,因此,她应该是在乾隆朝初年通过挑选内务府秀女被选为官女子入宫,并在乾隆十年之前已经获封位分。由于目前已知档案有限,故而孝仪纯皇后入宫的具体年份及初封位分均不甚明确。在高宗所做御制诗中,有《孝贤皇后陵酹酒》一首:"那能恝尔去,仍趁便而来。言念曾齐案,奚堪更酹杯。草犹速春绿,松不是新栽。旧日玉成侣,依然身傍陪。"诗下小注为:"令懿皇贵妃为皇后所教养者,今并附地宫。"③乾隆朝的后宫中,有相当一部分内务府三旗出身的后宫主位,均曾有在某主位下"学规矩"的记载。如瑞贵人,在档案中便被记为"令妃下学规矩女子"④。以此观之,孝仪纯皇后在入宫之初,可能曾在孝贤纯皇后位下学习规矩。

【宫廷生活】

成为后宫主位之后,孝仪纯皇后先是在未生育子女的前提下,经过五年升至妃位。又在之后接连生育三子二女,⑤升至贵妃位,位次仅次于潜邸出

---

① 敦崇:《思恩太守年谱》,第 31 页。谨按,敦崇之本生父为一等敦惠伯盛京将军承忠,承忠原娶宗室氏,继娶额哲特氏、二继娶魏佳氏,其二继娶之魏佳氏即德馨之玄孙女。敦崇为承忠与宗室氏所出,魏佳氏故事则由本生继母讲述,颇可取信。
② 此段魏佳氏谱系,整理自《八旗满洲氏族通谱》《清代谱牒档案(缩微胶卷)》《乾隆庚子科顺天乡试同年齿录》《八旗通志初集》《钦定八旗通志》《爱新觉罗宗谱》。
③ 《乾隆御制诗文全集》,第 6 册,第 834 页。
④ 《乾隆至嘉庆年添减底帐》,《国家图书馆藏清代孤本内阁六部档案续编》,北京:全国图书馆文献缩微复制中心,2005 年,第 4 册,第 1362 页。
⑤ 根据档案,令妃在乾隆二十四年还曾经小产,可参见《乾隆至嘉庆年添减底帐》,《国家图书馆藏清代孤本内阁六部档案续编》,北京:全国图书馆文献缩微复制中心,2005 年,第 1363—1368 页。

身的继皇后和纯惠皇贵妃,足见高宗对其的宠爱和重视。

乾隆三十年闰二月,继皇后事出,被高宗"冷处理",显然已经无法再履行统御后宫的职能。当时的后宫之中,除继皇后之外,以孝仪纯皇后作为贵妃位次最尊,因此,孝仪纯皇后便成为后宫主位的实际首领,并在同年晋封为皇贵妃。

孝仪纯皇后在皇贵妃位共计十年,在此期间生育了高宗的幼子和硕庆僖亲王永璘。高宗秘密立皇十五子仁宗为储嗣,亦在孝仪纯皇后在世之时。不过,在高宗秘密立储两年之后的乾隆四十年正月,孝仪纯皇后因病崩逝。

【封谥释义】

孝仪纯皇后的封号为"令",满文作"mergen",意为"聪明""睿智"。"令"这个封号在乾隆初年为淑嘉皇贵妃拟定封号时便已经被内阁拟出,当时内阁为淑嘉皇贵妃所拟的妃位封号为"令""婉""嘉""粹"四字,后来高宗钦定"嘉"字,而其中的"令"字,内阁所拟满文为"giltukan"①,意为"俊秀""秀美",与后来孝仪纯皇后的封号意义并不一致。不知是在初拟时所取含义即有不同,还是在高宗钦定之后进行过修改。

孝仪纯皇后作为皇贵妃薨逝之后,其获得的谥号"令懿"是由高宗直接钦定,而不是由内阁拟出。故而在高宗钦定汉文谥号之后,内阁进行满文翻译,提出"令"字仍沿用封号之"mergen","懿"字则翻译为"fujurungga",意为"端庄""有风度",得到了高宗的认可。②

乾隆六十年,孝仪纯皇后作为仁宗的生母被追晋为皇后,因其原谥"懿"与孝懿仁皇后重复,故而改为"仪",其满文为"yongsunggo"③,意为"有礼的"。

第二节 清高宗乾隆帝潜邸时娶纳的后宫

一、慧贤皇贵妃

【简介】

高宗慧贤皇贵妃,原镶黄旗包衣后抬镶黄旗满洲高氏(高佳氏),大学士

---

① 《拟封金贵人为嫔字样事》,登录号:059805-001,台湾"中央研究院"历史语言研究所藏内阁大库档案。
② 《奏拟令懿皇贵妃令懿二字清文繙译》,乾隆四十年正月三十日,登录号:026594-001,台湾"中央研究院"历史语言研究所藏内阁大库档案。
③ 綦中明:《满语名号研究》,第76页。

高斌之女。雍正年间事高宗于潜邸。雍正十二年三月初一日,于使女中被世宗钦命超拔为皇四子高宗之侧福晋。雍正十三年九月,高宗即位,诏封为贵妃。乾隆二年十二月初四日,以保和殿大学士张廷玉为正使,内阁学士索柱为副使,册封为贵妃。乾隆十年正月二十三日,诏晋为皇贵妃。乾隆十年正月二十五日薨,谥曰慧贤皇贵妃。乾隆十七年十月二十七日,奉安裕陵。

【家族背景】

高宗慧贤皇贵妃出身辽阳高氏,是入旗的汉人,其入旗的始祖名为高名选,在清初被编入包衣旗籍,为镶黄旗包衣佐领下人。高名选入旗之后没有任职,其子名为高登庸,仕至道员。高登庸之子名为高衍中,仕至内务府郎中兼参领。高衍中生有数子,其中第一子高述明和第三子高钰均仕至总兵,而最为知名的是第二子高斌。高斌,号东轩,由内务府系统出身,在雍正朝中期出任布政使,受到重用,并在雍正朝晚期升任河道总督,跻身高级官员行列。其后又在乾隆朝升任大学士之职,成为炙手可热的高官名宦,最后在乾隆二十年去世。这位高斌即是慧贤皇贵妃之父。

根据高佳氏的谱牒记载,高斌先后有三任嫡妻,第一任为陈氏,第二任为祁氏,第三任为马氏,一共生有至少一子三女。其中,独子名为高恒,号立斋,后来也仕至内务府大臣、侍郎一级的高官;三位女儿中,除一位即慧贤皇贵妃之外,一位嫁给内务府旗人韩锦,另一位嫁给大学士鄂尔泰之子鄂实。雍正十三年时,高斌曾经因慧贤皇贵妃被封为贵妃而具折谢恩,其中提及:"奴才跪读之下,即伏地叩首,恭谢天恩,随敬设香案,率领奴才女人并奴才子奴才高恒、奴才女奴才三妞四妞,一同望阙九叩。"[①] 由此可知,高斌可能至少有四位女儿,慧贤皇贵妃应该是长女或者次女。

出身内务府旗人的高佳氏一门,其婚姻圈原本均在内务府范围之内,如慧贤皇贵妃的两位姑母,均嫁给内务府的中高级官僚。但是,凭借着高斌在仕宦上的成功,亦随着慧贤皇贵妃作为后宫主位带来的助力,其家族不仅得以在高宗即位后抬入镶黄旗满洲旗分,婚姻圈亦因此得到极大提升,开始与弘毅公府等一等世家联姻,进入世家联姻圈。

---

① 《奏为恩赏出旗并封臣女贵妃谢恩事》,雍正十三年十月初八日,档案号:04-01-30-0040-006,中国第一历史档案馆藏。

在慧贤皇贵妃薨逝之后，其胞弟高恒以及高恒的第一子高朴，分别在乾隆三十三年和乾隆四十一年获罪遭到处死，而这亦未对高家的门第产生太大的影响，高恒的幼子高杞，依然仕至陕甘总督、刑部左侍郎，因功获封玛尚阿巴图鲁称号、一等轻车都尉世职，其子女均与旗人世家联姻，依然跻身世家之列。而高佳氏其他支系，也因有高斌以及慧贤皇贵妃两代人的助力，而在仕宦上有良好的发展。例如，高述明之子高晋，是乾隆朝中期的重臣，仕至文华殿大学士、两江总督，得谥文端。高晋之子书麟，在乾嘉两朝亦颇受重用，仕至协办大学士、闽浙总督，获封一等男爵，得谥文勤，其一支的门第甚至超过高斌一支。①

【入宫背景】

慧贤皇贵妃出身镶黄旗包衣，是镶黄旗包衣佐领下人，因此，她应该是在雍正朝通过挑选内务府秀女被选为官女子入宫，在高宗潜邸伺候。雍正十二年二月，世宗将继皇后指婚给高宗为侧福晋。半个月后，世宗又在高宗潜邸的使女之中将慧贤皇贵妃超拔为侧福晋。清代皇子侧福晋的获封一般有两种情况：一是外八旗秀女被直接指婚给皇子为侧福晋；二是内务府包衣秀女服侍潜邸，被皇子临幸之后成为格格，再通过生育等行为受到重视，才被赐封为侧福晋。慧贤皇贵妃则是目前已知的少数直接从使女超拔为侧福晋的例子。

【宫廷生活】

高宗即位之后，慧贤皇贵妃超过同为侧福晋且出身外八旗的继皇后，获得贵妃的位分。乾隆二年八月，高斌之妻为办理高恒婚事，带领其子高恒从高斌任地回京。在此期间，高斌之妻被高宗施恩入宫，"得进见贵妃，皇上天恩，赏赐克食"。② 乾隆五年二月初九日，高斌之妻再次蒙恩入宫，"得进见贵妃，更得叩见天颜，复蒙格外隆恩，赏赐看戏，又赏赐如意、素珠、䌷绫、缎

---

① 此段高佳氏谱系，整理自《八旗满洲氏族通谱》《清代谱牒档案（缩微胶卷）》；定宜庄、胡鸿保：《清代内务府高佳世家的婚姻圈》，《清史研究》2005 年第 3 期；《奉天高佳氏家谱》，何晓芳主编：《清代满族家谱选辑》，沈阳：辽宁民族出版社，2016 年；《八旗通志初集》《钦定八旗通志》《爱新觉罗宗谱》。
② 《奏为奴才女人荷蒙进见贵妃皇上恩赐克食谢恩事》，乾隆二年十一月十三日，档案号：04－01－12－0009－041，中国第一历史档案馆藏。

匹、克食"。① 这些非常的待遇,都显示出高宗对慧贤皇贵妃的重视。

乾隆十年正月,慧贤皇贵妃病重,同月二十三日,高宗下达旨意:"朕奉皇太后懿旨,贵妃诞生望族,佐治后宫,孝敬性成,温恭素著。著晋封皇贵妃,以彰淑德。"②可见高宗对慧贤皇贵妃评价之高。二十四日,高宗前往圆明园。二十五日,奉孝圣宪皇后居畅春园,并在当日还宫。根据《清实录》以及《星源集庆》等书记载,慧贤皇贵妃在二十六日薨逝。但是根据高宗在乾隆十四年填仓日所作御制诗内注提及,"忆慧贤皇贵妃以乙丑是日薨逝"③,可知慧贤皇贵妃实际上是在二十五日薨逝,这应该也是高宗在二十五日还宫的原因。在慧贤皇贵妃薨逝之后,高宗写了数首回忆她的诗文,可以看出两人关系之密切。

【封谥释义】

慧贤皇贵妃薨逝之后,获得的谥号为"慧贤",满文作"ulhisu erdemungge"④,意为"灵慧贤德"。

二、哲悯皇贵妃

【简介】

高宗哲悯皇贵妃,正黄旗包衣富察氏,佐领翁果图之女。事高宗于潜邸,为格格。雍正六年五月二十八日,生第一子和硕定安亲王永璜。雍正九年四月二十七日,生第二女。雍正十三年七月初三日薨。雍正十三年九月,高宗即位,追封为哲妃。乾隆十年正月二十四日,追晋为皇贵妃。同月二十六日,谥曰哲悯皇贵妃。乾隆十七年十月二十七日,奉安裕陵。

【家族背景】

高宗哲悯皇贵妃出身正黄旗包衣富察氏,根据《八旗满洲氏族通谱》记载,此支富察氏世居噶哈里和罗舍林村地方,属于独立的小支系,与世居沙济地方的檀都系富察氏并非同族。故而,虽然均姓富察氏,但是哲悯皇贵妃

---

① 《奏为女人得进见贵妃并恩赏看戏等谢恩事》,乾隆五年四月初六日,档案号:04-01-12-0019-092,中国第一历史档案馆藏。
② 《高宗纯皇帝实录》卷233,乾隆十年正月乙未条,《清实录》,第12册,第11、12页。
③ 《乾隆御制诗文全集》,第2册,第461、462页。
④ 《呈各皇帝位下妃嫔清单》,道光二年,档案号:03-2817-070,中国第一历史档案馆藏。

与太祖继妃、孝贤纯皇后、高宗晋妃等并无堂亲关系。

根据谱牒记载,哲悯皇贵妃家族的祖先名为尼雅唐鄂,约在其孙辈或曾孙辈时归入八旗,被编入正黄旗包衣。哲悯皇贵妃的父亲名为翁果图,是尼雅唐鄂的七世孙,曾任内管领,仕至包衣佐领。其族人大多为佐领、步军校、防御、笔帖式等中下级职官。通过查询内务府户口册,发现在正黄旗包衣佐领下并无姓富察氏之人户,而在正黄旗包衣管领下,则有约十户姓富察氏之人户。如果哲悯皇贵妃家族没有被抬出包衣旗籍的话,很有可能即是正黄旗包衣管领下人,是否辛者库人则不得而知,有待今后继续发掘整理。①

【入宫背景】

哲悯皇贵妃出身正黄旗包衣,因此,她应该是在雍正朝通过挑选内务府秀女被选为官女子入宫,在高宗潜邸伺候,因故被收为妾室。

【宫廷生活】

哲悯皇贵妃在高宗潜邸时比较受宠,分别在雍正六年和雍正九年为高宗生育一子一女。特别是其子和硕定安亲王永璜,虽然并非嫡出,亦并非高宗属意的"承祧"人选,但是作为皇长子,有着相当的地位。雍正十二年,世宗为高宗指立两位侧福晋,而已经生有一子一女的哲悯皇贵妃则未能跻身其列。雍正十三年七月初三日,哲悯皇贵妃在高宗潜邸薨逝,此时距离高宗登极只有一个半月。

根据内务府《奏销档》记载:"雍正十三年九月十四日降旨,先前已故之富察氏格格,现在东直门外停放,著追封为妃。"②其后,哲悯皇贵妃又在乾隆十年正月被追封为皇贵妃,得谥"哲悯",并在乾隆十七年奉安裕陵。

【封谥释义】

哲悯皇贵妃薨逝之后,先被追封为妃位,获得的封号为"哲",满文作"getuken",本意为"干净""清楚",引申为"精明""哲睿"。其后又被追晋为皇贵妃,获得的谥号为"哲悯",满文"getuken hairacuka"③,意为"哲睿可悯"。

---

① 此段富察氏谱系,整理自《八旗满洲氏族通谱》《清代谱牒档案(缩微胶卷)》《八旗通志初集》《钦定八旗通志》《爱新觉罗宗谱》。
② 《奏请核定祭祀已故格格富察氏仪注折》,中国第一历史档案馆、故宫博物院编:《清宫内务府奏销档》第12册,第35页。
③ 《呈各皇帝位下妃嫔清单》,道光二年,档案号:03-2817-070,中国第一历史档案馆藏。

三、淑嘉皇贵妃

【简介】

高宗淑嘉皇贵妃,原正黄旗包衣后抬正黄旗满洲朝鲜金氏(金佳氏),上驷院卿三保第一女。康熙五十二年七月二十五日生。事高宗于潜邸,为格格。雍正十三年九月,高宗即位,封为贵人。乾隆二年五月十一日,诏晋为嫔。[①] 乾隆二年十二月初四日,以礼部尚书任兰枝为正使,内阁学士吴家骐为副使,册封为嘉嫔。乾隆四年正月十四日,生第四子和硕履端亲王永珹。乾隆六年二月十三日,诏晋为嘉妃。同年十一月二十二日,以协办大学士、礼部尚书三泰为正使,礼部侍郎满色为副使,册封为嘉妃。乾隆十一年七月十五日,生第八子和硕仪慎亲王永璇。乾隆十三年七月初一日,诏晋为嘉贵妃。同月初九日,生第九子。乾隆十四年四月初五日,以大学士史贻直为正使,礼部尚书王安国为副使,册封为嘉贵妃。乾隆十七年二月初七日,生第十一子和硕成哲亲王永瑆。乾隆二十年十一月十五日薨,年四十三岁,追晋为皇贵妃,谥曰淑嘉皇贵妃。乾隆二十二年十一月初二日,奉安裕陵。

【家族背景】

高宗淑嘉皇贵妃出身易州金佳氏,是入旗的朝鲜人,其家族姓氏亦被写作"索勒豁金氏",其中"索勒豁"为满语"solho"之音译,意指朝鲜。根据《八旗满洲氏族通谱》记载,其家族祖先世居朝鲜易州,入旗的始祖名为金德云。金德云生有四子,此四子原本皆有汉文名字,因为入旗而从满俗,皆改为满文名字,分别名为新达理、音达理、三达理和季达理,其中三达理即淑嘉皇贵妃之曾祖父。

在新达理四兄弟中,仕宦最为出色的是长房新达理一支,自新达理以下四代均仕至四品以上。淑嘉皇贵妃所处的第三房虽然不如新达理一支,但也均为内务府的中级官僚。清代内务府包衣旗籍内,有相当数量的朝鲜人丁。为方便管理,在正黄旗包衣内形成两个高丽佐领,均由淑嘉皇贵妃所出身的易州金氏家族管理,并在雍正年间被定为世管佐领,是清代包衣旗籍内少有的世管现象。

[①] 《为遵皇太后懿旨纯嫔封妃金贵人封嫔著奏览封嫔用字应行礼仪于封皇后时一并施行事》,乾隆二年五月十一日,档案号:03-18-009-000005-0001,中国第一历史档案馆藏。

根据淑嘉皇贵妃本家所上之奏折,淑嘉皇贵妃是三保的第一女。淑嘉皇贵妃至少有三位兄弟,依次名为金鼎、金辉和金简,均年长于淑嘉皇贵妃。淑嘉皇贵妃之父三保在乾隆朝初年一直担任盐政方面的职务,约在乾隆十年前后因病卸任。其子金辉、金简在乾隆朝受到重用,其中金简从乾隆三十三年开始升至堂官,最终在乾隆朝晚期仕至吏部尚书,得谥勤恪,金简之子也都位列高官,跻身世家行列,并在嘉庆四年加恩抬入正黄旗满洲。①

【入宫背景】

　　淑嘉皇贵妃出身正黄旗包衣,为正黄旗包衣高丽佐领下人,因此,她应该是在雍正朝通过挑选内务府秀女被选为官女子入宫,在高宗潜邸伺候,因故被收为妾室。

【宫廷生活】

　　高宗即位之后,淑嘉皇贵妃获得贵人位分,当时在贵人位分上只有她一位,且很快被晋封为嫔。之后,淑嘉皇贵妃为高宗生育四个儿子,位分也逐渐升至贵妃,位次仅次于继皇后以及纯惠皇贵妃。在生下皇十一子和硕成哲亲王永瑆的第三年,淑嘉皇贵妃因病薨逝。

【封谥释义】

　　淑嘉皇贵妃的封号为"嘉"。根据档案,当时内阁拟出的封号字样为"令、婉、嘉、粹",对应的满文分别为"giltuka(秀美)""dahasu(和顺)""saišacuka(可嘉奖的)"、"bolgo(淳萃)"。② 高宗在此四字里钦定"嘉"字作为封号,满文作"saišacuka"。淑嘉皇贵妃薨逝之后,追晋为皇贵妃,获得的谥号为"淑嘉",满文作"nemgiyen saišacuka"③,意为"温和可嘉"。

四、纯惠皇贵妃

【简介】

　　高宗纯惠皇贵妃,原民籍后入正白旗包衣苏氏(苏佳氏),苏召南之女。

---

① 此段金佳氏谱系,整理自《八旗满洲氏族通谱》《清代谱牒档案(缩微胶卷)》;徐凯:《满洲八旗中高丽士大夫家族》,《明清论丛》1999年第1期;《八旗通志初集》《钦定八旗通志》《爱新觉罗宗谱》。
② 《拟封金贵人为嫔字样事》,登录号:059805-001,台湾"中央研究院"历史语言研究所藏内阁大库档案。
③ 《呈各皇帝位下妃嫔清单》,道光二年,档案号:03-2817-070,中国第一历史档案馆藏。

康熙五十二年五月二十一日生。事高宗于潜邸，为格格。雍正十三年五月二十五日，生第三子多罗循郡王永璋。同年九月，高宗即位，诏封为嫔。乾隆二年五月十一日，诏晋为纯妃。① 同年十二月初四日，以东阁大学士徐本为正使，内阁学士春山为副使，册封为纯妃。乾隆八年十二月十四日，生第六子和硕质庄亲王永瑢。乾隆十年正月二十三日，诏晋为纯贵妃。同年十一月十七日，以大学士查郎阿为正使，礼部左侍郎木和林为副使，册封为纯贵妃。同年十二月初二日，生第四女和嘉和硕公主。乾隆二十五年三月二十四日，诏晋为皇贵妃。同年四月，册封为皇贵妃。乾隆二十五年四月十九日巳时薨，年四十八岁，谥曰纯惠皇贵妃。乾隆二十七年十一月初二日，奉安裕陵妃园寝。

【家族背景】

根据档案记载，高宗纯惠皇贵妃出身的苏氏家族原为民籍汉人，乾隆四年，才在高宗的授意之下被编入八旗，入正白旗包衣佐领。② 纯惠皇贵妃的父亲苏召南至少生有三子一女，三子依次名为苏岐凤、苏嘉凤、苏鸣凤，均为纯惠皇贵妃之胞兄，其中苏岐凤似乎在乾隆四年入旗之前即已故去。③ 苏氏家族入旗之后，苏嘉凤和苏鸣凤均被给予披甲钱粮，子辈的苏元琳仕至员外郎，孙辈的苏松龄仕至委署苑副，曾孙辈的福仕、金玉均仕至笔帖式。④ 到清末时，其家族依然在正白旗包衣佐领下，已经从官员阶层沦落为兵丁阶层。⑤

【入宫背景】

纯惠皇贵妃出身民籍汉人，因此，她应该是在雍正朝作为民籍汉人之女被送入宫中，经世宗分拨，在高宗潜邸伺候，因故被收为妾室。

【宫廷生活】

纯惠皇贵妃从潜邸时期便侍奉高宗，并生育皇子。在高宗即位当年获

---

① 《为遵皇太后懿旨纯嫔封妃金贵人封嫔著奏览封嫔用字应行礼仪于封皇后时一并施行事》，乾隆二年五月十一日，档案号：03-18-009-000005-0001，中国第一历史档案馆藏。
② 《呈为奉旨入旗清单》，乾隆五十八年九月十九日，档案号：05-0448-047，中国第一历史档案馆藏。
③ 谨按，根据旗册，苏嘉凤似乎是苏召南的堂侄，而非亲子。
④ 《为正白旗纯惠皇贵妃之兄苏鸣凤等入旗当差清册》，乾隆五十八年，档案号：05-0448-056，中国第一历史档案馆藏。
⑤ 此段苏佳氏谱系，整理自《清代谱牒档案（缩微胶卷）》《八旗通志初集》《钦定八旗通志》。

封嫔位,乾隆二年升为妃位,之后在乾隆十年又为高宗生育子女,并且晋封为贵妃。以其生育情况及位分晋封来看,可能相当受到高宗的宠爱。但是,其民籍汉人的出身终究是个难以跨越的门槛。故而,除皇三子多罗循郡王永璋早亡之外,皇六子和硕质庄亲王永瑢亦在十余岁时过继给近支宗室为嗣,基本上失去继承皇统的可能。即便如此,作为民籍汉人出身的后宫主位,能够在生前达到皇贵妃的位分,在清代后宫中已经十分罕见。

【封谥释义】

纯惠皇贵妃的封号为"纯",满文作"bolgonggo"①,意为"干净的""清雅的"。薨逝之后,获得的谥号为"纯惠",满文作"bolgonggo fulehun"②,意为"清雅恩惠"。

五、愉贵妃

【简介】

高宗愉贵妃,内务府包衣珂里叶特氏(海氏、海佳氏),员外郎额尔吉图之女。康熙五十三年五月初四日生。事高宗于潜邸,为格格。雍正十三年九月,高宗即位,封为常在。乾隆二年五月十一日(一说十二日),晋封为贵人。乾隆六年二月初七日,生第五子和硕荣纯亲王永琪。同年二月十三日,诏晋为嫔。十一月二十二日,以礼部尚书任兰枝为正使,内阁学士春山为副使,册封为愉嫔。乾隆十年正月二十三日,诏晋为愉妃。同年十一月十七日,以礼部尚书来保为正使,工部左侍郎索柱为副使,册封为愉妃。乾隆五十七年五月二十一日薨,年七十九岁,诏以贵妃例治丧。乾隆五十八年十一月二十日,奉安裕陵妃园寝。

【家族背景】

在雍正朝和乾隆朝初期的档案之中,高宗愉贵妃均被记为"海氏",如雍正十三年高宗即位之后,将愉贵妃封为常在,即称其为"hai halai gege"③,意为"海氏格格"。升至嫔位之后,得到正式的册封,其册文乃至身后祭文内,

---

① 《呈各皇帝位下妃嫔清单》,道光二年,档案号:03-2817-070,中国第一历史档案馆藏。
② 《呈各皇帝位下妃嫔清单》,道光二年,档案号:03-2817-070,中国第一历史档案馆藏。
③ 《奏报办理册封妃嫔贵人常在事宜折》,雍正十三年九月二十四日,档案号:奏销档189-013,中国第一历史档案馆藏。

依然写为"海氏"。直到愉贵妃薨逝之后,才因续修《玉牒》改写为珂里叶特氏。根据愉贵妃所生和硕荣纯亲王永琪的大宗后裔所记,愉贵妃"姓克拉叶特氏,南苑海子人"。①清代南苑为皇帝御苑之一,属于内务府系统,其下有行宫、牛羊圈等处,分别设有郎中、员外郎、主事、苑丞、苑副等职官进行管理。日常在南苑定居并且维护相关设施的内务府人丁,在档案中有"苑户"和"海户"两种,其中:苑户主要负责行宫的维护,海户负责土地的维护、巡逻并且芟割羊草供给牧圈。由此可见,愉贵妃应该即是居住在南苑海子地方的内务府包衣旗人。至于其所用的"海"姓,亦是内务府旗人的典型特点,②可能是从"珂里叶特"这个姓氏转音而来,亦可能是从"海户"或"海子"等名词缩减而来。不过,愉贵妃所出身的珂里叶特氏家族,目前并未在《八旗满洲氏族通谱》内找到。晚清的内务府户口册内,也并无姓"珂里叶特"之人户,但是在镶黄旗包衣和正黄旗包衣内,均有姓"海"之人户,他们之中可能即有愉贵妃的本家,有待今后继续发掘整理。

【入宫背景】

愉贵妃出身内务府包衣,因此,她应该是在雍正朝通过挑选内务府秀女被选为官女子入宫,在高宗潜邸伺候,因故被收为妾室。

【宫廷生活】

愉贵妃作为高宗潜邸时的侍妾之一,在高宗即位之初,获得常在位分。乾隆二年五月十一日,高宗下达上谕,"二常在著封为贵人"③。此处的"二常在"应该即是婉贵妃和愉贵妃。乾隆六年二月,愉贵妃为高宗生下皇五子和硕荣纯亲王永琪,并且得以晋为嫔位,又在数年之后升为妃位。

根据高宗自己的说法,在孝贤纯皇后所生诸嫡子夭折之后,他曾经对愉贵妃所出的和硕荣纯亲王永琪颇有期待,说道:"其时朕视皇五子,于诸子中觉贵重,且汉文、满洲、蒙古语、马步射及算法等事,并皆娴习,颇属意于彼,而未明言。"④可惜,和硕荣纯亲王在乾隆三十一年早亡,愉贵妃在某种意义

---

① 奕绘著,金启孮校笺:《明善堂文集校笺》笺引《荣府史》。可参见奕绘著,金启孮校笺:《明善堂文集校笺》,天津:天津古籍出版社,1995年,第57页。
② 谨按,内务府三旗包衣有使用单字汉姓作为简称的习惯,可参见圣祖良妃条注。
③ 《两常在封贵人》,乾隆二年五月十一日,档案号:03-18-009-000005-0001,中国第一历史档案馆藏。
④ 《高宗纯皇帝实录》卷1189,乾隆四十八年九月戊午条,《清实录》,第23册,第906页。

上亦失去晋身的希望,最后在乾隆五十七年薨逝。

《星源集庆》等书均记载愉贵妃生于康熙五十三年,但是根据愉贵妃的曾孙多罗贝勒奕绘在道光七年所作《初谒愉贵妃曾祖母园寝,泣述九言十八句》诗,其中有"维愉贵妃克喇叶特族,七十三薨葬此四十年"①句。这样算来,愉贵妃应该生于康熙五十九年。这种出入不知是因何而产生,仅附记于此。

【封谥释义】

愉贵妃的封号为"愉",满文作"nemgiyen"②,意为"温和"。这个封号的满文其实与圣祖静嫔重复。

六、婉贵妃

【简介】

高宗婉贵妃,民籍陈氏,陈廷璋之女。康熙五十五年十二月二十日生。事高宗于潜邸,为格格。雍正十三年九月,高宗即位,封为常在。乾隆二年五月十一日(一说十二日),晋封为贵人。乾隆十三年七月初一日,诏晋为婉嫔。乾隆十四年四月初五日,以内阁学士观保为正使,礼部侍郎齐召南为副使,册封为婉嫔。乾隆五十九年十月二十二日,诏晋为婉妃。同年十二月二十九日,以大学士、公阿桂为正使,礼部左侍郎铁保为副使,册封为婉妃。嘉庆六年,尊封为婉贵妃,称婉贵太妃。嘉庆十二年二月初二日薨,享年九十二岁。同年十一月初三日,奉安裕陵妃园寝。

【家族背景】

乾隆二十二年,正逢《玉牒》续修之年届,礼部行文八旗都统以及内务府衙门,询问一些后妃的本家姓氏、旗分等信息。其中,婉贵妃即在询问之列。八旗都统回文称婉贵妃并非外八旗出身,而内务府经查询之后回文给礼部,内中明说:"婉嫔母家,姓陈,系汉人。"③由此可知,高宗婉贵妃出身为民籍汉人陈氏。目前为止,尚未见到婉贵妃本家由民籍入旗的相关档案,有待今

---

① 奕绘著,金启孮校笺:《明善堂文集校笺》,第56页。
② 《呈各皇帝位下妃嫔清单》,道光二年,档案号:03-2817-070,中国第一历史档案馆藏。
③ 《为纂修玉牒咨查舒妃等父家姓氏职名事致总管内务府》,乾隆二十二年十二月,档案号:05-13-002-000009-0157,中国第一历史档案馆藏。

后进一步发掘整理。

【入宫背景】

婉贵妃出身民籍汉人。根据后来仁宗所说:"婉太妃母妃,从前皇考在藩邸时,蒙皇祖所赐。"①可知婉贵妃应该是在雍正朝作为民籍汉人之女被送入宫中,经世宗分拨,在高宗潜邸伺候,因故被收为妾室。

【宫廷生活】

婉贵妃作为高宗潜邸时的侍妾之一,在高宗即位之初,与愉贵妃一样,均获得常在位分。②乾隆二年五月十一日,高宗下达上谕,"二常在著封为贵人"③。此处的"二常在"应该即是婉贵妃和愉贵妃。其他档案则提及,"婉嫔系乾隆二年五月十二日晋封贵人"④,有细微出入。婉贵妃在贵人位上经过十年,在乾隆十三年七月,与其他后宫主位一起晋位。之后则在嫔位上度过四十余年的时光,在乾隆五十九年晋封为妃位。高宗崩逝之后,婉贵妃又晋为贵妃位,最终在嘉庆十二年以九十二岁高龄薨逝,在高宗后宫主位中最为长寿。

【封谥释义】

婉贵妃的封号为"婉",满文作"hebengge"⑤,意为"好商量的""柔顺的"。

七、仪嫔

【简介】

高宗仪嫔,正黄旗包衣黄佳氏(黄氏),圆明园额外七品副总领戴敏之女。事高宗于潜邸,为格格。雍正十三年九月,高宗即位,诏封为嫔。雍正十三年九月薨。同月二十八日,追封为仪嫔。乾隆十七年十月二十七日,奉安裕陵妃园寝。

---

① 《仁宗睿皇帝实录》卷78,嘉庆六年正月乙酉条,《清实录》,第29册,第4页。
② 《奏报办理册封妃嫔贵人常在事宜折》,雍正十三年九月二十四日,档案号:奏销档189-013,中国第一历史档案馆藏。
③ 《两常在封贵人》,乾隆二年五月十一日,档案号:03-18-009-000005-0001,中国第一历史档案馆藏。
④ 《为纂修玉牒咨查婉嫔等旗分及舒妃父家姓氏职名事致总管内务府》,乾隆二十二年十一月,档案号:05-13-002-000009-0135,中国第一历史档案馆藏。
⑤ 《呈各皇帝位下妃嫔清单》,道光二年,档案号:03-2817-070,中国第一历史档案馆藏。

【家族背景】

高宗仪嫔出身正黄旗包衣黄佳氏,据《八旗满洲氏族通谱》记载,此支黄佳氏世居贝浑山秦地方,是清代黄佳氏中一个重要支系。此支黄佳氏的始祖名为宁古齐,国初来归,为正黄旗包衣管领下人,是否属于辛者库人则不明。宁古齐入旗后,其孙福哈达仕至内管领,曾孙舒禄从征立有军功,封为云骑尉,仕至员外郎兼内管领,舒禄的同辈赫达色亦仕至内管领,佛保仕至散秩大臣,跻身高级官员之列。其后,宁古齐的玄孙永福得到世宗雍正帝重用,由膳房总领陆续升任内务府护军统领、正黄旗蒙古副都统,并署理总管内务府大臣,再次跻身高级官员之列,最后以内大臣的身份从征,在乾隆元年卒于军营。仪嫔之父名为戴敏,是永福的堂兄弟,原任副内管领。高宗即位之后,在雍正十三年九月二十四日下旨,将仪嫔家族抬入本旗包衣佐领下,①又在乾隆二年特地补放戴敏为圆明园额外七品副总领。② 整体而言,仪嫔出身的黄佳氏家族属于内务府中高级官员阶层,拥有相当的门第,但仪嫔的父亲戴敏仕宦则不太出色,处于家族边缘。③

【入宫背景】

仪嫔出身内务府包衣,为包衣管领下人,因此,她应该是在雍正朝通过挑选内务府秀女被选为官女子入宫,在高宗潜邸伺候,因故被收为妾室。

【宫廷生活】

关于仪嫔的相关记录十分匮乏,目前只知道仪嫔于潜邸侍奉高宗,在高宗即位的雍正十三年九月二十四日时她还在世,被诏封为嫔。但是在同月二十八日,高宗则下达上谕,将其追封为仪嫔。宫中档案亦记载,"雍正十三年九月内仪嫔薨逝"④,证明其在九月内薨逝。

仪嫔作为上三旗包衣出身的侍妾,没有生育过子女,却能在高宗即位时即得到嫔位,可见其得到高宗相当的重视。

---

① 《奏报办理册封妃嫔贵人常在事宜折》,雍正十三年九月二十四日,档案号:奏销档 189-013,中国第一历史档案馆藏。
② 《奏为仪嫔之父戴敏补放圆明园额外七品副总领事》,乾隆二年十月初三日,档案号:05-0016-007,中国第一历史档案馆藏。
③ 此段黄佳氏谱系,整理自《八旗满洲氏族通谱》《清代谱牒档案(缩微胶卷)》《八旗通志初集》《钦定八旗通志》《爱新觉罗宗谱》。
④ 《奏为修理哲妃仪嫔云答应三衙派员料估钱粮数目事》,乾隆三年四月二十九日,档案号:05-0020-027,中国第一历史档案馆藏。

根据档案,仪嫔薨逝之后,"送至东直门外六股道,哲妃金棺衙门东边所有房一所暂行安奉"①,之后在乾隆十七年奉安裕陵妃园寝。

【封谥释义】

仪嫔的封号为"仪",满文作"koolingga"②,意为"合乎礼法的""有礼仪的"。

第三节 清高宗乾隆帝即位后娶纳的外八旗出身的后宫

一、舒妃

【简介】

高宗舒妃,正黄旗满洲叶赫纳喇氏(叶赫勒氏)③,兵部左侍郎、正黄旗满洲副都统永寿之女。雍正六年六月初一日生。约于乾隆五年前后参加八旗选秀,被指定为贵人入宫。乾隆六年二月十三日,诏晋为舒嫔。十一月二十二日,以工部侍郎索柱为正使,内阁学士福十宝为副使,册封为舒嫔。乾隆十三年七月初一日,诏晋为舒妃。乾隆十四年四月初五日,以内阁学士雅尔呼达为正使,礼部侍郎泰惠田为副使,册封为舒妃。乾隆十六年五月十九日,生第十子。乾隆四十二年五月三十日未时薨,年五十岁。同年九月二十日,奉安裕陵妃园寝。

【家族背景】

高宗舒妃出身叶赫国主系叶赫纳喇氏(星恳达尔汉系叶赫纳喇氏),与孝慈高皇后同族。其家世可以参考孝慈高皇后条。舒妃出自孝慈高皇后胞兄弟金台石一脉,为金台石第二子尼雅哈之玄孙女。

金台石第二子名为尼雅哈,在清初封为骑都尉,仕至郎中。其生有四子,第一子名为郑库,其后裔承袭尼雅哈的爵位;第二子名为贞泰、第四子名为国立,均早亡绝嗣;第三子即康熙朝炙手可热的大学士明珠。明珠娶和硕英亲王阿济格的第五女为妻,生有三子,第一子名为性德,号容若,是康熙十五年进士,仕至头等侍卫;第二子名为揆叙,号恺功,仕至左都御史,得谥文

---

① 《奏为修理哲妃仪嫔云答应三衙派员料估钱粮数目事》,乾隆三年四月二十九日,档案号:05-0020-027,中国第一历史档案馆藏。
② 《呈各皇帝位下妃嫔清单》,道光二年,档案号:03-2817-070,中国第一历史档案馆藏。
③ 谨按,舒妃之姓氏,《清实录》作"叶赫勒氏",《清朝文献通考》则作"叶赫纳喇氏",实为一姓二写。今据谱牒写作叶赫纳喇氏。

端,其谥号后来因为党附和硕廉亲王允禩而被追夺;第三子名为揆方,娶和硕康良亲王杰书第八女郡主为妻,封和硕额驸。三兄弟中,性德一支后裔较繁,揆叙和揆方两支则相对人丁稀少。揆叙本人娶和硕额驸耿聚忠之女为妻,无出。揆方则生有两子,第一子名为永寿,第二子名为永福。根据墓志铭的记载,永寿和永福均被过继与揆叙名下,而根据旗档,只有永寿过继与揆叙名下,永福则留在揆方名下,但是后来永福的独子宁琇过继给永寿为嗣,亦导致揆方一支绝嗣。此处揆方过继给揆叙的长子永寿,即是舒妃之父。

永寿,号仁山,生于康熙四十一年,卒于雍正九年。根据谱牒记载,他承袭世管佐领,雍正年间由副都统升至礼部右侍郎,之后仕至兵部左侍郎。其妻关思柏,姓苏完瓜尔佳氏,为正黄旗汉军副都统阿汉泰之女。永寿夫妻生有四女,除舒妃之外,一女嫁多罗愉恭郡王弘庆,一女嫁礼王府固山贝子品级福秀,一女嫁阿巴泰支护军参领希布禅。①

舒妃出身满洲传统世家,门第无可挑剔,在文化等方面亦相当出色。②

【入宫背景】

舒妃出身正黄旗满洲,属于外八旗,因此应该是参加挑选八旗秀女被选中而入宫。参考目前已知的乾隆朝挑选八旗秀女年届,推测舒妃可能是乾隆五年的应届秀女,在乾隆六年入宫。

【宫廷生活】

舒妃以贵人位分入宫后,很快即与淑嘉皇贵妃等后宫主位一起升位。七年之后,又晋为妃位。当时舒妃未生有子女,却能得到妃位,可知高宗对其较为重视。乾隆十六年五月,她为高宗生下皇十子,可惜这位皇子在乾隆十八年夭折。之后,舒妃在妃位上度过了二十余年时光,乾隆四十二年三

---

① 谨按,有学者认为,永寿还有二女,分别嫁给和硕礼亲王永奎和孝贤纯皇后之弟傅恒。查询史料,在《爱新觉罗宗谱》中,追封和硕礼亲王永奎的嫡妻写为"纳喇氏男爵永寿之女",而舒妃之父永寿并无爵位。至于傅恒之妻,虽然在官方史料上写为"纳喇氏",且有一些私人笔记认为此"纳喇氏"与明珠家族有关,却并没有明确提及此"纳喇氏"为永寿之女。故而,关于这两位的情况,目前均存疑,有待进一步发掘资料。
② 此段叶赫纳喇氏谱系,整理自《八旗满洲氏族通谱》《叶赫那兰氏八旗族谱》《纳丹珠承袭世管佐领家谱》《清代谱牒档案(缩微胶卷)》《八旗通志初集》《钦定八旗通志》《爱新觉罗宗谱》。

月,档案记载:"舒妃于本月三十日未时薨逝。"①结束了其宫廷生活。

【封谥释义】

舒妃的封号为"舒",满文作"sulfa"②,意为"舒服""宽裕"。

二、颖贵妃

【简介】

高宗颖贵妃,镶红旗蒙古巴林氏,轻车都尉、都统纳亲之女。雍正九年正月二十九日生。约于乾隆十一年前后参加八旗选秀,被指定为常在入宫。乾隆十三年四月十二日,晋封为贵人。乾隆十六年正月初二日,诏晋为颖嫔。同年六月初八日,以协办大学士、尚书梁诗正为正使,礼部侍郎嵩寿为副使,册封为颖嫔。乾隆二十四年十一月二十一日,诏晋为颖妃。同年十二月十七日,以大学士蒋溥为正使,礼部尚书陈德华为副使,册封为颖妃。嘉庆三年(1798年)四月十五日,尊封为颖贵妃。嘉庆五年二月十九日薨,年七十岁。嘉庆六年二月十三日,奉安裕陵妃园寝。

【家族背景】

高宗颖贵妃出身镶红旗蒙古巴林氏,其家族原为喀尔喀蒙古人,入旗的始祖名为康喀尔,随大兵征囊努格为向导,被封为二等轻车都尉。其子僧格、多尔吉先后袭爵。后来康喀尔一支绝嗣,爵位由康喀尔兄长之子桑图承袭,这位桑图即是颖贵妃的高祖父。

桑图去世之后,其子巴雅尔袭爵,从征三藩,颇有功勋,最后从征噶尔丹,在乌兰布通阵亡。颖贵妃之父纳亲即巴雅尔之孙,在乾隆六年承袭二等轻车都尉世职,在乾隆朝历任印房参领、泰宁镇总兵等职,仕至镶红旗蒙古都统,于乾隆三十二年去世,得谥恪勤。根据谱牒记载,颖贵妃至少有两位兄弟,一位名为双所,又名"色僧额",③承袭纳亲的爵位和世管佐领;另一位

---

① 《奏为本月三十日安妃薨等事折》,中国第一历史档案馆、故宫博物院编:《清宫内务府奏销档》,第117册,第75页。
② 《呈各皇帝位下妃嫔清单》,道光二年,档案号:03-2817-070,中国第一历史档案馆藏。
③ 谨按,在《八旗通志初集》里记载,承袭纳亲二等轻车都尉之子名为"双所",而在《钦定八旗通志》中记载,承袭纳亲世管佐领之子名为"色僧额"。根据《镶红旗蒙古世袭谱档》,纳亲只有二子,长子名为色僧额,次子名为索柱。所以此处认为纳亲只有二子,"双所"是"色僧额"的原名或者异写。

名为索柱。

颖贵妃是清代少数出身蒙古八旗的后宫主位,其家族为镶红旗蒙古的世家,其父纳亲在世时可能亦是其家族最为兴盛的时期。①

【入宫背景】

颖贵妃出身镶红旗蒙古,属于外八旗,因此应该是参加挑选八旗秀女被选中而入宫。参考目前已知的乾隆朝挑选八旗秀女年届,推测颖贵妃可能是乾隆十一年的应届秀女,在乾隆十二年入宫。

【宫廷生活】

根据档案记载,"庆嫔、颖妃,系乾隆十三年四月十二日晋封贵人"②可知颖贵妃在乾隆十三年四月十二日被晋封为贵人,之前应为常在位分。在晋封为贵人后,乾隆十六年,颖贵妃晋为嫔位,更在八年之后晋为妃位。颖贵妃未能生育子女,却能得到妃位,可知高宗对其较为重视。其后,颖贵妃一直在妃位上四十年,至愉贵妃在乾隆五十七年薨逝之后,她已经成为高宗后宫中的首领主位。高宗内禅之后,在嘉庆三年,因颖贵妃在妃位最久,且年届七旬,晋封为颖贵妃。最终,颖贵妃在嘉庆五年薨逝。

【封谥释义】

颖贵妃的封号为"颖",满文作"susultungga"③,意为"聪颖的""聪慧的"。

三、鄂贵人

【简介】

高宗鄂贵人,镶蓝旗满洲西林觉罗氏,安徽巡抚鄂乐舜之女。雍正十一年三月二十四日生。乾隆十二年参加八旗选秀,被指定为鄂常在入宫。乾隆五十九年十二月二十二日,晋封为鄂贵人。嘉庆十三年四月二十五日薨,年七十六岁。嘉庆十四年(1809年)三月十八日,奉安裕陵妃园寝。

【家族背景】

高宗鄂贵人出身屯台系西林觉罗氏,与穆宗敦惠皇贵妃同族。屯台系

---

① 此段巴林氏谱系,整理自《清朝通志》《清代谱牒档案(缩微胶卷)》《八旗通志初集》《钦定八旗通志》《爱新觉罗宗谱》。
② 《为修修玉牒咨查婉嫔等旗分及舒妃父家姓氏职名事致总管内务府》,乾隆二十二年十一月,档案号:05-13-002-000009-0135,中国第一历史档案馆藏。
③ 《呈各皇帝位下妃嫔清单》,道光二年,档案号:03-2817-070,中国第一历史档案馆藏。

西林觉罗氏是清代西林觉罗一姓内最庞大也是最著名的一系。不过，鄂贵人是屯台的五世孙，而穆宗敦惠皇贵妃则只是屯台同族西楞格之后代，两人只是属于同一远祖的族亲。

鄂贵人一支入旗的始祖名为屯台，世居汪秦地方，国初归来，被编入镶蓝旗满洲，在镶蓝旗拥有三个世管佐领。屯台之子名为图门，以佐领从征阵亡，被追封为骑都尉。图门之子名为图彦图，承袭骑都尉，仕至参领兼户部郎中。图彦图生有四子，第一子名为图拜，承袭爵位和世管佐领；第二子名为吴拜，仕至佐领；第三子名为鄂拜，仕至户部郎中；第四子名为苏拜，也仕至佐领。鄂拜娶妻齐马里氏，生有六子，第一子名为鄂善，仕至笔帖式；第二子名为鄂赉；第三子名为鄂临泰，仕至内阁中书；第四子名为鄂尔泰，是康熙三十八年举人，仕至大学士、总督，封三等襄勤伯，即是雍乾时期的重臣鄂毅庵；第五子名为鄂尔奇，是康熙五十一年进士，仕至兵部尚书；第六子名为鄂礼，仕至总兵官。鄂贵人即是鄂临泰之孙女。

根据相关谱牒记载，鄂临泰至少有一子一女，独子名为鄂乐舜，原名鄂敏，康熙四十三年生，是雍正八年进士，雍正年间任翰林院编修，乾隆初年升任四川按察使。乾隆十六年，钦命更名为鄂乐舜，补任湖北布政使，次年升任甘肃巡抚。乾隆十九年调任浙江巡抚，后改为安徽巡抚。鄂临泰之女则在雍正四年被世宗指婚给和硕怡贤亲王允祥第四子多罗宁良郡王弘晈。鄂乐舜至少生有两子一女，第一子名为九十四，是乾隆九年举人；第二子名为鄂显；已知的一女即鄂贵人。

屯齐一支西林觉罗氏是国初军功世家之一，在清中叶转型为科举世家，并以鄂尔泰为首，跻身中枢显宦，如：雍正六年举人、甘肃巡抚鄂昌，是鄂善之子，鄂贵人的嫡堂叔伯；两江总督鄂容安、四川总督鄂弼、福建巡抚鄂宁、头等侍卫、固山额驸鄂忻、参赞大臣鄂实等，均是鄂尔泰之子，亦是鄂贵人的嫡堂叔伯。其门第无疑属于八旗一等世家。不过，在鄂贵人入宫的几年之后，其父鄂乐舜在乾隆二十一年获罪，被赐自尽。这对鄂贵人可能有相当的影响。①

---

① 此段西林觉罗氏谱系，整理自《八旗满洲氏族通谱》《清代谱牒档案（缩微胶卷）》；《鄂尔泰年谱》，北京：中华书局，1993 年；《八旗通志初集》《钦定八旗通志》《爱新觉罗宗谱》。

【入宫背景】

鄂贵人出身镶蓝旗满洲,属于外八旗,因此应该是参加挑选八旗秀女被选中而入宫。

关于鄂贵人的入宫时间,在台湾地区"中央研究院"近史所所藏的部分内务府《奏销档》中,有一条为乾隆四年奏报报销乾隆三年以来发放匠银数目的档案,其中提及:"乾隆三年九月,衣库员外郎伊凌阿据掌关防内管领和善等文开,做纯妃、海贵人、鄂贵人缎车围三分。"①有学者据此认为鄂贵人入宫在乾隆三年之前,初封为贵人,后降为常在。但是,目前发现乾隆十二年时高宗通过军机处寄给鄂贵人之父鄂乐舜②的一封信,里面有提及鄂贵人入宫之情况。原信为满文且颇具篇幅,此处仅译汉文如下:

> 乾隆十二年八月初十日,内大臣、户部尚书(傅恒)字寄浙江海防兵备道鄂敏。乾隆十二年八月初十日,奉上谕:鄂敏,因其女被挑选入内,上奏叩谢天恩。八旗众人之女挑选入内,乃寻常之事,亦无需谢恩。(况且)仅将其女封为常在,未置于高位。若封为妃、嫔,方可谢恩。况,即使谢恩,亦理应以清文(满文)奏上,方合满洲世仆之道。(现在)以汉文奏上,定为其文案人③所替写,竟将我满洲主仆家事宣扬与外面汉人,同公务一般处理,全然不知轻重。再者,鄂敏亦无(直接)奏事之职衔,若因奏事而将此事告知巡抚,更系不妥。鄂敏于此等处全不虑及,大为不当,著寄信教育。钦此。遵旨寄信前来。将此写信,入鄂敏(奏事)夹板送发。④

由此可知,鄂贵人是在乾隆十二年被挑选入宫,初封位分即是常在。台湾"中央研究院"近史所所藏《奏销档》内提及乾隆三年后宫内之"鄂贵人"并

---

① 《乾隆三年九月—四年六月发给匠役银》,乾隆四年,册数:201,微卷页数:467-507,台湾"中央研究院"近史所所藏内务府奏销档案。
② 谨按,鄂乐舜当时尚名为"鄂敏"。
③ 谨按,此处"文案人"满文原文为"bithe arara niyalma",有"文书(人)"等意,权且译为"文案人"。
④ 《军机大臣讷亲等为鄂敏因伊女被选为常在进汉字奏折谢恩甚属不合著寄谕申饬事寄信浙江海防守备道鄂敏》,乾隆十二年八月初十日,档案号:03-18-009-000007-0002,中国第一历史档案馆藏。

非鄂贵人西林觉罗氏。具体讨论，"中央研究院"近史所所藏奏销档内提及之"鄂贵人"，一来可能是在全文数字化过程中造成的识别错误；[①]二来可能是在鄂贵人西林觉罗氏入宫之前，宫内还有另外一位"鄂贵人"。从时间和内容上来看，"中央研究院"近史所所藏《奏销档》内所提及的这位"鄂贵人"，有可能即是婉贵妃陈氏。

【宫廷生活】

鄂贵人以常在位分入宫后，度过四十余年，才在乾隆五十九年晋封为贵人，最后在嘉庆十三年七十六岁时薨逝。她在宫中的境遇与其出身形成极大反差。究其原因，鄂尔泰是乾隆初年的重臣，在朝中拥有相当大的势力。高宗即位之后，一直着力对其势力进行抑制和削弱。鄂贵人作为鄂尔泰的侄孙女，可能原本即受到一定的影响。之后，其父鄂乐舜又在乾隆二十一年获罪，被赐自尽，鄂贵人的处境可能由此进一步恶化。

四、忻贵妃

【简介】

高宗忻贵妃，原镶黄旗包衣后抬镶黄旗满洲戴佳氏，直隶总督那苏图之女。生年不详，生辰为五月十九日。乾隆十八年参加八旗选秀，被指定为嫔，于同年七月二十日入宫。乾隆十九年闰四月十一日，以大学士来保为正使，礼部左侍郎介福为副使，册封为忻嫔。乾隆二十年七月十七日，生第六女。乾隆二十二年十二月初七日，生第八女。乾隆二十八年（1763年）九月初十日，诏晋为忻妃。未及封。乾隆二十九年四月二十八日薨，诏以贵妃例治丧。乾隆三十年闰二月初二日，奉安裕陵妃园寝。

【家族背景】

高宗忻贵妃出身穆克谭系戴佳氏，与圣祖成妃同族。其家世可以参考圣祖成妃条。忻贵妃与圣祖成妃均出自穆克谭系戴佳氏的旁支兑齐一支，圣祖成妃是兑齐的曾孙女，忻贵妃则是兑齐的五世孙女，从堂亲血缘计算，圣祖成妃是忻贵妃出了五服的族姑曾祖母。

---

① 谨按，目前所使用的台湾"中央研究院"近史所所藏《奏销档》，均经过全文数字化，其中有不少识别错误。

兑齐一支戴佳氏原在镶黄旗包衣，是镶黄旗包衣佐领下人。康熙十九年时，因忻贵妃的族伯曾祖噶鲁作为总管内务府大臣颇受重用，而全族抬入镶黄旗满洲。故而，忻贵妃出生时，其家族已经为镶黄旗满洲旗籍。

忻贵妃祖父名为道禅，是兑齐的玄孙、噶鲁的堂侄，其原任王府长史，后来受命奉敕往谕噶尔丹，被噶尔丹杀害，追封为云骑尉。道禅之子即忻贵妃之父那苏图，号羲文，承袭云骑尉，以侍卫出仕，雍正年间历任一等侍卫、銮仪使、兵部右侍郎、黑龙江将军、奉天将军，乾隆年间仕至兵部尚书、直隶总督，最后在乾隆十四年去世，得谥恪勤，是乾隆初期的名宦之一。那苏图的嫡妻为镶黄旗满洲章佳氏，她是圣祖敬敏皇贵妃的亲侄女。那苏图至少生有三女，除为忻贵妃之外，一女嫁内务府镶黄旗包衣完颜氏刑部右侍郎期成额为继妻，一女嫁镶黄旗满洲钮祜禄氏弘毅公府户部尚书车尔格之玄孙内阁中书福隆阿为妻。其中，嫁给福隆阿的这位女儿生于康熙四十六年，在雍正七年病故，可能是忻贵妃的长姊。嫁给期成额的这位女儿生于乾隆二年，在嘉庆十四年病故，大概只比忻贵妃年长几岁。①

【入宫背景】

忻贵妃出身镶黄旗满洲，属于外八旗，因此应该是参加挑选八旗秀女被选中而入宫。根据于善浦所录档案，忻贵妃在乾隆十八年七月二十日入宫，当时即封为嫔位。② 参考目前已知的乾隆朝挑选八旗秀女年届，乾隆十七年为应选之年，而乾隆朝挑选八旗秀女通常延后一年进行，与于善浦所录档案相符。加之，在忻嫔的册文中，亦只提及"尔戴佳氏"，而并非"尔贵人戴佳氏"，可知忻贵妃入宫的初位即是嫔位。

【宫廷生活】

忻贵妃以忻嫔位分入宫后，先在乾隆二十年七月生下皇六女，又在乾隆二十二年十二月生下皇八女，其中皇六女在乾隆二十三年八月夭折。根据档案记载"乾隆二十八年十二月二十五日，总管桂元传：忻妃遇喜，外添半分，用红萝炭五勒、黑炭二十勒"，并在乾隆二十九年二月添守月姥姥、守月

---

① 此段戴佳氏谱系，整理自《八旗满洲氏族通谱》《清代谱牒档案（缩微胶卷）》《开国佐运功臣弘毅公家谱》《长白佛满洲完颜氏东归本支统系表》《长白山本支完颜氏宗谱》《八旗通志初集》《钦定八旗通志》《爱新觉罗宗谱》。
② 于善浦：《清代帝后的归宿》，第159页。

大夫的份例，①可知忻贵妃在乾隆二十八年时再次怀孕，但在四月二十八日薨逝。忻贵妃薨逝时，其生育的皇八女仍在世，后来在乾隆三十二年五月夭折。

【封谥释义】

忻贵妃的封号为"忻"，满文作"urguntu"②，意为"欢欣"。

五、诚嫔

【简介】

高宗诚嫔，镶黄旗满洲钮祜禄氏，二等侍卫、佐领穆克登独女。生年不详，生辰为九月二十九日。乾隆年间参加八旗选秀，被指定为兰贵人，于乾隆二十二年六月初九日入宫。曾因故降为兰常在，后复封为兰贵人。乾隆四十一年十一月十八日，诏晋为诚嫔。乾隆四十四年十月二十日，以协办大学士程景伊为正使，礼部侍郎谢墉为副使，册封为诚嫔。乾隆四十九年，诚嫔随同高宗南巡。乾隆四十九年三月二十五日，因落水薨。同年九月初八日，奉安裕陵妃园寝。

【家族背景】

高宗诚嫔出身索和济巴颜系钮祜禄氏，与太宗元妃、孝昭仁皇后、圣祖温僖贵妃、高宗顺贵人、孝和睿皇后、仁宗恭顺皇贵妃等均属同一个大系内的弘毅公家族的一员。其家世可以参考她们各条。弘毅公家族内部分为十六房，根据房份不同，后裔的门第也有所不同，其中第十六房门第最高，诚嫔即出自这一房。从辈分上来看，孝昭仁皇后、圣祖温僖贵妃均是诚嫔的姑曾祖母，高宗顺贵人是她五服边上的再从堂姑母，后来的孝穆成皇后则是她五服边上的再从堂妹。

弘毅公家第十六房的始祖是一等果毅公遏必隆。遏必隆生有七子，分别名为色亮、阿固山、法喀、彦珠、富保、音德、阿灵阿。其中，阿灵阿承袭一等果毅公爵位，仕至领侍卫内大臣、理藩院尚书，却因曾经党附和硕廉亲王允禩，在雍正年间被追罪，子孙入辛者库籍为奴。乾隆元年，新即位的高宗

---

① 《乾隆至嘉庆年添减底帐》，《国家图书馆藏清代孤本内阁六部档案续编》，第 4 册，第 1381 页。
② 《呈各皇帝位下妃嫔清单》，道光二年，档案号：03-2817-070，中国第一历史档案馆藏。

降旨将阿灵阿子孙从辛者库赦出,返回原旗。其后,阿灵阿子孙陆续出仕,门第逐渐恢复。阿灵阿生有三子,第一子名为阿尔本阿,承袭勋旧佐领,仕至三等侍卫;第二子名为阿尔松阿,原本承袭公爵,仕至刑部尚书、领侍卫内大臣,后因党附之案,在雍正四年被处斩;第三子名为阿腾阿,早卒;第四子名为达尔当阿,承袭公爵,在乾隆年间仕至礼部尚书、协办大学士。此处的阿尔松阿即是诚嫔之祖父。

阿尔松阿原娶正黄旗满洲伊尔根觉罗氏尚书凯音布之女为妻,这位夫人在康熙五十五年病故后,又继娶正黄旗满洲舒穆禄氏一等公海金之女为妻。两任嫡妻共生有三子,第一子名为阿克敦,娶多罗贝勒延信之女为妻,未出仕,在乾隆三年病故;第二子名为穆克登,即诚嫔之父;第三子名为阿克丹,早亡。其中第一子阿克敦和第二子穆克登为原配伊尔根觉罗氏所出。

诚嫔之父穆克登,康熙五十二年生,乾隆二年承袭云骑尉,乾隆五年承袭勋旧佐领,仕至二等侍卫,在乾隆三十二年去世。穆克登娶镶黄旗蒙古乌梁海氏参领巴尔泰之女为妻,其妻为雍正元年生人,在乾隆四十七年去世。穆克登夫妻之间生有两子一女,第一子名为祥保,乾隆十六年生,承袭勋旧佐领,仕至成都将军,原娶正白旗汉军石氏参将珠兰泰之女为妻,后继娶镶蓝旗满洲纳喇氏给事中崑住之女为继妻。第二子名为瑞保,乾隆二十年生,乾隆四十年进士,仕至礼部侍郎,娶前锋参领宗室嵩福之女为妻。诚嫔则是独女。从年纪上来看,祥保和瑞保应该都是诚嫔的胞弟。

诚嫔出自八旗顶级世家弘毅公府,并且是弘毅公府原大宗之孙女,门第必然非同一般,如其曾祖母,即为孝恭仁皇后之胞妹,可见一斑。但是,其家族因为参与党争,在雍正年间遭到致命打击,虽然在乾隆元年获赦,也恢复勋旧佐领等世职的承袭权利,重新列入世家,但是整体实力已经大大削弱。从诚嫔之父穆克登开始,其婚姻圈与诚嫔之祖阿尔松阿时期相比,已经有明显下降。不过,就算如此,诚嫔家族依然属于世家之列。①

【入宫背景】

诚嫔出身镶黄旗满洲,属于外八旗,因此应该是参加挑选八旗秀女被选

---

① 此段钮祜禄氏谱系,整理自《八旗满洲氏族通谱》《开国佐运功臣弘毅公家谱》《清代谱牒档案(缩微胶卷)》《八旗通志初集》《钦定八旗通志》《爱新觉罗宗谱》。

第十二章　清高宗乾隆帝的后宫

中而入宫。根据于善浦所录档案,诚嫔在乾隆二十二年六月初九日入宫,当时被记为兰贵人。① 参考目前已知的乾隆朝挑选八旗秀女年届,与于善浦所录档案有所差异。不过,乾隆朝挑选八旗秀女年届的变动较为常见。所以目前仍以于善浦所录档案为准。

【宫廷生活】

诚嫔以兰贵人位分入宫后,根据档案记载,"乾隆三十三年六月初八日,兰常在照旧封贵人"②,可知诚嫔在乾隆三十三年之前曾经因故降为常在,后来才恢复贵人位分。乾隆四十一年,兰贵人升为嫔位。乾隆四十九年,诚嫔随同高宗南巡,在三月二十五日从杭州回銮,夜间诚嫔在船边乘凉时落水而薨逝。③

【封谥释义】

诚嫔的封号为"诚",满文作"unenggi"④,意为"真诚"。

六、顺贵人

【简介】

高宗顺贵人,镶黄旗满洲钮祜禄氏,湖广总督爱必达第五女,行八。乾隆十三年十一月二十五日生。乾隆年间参加八旗选秀,被指定为常贵人,于乾隆三十一年六月二十六日入宫。乾隆三十三年六月初五日,诏晋为顺嫔。同年十月初六日,以大学士陈宏谋为正使,内阁学士柏琨为副使,册封为顺嫔。乾隆四十一年六月二十五日,诏晋为顺妃。乾隆四十四年十月初八日,以协办大学士英廉为正使,礼部侍郎阿肃为副使,册封为顺妃。乾隆五十三年正月初九日,因故降为顺嫔。同月二十九日,因故降为顺贵人。乾隆五十五年(1790年)七月三十日(一说二十九日)薨,年四十三岁。乾隆五十五年十二月十八日,奉安裕陵妃园寝。

【家族背景】

高宗顺贵人出身索和济巴颜系钮祜禄氏,与太宗元妃、孝昭仁皇后、圣

---

① 于善浦:《清代帝后的归宿》,第 165 页。
② 《乾隆至嘉庆年添减底帐》,《国家图书馆藏清代孤本内阁六部档案续编》,第 4 册,第 1430 页。
③ 于善浦:《清代帝后的归宿》,第 164 页。
④ 《呈各皇帝位下妃嫔清单》,道光二年,档案号:03 - 2817 - 070,中国第一历史档案馆藏。

祖温僖贵妃、高宗诚嫔、孝和睿皇后、仁宗恭顺皇贵妃等均属同一个大系内的弘毅公家族的一员。其家世可以参考她们各条。弘毅公家族内部分为十六房,根据房份不同,后裔的门第也有所不同,其中第十六房门第最高,顺贵人即出自这一房。从辈分上来看,孝昭仁皇后、圣祖温僖贵妃均是她的姑祖母,高宗诚嫔是她五服边上的再从堂侄女,后来的孝穆成皇后则是她的嫡堂侄女。

弘毅公家第十六房的始祖是一等果毅公遏必隆。遏必隆生有七子,分别名为色亮、阿固山、法喀、彦珠、富保、音德、阿灵阿。其中,音德在阿灵阿之子阿尔松阿被处斩之后承袭一等果毅公爵位,仕至领侍卫内大臣,得谥悫敬。音德娶正白旗汉军董氏总督董维国之女为妻,生有四子,第一子名为策楞,承袭公爵,仕至两广总督,在西北阵亡;第二子名为讷亲,承袭一等果毅公爵位,仕至领侍卫内大臣、保和殿大学士,在乾隆十四年因统兵不力被赐自尽;第三子名为阿敏尔图,承袭勋旧佐领,仕至副都统、驻藏大臣;第四子名为爱必达,即顺贵人之父;第五子名为阿里衮,承袭一等果毅公爵位,仕至领侍卫内大臣、刑部尚书,得谥襄壮。

顺贵人之父爱必达,康熙五十年生,以工部笔帖式出仕,乾隆二年承袭勋旧佐领,乾隆十年出任贵州布政使,历任云南巡抚、湖广总督。乾隆二十八年因故解任回京,高宗下旨命其前往伊犁效力。乾隆三十一年,高宗下旨命其回京养病,最后在乾隆三十九年去世。爱必达娶正蓝旗满洲黄佳氏吏部尚书苏赫之孙女为妻,其妻为康熙四十四年生人,在乾隆五十三年去世。爱必达夫妻之间生有四子十女。① 四子之中,第一子名为福庆,乾隆八年生,仕至户部尚书、都统,娶正白旗满洲董鄂氏总督永常之女为妻;第二子名为福昂,乾隆十五年生,仕至布政使,娶正黄旗满洲乌雅氏总督开泰之女为妻;第三子名为福朗,乾隆二十二年生,仕至主事,娶镶红旗满洲富察氏知府富巽之女为妻;第四子名为福纶,乾隆二十三年生,仕至户部主事,娶正白旗满洲索绰罗氏道员德隆之女为妻,其妻为高宗瑞贵人之堂姐妹。至于爱必达的十位女儿,从排行来看,其女一共排行十六,可能是与爱必达之亲兄阿

---

① 谨按,在弘毅公府的谱牒之中并没有爱必达妾室的记载,故而此处认为其十四位子女均为嫡出。但是,这可能只是因为谱牒不记妾室而造成的。

敏尔图的六位女儿一起排行。其中顺贵人是第五女,行八。除顺贵人之外,第一女行二,嫁给正白旗满洲董鄂氏总督永常之子护军统领额尔登额为妻;第二女行三,嫁给正红旗觉罗巡抚雅尔哈善之子三等侍卫武尔丹为妻;第三女行六,嫁给正黄旗满洲伊尔根觉罗氏总督定长之子参领泰费荫为妻;第四女行七,嫁给正黄旗满洲乌雅氏总督开泰之子知县占庆为妻;第六女行九,嫁给镶黄旗满洲高佳氏侍郎高恒之子通判高杞为妻,高杞即高宗慧贤皇贵妃之侄;第七女行十,嫁给正白旗满洲拜都氏大学士尚书永贵之侄员外郎伊嵩安为妻;第八女行十三,嫁给镶黄旗汉军杨氏大学士杨廷璋之子知县杨长栢为妻;第九女行十四,嫁给镶黄旗满洲鄂谟托氏总督彰宝之堂侄笔帖式福昌为妻;第十女行十六,嫁给正黄旗满洲佟佳氏布政使瑃龄之子监生崇福为妻。

顺贵人与诚嫔均出自八旗顶级世家弘毅公府,而弘毅公府的大宗果毅公爵位,恰好是先在诚嫔家族承袭,后改在顺贵人家族承袭。作为新大宗,顺贵人家族的门第十分稳固,后来的孝穆成皇后即是明例。相比之下,作为旧大宗的诚嫔家族,其门第只能是苦苦维持。①

【入宫背景】

顺贵人出身镶黄旗满洲,属于外八旗,因此应该是参加挑选八旗秀女被选中而入宫。根据于善浦所录档案,顺贵人在乾隆三十一年六月二十六日入宫的,当时被记为常贵人。② 其他档案亦显示,"乾隆三十一年六月二十六日,新封贵人一位"③,印证了常贵人的入宫时间。参考目前已知的乾隆朝挑选八旗秀女年届,与于善浦所录档案有所差异。不过,乾隆朝挑选八旗秀女年届的变动较为常见。所以目前仍以于善浦所录档案为准。

【宫廷生活】

顺贵人以常贵人位分入宫后,在两年内升为嫔位,又在乾隆四十一年单

---

① 此段钮祜禄氏谱系,整理自《八旗满洲氏族通谱》《开国佐运功臣弘毅公家谱》。《清代谱牒档案(缩微胶卷)》《八旗通志初集》《钦定八旗通志》《爱新觉罗宗谱》。
② 于善浦:《清代帝后的归宿》,第 167 页。
③ 《乾隆至嘉庆年添减底帐》,《国家图书馆藏清代孤本内阁六部档案续编》,第 4 册,第 1399 页。

独晋为妃位,住在储秀宫,①应该是受到高宗相当的重视。根据档案记载,顺贵人在乾隆四十一年随同高宗前往盛京避暑山庄之后,在当地患病,并在当地养病,并未与高宗一起回京。至九月底,相关大臣在奏折内奏明:"看得,娘娘自二十五日以前,神识虽渐明白,有时恍惚,今自二十七日以来,神识明白,人俱识得,亦不糊涂,日间食粥四五半钟,夜间得睡,病虽见好,但身体甚软,尚不能起坐。"②后来在十月初二日启程回京。当年六月,她还被诊断为怀孕,直到乾隆四十二年五月,才确定是似妊。③ 而此次似妊,亦可能是她得以单独晋位为妃的原因之一。乾隆五十三年正月初九日,"总管王承义等奉旨:将顺妃降为嫔,其妃分册印撤出,交包衣昂邦,钦此。差首领佟安传"。第二天,又下了一道旨意:"大学士和珅传旨,将顺妃册印著尔总管等即行交出,钦此。帖到,将册印务于今日速交,为此特寄。"并在正文下注写"议得不复"四字,④表示毫无商量之余地。十余日之后的正月二十九日,顺嫔更是被降为贵人。顺贵人因何在正月内接连被降位,目前尚不得而知。在降位之后,顺贵人在乾隆五十五年的七月三十日薨逝,⑤不过亦有档案提及,顺贵人是在七月二十九日薨逝,⑥因此两条档案以前者为先出,所以目前以七月三十日薨逝为准。

【封谥释义】

顺贵人的封号为"顺",满文作"ijishūn"⑦,意为"适合""顺从"。

七、循贵妃

【简介】

高宗循贵妃,镶蓝旗满洲伊尔根觉罗氏,两广总督桂林之女。乾隆二十

---

① 《乾隆至嘉庆年添减底帐》,《国家图书馆藏清代孤本内阁六部档案续编》,第4册,第1633页。
② 《为顺妃病势稍好情形拟于十月初二日启程事启》,档案号:03-0187-2682-003,中国第一历史档案馆藏。
③ 陈可冀主编:《清宫医案研究》,北京:中医古籍出版社,2003年,第1册,第57—110页。
④ 《为顺妃降为嫔其妃分册印撤出交包衣昂邦事等》,乾隆五十三年正月初九日,档案号:05-13-002-000476-0001,中国第一历史档案馆藏。
⑤ 《掌仪司为顺贵人薨逝传唤喇嘛转咒等来文堂抄清单》,乾隆五十五年九月初四日,档案号:05-08-030-000030-0061,中国第一历史档案馆藏。
⑥ 《为顺贵人前周年礼致祭应用桌张刷套照例送往事致内务府》,乾隆五十六年七月,档案号:05-13-002-000066-0028,中国第一历史档案馆藏。
⑦ 《呈各皇帝位下妃嫔清单》,道光二年,档案号:03-2817-070,中国第一历史档案馆藏。

三年九月十八日生。乾隆年间参加八旗选秀,乾隆四十一年十一月十四日,被指定为贵人。同月十八日入宫,诏晋为嫔。乾隆四十四年十月初八日,以礼部尚书德保为正使,礼部侍郎达椿为副使,册封为循嫔。乾隆五十九年十月二十二日,诏晋为循妃。同年十二月二十九日,以大学士王杰为正使,礼部左侍郎刘权之为副使,册封为循妃。嘉庆二年(1797年)十一月二十四日薨,年四十岁,诏以贵妃例治丧。嘉庆四年九月十一日,奉安裕陵妃园寝。

【家族背景】

高宗循贵妃出身奇雅穆系伊尔根觉罗氏,根据《八旗满洲氏族通谱》记载,此支伊尔根觉罗氏世居阿库里地方,在清代众多伊尔根觉罗氏支系之中属于一个较小的支系。这个支系的共同始祖名讳已不可考,在清初入旗时分为四支,分别被编入镶红旗满洲和镶蓝旗满洲。其中,被编入镶红旗满洲的奇雅穆之孙奇努,因战功获封巴图鲁封号和二等轻车都尉世职,在四支中最先获得高级官职,故而谨以奇雅穆之名为此支系命名。循贵妃的祖先是奇雅穆的同族,被编入镶蓝旗满洲,入旗的始祖名为胡成额。①

胡成额一支入旗之后,均为兵丁阶层。至其玄孙屯多首先出仕,仕至护军校。屯多之子名为都喀士,仕至博士,开始向科举发展。屯多娶妻富察氏,生有三子,第一子名为海色,仕至钦天监挈壶正;第二子名为满都,在仕宦上颇为出色,历任内阁侍读学士、内阁学士兼礼部侍郎、理藩院右侍郎等职,仕至工部尚书;第三子名为夸柱,仕至护军校。其中,海色娶妻完颜氏,生有三子。第三子名为春山,字长人,号丹崖,是康熙五十一年进士,历任翰林院侍讲、内阁学士兼礼部侍郎等职,仕至盛京兵部侍郎。在满都和其侄春山两代人的努力之下,胡成额这支伊尔根觉罗氏开始作为高级官员和科举世家进入世家联姻圈,而春山即是循贵妃之曾祖父。

根据谱牒记载,春山先后有四位嫡妻,依次为瓜尔佳氏、赫舍里氏、瓜尔佳氏、伊拉里氏,共为春山生下两子,第一子名为鹤年,字芝仙,号鸣皋,是乾隆元年进士,仕至两广总督,在乾隆二十二年去世,得谥文勤;第二子名为逢年,字书农,号耘轩,乾隆三年生,是乾隆二十五年举人,仕至侍讲学士、户部

---

① 谨按,《八旗满洲氏族通谱》里很多所谓的"入旗始祖",可能只是他们呈递家谱时所写的一世祖(远祖)。以胡成额一支为例,根据《八旗满洲氏族通谱》记载,胡成额是这一支的"入旗始祖",而他的六世孙春山是康熙五十一年进士,其中间隔六代人,似过于久远。

郎中。鹤年生有四子,分别名为桂林、成林、慧林、庆林,其中第一子桂林即循贵妃之父。循贵妃之父桂林,在乾隆二十五年由工部主事入仕,乾隆三十三年出任道员,后来升至户部侍郎、军机处行走,仕至两广总督,在乾隆四十四年去世,得谥壮敏。除此之外,循贵妃有一位姑母,嫁给郑王府的前锋参领仙禄。还有一位嫡堂姑母,即逢年之女,嫁给愉王府的大宗多罗贝勒永莭。①

【入宫背景】

循贵妃出身镶蓝旗满洲,属于外八旗,因此应该是参加挑选八旗秀女被选中而入宫。根据档案,乾隆四十一年十一月,户部郎中逢年两次具折谢恩,第一次称:"为叩谢天恩事,代户部郎中逢年等奏。本月十四日,四川提督桂林之女经选看,奉旨封为贵人。"②可知循贵妃是在当年十一月十四日参加挑选八旗秀女,被指定为贵人;第二次则称:"为叩谢天恩事,代户部郎中逢年跪奏。本月十八日,奉旨,将新封贵人晋封为嫔。"③又根据于善浦所录档案,循贵妃正式入宫即是在乾隆四十一年十一月十八日,④可知循贵妃是在被选中的四天后,以贵人位分入宫,并且在入宫当天被诏晋为嫔。

不过,根据档案记载,乾隆四十一年的当届八旗秀女在同年十二月才被户部奏报。出现这种差异,可能是因为乾隆朝挑选八旗随任秀女的时间与挑选在京八旗秀女的时间不同。

【宫廷生活】

在目前明确知晓入宫年份的高宗后宫主位中,以循贵妃入宫最晚。其在乾隆四十一年入宫之时,高宗已经六十六岁。循贵妃入宫当天就获得晋位,大概说明比较受到高宗的喜爱。根据清宫医案,循贵妃入宫后,曾经患有湿疹、月信不调等病症,后来又患目疾、咳嗽。可见其身体较弱。⑤循贵妃没能生育子女,在嘉庆二年薨逝。

---

① 此段伊尔根觉罗氏谱系,整理自《八旗满洲氏族通谱》《乾隆二十五年庚辰恩科顺天乡试同年齿录》《清代谱牒档案(缩微胶卷)》《八旗通志初集》《钦定八旗通志》《爱新觉罗宗谱》。
② 《奏为封郎中冯年之女为贵人据情代奏谢恩事折》,中国第一历史档案馆、故宫博物院编:《清宫内务府奏销档》,第115册,第453—455页。
③ 《奏为封郎中冯年之女为嫔据情代奏谢恩事折》,中国第一历史档案馆、故宫博物院编:《清宫内务府奏销档》,第115册,第455—457页。
④ 于善浦:《清代帝后的归宿》,第160页。
⑤ 陈可冀主编:《清宫医案研究》,第1册,第110—167页。

【封谥释义】

循贵妃的封号为"循",满文作"julungga"①,意为"随和""驯良"。

八、晋妃

【简介】

高宗晋妃,镶黄旗满洲富察氏,知州德克精额之女。疑于嘉庆二年参加八旗选秀,被指定为晋贵人入宫。嘉庆二十五年八月二十三日,尊封为晋妃。道光二年十二月初八日薨。道光三年(1823年)四月二十六日,奉安裕陵妃园寝。

【家族背景】

高宗晋妃出身檀都系富察氏,与太祖继妃、孝贤纯皇后、宣宗恬嫔、穆宗淑慎皇贵妃同族。其家世可以参考她们各条。孝贤纯皇后、高宗晋妃、宣宗恬嫔、穆宗淑慎皇贵妃均为米思翰之后代,其中,孝贤纯皇后是米思翰第四子李荣保之女,而高宗晋妃、宣宗恬嫔和穆宗淑慎皇贵妃均是米思翰第二子马齐的后代。从堂亲辈分来讲,高宗晋妃是孝贤纯皇后的堂侄孙女,血统较为疏远。

马齐生有十二子,其后裔号称十二房,晋妃的祖父名为傅广,即是第五房之始祖。傅广,又名傅光,仕至道员。其生有四子,第一子名为丰伸布,仕至主事;第二子名为德克精额,即晋妃之父;第三子名为富哈禅,仕至笔帖式;第四子名为穆克登额,亦仕至笔帖式。根据谱牒记载,晋妃之父德克精额生于雍正七年,②是乾隆十七年进士,后来仕至知州,他至少生有六子,依次名为敬保、成保、惠保、平保、瑞保、连保,均是晋妃的胞兄弟。

马齐家族第五房傅广一支,由傅广开始,只有中低级官员的门第。在米思翰各支后裔中,属于门第偏下者。晋妃之父德克精额以进士出身,仕宦数十年,只不过仕至知州,亦可见其仕宦上并不如意。③

---

① 《呈各皇帝位下妃嫔清单》,道光二年,档案号:03-2817-070,中国第一历史档案馆藏。
② 谨按,嘉庆二年时德克精额呈报履历,称"德克精额,镶黄旗满洲永安佐领下,进士,年六十九岁,现任直隶州晋州知州。"可参见秦国经主编:《清代官员履历档案全编》,上海:华东师范大学出版社,1997年,第23册,第404页。
③ 此段富察氏谱系,整理自《八旗满洲氏族通谱》《清代谱牒档案(缩微胶卷)》《沙济富察氏宗谱》《思恩太守年谱》《八旗通志初集》《钦定八旗通志》《爱新觉罗宗谱》。

【入宫背景】

晋妃出身镶黄旗满洲,属于外八旗,因此应该是参加挑选八旗秀女被选中而入宫。前人的研究并未能明确指出其参选年份,以目前的信息来看,只知在嘉庆三年的医案档案中,晋妃曾经以"晋贵人"的身份出现,① 而在此之前,似乎未见关于她的记载。

目前推测,晋妃可能是在嘉庆二年参加挑选八旗秀女,被选给太上皇高宗作为后宫主位而入宫。其依据为,在嘉庆元年内务府所呈报的乾隆六十年和嘉庆元年的宫分档案中,高宗位下均只有"颖妃、惇妃、婉妃、循妃、恭嫔、芳嫔、鄂贵人、白贵人"② 几位后宫主位,晋妃并不在其列;而在医案内,嘉庆三年时,晋妃以"晋贵人"的身份出现,故而可知晋妃是在嘉庆二年到嘉庆三年之间入宫。嘉庆三年三月的一条档案提及:"上年十二月二十八日,据敬事房传:新进贵人二位,应进宫分。"③ 此处所谓两位"新进贵人",可能即包含晋妃。关于这点,尚待今后继续发掘整理。

【宫廷生活】

如前所述,目前推测晋妃可能是在嘉庆二年被选入后宫侍奉太上皇高宗。若这种推测属实,当时高宗已经八十七岁,晋妃的入宫不得不说是一种悲剧。嘉庆四年正月,高宗崩逝,晋妃亦开始寡居生活,最终在道光二年薨逝。另外,根据清宫医案,在嘉庆三年时,晋贵人曾经患过皮肤病。④

【封谥释义】

晋妃原本被称为"晋贵人",根据档案,其满文作"jin gui žin",为音译,可知只是作为称号使用。后来被尊封为妃位之后,没有另外赐予封号,只是将"晋"字进行意译,满文作"imiyangga"⑤,意为"聚集的""荟聚的"。

---

① 陈可冀主编:《清宫医案研究》,第 1 册,第 201—203 页。
② 《呈报乾隆六十年皇帝皇太子等每日猪肉鸡鸭分例并销银数目清单稿》,嘉庆元年,档案号:05-0462-076,中国第一历史档案馆藏。《呈报嘉庆元年太上皇帝皇后等每日盘肉鸡鸭分例并销银数目清单稿》,嘉庆元年,档案号:05-0462-080,中国第一历史档案馆藏。
③ 《为领取新进贵人等所需包裹皮张挖单事》,嘉庆三年三月二十六日,档案号:05-08-002-000076-0006,中国第一历史档案馆藏。
④ 陈可冀主编:《清宫医案研究》,第 1 册,第 201—203 页。
⑤ 《呈各皇帝位下妃嫔清单》,道光二年,档案号:03-2817-070,中国第一历史档案馆藏。

第十二章 清高宗乾隆帝的后宫

第四节　清高宗乾隆帝即位后娶纳的内务府出身的后宫

一、惇妃

【简介】

高宗惇妃,正白旗包衣汪氏(汪佳氏),总管内务府大臣、都统四格之女。乾隆十一年三月初六日生。乾隆二十八年十月二十日(一说十月十八日)入宫,封为永常在。乾隆三十六年正月二十七日,晋封为永贵人。同年十月初一日,诏晋为嫔。十一月十二日,以协办大学士、刑部尚书官保为正使,礼部侍郎德福为副使,册封为惇嫔。乾隆三十九年九月初八日,诏晋为惇妃。① 同年十一月十六日,以大学士舒赫德为正使,理藩院尚书署礼部尚书素尔讷为副使,册封为惇妃。乾隆四十年正月初三日,生第十女和孝固伦公主。乾隆四十三年十一月,以殴毙使女,降为惇嫔。乾隆四十五年前后,复为惇妃。嘉庆十一年正月十七日薨,年六十一岁。嘉庆十二年十一月初三日,奉安裕陵妃园寝。

【家族背景】

高宗惇妃出身沈阳汪氏,是入旗的汉人,其入旗的始祖名为汪整,在清初被编入包衣旗籍,是正白旗包衣佐领下人。汪整入旗之后,其子汪三仕至包衣佐领,玄孙汪继图仕至内务府员外郎兼佐领。汪继图有位同辈兄弟名为赛弼图,赛弼图第一子名为四格,仕至总管内务府大臣兼都统,在乾隆四十一年八十余岁时去世,即惇妃之父。赛弼图还有二子,其中一子名为永保,仕至内务府郎中兼佐领;一子名为满斗,仕至总管内务府大臣。惇妃至少有两位胞兄,一位名为释迦保,仕至雍和宫郎中;另外一位名为巴宁阿,仕至总管内务府大臣兼盛京工部侍郎。整体而言,惇妃所出身的汪氏家族属于内务府中高级官员阶层,拥有相当的门第。②

【入宫背景】

惇妃出身正白旗包衣,是正白旗包衣佐领下人,按照正规流程,她应该

---

① 《奏为册封惇嫔为妃等事折》,中国第一历史档案馆、故宫博物院编:《清宫内务府奏销档》,第106册,第314—317页。
② 此段汪氏谱系,整理自《八旗满洲氏族通谱》《清代谱牒档案(缩微胶卷)》《八旗通志初集》《钦定八旗通志》《爱新觉罗宗谱》。

是通过挑选内务府秀女被选为官女子入宫,因故被高宗收为后宫。但是,从档案来看,惇妃可能并没有经历入宫为官女子这一步骤。乾隆二十八年十月十三日,时任总管内务府大臣的四格具折谢恩,称:"奴才四格,为包衣佐领下末等奴才,蒙圣主洪恩,令奴才之女于本月二十日入宫,奴才全家不胜喜悦感恩。"① 可知惇妃是直接作为后宫主位入宫。同时,乾隆二十八年时,惇妃已经十八岁,按照清代的制度,她应该早已参加过内务府秀女的挑选。有可能是在某一年的挑选中被记名,一直在家待命,之后才在乾隆二十八年(1763年)入宫。另外,根据于善浦整理的档案,惇妃是在"十月十八日入宫"②,与上述档案有所出入,仅将两种说法皆记录于此。

【宫廷生活】

惇妃入宫之后,初封为常在。乾隆三十六年晋封为贵人,之后数年内升嫔、升妃,并且为时年六十五岁的高宗生下和孝固伦公主,亦是高宗最后一位子女。

乾隆四十三年十一月,惇妃将自己宫内的一位官女子殴打致死。初八日,高宗召集皇子和军机大臣等,下达上谕道:"昨惇妃将伊宫内使唤女子责处致毙,事属骇见,尔等想应闻知。前此妃嫔内间有气性不好,痛殴婢女,致令情急轻生者,虽为主位之人,不宜过于狠虐,而死者究系窘迫自戕,然一经奏闻,无不量其情节惩治,从未有妃嫔将使女毒殴立毙之事。今惇妃此案,若不从重办理,于情法未为平允,且不足使备位宫闱之人咸知警畏。况满汉大臣官员,将家奴不依法决罚、殴责立毙者,皆系按其情事,分别议处,重则革职,轻则降调,定例森然,朕岂肯稍存歧视。惇妃即著降封为嫔,以示惩儆。并令妃嫔等嗣后当引以为戒,毋蹈覆辙,自干重戾。朕办理此事,准情酌理,惟协于公当,恐外间无识之徒,或有窃以为过重者,不知朕心已觉从宽,事关人命,其得罪本属不轻,第念其曾育公主,故从末减耳。若依案情而论,即将伊位号摈黜,亦岂得为过当乎?朕临御四十三年以来,从不肯有溺爱徇情之事,尔诸皇子及众大臣皆所深知。即如惇嫔平日受朕恩眷较优,今既有过犯,即不能复为曲宥。……所有惇嫔此案,本宫之首领太监郭进忠、

---

① 《奏谢令其女儿入宫片》,中国第一历史档案馆、故宫博物院编:《清宫内务府奏销档》,第68册,第69、70页。
② 于善浦:《清代帝后的归宿》,第163、164页。

刘良获罪甚重,著革去顶带,并罚钱粮二年。其总管太监亦难辞咎,除桂元在奏事处,萧云鹏兼司茶膳房,每日在御前伺候,不能复至宫内稽查,伊二人著免其议罪;其王忠、王成、王承义、郑玉柱、赵得胜专司内庭,今惇嫔殴毙使女,伊等不能豫为勤阻,所司何事?著各罚钱粮一年。但其事究因惇嫔波累,著将伊等应罚钱粮,于各名下扣罚一半,其一半亦惇嫔代为缴完。所有殴毙之女子,并著惇嫔罚出银一百两,给其父母殓埋。此案虽系小事,朕一秉大公至正,与综理庶务无异,亦可恍然咸喻朕意矣。将此旨交总管内务府大臣,传谕内府诸人知之。并著缮录一通,交尚书房,敬事房存记,令诸皇子共知警省,永远遵奉。"①从后续档案来看,惇妃受到降位处罚大概只有两三年,后来又复位为惇妃。另外,根据清宫医案,在惇妃受到降位处罚的乾隆四十三年前后,惇妃受到肝郁气滞的影响,一直有月信失调、便血等症状,在乾隆四十二年前后,还有似妊发生。有学者认为这与她的易怒性格有关。②

【封谥释义】

惇妃的封号为"惇",满文为"jingji"③,意为"稳重""富态"。

二、恭嫔

【简介】

高宗恭嫔,内务府包衣林氏(林佳氏),柏唐阿佛保之女。雍正十一年十二月二十六日生。在乾隆年间被选入宫,为官女子。初封为林常在。乾隆十六年正月初二日,晋封为林贵人。乾隆五十九年十月二十二日,诏晋为恭嫔。同年十二月二十九日,以礼部尚书德明为正使,右侍郎多永武为副使,册封为恭嫔。嘉庆十年十一月二十七日薨,年七十三岁。嘉庆十二年十一月初三日,奉安裕陵妃园寝。

【家族背景】

高宗恭嫔姓林氏,其父亲为佛保,曾任柏唐阿。所谓"柏唐阿",亦作"拜唐阿",为满语"baitangga"之音译,本意为"有用的""能用的",引申义为"听用之人"。清代各衙门、宫廷、王府内均有"柏唐阿"缺额,由旗人出任。柏唐

---

① 《国朝宫史续编》卷2,上册,第21、22页。
② 陈可冀主编:《清宫医案研究》,第1册,第57—110页。
③ 《呈各皇帝位下妃嫔清单》,道光二年,档案号:03-2817-070,中国第一历史档案馆藏。

阿没有品级,每月饷银为二两,属于披甲以下、苏拉以上的差事。虽然各种柏唐阿等级都一样,所任的差事也均为"听用",但是从性质而言,亦可分为两类:一是专门从八旗二品及以上大员子弟内挑选,①实际是给大员子弟直接出仕的一种捷径;二是在普通旗人内挑取,虽然也可以升为职官,但是相比前者,机会少了许多。而包衣旗籍出身的柏唐阿则机会最少,许多人均终生担任柏唐阿之职。由于恭嫔之父为柏唐阿,且恭嫔初封只为常在,清代八旗内又无林姓之世家等缘故,目前推定恭嫔家族为内务府包衣出身。

【入宫背景】

恭嫔出身内务府包衣,按照正规流程,她应该是通过挑选内务府秀女被选为官女子入宫,因故被高宗收为后宫。

【宫廷生活】

恭嫔成为后宫主位后,除在最初几年内晋封为贵人之外,其后一直居于贵人位分。四十多年之后的乾隆五十九年,恭嫔方才被晋封为嫔位,当时她居住在承乾宫。② 关于其由常在晋封为贵人的时间,于善浦所录档案内称"乾隆十六年六月赐号林贵人",③但是根据已知档案,"乾隆十六年正月初二日,奉上谕,朕奉皇太后懿旨,常在林氏,封为贵人,钦此"。④ 出现这种差异,不知是何原因。有可能是前辈学者抄录有误,亦有可能是恭嫔在乾隆十六年上半年曾经短暂被降位。

【封谥释义】

恭嫔的封号为"恭",满文为"gungnecuke"⑤,意为"恭敬""恭谨"。

三、瑞贵人

【简介】

高宗瑞贵人,正白旗包衣索绰络氏,礼部尚书德保第一女。生年不详,

---

① 谨按,柏唐阿虽然只是无品级之差事,但是可以从中选取优秀者升为官员,以此进入仕途。
② 《乾隆至嘉庆年添减底帐》,《国家图书馆藏清代孤本内阁六部档案续编》,第4册,第1719页。
③ 于善浦:《清代帝后的归宿》,第166页。
④ 《为移查常在林氏封为贵人仪注并册文事致内务府》,嘉庆七年二月,档案号:05-13-002-000085-0036,中国第一历史档案馆藏。
⑤ 《呈各皇帝位下妃嫔清单》,道光二年,档案号:03-2817-070,中国第一历史档案馆藏。

生辰为正月十九日。在乾隆年间被选入宫,为官女子,曾孝仪纯皇后位下学规矩。乾隆二十四年闰六月二十二日,封为瑞常在。后晋封为瑞贵人。乾隆三十年六月初九日薨。乾隆三十一年九月二十八日,奉安裕陵妃园寝。

【家族背景】

高宗瑞贵人出身黑勒系索绰络氏,与文宗婉贵妃同族,是文宗婉贵妃的姑祖母。根据《八旗满洲氏族通谱》以及索绰络氏自家谱牒记载,其家族的祖先为一对兄弟,兄长名为额勒,弟弟名为黑勒,世居佛阿哈地方(一说世居索绰络地方)。后来黑勒之子布舒库归入八旗,最初被编入镶白旗,后来改入正白旗包衣,仕至皮库司库。布舒库之子名为都图,据说被圣祖赐姓为石,①仕至内务府郎中。至都图的孙辈,这一支索绰络氏开始从单纯的内务府官僚向科举世家转换,乃至成为清代旗人科举世家之最,有"四世五翰林"之美誉。

都图的孙辈中有位明惠,他先后有侯氏、贾氏、王氏三位嫡妻,一共生下五子。第一子名为德保,是乾隆二年进士,仕至礼部尚书,得谥文庄;第二子夭折;第三子名为德风,是乾隆十七年进士,仕至礼部侍郎;第四子名为德隆,是乾隆十七年举人,仕至布政使;第五子名为德元,是乾隆十八年举人,仕至郎中。兄弟四人均为科甲出身,而名位最尊的第一子德保即是瑞贵人之父。

德保,字定圃,号润亭、仲容。根据谱牒记载,他原娶二等侍卫玛善之女富察氏为妻,后来又纳经氏为妾。其中,嫡妻富察氏为其生下一子一女,独子名为石椿,幼年夭折;独女即瑞贵人。其后,妾室经氏也为其生下一子一女,独子名为英和,是乾隆五十八年进士,后来仕至大学士,即是嘉道时期的名臣英煦斋;独女则是瑞贵人的庶妹,嫁给郑王府的宗室伊铿额。不过,经氏生育子女时,距离富察氏生育子女已经有相当的时间。以英和为例,他生于乾隆三十六年,当时他的姐姐瑞贵人已经薨逝,所以这对异母姐弟并没有见过面。②

---

① 谨按,使用汉姓简称其实是内务府旗人一直以来的风尚,未必真的是出自赐姓。
② 此段索绰络氏谱系,整理自《八旗满洲氏族通谱》《清代谱牒档案(缩微胶卷)》《八旗通志初集》《钦定八旗通志》《爱新觉罗宗谱》《石氏家谱》《乙未科会试同年齿录》《嘉庆戊辰顺天乡试录》《锡祉朱卷》《清代朱卷集成》《恩福堂年谱》。

【入宫背景】

瑞贵人出身之家族为内务府著名世家,亦是高级官员之女,但依然为内务府包衣旗籍,是正白旗包衣管领下人,属于不食口粮的非辛者库人。所以,她应该是作为官女子被选入宫中,因故被收为妾室。

【宫廷生活】

根据档案,乾隆二十四年,"闰六月二十二日,令妃下学规矩女子封瑞常在"。① 可知瑞贵人之前曾经在孝仪纯皇后位下学规矩,可能即是孝仪纯皇后宫内的官女子。她以后宫主位的身份只在宫内度过不到六年的时光,乾隆三十年,内务府档案提及,"瑞贵人于本年六月初九日薨逝"②。

第五节 清高宗乾隆帝即位后娶纳的特殊出身的后宫

一、豫妃

【简介】

高宗豫妃,噶勒杂特博尔济吉特氏,寨桑根敦之女。雍正七年十二月十五日生。在乾隆年间被选入宫,为官女子。乾隆二十二年六月二十日,封为多贵人。乾隆二十四年十一月二十一日,诏晋为豫嫔。同年十二月十八日,以协办大学士鄂弥达为正使,礼部左侍郎介福为副使,册封为豫嫔。乾隆二十八年九月初十日,诏晋为豫妃。乾隆二十九年七月初四日,册封为豫妃。③ 乾隆三十八年十二月二十日薨,年四十五岁。乾隆四十年十月二十六日,奉安裕陵妃园寝。

【家族背景】

高宗豫妃出身蒙古噶勒杂特部。根据《高宗纯皇帝实录》记载,乾隆二十一年六月,"噶勒杂特宰桑根敦、得木齐巴图孟克率所属九十余户投诚……根敦等被乌梁海等劫掠,率属来归,甚属可悯,著加恩授根敦为佐领,

---

① 《乾隆至嘉庆年添减底帐》,《国家图书馆藏清代孤本内阁六部档案续编》,第4册,第1362页。
② 《为咨查瑞贵人薨逝百日内供用羊只数目事致内务府等》,乾隆三十年十月初四日,档案号:05-13-002-000017-0106,中国第一历史档案馆藏。
③ 《为册封豫妃受册行礼仪注抄录粘单事致总管内务府等》,乾隆二十九年七月,档案号:05-13-002-000016-0074,中国第一历史档案馆藏。

赏缎二匹,暂与丹毕游牧同居。前闻噶勒杂特宰桑,止哈萨克锡喇、都噶尔、特克勒德克等三人,根敦或系宰桑子弟,或系得木齐误称为宰桑,均未可定。今暂授为佐领,俟询明哈萨克锡喇等,具奏到日,应授何职衔,再降谕旨。并著舒明传谕根敦等,现在伊犁平定,与内地无异。伊等或归故土,或在此地游牧,悉从其便。此时念伊等远道前来,复被乌梁海劫掠,暂为休息,再图迁徙。至奏请来京入觐,现今天时暑热,根敦或尚未出痘,且无庸令其前来。至其所称途中遇劫之乌梁海等现在逃赴阿逆处等语,著传谕达勒当阿、哈达哈等沿途留心,遇此等投赴阿逆之乌梁海等,即行剿灭,并将为首之人拏解来京治罪"。① 此处提及的"噶勒杂特宰桑根敦"即豫妃之父根敦,"噶勒杂特"是其所在部落名,而"宰桑"则为官职。后来似乎查明根敦原本只是"德穆齐"(得木齐)②,所以改写为"得木齐根敦"。乾隆二十二年,陆续投诚来的杜尔伯特部和噶勒杂特部人丁被划归黑龙江将军安置,③归入呼伦贝尔额鲁特旗内,在当地游牧。④

另外,根据档案,豫妃可能与高宗新贵人有关系。乾隆三十八年豫妃薨逝时,高宗曾命新常在在吉安所穿孝。⑤ 由此推断,新贵人有可能是豫妃的亲族。

【入宫背景】

根据档案记载,"乾隆二十二年六月二十日,新进官女子一人今封为多贵人"。⑥ 可知豫妃是在乾隆二十二年之前入宫,并曾作为官女子。不过,蒙古出身的豫妃,是通过何种方式进入宫中,与其他内务府三旗出身的官女子有何不同,尚不得而知。

【宫廷生活】

豫妃在乾隆二十二年获封为贵人成为后宫主位,当年她已经二十九岁。从前后信息来看,可能是高宗娶纳的第一位出身蒙古的后宫主位。根据档

---

① 《高宗纯皇帝实录》卷514,乾隆二十一年六月辛丑条,《清实录》,第15册,第494、495页。
② 谨按,在卫拉特蒙古诸部职官中,"宰桑"的身份地位高于"德穆齐"。
③ 《高宗纯皇帝实录》卷539,乾隆二十二年五月辛亥条,《清实录》,第15册,第518页。
④ 《高宗纯皇帝实录》卷575,乾隆二十三年十一月庚子条,《清实录》,第16册,第312页。
⑤ 《乾隆至嘉庆年添减底帐》,《国家图书馆藏清代孤本内阁六部档案续编》,第4册,第1504页。
⑥ 《乾隆至嘉庆年添减底帐》,《国家图书馆藏清代孤本内阁六部档案续编》,第4册,第1349页。

案记载:"乾隆二十四年闰六月初十日……多贵人遇喜"①。可知豫妃曾经在乾隆二十四年时怀孕,但是后来没有关于其生育的记录,疑似为小产。同年,豫妃晋位为嫔,并在四年之后升为妃位。乾隆三十八年,豫妃陪同高宗前往热河,在当地患病,病势沉重。九月时,福隆安受命送豫妃返京。福隆安在奏报中提及:"奴才见妃母后,请安毕,将汗阿玛所赏人参交与妃母,妃母悲叹,即取人参一块含于口中。妃母言道:'我受主子恩典甚重,现我之病,恐不能痊愈,我之福分已尽,已不能报主子恩典。烦请转告,请主子万安,我必不留恋,若往他界则善。'"并附有医生所写脉案、药方,称:"九月十四日,李彭年、孙谦请得,豫妃原系肠红下血,脾虚阴亏之症,忽于十三日气促身软,烦躁不宁,胸腹作痛,随用参麦饮,气促稍缓。惟气堵身软,脉息虚细无力,仍属险大。恐其汗脱,今用参麦保元汤竭力调治。……十四日,李彭年、孙谦请得请得,脉恙稍缓,今仍用前方,晚服一剂。"②同时,宫中亦开始为其预备后事。③ 最终,豫妃在当年十二月薨逝。

【封谥释义】

豫妃的封号为"豫",满文作"erke"④,意为"雄壮""勇敢"。

二、恂嫔

【简介】

高宗恂嫔,和硕特博尔济吉特氏,台吉乌巴什之女。生年不详,生辰为十二月二十四日。在乾隆年间被选入宫,为官女子,曾在纯惠皇贵妃位下学规矩。乾隆二十四年六月十九日,封为郭常在。乾隆二十五年,晋封为郭贵人。乾隆二十六年八月二十六日辰时薨,追晋为恂嫔。乾隆二十七年四月十九日,奉安裕陵妃园寝。

【家族背景】

高宗恂嫔出身蒙古和硕特部。蒙古和硕特部的祖先是元太祖铁木真之

---

① 《乾隆至嘉庆年添减底帐》,《国家图书馆藏清代孤本内阁六部档案续编》,第 4 册,第 1361 页。
② 《奏闻豫妃病情等由折》,乾隆三十八年九月十四日,档案号:03-0185-2544-001,中国第一历史档案馆藏。
③ 《为报明豫妃娘娘驻跸患病预行备办金棺等项用过工价并买办白绫细布价值银两数目事致总管内务府衙门》,乾隆三十八年九月十九日,档案号:05-13-002-000030-0026,中国第一历史档案馆藏。
④ 《呈各皇帝位下妃嫔清单》,道光二年,档案号:03-2817-070,中国第一历史档案馆藏。

弟哈萨尔(哈布图哈萨尔),哈萨尔的六世孙名为阿克萨噶勒代,其生有两子,第一子名为阿鲁克特穆尔,其后裔形成科尔沁、札赉特、杜尔伯特、郭尔罗斯、阿鲁科尔沁、四子部落、茂明安、乌喇特等八部;第二子名为乌鲁克特穆尔,据说与兄长不睦,率领部众投入卫拉特,形成和硕特部。明清之交的顾实汗,即是乌鲁克特穆尔的后代。崇德二年,顾实汗向清朝派遣使者,从而建立正式的联系。康熙三十七年,噶尔丹败亡之后,顾实汗之子达什巴图尔进京朝觐,被清廷封为亲王。至雍正年间,与出兵青海相配合,和硕特部正式编成盟旗。恂嫔之父乌巴什,即是和硕特部的诸台吉之一。不过,因为"乌巴什"一名在蒙古贵族中较为常见,其具体血缘关系尚不明确。①

【入宫背景】

根据档案记载:"乾隆二十四年六月十九日,纯贵妃学规矩女子封郭常在。"②可知恂嫔是在乾隆二十四年之前入宫,并曾作为官女子,在纯惠皇贵妃位下学规矩。不过,蒙古出身的恂嫔,是通过何种方式进入宫中,与其他内务府三旗出身的官女子有何不同,尚不得而知。

【宫廷生活】

恂嫔在乾隆二十四年六月获封为常在,成为后宫主位。第二年晋封为贵人。第三年即薨逝,仕身后被追晋为嫔位。在后宫的生活相当短暂。

【封谥释义】

恂嫔的封号为"恂",满文作"boljonggo"③,意为"有规矩的""合乎常理的"。

三、慎嫔

【简介】

高宗慎嫔,准噶尔拜尔噶斯氏,德穆齐赛音察克之女。生年不详,生辰为四月十一日。在乾隆年间被选入宫,为官女子,曾在继皇后位下学规矩。乾隆二十四年六月十九日,封为伊贵人。乾隆二十六年十二月三十日,诏晋

---

① 此段和硕特博尔济吉特氏谱系,整理自《蒙古世系》《清代蒙古志》。
② 《乾隆至嘉庆年添减底帐》,《国家图书馆藏清代孤本内阁六部档案续编》,第4册,第1361页。
③ 《呈各皇帝位下妃嫔清单》,道光二年,档案号:03-2817-070,中国第一历史档案馆藏。

为慎嫔。乾隆二十七年五月二十一日,以协办大学士、户部尚书兆惠为正使,礼部侍郎伍龄安为副使,册封为慎嫔。乾隆二十九年六月初四日薨。乾隆三十年闰二月初二日,奉安裕陵妃园寝。

【家族背景】

高宗慎嫔出身蒙古准噶尔部。根据《高宗纯皇帝实录》记载,乾隆二十年七月,"定北将军班第奏,准噶尔各宰桑来降,达瓦齐所属,应作为公中属下,将为首宰桑,授三品总管。内有恩赏散秩大臣、副都统衔者,仍兼总管之任。户口三千以上,授内大臣。一千以上,授散秩大臣。一千以下,授三品总管。一百以上,授四品总管……来降宰桑五十二人,内俄罗斯杀旧宰桑奇塔特率四千余户来降,所率非其属下,应授散秩大臣。巴苏泰纠合博托什率九百余户来降,亦应授三品总管。赛音察克率一百五十余户来降,已授副总管。其职衔仍候钦定。余应如所奏。得旨:所有准噶尔旧有之四图什墨勒、鄂勒哲依、约苏图、阿巴噶斯,俱著授为内大臣。其衮布所遗之缺,俟选人补授,亦著授为内大臣。赛音察克仍授为副总管,余依议"。① 此处提及的"准噶尔各宰桑"中有"赛音察克",即是慎嫔之父。

【入宫背景】

根据档案记载:"乾隆二十四年六月十九日,皇后学规矩女子封伊贵人。"② 可知慎嫔是在乾隆二十四年之前入宫,并曾作为官女子,在继皇后位下学规矩。不过,蒙古出身的慎嫔,是通过何种方式进入宫中,与其他内务府三旗出身的官女子有何不同,尚不得而知。

【宫廷生活】

慎嫔在乾隆二十四年六月获封为贵人,与其一道成为后宫主位的还有同出自蒙古的恂嫔。慎嫔与恂嫔的生活轨迹也有些类似。恂嫔在后宫主位上三年即薨逝,而慎嫔则在后宫主位上五年即薨逝。

【封谥释义】

慎嫔的封号为"慎",满文作"olhoba"③,意为"谨慎"。

---

① 《高宗纯皇帝实录》卷493,乾隆二十年七月丁酉条,《清实录》,第15册,第197页。
② 《乾隆至嘉庆年添减底帐》,《国家图书馆藏清代孤本内阁六部档案续编》,第4册,第1360页。
③ 《呈各皇帝位下妃嫔清单》,道光二年,档案号:03-2817-070,中国第一历史档案馆藏。

四、容妃

【简介】

高宗容妃,和卓氏,阿里和卓之女。雍正十二年九月十五日生。在乾隆年间被选入宫,为官女子,曾在继皇后位下学规矩。乾隆二十五年二月初三日,封为和贵人。乾隆二十六年十二月三十日,诏晋为容嫔。乾隆二十七年五月二十一日,以兵部尚书阿里衮为正使,礼部侍郎五吉为副使,册封为容嫔。乾隆三十三年六月初五日,诏晋为容妃。同年十月初六日,以大学士尹继善为正使,内阁学士迈拉逊为副使,册封为容妃。乾隆五十三年四月十九日薨,年五十五岁。同年九月二十五日,奉安裕陵妃园寝。

【家族背景】

高宗容妃出身回部的喀什噶尔和卓家族,其远祖名为派噶木巴尔。派噶木巴尔的后裔分为不同的派别,容妃一支所属的派别被称为"白山派"。容妃的高祖父名为玛木特玉素布,其第一子名为伊达雅图勒拉,亦称阿帕克和卓,后来的"大小和卓"即是阿帕克和卓的曾孙,而容妃则是阿帕克和卓之弟喀喇玛特的曾孙女。

乾隆二十年五月,清廷平定准噶尔之乱,解救了墨特①的两位子嗣,其中第一子名为布拉呢敦、第二子名为霍集占,即大小和卓。后来大小和卓兄弟两人准备反抗清朝,喀喇玛特一支却不愿参与,所以移居到伊犁。乾隆二十二年,清廷讨伐小和卓霍集占时,容妃的叔父额色尹和容妃的兄弟图尔都、玛木特等配合清军作战,立有功勋。乾隆二十四年底,其家族正式入京,额色尹被封为辅国公,玛木特和图尔都都被封为一等台吉。乾隆二十五年正月,入京的和卓家族正式编为佐领,其所带匠人等则被编入正白旗包衣,形成回子佐领。

入京的和卓家族主要是墨敏之后代。根据谱牒记载,墨敏生有六子,依次名为木萨、沙和卓、阿里和卓、阿布都勒拉、额色尹、帕尔萨。在乾隆二十四年底入京的即木萨之子玛木特一家、阿里和卓之子图尔都一家以及阿布都勒拉、额色尹、帕尔萨三家。

清史学者孟森曾经指出:"回部和卓氏,乃和卓之女,而遂命为妃姓。又

---

① 谨按,墨特,亦称"阿哈玛特",即"旧和卓"。

以和扎麦为妃父名,和扎麦即和卓木,清代于回妃之女家,不似蒙古之世通戚好,其姓及父之名皆以译文所有对音约略用为标识。可知其亡国之后,于姓名皆不求甚解也。"由此可知"和卓"并非容妃之原姓,"台吉和扎赉"也并非容妃之父名。① 于善浦认为,台吉图尔都为容妃之胞兄,则容妃为阿里和卓之女,但是阿里和卓并无台吉之衔,故而容妃未必为阿里和卓之女。艾哈迈特·霍加则认为,台吉图尔都与容妃均为阿里和卓子女,台吉图尔都为容妃之胞弟,而非胞兄。② 此处仍以容妃为阿里和卓之女,具体有待进一步考证。

档案中提及,在容妃薨逝之后,其遗物作为遗念分赠给她的亲族,其清单内开列人名有:"公额思饮、公托克托、台吉喀申霍卓、台吉帕尔萨、帕尔萨之子兵巴克尔、兵阿克伯塔、兵哈丕尔……额思音之妻、图尔都之妻、喀申霍卓之妻、喀申霍卓之女二、容妃之姐、容妃之妹、兵巴哈尔等之妻三、帕尔萨之妻。"由此可知,容妃除有一兄弟名为图尔都之外,还至少有一姐一妹。③

【入宫背景】

艾哈迈特·霍加认为,根据满文军机处录副奏折记载,乾隆二十五年正月二十九日,清廷将大小和卓之亲属押送至京,其中包括小和卓霍集占之妻巴特玛,而巴特玛为台吉图尔都之胞姐。此等人员押解进京之日期与容妃被封为贵人的乾隆二十五年二月初三日十分接近,故而容妃即是台吉图尔都之胞姐、小和卓霍集占之妻巴特玛。④ 但是,根据档案记载:"乾隆二十五年二月初三日,皇后下学规矩女子封和贵人。"⑤可知容妃是在乾隆二十五年二月初三日之前入宫,并曾作为官女子,在继皇后位下学规矩,而并非是在乾隆二十五年二月初三日才入宫获封。若依艾哈迈特·霍加之说,从正月二十九日押解进京,到入宫作为官女子在继皇后位下学规矩,再到二月初

---

① 孟森:《香妃考实》,转引自于善浦:《乾隆皇帝的香妃》,北京:中国人民大学出版社,2012年,第145—158页。
② 艾哈迈特·霍加:《"香妃"的传说——大小和卓木政权灭亡后被迁居北京的维吾尔人的历史记忆》,《清史论丛》2009年号,北京:中国广播电视出版社,2008年,第222—251页。
③ 此段和卓氏谱系,整理自《乾隆皇帝的香妃》;纪大椿:《喀什"香妃墓"辨误》,《新疆史学》1979年第1期。
④ 艾哈迈特·霍加:《"香妃"的传说——大小和卓木政权灭亡后被迁居北京的维吾尔人的历史记忆》,《清史论丛》2009年号,第222—251页。
⑤ 《乾隆至嘉庆年添减底帐》,《国家图书馆藏清代孤本内阁六部档案续编》,第4册,第1365页。

三日获封为和贵人，一共只有四五日时间，未免过于仓促。故而此处认为容妃并非小和卓霍集占之妻，而是台吉图尔都的另一位姐妹。另外，回部出身的容妃，是通过何种方式进入宫中，与其他内务府三旗出身的官女子有何不同，尚不得而知。

【宫廷生活】

容妃在乾隆二十五年获封为贵人之后，第二年即晋封为嫔位，并在七年之后晋封为妃位。从各种待遇上来看，高宗对容妃比较宠爱。① 乾隆五十三年四月十九日，容妃薨逝。同月二十七日，其金棺由西花园奉移至静安庄暂安。根据档案记载，五月十一日内务府奏称："此次为容妃之事，于静安庄念四十天回子经。"② 亦让容妃的家族成员参与念经，在容妃的棺木上，写有伊斯兰经文，显示高宗对容妃信仰的尊重。

【封谥释义】

容妃的封号为"容"，满文作"baktan"③，意为"容纳"。

五、怡嫔

【简介】

高宗怡嫔，原民籍后入正黄旗包衣柏氏（栢氏、柏佳氏），柏士彩之女。生年不详，生辰为四月十六日。乾隆初年被送入宫中，封为贵人。乾隆六年二月十三日，诏晋为怡嫔。同年十一月二十二日，以礼部侍郎木和林为正使，内阁学士雅尔呼达为副使，册封为怡嫔。乾隆二十二年五月十五日薨。同年十一月初二日，奉安裕陵妃园寝。

【家族背景】

根据档案记载，高宗怡嫔出身的柏氏家族原为民籍汉人，乾隆七年十二月，在高宗的授意之下被编入八旗，入正黄旗包衣佐领。档案内载，怡嫔之父名为柏士彩，娶妻范氏，另有妾室张氏，其中柏士彩在乾隆二十四年十一月病故，范氏在乾隆二十四年二月病故，张氏在乾隆五十四年八月

---

① 关于容妃在宫廷内的相关生活，可以参考于善浦：《乾隆皇帝的香妃》。
② 《奏请赏赐在静安庄为容妃念经之回子等事片》，中国第一历史档案馆、故宫博物院编：《清宫内务府奏销档》，第152册，第47—51页。
③ 《呈各皇帝位下妃嫔清单》，道光二年，档案号：03-2817-070，中国第一历史档案馆藏。

病故。柏士彩生有三子数女,第一子名为柏永吉,入旗之后仕至造办处郎中兼佐领,在乾隆五十二年(1787年)十月病故;第二子名为柏永庆,入旗之后仕至山东平原县知县,在乾隆四十七年十二月病故;第三子名为柏永瑞,乾隆晚年曾任山西吏目。柏士彩的女儿中,除怡嫔之外,还有一女为高宗白贵人,是怡嫔之妹,怡嫔和白贵人姐妹中至少有一位是张氏所出。①在其家族入旗时,高宗曾给予一定的经济保障,档案内开写为:"柏士彩之子柏永吉、柏永庆二人,每人给与披甲三两钱粮米石,赏给住房六十一间,地六顷,每年得租银二百二十两,取租房二十八间,每月得租银十两,以资养赡。"②这也成为后来庆恭皇贵妃等同样出身民籍汉女的后宫主位,其家族入旗时得到经济保障的标准成例。

另外,根据档案,还可以看到怡嫔家族入旗前后的一些情况。

大致在乾隆六年时,江苏布政使安宁在高宗的授意之下,将原籍江苏的柏士彩一家送往京城。柏士彩一家在京城的情况目前不得而知,大概是得到高宗给予的一些赏赐,之后于乾隆六年十月回到江苏。江苏布政使安宁"恐其因内廷走过,在外夸耀,是以于伊等初到接见时,即严加教戒,并密令人在伊住居方近查访",③严格进行约束管理。乾隆七年,可能考虑到柏士彩一家在苏州究竟不便管理,所以高宗下令将其家入旗。"十二月间,布政安宁送到柏士彩等亲丁十一名口、仆人男妇九名口到京,经奴才奏明,将柏士彩父子入于内务府佐领下。"④正式编入内务府旗籍。但是,在入旗之后,作为旗人,柏士彩一家便要在京城居住,与苏州旧亲友长期分离,所以柏士彩与其妻范氏等要求回苏州探亲,得到准许。柏士彩一家于乾隆八年五月十一日回到苏州探亲,由苏州织造图拉负责安排,图拉"谆切嘱其安静依限回京",并且"仍不时留心密查"。其后,在当年六月十四日,柏士彩之妻范氏乘轿探亲,经过吴县直街时,轿夫碰倒了路边的一位沈姓孩童,原无大伤,但

---

① 《为正黄旗宜品常在娘娘及家人入旗清册》,乾隆五十八年,档案号:05-0448-060,中国第一历史档案馆藏。
② 《奏为入入旗户籍养赡事》,乾隆五十八年九月十九日,档案号:05-0448-044,中国第一历史档案馆藏。
③ 《奏为内庭主儿之父母柏士彩等回籍置屋并约束家属情形事》,乾隆七年正月十五日,档案号:04-01-14-0008-023,中国第一历史档案馆藏。
④ 《奏为入入旗户籍养赡事》,乾隆五十八年九月十九日,档案号:05-0448-044,中国第一历史档案馆藏。

是孩童之母金氏撒泼与轿夫扭打、口角。范氏坐在轿中,"以轿夫失错解说,言语过激",而孩童之母金氏则说"你底下人碰伤了孩子,你还座在轿里,无礼说人",于是动手扑向范氏,扭打在一起。范氏自认为失了体面,一气之下,乘轿前往吴县衙门,自称被孩童之母金氏"殴抢"。知县派人劝范氏先行回家。范氏回家之后,柏士彩知晓此事,又往告江苏布政使安宁。安宁派人查询,了解事情情况之后,准备判孩童之父沈四重责三十板,并且让沈四和其妻金氏向柏士彩家认错服罪。本来事件到此应完结,结果柏士彩突然又称"失去金簪二枝珠子四棵",要求沈四一家赔偿。苏州织造图拉了解前后情况之后,认为这是柏士彩有意进行的勒索,而且沈四只是个"卖糕穷民",哪里赔得起这个钱,①很可能引发人命,被外人广传,所以图拉急忙知会安宁,让柏士彩息事宁人。事情呈报到高宗处,高宗朱批说道:"速催其回京可也。"②恰好在此时,范氏又在苏州偶发旧疾,无法回京,暂行医治养病。最终,范氏在八月初基本痊愈,于是柏士彩一家便结束了回乡探亲的行程,在八月十二日启程返回京城。③

【入宫背景】

如上可知,怡嫔是作为民籍汉人之女被送入宫中之后,被高宗纳为后宫主位。从时间上来看,怡嫔可能是在乾隆朝初年即被送入宫中。

【宫廷生活】

由于目前已知的资料有限,故而对于怡嫔在宫廷内的具体情况不甚清楚。从其民籍汉人之女的身份来推断,她在乾隆朝初年入宫时,可能只是常在位分。乾隆二年十一月二十四日,高宗曾经下令将后宫内的两位常在晋封为贵人,当时潜邸出身的常在愉贵妃和婉贵妃已经在同年五月十一日(一说十二日)晋封为贵人,所以十一月二十四日晋封的这两位常在应该均为高宗即位之后收入后宫,其中可能即包括怡嫔,至于另外一位,则可能是秀贵

---

① 谨按,根据图拉奏折内所说:"奴才又加细访沈四夫妇,并未敢抢匿,亦系实情。"
② 《奏为约束内庭主见之父母不严自议处事》,乾隆八年六月十六日,档案号:04-01-01-0103-020,中国第一历史档案馆藏。
③ 《奏报差妥家人护送范氏起程回京日期事》,乾隆八年八月十二日,档案号:04-01-12-0035-025,中国第一历史档案馆藏。

人。① 乾隆六年,怡嫔晋位为嫔,其家族亦编入八旗,可见怡嫔比较受到高宗宠爱。

【封谥释义】

怡嫔的封号为"怡",满文为"urgun"②,意为"喜庆""吉庆"。

六、白贵人

【简介】

高宗白贵人,原民籍后入正黄旗包衣柏氏(栢氏、柏佳氏),柏士彩之女,高宗怡嫔之妹。雍正八年六月十七日生。乾隆十年入宫,封为白常在。乾隆五十九年十月二十二日,晋封为白贵人。嘉庆八年(1803年)薨逝,年七十四岁。嘉庆十年三月十七日,奉安裕陵妃园寝。

【家族背景】

高宗白贵人是高宗怡嫔之妹,亦出身民籍汉人。其家世可以参考高宗怡嫔条。

【入宫背景】

根据档案,"宜品(怡嫔)娘娘于乾隆七年奉旨入旗,于二十二年五月薨逝。常在娘娘于乾隆十年进宫。父柏士彩于乾隆二十四年十一月病故,嫡母范氏于乾隆二十四年二月病故,生母张氏于五十四年八月病故"。③ 可知在白贵人入宫时,其家族已经被编入八旗,属于正黄旗包衣佐领下人。所以,白贵人可能是在入旗之后,作为正黄旗包衣出身的秀女,参加挑选内务府秀女时被选中入宫,与其姐怡嫔有较大不同。但是,因为她们终究是姐妹,所以此处仍将其归在特殊方法入宫的大类内。另外,因为档案指代不同,尚不清楚档案中提到的"生母张氏"只是白贵人之生母还是怡嫔和白贵人共同之生母。

【宫廷生活】

白贵人在乾隆十年入宫后被封为白常在,之后一直处于常在位分,直到

---

① 《为著将二常在封贵人应行之事交内务府办理事》,乾隆二年十一月二十四日,档案号:003-18-009-000005-0001,中国第一历史档案馆藏。
② 《呈各皇帝位下妃嫔清单》,道光二年,档案号:03-2817-070,中国第一历史档案馆藏。
③ 《为正黄旗宜品常在娘娘及家人入旗清册》,乾隆五十八年,档案号:05-0448-060,中国第一历史档案馆藏。

乾隆五十九年才晋为贵人,最终在嘉庆八年薨逝。

七、庆恭皇贵妃

【简介】

高宗庆恭皇贵妃,原民籍后入镶黄旗包衣陆氏(陆佳氏),陆士隆之女。雍正二年六月二十四日生。乾隆初年被送入宫中,封为陆常在。乾隆十三年四月十二日,晋封为陆贵人。乾隆十六年正月初二日,诏晋为庆嫔。同年六月初八日,以协办大学士、尚书阿克敦为正使,内阁学士吴达善为副使,册封为庆嫔。乾隆二十四年六月十九日,诏晋为庆妃。同年十二月十八日,以大学士来保为正使,礼部尚书伍龄安为副使,册封为庆妃。乾隆三十三年六月初五日,诏晋为庆贵妃。同年十月初六日,以大学士、公傅恒为正使,内阁学士塔永阿为副使,册封为庆贵妃。乾隆三十九年七月十五日薨,年五十一岁。乾隆四十年十月二十九日,奉安裕陵妃园寝。嘉庆四年正月初四日,追晋为皇贵妃,谥曰庆恭皇贵妃。

【家族背景】

根据档案记载,高宗庆恭皇贵妃出身的陆氏家族原为民籍汉人,乾隆二十二年十月,在高宗的授意之下被编入八旗,入镶黄旗包衣佐领。档案内载,庆恭皇贵妃之父陆士隆之名亦作"陆士龙",娶妻王氏,生有数位子女,依次名为陆裕登、陆廷荣、陆朝元、陆朝宝[1],以及在乾隆三十三年(1768年)出生的第五子,名为陆奇宝。除庆恭皇贵妃之外,陆士隆至少还有三位女儿,在乾隆二十二年(1757年)入旗时,她们被记为"长女、次女、三女"。陆氏家族入旗之后,高宗亦给予一定的经济保障,档案内开写为:"陆士龙之子陆裕登、陆廷荣、陆朝元、陆朝宝四人,每给披甲三两钱粮米石,并请赏给涿州地七顷八十五亩零,每年得租银二百六十四两零,正阳门外西河沿取租房十间,每月得租银十二两一钱,足敷养赡。再崇文门内苏州胡同入官房七十五间内,量其家口,隔断四十三间,足敷居住所。"[2]

---

[1] 谨按,陆朝宝之后疑似更名为陆银宝。
[2] 《奏为入入旗户籍养赡事》,乾隆五十八年九月十九日,档案号:05-0448-044,中国第一历史档案馆藏。

【入宫背景】

如上所述，庆恭皇贵妃是作为民籍汉人之女被送入宫中之后，被高宗纳为后宫主位。根据档案，"庆嫔、颖妃，系乾隆十三年四月十二日晋封贵人。"① 可知庆恭皇贵妃在乾隆十三年之前已经入宫，并封为常在。

【宫廷生活】

庆恭皇贵妃入宫之后，初封为常在，在乾隆十三年升为贵人。之后的十年中，作为没有为高宗生育过子女的后宫主位，依然得以晋嫔、晋妃，最后在四十五岁时晋位为贵妃。这种待遇在高宗朝后宫中极为少见，可知其受到高宗相当之宠爱。庆恭皇贵妃薨逝之后，嘉庆四年正月初四日，仁宗下旨称："朕自冲龄，蒙庆贵妃养母抚育，与生母无异。理宜特隆典礼，加晋崇封。兹追封为庆恭皇贵妃。"② 可知庆恭皇贵妃曾经抚育过仁宗，并因此获得追封。

【封谥释义】

庆恭皇贵妃的封号为"庆"，满文作"fengšengge"，意为"有福的""有造化的"。后来获得的谥号为"庆恭"，满文作"fengšengge gungnecuke"③，意为"有福恭敬"。

八、禄贵人

【简介】

高宗禄贵人，江南民籍陆氏。生年不详，生辰为九月二十三日。乾隆初年被送入宫中。乾隆二十五年十一月十四日，封为禄常在。乾隆四十年三月二十二日，晋封为禄贵人。乾隆五十四年闰五月初五日丑时（一说初三日）薨。乾隆五十五年十二月十八日，奉安裕陵妃园寝。

【家族背景】

根据档案记载，高宗禄贵人出身的陆氏家族，原为江南民籍汉人，乾隆四十三年闰六月，当时出身民籍汉人的后宫主位明贵人（芳妃）胞兄陈济来

---

① 《为纂修玉牒咨查婉嫔等旗分及舒妃父家姓氏职名事致总管内务府》，乾隆二十二年十一月，档案号：05-13-002-000009-0135，中国第一历史档案馆藏。
② 《仁宗睿皇帝实录》卷37，嘉庆四年正月癸亥条，《清实录》，第28册，第412页。
③ 《呈各皇帝位下妃嫔清单》，道光二年，档案号：03-2817-070，中国第一历史档案馆藏。

到京师,表明身份,恳求为朝廷当差。在处理此事的过程之中,高宗上谕内提及:"陆常在系苏州籍贯,其有无亲属人等,亦当详悉查明,严加管束。"①这里的"陆常在"即是禄贵人。在高宗上谕询问禄贵人亲属之后,苏州织造舒文回奏道:"奴才于十六日回苏任事,即密行差人访查。陆常在现有亲母缪氏,同已经出嫁之长女并外甥女三人相依居住,此外并无亲属,平日亦颇安静。"②由此可知禄贵人家内人丁稀少,主要亲属除母亲之外只有一位胞姐。乾隆五十四年,在高宗的授意之下,禄贵人胞姐陆氏之夫周森一户入旗。③

【入宫背景】

如上所述,禄贵人是作为江南民籍汉人之女被送入宫中之后,被高宗纳为后宫主位。根据档案:"乾隆二十五年十一月十四日,封禄常在一位。"④可知禄贵人应该在乾隆二十五年之前已被送入宫中。

【宫廷生活】

禄贵人入宫之后,初封为常在。在常在位分上度过十五年之后,才于乾隆四十年三月二十二日与明常在一起晋封为贵人。⑤ 虽然禄贵人与明常在(芳嫔)同为民籍汉人出身,但是明常在(芳嫔)比禄贵人晚六年入宫,却同时晋位,禄贵人之待遇可见一斑。根据清宫医案记载,从乾隆四十七年开始,禄贵人数次染上风寒。到乾隆四十九年,已经出现过"不省人事,神倦气弱"的情况。经相关学者分析,认为其体质虚弱,易于感冒。至乾隆五十四年,禄贵人依然在调理疾病,同年闰五月初四日,禄贵人"脉息虚滑,系内有痰热,外受风热,以致神昏咽喉痰鸣不语。今急用通关散吹治不应,并灌牛黄清心丸,设法用星香化痰汤挽治",但是并无成效。"初五日,张肇基、鲁瑾请得禄贵人脉息暴闭,神昏不语,痰雍气堵。急用通关散、牛黄清心丸、清金锭、星香化痰汤、十香返魂丹等药,灌治不应,于本日丑时薨逝。"经相

---

① 《宫中档乾隆朝奏折》,台北:台北"故宫博物院",1985年,第44辑,第196、197页。
② 《宫中档乾隆朝奏折》,第44辑,第438—440页。
③ 《呈为奉旨入旗清单》,乾隆五十八年九月十九日,档案号:05-0448-047,中国第一历史档案馆藏。
④ 《乾隆至嘉庆年添减底帐》,《国家图书馆藏清代孤本内阁六部档案续编》,第4册,第1369页。
⑤ 《乾隆至嘉庆年添减底帐》,《国家图书馆藏清代孤本内阁六部档案续编》,第4册,第1584页。

关学者分析认为可能是中风暴闭。①

九、芳妃

【简介】

高宗芳妃陈氏（陈佳氏），原江南民籍后入镶黄旗包衣陈氏，陈廷纶之女。乾隆十五年九月二十四日生。乾隆年间被送入宫中。乾隆三十一年十月十六日，封为明常在。乾隆四十年三月二十二日，晋封为明贵人。乾隆四十一年前后，因故降为明常在。乾隆四十一年四月二十八日，复封为明贵人。乾隆五十九年十二月二十二日，诏晋为芳嫔。同年十二月二十九日，以礼部尚书纪昀为正使，右侍郎刘跃云为副使，册封为芳嫔。嘉庆三年十月，尊封为芳妃。嘉庆六年八月三十日薨，年五十二岁。同年十一月二十七日，奉安裕陵妃园寝。

【家族背景】

根据档案记载，高宗芳妃出身的陈氏家族原为民籍汉人，乾隆四十三年闰六月，芳妃胞兄陈济来到京师，表明身份，恳求为朝廷当差。关于此事，高宗在上谕中道："据福隆安奏，有明贵人之兄陈济来京具呈，恳求当差。看来此人系不安本分之人。若驱令回籍，不免招摇生事等语。当令内务府大臣酌量将陈济留京，赏给差使安插，不许在外生事。并询知，其家属现在扬州伊岳母处，伊既已留京，家属不便仍居原籍，著交伊龄阿即行查明，遇便送京，交福隆安办理。再据陈济称，尚有伊兄在扬州管关。想此人必系普福管理盐政时荐伊在扬关管事。今陈济来京具呈，伊兄自必与闻，安知不借此名色在彼多事，亦未可定。朕于宫眷等亲属，管束极严，从不容其在外滋事。恐伊等不知谨饬，妄欲以国戚自居，则大不可。凡妃嫔之家，尚不得称为戚畹，即实系后族，朕亦不肯稍为假借，况若辈乎。著传谕伊龄阿，如陈济之兄在扬尚属安静，不妨仍令其在关管事，如有不安本分及借端生事之处，即当退其管关，交地方官严加管束，不得稍为姑容，致令在外生事。至四十五年朕巡幸江浙，不可令此等人沿途接驾，混行乞恩。"②伊龄阿则回奏说："奴才

---

① 陈可冀主编：《清宫医案研究》，第 1 册，第 182—200 页。
② 《宫中档乾隆朝奏折》，第 44 辑，第 196、197 页。

伏查：陈济之长兄陈浩，向来住居扬州钞关门外花觉巷地方，与陈济异室分爨，陈浩向在扬关茶行代客办理投报税课，每岁辛工可得百余金，以资养赡。守分安静，从无滋事。陈济因无恒业，常行出外。上年十二月，自京回扬，以欠有京债，将房屋变卖偿还，自称欲赴湖广寻觅生意，随送伊妻许氏归依母家，旋即出门，并未言及进京，其兄陈浩实不知伊有进京具呈之事。奴才奉到谕旨，复传陈浩进署，面加询问，据言，陈济负债回家，房产变尽，谅系无可投奔，冒昧进京呈请当差，平日并无招摇生事之处。伊现与故弟陈润妻子相依同住。陈济之妻，缘伊丈夫不在家中，是以令其住居母家等语。奴才伏查，陈济已蒙圣主天恩，赏给差使，其家属自不便仍居原籍，但伊妻许氏，年仅三十，并无子女，奴才拟于八月中觅有便船，即令伊妻兄许汉超夫妇伴送许氏进京，沿途照料，遵旨交尚书公福隆安收明安插，仍令附便回扬，庶无贻误。至陈济之兄陈浩，为人谨愿，今闻伊弟留京当差，又蒙准伊家眷进京，极口感激天恩高厚如此，从此益当安分，情词甚为恳挚，应请令其照旧在关办事，住居原籍，奴才仍不时稽查，资其生计，俾得仰荷皇仁，衣食充裕，自不敢希冀非分，有沿途接驾，混行乞恩之事。"[1]最终，在乾隆四十三年七月，芳妃一家正式被编入八旗，入镶黄旗包衣管领。根据前后档案显示，芳妃有三位兄弟，长兄名为陈浩，于扬州居住，在关上当差，没有入旗；一兄名为陈济，在乾隆四十三年入京，被编入包衣旗籍；另外还有一位兄弟名为陈润，亡故较早，没有入旗。[2]

【入宫背景】

如上所述，芳妃是作为江南民籍汉人之女被送入宫中之后，被高宗纳为后宫主位。根据于善浦所录档案，她在乾隆三十一年十月十六日被封为明常在。[3] 可知芳妃应该在乾隆三十一年之前已经被送入宫中。

【宫廷生活】

芳妃入宫之后，初封为明常在。经过九年，在乾隆四十年晋封为明贵人。[4]

---

[1] 《宫中档乾隆朝奏折》，第44辑，第211—213页。
[2] 《为镶黄旗明常之胞兄入旗清册》，乾隆五十八年，档案号：05-0448-059，中国第一历史档案馆藏。
[3] 于善浦：《清代帝后的归宿》，北京：紫禁城出版社，2006年，第164页。
[4] 《乾隆至嘉庆年添减底帐》，《国家图书馆藏清代孤本内阁六部档案续编》，第4册，第1584页。

根据档案:"乾隆四十一年四月二十八日,明常在仍封贵人。"①可知在乾隆四十年三月晋封为明贵人之后,至乾隆四十一年四月二十八日为止,芳妃曾经因为一些缘故被降回常在之位。乾隆五十九年,芳妃升至嫔位,当时她住在永和宫。②

【封谥释义】

芳妃的封号为"芳",满文作"saikan"③,意为"美丽"。

第六节 清高宗乾隆帝即位后娶纳的其他后宫

一、秀贵人

【简介】

高宗秀贵人。出身不详。乾隆十年十月十四日薨。乾隆十七年十月二十七日,奉安裕陵妃园寝。

【概述】

高宗秀贵人身世不详。可能是在高宗即位初期的后宫主位。

二、慎贵人

【简介】

高宗慎贵人。生年不详,生辰为五月十六日。出身不详。乾隆十五年时已经入宫封为慎贵人。乾隆四十二年九月初九日申时薨。乾隆四十二年九月二十日,奉安裕陵妃园寝。

【概述】

高宗慎贵人身世不详。在乾隆十五年之前已经入宫封为贵人,一直在贵人位二十余年。乾隆四十二年九月,礼部移会内提及:"本月初九日申时,慎贵人薨逝。"④

---

① 《乾隆至嘉庆年添减底帐》,《国家图书馆藏清代孤本内阁六部档案续编》,第 4 册,第 1623 页。
② 《乾隆至嘉庆年添减底帐》,《国家图书馆藏清代孤本内阁六部档案续编》,第 4 册,第 1719 页。
③ 《呈各皇帝位下妃嫔清单》,道光二年,档案号:03-2817-070,中国第一历史档案馆藏。
④ 《礼部为慎贵人薨逝事》,登录号:179834-001,台湾"中央研究院"历史语言研究所藏内阁大库档案。

三、新贵人

【简介】

高宗新贵人。生年不详,生辰为八月初八日。出身不详。乾隆二十七年六月二十七日,封为新常在。后晋封为贵人。乾隆四十年六月十三日卯时薨。乾隆四十九年九月初八日,奉安裕陵妃园寝。

【概述】

高宗新贵人身世不详。根据于善浦所录资料,其在乾隆二十七年六月二十七日获封为常在。① 根据档案,她与高宗的豫妃有某种关系。在乾隆三十八年豫妃薨逝时,高宗曾命新常在在吉安所穿孝。② 由此推断,新贵人有可能是豫妃的亲族。在乾隆三十九年十二月的赏赐底档里,她还被记为"新常在"③。至乾隆四十年,档案中提及:"本年八月二十七日,准热河总管咨开案照前经由堂清字抄出新贵人薨逝事宜。"④可知她在热河薨逝。另一份档案则提及:"本月十三日卯时,新贵人薨逝。"⑤由此可知,她的贵人位分应该也是在生前晋封。

四、福贵人

【简介】

高宗福贵人。生年不详,生辰为正月十九日。出身不详。乾隆二十八年十月初三日,封为福常在。后晋封为贵人。乾隆二十九年八月初五日薨。乾隆三十年闰二月初二日,奉安裕陵妃园寝。

【概述】

高宗福贵人身世不详。根据于善浦所录资料,其在乾隆二十八年十月初三日获封为常在。⑥ 乾隆二十九年七月十七日,她随同高宗以及孝圣宪

---

① 于善浦:《清代帝后的归宿》,第 167 页。
② 《乾隆至嘉庆年添减底帐》,《国家图书馆藏清代孤本内阁六部档案续编》,第 4 册,第 1504 页。
③ 《乾隆十七年至三十九年赏赐底簿》,鲁宁、李国荣主编:《永璘秘档》,北京:国家图书馆出版社,2009 年,第 1119—1123 页。
④ 《为奏销办理新贵人薨逝费用事》,乾隆四十年闰十月三日,档案号:03 - 0300 - 031,中国第一历史档案馆藏。
⑤ 《礼部为新贵人薨逝事》,登录号:150500 - 001,台湾"中央研究院"历史语言研究所藏内阁大库档案。
⑥ 于善浦:《清代帝后的归宿》,第 167 页。

皇后前往承德避暑山庄,于八月初五日在承德薨逝。①

五、武贵人

【简介】

高宗武贵人。生年不详,生辰为十月十八日。出身不详。在乾隆年间被选入宫,为官女子,曾在颖贵妃位下学规矩。乾隆二十九年三月二十二日,封为武常在。乾隆四十五年,晋封为武贵人。乾隆四十五年十二月初七日薨。乾隆四十九年九月初八日,奉安裕陵妃园寝。

【概述】

高宗武贵人身世不详。根据档案记载:"乾隆二十九年三月二十二日,颖妃下学规矩女子一人封为武常在。"②可知武贵人之前曾经在颖贵妃位下学规矩,可能出身内务府包衣。乾隆四十六年(1781年)十二月,光禄寺行文内务府时提及"武贵人前于本月初七日周年礼"③,以此推算,武贵人在乾隆四十五年十二月初七日薨逝,贵人位分应该是在生前晋封。

六、寿贵人

【简介】

高宗寿贵人。出身不详。疑于嘉庆二年参加八旗选秀,被指定为寿贵人入宫。嘉庆十四年二月二十一日薨。同年三月十八日,奉安裕陵妃园寝。

【概述】

高宗寿贵人身世不详。在嘉庆元年内务府所呈报的乾隆六十年和嘉庆元年的宫分档案中,高宗位下均只有"颖妃、惇妃、婉妃、循妃、恭嫔、芳嫔、鄂贵人、白贵人"④几位后宫主位,寿贵人并不在其列。故而推定寿贵人与晋妃一样,是在嘉庆二年到嘉庆三年之间入宫。嘉庆三年三月的一条档案提

---

① 《奏为福贵人丧葬所用银两请旨于热河道库动支给事》,乾隆二十九年九月,档案号:03-0697-061,中国第一历史档案馆藏。
② 《乾隆至嘉庆年添减底帐》,《国家图书馆藏清代孤本内阁六部档案续编》,第4册,第1380页。
③ 《为咨取武贵人周年礼致祭应用桌张刷套事致内务府》,乾隆四十六年十二月,档案号:05-13-002-000046-0100,中国第一历史档案馆藏。
④ 《呈报乾隆六十年皇帝皇太子等每日猪肉鸡鸭分例并销银数目清单稿》,嘉庆元年,档案号:05-0462-076,中国第一历史档案馆藏。《呈报嘉庆元年太上皇帝皇帝等每日盘肉鸡鸭分例并销银数目清单稿》,嘉庆元年,档案号:05-0462-080,中国第一历史档案馆藏。

及:"上年十二月二十八日,据敬事房传:新进贵人二位,应进宫分。"①此处所谓两位"新进贵人",可能即是晋妃与寿贵人。关于这点,尚待今后继续发掘整理。

另外,以《清列朝后妃传稿》《星源集庆》为首的史料,将寿贵人记为"柏氏",并且称寿贵人在乾隆五十九年十月二十二日晋封为寿贵人。而根据档案:"乾隆五十九年十月二十二日,婉嫔封为婉妃,循嫔封为循妃,林贵人封为恭嫔,明贵人封为芳嫔,鄂常在封为鄂贵人,白常在封为白贵人。"②并无"寿贵人"之名,可能是《清列朝后妃传稿》的作者误将寿贵人与白贵人混淆的缘故。

七、金贵人

【简介】

高宗金贵人。生年不详,生辰为九月十一日。出身不详。乾隆四十一年五月初八日,封为金常在。乾隆四十一年十一月十八日,晋封为金贵人。乾隆四十三年四月薨。同年九月初九日,奉安裕陵妃园寝。

【概述】

高宗金贵人身世不详。根据于善浦所录资料,其在乾隆四十一年五月初八日获封为常在,并在乾隆四十二年九月十一日晋封为金贵人。③ 不过,亦有档案记载:"乾隆四十一年十一月十八日,新晋嫔娘娘一位,兰贵人封为嫔,金常在封为贵人。"④出现这种出入,不知是何原因。亦有可能金贵人在乾隆四十一年晋封为贵人之后,曾经因故降回常在,之后才在乾隆四十二年重新复封为贵人。乾隆四十三年四月,光禄寺行文内务府时提及:"金贵人前于四月十九日初上坟,二十五日大上坟。"⑤可知金贵人在乾隆四十三年

---

① 《为领取新进贵人等所需包裹皮张挖单事》,嘉庆三年三月二十六日,档案号:05-08-002-000076-0006,中国第一历史档案馆藏。
② 《乾隆至嘉庆年添减底帐》,《国家图书馆藏清代孤本内阁六部档案续编》,第4册,第1718页。
③ 于善浦:《清代帝后的归宿》,第166页。
④ 《乾隆至嘉庆年添减底帐》,《国家图书馆藏清代孤本内阁六部档案续编》,第4册,第1647页。
⑤ 《为致祭金贵人预备上坟桌张刷套事致内务府》,乾隆四十三年四月,档案号:05-13-002-000039-0069,中国第一历史档案馆藏。

四月薨逝。

八、张常在

【简介】

高宗张常在。出身不详。乾隆十年十月十八日薨。乾隆十七年十月二十七日,奉安裕陵妃园寝。

【概述】

高宗张常在身世不详。可能是在高宗即位初期的后宫主位。

九、揆常在

【简介】

高宗揆常在。生年不详,生辰为七月初十日。出身不详。乾隆十五年时已经入宫封为揆常在。乾隆二十一年五月二十六日薨。乾隆二十二年十一月初三日,奉安裕陵妃园寝。

【概述】

高宗揆常在身世不详。可能是在高宗即位初期的后宫主位。根据清宫医案记载,乾隆二十年八月时,她身体已经不大好,"系阴虚气弱,淋痛经闭之症"①,约一年之后,"乾隆二十一年五月二十六日,揆常在病故。"②

十、宁常在

【简介】

高宗宁常在。生年不详,生辰为十一月十四日。出身不详。乾隆二十八年十月二十五日,封为宁常在。约于乾隆四十五年前后薨逝。乾隆四十九年九月初八日,奉安裕陵妃园寝。

【概述】

高宗宁常在身世不详。根据于善浦所录资料,其在乾隆二十八年十月

---

① 陈可冀主编:《清宫医案研究》,第1册,第203页。
② 《乾隆至嘉庆年添减底帐》,《国家图书馆藏清代孤本内阁六部档案续编》,第4册,第1345页。

二十五日获封为常在,并在乾隆四十六年十二月初二日收上遗物。① 有学者认为,宁常在可能与容妃一样,是出身回部的后宫主位,②其主要依据出自御茶膳房档案。在乾隆三十四年的《拨用行文底档》中,容妃记为:"舒妃、豫妃、容妃……又行光禄寺,二位,每日拨用猪肉三斤。外膳房肉房,一位,每日拨用羊肉三斤。"③由此推断舒妃和豫妃食用猪肉,而容妃食用羊肉。同档案内,宁常在记为:"禄常在、新常在、宁常在、明常在……又行光禄寺,三位,每位每日拨用猪肉一斤八刃。外膳房肉房,一位,每日拨用羊肉一斤八刃。"④其中,禄贵人和明常在均为民籍汉人之女,应该食用猪肉,而新常在虽然身世不明,但是根据同档案内记载:"八月初十日,新常在生辰,早晚分例添用霁红碗菜二桌,每桌八碗。每桌添用猪肉二斤八刃、肘子半箇、肚子半箇。"⑤可知新常在亦食用猪肉,所以食用羊肉只能是宁常在。这的确是一个重要发现。但是,以同类史料来看,这种记载似乎有不确定性。如乾隆二十七年的《拨用行文底档》中,对于当时尚在嫔位的容妃记载为:"豫嫔、慎嫔、荣嫔,共三位……又行光禄寺,每位拨用猪肉二斤。菜库,每位每日拨用随时鲜菜八斤。"⑥此处的"荣嫔"即是容妃,竟然亦配给猪肉。出现这种情况,不知是否为档案误记。总而言之,关于宁常在是否出身回部,仍要对史料作进一步梳理。

十一、平常在

【简介】

高宗平常在。生年不详,生辰为七月十二日。出身不详。在乾隆年间被选入宫,为官女子,曾在庆恭皇贵妃位下学规矩。乾隆三十三年五月二十一日,封为平常在。卒年不详。乾隆四十三年九月初九日,奉安裕陵妃

---

① 于善浦:《清代帝后的归宿》,第 168 页。
② 张小杰:《从乾隆后妃看乾隆的多民族联姻政策》,硕士学位论文,烟台大学,2018 年,第 32—34 页。
③ 中国第一历史档案馆、承德市文物局合编:《清宫热河档案》,北京:中国档案出版社,2003 年,第 2 册,第 164 页。
④ 中国第一历史档案馆、承德市文物局合编:《清宫热河档案》,北京:中国档案出版社,2003 年,第 2 册,第 165 页。
⑤ 中国第一历史档案馆、承德市文物局合编:《清宫热河档案》,第 2 册,第 177 页。
⑥ 中国第一历史档案馆、承德市文物局合编:《清宫热河档案》,第 1 册,第 450 页。

园寝。

【概述】

高宗平常在身世不详。根据档案记载,"乾隆三十三年五月二十一日,庆妃下学规矩女子封平常在。"①可知平常在之前曾经在庆恭皇贵妃位下学规矩,可能出身内务府包衣。

十二、祥答应

【简介】

高宗祥答应。出身不详。乾隆年间入宫,封为祥常在。乾隆二十四年四月初九日,晋封为祥贵人。后因故降为祥答应。乾隆三十八年三月二十八日薨。奉安曹八里屯。

【概述】

高宗祥答应身世不详。根据档案记载:"乾隆二十四年四月初九日,祥常在封贵人。"②而在当年十一月的金线宫分中,祥答应也以"祥贵人"的身份列名。③ 后来,她因故降为答应。档案中提及:"乾隆三十八年三月二十八日,祥答应病故。"④祥答应薨逝之后,被暂安在静安庄,⑤最终葬在曹八里屯,而没有葬入皇陵。

十三、那答应

【简介】

高宗那答应。生年不详,生辰为八月二十日。在乾隆年间被选入宫,为官女子,曾在愉贵妃位下学规矩。乾隆二十九年三月二十二日,封为那常在。乾隆四十年四月二十五日,因故降为那答应。其后不明。未葬入皇陵。

---

① 《乾隆至嘉庆年添减底帐》,《国家图书馆藏清代孤本内阁六部档案续编》,第 4 册,第 1428 页。
② 《乾隆至嘉庆年添减底帐》,《国家图书馆藏清代孤本内阁六部档案续编》,第 4 册,第 1360 页。
③ 《奏报杭州织造每年所进宫分金线数目片》,中国第一历史档案馆、故宫博物院编:《清宫内务府奏销档》,第 55 册,第 377 页。
④ 《乾隆至嘉庆年添减底帐》,《国家图书馆藏清代孤本内阁六部档案续编》,第 4 册,第 1481 页。
⑤ 《为静安庄暂安之祥答应上坟绎祭一切应行应办之处俱照曹八里屯暂安之向答应上坟例办理事致内务府》,乾隆三十八年闰三月初三日,档案号:05-13-002-000029-0057,中国第一历史档案馆藏。

【概述】

高宗那答应身世不详。根据档案记载："乾隆二十九年三月二十二日，愉妃下学规矩女子一人封为那常在。"①可知那答应之前曾经在愉贵妃位下学规矩，可能出身内务府包衣。在乾隆四十年四月之前，那答应一直以常在位分住在承乾宫。② 同年四月二十五日，档案内提及："承乾宫那常在夏例日用黑炭十觔，从今日止退。"③参考在后来乾隆五十三年的档案中，她仍住在承乾宫，被记为"那答应"④，因而推测她在乾隆四十年四月二十五日因故降为答应。之后，那答应一直以答应位分居住在宫中，乾隆五十三年的档案中对其仍有提及，而嘉庆元年内务府所呈报的乾隆六十年和嘉庆元年的宫分档案中已经没有她的身影。⑤ 应该是在此阶段薨逝或离开宫廷。由于那答应最终只拥有答应位分，故而若她在宫中薨逝，按照祥答应之例，亦不得葬入皇陵。

---

① 《乾隆至嘉庆年添减底帐》，《国家图书馆藏清代孤本内阁六部档案续编》，第 4 册，第 1380 页。
② 《乾隆至嘉庆年添减底帐》，《国家图书馆藏清代孤本内阁六部档案续编》，第 4 册，第 1586 页。
③ 《乾隆至嘉庆年添减底帐》，《国家图书馆藏清代孤本内阁六部档案续编》，第 4 册，第 1586 页。
④ 《奏报承乾宫女子五妞投井自尽事折》，中国第一历史档案馆、故宫博物院编：《清宫内务府奏销档》，第 151 册，第 247—252 页。
⑤ 《呈报乾隆六十年皇帝皇太子等每日猪肉鸡鸭分例并销银数目清单稿》，嘉庆元年，档案号：05－0462－076，中国第一历史档案馆藏。《呈报嘉庆元年太上皇帝皇帝等每日盘肉鸡鸭分例并销银数目清单稿》，嘉庆元年，档案号：05－0462－080，中国第一历史档案馆藏。

第十三章　清仁宗嘉庆帝的后宫

清仁宗受天兴运敷化绥猷崇文经武光裕孝恭勤俭端敏英哲睿皇帝，原名永琰，满文作"yung yan"①，即位后更名颙琰。作为高宗纯皇帝的第十五子，生于乾隆二十五年十月初六日丑时，生母为孝仪纯皇后魏佳氏。乾隆三十八年冬，由高宗秘密立为储嗣，缄置镡匣。乾隆五十四年十一月，恩封为和硕嘉亲王。乾隆六十年九月初三日，高宗召集皇子、皇孙、王公大臣等，亲启镡匣，立为皇太子。嘉庆元年正月初一日，受高宗内禅，即皇帝位，改元嘉庆。嘉庆四年，高宗崩逝。嘉庆九年（1804年），白莲教乱平定。嘉庆十八年（1813年），天理教乱爆发。嘉庆二十五年七月二十五日戌时崩，年六十一岁，在位二十五年。同年十月，恭上尊谥曰受天兴运敷化绥猷崇文经武孝恭勤俭端敏英哲睿皇帝，庙号仁宗。道光元年（1821年）三月二十三日，奉安昌陵，升祔太庙、奉先殿。道光三十年五月，加上光裕两字。

关于嘉庆朝挑选八旗秀女的年届，已知乾隆朝最后一次挑选八旗秀女为乾隆六十年，则嘉庆朝第一次挑选八旗秀女应该在嘉庆三年，之后依次为嘉庆六年、嘉庆九年、嘉庆十二年、嘉庆十五年（1810年）、嘉庆十八年、嘉庆二十一年（1816年）、嘉庆二十四年（1819年）。结合《国朝宫史》等记载，嘉庆六年时，仁宗曾经下旨在八旗秀女里指婚给近派宗支。② 嘉庆十一年时，仁宗提及："明年应行选看之秀女，其八旗满洲、蒙古内外三品以上文武官员秀女，年至十三岁，查明豫备选看。"③嘉庆二十年（1815年），仁宗提及："明年挑选八旗及岁秀女。"④表明以上推论的选秀年届基本符合事实。

根据目前的资料统计，清仁宗一生中有十六位妻妾，其中有一些是藩邸

---

① 《近支名册》，乾隆四十九年写本，国家图书馆藏。
② 《国朝宫史续编》卷45，上册，第356—357页。
③ 《国朝宫史续编》卷45，上册，第357页。
④ 光绪朝《钦定大清会典事例》卷1114，《续修四库全书》编纂委员会编：《续修四库全书》，第813册，第416页。

时期娶纳的,也有一些是即位之后收入后宫的。由于仁宗即位时已年近四旬,所以他的十六位妻妾中有至少八位均是在藩邸时期娶纳的,这一点与世宗有些相似。谨按照成为仁宗妻妾的时间和方式,将仁宗的十六位后宫主位分类综述如下。

第一节 清仁宗嘉庆帝的两位皇后

一、孝淑睿皇后

【简介】

孝淑端和仁庄慈懿敦裕昭肃光天佑圣睿皇后,原正白旗包衣后抬正白旗满洲喜塔腊氏,承恩公、总管内务府大臣、副都统和尔经额第二女。乾隆二十五年八月二十四日辰时生。① 乾隆三十八年,被高宗指与皇十五子仁宗为嫡福晋。乾隆三十九年四月二十七日,入宫行大婚礼,册封为皇子福晋。乾隆四十五年四月三十日,生第二女。乾隆四十七年八月初十日,生第二子绵宁,即宣宗成皇帝。乾隆四十九年九月初七日,生第四女庄静固伦公主。嘉庆元年正月初一日,仁宗即位。同月初四日,以东阁大学士王杰为正使,礼部右侍郎多永武为副使,册立为皇后。嘉庆二年二月初七日未时崩,年三十八岁。同年五月,谥曰孝淑皇后,移往静安庄暂安。嘉庆八年十月二十二日,奉安昌陵。道光元年三月,恭上尊谥曰孝淑端和仁庄慈懿光天佑圣睿皇后,升祔太庙、奉先殿。道光三十年四月,加上敦裕两字。咸丰十一年十月,加上昭肃两字。

【家族背景】

孝淑睿皇后出身昂果都理巴颜系喜塔腊氏,与兴祖直皇后、显祖宣皇后均属同一个大系。不过,孝淑睿皇后一支与兴祖直皇后、显祖宣皇后一支的血缘关系甚远,孝淑睿皇后一支入旗的始祖名为阿塔,与显祖宣皇后同辈,当时即已出了五服,入旗之后也不在同一"族"内。②

---

① 《奏为十五阿哥指婚吉期事折》,乾隆三十八年十二月十五日,档案号:奏销档324-181,中国第一历史档案馆藏。
② 谨按,兴祖直皇后和显祖宣皇后均为昂果都理巴颜第一子都理金都督的后代,阿塔则是昂果都理巴颜第五子萨璧图的玄孙。

孝淑睿皇后这一支喜塔腊氏入旗后被编入正白旗包衣。其家族的具体旗籍，根据后来世宗在上谕中提及，阿塔之玄孙来保"原在辛者库，朕即位后，拨入佐领下"①，可知此支喜塔腊氏原为正白旗包衣的管领下食口粮的辛者库人丁，在世宗即位之后抬入正白旗包衣佐领下，脱离了辛者库的身份。这位来保在雍正朝历任内务府佐领、郎中、总管内务府大臣，在乾隆朝则升任工部尚书，仕至吏部尚书、武英殿大学士、军机大臣，得谥文端、入祀贤良祠，是乾隆朝的名臣。乾隆六年正月，高宗以来保"办事勤劳"的缘故，"著加恩准其人入满洲旗分"②，于是阿塔一支喜塔腊氏又从正白旗包衣佐领抬入正白旗满洲佐领下，摆脱了包衣旗籍。不过，来保并非是孝淑睿皇后的直系祖先。阿塔之子名为扎格，仕至包衣佐领，其生有数子，来保和孝淑睿皇后的祖先分别是其中的两位。孝淑睿皇后家作为来保的同族近亲随其一同抬入正白旗满洲，这也是后来孝淑睿皇后能够成为皇子福晋的重要基础。

扎格数子之中，有一位未出仕的儿子名为安泰，即是孝淑睿皇后的高祖父。安泰之子名为爱星阿，仕至内务府员外郎。爱星阿之子名为常安，是内务府柏唐阿。所谓柏唐阿，是一种没有品级的内务府杂差，而这位常安即是孝淑睿皇后的祖父。从孝淑睿皇后本支的情况来看，其家庭门第相当普通。高祖父、曾祖父、祖父三代人内只有一代拥有官身，列为官宦人家都略显勉强。但是借着近亲来保的得势，对孝淑睿皇后本支亦有所提携，集中表现在孝淑睿皇后的父亲和尔经额身上。

和尔经额出生的时候，其家还在内务府旗籍内，属于内务府佐领下人。所以他由内务府系统出仕，逐渐升至总管内务府大臣兼副都统，跻身高级官员之列，门第开始上升。和尔经额先后娶有三位夫人，原配为瓜尔佳氏，继配为李佳氏，二继配为王佳氏，孝淑睿皇后的生母是王佳氏。三位夫人一共为和尔经额生有四子数女。四子里，依次名为盛住、隆住、孟住、龄住。另外，档案内称孝淑睿皇后为和尔经额的"次女"，可知孝淑睿皇后应该至少还有一位姐姐。

---

① 《世宗宪皇帝实录》卷38，雍正三年十一月丁酉条，《清实录》，第7册，第557页。
② 《高宗纯皇帝实录》卷135，乾隆六年正月乙未条，《清实录》，第10册，第950页。

孝淑睿皇后之父和尔经额在乾隆四十八年之前去世，没有看到女儿被册立为皇后。而孝淑睿皇后的四位兄弟中，除了隆住只仕至笔帖式之外，其余三位均在后来受到了仁宗和宣宗的重用，盛住仕至工部尚书、孟住仕至广州将军、龄住仕至安徽按察使，均为高级官员。另外，由于有册立孝淑睿皇后而带来的承恩公爵位，使得和尔经额一支后裔从嘉庆朝开始即跻身旗人一等世家之中，一直到清末依然是旗人世家里的翘楚，晚清的湖北巡抚裕长、直隶总督裕禄均是其家后裔。同时也应该注意到，仁宗曾在上谕之中屡次批评盛住、孟住兄弟，如批评盛住说："朕在藩邸时，深悉其为人器小贪利。"①"盛住为人，朕所素知。伊糊涂狂妄，屡获愆尤。"②批评孟住，则说其"殊属无用糊涂之至"。③ 由此看来，盛住、孟住这几位内弟也让仁宗相当不省心。④

【入宫背景】

根据档案记载，乾隆三十八年十二月，高宗下达上谕称："将副都统和尔经额之次女指与十五阿哥，于明年迎娶。"⑤由此可知，孝淑睿皇后是在乾隆三十八年十二月被高宗指与仁宗为嫡福晋，并在第二年正式成婚。

将孝淑睿皇后的家世与指婚的时间结合来看，孝淑睿皇后能够嫁与仁宗为原配福晋，可能有着一些特殊的政治意义。

从家世来看，高宗一共有十七位皇子，除去几位夭折的之外，经高宗亲自指婚的皇子一共有十位。这十位里，皇长子和硕定安亲王永璜的嫡福晋为镶红旗满洲伊拉里氏，其父德海，是清初骑都尉阿囊阿的后代，袭爵轻车都尉，仕至世管佐领。皇三子多罗循郡王永璋的嫡福晋为科尔沁博尔济吉特氏，其母是世宗的养女淑慎和硕公主。⑥ 皇四子和硕履端亲王永珹的嫡福晋为正黄旗满洲伊尔根觉罗氏，其父福僧额，是文华殿大学士伊桑阿之

---

① 《仁宗睿皇帝实录》卷66，嘉庆五年闰四月甲戌条，《清实录》，第28册，第887页。
② 《仁宗睿皇帝实录》卷138，嘉庆九年十二月丁丑条，《清实录》，第29册，第890页。
③ 《仁宗睿皇帝实录》卷121，嘉庆八年九月辛亥条，《清实录》，第29册，第617页。
④ 此段喜塔腊氏谱系，整理自《八旗满洲氏族通谱》《永陵喜塔腊氏谱书》《佛满洲家谱精选·辽宁卷》《清代谱牒档案（缩微胶卷）》《清代朱卷集成》《会试同年齿录》《嘉庆丙子科齿录》《道光甲午科直省同年齿录》《八旗通志初集》《钦定八旗通志》《爱新觉罗宗谱》。
⑤ 《奏为十五阿哥指婚吉期事折》，乾隆三十八年十二月十五日，档案号：奏销档324-181，中国第一历史档案馆藏。原档案为满文，书中所用为作者自译。
⑥ 《为科尔沁和硕淑慎公主之女指婚给三阿哥事》，乾隆十四年四月二十五日，档案号：03-18-009-000008-0001，中国第一历史档案馆藏。

孙,娶和硕怡贤亲王允祥的第二女郡主为妻,仕至盛京兵部侍郎。皇五子和硕荣纯亲王永琪的嫡福晋为镶蓝旗满洲西林觉罗氏,其父鄂弼,是大学士鄂尔泰之子,承袭世管佐领,仕至四川总督。皇六子和硕质庄亲王永瑢的嫡福晋为镶黄旗满洲富察氏,其父富谦,是高宗元后孝贤纯皇后的亲兄弟,仕至陕西参将。皇八子和硕仪慎亲王永璇的嫡福晋为镶黄旗满洲章佳氏,其父尹继善,是东阁大学士尹泰之子,仕至大学士。皇十一子和硕成哲亲王永瑆的嫡福晋为镶黄旗满洲富察氏,其父傅恒,亦是高宗元后孝贤纯皇后的亲兄弟,功封一等忠勇公,仕至大学士。皇十二子多罗贝勒永璂的嫡福晋博尔济吉特氏,出自阿巴垓右旗的蒙古王公之家。① 皇十七子和硕庆僖亲王永璘嫡福晋为镶黄旗满洲钮祜禄氏,其父阿里衮,是一等果毅公、太师遏必隆之孙,承袭一等果毅公、勋旧佐领,仕至领侍卫内大臣、两广总督。② 这样相比之下,孝淑睿皇后的出身实在有些相形见绌。

  从时间上来看,孝淑睿皇后在乾隆三十八年冬季被高宗指婚给仁宗,而根据高宗自己的说法:"曾于乾隆三十八年冬,密书封识。并以此意,谕知军机大臣。"③也就是说高宗秘密立仁宗为储,与将孝淑睿皇后指婚与仁宗,均是在乾隆三十八年冬季。乾隆三十八年时,孝淑睿皇后十四岁,为正白旗满洲旗人。根据已知资料来看,乾隆三十八年并非是挑选八旗秀女的年届,其前后的选秀年届应该是乾隆三十六年和乾隆三十九年。所以,孝淑睿皇后可能是乾隆三十六年以十二岁之龄参选之后被记名的秀女,也可能是准备在第二年即乾隆三十九年参选的新及岁秀女。而且,从雍正朝晚期开始,挑选八旗秀女大多在二月,孝淑睿皇后被指婚则在冬季,这都表明孝淑睿皇后的指婚比较特殊。

  结合以上信息,可知高宗在将孝淑睿皇后指与仁宗为嫡福晋的时候,心

---

① 谨按,多罗贝勒永璂的嫡福晋在《爱新觉罗宗谱》中只写为"博尔济吉特氏",未记父名。根据档案,可知这位博尔济吉特氏福晋出身蒙古阿巴垓右旗,与扎萨克郡王索诺木喇布坦为近亲。可参考《为阿巴垓王索诺木喇布坦病情复发著由伊子或同胞兄弟内选一人来京参加十二阿哥迎娶福晋喜事事》,乾隆三十年十月初十日,档案号:03-18-009-000033-0003,中国第一历史档案馆藏。
② 此段高宗诸子妇谱系,整理自《八旗满洲氏族通谱》《清代谱牒档案(缩微胶卷)》《开国佐运功臣弘毅公家谱》《沙济富察氏宗谱》《满族家谱选编》《八旗通志初集》《钦定八旗通志》《爱新觉罗宗谱》。
③ 《高宗纯皇帝实录》卷1067,乾隆四十三年九月乙未条,《清实录》,第22册,第276页。

中已经确定将仁宗立为储君,则作为仁宗皇子时期福晋的孝淑睿皇后必然会成为以后的皇后。所以高宗在选择孝淑睿皇后为子妇的时候,应该着有特殊的考量和权衡。故而推测,高宗特地在非选秀的时期,将出身相对普通的孝淑睿皇后指与仁宗为嫡福晋,或许恰恰是为了掩盖其秘密立仁宗为储的事实,以增加立储的迷惑性。特别是在乾隆朝中后期,竞争储君位置的皇子主要即是仁宗与和硕成哲亲王永瑆。正是因为和硕成哲亲王永瑆的嫡福晋为镶黄旗满洲富察氏,是孝贤纯皇后之侄女,出身非同一般,故而当时朝野有一些议论,猜测高宗所拟储君即是和硕成哲亲王永瑆,从某个角度而言的确保护了真正的储君仁宗。

【宫廷生活】

孝淑睿皇后在乾隆三十九年入宫之后,身体较为健康,从乾隆四十四年开始,为仁宗接连生育了一子两女。乾隆五十年四月,孝淑睿皇后第四次怀孕,却在七月十四日小产,给身体带来了极大的伤害,从此愈发虚弱。① 嘉庆元年仁宗即位,孝淑睿皇后也正位中宫,居住在景仁宫。② 相关一系列的仪式可能也加剧了她的病情,导致其在嘉庆二年崩逝。

孝淑睿皇后崩逝当天,正好是仁宗前往社稷坛祭祀社神和稷神的日子。仁宗一早便出门行礼,之后驾幸圆明园。未时,孝淑睿皇后崩于宫中,仁宗得信后赶紧回宫临奠。因为当时高宗尚以太上皇的身份居于宫中,所以对于孝淑睿皇后的丧礼仁宗也只能削减规模,下达上谕:"王公大臣官员等虽有素服之例,但皇后册立甫及一年,母仪未久,且昕夕承欢,诸取吉祥,此七日内,圆明园值日奏事之王大臣等及引见人员,俱著常服,惟不挂珠。此礼以义起,天下臣民等自当共喻朕崇奉皇父孝思,敬谨遵行,副朕专隆尊养至意。"③

【封谥释义】

孝淑睿皇后的主谥曰"淑",满文作"nemeyen"④,意为"淑婉""温柔"。

---

① 陈可冀主编:《清宫医案研究》,第 1 册,第 247—252 页。
② 《为支领皇后主位进册宝景仁宫等处拴挂硬彩子等项需用银钱事》,嘉庆元年三月初八日,档案号:05-08-006-000003-0025,中国第一历史档案馆藏。
③ 《仁宗睿皇帝实录》卷 14,嘉庆二年二月戊寅条,《清实录》,第 28 册,第 201 页。
④ 綦中明:《满语名号研究》,第 77 页。

这个谥号是由高宗所赐，①大概体现孝淑睿皇后在世期间，其淑婉的作风得到了高宗的认可。仁宗崩逝之后，孝淑睿皇后所生的宣宗即位，为孝淑睿皇后补全谥号。当时内阁拟出了两种全谥：一为"孝淑端和仁庄慈懿光天佑圣睿皇后"，一为"孝淑恭穆惠顺和裕合天钟圣睿皇后"。宣宗选择了前一种。②

二、孝和睿皇后

【简介】

孝和恭慈康豫安成钦顺仁正应天熙圣睿皇后，镶黄旗满洲钮祜禄氏，承恩公、礼部尚书、都统恭阿拉第一女。乾隆四十一年十月初十日生。在八旗选秀中，被高宗指与皇十五子仁宗为侧福晋而入宫。乾隆五十八年六月二十六日，生第七女。乾隆六十年六月二十二日，生第三子和硕惇恪亲王绵恺。嘉庆元年正月初一日，仁宗即位。同月初四日，以礼部尚书德明为正使，礼部右侍郎周兴岱为副使，册封为贵妃。嘉庆二年二月初七日，孝淑睿皇后崩逝，百日之后，高宗上谕，拟册立为皇后，先期晋封为皇贵妃，二十七月除服后册立为皇后。同年十月十七日，以大学士刘墉为正使，礼部左侍郎铁保为副使，册封为皇贵妃。嘉庆六年四月十五日，以文华殿大学士董诰为正使，内阁学士普恭为副使，册立为皇后。嘉庆十年二月初九日，生第四子和硕瑞怀亲王绵忻。嘉庆二十五年七月，仁宗崩逝，宣宗即位，尊为皇太后。同年十二月初二日，尊上徽号曰恭慈皇太后。道光二年十一月，因宣宗册立皇后，加上康豫两字。道光八年（1828年）十一月，因平定张格尔之乱，加上安成两字。道光十四年十月，因宣宗继立皇后，加上庄惠两字。道光十五年十月，因孝和睿皇后六旬万寿，加上寿禧两字。道光二十五年（1845年）十月，因孝和睿皇后七旬万寿，加上崇祺两字。累计徽号曰恭慈康豫安成庄惠寿禧崇祺皇太后。道光二十九年（1849年）十二月十一日申时崩，年七十四岁。道光三十年三月，恭上尊谥曰孝和恭慈康豫安成应天熙圣睿皇后。同年九月，加上钦顺两字。咸丰三年（1853年）二月二十六日，奉安昌西陵。同年三月，升祔太庙、奉先殿。咸丰十一年十月，加上仁正两字。

---

① 《仁宗睿皇帝实录》卷14，嘉庆二年二月戊戌条，《清实录》，第28册，第207页。
② 《呈恭拟孝淑皇后谥号单》，嘉庆二十五年，档案号：03-1616-070，中国第一历史档案馆藏。

【家族背景】

孝和睿皇后出身索和济巴颜系钮祜禄氏,与太宗元妃、孝昭仁皇后、圣祖温僖贵妃、高宗顺妃、高宗诚嫔、仁宗恭顺皇贵妃等均属同一个大系内的弘毅公家族的一员,其家世可以参考她们各条。弘毅公家族内部分为十六房,根据房份不同,后裔的门第也有所不同,其中第十六房门第最高,孝昭仁皇后、圣祖温僖贵妃、高宗顺妃、高宗诚嫔、孝穆成皇后均出自这一房,孝和睿皇后则出自第六房。

弘毅公家第六房的始祖名为达隆蔼,根据《开国佐运功臣弘毅公家谱》的记载,达隆蔼"因疾未仕",其生有四子,依次名为达拜、多拜、约拜、科拜。其中约拜原任护军统领,革退之后仕至头等侍卫,过继弟弟科拜的第三子锡特木布为嗣子。锡特木布仕至二等侍卫,娶妻纳喇氏,生有二子,第一子名为朗住、第二子名为公元。这位公元在仕宦上较为出色,仕至广东按察使、泰宁镇总兵,他即是孝和睿皇后的高祖父。公元生有三子,其中,第一子钟锦和第二子公德未出仕,第三子公保为雍正十一年生人,在乾隆二十年考取笔帖式入仕,乾隆二十三年补授工部笔帖式,乾隆二十八年因病告休,从此未再跻身仕途,在嘉庆六年去世。公保先后有两任嫡妻,第一任为宗室氏①、第二任为纳喇氏,一共为公宝生了三个儿子,第一子名为恭阿拉,即是孝和睿皇后的父亲;第二子名为那木萨尔扎普,出继给远房;第三子名为明善。

孝和睿皇后之父恭阿拉是乾隆十八年生人,在乾隆三十六年承袭堂叔的勋旧佐领而入仕,在乾隆年间做到参领的官职。仁宗即位后逐渐受到重用,历任总兵、步军统领等职,最终仕至礼部尚书、都统,于嘉庆十七年(1812年)病故,得谥勤慤。恭阿拉嫡妻叶赫纳喇氏,为正白旗满洲一等男白明之女,生于乾隆十九年,去世于嘉庆九年。恭阿拉一共有三子三女。第一子名为宁武泰,生于乾隆四十年,是孝和睿皇后的长兄,仕至笔帖式,在嘉庆三年早亡,绝嗣;第二子名为和世泰,生于乾隆四十六年,是孝和睿皇后的弟弟,仕至理藩院尚书、都统;第三子名为吉伦泰,生于乾隆五十八年,跟孝和睿皇

---

① 谨按,清代爱新觉罗氏内部分为"宗室"和"觉罗"两类,因此在清代旗人谱牒中经常称宗室之女为"宗室氏"。由于私家谱牒具有不准确性,个别情况下,也有将所有爱新觉罗氏均称为"宗室氏"的例子。故本书中直接引用私人谱牒的记录写为"宗室氏"。

后所生的皇七女一样大,他被过继给无嗣的叔父明善为嗣。顺便一提,孝和睿皇后的叔父明善是祖父公宝的老来子,生于乾隆四十年,只比孝和睿皇后年长一岁,仕至员外郎,在嘉庆十九年(1814年)病故。恭阿拉的三位女儿里,孝和睿皇后是长女;二妹生于乾隆四十七年,比孝和睿皇后小六岁,嫁给肃王府的不入八分辅国公敬叙为嫡妻;三妹生于乾隆五十四年,比孝和睿皇后小十三岁,嫁给和硕睿勤亲王端恩为嫡妻。

孝和睿皇后虽然只出身于弘毅公府的支庶,但是其祖辈均为中级官员,基本保持与世家的联姻,并且最终以孝和睿皇后入宫为基础门第进一步上升,跻身高级官员之列,成为一等世家。①

【入宫背景】

孝和睿皇后出身镶黄旗满洲,应该是作为八旗秀女,在参加八旗挑选秀女的过程中,被高宗指给仁宗作为侧福晋娶入。属于直接迎娶的侧福晋,而不是从使女中收为妾室。根据目前的资料来看,乾隆三十九年,高宗给仁宗指婚了嫡福晋,即孝淑睿皇后。乾隆五十年,孝淑睿皇后小产之后,身体逐渐变弱。第二年即乾隆五十一年是挑选八旗秀女的年届,在这届秀女之中,高宗将出身世家、门第不输于孝淑睿皇后的完颜氏指给仁宗作为侧福晋,可能有预备在孝淑睿皇后崩逝后继为嫡室的考量,即后来追封的恕妃。结果,恕妃入宫没多久便薨逝,于是高宗在新一届的八旗秀女之中挑选了同样出身世家的孝和睿皇后作为侧福晋指给仁宗。

孝和睿皇后生于乾隆四十一年。参考乾隆朝挑选八旗秀女的年届,她可能是在乾隆五十四年或者乾隆五十七年被指婚。孝和睿皇后出身的家族在当时虽然不算一等世家,却也作为一等世家的支庶有着中级官宦的门第,而且还跟世家进行着联姻,属于世家范畴。从某个角度而言,其家世门第恐怕还要超过孝淑睿皇后。选择孝和睿皇后作为仁宗的侧福晋,可能依然是高宗因孝淑睿皇后身体状况不佳而为仁宗做的提前准备。

【宫廷生活】

入宫之后的孝和睿皇后,作为高宗钦命直接娶入的侧福晋,受到了仁宗

---

① 此段钮祜禄氏谱系,整理自《八旗满洲氏族通谱》《开国佐运功臣弘毅公家谱》《清代谱牒档案(缩微胶卷)》《八旗通志初集》《钦定八旗通志》《爱新觉罗宗谱》。

的尊重和宠爱,在潜邸为仁宗生育了一子一女。嘉庆元年仁宗即位,孝和睿皇后由侧福晋封为贵妃,彰显了其特殊身份。嘉庆二年,孝淑睿皇后崩逝,仁宗"奉太上皇帝敕谕,命贵妃钮祜禄氏继位中宫"。① 因在孝淑睿皇后丧期之内,所以先晋封为皇贵妃,等丧期过后再册立为后。其原本居住在钟粹宫,②在孝淑睿皇后崩逝之后,则作为孝淑睿皇后的后继者住进了景仁宫。③到了嘉庆朝中期,她搬到储秀宫居住,④在嘉庆二十五年仁宗崩逝时,尚未被尊为皇太后的孝和睿皇后便是以"储秀宫"的名义下达懿旨。⑤ 另外,在嘉庆十年,二十九岁的孝和睿皇后再次为仁宗生育了皇子,这距离她上一次生育已经有十年之久。这种间隔很长时间的生育情况在清代宫廷里并不常见,由此可见仁宗和孝和睿皇后的关系应该比较融洽。

嘉庆二十五年七月,仁宗崩逝,宣宗即位,时年四十五岁的孝和睿皇后被尊为皇太后。对于这位继母,宣宗相当尊重,并且竭尽孝顺。如宣宗自己所说:"朕自圣母孝淑睿皇后慈驭上宾以来,深荷大行皇太后(孝和睿皇后)隆恩覆庇。"⑥而孝和睿皇后的性格则比较严肃。道光时期的重臣翁同龢曾经听和硕醇贤亲王奕譞讲述道光朝旧事,其中提及:"宣庙晚年每披军报必不怡良久,一日问孝和睿皇后安,适英夷占定海,上强为慰藉,太后厉声曰:'祖宗创业,尺土一民皆艰难缔造,何今日轻弃之耶!'上长跪引咎。"⑦可见一斑。

道光二十九年十二月初八日,从绮春园回宫的孝和睿皇后身体出现不适。宣宗闻讯,赶忙前往问安。初九日、初十日两天,宣宗也都前往问安。十一日这一天,孝和睿皇后的病情急转直下,宣宗在孝和睿皇后身边服侍,

---

① 《仁宗睿皇帝实录》卷17,嘉庆二年五月己未条,《清实录》,第28册,第230页。
② 《为行取搭做景仁宫钟粹宫凉棚需用杉槁事》,嘉庆元年五月二十四日,档案号:05-08-006-000004-0027,中国第一历史档案馆藏。
③ 《为支领册封皇贵妃景仁宫等处拴挂彩子办买绳麻杂料所需工价银钱事》,嘉庆二年十二月初九日,档案号:05-08-006-000019-0031,中国第一历史档案馆藏。
④ 《为知会庄静固伦公主行成婚礼皇后御储秀宫举行筵宴典礼仪注事等》,嘉庆七年十一月初二日,档案号:05-13-002-000086-0026,中国第一历史档案馆藏。
⑤ 中国第一历史档案馆编:《嘉庆朝上谕档》,第25册,第311页。
⑥ 《宣宗成皇帝实录》卷475,道光二十九年十二月乙亥条,《清实录》,第39册,第971页。
⑦ 《翁同龢日记》,同治五年四月十七日条,北京:中华书局,1989年整理本,第1册,第461页。

到了申时,孝和睿皇后崩逝,宣宗"哀恸号呼,擗踊无数"。① 当时,孝和睿皇后所生的两位皇子均已身故,只有宣宗这位养子尽孝,"凡值供奠行礼,哭必尽哀"。② 也是在这一年的年初,已经六十八岁的宣宗自己身体也越来越差,孝和睿皇后的丧事无疑对其健康造成了进一步的损伤。清廷官方所修撰的《实录》中即指出:"先是,上自上年入春以来,圣躬数违和,仍日召对臣工、批答章奏,无少倦懈。王大臣有劝上节劳者,上颔之,然未尝少自暇逸也。至是遭大行皇太后大故,擗踊摧伤,疾增剧。"③最终,在孝和睿皇后崩逝一个月后,宣宗也随之崩逝。

【封谥释义】

孝和睿皇后崩逝之后,朝廷为其敬拟谥号,拟出了四种主谥,其内容为:

孝温　宽仁惠下曰温
孝和　柔克有光曰和
孝裕　仁惠克广曰裕
孝哲　明知周通曰哲④

在这四种主谥之中,宣宗亲自选定了"孝和",其"和"字,满文作"hūwaliyasun"⑤,意为"和蔼""雍容"。

第二节　清仁宗嘉庆帝潜邸时娶纳的后宫

一、恕妃

【简介】

仁宗恕妃,镶红旗满洲完颜氏,轻车都尉、山西汾州参将哈丰阿之女。生年不详。在乾隆五十一年参加八旗选秀,被高宗指与皇十五子仁宗为侧

---

① 《宣宗成皇帝实录》卷475,道光二十九年十二月甲戌条,《清实录》,第39册,第969页。
② 《宣宗成皇帝实录》卷475,道光二十九年十二月乙亥条《清实录》,第39册,第971页。
③ 《宣宗成皇帝实录》卷476,道光三十年正月丙午条,《清实录》,第39册,第992页。
④ 《呈谨拟尊谥四字单》,道光三十年正月初五日,档案号:03-2831-014,中国第一历史档案馆藏。
⑤ 綦中明:《满语名号研究》,第78页。

福晋。同年十月初三日,入宫成婚。乾隆年间薨逝。嘉庆元年正月初一日,仁宗即位。嘉庆二年四月二十二日,追封为恕妃。嘉庆八年十月十七日,奉安昌陵妃园寝。

【家族背景】

仁宗恕妃出身于东归系完颜氏,与圣祖敬嫔同族。从辈分上来讲,仁宗恕妃比圣祖敬嫔小四辈,但是其共同祖先要追溯到圣祖敬嫔的高祖父都尔赶索勒和。根据谱牒记载,都尔赶索勒和生有数子,其中一子名为哈尔萨兑齐,一子名为宁古齐章京,圣祖敬嫔是宁古齐章京的玄孙女,而仁宗恕妃则是哈尔萨兑齐的七世孙女,血缘关系早已出五服。

哈尔萨兑齐之孙名为苏山,是恕妃家族入旗的始祖。根据记载,苏山世居拉哈地方,国初归来,被编入镶红旗满洲,授予世管佐领。其生有两子,第一子名为朱世奇,承袭世管佐领,因功获封一等轻车都尉又一云骑尉,仕至副都统。朱世奇之子名为鄂哈,承袭世管佐领,仕至礼部侍郎。鄂哈之孙名为杭奕禄,在康熙朝晚期考取内阁中书入仕,雍正年间历任监察御史、光禄寺少卿、左副都御史、刑部左侍郎,乾隆年间曾任工部左侍郎,承袭三等轻车都尉后仕至左都御史、议政大臣,在乾隆十三年七月病故。高宗曾经夸奖杭奕禄,称其才品优长,可见是受到高宗重视的大臣。杭奕禄生有三个儿子和至少一个女儿。第一子名为哈宁阿,承袭三等轻车都尉和世管佐领,去世较早;第二子名为哈丰阿,承袭了兄长的三等轻车都尉,仕至参将,即是恕妃的父亲;第三子名为杭成。至于杭奕禄已知的一位女儿则嫁给和硕庄慎亲王永瑺为嫡福晋。

恕妃之父哈丰阿娶追封和硕庄亲王、恭勤世子弘普第二女乡君为妻,作为乡君额驸挑取侍卫入仕,之后承袭轻车都尉世职,仕至山西汾州参将。哈丰阿至少有三个儿子和五个女儿。第一子名为庆宾,档案记载他是恕妃的兄长;①第二子名为庆云、第三子名为庆海,他们是恕妃的哥哥还是弟弟则不明。已知的五女里,除了一位是恕妃之外,一位嫁给和硕庄襄亲王绵课为嫡福晋,一位嫁给郑王府的闲散宗室庆聪为妻,一位嫁给广略贝勒褚英的后

---

① 《为追封恕妃简嫔逊嫔谢恩事呈文》,嘉庆二年五月二十三日,档案号:05-0467-018,中国第一历史档案馆藏。

代三等侍卫穆旦之孙成恩为妻,还有一位嫁给镶黄旗满洲钮祜禄氏弘毅公的庶流京口将军海常之孙怀堂阿为妻。

恩妃的家族拥有世职和世管佐领,仕宦上也能够达到高级官员,与王府有着复杂的姻亲关系,属于典型的旗人世家。另外,杭奕禄是乾隆朝的重要大臣,与恩妃家族有数次联姻的庄王府也是乾隆朝的重要宗藩,[①]这些都显示恩妃出身非同寻常。[②]

【入宫背景】

恩妃出身镶红旗满洲,是作为八旗秀女,在乾隆五十一年参加八旗挑选秀女的过程中,被高宗指给仁宗作为侧福晋娶入,而不是从使女中收为妾室。根据档案记载,乾隆五十一年九月,内务府上奏称:"本年十月初三日,十一阿哥、十五阿哥娶侧福晋。"[③]可知恩妃在乾隆五十一年的十月初三日嫁入仁宗潜邸。

乾隆三十九年时,高宗给仁宗指婚了嫡福晋,即后来的孝淑睿皇后。乾隆五十年孝淑睿皇后小产之后,身体逐渐变弱。第二年,高宗即为仁宗指婚出身世家的恩妃作为侧福晋,有可能是考虑到孝淑睿皇后身体病弱,所以提前为仁宗准备继室。

【宫廷生活】

恩妃在乾隆五十一年作为仁宗的侧福晋入宫之后,只度过了短暂的宫廷生活便薨逝。其薨逝的时间可能在乾隆五十四年之前。正是因为恩妃的早亡,使得高宗继续为仁宗指婚侧福晋,孝和睿皇后便作为侧福晋入宫。

【封谥释义】

恩妃的封号为"恩",满文作"giljan"[④],意为"宽恕""体谅"。

---

① 谨按,追封和硕庄亲王、恭勤世子弘普是和硕庄恪亲王允禄的第二子,其长子即和硕庄慎亲王永瑺,嗣孙即和硕庄襄亲王绵课。恩妃家族与庄王府的姻亲关系,即杭奕禄之子娶弘普之女,弘普之子娶杭奕禄之女,弘普之嗣孙又娶杭奕禄之孙女,两代人共联姻三次。
② 此段完颜氏谱系,整理自《八旗满洲氏族通谱》《清代谱牒档案(缩微胶卷)》《皇裔沉浮》《长白佛满洲完颜氏东归本支统系表》《长白山本支完颜氏宗谱》《八旗通志初集》《钦定八旗通志》《爱新觉罗宗谱》。
③ 《奏为十一和十五阿哥娶侧福晋照例停止行礼等事片》,乾隆五十一年九月,档案号:奏销档398-018,中国第一历史档案馆藏。
④ 《为侧福晋完颜氏追封为恩妃关氏格格追封简嫔沈氏格格追封逊嫔抄录原奉清字粘单事致内务府》,嘉庆二年四月,档案号:05-13-002-000075-0135,中国第一历史档案馆藏。

二、和裕皇贵妃

【简介】

仁宗和裕皇贵妃，内务府包衣刘氏（刘佳氏），柏唐阿刘福明之女。乾隆二十六年正月二十一日生。事仁宗于潜邸，为格格。乾隆四十四年十二月二十九日，生第一子多罗穆郡王。乾隆四十六年十二月十七日，生第三女庄敬和硕公主。嘉庆元年正月初一日，仁宗即位。同月初四日，以礼部尚书纪昀为正使，内阁学士扎郎阿为副使，册封为諴妃。嘉庆十三年四月二十一日，诏晋为諴贵妃。同年十一月十一日，以大学士庆桂为正使，内阁学士哈宁阿为副使，册封为諴贵妃。嘉庆二十五年七月，仁宗崩逝，宣宗即位，尊封为諴禧皇贵妃，同年十二月十五日，以礼部左侍郎善庆为正使，内阁学士耆英为副使，册封为諴禧皇贵妃。道光十三年十二月薨，年七十三岁。道光十四年二月，谥曰和裕皇贵妃。道光十五年九月十八日，奉安昌陵妃园寝。

【家族背景】

仁宗和裕皇贵妃的家族信息不多。档案显示，和裕皇贵妃之父名为刘福明，是内务府的柏唐阿，这是一个没有品级的内务府杂差。和裕皇贵妃有一位弟弟名为长清，在嘉庆年间被提拔为内务府员外郎，后来和裕皇贵妃在道光十三年薨逝的时候他还在世。宣宗赐予和裕皇贵妃本家"一两重银锞一百箇、大卷八丝缎四匹"，便由长清接收。[①] 以目前已知的信息来看，和裕皇贵妃应该出身于包衣差事、兵丁人家，其家族在和裕皇贵妃入宫之后才跻身官宦阶层。

【入宫背景】

和裕皇贵妃是仁宗在潜邸时的格格，内务府上三旗包衣出身，作为官女子被选入宫中，在仁宗潜邸伺候，因故被收为妾室的。

【宫廷生活】

和裕皇贵妃是仁宗在潜邸时的格格，可能是仁宗早期的妾室之一。她为仁宗生下了第一子穆郡王，可惜在两岁时夭折。后来又为仁宗生下了第三女庄敬和硕公主，这位公主长大成人后，在嘉庆六年嫁给蒙古科

---

① 《呈员外郎长清恳请代奏谢恩事》，道光十三年十二月二十一日，档案号：05-0675-038，中国第一历史档案馆藏。

尔沁的王公,之后在嘉庆十六年(1811年)病故。在仁宗即位之初,她居住在钟粹宫,①后来则搬至翊坤宫居住。宣宗称和裕皇贵妃"侍奉皇考最久,年齿亦尊"。② 作为年龄与孝淑睿皇后相仿,并且最早为仁宗生育子女的后宫主位,其一直仅次于皇后,位列其余后宫之首。最终,和裕皇贵妃在道光年间薨逝,享寿七十三岁。

【封谥释义】

和裕皇贵妃原本的封号为"諴",满文作"yargiyangga"③,意为"真实""真诚"。作为皇贵妃的封号为"諴禧",满文作"yargiyangga urgungga"④,意为"真诚福喜"。最后的谥号为"和裕",满文作"hūwaliyasun elgiyen"⑤,意为"和蔼富裕"。

三、华妃

【简介】

仁宗华妃,镶黄旗包衣侯氏(侯佳氏),总管内务府大臣衔、上驷院卿讨柱之女,名六妞。在乾隆四十三年参加内务府三旗选秀,被选入宫为官女子。事仁宗于潜邸,为格格。乾隆五十四年六月十二日,生第六女。嘉庆元年正月初一日,仁宗即位。同月初四日,以礼部左侍郎铁保为正使,内阁学士那彦成为副使,册封为莹嫔。嘉庆六年正月初八日,诏晋为静妃。同月十四日,改为华妃。同年四月十五日,以礼部尚书纪昀为正使,内阁学士吉纶为副使,册封为华妃。嘉庆九年六月二十八日薨。嘉庆十年二月初七日,奉安昌陵妃园寝。

【家族背景】

仁宗华妃出身沈阳侯氏,是入旗的汉人,其入旗的始祖名为侯优才,在清初被编入包衣旗籍,为镶黄旗包衣管领下人,属于不食口粮人即非辛者库

---

① 《为支领皇后主位进册宝景仁宫等处拴挂硬彩子等项需用银钱事》,嘉庆元年三月初八日,档案号:05-08-006-000003-0025,中国第一历史档案馆藏。
② 《宣宗成皇帝实录》卷3,嘉庆二十五年八月丙午条,《清实录》,第33册,第107页。
③ 《呈各皇帝位下妃嫔清单》,道光二年,档案号:03-2817-070,中国第一历史档案馆藏。
④ 《为片查諴禧皇贵妃薨逝篆拟谥号清文字样事致内务府》,道光十四年二月初一日,档案号:05-13-002-000142-0035,中国第一历史档案馆藏。
⑤ 《为恭送和裕皇贵妃金棺事致内务府》,道光十五年九月初二日,档案号:05-08-002-000332-0004,中国第一历史档案馆藏。

人。侯优才入旗之后身份并不显赫,至其孙辈才逐渐跻身官宦阶层。华妃之父亲名为讨柱,亦作"陶柱",是侯优才的曾孙,其由膳房章京挑补为上驷院卿,又加总管内务府大臣衔,是其家族之中官职最高者。讨柱是从内务府系统内一路升迁上来,并未脱离内务府职官体系,所以对于门第提升有限,只能视为内务府官宦人家。①

【入宫背景】

根据档案,乾隆四十三年二月二十八日,"皇十五子下新添官女子一人,系厢黄旗全保管领下卿讨住之女六姐,每日所食吃食一分,自今日起相应添给"。② 可知华妃作为镶黄旗包衣管领下人,是在乾隆四十三年作为官女子被选入宫中,在仁宗潜邸伺候,因故被收为妾室。

【宫廷生活】

华妃是仁宗潜邸时的格格,为仁宗生下了第六女,可惜在两岁时夭折。根据清宫医案的记载,华妃有血气不足之症,③这一点不知道是否与其生育的第六女夭折有关。在仁宗即位之后,她居住在承乾宫或者钟粹宫。④

【封谥释义】

华妃原本在嫔位的封号为"莹",满文作"nilgiyangga"⑤,意为"光华""光润"。升到妃位时,初定封号为"静",之后改号为"华"⑥,满文作"yangsangga"⑦,意为"俏丽""艳丽"。在华妃薨逝之后,准备奉安昌陵妃园寝时,发现其封号"华"的满文与世宗齐妃的封号"齐"的满文相同,故而要求进行更改。⑧ 最终仁宗将"华"的满文改为"gincihiyan"⑨,意为"华丽""秀美"。

---

① 此段侯氏谱系,整理自《八旗满洲氏族通谱》《清代谱牒档案(缩微胶卷)》《乾隆庚子科顺天乡试同年齿录》《顺天乡试齿录》《八旗通志初集》《钦定八旗通志》《爱新觉罗宗谱》。
② 《为皇十五子下新添官女子六姐并添给吃食事》,乾隆四十三年二月二十八日,档案号:05-13-002-000443-0056,中国第一历史档案馆藏。
③ 陈可冀主编:《清宫医案研究》,第1册,第316页。
④ 《为支领皇后主位进册宝景仁宫等处拴挂硬彩子等项需用银钱事》,嘉庆元年三月初八日,档案号:05-08-006-000003-0025,中国第一历史档案馆藏。
⑤ 《呈各皇帝位下妃嫔清单》,道光二年,档案号:03-2817-070,中国第一历史档案馆藏。
⑥ 中国第一历史档案馆编:《嘉庆朝上谕档》,第6册,第6页。
⑦ 《为晋封莹嫔等妃嫔事宜查照定例预备并圈出华妃吉嫔选用清字事》,嘉庆六年正月十四日,档案号:05-13-002-000083-0017,中国第一历史档案馆藏。
⑧ 《为华妃封号清字与泰陵妃园寝齐妃封号清字相同奏请将华妃封号清字饬交内阁另行改拟进呈等事》,嘉庆十年正月二十七日,档案号:05-13-002-000090-0017,中国第一历史档案馆藏。
⑨ 《呈各皇帝位下妃嫔清单》,道光二年,档案号:03-2817-070,中国第一历史档案馆藏。

四、简嫔

【简介】

仁宗简嫔,镶黄旗包衣苏完瓜尔佳氏(关佳氏),柏唐阿德成之女。事仁宗于潜邸,为格格。乾隆四十五年四月十一日,生第一女。乾隆年间薨逝。嘉庆元年正月初一日,仁宗即位。嘉庆二年四月二十二日,追封为简嫔。嘉庆八年十月十七日,奉安昌陵妃园寝。

【家族背景】

根据档案记载,仁宗简嫔出身之家族为"内务府镶黄旗祥瑞佐领"人,以此信息查询内务府户口档案,查得其家族信息,为镶黄旗包衣第三参领第五满洲佐领下苏完瓜尔佳氏。因内务府旗人有用单字汉姓之习惯,所以清中叶之后其家族以"关"为姓氏,这也是简嫔的姓氏也被写为"关佳氏"的原因。

镶黄旗包衣第三参领第五满洲佐领下苏完瓜尔佳氏是一个庞大的家族,人口众多,但是在仕宦上并不很出色。简嫔的父亲名为德成,是内务府柏唐阿,这是一个没有品级的内务府杂差。简嫔之弟名为爱保,也是内务府柏唐阿。① 总体来看,简嫔出身的家族虽然人口众多,但均属于内务府差事、兵丁阶层。②

【入宫背景】

简嫔为镶黄旗包衣佐领下人出身,所以她应该是作为官女子被选入宫中,在仁宗潜邸伺候,因故被收为妾室。

【宫廷生活】

简嫔是仁宗潜邸时的格格,与和裕皇贵妃一样,可能是仁宗早期的妾室之一。她为仁宗生育了第一女,却在四岁时夭折。简嫔在乾隆年间薨逝,没能等到仁宗即位。

【封谥释义】

简嫔的封号为"简",满文作"kemungge"③,意为"适度的""节制的"。

---

① 《为追封恕妃简嫔逊嫔谢恩事呈文》,嘉庆二年五月二十三日,档案号:05-0467-018,中国第一历史档案馆藏。
② 此段苏完瓜尔佳氏谱系,整理自《清代谱牒档案(缩微胶卷)》。
③ 《为侧福晋完颜氏追封为恕妃关氏格格追封简嫔沈氏格格追封逊嫔抄录原奉清字粘单事致内务府》,嘉庆二年四月,档案号:05-13-002-000075-0135,中国第一历史档案馆藏。

五、逊嫔

【简介】

仁宗逊嫔，正黄旗包衣沈氏（沈佳氏），总管内务府大臣、热河总管永和之女。在乾隆四十七年参加内务府三旗选秀，被高宗指赏给仁宗，事仁宗于潜邸，为格格。乾隆五十一年十一月十一日，生第五女慧安和硕公主。乾隆年间薨逝。嘉庆元年正月初一日，仁宗即位。嘉庆二年四月二十二日，追封为逊嫔。嘉庆八年十月十七日，奉安昌陵妃园寝。

【家族背景】

仁宗逊嫔出身沈阳沈氏，是入旗的汉人，其入旗的始祖名为沈夺，在清初被编入包衣旗籍，是正黄旗包衣旗鼓佐领下人。沈夺入旗之后，从其子辈开始即出任内务府中级职官，逊嫔的父亲永和即是沈夺的七世孙，历任内务府护军统领等职，仕至总管内务府大臣、热河总管，具有高级官员的门第。逊嫔还至少有一位亲兄弟，生有一子名为福安，[①]曾任笔帖式。[②]

【入宫背景】

根据档案，乾隆四十七年二月初八日，逊嫔之父永和上奏谢恩，其中说："本月初三日，主子挑选使女时，施恩将奴才之女指赏与十五阿哥。"[③]可知逊嫔为正黄旗包衣旗鼓佐领下人出身，在乾隆四十七年二月初三日参加挑选内务府秀女，被高宗直接指给仁宗，入侍仁宗潜邸，因故成为仁宗之妾室。

【宫廷生活】

逊嫔是仁宗潜邸时的格格，为仁宗生育了第五女慧安和硕公主。可惜逊嫔在乾隆年间薨逝，没有能等到仁宗即位，后来其所生育的慧安和硕公主也在乾隆六十年夭折。

【封谥释义】

逊嫔的封号为"逊"，满文作"anashūn"[④]，意为"谦虚""谦逊"。

---

① 《为追封恕妃简嫔逊嫔谢恩事呈文》，嘉庆二年五月二十三日，档案号：05-0467-018，中国第一历史档案馆藏。
② 此段沈氏谱系，整理自《八旗满洲氏族通谱》《清代谱牒档案（缩微胶卷）》《八旗通志初集》《钦定八旗通志》《爱新觉罗宗谱》。
③ 《奏因允准其女嫁给十五阿哥而谢恩折》，乾隆四十七年二月初八日，档案号：03-0189-2914-022，中国第一历史档案馆藏。
④ 《为侧福晋完颜氏追封为恕妃关氏格格追封简嫔沈氏格格追封逊嫔抄录原奉清字粘单事致内务府》，嘉庆二年四月，档案号：05-13-002-000075-0135，中国第一历史档案馆藏。

六、庄妃

【简介】

仁宗庄妃,内务府包衣王佳氏,举人伊里布之女。乾隆四十六年六月十五日生。乾隆六十年事仁宗于潜邸,为格格。嘉庆元年正月初一日,仁宗即位,封为春常在。嘉庆三年,晋封为春贵人。嘉庆六年正月初八日,诏晋为和嫔。同月十四日,改为吉嫔。同年四月十五日,以礼部右侍郎扎朗阿为正使,内阁学士玉麟为副使,册封为吉嫔。嘉庆十三年四月二十一日,诏晋为庄妃。同年十一月十一日,以大学士禄康为正使,内阁学士玉福为副使,册封为庄妃。嘉庆十六年二月十五日卯时薨,年三十一岁。同年闰三月十九日,奉安昌陵妃园寝。

【家族背景】

仁宗庄妃的家族信息不多。其父伊里布为举人,虽然目前尚未查到伊里布是何科举人,但是作为举人之女,推测庄妃应该有一定的文化底蕴。档案显示,庄妃至少有一位姐姐,嫁给正黄旗包衣礼镛佐领下的笔帖式达春为妻。①

【入宫背景】

庄妃是仁宗在潜邸时的格格,应该是由内务府上三旗包衣出身,作为官女子被选入宫中,在仁宗潜邸伺候,因故被收为妾室。

【宫廷生活】

在乾隆六十年的宫分档案中,仁宗位下只有嫡福晋一位、侧福晋一位、官女子两位,②其中官女子两位即和裕皇贵妃和华妃,并无庄妃之人。而在嘉庆元年的宫分档案中,庄妃已经作为春常在出现。③ 又根据学者所引敬事房档案:"嘉庆元年正月初一日元旦。上步行出后楣扇,还继德堂看戏。引常在、公主等行礼,还后殿。贵妃、諴妃、莹嫔、荣常在、春常在、三公主、四公主诣后殿皇后前行礼毕,巳正二刻戏毕。"④可知庄妃是乾隆六十年被仁

---

① 《奏报本年应选秀女情形折》,中国第一历史档案馆、故宫博物院编:《清宫内务府奏销档》,第174册,第88、89页。
② 《呈报皇太子成亲王等妃福晋女子数目清单稿》,嘉庆元年,档案号:05-0462-085,中国第一历史档案馆藏。
③ 《呈报嘉庆元年太上皇帝皇帝等每日盘肉鸡鸭分例并销银数目清单稿》,嘉庆元年,档案号:05-0462-080,中国第一历史档案馆藏。
④ 敬事房礼仪档案,转引自朱家溍、丁汝芹:《清代内廷演剧始末考》,北京:中国书店,2007年,第69页。

宗所收入潜邸的妾室。

在仁宗即位之初,庄妃只得到常在位分,之后逐渐上升成为妃位。根据档案,她一直居住在钟粹宫。①

【封谥释义】

庄妃原本在嫔位初定的封号为"和",后来改为"吉",②满文作"sabingga"③,意为"祥瑞""灵秀"。升到妃位之后,改号为"庄",满文作"ujengge"④,意为"端庄""庄重"。

七、荣嫔

【简介】

仁宗荣嫔,内务府包衣梁氏(梁佳氏),员外郎先保之女。乾隆六十年事仁宗于潜邸,为格格。嘉庆元年正月初一日,仁宗即位,封为荣常在。后晋封为荣贵人。嘉庆二十五年七月,仁宗崩逝,宣宗即位,尊封为荣嫔。同年十二月二十日,以内阁学士舒英为使,册封为荣嫔。道光六年(1826年)五月初十日辰时薨。道光七年二月二十八日,奉安昌陵妃园寝。

【家族背景】

仁宗荣嫔的家族信息不多,只知道其父名为先保,曾任员外郎,其胞弟名为麟肇,曾任内务府柏唐阿。⑤ 在嘉庆二十五年荣嫔得晋嫔位时,其家族通过内务府呈递谢恩折,亦证明其为内务府包衣出身。

【入宫背景】

荣嫔是仁宗在潜邸时的格格,应该是由内务府上三旗包衣出身,作为官女子被选入宫中,在仁宗潜邸伺候,因故被收为妾室。

【宫廷生活】

在乾隆六十年的宫分档案中,仁宗位下只有嫡福晋一位、侧福晋一位、

---

① 《房库嘉庆十四年钟粹宫等处进册宝拴挂彩子清册》,嘉庆十四年七月初二日,档案号:05-08-006-000210-0018,中国第一历史档案馆藏。
② 中国第一历史档案馆编:《嘉庆朝上谕档》,第6册,第6页。
③ 《田村为庄妃金棺缮写西番字达喇嘛等应得银两等项数目清单》,嘉庆十六年闰三月初七日,档案号:05-08-030-000188-0021,中国第一历史档案馆藏。
④ 《呈各皇帝位下妃嫔清单》,道光二年,档案号:03-2817-070,中国第一历史档案馆藏。
⑤ 《奏为普封诚贵妃为诚禧皇贵妃代其弟谢恩事》,嘉庆二十五年八月二十五日,档案号:05-0610-054,中国第一历史档案馆藏。

官女子两位,①其中官女子两位即和裕皇贵妃和华妃,并无荣嫔之人。而在嘉庆元年的宫分档案中,荣嫔已经作为荣常在出现。②又根据学者所引敬事房档案:"嘉庆元年正月初一日元旦。上步行出后楣扇,还继德堂看戏。引常在、公主等行礼,还后殿。贵妃、諴妃、莹嫔、荣常在、春常在、三公主、四公主诣后殿皇后前行礼毕,巳正二刻戏毕。"③可知荣嫔是乾隆六十年被仁宗所收入潜邸的妾室。

在仁宗即位之初,荣嫔只得到常在位分,直到嘉庆九年,依然被称为"荣常在"。④而在嘉庆十五年的宫分中,她已经被记为"荣贵人",排在恩贵人(恩嫔)之前。⑤可知其在这个阶段晋封为贵人位分。荣嫔没能为仁宗生育子女,在仁宗崩逝之后开始寡居,于道光六年薨逝。

【封谥释义】

荣嫔的封号为"荣",满文作"dengge"⑥,意为"荣耀的"。这个封号最开始只是其作为常在、贵人的称号,并没有进行翻译,直到其被尊为嫔位,才译作满文。

第三节 清仁宗嘉庆帝即位后娶纳的后宫

一、恭顺皇贵妃

【简介】

仁宗恭顺皇贵妃,镶黄旗满洲钮祜禄氏,主事善庆第一女。乾隆五十二年四月初十日生。在嘉庆六年参加八旗选秀,被指定为如贵人而入宫。嘉

---

① 《呈报皇太子成亲王等妃福晋女子数目清单稿》,嘉庆元年,档案号:05-0462-085,中国第一历史档案馆藏。
② 《呈报嘉庆元年太上皇帝皇帝等每日盘肉鸡鸭分例并销银数目清单稿》,嘉庆元年,档案号:05-0462-080,中国第一历史档案馆藏。
③ 敬事房礼仪档案,转引自朱家溍、丁汝芹:《清代内廷演剧始末考》,第69页。
④ 《为呈明领取荣常在随主位进宫往返挪运使用什物及他坦家伙等物雇觅人夫车辆等项用过钱文事等》,嘉庆九年七月二十六日,档案号:05-08-009-000144-0040,中国第一历史档案馆藏。
⑤ 《呈宫分缎匹等项清单》,嘉庆十五年十月二十九日,档案号:05-0550-094,中国第一历史档案馆藏。
⑥ 《在田村为荣嫔金棺缮写西番字达喇嘛等应得银两数目清单》,道光六年九月十四日,档案号:05-08-030-000344-0034,中国第一历史档案馆藏。

庆九年十二月十八日，诏晋为如嫔。嘉庆十年二月初八日，生第八女。同年六月初四日，以礼部尚书恭阿拉为正使，内阁学士瑚素通阿为副使，册封为如嫔。嘉庆十五年九月二十日，诏晋为如妃。嘉庆十六年正月二十五日，生第九女慧愍固伦公主。同年四月初二日，册封为如妃。嘉庆十九年二月二十七日，生第五子和硕惠端亲王绵愉。嘉庆二十五年七月，仁宗崩逝，宣宗即位，尊封为如贵妃。同年十二月二十日，以礼部右侍郎书铭为正使，内阁学士毛谟为副使，册封为如贵妃。道光二十六年（1846年）三月初十日，尊封为如皇贵妃。同年十二月初十日，以大学士卓秉恬为正使，礼部右侍郎倭什讷为副使，册封为如皇贵妃。道光三十年正月，宣宗崩逝，文宗即位，尊封为如皇贵太妃。咸丰元年三月初十日，以大学士卓秉恬为正使，礼部左侍郎联顺为副使，册封为如皇贵太妃。咸丰十年（1860年）闰三月初三日薨，年七十四岁，谥曰恭顺皇贵妃。咸丰十一年二月二十七日，奉安昌陵妃园寝。

【家族背景】

仁宗恭顺皇贵妃出身索和济巴颜系钮祜禄氏，与太宗元妃、孝昭仁皇后、圣祖温僖贵妃、高宗顺妃、高宗诚嫔、孝和睿皇后等均属同一个大系内的弘毅公家族的一员，其家世可以参考她们各条。弘毅公家族内部分为十六房，根据房份不同，后裔的门第也有所不同，其中第十六房门第最高，孝昭仁皇后、圣祖温僖贵妃、高宗顺妃、高宗诚嫔、孝穆成皇后均出自这一房，恭顺皇贵妃则出自第八房。

弘毅公家第八房的始祖为图尔格，是入关前的名臣，屡立战功，封为三等公，后来加赐美号为三等果毅谋勇公，是支撑弘毅公府的两支大宗之一。三等果毅谋勇公的爵位原由图尔格本支后裔承袭，传到图尔格之子科普索时因故革爵，转与图尔格的幼弟遏必隆承袭，图尔格的后裔由此失去了承袭大宗爵位的权利。不过，因故革爵的科普索是图尔格之次子，图尔格还有一位长子名为伍尔格，他随军出征时阵亡，被追封为骑都尉，由子孙承袭。后来伍尔格绝嗣，爵位便由科普索之子奢特珲的后代承袭，这也使得科普索一支保住了世职，从而保留在世家圈之内。这位奢特珲即是恭顺皇贵妃的高祖父。

奢特珲生子名为博色，承袭骑都尉，仕至头等侍卫，生有四个儿子，依次名为达赍、达福、达禄、达祥。承袭骑都尉爵位的是第二子达福，仕至副都统,他的女儿嫁给仁宗之兄和硕质庄亲王永瑢为继福晋。恭顺皇贵妃的祖父则是奢特珲的第三子达禄。以此计算,和硕质庄亲王永瑢的继福晋在自家是恭顺皇贵妃的堂姑母,在夫家则算作恭顺皇贵妃之嫂。

　　达禄娶妻碧鲁氏,只生有一子,即是恭顺皇贵妃的父亲善庆。善庆,为乾隆二十三年生人,以笔帖式入仕,在嘉庆二年升任主事,嘉庆三年去世,并未看到自己女儿入宫。善庆先后有两任嫡妻,原配是镶黄旗满洲富察氏二等敦惠伯马齐的曾孙女,知府官登之女,她为善庆生下了一子长廉后,在乾隆四十六年病故;继妻杨氏出身内务府包衣世家,是刑部侍郎虔礼保的女儿,为善庆生育了三子三女,恭顺皇贵妃是杨氏所生的第一女。

　　恭顺皇贵妃的兄弟姐妹里,异母长兄长廉比恭顺皇贵妃大七岁,娶生母的内侄女富察氏为妻,仕至笔帖式。同母的二弟长文比恭顺皇贵妃小一岁,娶正白旗满洲纳喇氏男爵崇贵之女为妻,也仕至笔帖式;三弟长喜比恭顺皇贵妃小两岁,娶和硕肃恭亲王永锡第七女县主为妻,仕至副都统;四弟长林比恭顺皇贵妃小三岁,出继给伯祖父达福一房,娶妻宗室氏,仕至銮仪卫。二妹比恭顺皇贵妃小六岁,嫁给和硕肃恭亲王永锡之子不入八分辅国公协办大学士敬徵为嫡夫人;三妹比恭顺皇贵妃小十岁,嫁给觉罗景庆为嫡妻。

　　恭顺皇贵妃与孝和睿皇后同出一族,从辈分来算为同辈族姐妹。虽然二人所处支系均为弘毅公家的支庶,且孝和睿皇后拥有皇后的尊位,但以弘毅公家内部而言,恭顺皇贵妃一支的门第其实略微高于孝和睿皇后一支。恭顺皇贵妃与孝和睿皇后所属的宗支虽然从堂亲角度来看血缘关系较远,但是恭顺皇贵妃的三弟长喜娶和硕肃恭亲王永锡第七女县主为妻,恭顺皇贵妃的二妹则嫁给和硕肃恭亲王永锡的第四子敬徵为妻,而孝和睿皇后的二妹嫁给和硕肃恭亲王永锡的第二子敬叙为妻,故而从姻亲角度来看关系反而较近。①

【入宫背景】

　　恭顺皇贵妃出身镶黄旗满洲,是参加八旗挑选秀女而被选入宫廷的。

---

① 此段钮祜禄氏谱系,整理自《八旗满洲氏族通谱》《开国佐运功臣弘毅公家谱》《清代谱牒档案(缩微胶卷)》《八旗通志初集》《钦定八旗通志》《爱新觉罗宗谱》。

她生于乾隆五十二年,而嘉庆朝挑选八旗秀女的年届为嘉庆三年、嘉庆六年、嘉庆九年。根据档案,在嘉庆三年的宫分中尚无她的踪影,①而在嘉庆七年(1802年)的宫分中,她已经作为"如贵人"②出现。由此可知,恭顺皇贵妃应该是在嘉庆六年的八旗选秀中,被指定为如贵人而入宫的。

【宫廷生活】

恭顺皇贵妃入宫之后,在嘉庆十年为仁宗生下了第八女,并且在之后连续生育,一共为仁宗生育了一子二女,可惜只有幼子和硕惠端亲王绵愉长大成人,其余两个女儿均幼年夭折。特别是第九女在五岁时夭折,仁宗追封她为慧愍固伦公主,足见仁宗对这个小女儿的喜爱。根据档案,恭顺皇贵妃在嘉庆十年的时候住在储秀宫,③升到妃位之后则搬至钟粹宫。④

嘉庆二十五年七月,仁宗崩逝,宣宗即位,三十四岁的恭顺皇贵妃开始了寡居生活。道光二十六年,恭顺皇贵妃被晋封为皇贵妃,在上谕中,宣宗称其:"侍奉皇考有年,淑慎素著。随侍慈闱,允昭谨恪。"⑤恭顺皇贵妃比较长寿,一直活到咸丰朝。在孝和睿皇后崩逝之后,作为唯一还在世的仁宗遗孀,成了宫廷里辈分最尊的大长辈,故而在文宗即位之后获封"皇贵太妃"的尊号,这也是清代"太妃"正式变为尊号的开始。

【封谥释义】

恭顺皇贵妃原本的封号为"如",最开始只是一个称号。嘉庆十年,如贵人晋封为如嫔,内阁拟出了"如"的四种满文,分别是"dahashūn"(遵从、顺从)、"dahasu"(和顺、贞顺)、"acabungga"(相合、相宜)和"sulfangga"(从容、安稳),最终仁宗用朱笔圈定了"dahashūn"⑥,意为"顺从""遵从"。

后来恭顺皇贵妃薨逝之后,内阁为其拟定谥号,拟出了四种,分别为"恭

---

① 《为呈明内廷主位宫分换去绒绖数目事》,嘉庆三年十二月初三日,档案号:05-08-002-000198-0051,中国第一历史档案馆藏。
② 《为呈明内廷主位交绒换绖数目事》,嘉庆七年十一月三十日,档案号:05-08-002-000201-0049,中国第一历史档案馆藏。
③ 《房库嘉庆十年储秀宫进册宝拴挂彩子料估清册》,嘉庆十年九月二十三日,档案号:05-08-006-000146-0042,中国第一历史档案馆藏。
④ 《画匠房嘉庆十五年钟粹宫育喜用吉祥摇车油饰清册》,嘉庆十六年三月初十日,档案号:05-08-006-000240-0043,中国第一历史档案馆藏。
⑤ 《宣宗成皇帝实录》卷427,道光二十六年三月戊午条,《清实录》,第39册,第353页。
⑥ 《为如贵人晋封如嫔朱笔圈出封号清文字样事》,嘉庆十年正月初六日,档案号:05-13-002-000090-0003,中国第一历史档案馆藏。

顺",满文作"gungnecuke ijishūn",意为"恭敬顺从";"淑惠",满文作"nemeyen fulehun",意为"婉淑恩惠";"端肃",满文作"tob ciran",意为"端正严肃";"和慎",满文作"hūwaliyasun olhoba",意为"和睦谨慎"。① 文宗选择了第一种。

二、信妃

【简介】

仁宗信妃,原镶白旗汉军后改镶白旗蒙古刘佳氏(刘氏),轻车都尉、江宁将军本智之女。乾隆四十八年三月二十五日生。在嘉庆三年参加八旗选秀,被指定为信贵人而入宫。嘉庆十三年四月二十一日,诏晋为信嫔。同年十一月十一日,以礼部尚书恭阿拉为正使,内阁学士博庆额为副使,册封为信嫔。嘉庆二十五年七月,仁宗崩逝,宣宗即位,尊封为信妃。同年十二月二十日,以礼部右侍郎吴烜为正使,内阁学士李宗昉为副使,册封为信妃。道光二年十月十三日薨,年四十岁。道光三年二月二十六日,奉安昌陵妃园寝。

【家族背景】

仁宗信妃出身刘佳氏(刘氏),其家族的背景比较特殊。根据记载,信妃家族入旗的始祖名为刘麟图,在明末时曾任山海关副将,顺治元年降清入旗。在入旗时,因其姓刘,所以被编入镶白旗汉军。后来刘麟图的后代上书朝廷,说明刘麟图之祖先并非汉人,而是蒙古人。在元帝北归之后,刘家祖先留在中原出仕明朝,才改姓汉姓刘氏。因此,刘麟图的子孙要求改入蒙古旗分,最终得到朝廷允许,从镶白旗汉军改隶镶白旗蒙古。

刘麟图入旗之后封爵三等男,仕至义州副将。去世之后,爵位传给其第二子钧塞,后来又由钧塞传给其子金樑,降袭为三等轻车都尉。金樑将爵位传给其子保住,保住则将爵位传给其子德昌,这位德昌即是信妃的祖父。

德昌生有三子,依次名为本智、本忠、本恕,其中第一子本智即是信妃的父亲。本智承袭三等轻车都尉入仕,历任公中佐领、参领、副都统,最后仕至

---

① 《呈拟如皇贵太妃谥号满汉对照单》,咸丰十年四月初二日,档案号:03-4177-060,中国第一历史档案馆藏。

江宁将军,在道光元年病故。仁宗在嘉庆十六年的上谕中曾经提及"本智虽年逾六旬"①,可知本智最晚也是乾隆十六年生人,大概享年七十余岁。本智去世之后,爵位由其子承惠承袭,这位承惠即是信妃的兄弟,后来仕至刑部员外郎。

信妃出身之家族属于旗人传统世家,有着高级官员的门第。②

【入宫背景】

信妃入宫之时其家已经隶属镶白旗蒙古,故而其是参加挑选八旗秀女而被选入宫廷。以年纪进行推测,信妃应该是在嘉庆三年的八旗选秀中,被指定为信贵人而入宫。

【宫廷生活】

信妃入宫之后未能为仁宗生育子女,故而只能随常晋封。根据档案,她在嘉庆十四年时居住在延禧宫。③ 嘉庆二十年正月,信妃患了急病,并且病势沉重。正月二十九日,总管内务府大臣面奉谕旨:"先值斋戒值期,此数日内,如信嫔事出,着于初五日递奏白本,所有一切事宜着武备院卿双庆代总管内务府大臣办理,钦此。"④可知其病势之严重。结果信妃在当年并未出事,直到道光年间才薨逝。

【封谥释义】

信妃的封号为"信",满文作"akdacuka"⑤,意为"可依靠的""可信赖的"。

三、安嫔

【简介】

仁宗安嫔,镶黄旗满洲苏完瓜尔佳氏,信勇公、二等侍卫安英之女。乾

---

① 《仁宗睿皇帝实录》卷244,嘉庆十六年六月丁巳条,《清实录》,第31册,第298页。
② 此段刘佳氏谱系,整理自中国第一历史档案馆编:《清代谱牒档案(缩微胶卷)》《八旗通志初集》《钦定八旗通志》《爱新觉罗宗谱》。
③ 《房库嘉庆十四年钟粹宫等处进册宝拴挂彩子清册》,嘉庆十四年七月初二日,档案号:05-08-006-000210-0018,中国第一历史档案馆藏。
④ 《为斋戒之期如信嫔事出着于嘉庆二十年二月初五日递奏白本一切事宜着武备院卿双庆代总管内务府大臣办理事》,嘉庆二十年正月二十九日,档案号:05-13-002-000102-0079,中国第一历史档案馆藏。
⑤ 《为信妃金棺奉移田村暂安所有奉移日及初祭大祭日和硕亲王以下奉恩将军以上等各员齐集事致内务府》,道光二年十月二十三日,档案号:05-13-002-000116-0127,中国第一历史档案馆藏。

隆五十年正月二十一日生。在嘉庆三年参加八旗选秀,被指定为安常在而入宫。嘉庆二十五年七月,仁宗崩逝,宣宗即位,尊封为安嫔。同年十二月二十日,以内阁学士毛谟为使,册封为安嫔。道光十七年六月二十七日丑时薨,年五十三岁。同年七月二十七日,奉安昌陵妃园寝。

【家族背景】

仁宗安嫔出身索尔达系苏完瓜尔佳氏,清代瓜尔佳氏号称为满洲第一著姓,其一姓内最大也是最为知名的一个支系即是索尔达系苏完瓜尔佳氏。此系的祖先名为索尔达,居住在苏完地方,生有三子。后来三兄弟发生矛盾,各自迁徙,其中第三子珠察之后代先迁往别处,后来又回到苏完,成为苏完的部长。

珠察的五世孙名为索尔果,作为苏完部长归入八旗,其第二子即是国初五大臣之一的费英东。费英东功封三等信勇公,费英东之子图赖另外功封一等雄勇公,所以费英东一门有两家公爵,即信勇公和雄勇公两支大宗,其余世爵、世职、世管佐领遍布正黄旗满洲、镶黄旗满洲、镶白旗满洲三旗,是八旗内的一等世家,与钮祜禄氏弘毅公府并肩。安嫔便出身自承袭信勇公的费英东嫡系大宗。

安英的祖父名为富兴,承袭三等信勇公,仕至工部尚书、乌苏里台将军,是乾隆朝的名臣,得谥勤毅。安嫔的父亲安英原名安宁,后因避讳宣宗的名字才改名为安英。安英出身世家豪门,却在乾隆朝获罪被发往伊犁,直到乾隆四十八年,因是重臣富兴独子之故,才被高宗赦回京城。乾隆五十四年,安英之父富兴去世,由于安英曾经获罪,朝廷将富兴所留公爵交予富兴之弟富锐承袭。富锐在嘉庆四年病故,公爵才交付给安英承袭。安英承袭信勇公爵之后出任四等侍卫,升至二等侍卫,在嘉庆十五年病故。根据谱牒记载,安英至少生有一子两女,一子即后来承袭一等信勇公爵位的盛贵;两个女儿里,除安英回京之后所生的安嫔之外,另外一位嫁给和硕恒温亲王允祺的曾孙绵琚为嫡妻。绵琚生于乾隆二十四年,苏完瓜尔佳氏又是他的嫡妻,所以这位应该是安嫔的姐姐。①

---

① 此段瓜尔佳氏谱系,整理自《八旗满洲氏族通谱》《镶黄正黄镶白三旗苏完瓜尔佳氏家谱》《清代谱牒档案(缩微胶卷)》《八旗通志初集》《钦定八旗通志》《爱新觉罗宗谱》。

【入宫背景】

安嫔出身正黄旗满洲，故而其是参加挑选八旗秀女而被选入宫廷。以年纪进行推测，安嫔应该是在嘉庆三年的八旗选秀中，被指定为安常在而入宫。出身八旗顶级名门的安嫔入宫初封只有常在的位分，可能与父安英系获罪遇赦之人有关。

【宫廷生活】

安嫔入宫之后未能为仁宗生育子女，一直居于常在位分。仁宗崩逝之后开始寡居，在度过了漫长的岁月后，于道光十七年薨逝。

【封谥释义】

安嫔的封号为"安"，满文作"sulfangga"①，意为"从容的""安稳的"。这个封号最开始只是作为常在的称号，并没有进行翻译，直到其被尊为嫔位，才译作满文。

四、恩嫔

【简介】

仁宗恩嫔，正黄旗满洲乌雅氏，左副都御使万明之女。生年不详，生辰为九月二十四日。在嘉庆十二年参加八旗选秀，被指定为恩贵人，于当年四月十九日入宫。嘉庆二十五年七月，仁宗崩逝，宣宗即位，尊封为恩嫔。同年十二月二十日，以内阁学士恒龄为使，册封为恩嫔。道光二十六年十二月初十日薨。道光二十九年九月二十五日，奉安昌陵妃园寝。

【家族背景】

仁宗恩嫔出身巴拜系乌雅氏，与孝恭仁皇后、宣宗庄顺皇贵妃同属于一个大系，其家世可以参考孝恭仁皇后条。从辈分上讲，孝恭仁皇后是恩嫔的族曾姑祖母，血缘关系很远。巴拜之孙图囊阿生有两子，第一子名为萨穆哈，第二子名为额伯根，恩嫔是萨穆哈的后代，而孝恭仁皇后则是额伯根的后代，两者早在康熙朝就已出五服。与之相反，仁宗恩嫔与宣宗庄顺皇贵妃的血缘关系比较近，恩嫔的父亲万凝是庄顺皇贵妃曾祖父凝德的胞兄，所以

---

① 《为知会安嫔前行奉移礼致祭照例预备垫桌刷套事致内务府》，道光十七年十一月十八日，档案号：05-13-002-000150-0191，中国第一历史档案馆藏。

恩嫔与庄顺皇贵妃还在五服之内,是庄顺皇贵妃的堂姑祖母。

萨穆哈一支乌雅氏隶属正黄旗满洲旗籍,有世管佐领传承,但是承袭世管佐领的支系并不是恩嫔一支。恩嫔的直系祖先在清初多为中级官员,到了乾隆朝因恩嫔的祖父官保而发迹。官保,字用民,号师泉,以笔帖式入仕,历任主事、郎中、知府、副都统,最后仕至都统、吏部尚书、协办大学士,年逾八十致仕,得谥文勤。高宗曾赐三班九老宴于香山,所谓三班九老,即文班、武班、致仕之班,官保即是文班九老之一。官保生有两子,第一子名为万凝,后避讳宣宗的名讳改为万明,即是恩嫔的父亲;第二子名为凝德,由蓝翎侍卫出身,从征各处,立有战功,在甘肃巴里坤总兵任上参加对白莲教的战斗中阵亡,追赠为骑都尉。

恩嫔的父亲万凝,生于雍正十一年八月二十五日,仕至左副都御使,在嘉庆十四年六月十七日病故。万凝先后娶有两位嫡室和一位妾室,原配富察氏、继配宗室氏、妾室李氏。万凝只有一子名为玉俭,是妾室李氏在乾隆四十三年所生,仕至礼部主事,后来在嘉庆十九年病故,即是恩嫔的兄长。从一些迹象来看,恩嫔可能也是李氏所出。①

【入宫背景】

恩嫔出身正黄旗满洲,故而其是参加挑选八旗秀女而被选入宫廷。根据档案,嘉庆十二年时,"奉各位大人谕:四月十九日,新封恩贵人进宫"。②由此可知,恩嫔是在嘉庆十二年的八旗选秀中,被指定为恩贵人,在当年四月十九日入宫。

【宫廷生活】

恩嫔入宫之后未能为仁宗生育子女,位分也一直没有更变。仁宗崩逝之后开始寡居,在度过了漫长的岁月后,于道光二十九年薨逝。

【封谥释义】

恩嫔的封号为"恩",满文作"fulehun"③,意为"恩惠"。这个封号最开始

---

① 此段乌雅氏谱系,整理自《八旗满洲氏族通谱》《清代谱牒档案(缩微胶卷)》《乌雅氏族谱》《八旗通志初集》《钦定八旗通志》《爱新觉罗宗谱》。
② 《为支领运送新封贵人进宫应用桌张等项所需银钱事》,嘉庆十二年十月初三日,档案号:05-08-006-000174-0010。
③ 《为田村暂安处恩嫔前行冬至礼致祭照例预备垫桌刷套事致内务府》,道光二十八年十一月二十三日,档案号:05-13-002-000179-0106,中国第一历史档案馆藏。

只是作为贵人的称号，并没有进行翻译，直到其被尊为嫔位，才译作满文。初译的时候译作"fulehungga"①，意为"有恩的"，后来改为"fulehun"。

五、淳嫔

【简介】

仁宗淳嫔，内务府包衣董氏（董佳氏），委署库长时泰之女。乾隆四十九年五月二十四日生。在嘉庆年间被选入宫为官女子。初封淳贵人。嘉庆六年正月初八日，诏晋为淳嫔。同年四月十五日，以礼部左侍郎刘跃云为正使，内阁学士台费荫为副使，册封为淳嫔。嘉庆二十四年十月十三日巳时薨，年三十六岁。同年十一月，奉安昌陵妃园寝。

【家族背景】

仁宗淳嫔的家族信息不多，只知其父时泰曾任委署库长。库长亦作库掌，是管理仓库的杂差，大多均属内务府系统，只能由内务府包衣旗人出任，而委署库长更是内务府的专缺，所以淳嫔应该出自内务府包衣旗人之家。

【入宫背景】

目前对于淳嫔的情况所知不多，从年纪推测，她应该是在嘉庆初年以官女子的身份被仁宗收入后宫。

【宫廷生活】

淳嫔入宫之后，比较受到仁宗的宠爱，得以晋升嫔位，在十余年之后薨逝。

【封谥释义】

淳嫔的封号为"淳"，满文作"bolgo"②，意为"干净""洁净"。

六、芸贵人

【简介】

仁宗芸贵人。在嘉庆九年参加八旗选秀，被指定为芸贵人而入宫。嘉

---

① 《奏恭进所译妃嫔封谥片》，嘉庆二十五年九月二十四日，档案号：03-0200-3945-043，中国第一历史档案馆藏。
② 《田村为淳嫔金棺缮写西番字达喇嘛等应得银两等项数目清单》，嘉庆二十四年十一月二十四日，档案号：05-08-030-000196-0093，中国第一历史档案馆藏。

庆十年七月十九日薨。同年十二月十一日,奉安昌陵妃园寝。

【概述】

仁宗芸贵人身世不详。根据档案,嘉庆八年宫分中没有她的记录,①而在嘉庆九年宫分中即以芸贵人的身份出现。② 因为嘉庆九年是挑选八旗秀女的年届,所以推测她是在嘉庆九年参加八旗选秀,被指定为芸贵人而入宫的。

芸贵人在嘉庆九年入宫,仅经过了一年多的宫廷生活,便在嘉庆十年七月患病。根据档案,她在七月十八日卯时被搬至翊坤宫,十九日寅时病重不治,同日卯时移出,当日薨逝。③

七、玉贵人

【简介】

仁宗玉贵人。出身不详。在嘉庆年间被选入宫为官女子。嘉庆二年十一月,封为玉贵人。嘉庆十九年十月初七日薨。嘉庆二十年二月二十九日,奉安昌陵妃园寝。

【概述】

仁宗玉贵人身世不详。根据档案,她在嘉庆元年时尚无记录,④而嘉庆三年时已在宫内,排在当时的五位后宫主位的末位。⑤

玉贵人入宫之后,从嘉庆三年到嘉庆十九年一直停留在贵人的位分,没有任何变动。根据清宫医案记载,嘉庆十九年闰二月,玉贵人患上疾病。到了三月初六日,已经"脉息沉细无力"。医生总结说,玉贵人"原系素有血枯筋挛之症,今又复挟痰,不时抽搐,胃气过虚,不能运化饮食,症势重大",病情十分严重。经过了太医的诊疗,三月中旬之后,玉贵人初步渡过难关,身

---

① 《为呈明内廷主位宫分绣作活计用绒换经等项数目事》,嘉庆八年十二月十七日,档案号:05-08-002-000202-0061,中国第一历史档案馆藏。
② 《为呈明更换嘉庆九年内廷主位宫分绒斤数目事》,嘉庆九年十二月初十日,档案号:05-08-002-000010-0025,中国第一历史档案馆藏。
③ 于善浦:《清代帝后的归宿》,第180页。
④ 《为呈明内廷主位宫内拿来绒换去经斤两数目事》,嘉庆元年十二月初三日,档案号:05-08-002-000196-0058,中国第一历史档案馆藏。
⑤ 《为呈明内廷主位宫分换去绒经数目事》,嘉庆三年十二月初三日,档案号:05-08-002-000198-0051,中国第一历史档案馆藏。

体开始康复。结果到了当年九月,原本因气血双亏正在调养康复的玉贵人因受风寒而再次发病,依然是"血虚筋挛"。虽然太医急忙诊治,用心调治,但并未奏效。十月初六日,玉贵人"脉息细小",于初七日薨逝。①

八、"李贵人"

【概述】

关于仁宗后宫之中所谓的"李贵人",最先是由张尔田在《清列朝后妃传稿》之中提出的。他指出:"案《会典·贵人丧仪》内又载,嘉庆十年,芸贵人薨,礼仪与李贵人同。"②这一条是写在仁宗所有后宫主位之后,作为芸贵人的补充资料记入。之后,有学者在整理《清列朝后妃传稿》时,引此条为依据,认为仁宗还有一位后宫主位李贵人,先于芸贵人薨逝,所以芸贵人的丧仪即按照其标准办理。实际上,通过核对《会典》,即发现《会典》原文为:"嘉庆十年七月十九日,芸贵人薨。一应礼仪,与乾隆二十五年李贵人丧礼同。"③由此可知,此条内所谓的"李贵人"其实是乾隆二十五年薨逝并奉安泰陵妃园寝的世宗的后宫主位,而并非是仁宗之后宫。亦即可知,在仁宗的后宫之中,其实并无这样一位"李贵人"。

---

① 陈可冀主编:《清宫医案研究》,第 1 册,第 316—325 页。
② 张尔田:《清列朝后妃传稿》传下,第 46 页 a、b。
③ 光绪朝《钦定大清会典》卷 495,《续修四库全书》编纂委员会编:《续修四库全书》,第 805 册,第 805 页。

第十四章　清宣宗道光帝的后宫

清宣宗效天符运立中体正至文圣武智勇仁慈俭勤孝敏宽定成皇帝,原名绵宁,满文作"mian ning"①,即位后更名旻宁。作为仁宗睿皇帝的第二子,生于乾隆四十七年八月初十日寅时,生母为孝淑睿皇后喜塔腊氏。嘉庆四年四月初十日,由仁宗秘密立为储嗣,缄置镡匣。嘉庆十八年九月,恩封为和硕智亲王。嘉庆二十五年七月二十五日,仁宗病危,召集御前大臣、军机大臣、总管内务府大臣等,公启镡匣,手宣朱谕,立为皇太子。同日,仁宗崩逝。同年八月二十七日,宣宗即位,改元道光。道光八年,张格尔之乱平定。道光二十年(1840年),第一次鸦片战争爆发。道光三十年正月十四日巳时崩,年六十九岁,在位三十年。同年四月,恭上尊谥曰效天符运立中体正至文圣武智勇仁慈俭勤孝敏成皇帝,庙号宣宗。咸丰二年三月初二日,奉安慕陵,升祔太庙、奉先殿。咸丰十一年十一月,加上宽定两字。

关于道光朝挑选八旗秀女的年届,已知在嘉庆朝的时候初选年届为嘉庆三年,以此计算下来,则道光朝第一次挑选八旗秀女应该是在道光二年,这也与档案中所显示的选秀记录相吻合。以道光二年为第一次计算,之后挑选八旗秀女的年届依次为道光五年(1825年)、道光八年、道光十一年、道光十四年、道光十七年、道光二十年、道光二十三年(1843年)、道光二十六年、道光二十九年,共计十次。

根据目前的资料统计,清宣宗一生中有二十一位妻妾,其中有一些是藩邸时期娶纳的,也有一些是即位之后收入后宫的。谨按照成为宣宗妻妾的时间和方式,将宣宗的二十一位后宫主位分类综述如下。

---

① 《近支名册》,乾隆四十九年写本,国家图书馆藏。

第一节　清宣宗道光帝的四位皇后

一、孝穆成皇后
【简介】

孝穆温厚庄肃端诚恪惠宽钦孚天裕圣成皇后,镶黄旗满洲钮祜禄氏,承恩公、户部尚书、总管内务府大臣、都统布彦达赉之女。乾隆四十六年生。在乾隆六十年二月初七日参加八旗选秀,于二月十一日被高宗指与皇孙宣宗为嫡福晋。嘉庆元年十一月二十四日,行大婚礼,册封为皇子福晋。嘉庆十三年正月二十一日崩,年二十八岁。嘉庆十六年十一月十七日,暂安王佐村园寝。嘉庆二十五年八月,宣宗即位。同年九月十二日,追立为皇后。道光元年六月十二日,谥曰孝穆皇后。道光七年九月十三日,奉安东陵宝华峪地宫。道光八年,因东陵宝华峪地宫浸水,于道光九年(1829年)五月初四日移出,暂安隆恩殿。道光十五年八月二十日,奉移西陵龙泉峪。同年十二月十一日,奉安慕陵地宫。道光三十年九月二十二日,恭上尊谥曰孝穆温厚庄肃端诚孚天裕圣成皇后。咸丰二年三月,升祔太庙、奉先殿。咸丰十一年十月,加上恪惠两字。光绪元年(1875年)六月,加上宽钦两字。

【家族背景】

孝穆成皇后出身索和济巴颜系钮祜禄氏,与太宗元妃、孝昭仁皇后、圣祖温僖贵妃、高宗顺妃、高宗诚嫔、孝和睿皇后、仁宗恭顺皇贵妃等均属同一个大系内的弘毅公家族的一员,其家世可以参考她们各条。弘毅公家族内部分为十六房,根据房份不同,后裔的门第也有所不同,其中第十六房门第最高,孝昭仁皇后、圣祖温僖贵妃、高宗顺妃、高宗诚嫔均出自这一房,孝穆成皇后也出自这一房。

清代弘毅公家族以传承一等果毅公爵位的支系为大宗,自遏必隆始,大宗爵位在遏必隆的几个儿子之间流转之后,固定由其第六子殷德一支承袭。殷德承袭公爵,仕至领侍卫内大臣,娶正白旗汉军总督董维国之女为妻,生有五子。第一子策楞,承袭公爵,仕至两广总督;第二子讷亲,也承袭公爵,仕至领侍卫内大臣、大学士;第三子阿敏尔图,承袭世管佐领,仕至吏部侍郎;第四子爱必达,承袭世管佐领,仕至云贵总督;第五子阿里衮,也承袭公爵,仕至两广总督、领侍卫内大臣。孝穆成皇后的祖父即是殷德的幼子阿里衮。

阿里衮娶正黄旗满洲总督马尔泰之妹瓜尔佳氏为妻,生有四子。第一子丰盛额,承袭一等果毅继勇公爵位,又因功加封一等子,仕至领侍卫内大臣,他将自己获得的一等子爵位传给四弟布颜达赉;第二子倭星额,仕至云麾使;第三子色克精额,承袭云骑尉,仕至三等侍卫;第四子布颜达赉,承袭兄长的一等子爵,以侍卫入仕,乾隆年间历任武备院卿、护军统领,在嘉庆年间则继续升迁,仕至户部尚书、总管内务府大臣、都统,在嘉庆六年病故。他的女儿就是孝穆成皇后。

布颜达赉的嫡妻是正黄旗满洲乌雅氏总督硕色之孙女,她与布颜达赉生有三个儿子和至少一个女儿。三子依次名为熙春、熙伦、熙敏,不过熙春和熙伦都早亡,只有熙敏长大成人,是孝穆成皇后的弟弟,他娶了和硕肃恭亲王永锡的第十女县主为嫡妻。

孝穆成皇后还有十二位姑母,多数都嫁给宗室王公,其中最小的一位姑母被指婚给高宗的幼子和硕庆僖亲王永璘为嫡福晋,她既是孝穆成皇后的本家姑母,也是孝穆成皇后夫家的婶母。除此之外,孝穆成皇后的四姑母嫁给和硕怡贤亲王之孙永蔓,三伯父色克精额的嫡妻则是雍乾时期名臣鄂尔泰的孙女,这都显示作为旗人世家里的名门弘毅公家族的大宗,孝穆成皇后家族拥有无可挑剔的门第。[①]

【入宫背景】

目前已知孝穆成皇后是在乾隆六十年二月参加八旗选秀,并在这一年的选秀之中被高宗指婚给当时尚是皇孙的宣宗的。

根据档案,乾隆六十年二月的选秀从二月初七日开始。初七日挑选镶黄旗、镶蓝旗的秀女,初八日挑选正黄旗、镶白旗的秀女,初九日挑选正白旗、正红旗的秀女,初十日挑选镶红旗、正蓝旗的秀女,"四日内共记名秀女十三名",其中有"镶黄旗满洲记名秀女五名",孝穆成皇后即在其中。

---

① 此段钮祜禄氏谱系,整理自《八旗满洲氏族通谱》《开国佐运功臣弘毅公家谱》《清代谱牒档案(缩微胶卷)》《八旗通志初集》《钦定八旗通志》《爱新觉罗宗谱》。

二月十一日,被记名的十三名秀女再次参加挑选,最后结果,其中:两位指婚给皇孙,六位指婚给近派宗支,剩下的五位撂牌子。指婚给皇孙的两位,一位是"将镶黄旗翼贵佐领下参将翼贵之次女年二十一岁,指与贝勒绵懿为福晋";另一位是"镶黄旗拱照佐领下副都统布彦达赖之女年十五岁,指与绵宁为福晋"。① 后者即是孝穆成皇后。

在孝穆成皇后被指婚的乾隆六十年,宣宗的父亲仁宗已经被高宗私下确立为储君,并在当年九月初三日正式公布。当时仁宗的第一子穆郡王已经夭亡,第三子和硕惇恪亲王绵恺要在六月才能出生,所以仁宗这位"准皇嗣"的后继者只有第二子宣宗。高宗应该十分清楚,宣宗很有可能就是以后的皇帝,为其选择嫡福晋实际上即是选择皇后,自然非同寻常,这也是为何孝穆成皇后出身如此之高的一个原因。

【宫廷生活】

孝穆成皇后在嘉庆元年十一月嫁入宫中,之后在嘉庆十三年年初崩逝,在宫廷内生活了不到十二年。因为孝穆成皇后只是"潜邸"的皇后,所以关于她的记录并不多。从零星的记录来看,她比较受到仁宗和宣宗的尊重和喜爱。嘉庆六年正月,孝穆成皇后的父亲布颜达赉亡故,仁宗得到消息之后下达旨意:"二阿哥系布彦达赉之女婿,著于初五日前往代朕奠醊,并著二阿哥福晋即日亲往视殓……俟出殡之日,仍令福晋至伊家目送。"②让孝穆成皇后做到了身为子女的孝义。

【封谥释义】

孝穆成皇后的主谥是"穆",满文作"cibsonggo"③,意为"静穆""景仰"。

二、孝慎成皇后

【简介】

孝慎敏肃哲顺和懿诚惠敦恪熙天诒圣成皇后,原正蓝旗汉军后抬镶黄旗汉军档记满洲佟佳氏,承恩公、杭州将军舒明阿之女。乾隆五十五年五月

---

① 《验看秀女排单》,乾隆朝,档案号:05-08-005-000001-0033,中国第一历史档案馆藏。
《验看秀女排单》,乾隆朝,档案号:05-08-005-000001-0034,中国第一历史档案馆藏。
② 《仁宗睿皇帝实录》卷78,嘉庆六年正月辛巳条,《清实录》,第29册,第2页。
③ 綦中明:《满语名号研究》,第78页。

十七日生。在嘉庆十三年二月参加非常例的八旗选秀，于二月二十一日被仁宗指与宣宗为继福晋。同年十一月十六日，行初定礼。十二月十八日，行大婚礼，册封为皇子福晋。嘉庆十八年七月初三日，生第一女端悯固伦公主。嘉庆二十五年八月，宣宗即位，诏立为皇后。道光二年十一月十六日，以大学士长龄为正使，协办大学士、户部尚书英和为副使，册立为皇后。道光十三年四月患病，宣宗奉孝和睿皇后两次亲临看视。道光十三年四月二十九日申时崩，年四十四岁。同年七月二十四日，谥曰孝慎皇后。九月初三日，暂安田村。道光十五年十二月十一日，奉安慕陵。道光三十年九月二十二日，恭上尊谥曰孝慎敏肃哲顺和懿熙天诒圣成皇后。咸丰二年三月，升祔太庙、奉先殿。咸丰十一年十月，加上诚惠两字。光绪元年六月，加上敦恪两字。

【家族背景】

孝慎成皇后出身巴虎特克慎系佟佳氏，与孝康章皇后、孝懿仁皇后、圣祖悫惠皇贵妃均为承恩公都统图赖的后代，其家世可以参考她们各条。图赖生有三子，第一子佟国纪早亡；第二子佟国纲承袭一等公，仕至都统，后来在康熙二十九年阵亡；第三子佟国维因孝懿仁皇后的缘故获封一等公，仕至领侍卫内大臣。孝慎成皇后即是佟国纲的四世孙女。

佟国纲的大宗后裔世袭公爵，佟国纲传子夸岱，仕至领侍卫内大臣、工部尚书。夸岱传子纳穆图，仕至都统。纳穆图传子嗣存，仕至散秩大臣。嗣存传子晋玺。晋玺早亡，传给承继的弟弟舒明阿。舒明阿承袭公爵之后，仕至散秩大臣、杭州将军、工部左侍郎，娶妻拜都氏，生有五子数女。第一子名为裕诚，后来承袭了原大宗承恩公的爵位，仕至大学士；第二子名为裕宽，后来承袭了孝慎成皇后带来的承恩侯爵位，仕至散秩大臣；第三子名为裕祥，仕至头等侍卫，他的女儿后来也入宫，即文宗的端恪皇贵妃；第四子名为裕瑞，仕至绥远城将军；第五子名为裕保，仕至御史。舒明阿的女儿里除一位为孝慎成皇后之外，已知还有两位，一位是奉恩镇国公奕梁的嫡夫人，奕梁是圣祖脉下淳王府的大宗；另一位是协办大学士、吏部尚书奕经的嫡妻，奕经是高宗的曾孙。

总体而言，孝慎成皇后与孝穆成皇后均出身自旗人世家的名门，门第均无可挑剔。不过，孝穆成皇后虽然是弘毅公府的"大宗"出身，但是孝穆成皇后的父亲布颜达赉并不是"大宗",而是"大宗"的余子。①

【入宫背景】

嘉庆十三年正月二十一日,宣宗的原配福晋钮祜禄氏,也就是后来的孝穆成皇后崩逝。这位嫡福晋的"头七"刚过,仁宗便下达上谕:"现应给二阿哥续指福晋,著交户部将现在京八旗满洲、蒙古内外三品以上文武官员之女,未经选过、逾岁及现年十五岁者查明,于二月十七日送赴圆明园选看。其有带往外任者,毋庸令其来京。至此次已经选过者,下届选看之年,毋庸再行豫备选看。"②为宣宗寻找继室福晋。作为其结果,嘉庆十三年二月二十一日奉旨:"三等公舒明阿之女,著指与二阿哥,钦此。"③选出了孝慎成皇后。

嘉庆十三年时,宣宗已经被仁宗秘密立储,所以为宣宗寻找继室福晋实际上也就是选择以后大清国的皇后。故而,仁宗选择了出身可以与孝穆成皇后相比拟,同样出身名门巨室的孝慎成皇后,以符皇后之名。

【宫廷生活】

孝慎成皇后嫁给宣宗成为继福晋,并在嘉庆十八年生下了宣宗的第一女端悯固伦公主,可惜这位公主在嘉庆二十四年夭折。孝慎成皇后之后一直没有再生育。到了宣宗即位之后,孝慎成皇后作为继室福晋也就理所应当地成为正宫皇后,住在储秀宫。④ 根据宣宗在上谕中的说法,孝慎成皇后"事朕二十六年,柔嘉维则,孝敬无违。此宫中府中所共知者"。⑤ 可知孝慎成皇后受到宣宗相当的尊重。

根据清宫医案记载,孝慎成皇后从嘉庆二十一年开始患上咽喉疼痛,属于内有饮热,外有风瘟。后来又患上消化系统的毛病,如便秘、食滞等。道光十二年(1832年)下半旬,孝慎成皇后患病,病症为痰热,致使手脚麻木。到了道光十三年的四月,病情突然加剧,在四月二十四日,宣宗已经下旨,

---

① 此段佟佳氏谱系,整理自《八旗满洲氏族通谱》《清代谱牒档案(缩微胶卷)》《满族佟氏史略》《八旗通志初集》《钦定八旗通志》《爱新觉罗宗谱》。
② 《仁宗睿皇帝实录》卷191,嘉庆十三年正月乙丑条,《清实录》,第30册,第530页。
③ 《为奉旨三等公舒明阿之女指与二阿哥事致内务府》,嘉庆十三年二月二十一日,档案号:05-13-002-000094-0116,中国第一历史档案馆藏。
④ 中国国家图书馆编:《中国国家图书馆藏清宫升平署档案集成》,第2册,第671页。
⑤ 《宣宗成皇帝实录》卷236,道光十三年四月己巳条,《清实录》,第36册,第536页。

"现时皇后病重,如若事出……"①,为皇后预备后事。数日之后,孝慎成皇后崩逝。从其急剧发病到崩逝不过八日,所以清宫医案的研究者认为其死于"暴病"。②

孝慎成皇后崩逝之后,停灵在澹怀堂。档案中记录,宣宗几乎每天都亲自到梓宫前奠酒。释服之后,相关的启奠、大祭、满月、两月、百日、奉移启奠、二周年等行礼场合宣宗也都亲自奠酒,前前后后,亲奠达五六十次之多。这在清代帝后的情况中也是比较少见的,凸显了宣宗与孝慎成皇后的密切关系。

【封谥释义】

孝慎成皇后的主谥曰"慎",满文作"olhoba"③,意为"谨慎""小心"。

三、孝全成皇后

【简介】

孝全慈敬宽仁端悫安惠诚敏符天笃圣成皇后,原正红旗满洲后抬镶黄旗满洲钮祜禄氏,承恩侯、二等侍卫颐龄之女。嘉庆十三年二月二十八日生。在道光二年二月参加八旗选秀,于二月二十日被指定为全嫔,在同年十一月初二日入宫。道光三年二月十二日,诏晋为全妃。同年十一月二十五日,以协办大学士、户部尚书英和为正使,内阁学士奕经为副使,册封为全妃。道光四年(1824年)八月初十日,诏晋为全贵妃。道光五年二月二十日,生第三女端顺固伦公主。同年四月十三日,以协办大学士、户部尚书英和为正使,礼部左侍郎汪守和为副使,册封为全贵妃。道光六年四月初六日,生第四女寿安固伦公主。道光十一年六月初九日,生第四子奕詝,即文宗显皇帝。道光十三年八月十五日,诏晋为皇贵妃,摄六宫事,并预于明年十月册立为皇后。道光十四年十月十八日,以大学士长龄为正使,署礼部尚书奕颢为副使,册立为皇后。道光二十年正月十一日丑时崩,年三十三岁。同年四月初一日,谥曰孝全皇后。十一月初九日,奉安慕陵。道光三十年九月二十二日,恭上尊谥曰孝全慈敬宽仁端悫符天笃圣成皇后。咸丰二年三

---

① 中国国家图书馆编:《中国国家图书馆藏清宫升平署档案集成》,第 4 册,第 1991 页。
② 陈可冀主编:《清宫医案研究》,第 1 册,第 327—361、438—494 页。
③ 綦中明:《满语名号研究》,第 80 页。

月初七日,升祔太庙、奉先殿。咸丰十一年十月,加上安惠两字。光绪元年六月,加上诚敏两字。

【家族背景】

孝全成皇后出身正红旗满洲钮祜禄氏。钮祜禄氏是满洲巨姓之一,其中支系最繁、影响最大、最为知名的是索和济巴颜系。在索和济巴颜系之中,门第最高的一支为弘毅公额亦都家族,太宗元妃、孝昭仁皇后、圣祖温僖贵妃、高宗顺妃、高宗诚嫔、孝和睿皇后、仁宗恭顺皇贵妃等后宫主位均出身这一支系。而在索和济巴颜系的其他支系中,也有乾隆朝的宠臣和珅等名臣。

目前已经确定孝全成皇后家族并不属于弘毅公家族支系,但是在孝全成皇后于道光十四年被册立为皇后时,弘毅公府的几位重要外任官员均具折谢恩,其中提及:"圣主更施洪恩,将奴才萨迎阿同族之钮祜禄氏皇贵妃封为皇后。"①"现更施洪恩,将奴才同族之姓钮祜禄氏之皇贵妃册封,立为皇后。"②均只称"同族",而并未提及具体血缘关系,似指其族份关系甚远。③故而,目前推定孝全成皇后家族可能出自索和济巴颜系,是弘毅公家族的同祖远亲。④ 关于其具体祖系信息,有待今后继续发掘史料。

孝全成皇后家族具体的祖系信息所知不多。根据已知的资料显示,孝全成皇后的家族原为正红旗满洲旗人,孝全成皇后的曾祖父名为成德,是健锐营前锋出身。健锐营是京旗的"外三营"之一,是专门从京旗城居的旗人内挑选门第较为普通却体格健壮的健儿所组成,主要为战场训练并提供云梯兵。在乾嘉时期,旗人世家的格局已经基本形成,世家子弟主要以门荫或

---

① 《奏册封同族钮祜禄氏皇贵妃为皇后谢恩折》,道光十四年十二月十一日,档案号:03-0203-4148-014,中国第一历史档案馆藏。原档案为满文,书中所用为作者自译。
② 《奏册封同族钮祜禄氏皇贵妃为皇后谢恩折》,道光十五年正月初十日,档案号:03-0203-4148-050,中国第一历史档案馆藏。
③ 谨按,一般情况下,呈递谢恩折的均为同族之人,而且在谢恩折中需写明血缘关系。如道光二年时,弘毅公府的后裔久福之女被封为贵人,即后来的祥妃钮祜禄氏。弘毅公府的和世泰具折谢恩,折内称:"奴才族叔原任员外郎久福之女圣主施恩封为贵人"。可参见满文奏折,档案号:04-02-002-001140-0014,中国第一历史档案馆藏。
④ 谨按,在清代满洲巨姓之中,钮祜禄氏一姓较为特殊。一般而言,满洲巨姓内均有复杂的派系,相互之间并无共祖关系。而通过《八旗满洲氏族通谱》的记载来看,清代钮祜禄氏至少有一半均出自索和济巴颜系,派系相对单一。这可能是弘毅公府为孝全成皇后册立为皇后具折谢恩的原因之一。当然,亦有可能孝全成皇后家族的确属于索和济巴颜系,只是目前所见的索和济巴颜系之谱牒内未有提及。

科举出仕,最差也是通过考取笔帖式出仕,极少以挑补兵缺的方式以在战阵立功而出仕,亦不大可能被迁到城外营房居住。成德出身兵丁阶级,正表明其家族门第比较普通。成德入伍之后从征各地,均立有战功,被提拔为武官,历任蓝翎长、前锋校、游击、参将、副将、总兵、提督,在乾隆朝末期仕至成都将军,是当时比较著名的武臣,并得到了图形紫光阁的荣耀①,门第便得以迅速提升。成德生有四子,其中第四子名为穆克登布,由粘杆处蓝翎侍卫入仕,历任三等侍卫、游击、参将、副将、总兵,屡立战功。嘉庆八年时,穆克登布作为甘肃提督参与平定川地叛乱,在从征过程中战死,被追封为二等男爵。这个爵位交给穆克登布之子颐龄承袭,颐龄便是孝全成皇后的父亲。

经过了两代人的军旅拼搏,第三代的颐龄以承袭世爵的方式出仕,这时其家族已经从军旅出身的新官僚向世家身份转换。颐龄入仕之后,在嘉庆十六年出任乾清门二等侍卫,在嘉庆十九年病故。其嫡妻为乌雅氏,孝全成皇后即是由乌雅氏所出的。根据世袭谱档显示,颐龄生前没有留下成年的男嗣,所以在他去世之后,族中给他过继了养子,名为恩绪。由此推断,孝全成皇后有可能是颐龄的独生女。后来,由于孝全成皇后被册立为皇后,其家族由正红旗满洲抬入镶黄旗满洲,赏赐之承恩公爵位则由恩绪的后代承袭。

根据一些野史的说法,称孝全成皇后幼年居住在苏州。清代旗人身属旗籍,一般不能随便离开居住地。若前往内省居住,一般是作为外任官员家属随任前往。孝全成皇后的曾祖父成德虽然在乾嘉之际曾经署理杭州将军,但是其去世于嘉庆九年,当时孝全成皇后尚未出生。祖父穆克登布于嘉庆八年战死在甘肃提督任上,更不可能带孝全成皇后去苏州。至于孝全成皇后的父亲颐龄,在嘉庆十六年的时候在京任乾清门侍卫,孝全成皇后只有四岁。嘉庆十九年颐龄故去,孝全成皇后七岁。在这种背景之下,说孝全成皇后幼年在苏州长大,可信度是比较低的。②

---

① 谨按,清高宗曾让官方绘制一些立有显著军功之臣子的画像,悬挂在紫光阁之中,即"图形紫光阁",是罕见的恩荣之一。
② 此段钮祜禄氏谱系,整理自《八旗满洲氏族通谱》《清代谱牒档案(缩微胶卷)》《八旗通志初集》《钦定八旗通志》《爱新觉罗宗谱》。

【入宫背景】

根据档案,道光二年二月二十日奉旨:"原任男爵颐龄之女,著为全嫔。"①可见,孝全成皇后是在道光二年二月参加八旗选秀,也就是在道光朝第一届选秀中被选中,指定为全嫔,并于同年十一月初二日辰时入宫。② 与其同一批入宫的还有三位秀女,分别是祥妃钮祜禄氏、常妃赫舍里氏和睦答应赫舍里氏。

【宫廷生活】

孝全成皇后在道光二年入宫之后,住在钟粹宫。③ 从入宫伊始,孝全成皇后便展现出她与众不同的地方。与孝全成皇后同期入选宫廷的其他三位秀女均初封为贵人,而孝全成皇后是直接被赐予嫔位入宫,可见当时宣宗对孝全成皇后的特殊重视。

根据清宫医案记载,孝全成皇后所怀第一胎并不是在道光五年所生育的皇三女端顺固伦公主,而是在入宫没多久便怀孕,得到晋升为妃位的待遇,结果在道光三年年底小产。这次小产给孝全成皇后带来的影响很大,后来她虽然又接连生育了一子两女,但是自从道光三年小产开始便逐渐患上了寒湿下注、经带等妇科病症,身体愈发虚弱。在生育皇四子文宗之前的道光九年,孝全成皇后已经凸显肾气衰竭的病症,而当年她仅二十二岁。④ 与此同时,孝全成皇后的待遇节节上升,仅用了两年之间便从初封的嫔位晋为贵妃,体现了宣宗对于孝全成皇后的特别待遇。

道光十三年四月,孝慎成皇后崩逝。孝全成皇后作为贵妃,同时也是当时后宫内位分最高之人,在孝慎成皇后百日之后被立为皇贵妃,摄六宫事,并明确指出这是立后前的举措。转过年来,孝慎成皇后丧期已过,孝全成皇后便正式正位中宫。

道光十九年(1839年)八月,孝全成皇后的病情加重,八月十七日,《实

---

① 《为原任男爵颐龄之女著为全嫔等情事》,道光二年二月二十日,档案号:05-13-002-000115-0040,中国第一历史档案馆藏。
② 《奏为拣派专奉嫔及贵人进宫之内管领事折》,中国第一历史档案馆、故宫博物院编:《清宫内务府奏销档》,第193册,第458页。
③ 中国国家图书馆编:《中国国家图书馆藏清宫升平署档案集成》,第2册,第673、674页。
④ 陈可冀主编:《清宫医案研究》,第2册,第738页。

录》记载宣宗"幸湛静斋视皇后疾"①。根据《实录》的文本习惯,一般到了需要皇帝亲临"视疾"的地步,病情已经比较严重了。道光二十年正月初四日,宣宗移居圆明园,孝和睿皇后移居绮春园。初六日这一天,孝全成皇后的病势突然加剧,宣宗于申时诣绮春园,奉皇太后临视皇后疾。需要奉皇太后临视,证明孝全成皇后的病症已经十分危急。最终在正月十一日丑时,孝全成皇后崩逝。这些资料都显示出,孝全成皇后并非是暴亡,其病情是逐渐积累而成。

孝全成皇后崩逝之后,宣宗也表现出了跟孝慎成皇后崩逝时候相仿的浓厚感情,数十次亲临奠酒,也是宣宗与孝全成皇后关系亲密的一个表现。在《清史稿》宗室禧恩的传记中指出:"禧恩自道光初被恩眷,及孝全皇后被选入宫,家故寒素,赖其资助,遂益用事。遍膺禁近要职,兼摄诸部,凌轹同列,人皆侧目。后晚宠衰,禧恩亦数获谴罢斥。文宗即位,乃复起,不两年登协揆焉。"②按宗室禧恩在道光初年即任御前大臣、领侍卫内大臣,跻身中枢,在道光二年孝全成皇后入宫之后的确是愈发得势。之后从道光十三年开始渐遭惩处,特别是道光十八年时从中枢被罢职,这时间正好是孝全成皇后人生的最后一两年。对于宫闱内幕,后人无法明确得知,但是《清史稿》所说之"晚宠衰",似乎也并非全无道理。

【封谥释义】

孝全成皇后原本的封号和最终的谥号均为"全",前后满文一致,均作"gemungge"③,意为"全部""完全"。宣宗评价孝全成皇后说:"念自入宫伊始,即肇锡以嘉名。迄乎正位以来,洵克符乎实行。奉慈闱而成顺孝,秉淑德而著醇全。惟孝全二字之徽称,赅皇后一生之懿范。"④体现的是孝全成皇后醇和全粹的品德。

四、孝静成皇后

【简介】

孝静康慈懿昭端惠庄仁和慎弼天抚圣成皇后,原正蓝旗满洲后抬正黄

---

① 《宣宗成皇帝实录》卷325,道光十九年八月庚辰条,《清实录》,第37册,第1106页。
② 《清史稿》卷365,第38册,第11438页。
③ 綦中明:《满语名号研究》,第79页。
④ 《宣宗成皇帝实录》卷330,道光二十年正月戊申条,《清实录》,第38册,第8页。

旗满洲博尔济吉特氏，承恩公、刑部员外郎花郎阿之女。嘉庆十七年五月十一日生。在道光五年参加八旗选秀，被指定为静贵人而入宫。道光六年四月初七日，诏晋为静嫔。同年十月二十三日，生第二子多罗顺和郡王奕纲。十二月初一日，以礼部尚书松筠为正使，礼部左侍郎舒英为副使，册封为静嫔。道光七年正月十五日，诏晋为静妃。同年四月二十日，以礼部尚书松筠为正使，内阁学士钟昌为副使，册封为静妃。道光九年十一月初七日，生第三子多罗慧质郡王奕继。道光十年十二月初七日，生第六女寿恩固伦公主。道光十二年十一月二十一日，生第六子和硕恭忠亲王奕䜣。道光十三年八月十五日，诏晋为静贵妃。道光十四年十一月初三日，以协办大学士、吏部尚书文孚为正使，礼部右侍郎文庆为副使，册封为静贵妃。道光二十年四月二十五日，诏晋为皇贵妃，抚育文宗。同年十二月十七日，以大学士王鼎为正使，礼部左侍郎关圣保为副使，册封为皇贵妃。道光三十年正月，宣宗崩逝，文宗即位，尊封为康慈皇贵太妃。咸丰元年三月十五日，以大学士赛尚阿为正使，大学士祁寯藻为副使，册封为康慈皇贵太妃。咸丰五年七月初一日，尊封为康慈皇太后。咸丰五年七月初九日巳时崩，年四十四岁。同年九月二十三日，恭上尊谥曰孝静康慈懿昭端惠弼天抚圣皇后，升祔奉先殿。咸丰七年（1857年）四月二十日，奉安慕东陵，未系宣宗之谥，亦不配享太庙。咸丰十一年九月，穆宗令大臣们会议孝静皇后谥号。同年十月初一日，拟定升祔太庙，系宣宗之谥，加上端惠两字。同治元年九月初一日，升祔太庙，系宣宗之谥。光绪元年六月，加上庄仁两字。宣统元年（1909年）四月，加上和慎两字。

【家族背景】

孝静成皇后出身博尔济吉特氏，但其不仅不是蒙古盟旗之人，也不是蒙古八旗之人，而是满洲旗人。孝静成皇后的祖先系出元昭宗，远祖是明代时期著名的达延汗。据说达延汗生有十一子，根据文献不同，对这十一子的排行记载也不同。其中，有一子名为格勒博罗特，其子乌班萨诺音为蒙古兀鲁特部贝勒。到了乌班萨诺音的孙辈，其中年纪较长者明安、年纪较轻者琐诺木，都在清初时归入八旗。明安被封为二等伯，编入正黄旗满洲，琐诺木则被封为二等子，编入正蓝旗满洲。孝静成皇后即是琐诺木的后代。

琐诺木入旗之后，其大宗后裔世袭二等子爵位，孝静成皇后一支则是小宗。孝静成皇后的祖辈在清初时主要担任八旗内的都统、参领等高等武职，从大宗分离后开始在文化方面用功。乾隆二十一年，琐诺木的五世孙兴德考中文举人，后来仕至道员，这位兴德就是孝静成皇后的曾祖父。

兴德娶妻邢佳氏，生有七个儿子，其中仕宦最成功的是第三子鄂山，为嘉庆元年进士，仕至刑部尚书。另外还有第七子成山，为道光三年进士，仕至道员。孝静成皇后的祖父则是兴德的第一子崑山，仕至刑部员外郎。崑山娶妻爱新觉罗氏，生子花良阿。花良阿娶和硕肃恭亲王永锡的第八女县主为妻，以县主额驸的身份仕至刑部员外郎，孝静成皇后应该即是县主所生。除孝静成皇后之外，花良阿至少还有一子一女。儿子名为恩龄，是孝静成皇后的弟弟，后来仕至刑部右侍郎；女儿则嫁给多罗诚隐郡王允祉的五世孙载龄，载龄是道光二十一年（1841年）进士，后来袭爵不入八分辅国公，仕至体仁阁大学士。

孝静成皇后家族虽然只是旗人世家的支流，但是通过在科举方面的努力，巩固了在世家圈内的联姻，甚至形成了比大宗还要高的门第。仅从出身上来讲，孝静成皇后家族的门第相当不错。①

【入宫背景】

根据道光朝的宫分档案，孝静成皇后在道光五年的档案内出现，结合其正蓝旗满洲的出身，可知其是在道光五年参加八旗选秀时被选中，指定为静贵人而入宫，其家族所上谢恩折也是在道光五年。② 道光五年那届八旗秀女中，似乎只选中了孝静成皇后一位入宫。

【宫廷生活】

孝静成皇后入宫之后，住在永和宫。③ 她得到了宣宗的宠爱，进宫的第二年便生下皇子。根据清宫医案记载，道光八年，孝静成皇后曾经小产。之后则连续在道光九年、十年、十二年生育子女。因为小产的影响，加上连续生育，孝静成皇后逐渐患上了血虚，之后又在道光十三年患上风瘟咽痛，身

---

① 此段博尔济吉特氏谱系，整理自《八旗满洲氏族通谱》《清代朱卷集成》《蒙古博尔济吉忒氏族谱》《清代谱牒档案（缩微胶卷）》《八旗通志初集》《钦定八旗通志》《爱新觉罗宗谱》。
② 《奏为胞侄花良阿之女著封静贵人谢恩事》，道光五年二月二十三日，档案号：03-2819-005，中国第一历史档案馆藏。
③ 《奏为查验永和宫交出女子大妞情形事》，道光二十年三月初九日，档案号：05-0711-072，中国第一历史档案馆藏。

体逐渐虚弱,而位分却不断上升。

道光二十年正月,孝全成皇后崩逝。当时的后宫中,道光二年以第一批八旗秀女入宫的四位后宫主位内,孝全成皇后和睦答应已故,常妃和祥妃则纷纷失宠降位,道光五年以第二批八旗秀女入宫的孝静成皇后则是贵妃位,无论从资历、门第还是生育子女等方面均是其中翘楚,故而在孝全成皇后百日之后,宣宗将孝静成皇后晋为皇贵妃,在事实上充当整个后宫的首领,并且让孝静成皇后移居钟粹宫,①肩负起抚养文宗的重任。

对于宣宗生前为何不立孝静成皇后为后,目前认为可能与年龄有关。在当时的价值观中,认为年近老年不宜再行立室。如高宗曾经在上谕中提到:"朕春秋六十有八,岂有复册中宫之理。"②孝全成皇后崩逝的当年宣宗已经六十岁,不将孝静成皇后册立为中宫或许就是这种价值观的影响。

道光三十年正月,宣宗崩逝,受孝静成皇后抚育的文宗即位,尊孝静成皇后为皇贵太妃,移居寿康宫。以文宗的角度来说,从自己十岁时生母孝全成皇后崩逝到二十岁即位的十年间,孝静成皇后实际充当了母后的身份,母子关系肯定比较紧密。后来文宗在上谕中也不止一次提及:"朕在冲龄,仰蒙康慈皇贵太妃抚育深恩。""抚育朕躬十五载。恩恤优加。"然而,对于孝静成皇后的名分地位,文宗却十分矛盾。宣宗生前没有将孝静成皇后立后的意思,文宗似乎也不想开这个特例。就算是在孝静成皇后生前勉强将其尊为皇太后,但在是否系宣宗谥的问题上,文宗依然有顾虑。按照文宗的说法:"爰考会典所载,太祖高皇帝三后,惟孝慈高皇后配祔太庙,谥号称高。是别殿奉祀,称号宜殊,非惟前代之旧章,实本我朝之定制。今明禋钜典,朕不敢以感恩之故,稍越常经。景铄鸿名,朕何敢以尽孝之私,致踰定礼。"③明确表示不想开这个先例。

根据通说,认为孝静成皇后在临终之前晋为皇太后,并在穆宗即位之后得以系谥,均是其子和硕恭忠亲王奕訢运作的结果。目前并没有明确的史料指向两者具有必然关系,所以这里只存疑处理。

---

① 《奏为查验钟粹宫交出因病女子一名情形事》,道光二十一年七月初七日,档案号:05-0719-074,中国第一历史档案馆藏。
② 《高宗纯皇帝实录》卷 1066,乾隆四十三年九月乙未条,《清实录》,第 22 册,第 262 页。
③ 《文宗显皇帝实录》卷 174,咸丰五年八月庚子条,《清实录》,第 42 册,第 947、948 页。

【封谥释义】

孝静成皇后原本的封号和最终的谥号均为"静",但是其满文并不相同。封号的"静",满文作"cibsonggo"[①],意为"静穆""景仰";而谥号的"静",满文作"cibsen"[②],意为"安静""肃静"。这两个满文词汇的词根一致,寓意也基本一样,出现这种差异,其实是因为孝穆成皇后的"穆"为"cibsonggo",为了规避所改。至于其徽号"康慈",满文作"nelhe jilangga"[③],意为"安康慈善"。

第二节 清宣宗道光帝潜邸时娶纳的后宫

一、恬嫔

【简介】

宣宗恬嫔,镶黄旗满洲富察氏,盐运使查清阿第一女。在嘉庆年间参加八旗选秀,被仁宗指与宣宗为侧福晋。嘉庆二十五年八月,宣宗即位,诏封为恬嫔。道光二年十一月十六日,以内阁学士明志为正使,奕经为副使,册封为恬嫔。道光二十五年七月十九日戌时薨。同年十一月初七日,奉安慕东陵。

【家族背景】

宣宗恬嫔出身檀都系富察氏,与太祖继妃、孝贤纯皇后、高宗晋妃、穆宗淑慎皇贵妃同族。其家世可以参考太祖继妃、孝贤纯皇后、高宗晋妃、穆宗淑慎皇贵妃条。

康雍时期名臣马齐生有十二子,形成了十二房后裔,以第十一房傅良一支承袭伯爵爵位为大宗。高宗晋妃是第五房傅广的孙女,穆宗的淑慎皇贵妃是第四房傅德的四世孙女,而恬嫔即是门第最高的第十一房傅良的曾孙女。

第十一房的祖先傅良为马齐之妾郭氏所出。原本马齐的爵位传与嫡出的第十二子傅兴承袭,但是傅兴因故革爵,爵位便落到了傅良身上。傅良袭

---

① 《为静贵人晋封静嫔清文封号业已赴阁恭录事致内务府》,道光六年四月二十四日,档案号:05-13-002-000125-0098,中国第一历史档案馆藏。
② 綦中明:《满语名号研究》,第79页。
③ 《为知照御笔圈出康慈皇贵太妃常嫔清文各字样事致内务府等》,咸丰五年七月初二日,档案号:05-13-002-000200-0001,中国第一历史档案馆藏。

爵之后，仕至西安将军、领侍卫内大臣，得谥恭勤。他娶宗室富达礼第十三女为妻，生有五子，依次为善明、穆靖安、灵和、灵慧、灵毓。其中承袭一等敦惠伯爵位的是善明一支，而恬嫔则是穆靖安的孙女。穆靖安，号以亭，仕至奉天府府尹、副都统，娶妻爱新觉罗氏、纳喇氏，生有四子。第一子名为哈清阿，仕至知县；第二子名为查清阿，即恬嫔的父亲；第三子名为他清阿，早卒；第四子名为那清阿，仕至刑部郎中。恬嫔之父查清阿，字芸圃，仕至盐运使，卒于道光五年，其妻为豫王府宗室科灵阿之女，另有一妾韩氏，共生育二子二女。其中二子均为嫡出，第一子名为诚端，后来仕至盛京工部侍郎；第二子名为诚春，因有痼疾，只仕至内阁中书。恬嫔是查清阿的嫡长女，[①]其妹则是妾室韩氏所出，嫁给正白旗蒙古一等男又一云骑尉麟缓为嫡妻。

恬嫔出身旗人世家，门第相当不错。宣宗是仁宗既定的继承人，其侧室的挑选应该也兼顾了出身的考量。[②]

【入宫背景】

宣宗的恬嫔是一位记载比较少的后宫主位，根据档案，在嘉庆七年的时候，宣宗位下已经有了"侧福晋"[③]，后来则被称为"大侧福晋"。从后来的记载来看，宣宗在潜邸时一共有两位侧福晋和两位妾室，其中"二侧福晋"即后来的和妃是在嘉庆十三年获封的，那么这位"大侧福晋"应该即是恬嫔。

目前已知恬嫔出身镶黄旗满洲，出身世家大族。按照清中叶宫廷中的习惯，重要皇子的侧福晋一般均由皇帝从八旗秀女之中挑选并指婚，如高宗继皇后纳喇氏、仁宗恕妃等均属这种情况，恬嫔应该也是如此。至于选秀年届，已知宣宗的嫡福晋孝穆成皇后是在乾隆六十年的选秀中被选中的，且在当年的秀女档案中并无恬嫔出现；而嘉庆七年的档案内恬嫔已经作为宣宗的侧福晋出现，故而推断恬嫔是在嘉庆三年或嘉庆六年参加挑选八旗秀女，被指婚与宣宗为侧福晋的。

【宫廷生活】

恬嫔是仁宗直接指婚给宣宗的侧福晋，出身也很不错，但是她没能为宣

---

① 敦崇：《思恩太守年谱》，第18、19页。
② 此段富察氏谱系，整理自《八旗满洲氏族通谱》《清代谱牒档案（缩微胶卷）》《沙济富察氏宗谱》《思恩太守年谱》《八旗通志初集》《钦定八旗通志》《爱新觉罗宗谱》。
③ 陈可冀主编：《清宫医案研究》，第1册，第365页。

宗生下子女。宣宗即位之后,恬嫔以大侧福晋的顺位得封嫔位,居住在延禧宫。① 不过,在宣宗即位的当年,恬嫔已经年近四十,很难再得到特殊的恩宠,就这样在延禧宫度过了自己的余生。根据清宫医案记载,恬嫔在嘉庆年间身体便不太好,曾患痰饮、风湿痹症,后来发展为肝阴不足。②

根据《玉牒》等档案,恬嫔薨逝于道光二十五年七月十九日,而在道光二十五年五月二十二日,延禧宫曾发生大火,整个宫殿烧得只剩下宫门,③当时已经年近六十的恬嫔是否因为火灾受伤,或因惊吓患病而亡,目前尚不得而知。

【封谥释义】

恬嫔的封号为"恬",满文作"elehun"④,意为"恬然""娴静"。

二、和妃

【简介】

宣宗和妃,正白旗包衣辉发纳喇氏,三品卿衔内务府郎中、参领成文之女。事宣宗于潜邸,为格格。嘉庆十三年四月二十一日,生第一子多罗隐志郡王奕纬。因诞生皇长孙故,由仁宗特赐封为侧福晋。嘉庆二十五年八月,宣宗即位,诏封为和嫔。道光二年十一月十六日,以礼部右侍郎博启图为正使,内阁学士恒龄为副使,册封为和嫔。道光三年二月十二日,诏晋为和妃。同年二月二十三日,以大学士托津为正使,吏部左侍郎博启图为副使,册封为和妃。道光十六年(1836年)四月初四日亥时薨。同年九月二十一日,奉安慕东陵。

【家族背景】

宣宗和妃出身苏巴泰系辉发纳喇氏。根据谱牒的记载,其家族入旗的始祖名为苏巴泰,世居辉发地方,入旗之后被编入正白旗包衣,是正白旗包衣佐领下人。和妃一支虽然姓辉发纳喇氏,但是其家族与辉发国主系辉发

---

① 《奏为查验延禧宫交出因病出宫女子一名情形事》,道光二十年五月二十六日,档案号:05-0713-018,中国第一历史档案馆藏。
② 陈可冀主编:《清宫医案研究》,第1册,第361—369页,第2册,第615—617页。
③ 《奏为延禧宫失火情形事》,道光二十五年五月二十二日,档案号:05-0742-017,中国第一历史档案馆藏。
④ 《呈各皇帝位下妃嫔清单》,道光二年,档案号:03-2817-070,中国第一历史档案馆藏。

纳喇氏（昂古里系辉发纳喇氏）并非同族，故而与高宗继皇后并无堂亲的血缘关系。

苏巴泰入旗之后仕至盛京佐领，其孙辈五人形成五支后裔，以第二房常保的独子苏博礼一支最为显赫。苏博礼仕至内务府郎中、参领，跻身中高级官员行列。另外几房也均在内务府出仕，有数位出任海关、织造等要缺，初步形成了门第。特别是嘉庆年间的内务府大臣、工部尚书苏楞额为第五房阿尼杨阿的后代，从辈分上算，他是和妃的族叔祖。

苏博礼之子名为塞勒，虽然只是内务府的护军，但是他的四个儿子仕宦均比较顺利。其中，第一子名为成德，仕至张家口总管、内务府郎中；第二子名为成善，仕至内务府员外郎、江宁织造；第三子名为成文，仕至内务府郎中、参领，加三品卿衔；第四子名为成章，仕至司库。和妃即是成文的女儿。

成文先后有过三位嫡妻，分别是谢氏、郑氏、金氏，另外还有一位张姓妾室。这三妻一妾共为成文生育了九个儿子和至少三个女儿。其中第一子名为延丰，仕至内务府郎中；第二子名为延庚，是乾隆四十八年举人，仕至知府；第三子名为延龄，仕至内务府员外郎；第四子名为延昌，也仕至内务府员外郎；第五子名为延隆，仕至内务府员外郎、佐领；第六子名为延衡，是嘉庆六年拔贡，仕至内务府郎中；第七子名为延崇，仕至内务府主事；第八子名为延升，仕至内务府郎中、佐领；第九子名为延英，也仕至内务府员外郎、佐领。已知的三个女儿里，长女嫁给佟佳氏，另外两位排行不明，其中一位是和妃，另一位则嫁给正红旗满洲瓜尔佳氏法良。法良后来仕至道员，他是大学士桂良的弟弟。至于年岁方面，根据内务府挑选秀女的档案记载，成文第六子延衡是"和嫔亲兄"[①]，第八子延升则是"和嫔胞弟"[②]。查询谱牒，得知延衡生于乾隆四十二年，延升生于乾隆五十一年，这样算来，和妃可能是成文排行比较靠后的女儿。后来，和妃七弟延崇的女儿，即和妃的亲侄女也通过内务府选秀入宫被封为顺常在，姑侄共侍一夫。

在和妃入宫之后，苏巴泰一支辉发纳喇氏继续发展，门第也继续提升。

---

① 《奏为遵旨挑选秀女情形事》，中国第一历史档案馆、故宫博物院编：《清宫内务府奏销档》，第 192 册，第 163—165 页。
② 《奏为应挑女子内有和妃胞兄之女另为一班事》，道光十三年，档案号：05-0671-032，中国第一历史档案馆藏。

其后代按照内务府旗人的惯例取始祖苏巴泰的首字为姓,在清中后期被称为"苏家",亦称"延苏家"。和妃的两位本家侄孙,一位名为麒庆,是道光二十一年文进士,仕至大学士、热河都统;另一位名为俊启,仕至内务府大臣、护军统领,均是晚清的名臣。这也让苏家成了晚清著名的内务府世家之一。①

【入宫背景】

和妃为正白旗包衣佐领下人出身,所以她是作为官女子被选入宫中,在宣宗潜邸伺候,因故被收为妾室的。不过目前并不清楚和妃入宫的年届情况。

【宫廷生活】

和妃是宣宗在潜邸时的妾室,原本地位与平贵人、定贵人相同。却因她在嘉庆十三年为宣宗生下了第一子多罗隐志郡王奕纬,从而以生育皇长孙的功劳获得仁宗的恩赏,直接封为侧福晋,排序在恬嫔之后,称"二侧福晋"。宣宗即位之后,和妃以二侧福晋的顺位和恬嫔一样获得了嫔位,一起住在延禧宫。② 道光三年,与前一年新入宫获宠的孝全成皇后和祥妃一起晋位,其后一直停留在妃位。

根据清宫医案记载,道光元年时,和妃曾经患过痢疾。治愈之后,又患上肝病,长期荣血不足。道光十一年四月,和妃所生育的皇长子隐志郡王奕纬薨逝,这对和妃可能是一个不小的打击。道光十五年,和妃患上喘咳。到了道光十六年四月初一日又患上肿胀病,最后在四月初四日薨逝,可能死于肺心病。③

【封谥释义】

和妃的封号为"和",满文作"hūwaliyasun"④,意为"和谐"。

三、平贵人

【简介】

宣宗平贵人,镶黄旗包衣赵氏(赵佳氏)。事宣宗于潜邸,为格格。嘉庆

---

① 此段辉发纳喇氏谱系,整理自《八旗满洲氏族通谱》《纳喇氏宗谱》《辉发纳喇氏次房三房宗谱正册》《清代谱牒档案(缩微胶卷)》《八旗通志初集》《钦定八旗通志》《爱新觉罗宗谱》。
② 中国国家图书馆编:《中国国家图书馆藏清宫升平署档案集成》,第1册,第442页,第2册,第673、674页。
③ 陈可冀主编:《清宫医案研究》,第2册,第569—592页。
④ 《为和妃神牌开工各事宜抄录原奏事致内务府》,道光十六年七月二十八日,档案号:05-13-002-000148-0202,中国第一历史档案馆藏。

二十五年八月,宣宗即位,封为平贵人。道光三年三月二十五日午时薨,暂安静安庄。道光七年九月十四日,奉安东陵宝华峪妃园寝。道光十五年八月,奉移西陵龙泉峪。同年九月初八日,奉安慕东陵。

【家族背景】

宣宗平贵人的家族信息不多。档案显示,平贵人有一位胞侄名为伊里布,是内务府闲散人。① 以此信息进一步查询其户籍,得知其为镶黄旗包衣赵氏,是入旗的汉人,隶属镶黄旗包衣第五参领第四旗鼓佐领。平贵人的曾祖父名为有德,祖父名为侉子,都是内务府的厩丁。所谓厩丁,是一种内务府的差事,主要工作是在上驷院所属骡马厩、牛圈负责喂养牛马等工作,没有品级,每月饷银为一两。平贵人的祖父侉子生有四子,目前只知道第四子名为四福,后来出任厩长,即厩丁的长官,为每月饷银二两的差事。由此可见,平贵人的家族应该是累代在厩、牧方面当差的内务府旗人。她的父亲是四福的三位兄长之一,去世比较早,留下了数位子女,其中前述伊里布之父可能是他的长子,也就是平贵人的长兄。同为平贵人之侄的还有音德布、花沙布、敷音布、巴彦布、克金布等数位,由此推测平贵人可能有好几位兄弟。②

【入宫背景】

平贵人是宣宗在潜邸时的格格,即由内务府上三旗包衣出身,作为官女子被选入宫中,在宣宗潜邸伺候,因故被收为妾室。

【宫廷生活】

平贵人是宣宗在潜邸时的妾室,只是格格的身份,并没有为宣宗生下子女。宣宗即位之后,平贵人和另外一位格格定贵人孙氏一起获封贵人的位分,在宫里度过了余生。

【封谥释义】

平贵人的封号为"平",原本按照制度,嫔位以上的主位,其称号被意译为满文,才可以作为封号看待,贵人以下的称号则只音译。但是平贵人与定

---

① 《奏为晋封定贵人核尉六十七等具呈谢恩事》,嘉庆二十五年十二月初四日,档案号:05-0613-078,中国第一历史档案馆藏。
② 此段赵氏谱系,整理自中国第一历史档案馆编:《清代谱牒档案(缩微胶卷)》A1-A37。

贵人的"平""定"均进行了意译。平贵人的"平",满文作"necin"①,意为"平静""温和"。

四、定贵人

【简介】

宣宗定贵人,内务府包衣孙氏(孙佳氏)。事宣宗于潜邸,为格格。嘉庆二十五年八月,宣宗即位,封为定贵人。道光二十二年(1842年)十二月十四日子时薨。道光二十五年十一月初七日,奉安慕东陵。

【家族背景】

宣宗定贵人的家族信息不多。档案显示,定贵人有一位胞兄名为六十七,曾任内务府校尉。② 内务府校尉是内务府的杂差,这也证明定贵人家族出身内务府上三旗包衣,但是具体的旗分、家世目前还不甚了解。

【入宫背景】

定贵人是宣宗在潜邸时的格格,即由内务府上三旗包衣出身,作为官女子被选入宫中,在宣宗潜邸伺候,因故被收为妾室。

【宫廷生活】

定贵人是宣宗在潜邸时的妾室,只是格格的身份,并没有为宣宗生下子女。宣宗即位之后,定贵人和另外一位格格平贵人赵氏一起获封贵人的位分,在宫里度过了余生。根据清宫医案记载,定贵人在道光二十年患上泄痢,在当年治愈之后一直血虚,不知道是否因此亡故。③

【封谥释义】

定贵人的封号为"定",原本按照制度,嫔位以上的主位,其称号被意译为满文,才可以作为封号看待,贵人以下的称号则只音译。但是定贵人与平贵人的"定""平"均进行了意译。定贵人的"定",满文作"tokton"④,意为"安定"。

---

① 《呈各皇帝位下妃嫔清单》,道光二年,档案号:03-2817-070,中国第一历史档案馆藏。
② 《奏为晋封定贵人校尉六十七等具呈谢恩事》,嘉庆二十五年十二月初四日,档案号:05-0613-078,中国第一历史档案馆藏。
③ 陈可冀主编:《清宫医案研究》,第2册,第626—627页。
④ 《呈各皇帝位下妃嫔清单》,道光二年,档案号:03-2817-070,中国第一历史档案馆藏。

第三节　清宣宗道光帝即位后娶纳的八旗秀女出身的后宫

一、庄顺皇贵妃
【简介】

宣宗庄顺皇贵妃,正黄旗满洲乌雅氏,笔帖式灵寿之女。道光二年十月十六日寅时生。在道光十七年正月参加八旗选秀,于正月三十日被指定为秀贵人而入宫。同年十一月初六日,降为秀常在。道光十八年七月二十三日,复封为琳贵人。道光二十年四月二十五日,诏晋为琳嫔。同年九月二十一日,生第七子和硕醇贤亲王奕譞。十一月十七日,诏晋为琳妃。道光二十二年二月十三日,生第九女寿庄固伦公主。同年五月初三日,以礼部尚书龚守正为正使,内阁学士玉明为副使,册封为琳妃。道光二十四年正月二十六日,生第八子多罗钟端郡王奕詥。道光二十五年十月十六日,生第九子多罗孚敬郡王奕譓。同年十二月二十二日,诏晋为琳贵妃。道光二十六年十二月初十日,以协办大学士、吏部尚书陈官俊为正使,礼部左侍郎连贵为副使,册封为琳贵妃。道光三十年正月,宣宗崩逝,文宗即位,尊封为琳贵太妃。咸丰十一年七月,文宗崩逝,穆宗即位,尊封为琳皇贵太妃。同治五年(1866年)十一月初七日薨,年四十五岁,谥曰庄顺皇贵妃。同治六年(1867年)十月十五日,奉安慕东陵。

【家族背景】

宣宗庄顺皇贵妃出身巴拜系乌雅氏,与孝恭仁皇后、仁宗恩嫔同属于一个大系,其家世可以参考孝恭仁皇后各条。其中,庄顺皇贵妃与仁宗恩嫔血缘最近,仁宗恩嫔的父亲万凝是庄顺皇贵妃的曾祖父凝德的亲兄,所以庄顺皇贵妃和仁宗恩嫔还在五服之内,是仁宗恩嫔的堂侄孙女。

庄顺皇贵妃和仁宗恩嫔都是协办大学士吏部尚书官保的后代,官保生有两子,第一子名为万凝,后来避讳宣宗的名讳改为万明,即是仁宗恩嫔的父亲;第二子名为凝德,由蓝翎侍卫出身,从征各处,立有战功,作为甘肃巴里坤总兵在对白莲教的战斗中阵亡,追封为骑都尉,他即是庄顺皇贵妃的曾祖父。

凝德生有七子,第一子名为三多,仕至笔帖式,他的儿子永寿承袭了凝德的骑都尉爵位;第二子名为百禄,仕至知州。百禄娶妻董鄂氏,另有一妾周氏,各自为百禄生下两子,第一子吉寿和第二子奎寿是嫡妻董鄂氏所出;第三子灵寿和第四子平寿是妾周氏所出,庄顺皇贵妃即是灵寿之女。灵寿只仕至笔帖式,娶妻鄂济特氏,没有生育;另有一妾姓翁氏,生下一双子女,儿子名为禧霖,女儿即是庄顺皇贵妃。

单从职官来看,庄顺皇贵妃的父亲和祖父的官职都不高,但因为祖上有官保和凝德两代高官的原因,庄顺皇贵妃家族一直处于旗人世家的婚姻圈内,其门第还算不错。庄顺皇贵妃最小的叔祖父庆辰是晚清进士,仕至知府,其子怡寿仕至副将,怡寿之女则嫁给惇王府的不入八分辅国公载澜为妻,这体现其家族仍然还具有相当的门第。

后来,庄顺皇贵妃所生育的和硕醇贤亲王奕譞之子过继给文宗,即德宗。所以在光绪十六年(1890年)正月德宗光绪帝下旨:"庄顺皇贵妃母家三代,允宜特示推崇,以光盛典。"追封庄顺皇贵妃以上三代一品封典,并且赐给其家恩封的骑都尉爵位世袭罔替。这是庄顺皇贵妃身前并没有想到的恩荣。①

【入宫背景】

根据档案记载,道光年间,正黄旗满洲都统衙门行文宗人府称:"已故笔帖式凌寿之女,于道光十七年正月三十日奉旨封为秀贵人。"②由此可知其是在道光十七年正月参加八旗选秀时,被指定为秀贵人而入宫,而当届八旗秀女中,似乎只选中了庄顺皇贵妃一位。

【宫廷生活】

庄顺皇贵妃入宫之后,一开始住在咸福宫,③当时咸福宫的首领主位是彤贵妃。入宫的当年,庄顺皇贵妃因故被降位常在,所以在宫分档案之中她被记为"秀常在"。第二年复封为贵人④之后,她得到了宣宗的宠幸,接连为

---

① 此段乌雅氏谱系,整理自《八旗满洲氏族通谱》《清代谱牒档案(缩微胶卷)》《乌雅氏族谱》《八旗通志初集》《钦定八旗通志》《爱新觉罗宗谱》。
② 《道光十七年正月已故笔帖式凌寿之女奉旨封为秀贵人事件册》,道光朝,档案号:06-02-001-000131-0054,中国第一历史档案馆藏。
③ 《奏为查验咸福宫交出女子一名情形事》,道光十九年正月十二日,档案号:05-0708-030,中国第一历史档案馆藏。
④ 谨按,在道光十八年十一月的宫分档案内,她仍被写作"秀常在"。可参见《呈皇太后皇后及内庭主位宫分缎匹等项数目清单》,道光十八年十一月初九日,档案号:05-0704-010,中国第一历史档案馆藏。

第十四章 清宣宗道光帝的后宫

宣宗生育了三子一女，位分逐渐升到贵妃，居住地也搬到了承乾宫，①成为承乾宫的首领主位。道光二十八年（1848年）庄顺皇贵妃小产，这对她身体的打击较大。两年后，宣宗崩逝，二十九岁的庄顺皇贵妃开始了孀居生活，直到薨逝。

庄顺皇贵妃生有皇七子和硕醇贤亲王奕𫍽、皇八子多罗钟端郡王奕詥、皇九子多罗孚敬郡王奕譓以及皇九女寿庄固伦公主，和硕醇贤亲王奕𫍽的嫡次子后来入继文宗，即是德宗光绪帝。之后德宗乏嗣，又将醇王府的本宗侄子过继兼祧与穆、德二宗，即是宣统皇帝。故而清末二帝实际的血缘都是源自庄顺皇贵妃。

【封谥释义】

庄顺皇贵妃原本的封号为"琳"，满文作"gulingge"②，意为"琳琅"。谥号为"庄顺"，满文作"tob ijishūn"③，意为"庄正淑顺"。

二、彤贵妃

【简介】

宣宗彤贵妃，正黄旗满洲舒穆禄氏，吏部郎中玉彰之女。嘉庆二十二年（1817年）四月十九日卯时生。在道光十一年参加八旗选秀，被指定为彤贵人而入宫。道光十二年四月初二日，诏晋为彤嫔。同年十一月，以礼部尚书耆英为正使，署右侍郎内阁学士文庆为副使，册封为彤嫔。道光十三年八月十五日，诏晋为彤妃。道光十四年十一月初三日，以礼部尚书、左都御史奕颢为正使，内阁学士恩桂为副使，册封为彤妃。道光十六年七月初七日，诏晋为彤贵妃。同年十二月二十日，以大学士阮元为正使，礼部右侍郎联顺为副使，册封为彤贵妃。道光二十年七月初二日，生第七女。道光二十一年十一月二十六日，生第八女寿禧和硕公主。道光二十四年三月十七日，生第十女。同年九月初十日，降为彤贵人。道光三十年正月，宣宗崩逝，文宗即位，尊封为彤嫔。咸丰十一年七月，文宗崩逝，穆宗即位，尊封为彤妃。同治十

---

① 《奏为查验承乾宫交出一名女子情形事》，道光二十年五月十九日，档案号：05-0713-011，中国第一历史档案馆藏。
② 《为知照琳嫔晋封琳妃应制造册印等项事宜一折抄录原奏事致内务府等》，道光二十年十二月二十三日，档案号：05-13-002-000157-0090，中国第一历史档案馆藏。
③ 《为庄顺皇贵妃位前加用祭器仍用银器事致内务府》，光绪十三年五月二十七日，档案号：05-13-002-000285-0080，中国第一历史档案馆藏。

三年十一月十六日,尊封为肜贵妃。光绪元年十月十二日薨,年五十九岁。光绪三年(1877年)九月初八日,奉安慕东陵。

【家族背景】

宣宗肜贵妃出身正黄旗满洲舒穆禄氏,所属大系不明。她的父亲玉彰由候补笔帖式考中内阁中书出仕,嘉庆年间历任军机章京、内阁侍读、刑部郎中,在嘉庆末年出为直隶热河道,因故降级。道光十一年又出任吏部郎中,①在道光十四年兼摄内务府六库郎中事务。② 玉彰生有一个儿子和至少两个女儿,独子名为文润,曾任山西应州知州。已知的两位女儿里,除一位为肜贵妃之外,还有一位比肜贵妃年幼,嫁给旗人和顺。玉彰在道光二十六年初病故,准备回京丁忧的独子文润也在当年下半年病故,文润只留下一个女儿,导致其家族绝嗣。③

【入宫背景】

根据道光朝的宫分档案,肜贵妃在道光十二年的档案内出现④,结合其在咸丰、同治年间晋封时其家族并未通过内务府具奏谢恩,知其家族为外八旗出身。由此推断,肜贵妃是在道光十一年参加八旗选秀时,被指定为肜贵人而入宫。道光十一年那届八旗秀女中,似乎只选中了肜贵妃一位入宫。

【宫廷生活】

在前人的研究中,有学者将肜贵妃与睦贵人视为同一人物,认为肜贵妃入宫之初即号睦贵人。⑤ 目前看来这种说法是不正确的。根据档案,道光十二年四月初二日,"内阁抄出,奉上谕:奉皇太后懿旨,肜贵人晋封为肜嫔"。⑥ 可知肜贵妃入宫之初即号肜贵人,睦贵人则是另一位后宫主位。

肜贵妃在道光十六年七月初七日,"由内阁抄出,朱谕:奉皇太后懿旨,

---

① 秦国经主编:《清代官员履历档案全编》,第2册,第626页。
② 《为玉彰补放兼摄六库郎中事务行走并祥惠补放兼皮库行走事》,道光十四年二月二十七日,档案号:05-08-001-000038-0013,中国第一历史档案馆藏。
③ 《奏为已革山西应州知州文润病故并无子嗣请免追缴罚赔库项事》,道光二十六年十月二十二日,档案号:03-3324-075,中国第一历史档案馆藏。
④ 《呈恭报进皇太后等缎匹等清单》,道光十二年,档案号:05-0669-044,中国第一历史档案馆藏。
⑤ 于善浦:《清代帝后的归宿》,第188页。
⑥ 《为奉皇太后懿旨肜贵人晋封为肜嫔应行事宜察例具奏事》,道光十二年四月初二日,档案号:05-13-002-000138-0074,中国第一历史档案馆藏。

彤妃著晋封为彤贵妃",①并在之后居住在咸福宫内,②是咸福宫的首领主位。也就是在咸福宫中,彤贵妃为宣宗生育了三个女儿,成为宣宗晚年最为宠爱的后宫之一。但是在道光二十四年,生育了皇十女半年之后的九月初十日这一天,彤贵妃一下子从贵妃位降到贵人位。其降位之原因,根据档案记载:"九月初十日,总管许福喜、沈魁奉旨:据总管内务府大臣等具奏,遵旨查收咸福宫太监李得喜房间物件等项,朕看单开各款,大半皆系朕赐彤贵妃之物。命送进呈览,果俱系官物,其未经查出之银两、尺头等件,亦必不少,或埋藏或寄顿,已着刑部根究。彤贵妃受朕厚恩多年,不想如此丧良,不知自重。李得喜何等下贱不堪之物,乃如此狎比亲信,实属大负朕恩,有玷贵妃之位,着革去贵妃,降为彤贵人,其金册、宝印,即行交出,命广储司收贮,朝衣、朝冠,交敬事房,九月底进宫时呈览,钦此。"③由此可知,彤贵妃是因为私自将皇帝所赐物品转赐予太监而得罪降位的。由于这次过错,彤贵妃一下子降为贵人,也彻底失去了宣宗的宠爱。虽然没有搬离咸福宫,④却失去了咸福宫首领主位的身份。六年之后,宣宗崩逝,彤贵妃开始寡居生活,度过了余生。

【封谥释义】

彤贵妃的封号是"彤",满文作"jaksangga"⑤,意为"鲜艳的""美丽的"。

三、成贵妃

【简介】

宣宗成贵妃,正红旗满洲钮祜禄氏,三等轻车都尉、乾清门侍卫丰绅宜

---

① 《为奉皇太后懿旨彤妃晋封为彤贵妃贵人郭佳氏封为佳嫔所有应行事宜各衙门照例办理事》,道光十六年七月初七日,档案号:05-13-002-000148-0183,中国第一历史档案馆藏。
② 《奏为查验咸福宫交出女子大妞一名出宫情形事》,道光二十四年四月初四日,档案号:05-0712-036,中国第一历史档案馆藏。
③ 《为咸福宫太监李得喜私藏赏赐彤贵妃官物着将彤贵妃降为彤贵人其金册宝印即行交出命广储司收贮等情事》,道光二十四年九月初十日,档案号:05-13-002-000687-0028,中国第一历史档案馆藏。
④ 《奏为查验钟粹宫交出因笨女子一名情形事》,道光二十七年二月十七日,档案号:05-0752-053,中国第一历史档案馆藏。
⑤ 《为知照派员赴内阁恭录彤嫔清文封号一体遵照事致内务府》,道光十二年四月十二日,档案号:05-13-002-000138-0076,中国第一历史档案馆藏。

绵之女。嘉庆十八年二月初八日丑时生。在道光八年参加八旗选秀，被指定为成贵人而入宫。道光九年二月初六日，降为余常在。道光十六年十月初一日，复封为成贵人。道光二十五年十月初五日，诏晋为成嫔。道光二十六年十二月初十日，册封为成嫔。道光二十九年六月十五日，降为成贵人。道光三十年正月，宣宗崩逝，文宗即位，尊封为成嫔。咸丰十一年七月，文宗崩逝，穆宗即位，尊封为成妃。同治十三年十一月十六日，尊封为成贵妃。光绪十四年三月三十日薨，年七十六岁。光绪十五年（1889年）九月二十四日，奉安慕东陵。

【家族背景】

宣宗成贵妃出身索和济巴颜系钮祜禄氏，太宗元妃、孝昭仁皇后、圣祖温僖贵妃、高宗顺妃、高宗诚嫔、孝和睿皇后、仁宗恭顺皇贵妃等均出自这个系，其家世可以参考她们各条。索和济巴颜系钮祜禄氏谱系十分庞大，太宗元妃、孝昭仁皇后等均出于弘毅公家族。弘毅公家族的创始人额亦都是始祖索和济巴颜玄孙阿灵阿巴颜之孙，阿灵阿巴颜是萨尔都巴图鲁的第二子，而萨尔都巴图鲁的第一子名为噶哈察鸾，即是成贵妃的祖先。所以成贵妃虽与太宗元妃、孝昭仁皇后等出于同一远祖，却与弘毅公家族血缘甚远。

噶哈察鸾一支在清初被编入正红旗满洲，其玄孙尼罗哈纳战阵有功，获巴图鲁名号，封为三等轻车都尉。尼罗哈纳去世后，爵位由其第二子鄂锡里承袭。鄂锡里去世后绝嗣，不知何故，爵位并没有由其长兄音达瑚齐一支承袭，而是转给了尼罗哈纳的叔父绥图一支。这导致尼罗哈纳之子音达瑚齐以下三代均沦落为旗内中下级官员，第四代时更沦落为白身。至音达瑚齐的玄孙常保一代，由于重新拿回爵位的承袭权，其家族门第得以改善。常保承袭三等轻车都尉之后，历任正红旗满洲参领、乍浦副都统、福州副都统，乾隆二十九年十二月因故由福州副都统降为参领回京，于乾隆三十三年左右去世。常保生有二子，第一子名为和珅，字致斋，承袭三等轻车都尉爵位入仕，得到高宗的宠信，获封一等忠襄公，仕至文华殿大学士、吏部尚书、领侍卫内大臣；第二子名为和琳，字希斋，号华坪，以笔帖式入仕，历任工部郎中、吏科给事中、内阁学士兼礼部侍郎衔、兵部右侍郎、正蓝旗汉军副都统，受命辅助福康安出兵西南，立有战功，获封一等宣勇伯，仕至四川总督，嘉庆元年八月于军中病故，追晋为一等宣勇公，得谥忠壮，配享太庙，从祀昭忠祠、贤良祠。根据后来正红旗满洲都统衙门行文宗人府的档案记载:"文奎佐领下诚(成)嫔之母家姓氏。父已故乾清门侍卫、宣勇公、轻车都尉丰伸伊绵,祖已故总督宣勇公轻车都尉和琳,曾祖已故轻车都尉常保。钮祜禄氏。"①由此可知和琳即是成贵妃的祖父,而乾隆朝著名的大臣和珅则是成贵妃的伯祖父。

嘉庆元年和琳去世之后,一等宣勇公爵位由其独子丰绅宜绵承袭,任乾清门侍卫。丰绅宜绵生于乾隆四十年,号有谷,原名良辅,后高宗钦命其更名为"丰绅宜绵"。嘉庆四年正月,高宗崩逝之后,和珅遭到清算,被赐自尽。和琳作为和珅胞弟亦受到牵连,被革除公爵,撤出太庙、昭忠祠、贤良祠。在此背景之下,丰绅宜绵也失去一等宣勇公爵位,并革去侍卫官职,仁宗加恩给予其云骑尉爵位,在正红旗满洲任闲散差事。因和珅、和琳家族原本传承之三等轻车都尉是其祖先尼罗哈纳由军功所获,故而仁宗特地赏还,交予和珅之子丰绅殷德承袭。嘉庆十五年四月丰绅殷德去世之后,因丰绅殷德无嗣,故而交予丰绅宜绵承袭。三年后的嘉庆十八年,丰绅宜绵去世,也正是在这一年,其女成贵妃出生。除去成贵妃之外,丰绅宜绵还有一子名为福恩,他过继给和珅之子丰绅殷德为嗣子,同时兼祧两房,在丰绅宜绵去世后,承袭了三等轻车都尉爵位。另外,成贵妃有一位姑母,即和琳之女,嫁与多罗质恪郡王绵庆为嫡妻。

【入宫背景】

根据道光朝的宫分档案,成贵妃在道光八年的档案内出现,结合其正红旗满洲的出身,推断成贵妃是在道光八年参加八旗选秀时,被指定为成贵人而入宫。道光八年那届八旗秀女中,似乎只选中了成贵妃一位入宫。

【宫廷生活】

成贵妃在道光八年入宫之后,可能居住在延禧宫,当时延禧宫的首领主位是恬嫔。第二年,即道光九年的二月初六日,"总管张祥等奉旨:成贵人著降为余常在,钦此",②降位原因不明。一直到道光二十四年,她依然住在延禧宫。③ 道光二十五年(1847年),成贵妃被诏晋为成嫔,搬到咸福宫居

---

① 《文奎佐领下诚嫔之母家姓氏三代档册》,无朝年,档案号:06-02-001-000162-0049,中国第一历史档案馆藏。
② 《为成贵人降为余常在每日所食吃食分例等项照常在例侍给事》,道光九年二月初六日,档案号:05-13-002-000621-0051,中国第一历史档案馆藏。
③ 《奏为查验延禧宫交出因病女子一名情形事》,道光二十四年十月初八日,档案号:05-0737-057,中国第一历史档案馆藏。

住,成为咸福宫的首领主位。① 道光二十九年六月十五日,"总管金得等奉旨,成嫔降为成贵人,钦此",②成贵妃再次被降位,其理由依然不得而知。数月后,宣宗崩逝,成贵妃开始寡居生活,就此度过了余生。

【封谥释义】

成贵妃的封号是"成",满文作"mutengge"③,意为"有能力""有才干"。

四、常妃

【简介】

宣宗常妃,镶蓝旗满洲赫舍里氏,广东按察使容海第三女。嘉庆十三年十一月十五日巳时生。在道光二年二月参加八旗选秀,于二月二十日被指定为珍贵人,在同年十一月初二日入宫。道光四年九月初七日,诏晋为珍嫔。道光五年四月十三日,以礼部左侍郎舒英为正使,兵部右侍郎奕经为副使,册封为珍嫔。同年八月初八日,诏晋为珍妃,未及封。道光六年十一月二十二日,降为珍嫔。道光九年六月初九日,降为常贵人。道光三十年正月,宣宗崩逝,文宗即位,尊封为常嫔。咸丰十年八月二十三日,英法联军劫掠圆明园,受惊悸而薨,年五十三岁。咸丰十一年七月,文宗崩逝,穆宗即位。同年十月二十二日,因在宣宗嫔御中侍奉最久,追晋为常妃。同治二年(1863年)九月初二日,奉安慕东陵。

【家族背景】

宣宗常妃出自萨珠瑚系赫舍里氏,根据谱牒的记载,其家族入旗的始祖名为萨珠瑚,世居哈达地方,入旗之后被编入镶蓝旗满洲,其长子名为萨汉,仕至防守尉;次子名为希福,仕至护军统领。萨汉娶妻鄂卓氏,生子名为五格。五格仕至七品小京官,娶妻瑚尔罕氏,生子名为福盛额。福盛额仕至员外郎,娶妻喀尔拉氏,生子名为善庆。这位善庆便是常妃的祖父。

善庆仕至知府,娶觉罗氏为妻,只生有一子,名为容海。容海在嘉庆朝

---

① 《奏为查验咸福宫交出因笨女子一名情形事》,道光二十七年二月十九日,档案号:05-0752-056,中国第一历史档案馆藏。
② 《为传知成嫔降为成贵人并其每日吃食分例今日起照贵人分例得给事》,道光二十九年六月十五日,档案号:05-13-002-000708-0106,中国第一历史档案馆藏。
③ 《为知照成嫔清文封号字样事致内务府》,道光二十五年十月二十二日,档案号:05-13-002-000170-0109,中国第一历史档案馆藏。

历任工部员外郎、郎中,出京任甘肃甘凉道,并在道光五年由广东南韶连道升任广东按察使,并在同年因病解任。容海原娶国子监司业巴栋第二女洪吉拉特氏为妻,洪吉拉特氏亡故之后,继娶道员奇明第五女伊尔根觉罗氏为妻,常妃即是容海与继妻伊尔根觉罗氏所生。

根据记录,常妃有六位兄弟和两位姐姐。六位兄弟中,第一位名为爱山,仕至知府;第二位名为丰山,是道光十一年举人,仕至主事;第三位名为如山,是道光十八年进士,仕至道员;第四位名为多山,是道光十四年举人,仕至按察使;第五位名为宝山,仕至员外郎;第六位名为隆山,仕至中书。姐妹里,大姐嫁给镶蓝旗满洲员外郎年长阿,二姐嫁给正白旗蒙古总兵内务府大臣麟翔。

常妃家族在常妃的父亲容海之前均为中级官员,而到了容海这代,在仕宦上比较得意,容海诸子则在科举上比较努力,形成了科举世家的门第,这可能从侧面表示常妃可能具有相当的文化水平。①

【入宫背景】

根据档案,道光二年二月二十日,奉旨:"前任道荣海之女,著为珍贵人。"②可见,常妃是在道光二年二月参加八旗选秀,即道光朝第一届选秀中被选中,被指定为珍贵人,并于同年十一月初二日辰时入宫。③ 与其同一批入宫的还有三位秀女,分别是孝全成皇后、祥妃钮祜禄氏和睦答应赫舍里氏。

【宫廷生活】

因为信息不足,在前人研究中,有一些学者将珍妃和常妃作为宣宗的两位不同后宫主位进行论述。目前通过对史料的整理,了解到珍妃是作为镶蓝旗满洲道员荣海(容海)之女在道光二年入宫。④ 同时,根据常妃本家侄子炳玉的《齿录》得知,炳玉的三姑母,即荣海的第三女,"册封寿康宫常太嫔,晋封太常太妃"。⑤ 加之,有道光十六年六月初九日的档案,提及当时总

---

① 此段赫舍里氏谱系,整理自《八旗满洲氏族通谱》《顺天乡试齿录》《八旗通志初集》《钦定八旗通志》《爱新觉罗宗谱》。
② 《为原任男爵颐龄之女著为全嫔等情事》,道光二年二月二十日,档案号:05-13-002-000115-0040,中国第一历史档案馆藏。
③ 《奏为拣派专奉嫔及贵人进宫之内管领事折》,中国第一历史档案馆、故宫博物院编:《清宫内务府奏销档》,第193册,第458页。
④ 《为原任男爵颐龄之女著为全嫔等情事》,道光二年二月二十日,档案号:05-13-002-000115-0040,中国第一历史档案馆藏。
⑤ 《顺天乡试齿录》,清刻本,国家图书馆藏。

管郝进喜等传:"奉旨,珍嫔著降为常贵人,钦此。"①这是珍妃和常妃两者为同一人物的直接证据。

根据目前的信息来看,常妃在道光二年时以珍贵人的身份入宫,并且在三年内升到妃位,是比较受到宣宗宠爱的后宫主位。结果在道光六年和道光九年接连降位,失去了宣宗的宠爱,以常贵人的身份度过了宣宗一朝。根据清宫医案,常妃在道光五年被封为珍妃之后不久,便患上了痛风痹症,一直在进行治疗。② 其后失去宣宗的宠爱不知道是否与身体情况有关。

根据档案,常妃在宫廷中的住所调整过数次。在入宫之后到道光五年被封为珍嫔期间,她居住在延禧宫,③当时延禧宫还有和妃和恬嫔居住。被降位之后,在道光二十一年时,她居住在承乾宫,④当时承乾宫的首领主位是庄顺皇贵妃。道光二十三年时,她则又搬回延禧宫,⑤当时延禧宫的首领主位是恬嫔。而在延禧宫大火之后的道光二十七年,常妃则居住在咸福宫,⑥当时咸福宫的首领主位是成贵妃。

道光三十年正月,宣宗崩逝,四十三岁的常妃开始了寡居生活。咸丰十年八月,英法联军洗劫圆明园,当时常妃正住在园中,被惊吓而薨逝。

【封谥释义】

常妃原本的封号为"珍",满文作"ferguwecun"⑦,意为"珍奇""珍异"。后来改号为"常",满文作"entehengge"⑧,意为"永久"。

---

① 《为珍嫔著降为常贵人每日所食吃食分例等项照贵人例得给事》,道光九年六月初九日,档案号:05-13-002-000622-0163,中国第一历史档案馆藏。
② 陈可冀主编:《清宫医案研究》,第2册,第607—615、618—623页。
③ 《房库道光五年延禧宫钟粹宫翊坤宫拴挂硬彩子十二架软彩子九十六架料估清册》,道光五年七月十八日,档案号:05-08-006-000470-0021,中国第一历史档案馆藏。
④ 《奏为查验承乾宫交出因病女子一名情形事》,道光二十一年二月初七日,档案号:05-0717-033,中国第一历史档案馆藏。
⑤ 《奏为查验延禧宫交出因病女子一名情形事》,道光二十三年二月十一日,档案号:05-0728-036,中国第一历史档案馆藏。
⑥ 《奏为查验钟粹宫交出因笨女子一名情形事》,道光二十七年二月二十七日,档案号:05-0752-065,中国第一历史档案馆藏。
⑦ 《为知照珍贵人晋封珍嫔朱笔圈出珍字封号清文字样事致内务府》,道光四年九月十九日,档案号:05-13-002-000121-0017,中国第一历史档案馆藏。
⑧ 《为知照御笔圈出康慈皇贵太妃常嫔清文各字样事致内务府等》,道光三十年三月二十日,档案号:05-13-002-000184-0167,中国第一历史档案馆藏。

五、睦答应

【简介】

宣宗睦答应,正黄旗满洲赫舍里氏,子爵奎善之女。生年不详,生辰为十月二十八日。在道光二年二月参加八旗选秀,于二月二十日被指定为睦贵人,在同年十一月初二日入宫。道光十年十二月二十三日,诏晋为睦嫔,未及封。道光十一年八月初二日,降为睦贵人。同年九月初十日,降为睦答应。道光十二年四月初三日,降为官女子。道光十二年四月初五日薨。初葬六道口。后恢复答应位号。道光十五年九月初八日,奉安慕东陵。

【家族背景】

宣宗睦答应出身穆瑚禄都督系赫舍里氏,与孝诚仁皇后、圣祖平妃是同族。从血统上来讲,睦答应和孝诚仁皇后、圣祖平妃均为穆瑚禄都督第七子特赫讷之子瑚什穆巴颜的后代。孝诚仁皇后和圣祖平妃是瑚什穆巴颜第一子硕色的后代,睦答应则是瑚什穆巴颜第二子希福的后代。仅从辈分上讲,睦答应比孝诚仁皇后和圣祖平妃小四辈,是她们远族的堂侄玄孙女。

睦答应一支的祖先名为希福,他精通满蒙汉文字,与侄子索尼均被尊称为"巴克什",封爵三等子,仕至内弘文院大学士,得谥文简,是清初的名臣。希福的第一子齐塔特承袭三等子爵;第二子帅颜保则仕至礼部尚书、漕运总督,帅颜保之子赫奕也仕至工部尚书。睦答应即是赫奕的后代。

希福的后代之中,大宗爵位原本由长房齐塔特的后裔承袭,但是在齐塔特的曾孙公安承袭之后,转与次房帅颜保的孙子嵩寿承袭。嵩寿将爵位往下两传便是奎善,即是睦答应的父亲。奎善于乾隆六十年袭爵,在道光二十五年去世。他身后并没有留下男性后裔,爵位由其承继子荣昌承袭。

希福的后代之中,睦答应一家处于大宗地位,属于典型的旗人勋旧世家出身。[1]

【入宫背景】

根据档案,道光二年二月二十日,奉旨:"子爵奎善之女,著封为睦贵人。"[2]

---

[1] 此段赫舍里氏谱系,整理自《八旗满洲氏族通谱》《清代谱牒档案(缩微胶卷)》《正黄旗满洲已故世管佐领文普接袭宗谱》《八旗通志初集》《钦定八旗通志》《爱新觉罗宗谱》。

[2] 《为原任男爵颐龄之女著为全嫔等情事》,道光二年二月二十日,档案号:05-13-002-000115-0040,中国第一历史档案馆藏。

可见，睦答应是在道光二年二月参加八旗选秀，即道光朝第一届选秀中被选中，被指定为睦贵人，并于同年十一月初二日辰时入宫。① 与其同一批入宫的还有三位秀女，分别是孝全成皇后、祥妃钮祜禄氏和常妃赫舍里氏。

【宫廷生活】

睦答应在道光二年入宫之后，到道光十年为止，一直处于贵人的位分。道光十年的十二月二十三日，宣宗将其诏晋为睦嫔，成为同期入宫的四位后宫主位里最后一位升到嫔位。嫔位的册封典礼还未举行，道光十一年八月初二日，总管张祥等传说："奉旨，睦嫔降为睦贵人，钦此。"②同年九月初十日，管郝进喜等传说："奉旨，睦贵人著降为常在，钦此。"③转过年来的道光十二年四月初三日，总管郝进喜等传说："奉旨：睦答应著降为官女子，钦此。"④目前尚不清楚睦答应是因为犯了什么样的过错在一年之内连降四级，从嫔位降到了最低的官女子身份。

道光十二年四月初五日，内务府档案内记载，"总管郝进喜等为延禧宫木官女子落水身故，将伊每日所食一分自今日起止退，差首领刘进保传。"⑤这位"木（睦）官女子"即是睦答应。可知她在降为官女子的第三天便落水身死，是真如档案中所写的失足还是刻意寻死则不得而知。根据掌仪司的记录："道光十二年四月，睦官女子失脚落水身故，着即送六道口埋葬。"⑥可知睦答应一开始并未能够葬入皇陵，而是在后来才因故被迁葬。在迁葬之前，宣宗也将其身份从"官女子"恢复为"答应"。

---

① 《奏为拣派专奉嫔及贵人进宫之内管领事折》，中国第一历史档案馆、故宫博物院编：《清宫内务府奏销档》，第193册，第458页。
② 《为睦嫔降为睦贵人裁撤官女子大妞二妞传会计司官及管领佐领本人父母自备车辆赴圆明园西南门接出等事》，道光十一年八月初二日，档案号：05-13-002-000631-0086，中国第一历史档案馆藏。
③ 《为睦贵人著降为常在每日所食吃食分例等项照常在例得给事》，道光十一年九月初十日，档案号：05-13-002-000632-0017，中国第一历史档案馆藏。
④ 《为传知睦答应降为官女子每日所食吃食照官女子例得给事》，道光十二年四月初三日，档案号：05-13-002-000635-0011，中国第一历史档案馆藏。
⑤ 《为传知延禧宫木官女子落水身故将伊每日吃食止退事》，道光十二年四月初五日，档案号：05-13-002-000635-0016，中国第一历史档案馆藏。
⑥ 《为睦官女子失脚落水身故即送六道口埋葬事》，道光朝，档案号：05-13-002-000635-0166，中国第一历史档案馆藏。

【封谥释义】

睦贵人的封号为"睦",满文作"hūwaliyaka"①,意为"和睦"。

六、恒嫔

【简介】

宣宗恒嫔,蔡佳氏。生年不详,生辰为二月二十四日。在道光十四年参加八旗选秀,被指定为宜贵人而入宫。同年,降为宜常在。道光十八年八月十三日,降为蔡答应。道光三十年正月,宣宗崩逝,文宗即位,尊封为蔡常在。咸丰十一年七月,文宗崩逝,穆宗即位,尊封为蔡贵人。同治十三年十一月十六日,尊封为恒嫔。光绪二年(1876年)闰五月初六日辰时薨。光绪三年九月初八日,奉安慕东陵。

【家族背景】

宣宗恒嫔出身蔡姓,其父亲名讳职官、旗分等信息均不明,故恒嫔出身的家族背景与家庭情况也不得而知。目前已知,在咸丰、同治年间尊封恒嫔时,其家族并未通过内务府呈递谢恩折,这证明其家族并非是属内务府旗籍,而是外八旗出身。蔡这个姓氏在八旗内并不很常见,其中以正白旗汉军蔡毓荣一族最为知名,是汉军的勋旧名门之一。不过目前并不确定恒嫔是否是蔡毓荣一族。

【入宫背景】

根据道光朝的宫分档案,恒嫔在道光十四年的档案内出现,②在当年的四月,恒嫔被记为"宜贵人"。③ 由此推断,恒嫔应该是在道光十四年参加八旗选秀时,被指定为宜贵人而入宫。道光十四年那届八旗秀女中,似乎只选中了恒嫔一位入宫。

【宫廷生活】

恒嫔在道光十四年以宜贵人的身份入宫之后,在当年十一月已经被降

---

① 《为知照睦贵人晋封睦嫔派员赴阁恭录睦嫔清文封号事致内务府》,道光十一年正月十二日,档案号:05-13-002-000136-0009,中国第一历史档案馆藏。
② 《呈皇太后及内庭主位宫分缎匹等项数目清单》,道光十四年十一月初六日,档案号:05-0679-055,中国第一历史档案馆藏。
③ 陈可冀主编:《清宫医案研究》,第2册,第639页。

为宜常在；①道光十八年八月，又因故降为蔡答应，之后一直没能再得到宣宗的宠爱，在宫中孤独终老。目前对于恒嫔失宠降位的原因尚不明确。

【封谥释义】

恒嫔的封号是"恒"，满文作"entehengge"②，意为"永久"，其封号的满文与常妃的"常"完全一致。从制度上来讲，这种情况本来应该尽量回避，不过常妃在嫔位和妃位是在道光三十年至咸丰十年，恒嫔在嫔位是在同治十三年到光绪二年，故而两位"entehengge 嫔"并没有同时存在过。

七、祥妃

【简介】

宣宗祥妃，镶黄旗满洲钮祜禄氏，郎中久福第二女。嘉庆十三年正月十三日辰时生。在道光二年二月参加八旗选秀，于二月二十日被指定为祥贵人，在同年十一月初二日入宫。道光三年二月二十二日，诏晋为祥嫔。同年十一月二十五日，以礼部尚书穆克登额为正使，内阁学士特登额为副使，册封为祥嫔。道光四年八月初十日，诏晋为祥妃。道光五年正月十三日，生第二女。同年四月十三日，以礼部尚书汪廷珍为正使，礼部右侍郎刘彬士为副使，册封为祥妃。道光九年十月十九日，生第五女寿臧和硕公主。道光十一年六月十五日，生第五子和硕惇勤亲王奕誴。道光十六年前后，降为祥贵人。道光三十年正月，宣宗崩逝，文宗即位，尊封为祥嫔。咸丰十一年正月初六日申时薨，年五十四岁。同年七月，文宗崩逝，穆宗即位。十月二十二日，因生育和硕惇勤亲王，追晋为祥妃。同治二年九月初四日，奉安慕东陵。

【家族背景】

宣宗祥妃出身索和济巴颜系钮祜禄氏，与太宗元妃、孝昭仁皇后、圣祖温僖贵妃、高宗顺妃、高宗诚嫔、孝和睿皇后、孝穆成皇后等均属同一个大系内的弘毅公家族的一员，其家世可以参考她们各条。弘毅公家族内部分为十六

---

① 《呈皇太后及内庭主位宫分缎匹等项数目清单》，道光十四年十一月初六日，档案号：05-0679-055，中国第一历史档案馆藏。
② 《为田村暂安处暂安恒嫔金棺业已漆饰完竣转传喇嘛前往缮写西番字其日期先行知照过部事致内务府》，光绪三年二月十一日，档案号：05-13-002-000257-0031，中国第一历史档案馆藏。

房,根据房份不同,后裔的门第也有所区别,其中以第十六房门第最高,孝昭仁皇后、圣祖温僖贵妃、高宗顺妃、高宗诚嫔均出自这一房,祥妃则出自第十房。

弘毅公家第十房的始祖为益尔登,他在清初功封二等伯,仕至领侍卫内大臣,娶清太祖的堂侄女为妻,后裔承袭二等伯爵和世管佐领。益尔登之孙噶都,袭二等伯和世管佐领,仕至议政大臣、护军统领,娶叶赫国主金台石的孙女为妻。噶都之子恒德,降袭二等伯为一等男,另袭世管佐领,仕至察哈尔总管,即是祥妃的曾祖父。

恒德共有四子,其中第一子早夭,第二子为过继来的堂侄,第三子和第四子为恒德亲出,分别名为索诺木策凌和索宁安。索诺木策凌承袭了父亲恒德的爵位和世管佐领,仕至乌鲁木齐都统。索宁安则在仕宦上不大用心,仕至内阁中书,娶正黄旗将军阿鲁的孙女马佳氏为妻,生有五子,分别为久瑞、久福、久祥、久瑛、久兴,其中第二子久福即是祥妃的父亲。

久福仕至员外郎,娶镶黄旗满洲富察氏一等敦惠伯傅良之孙女,副都统穆靖安之女为妻,生有五子二女。五子分别名为长震、长谦、长晋、长咸、长节;二女里,第一女嫁给镇国克洁将军汤古代的后代秀保[①]为妻,第二女即是祥妃。堂亲里,祥妃三叔久祥之女嫁给愉王府,是奉恩镇国公奕樌的大人。顺便一提,祥妃的母亲富察氏是宣宗恬嫔富察氏的亲姑母,所以两人是表姐妹的关系。

祥妃出身典型的旗人世家,有相当的门第。[②]

【入宫背景】

根据档案,道光二年二月二十日,奉旨:"原任郎中久福之女,著为祥贵人。"[③]可见,祥妃是在道光二年二月参加八旗选秀,即道光朝第一届选秀中被选中,被指定为祥贵人,并于同年十一月初二日辰时入宫。[④] 与其同一批入宫的还有三位秀女,分别是孝全成皇后、常妃赫舍里氏和睦答应赫舍里氏。

---

① 谨按,秀保原名庆宁。
② 此段钮祜禄氏谱系,整理自《八旗满洲氏族通谱》《开国佐运功臣弘毅公家谱》《清代谱牒档案(缩微胶卷)》《八旗通志初集》《钦定八旗通志》《爱新觉罗宗谱》。
③ 《为原任男爵颐龄之女著为全嫔等情事》,道光二年二月二十日,档案号:05-13-002-000115-0040,中国第一历史档案馆藏。
④ 《奏为拣派专奉嫔及贵人进宫之内管领事折》,中国第一历史档案馆、故宫博物院编:《清宫内务府奏销档》,第193册,第458页。

【宫廷生活】

祥妃在道光二年以祥贵人的身份入宫之后,居住在翊坤宫,①并且在道光三年、道光五年均与孝全成皇后一起晋位。从这点来看,在同期入宫的四位主位里,祥妃受到的恩宠仅次于孝全成皇后。从道光五年开始,祥妃接连为宣宗生育了一子两女,也是其得宠于宣宗的表现之一。道光十六年,已经子女双全并且获得了妃位的祥妃突然被降为祥贵人,其原因目前不得而知。在道光十六年十一月所呈报的宫分档案之中,祥妃虽然依然被记为"祥妃",但是位次已经在佳嫔之后,定贵人之前,所领的宫分也是贵人分例的"表里二十匹",手下的官女子数量也减为贵人分例的四人,②可知其降位应该是在这一时间前后。在此之后,祥妃在道光朝再也没有得到晋升,不再被宣宗所重视。根据档案记载,道光二十六年时,祥妃仍然居住在翊坤宫③。同年,其所生育的皇五子和硕惇勤亲王奕誴也被过继给宣宗的三弟和硕惇恪亲王绵恺为嗣,基本失去了继承皇位的可能性。

【封谥释义】

祥妃的封号是"祥",满文作"urgungga"④,意为"吉祥""福禧"。

第四节　清宣宗道光帝即位后娶纳的内务府秀女出身的后宫

一、佳贵妃

【简介】

宣宗佳贵妃,正黄旗包衣郭氏(郭佳氏),内务府养育兵保儿之女,名三妞。嘉庆二十一年十二月初三日子时生。在道光年间被选入宫为官女子,分在钟粹宫当差。道光十四年十二月十七日,封为佳常在。道光十五年,晋

---

① 中国国家图书馆编:《中国国家图书馆藏清宫升平署档案集成》,第 1 册,第 442 页;第 2 册,第 673、674 页。
② 《奏为进皇太后等位宫分缎匹等项事折》,中国第一历史档案馆、故宫博物院编:《清宫内务府奏销档》,第 216 册,第 150—202 页。
③ 《奏为查验翊坤宫交出女子情形事》,道光二十六年十二月初二日,05-0751-002,中国第一历史档案馆藏。
④ 《为知照恭送祥嫔金棺应用驾衣开库查收日期事致内务府》,咸丰十一年三月二十七日,档案号:05-13-002-000213-0093,中国第一历史档案馆藏。

封为佳贵人。道光十六年七月初七日，诏晋为佳嫔。同年十二月二十日，以礼部尚书贵庆为正使，内阁学士倭什讷为副使，册封为佳嫔。道光二十年二月二十三日，降为佳贵人。道光三十年正月，宣宗崩逝，文宗即位，尊封为佳嫔。咸丰十一年七月，文宗崩逝，穆宗即位，尊封为佳妃。同治十三年十一月十六日，尊封为佳贵妃。光绪十六年四月初六日亥时薨，年七十五岁。光绪十九年（1893年）四月十八日，奉安慕东陵。

【家族背景】

宣宗佳贵妃的家族信息不多。根据其族人所上谢恩折所写，佳贵妃为正黄旗包衣佐领下人郭氏，其族人有一位名为天保，曾任顶戴领催，他在道光十六年佳贵妃诏晋为嫔时领衔谢恩。① 后来咸同时期，领衔谢恩的则是养育兵常泰，他是佳贵妃的族兄。②

以此信息查询内务府户口档案，查得其家族信息，为正黄旗包衣佐领下郭氏，是入旗的汉人。其家族人员基本没有出任过职官，佳贵妃的父亲名为保儿，是内务府的养育兵，叔父名为三保，是无官无职的内务府闲散人。佳贵妃的父亲似乎没有留下男性后代，所以后来谢恩等事都是由族长常泰一支代劳。③

【入宫背景】

根据档案，道光十四年十二月十七日，总管郝进喜传旨："奉旨，钟粹宫官女子一名，系正黄旗荣昌佐领下养育兵保儿之女三妞，著封为佳常在，钦此。"④由此可知，佳贵妃是在道光十四年之前通过挑选内务府秀女被选为官女子入宫，并在道光十四年十二月获得恩宠，从而被封为佳常在。

【宫廷生活】

如前述所说，佳贵妃原本是钟粹宫的官女子，当时居住在钟粹宫的首领主位是孝全成皇后，佳贵妃有可能就是孝全成皇后位下的官女子。佳贵妃

---

① 《奏为贵人郭佳氏封为佳嫔据情代奏谢恩事折》，中国第一历史档案馆、故宫博物院编：《清宫内务府奏销档》，第215册，第406、407页。
② 《奏为尊封佳嫔等位代奏谢恩事》，咸丰十一年十月十五日，档案号：05－0809－065，中国第一历史档案馆藏。另有档案则称常泰是佳贵妃的胞兄，根据郭氏户口册内记录，常泰是佳贵妃的族兄。
③ 此段郭氏谱系，整理自中国第一历史档案馆编：《清代谱牒档案（缩微胶卷）》A1－A37。
④ 《为钟粹宫官女子三妞奉旨封为佳常在其每日现食吃食止退事》，道光十四年十二月十七日，档案号：05－13－002－000644－0092，中国第一历史档案馆藏。

得到常在的位分之后,居住在承乾宫,①当时承乾宫的首领主位是庄顺皇贵妃。第二年,佳贵妃晋封为贵人,第三年则晋封为嫔位,这表明她当时受到宣宗的相当宠爱。不过在道光二十年,佳贵妃从嫔位降为贵人,并在道光朝再未得到晋升,失去了宣宗的宠爱,其原因不明。

【封谥释义】

佳贵妃的封号是"佳",满文作"giltungga"②,意为"英俊""秀美"。

二、豫嫔

【简介】

宣宗豫嫔,正白旗包衣尚氏(尚佳氏),柏唐阿如庆之女。嘉庆二十一年十一月初二日卯时生。在道光年间被选入宫为官女子。道光十年,封为玲常在。道光二十年六月初二日,降位尚答应。道光三十年正月,宣宗崩逝,文宗即位,尊封为尚常在。咸丰十一年七月,文宗崩逝,穆宗即位,尊封为尚贵人。同治十三年十一月十六日,尊封为豫嫔。光绪二十三年八月二十八日薨,年八十二岁。同年九月二十二日,奉安慕东陵。

【家族背景】

宣宗豫嫔出身沈阳尚氏,是入旗的汉人,其入旗的始祖名为尚大德,在清初被编入包衣旗籍,为正白旗包衣佐领下人。尚大德入旗之后,其子尚兴仕至内务府郎中兼佐领,尚兴生有六子,依次为尚志立、尚志杰、尚志舜、尚志富、尚志强、尚志尧,其中尚志杰和尚志舜均仕至内务府大臣,是清初内务府的知名世家之一,豫嫔即是尚志杰的玄孙女。

根据谱牒,尚志杰有子尚铭,尚铭娶妻许氏,生子福海。福海仕至江宁织造,他的继妻乌雅氏是承恩公博启的孙女,孝恭仁皇后的侄孙女,也即是豫嫔的祖母。豫嫔的父亲是福海的小儿子如庆,是内务府的柏唐阿,其生有三子,依次名为英惠、英秀、英启。目前知道英惠(也写为英桂)是豫嫔的胞兄,③英

---

① 《奏为查验佳贵人交出因病女子一名情形事》,道光二十一年九月初十日,档案号:05-0720-086,中国第一历史档案馆藏。
② 《为恭录佳嫔封号清文字样知照事致内务府》,道光十六年七月二十七日,档案号:05-13-002-000148-0201,中国第一历史档案馆藏。
③ 《奏为尊封佳嫔等位代奏谢恩事》,咸丰十一年十月十五日,档案号:05-0809-065,中国第一历史档案馆藏。

启则是豫嫔的胞弟。① 另外,豫嫔有一位伯父名为善庆,仕至内务府员外郎,他的继妻耿氏是世宗纯懿皇贵妃的亲侄女。

豫嫔出身内务府的著名世家,从前述的婚姻圈也可知其家族具有相当的门第,并且和宫廷有一定的亲缘关系。不过也应该注意到,由于内务府世家的特性,在没有爵位或科举的传承背景下,门第有可能在个别支系变动较大。如豫嫔的父亲如庆虽然是内务府大臣的曾孙,江宁织造之子,自己却只补了柏唐阿的缺,其子英惠和英启均为内务府披甲人,可见豫嫔父系一支的门第已经衰落。而相比之下,其伯父善庆一支则通过科举保持了门第,到晚清仍然是中高级官员。②

【入宫背景】

从宫分档案来看,道光九年尚无豫嫔的记录,③道光十年时,她已经作为"玲常在"在册。④ 由此可知,豫嫔应该是在道光十年之前通过挑选内务府秀女被选为官女子入宫,并在道光十年十一月之前获得恩宠,从而被封为玲常在。

【宫廷生活】

在入宫之后,豫嫔似乎一直住在延禧宫,⑤后来被降位之后也住在延禧宫,⑥当时延禧宫的首领主位是恬嫔。关于豫嫔被降位的原因,根据档案,道光十九年十月,豫嫔位下的十六岁官女子大妞因病交出,交出之前,因"污坏活计"曾受责四十板。⑦ 同年十二月十三日,豫嫔位下的十五岁官女子大妞因偷窃交出,交出之前,因数次偷窃丝绒曾受责四十板,并在左右腮上受板责八下。⑧ 从清宫的习俗和宫规来看,这两位宫女受责属于正常现象。

---

① 《为尚贵人晋封豫嫔率阖族人谢恩事的呈文》,同治十三年十一月二十三日,档案号:05-0879-058,中国第一历史档案馆藏。
② 此段尚氏谱系,整理自《八旗满洲氏族通谱》《清代谱牒档案(缩微胶卷)》《清代朱卷集成》《嘉庆戊寅恩科顺天乡试题名录》《八旗通志初集》《钦定八旗通志》《爱新觉罗宗谱》。
③ 中国第一历史档案馆、故宫博物院编:《清宫内务府奏销档》,第 206 册,第 179—230 页。
④ 《呈皇太后年例宫分清单》,道光十年十一月,档案号:05-0659-072,中国第一历史档案馆藏。
⑤ 《奏为查验延禧宫出宫女子受责情形事》,道光十九年十月二十三日,档案号:05-0708-039,中国第一历史档案馆藏。
⑥ 《奏为查验延禧宫交出女子一名情形事》,道光二十年六月初三日,档案号:05-0713-029,中国第一历史档案馆藏。
⑦ 《奏为查验延禧宫出宫女子受责情形事》,道光十九年十月二十三日,档案号:05-0708-039,中国第一历史档案馆藏。
⑧ 《奏为宫内交出偷窃女子一名验得有伤情形事》,道光十九年十二月十四日,档案号:05-0709-042,中国第一历史档案馆藏。

在这两位宫女出宫之后,又有一位宫女补进豫嫔位下,却也在转年的六月初一日被交出,其理由比较复杂,引档案如下:

> 本月初一日,由敬事房交出延禧宫因笨出宫之女子大姐一名,臣等当即派员详细查验,兹据该员禀称,查得:延禧宫交出女子一名,据称年十六岁,于上年十一月初五日进宫,在玲常在下当差。进宫后,因学做活计粗笨,曾令太监责过四十板。本年五月间,不记日期,因过门槛,误将小猫踏毙,脸上打过数下。后因摘食院内树上杏儿,两手责过数板。又因餧猫时误将小猫踏伤,过日猫毙,责过左右胳膊十数板。又因猫抓伊手,将猫打伤,责过手掌十余板。过日猫毙,并未责打。五月二十八日,因误将洗手瓷盆踢有伤璺,两手受责二十板,均系主位自行责打的等语。现验①得该女子面上青肿之处,委系板责,伤痕并不甚重。等因。禀覆前来,谨将臣等遵旨查明缘由据实奏闻。②

这份档案中,最为重要的是"均系主位自行责打的"一句。在清宫之中,后宫主位处罚手下宫女、太监,一般均要本宫首领太监等在场,并由他人执行。豫嫔"自行责打"不符合宫廷的规矩。也正是在这一天,豫嫔从玲常在被降位为尚答应。故而,有学者认为豫嫔的降位与其凌虐宫女有关。③

在被降位之后,豫嫔在道光朝没有再得到晋升,失去了宣宗的宠爱。道光二十五年,延禧宫失火之后,她则似乎搬到了储秀宫居住。④

光绪二十三年八月二十八日,八十二岁的豫嫔薨逝,是宣宗后宫主位中最后薨逝的。

【封谥释义】

豫嫔的封号是"豫",满文作"sebjengge"⑤,意为"快乐""欢乐"。

---

① 谨按,"騐"即"验"。
② 《奏为查验延禧宫交出女子一名情形事》,道光二十年六月初三日,档案号:05-0713-029,中国第一历史档案馆藏。
③ 赵玉敏:《道光帝"玲常在"出身与名号考补》,《历史档案》2012年第4期。
④ 《为报明由敬事房接出储秀宫尚贵人位下当差官女子大姐因笨退出并无受过责打事》,无朝年,档案号:05-13-002-000776-0059,中国第一历史档案馆藏。
⑤ 《为咨取恭办豫嫔金棺前行各次祭喇嘛禅僧念经铺设经堂按例核算需用黑毡事致内务府》,光绪二十五年二月二十六日,档案号:05-13-002-000325-0040,中国第一历史档案馆藏。

三、顺嫔

【简介】

宣宗顺嫔，正白旗包衣辉发纳喇氏，内务府员外郎延崇之女。嘉庆十四年二月初六日子时生。在道光年间被选入宫为官女子。道光四年，封为顺常在。同年九月初七日，晋封为顺贵人。道光九年三月初三日，降为顺常在。道光三十年正月，宣宗崩逝，文宗即位，尊封为顺贵人。咸丰十一年七月，文宗崩逝，穆宗即位，尊封为顺嫔。同治七年三月十九日巳时薨，年六十岁。同治十二年二月二十五日，奉安慕东陵。

【家族背景】

宣宗顺嫔出身苏巴泰系辉发纳喇氏，是宣宗和妃的亲侄女，关于其家世可以参考宣宗和妃条。在道光四年九月初七日，顺嫔被封为顺贵人时，其族人曾经通过内务府呈递折子谢恩，其中领衔人是"yancung"，音译为"延崇"。后来在道光三十年复封为顺贵人之后，其家族再次通过内务府呈递谢恩折，领衔人是苑副瑞缙，他是顺嫔的胞弟。① 根据辉发纳喇氏的谱系，延崇为和妃的七弟，而瑞缙则是延崇的第一子。

顺嫔之父延崇，生于乾隆四十八年，道光年间曾任七品苑副，后来仕至内务府员外郎。延崇生有二子三女，其中：第一子名为瑞缙，比顺嫔小一岁，仕至苑副；第二子名为瑞琛，比顺嫔小十七岁，仕至蓝翎侍卫。三位女儿里，只知道第三女名"三妞"，比顺嫔小五岁。根据户籍档案记载，道光二十二年时这位"三妞"已经二十九岁，依然没有出嫁。至于顺嫔，则是延崇的第一女或第二女，排行不明。②

【入宫背景】

从宫分档案来看，道光三年尚无顺嫔的记录，③道光四年十一月时，她已经作为"顺贵人"在册。④ 又根据道光四年九月初九日，顺嫔之父延崇所

---

① 《为尊封顺贵人代奏谢恩事呈文》，咸丰十一年十月，档案号：05-0809-074，中国第一历史档案馆藏。
② 此段辉发纳喇氏谱系，整理自《八旗满洲氏族通谱》《纳喇氏宗谱》《辉发纳喇氏次房三房宗谱正册》《清代谱牒档案（缩微胶卷）》《八旗通志初集》《钦定八旗通志》《爱新觉罗宗谱》。
③ 《呈恭进宫分清单》，道光三年十一月初五日，档案号：05-0627-006，中国第一历史档案馆藏。
④ 《呈为三处织造办解缎纱等分派皇太后等数目清单》，道光四年十一月初四日，档案号：05-0631-079，中国第一历史档案馆藏。

上的谢恩折内提及:"本月初七日,旨意封顺常在为顺贵人。"①可知顺嫔应该是在道光四年之前通过挑选内务府秀女被选为官女子入宫,并在道光四年九月之前获得恩宠,从而被封为顺常在的。

【宫廷生活】

目前已知的关于顺嫔的记录很少,只知道她在道光四年被封为常在之后,短期内比较得宠,得以晋位为贵人。而在道光九年的三月初三日,总管张福善传旨,"顺贵人降为常在"。② 其降位的原因不明,而且在被降位为常在之后,顺嫔在道光朝没有再得到晋升,失去了宣宗的宠爱。

【封谥释义】

顺嫔的封号是"顺",满文作"ijishūn"③,意为"顺从""顺宜"。

四、李贵人

【简介】

宣宗李贵人,镶黄旗包衣李氏(李佳氏),奉宸苑卿善保之女。道光七年十月初七日酉时生。在道光年间被选入宫为官女子。道光二十年三月,封为意常在。同年十二月二十日,降为李答应。道光三十年正月,宣宗崩逝,文宗即位,尊封为李常在。咸丰十一年七月,文宗崩逝,穆宗即位,尊封为李贵人。同治十一年二月十八日巳时薨,年四十六岁。同治十二年二月二十五日,奉安慕东陵。

【家族背景】

在以往研究中,因为咸丰十一年李贵人从常在被尊封为贵人时,其父六库郎中善保具折谢恩,折内未写明旗分,但是档案封皮被贴上一张纸,上写"正白旗毓琳佐领下",所以有学者以此认为李贵人为正白旗包衣佐领下人。目前经过核对原档,发现其贴纸所写全文为"尚贵人丹产胞弟闲散人英启,正白旗毓琳佐领下"④,实际上指的是豫嫔的旗籍,与李贵人无关。经过梳

---

① 《奏为封顺常在为顺贵人谢恩代为转奏事折》,中国第一历史档案馆、故宫博物院编:《清宫内务府奏销档》,第199册,第67、68页。
② 《为顺贵人降为常在裁减官女子三姐退出宫去传会计司官等赴圆明园接出并止退伊每日所食吃食事》,道光朝,档案号:05-13-002-000617-0175,中国第一历史档案馆藏。
③ 《为知会田村暂安处顺嫔前行初周年礼致祭照例预备垫桌刷套事致内务府》,同治八年三月十五日,档案号:05-13-002-000233-0052,中国第一历史档案馆藏。
④ 《为尊封李常在代奏谢恩事呈文》,咸丰十一年十月,档案号:05-0809-076,中国第一历史档案馆藏。

理内务府人事档案,得知六库郎中善保为"镶黄旗文熥管领下人"。① 以此信息查询内务府户口档案,查得其家族信息,为镶黄旗包衣头甲喇第二管领下人,而且属于食口粮人,即辛者库旗人,故而李贵人是清中后期目前已知的少数出身辛者库旗籍的后宫主位。

根据谱牒记载,李贵人的曾祖父名为三格,是内务府闲散人。祖父名为达塞,是内务府披甲人。伯父名为福保,也是内务府披甲人。李贵人的父亲名为善保,亦作"善宝",他在嘉庆年间由景山官学清语教习入仕,道光年间历任内务府主事、员外郎、郎中,后来在道光晚期被降级。咸丰年间再次升至内务府郎中,后来在同治元年升至奉宸苑卿,最后在当年十二月二十六日病故,享年大概八十岁。② 以目前的信息来看,李贵人是善保与原配妻子所生育的女儿。在原配病故之后,善保继娶内务府包衣马氏(马佳氏)为妻,夫妻关系却不和谐,以至于在道光十五年闹至对簿公堂的地步。③ 除李贵人之外,善保还至少生有一子,名为恒升,仕至内务府缎库郎中,他是李贵人的胞兄。另外,档案显示,善保虽然出身辛者库籍,且先辈未出任过职官,但是他在内务府任职数十年,其间积累了大量的财富。在咸丰初年,因平定"太平天国"的需求,朝廷缺乏资金,要求内务府官员捐款,善保一下子捐输"六万余两",④不可不谓之"豪富"。⑤

【入宫背景】

李贵人出身镶黄旗管领下人,所以应该是通过挑选内务府秀女成为宫女子进入宫中的。从宫分档案来看,道光十九年尚无李贵人的记录,⑥道光

---

① 《为查明降调郎中善保等欠项情形事》,道光二十一年五月十一日,档案号:05-08-003-000169-0023,中国第一历史档案馆藏。
② 《为报明奉宸苑卿善宝病故事》,同治二年正月初三日,档案号:05-13-002-000781-0005,中国第一历史档案馆藏。
③ 《为内务府郎中善宝呈控其妻马佳氏私行逃走等情一案咨送刑部审办事》,道光十五年六月初九日,档案号:05-08-008-000055-0048,中国第一历史档案馆藏。
④ 《奏为员外郎善宝捐输炮位请赏护军参领职衔事》,咸丰三年十一月初五日,档案号:05-0773-024,中国第一历史档案馆藏。
⑤ 此段李氏谱系,整理自中国第一历史档案馆编:《清代谱牒档案(缩微胶卷)》A1-A37。
⑥ 《呈皇太后皇后及内庭主位宫分缎匹等项数目清单》,道光十九年十一月十二日,档案号:05-0708-059,中国第一历史档案馆藏。

二十年她则作为"意常在"出现在宫分档案内。① 再结合李贵人出身镶黄旗包衣管领下人,可知李贵人应该是在道光二十年之前通过挑选内务府秀女被选为官女子入宫,并在道光二十年十一月之前获得恩宠,从而被封为意常在。于善浦在其著作中引用《宫中档簿》等档案,称李贵人在道光二十年三月获封为意常在,②基本与这种情况吻合。

【宫廷生活】

根据于善浦所录档案内记载,李贵人在道光二十年三月获封为意常在之后,同年十二月二十日便因故被降为李答应,③可知李贵人成为后宫主位当年便失去了宣宗的宠爱。在宣宗薨逝之后,才以寡居的身份得到晋升。

五、那贵人

【简介】

宣宗那贵人,正白旗包衣辉发纳喇氏,蓝翎长那俊第二女。道光五年六月二十一日辰时生。在道光年间被选入宫为官女子。道光十九年二月十七日,封为琭常在。道光二十年十一月十七日,晋封为琭贵人。道光二十一年三月十八日,降为琭常在。道光二十五年十一月初四日,降为那答应。道光三十年正月,宣宗崩逝,文宗即位,尊封为那常在。咸丰十一年七月,文宗崩逝,穆宗即位,尊封为那贵人。同治四年(1865年)七月二十日午时薨,年四十一岁。同治六年三月初三日,奉安慕东陵。

【家族背景】

宣宗那贵人出身博豁理系辉发纳喇氏。根据谱牒的记载,其家族入旗的始祖名为博豁理,入旗之后被编入正白旗包衣,是管领下不食口粮人,即不属于辛者库。博豁理一族原本世居辉发地方,但是其家族与辉发国主系辉发纳喇氏并非同族,所以那贵人与高宗继皇后也并无堂亲的血缘关系。

根据谱牒记载,博豁理入旗之后仕至总管。其子塞克土仕至护军统领。孙阿三,仕至内务府郎中、杭州织造。阿三的孙子或侄孙中有一位名为黄通

---

① 《进皇太后等位宫分锻匹等项数目清清单》,中国第一历史档案馆、故宫博物院编:《清宫内务府奏销档》,第 220 册,第 492—548 页。
② 于善浦:《清代帝后的归宿》,第 192 页。
③ 于善浦:《清代帝后的归宿》,第 192 页。

保,仕至笔帖式,即是那贵人的高祖父。黄通保生子孟兰保,仕至护军校。孟兰保生子清平,仕至内管领。那贵人之父那俊即是清平之子。那俊自己仕至蓝翎长,娶妻李氏,生有二子二女。第一子原名那登阿,后来更名为连惠,比那贵人年长十四岁,为内务府匠役,月饷一两;第二子名为那经阿,比那贵人年长十二岁,是内务府闲散人。大女儿比那贵人年长七岁;二女儿即那贵人,也是四位子女里年纪最小的。在那贵人入宫的时候,其父那俊已故。

那贵人所出身之家族为内务府中低级官员,尚属于官宦人家的范畴。其家族在本旗内人员众多,具有一定的势力。①

【入宫背景】

根据档案,道光十九年二月十七日,"奉旨,正白旗托永武管领下原蓝翎长那俊之女,著封为琭常在,钦此",②可知那贵人为内务府正白旗包衣出身,是包衣管领下人,应该是在道光十九年之前通过挑选内务府秀女被选为官女子入宫,并在道光十九年二月获得恩宠,从而被封为琭常在。

【宫廷生活】

那贵人获得了常在的位分之后,住在延禧宫,③当时延禧宫的首领主位是恬嫔。第二年,那贵人晋位为贵人,可见其当时比较受到宣宗的宠爱。四个月后,因故降为常在。又过了四年,道光二十五年十一月初四日,总管金得等传旨:"奉旨,将琭常在降为那答应。钦此。"④其后,那贵人在道光朝没有再得到晋升,失去了宣宗的宠爱。

六、曼常在

【简介】

宣宗曼常在,正白旗包衣刘氏(刘佳氏),二等侍卫官明第一女。在道光

---

① 此段辉发纳喇氏谱系,整理自《八旗满洲氏族通谱》《光绪八年壬午科顺天乡试同年齿录》《清代谱牒档案(缩微胶卷)》《八旗通志初集》《钦定八旗通志》《爱新觉罗宗谱》。
② 《为传知奉旨正白旗原蓝翎长那俊之女封为琭常在得给吃食等事》,道光十九年二月十七日,档案号:05-13-002-000661-0064,中国第一历史档案馆藏。
③ 《奏为查验延禧宫交出宫女情形事》,道光二十年十月十六日,档案号:05-0714-094,中国第一历史档案馆藏。
④ 《为传知奉旨琭常在降为那答应每日所食吃食今日起照答应例得给事》,道光二十五年十一月初四日,档案号:05-13-002-000692-0064,中国第一历史档案馆藏。

年间被选入宫为官女子。于道光十一年二月初八日封为曼常在。道光十三年前后,降为刘答应。道光十五年二月十四日,降为官女子。道光二十二年六月十二日酉时薨,未葬入皇陵。

【家族背景】

在学者对宣宗后宫所进行的整理之中,"曼常在"和"刘官女子"一般是作为两位不同的后宫主位出现的。"曼常在"获封在道光十一年二月初八日,在道光十三年之后则无记载。"刘官女子"在档案里出现的时期为道光十三年至道光二十年。虽然有学者当年已经怀疑她们很可能是同一位人物,但是限于资料不足,所以并未能形成结论。

目前根据档案,在道光十一年二月,曼常在被封为主位之后,有一名为官明的官员递上了谢恩折,其中提及,"官明之女本月初八日奉旨封为曼常在",而这位官明为"前任二等侍卫"[①],另外因为其谢恩折是通过内务府系统呈递的,所以初步推测官明为内务府包衣出身。其后,以此信息查询内务府户口档案,发现官明不仅确系内务府包衣旗籍,而且确实姓刘,其女即刘官女子,也就是曼常在。

根据内务府户口档案记录,曼常在出身沈阳刘氏,其入旗的始祖名为刘思舜,在清初被编入包衣旗籍,是正白旗包衣旗鼓佐领下人。刘思舜入旗之后,其子刘天宠曾任游击,曾孙刘嗣兴曾任内务府司库。刘嗣兴之子名为七十八,是武举人。七十八之子名为阿克当阿,号厚菴,由内务府笔帖式出仕,在嘉道时期曾任内务府大臣兼兵部左侍郎,于道光初年去世。这位阿克当阿即是曼常在的祖父[②]。阿克当阿生有六子,第一子名为官明,即为曼常在之父,曾任二等侍卫,娶妻傅氏。官明在道光二十一年十月初十日病故,而傅氏则在道光二十六年五月病故。官明生有一子二女,独子名为多福,生于嘉庆八年。二女中,第一女即曼常在,第二女则生于道光二年,曾在道光二

---

① 《封女为曼常在谢恩事呈文》,中国第一历史档案馆、故宫博物院编:《清宫内务府奏销档》,第 208 册,第 199、200 页。
② 谨按,根据户口册的记载,阿克当阿应为官明之叔伯父。但是阿克当阿曾在嘉庆十一年因官明获赏蓝翎侍卫具折谢恩,其折中称官明为己之长子,故而此处仍将官明作为阿克当阿之子。另一方面,不排除官明原为阿克当阿胞兄弟之子,因故过继与阿克当阿为嗣。

十年参选内务府秀女被摺牌子。① 除官明之外,阿克当阿另有子松泰、松安、松龄、松寿、松祝,均为内务府中级官员。从整体来看,曼常在出身内务府高级官员之家,属于内务府的新贵家庭。

【入宫背景】

曼常在出身正白旗包衣,是旗鼓佐领下人,所以应该是在道光十一年之前通过挑选内务府秀女被选为官女子入宫,并在道光十一年二月获得恩宠,从而被封为常在。

【宫廷生活】

在确认了曼常在与刘答应是同一人物之后,曼常在的履历也逐渐丰满。她在道光十一年之前通过挑选内务府秀女被选为官女子入宫,在道光十一年二月获得恩宠被封为曼常在。道光十二年十一月的宫分档案里,她尚以曼常在的身份出现。② 而在道光十三年十一月的宫分档案里,她已经被降为刘答应。③ 到了道光十五年二月十四日,总管郝进喜等传旨:"奉旨,刘答应著降为官女子。钦此。"④ 她又被降为身份最低的官女子。之后她一直以"刘官女子"的身份出现在宫分记录里,直到道光二十二年六月十三日,档案内记载,"刘官女子于本月十二日酉时逝了"⑤。因为她薨逝时连最低的答应位分都没有,所以她与作为睦官女子薨逝的睦答应一样并没有葬入皇陵。但是,睦官女子在入葬六道口几年后,宣宗恢复了她答应的名号,也因此得以葬入慕东陵,曼常在则没能得到这种待遇,依然没有葬入皇陵。

关于曼常在为什么被数次降位,已知的档案均未提及。只有道光十五年二月十五日,也就是曼常在从刘答应被降为刘官女子的第二天,宣宗下达了一份朱谕,其中说:"朕因刘宫女子一事,甚怪皇后奏迟,昨晚当面将皇后

---

① 此段刘氏谱系,整理自《八旗满洲氏族通谱》卷76。中国第一历史档案馆编:《清代谱牒档案(缩微胶卷)》A1-A37。
② 《呈报恭进皇太后等缎匹等清单》,道光十二年,档案号:05-0669-044,中国第一历史档案馆藏。
③ 《呈皇太后皇贵妃等宫分缎匹数目清单》,道光十三年十一月初六日,档案号:05-0674-073,中国第一历史档案馆藏。
④ 《为奉旨刘答应著降为官女子每日所食吃食份例照官女子例得给事》,道光十五年二月十四日,档案号:05-13-002-000646-0027,中国第一历史档案馆藏。
⑤ 《为刘官女子逝世止退其每月所食吃食分例等项事》,道光二十二年六月十三日,档案号:05-13-002-000673-0165,中国第一历史档案馆藏。

申饬，宫中事物岂容片刻耽延。再，如今内外不免仍有朦弊之恶习，可恨可恶之至。无论何人，一有事端，众人必向应管之人恳求不奏，只知朦弊在上一人，此即奸邪小人，张口则云恐烦劳上心，怕招上怒，其中弊病岂可胜言，是其欲以三岁婴儿待朕，安心作弊，论其人直同叛逆也。嗣后无论何人，若有应奏之事件，众人仍向应管之人恳求阻拦，不欲奏闻者，经朕查出，若是内庭等，定将位分全行革去，仍加重责。若是总管、首领、太监等，从重枷责，立即发遣，永远不赦。朕言出法随，决不宽恕，毋庸诰诫不早也。特谕。"①亦未提及曼常在具体所做之事。

---

① 《恩赏日记档》，转引自朱家溍、丁汝芹：《清代内廷演剧始末考》，第201页。

第十五章　清文宗咸丰帝的后宫

清文宗协天翊运执中垂谟懋德振武圣孝渊恭端仁宽敏庄俭显皇帝，名奕詝，满文作"i ju"①。作为宣宗成皇帝的第四子，生于道光十一年六月初九日丑时，生母为孝全成皇后钮祜禄氏。道光二十六年六月十六日，由宣宗秘密立为储嗣，缄置镡匣。道光三十年正月十四日，宣宗病危，召集宗人府宗令、御前大臣、军机大臣、内务府大臣等，公启镡匣，手宣朱谕，立为皇太子。同日，宣宗崩逝。同月二十六日，文宗即位，改元咸丰。咸丰元年，"太平天国"爆发。咸丰六年（1856年）之后，遭第二次鸦片战争之乱。咸丰十年，文宗以"北狩"之名出京，避难热河。咸丰十一年七月十七日寅时崩，年三十一岁，在位十一年。同年十二月，恭上尊谥曰协天翊运执中垂谟懋德振武圣孝渊恭端仁宽敏显皇帝，庙号文宗。同治元年十月，升祔奉先殿。同治四年九月二十一日，奉安定陵，升祔太庙。光绪元年六月，加上庄俭两字。

关于咸丰帝挑选八旗秀女的年届，已知其第一次挑选八旗秀女为咸丰二年，之后按照三年一选的惯例，在咸丰五年、咸丰八年均挑选过八旗秀女，后来咸丰十一年虽然也是挑选的年届，却因为当时文宗并不在京师，未能成功挑选。

根据目前资料，清文宗一生中有十八位妻妾，其中既有由八旗秀女内挑选出来的，也有由后宫宫女内晋封的。清文宗是清代最后一位拥有宫女出身后宫主位的皇帝，之后的穆宗、德宗以及宣统帝的后宫主位均只从八旗秀女内挑选出来。谨按照咸丰朝选秀以及入宫的方式，将文宗的十八位后宫主位分类综述如下。

---

① 《玄烨谱录》，北京图书馆编：《北京图书馆藏家谱丛刊·民族卷》，第34册，第218页。

第一节　清文宗咸丰帝的三位皇后

一、孝德显皇后
【简介】

孝德温惠诚顺慈庄恪慎徽懿恭天赞圣显皇后，原镶蓝旗满洲后抬镶黄旗满洲萨克达氏，承恩公、太仆寺少卿富泰之女。在道光二十七年参加八旗选秀，于二月初十日被宣宗指与皇四子文宗为嫡福晋。同年十月二十五日，行初定礼。道光二十八年二月二十七日，入宫行大婚礼，册封为皇子福晋。道光二十九年十二月十二日巳时崩。同年十二月十八日，奉移田村暂安。道光三十年正月，宣宗崩逝，皇四子文宗即位，追封为皇后。同年十月二十七日，以庄亲王奕仁为正使，成郡王载锐为副使，册谥曰孝德皇后。咸丰十一年十二月，恭上尊谥曰孝德温惠诚顺慈庄恭天赞圣显皇后。同治元年九月，由田村移往静安庄暂安。同年十月，升祔奉先殿。同治四年九月二十二日，奉安定陵，升祔太庙。光绪元年六月，加上恪慎两字。光绪三十四年（1908年）十二月，加上徽懿两字。

【家族背景】

孝德显皇后出身镶蓝旗满洲萨克达氏，后来因为孝德显皇后而被抬入镶黄旗满洲。镶蓝旗是满洲萨克达氏分布的主要旗分之一，旗内有数十支萨克达氏分布。由于目前资料不足，尚不清楚孝德显皇后出身哪支萨克达氏，只知道镶蓝旗满洲萨克达氏内门第最高的舒赛一系其谱系内并无孝德显皇后一家的记录。

目前已知孝德显皇后的曾祖父名为明山，监生出身，在乾隆末年由笔帖式入仕，嘉庆年间历任道员、按察使、布政使等地方官，后来升至贵州巡抚、云贵总督，在道光四年被召回京城，仕至刑部尚书、都统等职，于道光十四年病故，是嘉道两朝的名臣之一。明山之子名为祺昌，仕至兵部员外郎。祺昌之子名为富泰，荫生出身，历任吏部主事、员外郎、郎中，仕至太仆寺少卿，即孝德显皇后的父亲。母系一方，孝德显皇后的曾祖母姓库尔氏，祖母姓纳喇氏，出身均不详。孝德显皇后的母亲宗室氏，是和硕郑慎亲王乌尔恭阿的第三女，亦即和硕郑亲王端华和大学士肃顺的姐姐。所以孝德显皇后家族不仅是嘉道名臣,而且还与铁帽子王联姻,属于世家婚姻圈,特别是和硕郑亲王端华是道、咸两朝政治上颇为倚重的宗王,其门第非同一般。

另外,孝德显皇后至少有一位姐妹,嫁给和亲王府的奉国将军溥善。而孝德显皇后的父亲富泰很有可能只生有女儿,没有留下男性后代。在富泰去世后便面临绝嗣问题,由族中过继了族侄德懋为嗣,并承袭了孝德显皇后本家的承恩公爵位。值得注意的是,虽然孝德显皇后的曾祖父是当时的名臣,但是除去明山自己一支外,其家族整体实力是相当普通的,以至于他家的近族基本都在清中叶被派往各地驻防,成为驻防旗人。孝德显皇后的父亲富泰绝嗣时,官方为他在近亲之中寻找承继人德懋,即是从凉州驻防的族人那里选出的。①

【入宫背景】

根据清中后期皇子成婚的惯例,孝德显皇后应该是在常规或临时的选秀之中被直接选中作为皇四子文宗的嫡福晋而指婚的。档案中提及,道光二十七年二月初十,"现奉旨:郎中富泰之女指为四阿哥福晋,钦此"。②可见孝德显皇后是在道光二十七年被宣宗指婚给文宗的。③ 道光朝的选秀年届是从道光二年开始计算,则道光二十年之后的选秀年届应该是道光二十三年、道光二十六年和道光二十九年。孝德显皇后会在道光二十七年被指婚,有可能是作为道光二十六年的秀女记名之后又经过了一些时间才指婚,也可能是在道光二十七年时单独进行了一次临时挑选。

另外,根据官书的说法,宣宗秘密立储是在道光二十六年六月,那么在挑选孝德显皇后指婚给文宗的时候文宗已经被秘密立储,故而孝德显皇后是直接作为未来的皇后选入,必然经过了宣宗的精心挑选。

【宫廷生活】

孝德显皇后在道光二十八年二月二十七日入宫,只经过了一年多的时

---

① 此段萨克达氏谱系,整理自《八旗满洲氏族通谱》《清代谱牒档案(缩微胶卷)》《八旗通志初集》《钦定八旗通志》《爱新觉罗宗谱》。
② 《为选择郎中富泰之女指为四阿哥福晋指婚日期事致总管内务府》,道光二十七年二月初十日,档案号:05-13-002-000173-0093,中国第一历史档案馆藏。
③ 谨按,根据《宣宗成皇帝实录》记载,宣宗为文宗指婚是道光二十七年(1847年)二月初四日。可参见《宣宗成皇帝实录》卷439,道光二十七年二月甲寅条,《清实录》,第39册,第498页。此处按照档案的说法写为二月初十日。

间,便于道光二十九年十二月十二日巳时崩逝,并没有等到自己丈夫即位的那一天,可以说她的宫廷生活是相当短暂的。

文宗即位之后,在册谥孝德显皇后的诏书中称赞:"皇后萨克达氏,门积庆灵,家崇礼教。英媛表异,瞻凤集而翔仁。皇俪来嫔,迓鸿庥而虩度。逮事皇祖妣孝和睿皇后,善承色笑,克励婉心。兰殿春融,奉槃匜而手进。椒闱夏敞,洁瀡瀎以躬亲。祗奉皇考宣宗成皇帝,恪勤之礼,禽习于上仪诚敬之忱。修成夫内则,惟提躬以仁顺。"①虽然这种诏书文体本身难免夸大溢美,但至少可以看出在短暂的宫廷生活之中,孝德显皇后是恪尽职守的。

根据清宫医案记载,道光二十八年二月入宫的孝德显皇后在当年八月患上风寒外感。② 道光二十九年闰四月,又染上了湿症。③ 到了当年七月,"内有寒饮,外受暑湿"④,身体已经很弱。九月底十月初,又因"血虚肝风"长期卧病,其治疗时间相当长,一直很虚弱。到了当年十二月初,孝德显皇后身体似乎见好,十二月初七日,"由园至所内,神气俱好,四肢亦可动转,惟气血尚弱,有时咳嗽"。⑤ 结果十二月初十日虚弱受风,再次不适,在十二日突然转重,当天便去世了。学者分析其医案,认为是长期患有肝病,以至于气血虚弱,"血枯肝风之症由来已久,累及心脾亦虚"。⑥

就在孝德显皇后去世的一个月之后,宣宗崩逝,孝德显皇后的夫君皇四子即位当了皇帝,下旨追封这位早逝的原配嫡妻为皇后,并且在当年年底将孝德显皇后本家抬入了镶黄旗满洲。

【封谥释义】

孝德显皇后的主谥为"德",满文作"erdemu"⑦,意为"德才"。

二、孝贞显皇后

【简介】

孝贞慈安裕庆和敬诚靖仪天祚圣显皇后,镶黄旗满洲钮祜禄氏,承恩

---

① 《文宗显皇帝实录》卷20,道光三十年十月丙戌条,《清实录》,第40册,第293、294页。
② 陈可冀主编:《清宫医案研究》,第2册,第683页。
③ 陈可冀主编:《清宫医案研究》,第2册,第685页。
④ 陈可冀主编:《清宫医案研究》,第2册,第686页。
⑤ 陈可冀主编:《清宫医案研究》,第2册,第692页。
⑥ 陈可冀主编:《清宫医案研究》,第2册,第693页。
⑦ 綦中明:《满语名号研究》,第81页。

公、广西右江道穆扬阿之女。道光十七年七月十二日卯时①生。在咸丰二年二月参加八旗选秀,被指定为贞嫔,于同年四月二十七日入宫,未及封。五月二十五日,诏晋为贞贵妃,亦未及封。六月初八日,诏立为皇后。十月十七日,以大学士裕诚为正使,礼部尚书奕湘为副使,册立为皇后。咸丰十一年七月,文宗崩逝,穆宗即位,尊为皇太后,称母后皇太后。同年十一月,与孝钦显皇后废赞襄政务王大臣,垂帘听政。同治元年四月二十五日,尊上徽号曰慈安皇太后。同治十一年十月,因穆宗大婚,加上端裕两字。同治十二年二月,因穆宗亲政,撤帘归政,加上康庆两字。同治十三年(1874年)十一月初十日,因穆宗遇天花之喜,暂览朝政。同年十二月,穆宗崩逝,德宗即位,与孝钦显皇后再次垂帘听政。光绪二年七月,因德宗承统并四旬慈庆,加上昭和庄敬四字。累计徽号曰慈安端裕康庆昭和庄敬皇太后。光绪七年(1881年)三月初十日戌时崩,年四十五岁。同年五月十三日,恭上尊谥曰孝贞慈安裕庆和敬诚天祚圣显皇后。九月十七日,奉安定东陵,升祔太庙、奉先殿。光绪三十四年十二月,加上诚靖两字。

【家族背景】

孝贞显皇后出身索和济巴颜系钮祜禄氏,与太宗元妃、孝昭仁皇后、圣祖温僖贵妃、高宗顺妃、高宗诚嫔、孝和睿皇后、仁宗恭顺皇贵妃、孝穆成皇后、宣宗祥妃均属同一个大系内的弘毅公家族的一员,其家世可以参考她们各条。弘毅公家族内部分为十六房,根据房份不同,后裔的门第也有所区别,其中第十六房门第最高,孝昭仁皇后、圣祖温僖贵妃、高宗顺妃、高宗诚嫔、孝穆成皇后均出自这一房,孝贞显皇后则出自第三房。

弘毅公家第三房的始祖为车尔格,他在清初时仕至户部尚书,封骑都尉又一云骑尉,在弘毅公家十六房中门第原属于中等偏上。不过,车尔格生有七子,七支后裔门第也有不同,承袭爵位的是第一子和第四子两支,而孝贞显皇后这一支的祖先则是第六子巴喀。巴喀之子名为永寿,仕至笔帖式。永寿之子名为遵住,也仕至笔帖式。两代官职都十分低微,使得其门第有败落的迹象。不过弘毅公家族毕竟是八旗的一等世家,巴喀一支仕宦上不如

---

① 《为出具图片将皇后生辰兼写清汉字样呈报礼部仪制司事保结》,咸丰七年闰五月,档案号:06-02-001-000259-0023,中国第一历史档案馆藏。

意,和世家的婚姻关系却还勉强保持着。以遵住而言,虽然只官居笔帖式,嫡妻却是东阁大学士尹泰的孙女、文华殿大学士尹继善的侄女。这里也凸显了旗人世家任官情况与婚姻关系不一定完全一致的特点,而遵住即是孝钦显皇后的三世祖。

到了遵住之子一代,这一支钮祜禄氏又重新兴起。遵住生有三子,除第二子夭折外,第一子策卜坦仕至总兵,第三子傅森仕至户部尚书,再次撑起了门第。与其互为表里的,便是其支系的女性开始与宗室王府联姻。策卜坦的大女儿嫁给和硕庄恪亲王允禄的孙子辅国将军永蕃作为嫡妻,二女儿则嫁给和硕肃慎亲王敬敏作为继福晋,这也巩固了其家族位列世家的身份。

总而言之,孝贞显皇后出自弘毅公家第三房,整体上处于弘毅公家支流的身份。其支系在康、雍两朝有没落的趋势,而在乾、嘉两朝已经回到了高级官员的行列,并且继续与世家联姻。

孝贞显皇后的祖父是策布坦的第一子,名为福克京阿,仕至西宁办事大臣,所娶的两任嫡妻均为红带子觉罗之女,生有一子二女,独子即是孝贞显皇后的父亲穆扬阿;两个女儿里,大女儿嫁给进士出身的侍郎德文之子瓜尔佳氏色克图,第二女则嫁给和硕郑亲王端华作为嫡福晋。孝贞显皇后的父亲穆扬阿仕至道员,其至少有两位嫡妻和一位妾室。第一任嫡妻是红带子觉罗之女;第二任嫡妻则是多罗克勤良郡王庆恒的孙女;妾室姓姜,这位姜氏就是孝贞显皇后的生母。根据目前的资料来看,孝贞显皇后至少有三位兄长和两位姐妹。长兄是后来承袭了承恩公爵位的广科,次兄广绵、三兄广亨则均在孝贞显皇后入宫的当年病故。两位姐妹里,一位姐姐嫁给和硕庄厚亲王奕仁作为嫡福晋,还有一位嫁给庄王府的奉恩将军绵林。在孝贞显皇后被册封为皇后的咸丰二年,其父亲和嫡母、继母均已去世,只有生母姜氏在世。后来姜氏在同治三年(1864年)十一月病故。

在孝贞显皇后家族的联姻圈中,最重要的即是与和硕郑亲王端华的联姻。前文分析过,孝德显皇后当年入宫的重要因素即是因为郑王府在道、咸两朝相当得势,而孝德显皇后的母亲是和硕郑慎亲王乌尔恭阿的第三女,即和硕郑亲王端华和大学士肃顺的姐姐。至于孝贞显皇后,和硕郑亲王端华的嫡福晋是她的亲姑姑,关系自然也是非同一般。

这种名门世家出身、宗室贵戚姻亲的身份,应该是孝贞显皇后被挑选作为皇后预备人选的重要原因之一。①

【入宫背景】

《清史稿》称孝贞显皇后"事文宗潜邸"②是不正确的。根据档案:"咸丰二年二月十一日,敬事房口传:奉旨,贞嫔、英嫔,于本年四月二十七日进内。兰贵人、丽贵人,著于五月初九日进内。春贵人、婉常在,著于五月十二日进内,钦此。"③可见孝贞显皇后是在咸丰二年二月参加八旗选秀,也就是在咸丰朝第一届选秀中被选中,被指定为贞嫔入宫的。

咸丰二年时,由于孝德显皇后已经崩逝,文宗的后宫里只有云嫔武佳氏以云贵人的位分在位,后宫基本上是空闲状态。所以,这次选秀极其重要,不仅要构成文宗朝的第一批后宫主位,还要从中选出来一位成为皇后。于是在这届选秀之中一共选出五位后宫主位,即贞嫔(后来的孝贞显皇后)、英嫔、兰贵人(后来的孝钦显皇后)、丽贵人(后来的庄静皇贵妃)、春贵人(后来的玷常在),加上咸丰元年在挑选宫女时选出的婉常在(后来的婉贵妃),构成了第一批入宫的六位后宫主位。

关于文宗为何不直接将孝贞显皇后指立皇后迎娶入宫,目前认为有三个原因。其一,当时后宫缺乏大长辈主持内政,宣宗的孝穆成皇后、孝慎成皇后、孝全成皇后均已崩逝,只有孝静成皇后当时以皇贵妃并文宗养母的身份在世,是宫内唯一的大长辈。故而在挑选皇后一事上,文宗有相当的自主权,或许因此而更加慎重。其二,文宗即位之初,秉承乃父宣宗的节俭政策。直接指立为皇后,其花费远高于后宫晋升的皇后。其三,孝贞显皇后入宫时,是与英嫔同样作为嫔位,并且在同一日入宫的。可能对于此二人文宗均有过立后的考虑,所以让她们最早一批入宫以进一步观察。

无论如何,孝贞显皇后在咸丰二年四月以贞嫔的身份入宫之后,同年五月诏晋为贞贵妃,六月便诏立为后,成为文宗的第二位皇后。

---

① 此段钮祜禄氏谱系,整理自《八旗满洲氏族通谱》《开国佐运功臣弘毅公家谱》《清代谱牒档案(缩微胶卷)》《八旗通志初集》《钦定八旗通志》《爱新觉罗宗谱》。
② 《清史稿》卷214,第30册,第8925页。
③ 《奏为贞嫔各位应得分例器皿什物等项什物事折》,中国第一历史档案馆、故宫博物院编:《清宫内务府奏销档》,第234册,第98页。

【宫廷生活】

孝贞显皇后入宫之后，住在钟粹宫。① 在文宗立其为后时，称其"质秉柔嘉，行符律度。"②清宫太监也回忆说她"性情温和，善让不争"。③ 可见孝贞显皇后是一位性格温和，比较慈蔼的女性。不过，孝贞显皇后的身体一直很弱。刚入宫的时候身体就不是很好，患肝胃饮热，④还有闭经的现象。⑤当时民间有"跛龙病凤掌朝堂"⑥之说，即是讽刺文宗的跛足⑦和孝贞显皇后的体弱多病。

孝贞显皇后虽然得到了文宗的敬重，但是一直没有生育子女。之后随着文宗的崩逝，与孝钦显皇后一起被尊为皇太后。后来经过祺祥政变，先移居到绥履殿（养心殿东耳房），⑧之后随居长春宫、钟粹宫、宁寿宫、慈宁宫，⑨开始了垂帘听政的生涯。同治十年（1871年）时，因为穆宗大婚在即，则搬回钟粹宫居住。⑩

关于孝贞显皇后与孝钦显皇后两宫的关系，民间野史有着种种猜测，多数认为两者经常钩心斗角，充满矛盾。而在当时官员阶层的记录中，则认为两宫皇太后关系还算融洽。薛福成在《庸盦笔记》里描述孝贞显皇后以及她与孝钦显皇后的两宫关系："慈安皇太后以咸丰初年正位中宫，当时已有圣明之颂。显皇帝万几之暇，偶以游宴自娱，闻中宫婉言规谏，未尝不从。外省军报及廷臣奏疏寝阁者，闻中宫一言，未尝不立即省览。妃嫔偶遭谴责，皆以中宫调停，旋蒙恩眷。显皇帝幸热河，逾年龙驭上宾。当是时，肃顺专大政，暴横不可制，太后与慈禧皇太后俯巨缸而语，计议甚密。于是羁縻肃顺，外示委任，而急召恭亲王至热河，与王密谋两宫及皇上奉梓宫先发，俾肃顺部署后事。既至京师，则降旨解肃顺大学士之任，旋革职拿问，遂诛之。

---

① 《奏为钟粹宫交出女子因笨情形事》，咸丰三年八月二十九日，档案号：05-0772-014，中国第一历史档案馆藏。
② 《文宗显皇帝实录》卷63，咸丰二年六月丁亥条，《清实录》，第40册，第838页。
③ 信修明：《宫廷琐记》，信修明等：《太监谈往录》，第8页。
④ 陈可冀主编：《清宫医案研究》，第2册，第738页。
⑤ 陈可冀主编：《清宫医案研究》，第2册，第742页。
⑥ 谨按，据说文宗咸丰帝曾经在南苑坠马伤股，虽然经过正骨医生治疗，但是终生微跛。
⑦ 崇彝：《道咸以来朝野杂记》，北京：北京古籍出版社，1982年，第2页。
⑧ 王先谦：《东华续录》同治一，清刻本，第57页b。
⑨ 中国国家图书馆编：《中国国家图书馆藏清宫升平署档案集成》，第21—24册。
⑩ 中国国家图书馆编：《中国国家图书馆藏清宫升平署档案集成》，第25册，第12808、12809页。

肃顺素蓄异谋，以皇太后浑厚易制，故忍而少待，不意其先发制之。临刑时，颇自悔恨云。于是两宫太后垂帘听政，首简恭亲王入军机处议政事。当是时，天下称东宫优于德，而大诛赏大举错实主之。西宫优于才，而判阅奏章，裁决庶务，及召对时谘访利弊，悉中窍会。东宫见大臣，呐呐如无语者。每有奏牍，必西宫为诵而讲之，或竟月不决一事。然至军国大计所关，及用人之尤重大者，东宫偶行一事，天下莫不额手称颂。……西宫太后性警敏，锐于任事，太后悉以权让之，颓然若无所与者。后西宫亦感其意，凡事必谘而后行。毅皇帝孝事太后，能先意承志，太后抚之亦慈爱备至，故帝亦终身孺慕不少衰，虽西宫为帝所自出，无以逾也。"①清宫老太监也回忆说："（孝贞显皇后）她的智虑较东老佛爷有特殊的决断。"②从这个角度来看，两宫皇太后倒是十分互补。至于矛盾，两宫皇太后长期共事，肯定有意见相左的地方。比较突出的即给穆宗选择皇后的问题上，孝贞显皇后支持孝哲毅皇后阿鲁特氏，孝钦显皇后支持淑慎皇贵妃富察氏，但是她们之间的矛盾并没有激化到不可调和的地步。

原本两宫皇太后的协调方法，是身体较为健康的孝钦显皇后处理日常政务，身体较为病弱的孝贞显皇后协同处理重要政务。结果光绪六年（1880年）至光绪七年年初时，孝钦显皇后患了痢疾，病势沉重，休养了很长一段时间，③孝贞显皇后只能暂时独自处理大小政务。本来身体就病弱的孝贞显皇后，在独自处理大小政务一年左右之后，便于光绪七年三月初十日崩逝。

孝贞显皇后的崩逝是十分突然的，德宗在上谕中提及："初九日慈躬偶尔违和，当进汤药调治，以为即可就安。不意初十日病势陡重，痰涌气塞，遂至大渐，遽于戌时仙驭升遐。"④也就是说孝贞显皇后在初九日只是小病，到初十日突然加重，并且在当日便崩逝了。翁同龢的日记也记载了孝贞显皇后崩逝的情况。根据其日记记录，三月初九日这一天还一切正常，初十日"慈安太后感寒停饮，偶尔违和，未见军机"。当天晚上，翁同龢被紧急召唤

---

① 薛福成：《庸盦笔记》卷2，王云五总编：《万有文库》第二集，第2册，第25页。
② 信修明：《宫廷琐记》，信修明等：《太监谈往录》，第9页。
③ 陈可冀主编：《清宫医案研究》，第2册，第747—851页。
④ 《德宗景皇帝实录》卷128，光绪七年三月壬申条，《清实录》，第53册，第843页。

进宫,当时孝贞显皇后已经崩逝了。进宫后,翁同龢看到了当日太医写的五张药方底单,其中显示,当日的午刻,孝贞显皇后"神识不清、牙紧",开了药之后,未刻"虽可灌入,已遗尿……痰壅气闭",到了酉刻,"六脉将脱",大势已去,"戌刻仙逝"。①

正因为孝贞显皇后的病情急转直下,崩逝十分突然,所以民间有孝钦显皇后毒杀孝贞显皇后之说。从档案上进行分析的话,可知孝贞显皇后发病的确事属突然,但是这种病症是孝贞显皇后的常年疾病,曾经暴发过数次。早在同治二年二月初九日,翁同龢的日记中便有"慈安皇太后自正月十五日起圣躬违豫,有类肝厥,不能言语,至是始大安"②的记录。这一年孝贞显皇后发病后卧病近一个月才"大安",可见其病症之严重。同治八年(1869年)十二月初四日,"昨日慈安太后旧疾作,厥逆半时许"。③ 两次发病,可以证明孝贞显皇后本身便患有厥症,相关学者认为这是脑血管疾病,很容易突然发作,并不是短期下毒所致。

孝贞显皇后薨逝后,孝钦显皇后以大病初愈之身主持了她的丧礼。孝贞显皇后于戌时薨逝,孝钦显皇后当时便召集重要大臣们入宫,集合之后,命内臣"去面幂令瞻仰"④,这既是为了让大臣们瞻仰孝贞显皇后的遗容,也是为了让大臣们验看作证。其后,孝钦显皇后也依礼为孝贞显皇后服丧,翁同龢在日记中写道:"三月十四日……恭闻慈禧皇太后容颜甚瘦,以白绢蒙首,簪以白金,《周礼》所谓'首绖'者也,缘情制礼,不胜钦服。"⑤

【封谥释义】

在孝贞显皇后崩逝之后,朝廷为其敬拟谥号,拟出了四种主谥、两种全谥,其内容为:

  孝贞 德性正固曰贞
  孝钦 威德悉备曰钦
  孝肃 摄下有礼曰宁

---

① 《翁同龢日记》,光绪七年三月初九日、初十日、十一日条,第3册,第1554—1556页。
② 《翁同龢日记》,同治八年十二月初四日条,第1册,第259页。
③ 《翁同龢日记》,同治八年十二月初四日条,第2册,第735页。
④ 《翁同龢日记》,光绪七年三月十一日条,第3册,第1555页。
⑤ 《翁同龢日记》,光绪七年三月十四日条,第3册,第1557页。

孝恪 温恭不怠曰恪①

仪天祚圣

希天牗圣②

  关于主谥的选择，大臣们当时有一些争议。时任工部尚书的翁同龢记录了这次争议。他提及，有不少大臣认为应该给予孝贞显皇后"钦"的主谥，这大概是因为孝贞显皇后垂帘听政的缘故，而翁同龢则支持用"贞"字，其理由是"贞字为始封嘉名，安字亦廿年徽号，此二字不可改"。大臣们又说，既然如此，就将"钦"字列在第一，"贞"字列在第二，翁同龢则坚持将"贞"字列为第一，并且提出了"贞者正也"的说法，再次强调孝贞显皇后应该谥为"贞"。③ 目前见到的档案的确是以"贞"字列为第一，而且孝钦显皇后和德宗也最终圈定了"贞"字。在后来的尊谥册文中这样解释这个谥号："考周书之上谥，推薄海蒙庥之治本。孝与慈所以使民，体先皇锡号之初心，贞而安斯能应地。"④

  孝贞显皇后原本的封号和最终的谥号均为"贞"。不过应该注意的是，封号的"贞"与谥号的"贞"的满文是不同的。封号的"贞"，满文作"gingguji"⑤，意为"恭敬"；而谥号的"贞"，满义作"jekdun"⑥，意为"贞节"。封号的"贞"体现的是文宗眼中对于孝贞显皇后的评价；而谥号的"贞"体现的则是大臣们眼中对孝贞显皇后的评价。

三、孝钦显皇后

【简介】

  孝钦慈禧端佑康颐昭豫庄诚寿恭钦献崇熙配天兴圣显皇后，原镶蓝旗满洲后抬镶黄旗满洲叶赫纳喇氏，承恩公、安徽徽宁池太广道惠徵之女。道

---

① 《呈谨拟尊谥四字单》，光绪七年三月二十一日，档案号：03-5535-030，中国第一历史档案馆藏。
② 全谥依《翁同龢日记》补。见《翁同龢日记》，光绪七年三月十八日条，第3册，第1559页。
③ 《翁同龢日记》，光绪七年三月十八日条，第3册，第1559页。
④ 《德宗景皇帝实录》卷130，光绪七年五月甲戌条，《清实录》，第53册，第872页。
⑤ 《为知照英嫔贞嫔云嫔清文封号字样事致内务府等》，咸丰二年五月二十四日，档案号：05-13-002-000193-0025，中国第一历史档案馆藏。
⑥ 綦中明：《满语名号研究》，第80页。

光十五年十月初十日生。在咸丰二年二月参加八旗选秀，被指定为兰贵人，于同年五月初九日入宫。咸丰四年二月二十六日，诏晋为懿嫔。十一月二十五日，以协办大学士贾桢为正使，礼部左侍郎肃顺为副使，册封为懿嫔。咸丰六年三月二十三日，生第一子载淳，即穆宗毅皇帝。同月二十四日，诏晋为懿妃。同年十二月初一日，以大学士彭蕴章为正使，礼部尚书瑞麟为副使，册封为懿妃。咸丰七年正月初二日，诏晋为懿贵妃。同年十二月十三日，以大学士裕诚为正使，内阁学士黄宗汉为副使，册封为懿贵妃。咸丰十一年七月，文宗崩逝，穆宗即位，尊为皇太后，称圣母皇太后。同年十一月，与孝贞显皇后废赞襄政务王大臣，垂帘听政。同治元年四月二十五日，尊上徽号曰慈禧皇太后。同治十一年十月，因穆宗大婚，加上端佑两字。同治十二年二月，因穆宗亲政，撤帘归政，加上康颐两字。同治十三年十一月初十日，因穆宗遇天花之喜，暂览朝政。同年十二月，穆宗崩逝，德宗即位，与孝贞显皇后再次垂帘听政。光绪二年七月，因德宗承统并四旬慈庆，加上昭豫庄诚四字。光绪七年，孝贞显皇后崩逝，开始独自垂帘听政。光绪十五年二月，因德宗亲政，加上寿恭两字。同年三月，因德宗大婚，加上钦献两字。光绪二十年八月，因孝钦显皇后六旬万寿，加上崇熙两字。累计徽号曰慈禧端佑康颐昭豫庄诚寿恭钦献崇熙皇太后。光绪二十四年四月，德宗变法。同年七月，孝钦显皇后废新政，临朝训政。光绪二十六年（1900年）七月，庚子国变，率德宗及孝定景皇后等西行。光绪二十七年十一月，率德宗及孝定景皇后等回銮，开始新政。光绪三十四年十月二十一日，德宗崩逝，宣统帝承继穆宗为嗣，兼祧德宗，尊为太皇太后。光绪三十四年十月二十二日未时崩，年七十四岁。宣统元年正月二十二日，恭上尊谥曰孝钦慈禧端佑康颐昭豫庄诚寿恭钦献崇熙配天兴圣显皇后。同年十月初四日，奉安定东陵，升祔太庙、奉先殿。

【家族背景】

孝钦显皇后出身喀山系叶赫纳喇氏。根据谱牒的记载，其家族入旗的始祖名为喀山，世居苏完地方，入旗之后被编入镶蓝旗满洲。因苏完属于叶赫境内，所以亦称叶赫纳喇氏。叶赫国主系叶赫纳喇氏的谱系中并无喀山之人，故而喀山系叶赫纳喇氏与叶赫国主系叶赫纳喇氏（星垦达尔汉系叶赫纳喇氏）并非同族。

喀山入旗之后,被封为骑都尉、任世管佐领,从征辽东、毛文龙均立有战功,晋封为三等男,又因曾经授命抚育公主,晋封为二等子,去世后得谥敏壮。其后代承袭一等男爵和两个世管佐领,是镶蓝旗满洲的世家之一。到了喀山的玄孙喀英阿一代,喀英阿生有二子,第一子名为扎郎阿,承袭了喀英阿的爵位和佐领;第二子名为吉朗阿,作为世家子弟出仕,仕至户部员外郎。这位吉郎阿即是孝钦显皇后的曾祖父。

吉郎阿,字霭堂,仕至刑部员外郎、军机章京,卒于嘉庆二十年前后。娶妻宗室氏,在乾隆四十五年生子景瑞。景瑞仕至刑部郎中,卒于咸丰六年之后。娶妻瓜尔佳氏,生有二子,第一子名为惠徵,曾任安徽宁池广太道,这位惠徵便是孝钦显皇后的父亲;第二子名为惠春,曾任三等侍卫。① 道光二十三年,户部银库亏空案发,导致宣宗对国库进行总盘查,并对嘉庆五年以来的户部官员进行追赔处罚。当时已故的吉郎阿曾任户部银库司员,所以朝廷要求其子景瑞缴纳二万一千六百两亏空。当时,景瑞认为这个追缴处罚只是阶段性的,过段时间便会不了了之,所以没有全力赔付。谁知宣宗对于这个追赔相当认真,以至于进一步处罚没有全力赔付的官员,导致景瑞在道光二十七年被下狱。惠徵在外任上得到这个消息,紧急通过各种方式搜罗钱财以尽快还款,最终景瑞在道光二十九年被放出,这是孝钦显皇后童年时期家庭遭遇的劫难之一。

孝钦显皇后的父亲惠徵是嘉庆十年生人,卒于咸丰三年,其妻镶黄旗满洲富察氏是归化城副都统惠显之女。这位富察氏生年不详,卒于同治九年(1870年)六月二十七日。根据目前的资料来看,惠徵一共生有三子四女。三位儿子依次为照祥、桂祥、佛佑。照祥生年不明,卒于光绪七年;桂祥生于道光二十四年,卒于民国二年(1913年);佛佑据说是庶出的幼子,生于咸丰初年,卒于光绪二十年。这三位兄弟都比孝钦显皇后年幼。惠徵的四位女儿,根据学者所引《宫中档·差务杂录》中孝钦显皇后给其本家祖先祭祀时所写的文辞"孝次女",可知孝钦显皇后是惠徵的第二女,为嫡妻富察氏所出。其长姊很可能是夭折抑或资料不详。两位妹妹,一位生于道光二十一

---

① 谨按,有资料显示景瑞有三子,依次为惠澂、惠徵、惠春。其中惠澂原聘庄王府黑龙江将军果齐斯欢之女为妻。未成婚,惠澂即卒。但是这份资料与八旗档案以及《玉牒》均无法对应,故这里作存疑处理。

年三月初八日，比孝钦显皇后晚一届在咸丰五年参加选秀，被指婚给和硕醇贤亲王奕𫍽为嫡福晋，在咸丰十年成婚，最终卒于光绪二十二年（1896年）五月初九日，亦即是后来德宗的本生母。另外还有一位生年不详，嫁给庆王府和硕庆密亲王奕劻的本生弟奕勋。奕勋生于道光十九年，奕𫍽生于道光二十年，时间很接近，所以目前不能确定孝钦显皇后两位妹妹的排行。

在垂帘听政的时期，孝钦显皇后除了按照惯例给自己家族封了承恩公的爵位之外，并没有给娘家太多关照。清宫太监信修明记录说"慈禧不富娘家"①，是比较客观的。同时，孝钦显皇后积极将本家女性后裔嫁给皇族内的重要支脉。照祥的独女、桂祥的三个女儿、佛佑的独女等都被孝钦显皇后指婚给高等皇族作为嫡妻，其中主要是指婚给近派宗支，后来更是把自己的侄女嫁给德宗，也就是孝定景皇后。这种行为实际上即是希望之后的皇帝尽可能地从其本家女性所出的后裔中遴选。就算与皇位无缘，也可以保证这些后裔的荣华富贵。

整体来看，孝钦显皇后出身一个满洲军功世家的支流。虽然只是支流的身份，但是由于离开大宗的时间并不太长，所以其家族依然保持着中级官僚的身份，婚姻关系也能保持在世家联姻圈内。

顺便一提，喀山后裔原本的大宗是扎郎阿一支，其后裔一直承袭一等男和世管佐领，孝钦显皇后一脉在显赫之后依然跟他们有相当密切的关系。晚清宫廷中陪伴孝钦显皇后的福晋、命妇内有一位"垣大奶奶"，也被讹写成"元大奶奶"。她这个称呼是因为被孝钦显皇后指婚给"德垣"而得来。德垣即是扎郎阿的直系后代，可惜尚未来得及承袭一等男和世管佐领便早逝。从孝钦显皇后给自己家"大宗"后代指婚并且还经常召入宫中这一点来看，孝钦显皇后一支和其本家大宗关系是相当密切的。②

【入宫背景】

根据档案："咸丰二年二月十一日，敬事房口传：奉旨，贞嫔、英嫔，于本年四月二十七日进内。兰贵人、丽贵人，著于五月初九日进内。春贵人、婉

---

① 信修明：《老太监的回忆》，第 17、18 页。
② 此段叶赫纳喇氏谱系，整理自《八旗满洲氏族通谱》《清代谱牒档案（缩微胶卷）》；《慈禧太后家世新证——〈德贺讷世管佐领接袭家谱〉研究》，《满族研究》2009 年第 2 期；冯其利：《那根正先世考查》，《北京档案史料》2005 年第 2 期；《八旗通志初集》《钦定八旗通志》《爱新觉罗宗谱》。

常在,著于五月十二日进内,钦此。"①可见孝钦显皇后是在咸丰二年二月参加八旗选秀,也就是在咸丰朝第一届选秀中被选中,被指定为兰贵人入宫的。

咸丰二年时,由于孝德显皇后已经崩逝,文宗的后宫里只有云嫔武佳氏以云贵人的位分在位,后宫基本上是空闲状态。所以当年的这次选秀极其重要,不仅要构成文宗朝的第一批后宫主位,还要从中选出来一位成为皇后。于是在这届选秀之中一共选出五位后宫主位,即贞嫔(后来的孝贞显皇后)、英嫔、兰贵人(后来的孝钦显皇后)、丽贵人(后来的庄静皇贵妃)、春贵人(后来的玶常在),加上咸丰元年在挑选宫女时选出的婉常在(后来的婉贵妃),构成了第一批入宫的六位后宫主位。其中,皇后的宝座似乎是由贞嫔和英嫔进行争夺的,最终贞嫔获胜成为皇后,即孝贞显皇后,而孝钦显皇后这时只是一位普通的贵人。

【宫廷生活】

孝钦显皇后入宫之后,住在储秀宫。② 当时储秀宫的首领主位是英嫔,同时还住在储秀宫的是与孝钦显皇后同日进宫的庄静皇贵妃,当时她也是贵人的位分。咸丰三年九月,英嫔降位为贵人;咸丰四年二月,兰贵人(孝钦显皇后)诏晋为懿嫔,导致两者地位逆转,作为懿嫔的孝钦显皇后成了储秀宫的首领主位,降为贵人的英嫔只能退居其次,至于丽贵人则搬到了永和宫居住。③ 有一些书籍认为孝钦显皇后曾经有过"懿贵人"的称号,但是根据档案:"咸丰四年二月二十六日,总管吕泰等奉旨:兰贵人著晋封为懿嫔,钦此。"④可知孝钦显皇后是直接从兰贵人诏晋为懿嫔的,并未有过"懿贵人"的称号。

孝钦显皇后在咸丰一朝一直居住在储秀宫。咸丰五年二月,新入宫的璷贵人(璷妃)住进储秀宫。咸丰八年三月,新入宫的玉贵人(玉嫔)也住进储秀宫。在此过程之中,孝钦显皇后于咸丰六年三月二十三日未时生下皇长子,也就是后来的穆宗。因母以子贵,得以在当年封为妃,次年又晋封为

---

① 《奏为贞嫔各位应得分例器皿什物等项什物事折》,中国第一历史档案馆、故宫博物院编:《清宫内务府奏销档》,第 234 册,第 98 页。
② 《为储秀宫交出女子因病情形事呈文》,咸丰三年八月二十一日,档案号:05 - 0772 - 003,中国第一历史档案馆藏。
③ 《奏为储秀宫交出女子因病情形事》,咸丰四年三月初三日,档案号:05 - 0776 - 005,中国第一历史档案馆藏。
④ 《为兰贵人着晋封懿嫔应添吃食分例煤炭蜡烛俱照嫔例得给事》,咸丰四年二月二十六日,档案号:05 - 13 - 002 - 000197 - 0064,中国第一历史档案馆藏。

贵妃,成为后宫的第二号人物。

咸丰十一年七月,文宗崩逝,孝钦显皇后所生的皇长子即位,也就是穆宗同治帝,孝钦显皇后也被尊为圣母皇太后。文宗原本留下了八位大臣作为赞襄政务王大臣主政,其中的谋主即是肃顺。根据清代官方的说法,肃顺狂傲犯上,对孝贞显皇后、孝钦显皇后也很不敬,加上和硕恭忠亲王奕訢被排除在八位大臣之外,有取而代之的想法,所以最终两宫皇太后与和硕恭忠亲王奕訢联手发动了祺祥政变,废除了赞襄政务王大臣。有一种说法认为,在祺祥政变的过程之中,孝钦显皇后以恭顺的态度安抚住了肃顺,为政变成功争取了时间,加之肃顺本身小视了两宫皇太后的能力,最终导致肃顺被杀,祺祥政变成功。据说在肃顺临刑之时,曾经嚷着说"再没有想到上了小娘们儿的当"。① 无论这种说法是否属实,经过祺祥政变的两宫皇太后回京后,孝钦显皇后先移居到平安室(养心殿西耳房),②之后随居长春宫、储秀宫、宁寿宫、慈宁宫,③开始了垂帘听政的生涯。同治十年时,因为穆宗大婚在即,孝贞显皇后搬回钟粹宫居住,孝钦显皇后则继续留在长春宫居住。④

光绪六年,一向身体健康的孝钦显皇后患了痢疾,这可能是她一生中患病最严重的一次,从光绪六年上半年开始,至光绪七年年初,持续了近一年的时间。⑤ 这次的病情十分严重,宫中甚至为她预备了后事。经历过这次重病,也让孝钦显皇后开始注意自己的身体调养问题。晚清记录中称孝钦显皇后需要定期服用人乳,这种习惯可能即是从这次重病之后开始养成的。孝钦显皇后刚刚大病初愈,与其一同度过了二十年皇太后生活的孝贞显皇后便在光绪七年的三月初十日突然崩逝,从此之后,孝钦显皇后便开始了自己独自垂帘、大权独揽的日子。

由于缺少了孝贞显皇后的制衡,孝钦显皇后独自垂帘听政时的举动就愈发地体现出其本人的性格和手段。在当时,清廷面临的各种问题也与两宫垂帘时有所不同。两宫垂帘的时期,清廷面临的主要问题是太平天国、捻军等国内矛盾,而在孝钦显皇后独自垂帘的时期,需要面对的则是中法战

---

① 信修明:《宫廷琐记》,信修明等:《太监谈往录》,第 11 页。
② 王先谦:《东华续录》同治一,清刻本,第 57 页 b。
③ 中国国家图书馆编:《中国国家图书馆藏清宫升平署档案集成》,第 21—24 册。
④ 中国国家图书馆编:《中国国家图书馆藏清宫升平署档案集成》,第 25 册,第 12808、12809 页。
⑤ 陈可冀主编:《清宫医案研究》,第 2 册,第 747—851 页。

争、甲午战争等事件,其压力是不同的。在此过程之中,光绪十年(1884年),孝钦显皇后通过甲申易枢将和硕恭忠亲王奕訢逐出中枢。在光绪十五年撤帝归政之后,又逐渐和德宗关系不睦。虽然在光绪二十年移居宁寿宫,名义上过上了颐养天年的生活,但最终还是没能放弃政治,导致光绪二十四年的戊戌政变。之后立溥儁为大阿哥,准备行废立之事,这均是孝钦显皇后为了保证了自己独揽大权所采取的手段。与此同时,原本守旧的孝钦显皇后自庚子国变以来,其思想也有了明显的变化,在后来展开了以其为核心的"内廷外交",清廷的现代化也从其身上逐渐展现。

后世的一些文章为了丑化孝钦显皇后,编出了许多关于其在后宫争宠以及残害其他后宫的谣言,其中比较知名的即说其将生育了皇女的庄敬皇贵妃残害成了"人彘"。不过随着正规清史研究的展开以及各种史料档案的梳理,这些谣言也都不攻自破。固然,孝钦显皇后作为旧时的统治者,有着"杀伐决断"的一面,清宫太监也回忆说"慈禧的性格厉害、神智、人不敢犯"。① 但是从另一个角度而言,她同样也是一位后宫女性,有着生活化的一面。

例如,光绪二十九年、光绪三十年(1904年)在宫内为孝钦显皇后画像的美国女画师凯瑟琳·卡尔,她记载孝钦显皇后的外貌称:"太后身材匀称,头在肩部的位置恰到好处。手形纤细优美且保养甚好。面貌端正,耳部轮廓极佳。黑发如漆,整齐光滑地梳成十分别致的发型。宽宽的额头,弯弯的眉毛,黑色的眼睛明亮有神,目光极具穿透力。鼻梁高而直,是中国人所称的'贵人'鼻形。上唇的线条坚毅果断,大而美的口型极富动感,微笑时露出洁白的牙齿,使她的微笑平添一份少有的美丽。下颌较为宽大,却又不显得夸张和固执。"②曾经在光绪二十四年作为德国公使夫人入宫的海靖夫人也这样描述孝钦显皇后道:"她看上去要比实际年龄年轻十岁。"③在性格方面,凯瑟琳·卡尔写道:"太后的确是一位充满魅力,让人感到新奇有趣的非凡人物……她行为得体,考虑周到,对周围与自己相关的人十分关爱……她简直就是完美女性的化身,一会儿像个天真的孩童,一会儿又像个超强的男

---

① 信修明:《宫廷琐记》,信修明等:《太监谈往录》,第8页。
② [美]凯瑟琳·卡尔著,王和平译:《美国女画师的清宫回忆》,北京:故宫出版社,2011年,第18页。
③ [德]海靖夫人著,秦俊峰译:《德国公使夫人日记》,福州:福建教育出版社,2012年,第187页。

子。在大殿上朝时,她会连续三个小时处理繁重的政务,然后便轻松地散步、消遣,像孩子似地痴迷于简单的娱乐。比如她正在宫里与贵妇们谈笑,太监突然跪着呈上装有公文的黄色锦匣,她的表情立刻就会变得庄重起来,蹙起眉头,一副政治家的严肃神态。等到处理完公文,下达懿旨后,她又会马上恢复到原来的状态,像普通女人一样谈论花卉、服装和珠宝。"①根据凯瑟琳·卡尔的记载,孝钦显皇后喜欢自然,其中最喜欢雨天,喜欢冒雨漫步。她还喜欢葫芦,还会相关的雕刻方法。凯瑟琳·卡尔曾经亲眼看到她将宫苑内摘的一个葫芦娴熟地进行雕刻。②

曾经在清末当过新陆军的苏勋丞也回忆他入宫当差时的一些琐事。"在光绪二十九年冬季,有次我们把外省进贡的百余筐鲜蜜桃抬往万寿山宫中……贡品抬到后,李莲英对张勋说:'你把大兵带到花园去,佛爷要看大兵,每人另有二两赏银。'……慈禧在队前一边徐徐走着,一边和张勋说话:'张勋哪,大兵怎么没穿小棉袄呀?'张勋说:'回佛爷,兵士的棉袄穿在里面呢。'那时我们出进宫廷穿的是天青企呢(有时是红青企呢)的大号夹制服,棉袄都塞在裤腰里,不让露出来。慈禧听了张勋的回话,说:'咱家不信,我要摸摸。'这时,她正走到我面前,就伸手向我胸前号衣内摸摸棉袄。……当时看着她这个模样虽不可亲,但想到人家是个皇太后,对小兵能这样关心体贴,实在是个仁慈的好老太太,心里很感激。"③

孝钦显皇后除了在光绪六年有过一次重病之外,其余时间均比较健康,其医案中偶尔有倒饱、夜魇欠实等,均属日常小病。光绪二十八年(1902年),孝钦显皇后新添了"目皮挚动"的毛病,这被认为是一种面神经痉挛。这种病症初期尚不严重,只是偶发现象,之后在光绪三十年转为频发,却不危及生命。到了光绪三十四年秋季的时候,这位七十四岁的皇太后依然身无大病,只是间断的"肝胃郁热"。而在十月份,孝钦显皇后与德宗一同发病,孝钦显皇后的表现为"恶寒发热、咳嗽、口渴舌干、身肢疲倦,兼以胸痛",这种病症从十月中旬发病一直持续到二十二日后半日病危。根据医学专家

---

① [美]凯瑟琳·卡尔著,王和平译:《美国女画师的清宫回忆》,第72页。
② [美]凯瑟琳·卡尔著,王和平译:《美国女画师的清宫回忆》,第76—78页。
③ 苏勋丞:《我所见到的慈禧和光绪》,文安主编《清宫轶事》,北京:中国文史出版社,2001年,第15页。

分析,这大概是老年性支气管肺炎导致呼吸循环衰竭。①

应该说,孝钦显皇后对自己的身后事有着充分的准备。首先是德宗的崩逝,"恰好"在孝钦显皇后崩逝的前一天,关于这一点,无论是民间还是学术界均有一些推测。② 其次,她特意选出一位年纪较小的皇帝继承大统,虽然没有直接让孝定景皇后垂帘听政,却使其在内廷有相当的权力。最后,在光绪朝的几届挑选秀女中,将本家的侄女们尽可能地嫁到近派宗支和铁帽子王府,一方面谋求富贵的身份,一方面又考虑将本家的血脉尽可能多地融入近派宗支乃至于皇统内。

【封谥释义】

孝钦显皇后原本的封号为"懿",满文作"nesuken"③,意为"温和""安懿"。按照清代中后期的习惯,似乎原先有直接用此字来作为孝钦显皇后主谥的想法,但是因有孝懿仁皇后这个前例所以没能施行。后来给孝钦显皇后的主谥为"钦"。根据翁同龢的日记以及内阁档案,这个谥号本身是拟给孝贞显皇后的四种主谥之一,谥法选取的是"威德悉备曰钦"④,满文则作"kobton"⑤,这是一个封谥专用的词汇。

第二节　清文宗咸丰帝的七位八旗秀女出身的后宫

一、英嫔

【简介】

文宗英嫔,正黄旗满洲伊尔根觉罗氏,国子监祭酒彦昌之女。咸丰二年

---

① 陈可冀主编:《清宫医案研究》,第 2 册、第 3 册,第 889—1104 页。
② 谨按,关于德宗崩逝的原因,学术界尚有争论。2008 年时,作为"国家清史纂修工程重大学术问题研究专项课题(清光绪帝死因研究)"课题组的结项报告,认为德宗是被毒杀而死。可参考钟里满等:《清光绪帝死因研究工作报告》,《清史研究》2008 年第 4 期;"清光绪帝死因研究"课题组编:《清光绪帝死因鉴证》,北京:北京出版社,2017 年。而对于这些报告,也有一些质疑。可参见房德邻:《"光绪帝系砒霜中毒死亡"说难以成立》;朱金甫:《再论光绪帝载湉之死》,《历史档案》2010 年第 4 期。
③ 《为知照派员赴阁恭录懿嫔清文封号事致内务府》,咸丰四年三月二十日,档案号:05-13-002-000197-0095,中国第一历史档案馆藏。
④ 《呈请拟尊谥四字单》,光绪七年三月二十一日,档案号:03-5535-030,中国第一历史档案馆藏。
⑤ 萦中明:《满语名号研究》,第 81 页。

二月参加八旗选秀,被指定为英嫔,于同年四月二十七日入宫。十一月初七日,以协办大学士、户部尚书禧恩为正使,内阁学士穆荫为副使,册封为英嫔。咸丰三年九月初三日,降为伊贵人。咸丰五年二月二十四日,降为伊常在。其后,又降为伊答应。咸丰六年五月二十五日,晋封为玶常在。咸丰六年七月十五日寅时薨。同月二十五日,暂安田村。同治四年九月二十五日,奉安定陵妃园寝。

【家族背景】

文宗英嫔出身赫臣系伊尔根觉罗氏。根据谱牒的记载,其家族入旗的始祖名为赫臣,世居瓦尔喀地方,入旗之后被编入正黄旗满洲,其子名为克衣富,功封三等轻车都尉,曾任世管佐领。克衣富生有二子,第一子托尔璧仕至世管佐领;第二子喀齐兰仕至副都统,英嫔即是喀齐兰的后代。喀齐兰生子十余位,其家族的世管佐领由其第七子默禄一房后裔承袭,英嫔一支则属于喀齐兰第四子达尔汉一房。达尔汉仕至护军参领,功封云骑尉。达尔汉第二子常在仕至笔帖式,常在之子满岱仕至员外郎,满岱之子达冲阿仕至内阁中书,达冲阿即是英嫔的高祖父。可见在英嫔高祖父达冲阿的时候,其家族门第已经从八旗的中等世家逐渐沦落为中低级官员。

英嫔的曾祖父名为成格,字果庭,是嘉庆元年的文进士,嘉庆年间曾任侍郎,外任山西巡抚,道光年间则在数任巡抚之后回京,历任礼部、刑部、兵部尚书,在道光十八年病逝,是嘉道两朝的名臣之一。成格生有二子,第一子名为英淳,在仕宦上不大理想,只仕至笔帖式;第二子名为英桂,是道光十五年举人,仕至员外郎、知府,娶了道光朝权臣大学士穆彰阿的女儿为妻。可以看出成格之子作为嘉道名臣子弟已经进入了世家的婚姻圈。

到了成格的孙辈,英淳一共生有五子,第一子端昌以荫生出身,仕至监察御史;第二子廉昌为道光二十一年进士,仕至员外郎;第三子培昌为道光二十三年举人,仕至主事;第四子彦昌为道光二十七年进士,仕至国子监祭酒;第五子绍昌为道光十四年举人,仕至员外郎。英桂则生有三子,其中第二子宝昌为同治十三年进士,仕至副都统衔参赞大臣。显而易见,成格一家在嘉庆朝复兴之后,在成格的孙辈即形成了科举世家的门第。而英淳第四子国子监祭酒彦昌即是英嫔的父亲。

彦昌,字少博,号文溪,嘉庆二十一年生人,道光二十七年进士,历任主事、国子监祭酒,其妻为正黄旗满洲董鄂氏湖北按察使瑞元之女,即吏部尚书铁保之孙女,可称书香门第。后来,英嫔五叔绍昌的女儿参加选秀,被指婚给多罗端郡王载漪作为嫡妻,也可以看出英嫔本家的门第。①

【入宫背景】

根据档案:"咸丰二年二月十一日,敬事房口传:奉旨,贞嫔、英嫔,于本年四月二十七日进内。兰贵人、丽贵人,著于五月初九日进内。春贵人、婉常在,著于五月十二日进内,钦此。"②可见英嫔是在咸丰二年二月参加八旗选秀,也就是在咸丰朝第一届选秀中被选中,被指定为英嫔入宫的。

咸丰二年时,由于孝德显皇后已经崩逝,文宗的后宫里只有云嫔武佳氏以云贵人的位分在位,后宫基本上是空闲状态。所以,当年的这次选秀极其重要,不仅要构成文宗朝的第一批后宫主位,还要从中选出来一位成为皇后。于是在这届选秀之中,一共选出五位后宫主位,即贞嫔(后来的孝贞显皇后)、英嫔、兰贵人(后来的孝钦显皇后)、丽贵人(后来的庄静皇贵妃)、春贵人(后来的璷常在),加上咸丰元年在挑选宫女时选出的婉常在(后来的婉贵妃),构成了第一批入宫的六位后宫主位。其中,皇后的宝座似乎是由贞嫔和英嫔进行争夺的,最终贞嫔获胜成为皇后,即孝贞显皇后,而英嫔似乎在刚刚入宫之后就因故降了位分。

【宫廷生活】

根据档案,咸丰二年时英嫔初封的位分即是英嫔,并且于当年四月二十七日入宫。③ 而在同年十一月初七日正式册封为英嫔的时候,其册文称:"咨尔英贵人,秉性温恭,宅心端谨。赞坤元而叶吉,仪式三宫。申巽命以扬休,恩承九室。是用册封尔为英嫔。"④明确指出其原为"英贵人",两者产生矛盾。考虑到原本可能与英嫔竞争皇后宝座的贞嫔在四月二十七日入宫之

---

① 此段伊尔根觉罗氏谱系,整理自《八旗满洲氏族通谱》《清代谱牒档案(缩微胶卷)》《道光甲午科直省同年录》《道光庚子恩科顺天乡试同年录》《清代朱卷集成》《八旗通志初集》《钦定八旗通志》《爱新觉罗宗谱》。
② 《奏为贞嫔各位应得分器皿什物等项什物事折》,中国第一历史档案馆、故宫博物院编:《清宫内务府奏销档》,第234册,第98页。
③ 《奏为贞嫔各位应得分器皿什物等项什物事折》,中国第一历史档案馆、故宫博物院编:《清宫内务府奏销档》,第234册,第98页。
④ 《文宗显皇帝实录》卷75,咸丰二年十一月癸丑条,《清实录》,第40册,第978页。

后,五月即诏晋为贞贵妃,六月即诏立为皇后,故而猜测英嫔在四月二十七日入宫之后可能没过多久便因故降为了英贵人,这也使得贞嫔被诏立为皇后变得十分迅速。

英嫔入宫之后,住在储秀宫,① 是储秀宫的首领主位。其同一批中选的兰贵人(孝钦显皇后)和丽贵人也住在储秀宫。咸丰三年九月初三日,总管吕泰等奉旨:"英嫔著降为伊贵人,春贵人著降为明常在。"②与之相对的,咸丰四年二月,兰贵人被诏晋为懿嫔,这导致英嫔与孝钦显皇后两者主次地位逆转,作为懿嫔的孝钦显皇后成了储秀宫的首领主位,降为伊贵人的英嫔只能退居其次,至于丽贵人则搬到了永和宫居住。咸丰五年二月二十四日,英嫔再次被降位为伊常在,并且在当年年底或第二年年初,又被降位为伊答应。③ 咸丰六年五月二十五日,总管史进忠等奉旨:"暝谙答应著封为瑃常在,伊答应著封为玶常在,徐官女子著封为玫常在。钦此。"④但是当时英嫔似乎已经患病,所以在复封为常在之后,在当年七月十五日,便以玶常在的身份薨逝。

由于目前的资料有限,暂时不清楚英嫔被连续三次降位的,具体原因有待今后进一步发现。

【封谥释义】

英嫔原本的封号为"英",满文作"yebkengge"⑤,意为"英俊""俊杰"。降位之后的称号"伊"在档案中只作音译,可知并非是封号,有可能源自其姓氏"伊尔根觉罗"的首字。后来获得的"玶"字则应该是封号,但是满文不详。

---

① 《奏为储秀宫因病因病出宫女子查验情形事》,咸丰三年四月十四日,档案号:05 - 0770 - 010,中国第一历史档案馆藏。
② 《为传知英嫔著降为伊贵人所有吃食即日照贵人例得给并春贵人著降为明常在所有吃食即日照常在例得事》,咸丰三年九月初三日,档案号:05 - 13 - 002 - 000734 - 0130,中国第一历史档案馆藏。
③ 谨按,目前已知在咸丰五年十二月初二日时,英嫔尚为伊常在,并未被降为伊答应。可参见《呈为恭进宫分清单》,咸丰五年十二月初二日,档案号:05 - 0785 - 002,中国第一历史档案馆藏。
④ 《为传知伊答应等著封为玶常在等其吃食分例煤炭蜡烛照常在例得事》,咸丰六年五月二十五日,档案号:05 - 13 - 002 - 000203 - 0064,中国第一历史档案馆藏。
⑤ 《为知照英嫔贞嫔云嫔清文封号字样事致内务府等》,咸丰二年五月二十四日,档案号:05 - 13 - 002 - 000193 - 0025,中国第一历史档案馆藏。

二、庄静皇贵妃

【简介】

文宗庄静皇贵妃,满洲他塔喇氏,主事庆海之女。道光十七年二月二十七日生。在咸丰二年二月参加八旗选秀,被指定为丽贵人,于同年五月初九日入宫。咸丰四年十二月二十四日,诏晋为丽嫔,未及封。咸丰五年五月初七日,生第一女荣安固伦公主。同月初九日,诏晋为丽妃。同年十二月二十八日,以大学士文庆为正使,署礼部尚书麟魁为副使,册封为丽妃。咸丰十一年七月,文宗崩逝,穆宗即位,尊封为丽皇贵妃。同治十三年十一月十六日,尊封为丽皇贵太妃。光绪十六年十一月十五日薨,年五十四岁,德宗为之辍朝五日,谥曰庄静皇贵妃。光绪十九年四月十八日,奉安定陵妃园寝。

【家族背景】

文宗庄静皇贵妃出身满洲他塔喇氏,父亲为主事庆海。目前尚未发现关于庄静皇贵妃家系、旗分的具体资料,所以对于庄静皇贵妃出身的家族背景与家庭情况也不甚了解。考虑到庄静皇贵妃是与孝钦显皇后在同一届选秀中被选中,并且同一日入宫的,猜测她们的门第可能相仿,都是世家支流或中级官员之家。具体情况有待进一步发现。

【入宫背景】

根据档案:"咸丰二年二月十一日,敬事房口传:奉旨,贞嫔、英嫔,于本年四月二十七日进内。兰贵人、丽贵人,著于五月初九日进内。春贵人、婉常在,著于五月十二日进内,钦此。"[①]可见庄静皇贵妃是在咸丰二年二月参加八旗选秀,也就是在咸丰朝第一届选秀中被选中,被指定为丽贵人入宫的。至于当届的选秀背景,可以参看孝贞显皇后、孝钦显皇后条。庄静皇贵妃以丽贵人的身份与兰贵人(孝钦显皇后)同批入宫,她们的情况是比较相似的。

【宫廷生活】

庄静皇贵妃入宫之后,住在储秀宫。[②] 当时储秀宫的首领主位是英嫔,

---

① 《奏为贞嫔各位应得分例器皿什物等项什物事折》,中国第一历史档案馆、故宫博物院编:《清宫内务府奏销档》,第234册,第98页。
② 《奏为储秀宫交出女子因笨情形事》,咸丰三年五月十四日,档案号:05-0770-053,中国第一历史档案馆藏。

同时还住在储秀宫的是与她同日入宫的孝钦显皇后,当时她的位号是兰贵人。咸丰三年九月,英嫔降位为贵人,咸丰四年二月,兰贵人诏晋为懿嫔,于是储秀宫的首领主位改为了孝钦显皇后,而庄静皇贵妃则至迟在咸丰四年五月搬离了储秀宫,改居永和宫,①作为永和宫的首领主位入住且一直到文宗崩逝,庄静皇贵妃都住在永和宫。曾经与庄静皇贵妃一同住在永和宫的,咸丰四年时有鑫常在,咸丰五年时有玫贵人。

在咸丰二年入宫的几位后宫之中,贞嫔在入宫两个月后便被立为皇后,英嫔和春贵人在咸丰三年降位后迅速失宠,只剩下了兰贵人、婉贵人、新封的宫女容常在(容嫔)以及当时为丽贵人的庄静皇贵妃。咸丰四年末,除了已经在年初晋位为懿嫔的孝钦显皇后以及已经失宠的英嫔和春贵人外,其余后妃主位均晋一等,庄静皇贵妃也得以升为嫔位。第二年,庄静皇贵妃生下了皇长女荣安固伦公主,并在两天之后诏晋为妃位,这显然是生育皇女所带来的优待。

根据清宫医案的记载,庄静皇贵妃禀赋热体,经常伤风,每到夏冬时节,身体就经常不适。② 咸丰十一年七月,文宗崩逝,穆宗即位。因为庄静皇贵妃"侍奉皇考有年,诞育大公主"③,尊封为丽皇贵妃,也由此开始了寡居生活。同治五年,庄静皇贵妃所生育的荣安固伦公主被指与一等雄勇公符珍为妻。同治八年八九月间,因为穆宗准备大婚,先朝后宫逐渐搬往寿康宫,庄静皇贵妃则搬往寿西宫居住。④ 同治十二年八月,荣安固伦公主正式出嫁。同月十九日,庄静皇贵妃作为其生母,出宫前往公主府看视,"当日还宫"。⑤ 同治十三年十一月,因穆宗"天花之喜",后宫主位们均晋升位分,庄静皇贵妃也因此升为丽皇贵太妃。但是在十二月初五日,穆宗崩逝,庄静皇贵妃所生的荣安固伦公主也突患重病。当月二十七日,庄静皇贵妃出宫前

---

① 《为永和宫交出女子因病情形事呈文》,咸丰四年五月二十一日,档案号:05-0777-023,中国第一历史档案馆藏。
② 陈可冀主编:《清宫医案研究》,第3册,第1119页。
③ 《穆宗毅皇帝实录》卷6,咸丰十一年十月乙丑条,《清实录》,第45册,第172页。
④ 《奏为寿西宫交出女子因病情形事》,同治十年八月初五日,档案号:05-0859-028,中国第一历史档案馆藏。
⑤ 《为知照丽皇贵妃前往荣安固伦公主府第当日还宫除派导引跟随及散秩大臣侯施振走带豹尾枪事致内务府》,同治十二年八月十八日,档案号:05-13-002-000825-0138,中国第一历史档案馆藏。

往公主府探视。① 二十八日,两宫皇太后出宫前往公主府探视。② 二十九日,庄静皇贵妃再次出宫前往公主府探视,③也就是在这一天,荣安固伦公主薨逝。根据翁同龢日记的记载,荣安固伦公主是因为产后天花而薨逝的。④

【封谥释义】

庄静皇贵妃原本的封号为"丽",满文作"yangsangga"⑤,意为"俏丽""艳丽"。后来的谥号为"庄静",满文"tob cibsen"⑥,意为"端庄安静"。

三、春贵人

【简介】

文宗春贵人,镶黄旗满洲明安氏,总兵官德明之女。咸丰二年二月参加八旗选秀,被指定为春贵人,于同年五月十二日入宫。咸丰三年九月初三日,降为明常在。咸丰五年二月二十四日,降为暎谙答应。咸丰六年五月二十五日,晋封为璷常在。咸丰九年(1859年)正月初四日薨。同治四年九月二十五日,奉安定陵妃园寝。

【家族背景】

文宗春贵人在档案中记为"镶黄旗满洲德祥佐领下二等侍卫德明之女明安氏"。⑦ 明安氏是满洲的一个小姓。根据《八旗满洲氏族通谱》记载,这个姓氏原居界凡地方,在清初时有罗多浑、博松鄂两支归入八旗,均隶属镶

---

① 《为传知丽皇贵太妃往大公主府去所用引导等人照例派出届期在寿康宫后铁门外预备事》,同治十三年十二月二十七日,档案号:05-13-002-000830-0161,中国第一历史档案馆藏。
② 《翁同龢日记》,同治十三年十二月二十八日条,第 2 册,第 1092、1093 页。
③ 《为传知丽皇贵太妃往荣安固伦公主府去所用引导等人照例派出届期在寿康宫后铁门预备事》,同治十三年十二月二十九日,档案号:05-13-002-000830-0172,中国第一历史档案馆藏。
④ 《翁同龢日记》,同治十三年十二月二十八日条,第 2 册,第 1092、1093 页。
⑤ 《为册封丽妃婉嫔礼节一折奉旨相应抄录礼节知照事致内务府等》,咸丰五年十二月二十三日,档案号:05-13-002-000201-0141,中国第一历史档案馆藏。
⑥ 《为顺水峪妃园寝飨殿龛内添供庄静皇贵妃等神牌位次抄录原奏查照成案将应行制造等项限期完竣事致内务府等》,光绪十九年四月初七日,档案号:05-13-002-000303-0123,中国第一历史档案馆藏。
⑦ 《镶黄旗满洲主位等封号年月及母家姓名册》,同治朝,档案号:06-01-001-000437-0143,中国第一历史档案馆藏。

黄旗满洲,春贵人应该即是他们其中一支的后裔。春贵人之父名为德明,嘉庆十一年生人,道光年间以护军校入仕,历任三等侍卫、二等侍卫,春贵人入宫时他即在二等侍卫任上,并在春贵人入宫之后升任参将,①咸丰五年升任副将,最后在咸丰九年升至总兵官。②

【入宫背景】

春贵人出身镶黄旗满洲,根据档案:"咸丰二年二月十一日,敬事房口传:奉旨,贞嫔、英嫔,于本年四月二十七日进内。兰贵人、丽贵人,著于五月初九日进内。春贵人、婉常在,著于五月十二日进内,钦此。"③可见春贵人是在咸丰二年二月参加八旗选秀,也就是在咸丰朝第一届选秀中被选中,被指定为春贵人入宫的。至于当届的选秀背景,可以参看孝贞显皇后、孝钦显皇后、英嫔、庄静皇贵妃条。

【宫廷生活】

目前已知的涉及春贵人的资料有限。春贵人在咸丰二年五月入宫之后,住在承乾宫,④当时承乾宫的首领主位是云嫔。咸丰三年九月初三日,总管吕泰等奉旨:"英嫔著降为伊贵人,春贵人著降为明常在。"⑤咸丰五年二月二十四日,又因故降为暎谙答应。⑥到了咸丰六年五月二十五日,总管史进忠等奉旨:"暎谙答应著封为璷常在,伊答应著封为玶常在,徐官女子著封为玫常在。钦此。"⑦之后春贵人似乎在咸丰七年住在翊坤宫,⑧而在咸丰

---

① 《奏为奉旨补授山西德胜路参将谢恩事》,咸丰三年三月二十六日,档案号:04-01-16-0164-054,中国第一历史档案馆藏。
② 此段明安氏谱系,整理自《八旗满洲氏族通谱》《清代谱牒档案(缩微胶卷)》《八旗通志初集》《钦定八旗通志》《爱新觉罗宗谱》。
③ 《奏为贞嫔各位应得分例器皿什物等项什物事折》,中国第一历史档案馆、故宫博物院编:《清宫内务府奏销档》,第234册,第98页。
④ 《为各宫交出女子情形事呈文》,咸丰二年十二月十三日,档案号:05-0769-053,中国第一历史档案馆藏。
⑤ 《为传知英嫔著降为伊贵人所有吃食即日照贵人例得给并春贵人著降为明常在所有吃食即日照常在例得给事》,咸丰三年九月初三日,档案号:05-13-002-000734-0130,中国第一历史档案馆藏。
⑥ 于善浦:《清代帝后的归宿》,第207页。
⑦ 《为传知伊答应等著封为玶常在等其吃食分例煤炭蜡烛照常在例得给事》,咸丰六年五月二十五日,档案号:05-13-002-000203-0064,中国第一历史档案馆藏。
⑧ 《奏为翊坤宫交出女子因病情形事》,咸丰七年六月十九日,档案号:05-0791-047,中国第一历史档案馆藏。

第十五章 清文宗咸丰帝的后宫

八年住在景仁宫，①最终在咸丰九年正月初四日薨逝。

目前暂不清楚春贵人是因为什么缘故被连续三次降位的，有待今后进一步的发现。

【封谥释义】

春贵人原本的"春""瑃"为称号，"明""暝谙"则是其姓氏"明安"的异写，均非封号。

四、璷妃

【简介】

文宗璷妃，正白旗满洲纳喇氏，主事全如之女。道光二十一年二月十二日巳时生。在咸丰五年二月参加八旗选秀，被指定为璷贵人，于同年入宫。曾获封嫔衔，后于咸丰八年二月二十四日革去。咸丰十一年七月，文宗崩逝，穆宗即位，尊封为璷嫔。同治十三年十一月十六日，尊封为璷妃。光绪二十一年（1895年）四月二十一日酉时薨，年五十五岁，诏以贵妃例治丧。光绪二十四年八月初十日，奉安定陵妃园寝。

【家族背景】

文宗璷妃出身正白旗满洲纳喇氏，父亲为主事全如。目前尚未发现关于璷妃家系的具体资料，所以关于璷妃出身的家族背景与家庭情况也不甚了解。

【入宫背景】

根据档案："咸丰五年二月初十日，封璷贵人。"②又根据已知咸丰五年为选秀年届，可知璷妃是在咸丰五年二月参加八旗选秀，也就是在咸丰朝第二届选秀中被选中，被指定为璷贵人入宫的。

咸丰五年时，孝贞显皇后正居于皇后之位，后宫主位里还均没有生育，只有丽嫔（庄静皇贵妃）当时在怀孕，可以说后宫格局尚不稳定。在这一年的八旗选秀中有两位秀女被选中，均是以贵人的位分入宫，即是璷妃与璕嫔。

---

① 《为领取景仁宫主位挪运什物雇觅人夫车辆用过钱文事》，咸丰八年二月初九日，档案号：05-08-001-000085-0002，中国第一历史档案馆藏。
② 《宫中杂件》，中国第一历史档案馆藏，转引自王佩环：《清宫后妃》，第37页。

【宫廷生活】

璬妃入宫之后，住在储秀宫，①并且可能一直到文宗崩逝均住在储秀宫。② 当时储秀宫的首领主位是懿嫔，也就是后来的孝钦显皇后。

根据档案："咸丰八年二月二十四日，总管史进忠等奉旨：璬贵人革去嫔衔，钦此。"③可知璬妃在咸丰五年入宫之后，咸丰八年二月之前，曾经获得过嫔衔，这可能是准备升位为嫔位的一种前置。目前尚不知道璬妃具体是在什么时间获得嫔衔的。参考这个阶段的已知动态，在咸丰六年五月二十五日，文宗将当时在位的低级主位暎谙答应、伊答应、徐官女子均晋了一级，④同年六月初九日，学者所引的一条档案记载："敬事房传旨：璬贵人在禧贵人之前。"⑤因为文宗后宫中的"禧贵人"是在咸丰九年四月十一日才获封的，所以这条档案可能是抄录有误，但是至少可以证明璬贵人当时的位次发生了变化。参考清宫所藏的宫分档案，咸丰五年十二月时，璬贵人排在璷贵人和容贵人之后，在当时的三位贵人内居末位。⑥ 咸丰七年十二月时，璬贵人排在容贵人、玫贵人、璷贵人之前，在当时的四位贵人内居首。⑦ 咸丰八年十二月时，璬贵人排在容贵人、璷贵人、玉贵人之前，在当时的四位贵人内居首，⑧咸丰九年二月时亦同。⑨ 特别是在咸丰七年十二月时，根据宫

---

① 《呈为储秀宫交出女子因病情形事》，咸丰五年五月初七日，档案号：05-0782-083，中国第一历史档案馆藏。
② 谨按，根据档案，至迟在咸丰七年，璬妃依然住在储秀宫。之后是否随着其获得嫔衔移动过居处尚不清楚，可参见《奏为储秀宫交出女子因病情形事》，咸丰七年正月二十二日，档案号：05-0789-013，中国第一历史档案馆藏。
③ 《为传知璬贵人革去嫔衔每日所食吃食分例煤炭蜡烛俱照贵人例得给事》，咸丰八年二月二十四日，档案号：05-13-002-000755-0114，中国第一历史档案馆藏。
④ 《为传知伊答应等著封为评常在等其吃食分例煤炭蜡烛照常在例得给事》，咸丰六年五月二十五日，档案号：05-13-002-000203-0064，中国第一历史档案馆藏。
⑤ 《嬷嬷妈妈里女子口分档》，中国第一历史档案馆藏，转引自于善浦：《清代帝后的归宿》，北京：紫禁城出版社，2006年，第205页。
⑥ 《呈为恭进宫分清单》，咸丰五年十二月初二日，档案号：05-0785-002，中国第一历史档案馆藏。
⑦ 《奏为进皇后内廷主位宫分及女子等分例缎匹等项事折》，咸丰七年十二月初十日，中国第一历史档案馆、故宫博物院编：《清宫内务府奏销档》，第240册，第407—410页。
⑧ 《呈为宫分数目清单》，咸丰八年十二月十三日，档案号：05-0798-085，中国第一历史档案馆藏。
⑨ 《为请领办买承应皇后等位分例咸丰八年八月至九年三月份应交内外膳房各色菜蔬用过银两事》，咸丰九年二月二十四日，档案号：05-08-009-000384-0020，中国第一历史档案馆藏。

第十五章 清文宗咸丰帝的后宫

分记录,当年丽妃、婉嫔的分例是"表里五十匹",璸贵人的分例是"表里三十匹",容贵人和玟贵人则是"表里二十匹",按照则例来看,贵人位分应该是二十匹,而嫔位应该是三十匹,可知当时璸妃的确享受嫔妃的待遇。① 而在咸丰八年二月二十四日革去嫔衔之后,分例则按照贵人位分本身的二十匹支给。② 由此推断,璸妃可能是在咸丰六年五月二十五日或六月初九日获得了嫔衔,从而位列几位贵人的首位,享受嫔位的待遇。咸丰八年二月二十四日革去嫔衔之后,回归了贵人的待遇,但是依然列在贵人的首位。

咸丰十一年七月,文宗崩逝。当时二十一岁的璸妃开始了漫长的寡居生活。在同治初年她曾经住在景仁宫,③同治八年八九月间,因为穆宗准备大婚,先朝后宫逐渐搬往寿康宫,璸妃则搬往寿三所居住。④ 根据清宫医案的记载,寡居之后的璸妃身体一直不好,曾患阴虚劳咳,晚年又患上项生,这可能是一种淋巴结核。⑤ 最终在光绪二十一年四月二十一日酉时薨逝。其薨逝之后,德宗下旨:"璸妃于本月二十一日酉刻溘逝……所有应行预备,一切事宜,著照贵妃例,敬谨预备,钦此。"⑥

【封谥释义】

作为咸丰朝中期之后的特点,璸妃在贵人位分的时候就已经获得了"璸"的封号,而不是称号。其满文作"nilgiyangga"⑦,意为"光润"。

---

① 《奏为进皇后内廷主位宫分及女子等分例缎匹等项事折》,咸丰七年十二月初十日,中国第一历史档案馆、故宫博物院编:《清宫内务府奏销档》,第240册,第408页。
② 《呈为宫分数目清单》,咸丰八年十二月十三日,档案号:05-0798-085,中国第一历史档案馆藏。
③ 《奏为景仁宫交出女子因病情形事》,同治三年四月初七日,档案号:05-0823-055,中国第一历史档案馆藏。
④ 《奏为敬事房交出寿三所长春宫因病女子各一名分别在璸嫔慈禧皇太后位下当差素无过失令家属领去事》,同治十三年七月十六日,档案号:05-0877-060,中国第一历史档案馆藏。
⑤ 陈可冀主编:《清宫医案研究》,第3册,第1163—1181页。
⑥ 《为璸妃溘逝著派乾清宫总管禹禄等在金棺前穿孝所有应行预备一切事宜著照贵妃例预备事》,光绪二十一年四月二十一日,档案号:05-13-002-000312-0116,中国第一历史档案馆藏。
⑦ 《为璸妃金棺漆饰及绘画金龙业已完竣转行钦天监选择吉期缮写西番字转传喇嘛前往并先期知照工部事致内务府》,光绪二十一年九月十四日,档案号:05-13-002-000313-0101,中国第一历史档案馆藏。

五、璹嫔

【简介】

文宗璹嫔,正白旗满洲叶赫纳喇氏,员外郎桂祥之女。道光二十年二月二十四日子时生。在咸丰五年二月参加八旗选秀,被指定为璹贵人,于同年入宫,享受嫔级待遇。咸丰六年十一月初十日,改为璹贵人。咸丰七年十一月十二日,因故被降为常在待遇。咸丰八年二月初四日,恢复贵人待遇。咸丰十一年七月,文宗崩逝,穆宗即位,尊封为璹嫔。同治十三年三月二十四日薨,年三十五岁。光绪元年三月十二日,奉安定陵妃园寝。

【家族背景】

文宗璹嫔出身叶赫国主系叶赫纳喇氏(星垦达尔汉系叶赫纳喇氏),孝慈高皇后、太祖侧妃、太宗侧妃、高宗舒妃均出自这个系,其家世可以参考她们各条。叶赫国主系叶赫纳喇氏(星垦达尔汉系叶赫纳喇氏)谱系十分庞大,孝慈高皇后、太祖侧妃、高宗舒妃均出于褚孔格第二子台坦柱一脉,而璹嫔则与太宗侧妃同出自褚孔格第三子尼雅尼雅喀一脉。太宗侧妃的祖父雅林布是尼雅尼雅喀的第三子,而璹嫔的祖先是尼雅尼雅喀的第四子雅巴兰。从这个角度而言,虽然璹嫔与孝慈高皇后、太祖侧妃、太宗侧妃、高宗舒妃等均出自一祖,但是血缘关系已经相当遥远。

璹嫔的祖先虽然是叶赫国主的旁系血亲,但是在入旗之后只是旗内的兵丁阶级,无官无职。到了康雍两朝才开始入仕,大多为中下级官员。直到璹嫔的高祖父松龄仕至道员,才跻身中上级官员阶级,发展了门第。

松龄生有三子,第一子那昌阿仕至知州,其子名为书绅,是道光六年的进士。书绅的两个儿子都是举人,形成了科举世家的门第。松龄第二子那清安更不一般,他是嘉庆十年的进士,仕至兵部尚书,得谥恭勤。那清安生有二子,第一子全志仕至员外郎,第二子全庆是道光九年的进士,仕至体仁阁大学士、刑部尚书,入贤良祠,得谥文恪。那清安和全庆这对父子是道咸同三朝的名臣,这也使得其一族得以跻身一等世家之列。

璹嫔是那清安的曾孙女,全志的孙女。父亲名为桂祥,是全志的独子,生于嘉庆二十一年,为道光二十三年举人,仕至主事。桂祥的嫡妻是舒舒觉罗氏,但是这位舒舒觉罗氏是否璹嫔的生母则不得而知。桂祥生有三子和至少三女,璹嫔是已知的三位女儿里年纪最大的。两位妹妹中一位是咸丰八年的秀女,入宫为玉嫔;另一位则嫁给内务府世家完颜氏盛京将军崇实之子员外郎华毓为妻。①

【入宫背景】

已知璹嫔是在咸丰五年二月参加八旗选秀,也就是在咸丰朝第二届选秀中被选中,被指定为璹贵人入宫的。关于咸丰五年咸丰朝第二届秀女的情况,可以参考璷妃条。璹嫔与璷妃是同一届的秀女,情况比较相似。

【宫廷生活】

璹嫔入宫之后,大约住在景仁宫,②并且可能一直到文宗崩逝均住在景仁宫。当时景仁宫的首领主位是婉嫔,也就是后来的婉贵妃。咸丰六年十一月初十日,"奉朱笔一件:瑢贵人着改为璹贵人,钦此。"③于是改号为"璹"。

在咸丰五年璹嫔和璷妃刚入宫的时候,根据当年十二月的宫分档案显示,当时宫内有璹、容、璷三位贵人,排序以璹贵人居首,璷居末,而且璹贵人当时享受了与懿嫔(孝钦显皇后)、婉嫔(婉贵妃)两位嫔位一样的"表里二十匹"的宫分待遇,而璷贵人则只享受普通的贵人待遇,④这证明了璹嫔初入宫的时候比较受到文宗的重视。而后续的发展则恰恰相反,璷妃后来被加以嫔衔,享受嫔位待遇,璹嫔则被降回贵人待遇,并且曾经在贵人位分时因故只享受常在待遇。咸丰七年十一月十二日,"总管陈鹨等奉旨:璹贵人吃食分例煤炭蜡烛,俱自今日起照常在例得给。钦此"。⑤ 到了第二年二月初四日,则恢复了她贵人的待遇。⑥ 这表明璹嫔当时可能犯了一些小错误,所

---

① 此段叶纳喇氏谱系,整理自《八旗满洲氏族通谱》《叶赫那兰氏八旗族谱》《清代谱牒档案(缩微胶卷)》《道光癸卯科直省同年全录》《八旗通志初集》《钦定八旗通志》《爱新觉罗宗谱》。
② 《为景仁宫交出女子因笨情形事呈文》,咸丰十一年九月三十日,档案号:05-0809-017,中国第一历史档案馆藏。
③ 《为琼贵人着改为璹贵人事》,咸丰六年十一月初十日,档案号:05-13-002-000204-0032,中国第一历史档案馆藏。
④ 《呈为恭进宫分清单》,咸丰五年十二月初二日,档案号:05-0785-002,中国第一历史档案馆藏。
⑤ 《为璹贵人吃食分例煤炭蜡烛俱自今日起照常在例得给事》,咸丰七年十一月十二日,档案号:05-13-002-000754-0020,中国第一历史档案馆藏。
⑥ 《为传知璹贵人每日吃食分例煤炭蜡烛俱照贵人例得给事》,咸丰八年二月初四日,档案号:05-13-002-000755-0048,中国第一历史档案馆藏。

以略行处罚。也就是从这一年开始,璷妃改居贵人之首,璹嫔则排在了容贵人(容嫔)的后面。

咸丰十一年七月,文宗崩逝。当时二十二岁的璹嫔开始了漫长的寡居生活。在同治初年她依然住在景仁宫,[①]同治八年八九月间,因为穆宗准备大婚,先朝后宫逐渐搬往寿康宫,璹嫔则搬往寿头所居住。[②] 最终在同治十三年三月二十四日薨逝。

【封谥释义】

作为咸丰朝中期之后的特点,璹妃在贵人位分的时候就已经获得了"璕"的封号,而不是称号。其满文暂时不明。咸丰六年十一月初十日,"奉朱笔一件:璕贵人着改为璹贵人。钦此。"[③]于是改号为"璹",其满文作"wesihungge"[④],意为"繁盛""尊贵"。

六、端恪皇贵妃

【简介】

文宗端恪皇贵妃,原正蓝旗汉军后抬镶黄旗汉军档记满洲佟佳氏,头等侍卫裕祥之女。道光二十四年十月二十四日生。在咸丰八年二月参加八旗选秀,被指定为祺嫔,于同年三月二十五日入宫。十二月二十四日,以礼部尚书肃顺为正使,内阁学士察杭阿为副使,册封为祺嫔。咸丰十一年七月,文宗崩逝,穆宗即位,尊封为祺妃。同治十三年十一月十六日,尊封为祺贵妃。光绪三十四年十月二十一日,德宗崩逝,宣统帝即位,尊封为祺皇贵太妃。宣统二年(1910年)三月二十八日薨,年六十七岁。同年五月,谥曰端恪皇贵妃。宣统三年(1911年)九月二十一日,奉安定陵妃园寝。

【家族背景】

文宗端恪皇贵妃出身巴虎特克慎系佟佳氏,与孝康章皇后、孝懿仁皇

[①] 《奏为景仁宫女子因病出宫事》,同治四年四月初八日,档案号:05-0829-038,中国第一历史档案馆藏。
[②] 《奏为寿头所因病出宫女子事》,同治十一年七月十八日,档案号:05-0863-014,中国第一历史档案馆藏。
[③] 《为琼贵人着改为璹贵人事》,咸丰六年十一月初十日,档案号:05-13-002-000204-0032,中国第一历史档案馆藏。
[④] 《为璹嫔前行初祭礼读文致祭并行大祭朱笔圈出堃林廷钧承祭抄录原奏知照事致内务府等》,同治十三年四月初四日,档案号:05-13-002-000827-0156,中国第一历史档案馆藏。

后、圣祖慤惠皇贵妃、孝慎成皇后均为承恩公都统图赖的后代,其家世可以参考她们各条。其中,端恪皇贵妃与孝慎成皇后的血缘最近,是孝慎成皇后的亲侄女,可以说是"姑做婆"的典型。不过端恪皇贵妃入宫的时候孝慎成皇后早已作古。

佟国纲的大宗后裔世袭公爵,佟国纲传子夸岱,夸岱传子纳穆图,纳穆图传子嗣存,嗣存传子晋玺,晋玺传弟舒明阿。这位继承了公爵的舒明阿即是端恪皇贵妃的祖父。舒明阿生有五子数女,第一子名裕诚,承袭了承恩公的爵位,仕至大学士;第二子名裕宽,承袭了孝慎成皇后带来的承恩侯爵位,仕至散秩大臣;第三子即端恪皇贵妃的父亲裕祥,仕至头等侍卫;第四子名裕瑞,仕至绥远城将军;第五子名裕保,仕至御史。舒明阿至少有两位女儿,一位是孝慎成皇后,另外一位则是奉恩镇国公奕梁的夫人。端恪皇贵妃的父亲裕祥除了生有端恪皇贵妃之外,还至少生有二子九女,第一子名丰林仕至员外郎,第二子名嵩林仕至御史。他们是否和端恪皇贵妃同母尚不清楚。

总而言之,端恪皇贵妃不仅是图赖的后裔,而且是图赖第二子佟国纲的嫡系大宗后裔,应该是文宗的十八位后宫之中门第最高的。①

【入宫背景】

在以往研究中,曾有学者认为端恪皇贵妃是未经选秀直接被接入宫中的。② 目前通过已知档案,咸丰八年二月初三日,敬事房传旨:"祺嫔、玉贵人,三月二十五日进内。"③又根据已知咸丰八年为选秀年届,可知端恪皇贵妃是在咸丰八年二月参加八旗选秀,也就是在咸丰朝第三届选秀中被选中,被指定为祺嫔入宫的。

咸丰八年时,孝贞显皇后正居于皇后之位,已经生育了皇长子的孝钦显皇后则居于贵妃位,可以说后宫格局是比较稳定的。在这一年的八旗选秀中有两位秀女被选中,即是端恪皇贵妃与玉嫔。其中端恪皇贵妃能够以初位嫔位的身份入宫,应该是其极高的出身所带来的影响。

---

① 此段佟佳氏谱系,整理自《八旗满洲氏族通谱》《清代谱牒档案(缩微胶卷)》《满族佟氏史略》《八旗通志初集》《钦定八旗通志》《爱新觉罗宗谱》。
② 王佩环:《清宫后妃》,第35—36页。
③ 《奏为祺嫔玉贵人位下应得分例器皿什物等项事》,咸丰八年二月十七日,档案号:05-0794-038,中国第一历史档案馆藏。

【宫廷生活】

端恪皇贵妃入宫之后，住在承乾宫。① 因为她是直接以嫔位入宫的，所以直接成了承乾宫的首领主位。三年后，文宗崩逝。当时仅有十八岁的端恪皇贵妃便开始了漫长的寡居生活。在同治初年她依然住在承乾宫，②同治八年八九月间，因为穆宗准备大婚，先朝后宫逐渐搬往寿康宫，端恪皇贵妃则搬往寿东宫居住。③

因为有孝贞显皇后以及孝钦显皇后两宫皇太后的存在，所以端恪皇贵妃到光绪朝末期依然在政治上没有什么发言权。到了光绪三十四年，德宗与孝钦显皇后先后崩逝，端恪皇贵妃作为仅存的文宗遗孀成为宫中行辈最大之人。在当时的后宫之中，穆宗遗孀和德宗遗孀正在进行争斗，对于这些争斗，端恪皇贵妃没有参与。

在有记载生年的文宗后宫主位内，端恪皇贵妃是年纪最小，也是最后一位薨逝的。根据清宫医案记载，寡居之后的端恪皇贵妃大体上还算健康，但是患过风温咽痛、饮症、郁症、外感、血风疮等病症。④

【封谥释义】

端恪皇贵妃原本的封号为"祺"，满文作"fengšen"⑤，意为"福分""福祉"。后来获得的谥号为"端恪"，满文作"tob gingguji"，意为"端正恭谨"，档案中解释了这个谥号，称"守礼自重曰端，温恭朝夕曰恪"。⑥

七、玉嫔

【简介】

文宗玉嫔，正白旗满洲叶赫纳喇氏，员外郎桂祥之女。道光二十三年七

---

① 于善浦：《清代帝后的归宿》，第 203 页。
② 《奏为敬事房领出宫女子 6 名系永和宫景仁宫承乾宫庆嫔等位下当差均因笨退出为此报堂事》，同治四年二月初八日，档案号：05-0828-046，中国第一历史档案馆藏。
③ 《奏为寿东宫交出因病出宫女子一名事》，光绪十二年十一月十一日，档案号：05-0950-081，中国第一历史档案馆藏。
④ 陈可冀主编：《清宫医案研究》，第 3 册，第 1135—1158 页。
⑤ 《为册封祺嫔玟嫔礼仪抄录原奏事致内务府》，咸丰八年十二月十二日，档案号：05-13-002-000208-0145，中国第一历史档案馆藏。
⑥ 《为祺皇贵太妃谥号奉朱笔圈出端恪抄录谥号清汉字样事致内务府》，宣统二年四月十五日，档案号：05-13-002-000373-0084，中国第一历史档案馆藏。

月十九日生。在咸丰八年二月参加八旗选秀,被指定为玉贵人,于同年三月二十五日入宫。咸丰十一年七月,文宗崩逝,穆宗即位,尊封为玉嫔。同治元年十一月十六日薨,年二十岁。同治四年九月二十五日,奉安定陵妃园寝。

【家族背景】

文宗玉嫔出身叶赫国主系叶赫纳喇氏（星垦达尔汉系叶赫纳喇氏）,是文宗璹嫔的胞妹,其家世可以参考璹嫔条。①

【入宫背景】

在以前的研究中,曾有学者认为玉嫔是未经选秀直接被接入宫中的,②而目前通过已知档案,咸丰八年二月初三日,敬事房传旨:"祺嫔、玉贵人,三月二十五日进内。"③又根据已知咸丰八年为选秀年届,可知玉嫔是在咸丰八年二月参加八旗选秀,也就是在咸丰朝第三届选秀中被选中,被指定为玉贵人入宫的。关于咸丰八年咸丰朝第三届秀女的情况,可以参考端恪皇贵妃条。玉嫔与端恪皇贵妃是同一届的秀女,情况比较相似。

【宫廷生活】

玉嫔入宫之后,大约住在储秀宫,④并且可能一直到文宗崩逝均住在储秀宫。当时储秀宫的首领主位是懿贵妃,也就是后来的孝钦显皇后,玉嫔作为贵人只能居于偏殿。三年后,文宗崩逝。当时仅有十九岁的玉嫔便开始寡居生活,就在次年的十一月十六日即薨逝。

【封谥释义】

玉嫔的封号为"玉",满文作"ioi"⑤,是对汉文"玉"的音译,可能是没有来得及进行意译翻译。

---

① 此段叶赫纳喇氏谱系,整理自《八旗满洲氏族通谱》《叶赫那兰氏八旗族谱》《清代谱牒档案（缩微胶卷）》《道光癸卯科直省同年录》《八旗通志初集》《钦定八旗通志》《爱新觉罗宗谱》。
② 王佩环:《清宫后妃》,第35—36页。
③ 《奏为祺嫔玉贵人位下应得分例器皿什物等项事》,咸丰八年二月十七日,档案号:05-0794-038,中国第一历史档案馆藏。
④ 《为储秀宫交出女子二名因笨情形事呈文》,咸丰九年二月二十三日,档案号:05-0800-033,中国第一历史档案馆藏。
⑤ 《为支领玉嫔金棺漆饰十五次缮写西番字需用高丽夏布事致内务府》,同治二年六月初六日,档案号:05-13-002-000221-0064,中国第一历史档案馆藏。

第三节　清文宗咸丰帝的八位内务府秀女出身的后宫

一、云嫔

【简介】

文宗云嫔,镶黄旗包衣武氏(武佳氏),领催五德之女,名四妞。道光二十九年九月十七日,被宣宗指与文宗为妾,亦称侧福晋。道光三十年正月,宣宗崩逝,文宗即位,封为云贵人。咸丰二年四月十九日,诏晋为云嫔。同年十一月初七日,以协办大学士、吏部尚书贾桢为正使,内阁学士许乃普为副使,册封为云嫔。咸丰五年正月初四日巳时薨逝。同月初十日,暂安田村。同治四年九月二十五日,奉安定陵妃园寝。

【家族背景】

文宗云嫔出身镶黄旗包衣佐领下武氏,是入旗的汉人。其家族成员基本没有出任过职官,所以其祖系信息没有被记入《八旗满洲氏族通谱》。在户口档案内,云嫔之父"五得"被写为"领催五德",所谓"领催"是八旗内的一种兵丁,月饷四两银子,而披甲人月饷为三两,由此可知在云嫔入宫之后,五德也升了差事。根据户口档案记载,云嫔的祖父名瑞保,曾祖父名君作,二人均为旗内匠役,所谓匠役是在佐领内维修弓箭等兵器的差事,月饷一两。五德有位继妻姓高,生于道光二十五年,云嫔则是五德原配所出。云嫔还有个弟弟名为存福,生于咸丰元年,可能与云嫔同母,也可能是从堂房过继来的。①

【入宫背景】

文宗在潜邸时只有一妻一妾,妻即孝德显皇后,妾即云嫔。根据宫分档案显示,在道光二十八年十一月的宫分档案中,文宗被记为"四阿哥",除了嫡福晋之外,其名下并未有其他女子。② 而到了道光二十九年十一月的宫分档案中,"四阿哥"位下则多出一名女子,记为"四阿哥下女子"③。另外,

---

① 此段武氏谱系,整理自中国第一历史档案馆编:《清代谱牒档案(缩微胶卷)》A1-A37。
② 《呈皇太后皇后及内庭主位宫分缎匹等项数目清单》,道光十八年十一月初九日,档案号:05-0704-010,中国第一历史档案馆藏。
③ 《奏为进宫分缎匹等项事折》,道光二十九年十二月,档案号:奏销档644-113,中国第一历史档案馆藏。

根据内务府档案,道光二十九年(1849年)九月十七日,"奉旨,镶黄旗双明佐领下披甲人五得之女四妞,赏四阿哥,钦此。"①这位四妞即是文宗在潜邸时唯一的妾室云嫔武佳氏。

云嫔全家均为内务府当差人,并非官员,以这种出身能够被宣宗直接赐予文宗,表明云嫔可能容貌、性格比较优秀。从已知档案的记录来讲,并未发现云嫔在道光年间被册封为四阿哥侧福晋的记录。而在道光三十年正月二十八日文宗的上谕中,明说"朕侧福晋武佳氏,晋封为云贵人。"②这里文宗称云嫔为"侧福晋",而并非"庶福晋""格格",或许证明云嫔曾经被允封过侧福晋,也显示云嫔在文宗潜邸内应该有一定的地位。

【宫廷生活】

文宗即位之后,云嫔入住钟粹宫,③当时当朝后宫只有她一位而已,所以她可以独占一宫。咸丰二年,贞嫔(孝贞显皇后)、英嫔、兰贵人(孝钦显皇后)、丽贵人(庄静皇贵妃)、婉常在(婉贵妃)、春贵人等纷纷入宫,云嫔也被诏晋为嫔位。但是因为孝贞显皇后入住了钟粹宫,云嫔则移居到承乾宫,④成了承乾宫的首领主位。目前已知曾经与云嫔一同住在承乾宫的,咸丰二年时有春贵人,咸丰三年时有婉贵人,咸丰四年时有玫常在,咸丰五年时有鑫常在。咸丰五年正月初四日巳时,云嫔薨逝。

【封谥释义】

云嫔的封号为"云",是其作为贵人位分时便已经拥有的称呼。关于这个称呼在当时是封号还是称号,目前尚不得而知。在晋升为嫔位之后,她依然继承了这个称呼,被作为正式的封号使用,满文作"tugingge"⑤,意为"云状的"。从寓意来讲,这是一个十分奇怪的封号,不排除原本作为称号时即与其本身的闺名有关,只是后来被延续作为封号使用而已。

---

① 《为镶黄旗披甲人五得之女四妞赏四阿哥其每日应行给吃食得给事》,道光二十九年九月十七日,档案号:05-13-002-000710-0050,中国第一历史档案馆藏。
② 《为奉旨皇上侧福晋武佳氏晋封为云贵人所有应得份例照例办理事致内务府》,道光三十年正月二十九日,档案号:05-13-002-000183-0130,中国第一历史档案馆藏。
③ 《奏为钟粹宫交出因笨出宫女子事》,咸丰元年五月十六日,档案号:05-0763-063,中国第一历史档案馆藏。
④ 《为储秀宫因病因病出宫女子查验情形事呈文》,咸丰三年四月十二日,档案号:05-0770-011,中国第一历史档案馆藏。
⑤ 《为知照英嫔贞嫔云嫔清文封号字样事致内务府等》,咸丰二年五月二十四日,档案号:05-13-002-000193-0025,中国第一历史档案馆藏。

二、婉贵妃

【简介】

文宗婉贵妃,正白旗包衣索绰络氏,左都御史奎照第六女,乳名治格。道光十五年九月二十七日生。在咸丰元年参加内务府选秀。同年二月十八日被封为婉常在,于咸丰二年五月十二日入宫。同年九月初九日,晋封为婉贵人。咸丰四年十二月二十四日,诏晋为婉嫔。咸丰五年十二月二十八日,以大学士文庆为正使,署礼部尚书麟魁为副使,册封为婉嫔。其后享受妃级待遇。咸丰十一年七月,文宗崩逝,穆宗即位,尊封为婉妃。同治十三年十一月十六日,尊封为婉贵妃。光绪二十年五月十七日薨,年六十岁。光绪二十三年八月初十日,奉安定陵妃园寝。

【家族背景】

文宗婉贵妃出身黑勒系索绰络氏,与高宗瑞贵人同族,是高宗瑞贵人的侄孙女。其家世可以参考高宗瑞贵人条。高宗瑞贵人的异母弟名为英和,字树琴,号煦斋,为乾隆五十八年进士,仕至大学士,是嘉庆朝的名臣。英和与其嫡妻萨克达氏生有七子六女,其中多数夭折,只剩下两子一女。其中,第一子名为奎照,字伯冲,号玉庭,为嘉庆十九年的进士,仕至礼部尚书、左都御史;第二子名为奎耀,字仲华,号芝圃,为嘉庆十六年的进士,仕至通政使。唯一长大的女儿是第五女,嫁给著名文学家法式善之孙。婉贵妃的父亲即是英和的第一子奎照。

根据谱牒记载,奎照娶内务府大臣伊龄阿之女佟佳氏为妻,生有六子七女,其中有一些夭折,剩下五子六女。五个儿子之中,最知名的是第一子锡祉,字孟繁,号子受、申甫,为道光二十二年的进士,仕至侍讲学士。六个女儿里,第一女早亡,第二女和第三女均嫁给内务府世家,第四女嫁给果王府的辅国将军载坤,婉贵妃则是第六女,在嫡堂亲大排行里行八,乳名治格。

英和一支索绰络氏,旗籍属于正白旗包衣管领下人,不过其家族是管领下不食口粮人,而不是食口粮的"辛者库"人丁。另外,英和家族是清代最为知名的科举世家,也是清代内务府世家里门第一等的家族,门风也是相当崇文。以此推测,婉贵妃的文化素养可能比较高。①

---

① 此段索绰络氏谱系,整理自《八旗满洲氏族通谱》《清代谱牒档案(缩微胶卷)》《石(转下页)

【入宫背景】

虽然婉贵妃的家族在实际上门第很高,但是她毕竟还是内务府正白旗包衣旗籍,所以参加的是内务府选秀。咸丰元年二月,进行了咸丰朝第一次的内务府选秀,当时十七岁的婉贵妃即作为内务府秀女参选。同月十八日,"奉旨:原任尚书奎照之女索绰罗氏,著封为婉常在。钦此"。① 并且在同日,还传出旨意:"宫殿监督领侍金得口传,奉旨:婉常在著俟明年听传再行进宫。钦此。"② 这是因为咸丰元年二月还在宣宗的丧期之中,如果是作为宫女选入,仅仅是在宫内服役即与丧期无关,但是作为后宫主位娶进则不应在丧期内进行,所以婉贵妃在当年并没有入住后宫。根据档案:"咸丰二年二月十一日,敬事房口传:奉旨,贞嫔、英嫔,于本年四月二十七日进内。兰贵人、丽贵人,著于五月初九日进内。春贵人、婉常在,著于五月十二日进内,钦此。"③ 可见婉贵妃最终是在咸丰二年五月十二日入宫。

这里涉及一个问题,即婉贵妃究竟是在当届的内务府选秀中直接被指定为婉常在的,还是在内务府选秀中先被指定为宫女入宫,数日后被指定为婉常在的。出现这种疑问,是因为有学者认为婉贵妃是在咸丰元年的内务府选秀中直接被指定为婉常在,是清晚期内务府世家选秀的特例。④ 而目前在档案中发现,"咸丰元年二月初一日,敬事房口传,初四日挑包衣三旗女子,丑正二刻开门进排"。⑤ 指出当年挑选内务府秀女是在二月初四日,而婉贵妃被指定是在二月十八日。一般来讲,挑选内务府秀女的时间比较短,通常一天即挑完,所以这十余日的时间差让人产生疑问。会不会婉贵妃是先被挑中为宫女,入宫了数日之后才被封为婉常在。对于这个问题,还有待

(接上页)氏家谱》《乙未科会试同年齿录》《嘉庆戊辰顺天乡试录》《锡祉朱卷》《清代朱卷集成》《恩福堂年谱》《北京图书馆藏珍本年谱丛刊》《八旗通志初集》《钦定八旗通志》《爱新觉罗宗谱》。

① 《为原任尚书奎照之女索绰罗氏著封为婉常在事》,咸丰元年二月十八日,档案号:05-13-002-000189-0053,中国第一历史档案馆藏。
② 《为婉常在著俟咸丰二年听传再行进宫事》,咸丰元年二月十八日,档案号:05-13-002-000720-0090,中国第一历史档案馆藏。
③ 《奏为贞嫔各位应得分例器皿什物等项什物事折》,中国第一历史档案馆、故宫博物院编:《清宫内务府奏销档》,第234册,第98页。
④ 赵玉敏:《清代后妃与宫女研究》,博士学位论文,中国人民大学清史所,2010年,第251—253页。
⑤ 《为传知咸丰元年二月初四日挑包衣三旗女子丑正二刻开门进排事》,咸丰元年二月初一日,档案号:05-13-002-000720-0128,中国第一历史档案馆藏。

史料的进一步发现。

【宫廷生活】

婉贵妃入宫之后,可能住在承乾宫,①当时承乾宫的首领主位是云嫔。入宫的四个月后,"咸丰二年九月初九日,奉朱笔:婉常在晋封为婉贵人。钦此"。②咸丰四年十二月二十四日,婉贵妃由贵人诏封为婉嫔,移居到景仁宫作为首领主位,③并且直到文宗崩逝均住在景仁宫。已知曾经与婉贵妃一起住在景仁宫的,在咸丰十一年时有璷贵人(璷嫔)。

另外值得注意的是,根据宫分档案,咸丰五年时,当时的婉嫔(婉贵妃)还只享受普通的嫔级"表里三十匹"待遇,④而在咸丰七年时,当时婉贵妃虽然还是婉嫔的位分,但是已经开始享受"表里五十匹"的妃级待遇,⑤且似乎一直保持到文宗崩逝。

在文宗的后宫之中,除去即位前已经崩逝的孝德显皇后以及侍奉文宗潜邸的云嫔之外,婉贵妃的年纪是最长的。她与孝钦显皇后均是道光十五年生人,但是比孝钦显皇后早十余日出生。文宗崩逝之后,婉贵妃开始了寡居生活。在同治初年她依然住在景仁宫,⑥同治八年八九月间,因为穆宗准备大婚,先朝后宫逐渐搬往寿康宫,婉贵妃则搬往寿中宫居住,⑦后来在光绪二十年五月十七日薨逝,年六十岁。

【封谥释义】

婉贵妃的封号为"婉",是其作为常在位分的时候便已经拥有的称呼。关于这个称呼在当时是封号还是称号,目前尚不得而知。在晋升为嫔位之

---

① 《奏为承乾宫交出女子因笨情形事》,咸丰三年五月十二日,档案号:05-0770-052,中国第一历史档案馆藏。
② 《为婉常在晋封为婉贵人事》,咸丰二年九月初九日,档案号:05-13-002-000730-0019,中国第一历史档案馆藏。
③ 《为景仁宫交出女子因笨情形事呈文》,咸丰五年三月十一日,档案号:05-0782-025,中国第一历史档案馆藏。
④ 《呈为恭进宫分清单》,咸丰五年十二月初二日,档案号:05-0785-002,中国第一历史档案馆藏。
⑤ 《奏为进皇后内廷主位宫分及女子等分例缎匹等项事折》,咸丰七年十二月初十日,中国第一历史档案馆、故宫博物院编:《清宫内务府奏销档》,第240册,第408页。
⑥ 《奏为景仁宫交出女子因笨情形事》,同治三年二月初六日,档案号:05-0822-035,中国第一历史档案馆藏。
⑦ 《为查验寿中宫因病退出女子事的呈文》,光绪十六年闰二月,档案号:05-0972-063,中国第一历史档案馆藏。

后,她依然继承了这个称呼,被作为正式的封号使用,满文作"nemgiyen"①,意为"温柔""温婉"。

三、容嫔

【简介】

文宗容嫔,镶黄旗包衣伊尔根觉罗氏,六品教习萨尔杭阿之女。道光十七年六月初四日生。以内务府秀女的身份被选入宫中为官女子。咸丰二年,封为容常在。咸丰五年,晋封为容贵人。咸丰十一年七月,文宗崩逝,穆宗即位,尊封为容嫔。同治八年五月十二日薨,年三十三岁。同治十二年二月二十六日,奉安定陵妃园寝。

【家族背景】

根据内务府户籍档案,容嫔出身镶黄旗包衣佐领下伊尔根觉罗氏,其父名萨尔杭阿,为嘉庆元年生人,道光年间曾任咸安宫官学七品清语教习,后来升至从六品,仍在咸安宫教习上行走。② 道光十七年六月,容嫔出生,当年萨尔杭阿四十二岁,容嫔的母亲则是萨尔杭阿之妻骆氏,出身镶黄旗包衣管领下人,当年三十三岁。道光十八年五月十三日萨尔杭阿因病去世,只留下骆氏这位寡母带着容嫔。③ 户籍内显示,容嫔的曾祖父名为伊里布,是内务府的披甲人。伊里布只有一子,即容嫔的祖父博尔豁,仕至六品教习。博尔豁也只有一子,即容嫔之父萨尔杭阿。萨尔杭阿膝下无儿,近亲又没有依靠,家境比较贫寒。其病故之后,容嫔只靠母亲骆氏每月一两的孀妇钱粮生活,住在萨尔杭阿出了五服的族兄英奎家里。后来在咸丰十一年,文宗崩逝,穆宗即位,尊封她为容嫔时,其家族按例谢恩,谢恩人为笔帖式阿昌阿。他是"容嫔之族叔"④,其

---

① 《为册封丽妃婉嫔礼节一折奉旨相应抄录礼节知照事致内务府等》,咸丰五年十二月二十三日,档案号:05-13-002-000201-0141,中国第一历史档案馆藏。
② 《为咸安宫官学教习萨尔杭阿期满照例赏给从六品官食六品单俸仍留行走并开写旗分履历事》,道光十六年二月十五日,档案号:05-13-002-000650-0059,中国第一历史档案馆藏。
③ 《为给发镶黄旗原教官萨尔杭阿之妻孀妇骆氏养赡钱粮米石事》,道光十九年八月初三日,档案号:05-08-020-000218-0047,中国第一历史档案馆藏。
④ 《为尊封容贵人代奏谢恩事呈文》,咸丰十一年十月,档案号:05-0809-073,中国第一历史档案馆藏。

实是英奎的亲叔伯,也是其一支的族长。①

容嫔出身的门第属于小官员之家,父亲有一定的文化水平,但是去世很早,容嫔依靠寡母长大,生活十分艰苦。

【入宫背景】

文宗容嫔是文宗即位初期所纳的后宫主位。根据档案,咸丰元年时,宫内的当朝主位只有云贵人(云嫔)一位。② 在咸丰二年奉旨入宫的后宫主位,为贞嫔(孝贞显皇后)、英嫔、兰贵人(孝钦显皇后)、丽贵人(庄静皇贵妃)、婉常在(婉贵妃)、春贵人,容嫔并没有位列其中。而在咸丰二年十一月的宫分档案中,已经有"容常在"③在列。由此可知,容嫔并非是通过八旗选秀而入宫的,而是在咸丰二年十一月之前,作为官女子被文宗纳为后宫主位的,这也与她镶黄旗包衣佐领下人的身份相符。

【宫廷生活】

关于容嫔在宫廷内的生活情况,目前可知的资料甚少,且有互相矛盾的地方。例如,于善浦在著作中提到容嫔"咸丰二年封为容常在,四年晋为容贵人"④;而根据咸丰四年十二月的宫分档案,当时容嫔依然只是"容常在"⑤,而并非贵人,直到咸丰五年十二月的宫分档案,才记为"容贵人"⑥。在咸丰八年时,容嫔住在景仁宫,⑦当时景仁宫的首领主位是婉贵妃,在同治初年她依然住在景仁宫,⑧直到同治八年薨逝。

【封谥释义】

容嫔的封号为"容",是其作为常在位分的时候便已经拥有的称呼。关

---

① 此段伊尔根觉罗氏谱系,整理自中国第一历史档案馆编:《清代谱牒档案(缩微胶卷)》A1-A37。
② 《奏为进如皇贵太妃等位宫分缎匹等项事折》,中国第一历史档案馆、故宫博物院编:《清宫内务府奏销档》,第233册,第497页。
③ 《呈为恭进宫分缎匹等项清单》,咸丰二年十一月二十九日,档案号:05-0769-038,中国第一历史档案馆藏。
④ 于善浦:《清代帝后的归宿》,第206页。
⑤ 《奏为进宫分绸缎等项事折》,档案号:奏销档663-093,中国第一历史档案馆藏。
⑥ 《呈为恭进宫分清单》,咸丰五年十二月初二日,档案号:05-0785-002,中国第一历史档案馆藏。
⑦ 《为领取景仁宫主位挪运什物雇觅人夫车辆用过钱文事》,咸丰八年二月初九日,档案号:05-08-001-000085-0002,中国第一历史档案馆藏。
⑧ 《奏为景仁宫交出女子因笨情形事》,同治二年三月初十日,档案号:05-0818-079,中国第一历史档案馆藏。

于这个称呼在当时是封号还是称号,目前尚不得而知。在晋升为嫔位之后,她依然继承了这个称呼,被作为正式的封号使用,满文作"yongsonggo"①,意为"有礼仪的"。

四、鑫常在

【简介】

文宗鑫常在,正白旗包衣戴氏(戴佳氏),披甲人吉禄之女。② 以内务府秀女的身份被选入宫中为官女子。咸丰三年二月二十四日,封为鑫常在。咸丰九年五月初六日薨。同治四年九月二十五日,奉安定陵妃园寝。

【概述】

文宗鑫常在是一位资料极少的后宫主位。根据档案,咸丰三年二月二十四日,"总管吕泰等奉旨:正白旗披甲人吉禄之女,著封为鑫常在,钦此"。③ 咸丰三年并非是八旗选秀之年,由此可知鑫常在应为内务府正白旗包衣出身,被挑选入宫作为官女子,然后在咸丰三年二月二十四日被文宗纳为后宫主位,获封为常在。

对于这位"正白旗披甲人吉禄"的身份,通过查询当时内务府正白旗的披甲花名册以及内务府户口册,从旗分、名讳、年龄上进行分析,初步推定这位"吉禄"是正白旗包衣第五参领第十管领下戴氏家族的一员。根据内务府户口册显示,吉禄的父亲名七十五,是内务府的披甲人。祖父名宝宁,也是内务府的披甲人。曾祖父名伊凌阿,是内务府的护军。吉禄本人在道光、咸丰年间也任本旗披甲人,在同治元年之前已经亡故,鑫常在是他与原配所生的女儿。在原配亡故之后,吉禄继娶王氏为妻,生下了两子一女,第一子名斌祥,生于咸丰二年;第二子名斌会,生于咸丰九年;女儿生于咸丰十一年。这样看来,吉禄的继妻王氏比鑫常在年长不了太多。不过,目前对于正白旗包衣第五参领第十管领下戴氏的这位吉禄是否就是鑫常在的父亲吉禄,除

---

① 《为容嫔前行初祭礼读文致祭并行大祭礼派公德鉴公堃林承祭抄录原奏事致内务府等》,同治八年五月十七日,档案号:05-13-002-000233-0118,中国第一历史档案馆藏。
② 谨按,关于鑫常在的姓氏和家世背景,目前尚不能完全确定,详见后文分析。
③ 总管内务府《杂录档》130号,转引自王树卿:《清代后妃制度中的几个问题》,《故宫博物院院刊》1980年第1期。

了旗分、年纪和曾任披甲人之外，尚无其他直接证据，有待今后进一步确认。①

咸丰三年五月，有文宗让如意馆为鑫常在画半身像的记载。② 直到咸丰九年五月初六日薨逝，她一直都没有改变过位分。另外，档案显示，在咸丰四年时，她住在永和宫，③当时永和宫的首领主位是丽嫔，也就是后来的庄静皇贵妃。咸丰五年时，她则移居到承乾宫，④当时承乾宫的首领主位是云嫔，不过已经在当年的年初薨逝。

鑫常在的称号为"鑫"，而不是"鑫"。在内务府档案中，其称号被记为"jeng"⑤，这种音译的翻译方法说明它是作为称号被记录，而不是作为封号。

五、玟贵妃

【简介】

文宗玟（珳）贵妃，正黄旗包衣徐氏（徐佳氏），领催诚意第四女，名四妞。道光十八年八月初五日生。以内务府秀女的身份被选入宫中为官女子。咸丰三年十一月初三日，封为玟常在。咸丰五年前后，晋封为玟贵人。咸丰五年四月二十四日，降为玟常在。同年五月十七日，因凌虐使女并与太监谈笑降为官女子，称徐官女子。咸丰六年五月二十五日，晋封为玟常在。咸丰七年九月二十五日，晋封为玟贵人。咸丰八年二月初五日，诏晋为玟嫔。同年十二月初五日，生第二子多罗悯郡王。同月二十四日，以礼部尚书朱嶟为正使，内阁学士宜振为副使，册封为玟嫔。咸丰十一年七月，文宗崩逝，穆宗即位，尊封为玟妃。同治十三年十一月十六日，尊封为玟贵妃。光绪十六年十一月初八日酉时薨，年五十三岁。光绪十九年四月十八日，奉安定陵妃园寝。

---

① 此段戴氏谱系，整理自中国第一历史档案馆编：《清代谱牒档案（缩微胶卷）》A1－A37。
② 《为实销恭画容常在等喜容半身像共用工料银两事》，咸丰三年八月十一日，档案号：05－08－030－000393－0059，中国第一历史档案馆藏。
③ 《奏为永和宫交出女子因病情形事》，咸丰四年十月初九日，档案号：05－0779－032，中国第一历史档案馆藏。
④ 《奏为承乾宫交出女子因病情形事》，咸丰五年六月二十五日，档案号：05－0783－056，中国第一历史档案馆藏。
⑤ 《为支领鑫常在等位采棺由田村奉移至隆福寺暂安处暂需用杠价银两事致内务府》，同治元年闰八月二十九日，档案号：05－13－002－000218－0147，中国第一历史档案馆藏。

【家族背景】

根据档案记载,玟贵妃为"正黄旗松龄佐领下诚意之女"①,可知其出身内务府正黄旗包衣佐领下徐佳氏,父亲为诚意。以此信息查询内务府户口档案,查得其家族信息,为正黄旗包衣佐领下徐氏,是入旗的汉人。玟贵妃的父亲名为诚意,是内务府的领催,这是一个八旗内的兵缺,负责每个佐领内的一些事务。说它属于"兵缺",是因为他由马甲(骑兵)内挑选而出,一般没有品级,不属于"官员"的范畴。但是玟贵妃的曾祖父名丰盛额,仕至参领,祖父名舒泰,仕至骁骑校,均为中下级官员,可知其家族原本也是内务府的官宦人家。根据户口册,诚意生于嘉庆六年,在光绪十年病故,享年八十四岁。诚意原娶李氏为妻,生有三子四女,晚年又娶一妻,生有一子一女,一共是四子五女。诸子中,第一子名为广善,比玟贵妃年长十岁,是内务府旗内匠役;第二子名为广祥,比玟贵妃年长七岁,早亡;第三子名为广敏,比玟贵妃年长一岁,后来仕至道员,加二品衔;第四子名为广升,比玟贵妃年少不少,仕至七品牧长。诸女中,第一女在档案内记为"大妞",比玟贵妃年长十一岁,出嫁比较晚;第二女在道光二十二年时已经不在徐氏户下,可能是夭折或者出嫁了;第三女在档案内记为"三妞",比玟贵妃年长四岁;玟贵妃则是第四女,在档案内记为"四妞"。档案内曾经提及,玟贵妃有两位亲姐妹在同治元年时曾经入宫会亲,②应该即是大姐"大妞"和三姐"三妞"。另外,玟贵妃还有一位小妹妹,在光绪九年(1883年)时参加内务府秀女的挑选,档案记为"诚意之女五妞,未年,十三岁,系玟贵妃之胞妹"③,可知玟贵妃的这位妹妹行五,生于同治十年,比玟贵妃小三十三岁,是诚意在七十岁高龄时生下的老来子。④

【入宫背景】

玟贵妃是内务府正黄旗包衣佐领下人,所以应该是由内务府选秀入宫

---

① 《为传知正黄旗诚意之女封为瑺常在并每日分例照常在例得给事》,咸丰三年十一月初三日,档案号:05-13-002-000735-0052,中国第一历史档案馆藏。
② 《为传出同治元年二月十一日祺妃会亲亲族人等在承乾宫并于苍震门出入时间等情事》,同治元年二月初九日,档案号:05-13-002-000775-0148,中国第一历史档案馆藏。
③ 《奏为本年应选内务府三旗女子内玟贵妃之胞族妹二名另为一班事》,光绪九年十二月二十三日,档案号:05-0934-071,中国第一历史档案馆藏。
④ 此段徐氏谱系,整理自中国第一历史档案馆编:《清代谱牒档案(缩微胶卷)》A1-A37。

的。玟贵妃是在哪一届参加的内务府选秀，目前并不清楚。咸丰三年十一月初三日，"总管吕泰等奉旨：正黄旗松龄佐领下诚意之女著封为玟常在。钦此"。① 于是，作为官女子的玟贵妃正式成为后宫主位之一，这一年她十六岁，有可能已经进宫一两年。

【宫廷生活】

玟贵妃是文宗的后宫主位中经历较为坎坷的一位。她原是某宫的官女子，在咸丰三年十一月初三日被文宗封为玟常在，跻身后宫主位之列。咸丰四年，她住在承乾宫，②当时承乾宫的首领主位是云嫔。有书籍称，在咸丰四年这一年，她被晋封为玟贵人，③但是根据当年的宫分档案来看，她在咸丰四年十二月时还是"玟常在"的身份。④

咸丰五年，她住在永和宫，⑤当时永和宫的首领主位是丽嫔（庄静皇贵妃）。同年四月，她因故被降为玟常在，又在五月因故被降为官女子。关于这次降位，当年六月十八日的朱谕里有所提及，文宗说道："昨因玟常在凌虐使女，并伊与太监孙来福任意谈笑，已将伊之位分褫革，从重惩处，降为官女子，并将孙来福重责发遣矣。六宫规矩理宜严肃，嗣后若再有任性凌虐使女，与太监诙谐，无所不至者，朕必照此办理。若太监再有似此无规矩者，朕岂能尚如此轻办，必即将太监正法。"⑥在清宫中有各种严格的规定规范主位们的生活，如宫规规定"太监不许无事在本主屋里久立闲谈"⑦，所以玟贵妃与太监谈笑也属于触犯宫规。在降为官女子之后，档案中称呼她为"徐官女子"⑧。

一年之后的咸丰六年五月二十五日，玟贵妃由官女子复封为玟常在。⑨

---

① 《为传知正黄旗诚意之女封为玟常在并每日分例照常在例得给事》，咸丰三年十一月初三日，档案号：05-13-002-000735-0052，中国第一历史档案馆藏。
② 《奏为承乾宫交出女子因病情形事》，咸丰四年二月二十四日，档案号：05-0775-049，中国第一历史档案馆藏。
③ 于善浦：《清代帝后的归宿》，第204页。
④ 《奏为进宫分绸缎等项事折》，档案号：奏销档663-093，中国第一历史档案馆藏。
⑤ 《奏为永和宫交出女子因病情形事》，咸丰五年二月二十九日，档案号：05-0782-002，中国第一历史档案馆藏。
⑥ 《钦定宫中现行则例》卷2，沈云龙主编：《近代中国史料丛刊续编第六十三辑》，第219,220页。
⑦ 《钦定宫中现行则例》卷3，沈云龙主编：《近代中国史料丛刊续编第六十三辑》，第405页。
⑧ 《呈为恭进宫分清单》，咸丰五年十二月初二日，档案号：05-0785-002，中国第一历史档案馆藏。
⑨ 于善浦：《清代帝后的归宿》，第204页。

并且在第二年怀孕,于九月二十五日得以晋封为玟贵人。① 咸丰八年二月初五日,玟贵人被诏晋为嫔。② 同年七月初七日,总管陈鹳等奉旨:"玟嫔吃食分例自今日起照贵人例得给。"③ 可能当时玟贵妃又犯了一些错误。十二月初五日丑时,她为文宗生下了皇次子多罗悯郡王,可惜这位皇子只活了两个时辰便夭折。同月,她正式被册封为玟嫔,当时她住在基化门小院。④

咸丰十一年七月,文宗崩逝。当时二十四岁的玟贵妃开始了寡居生活,搬回了承乾宫。⑤ 同治八年八九月间,因为穆宗准备大婚,先朝后宫逐渐搬往寿康宫,玟贵妃则先搬往寿东宫、寿三所居住。⑥ 最终在光绪十六年十一月初八日酉时薨逝。根据清宫医案记载,玟贵妃身体尚好,但是从同治年间就有积气之症,经常调肝解郁,⑦ 这里也可以看出玟贵妃脾气可能比较急切。

【封谥释义】

玟贵妃的封号为"玟",档案中也经常写为"㺨",是其作为常在位分时便已经拥有的称呼。关于这个称呼在当时是封号还是称号,目前尚不得而知。在晋升为嫔位之后,她依然继承了这个称呼,被作为正式的封号使用,满文作"gehungge"⑧,意为"光辉""明亮"。

六、吉妃

【简介】

文宗吉妃,正黄旗包衣王氏(王佳氏),园户清远之女。道光二十年六

---

① 《为传知玟常在著晋封为玟贵人并每日所食吃食等即日起照贵人例得给事》,咸丰七年九月二十五日,档案号:05-13-002-000753-0091,中国第一历史档案馆藏。
② 《册封公主奏议》,《国家图书馆藏清代孤本内阁六部档案》,第13册,第6262页。
③ 《为传知玟嫔吃食分例自咸丰八年七月初七日起照贵人例得给事》,咸丰八年七月初七日,档案号:05-13-002-000757-0082,中国第一历史档案馆藏。
④ 《为基化门女子因笨出宫事呈文》,咸丰八年七月初九日,档案号:05-0796-077,中国第一历史档案馆藏。
⑤ 《奏为承乾宫等处交出女子事》,同治元年三月二十一日,档案号:05-0813-024,中国第一历史档案馆藏。
⑥ 《奏为敬事房交出寿东宫因病出宫女子一名并无别情令家属领出事》,同治十三年十一月二十一日,档案号:05-0879-050,中国第一历史档案馆藏。《呈为寿中宫等处交出因笨出宫女子查验属实事》,光绪十年二月十一日,档案号:05-0935-049,中国第一历史档案馆藏。
⑦ 陈可冀主编:《清宫医案研究》,第3册,第1129页。
⑧ 《为册封祺嫔玟嫔礼仪抄录原奏事致内务府》,咸丰八年十二月十二日,档案号:05-13-002-000208-0145,中国第一历史档案馆藏。

月初十日生。以内务府秀女的身份被选入宫中为官女子,在钟粹宫孝贞显皇后位下当差。咸丰八年五月十五日,封为吉贵人。咸丰十一年七月,文宗崩逝,穆宗即位,尊封为吉嫔。同治十三年十一月十六日,尊封为吉妃。光绪三十一年(1905年)十月十六日薨,年六十六岁。光绪三十三年(1907年)九月初六日,奉安定陵妃园寝。

【家族背景】

文宗吉妃出身内务府正黄旗包衣王氏,是入了包衣旗籍的汉人。根据吉妃的同族侄孙王文普所记录,王家祖籍是辽宁省海城县牛庄童儿堡,从龙入关之后,在通州充当网户。后来王家分成三支,一支在地安门外福祥寺胡同,一支在海淀,一支在南苑槐房村。其中福祥寺胡同一支门第较好,曾出过一任内务府总管。① 王文普之父原生于福祥寺胡同一支,被过继给槐房村一支为嗣,而吉妃则属于海淀一支。②

通过查询吉妃家族的户口得知,王家的三个支系里,吉妃所在的海淀一支门第最差,其家被拨往海淀之后,即在圆明园、畅春园等皇家御园当差,世代均补"园户"差事。所谓园户,是指内务府所属的在皇室园林如圆明园、畅春园等处当差的包衣,一般负责园内某一部分的维护管理,并不是职官,一般也没有品级,只领极其微薄的粮米。吉妃的父亲名为清远,即是园户。吉妃的母亲姓高氏。吉妃有一位弟弟名为锡煜,仕至苑副。苑副也是内务府所属皇室园林内的差事,一般月饷三两,比园户待遇要高一些。吉妃还至少有一位妹妹,在同治二年时参加内务府秀女的挑选,档案记为"园户清远之女三妞,戌年,十四岁,系吉嫔之胞妹"③,可知吉妃的这位妹妹行三,生于道光三十年,比吉妃小十岁。以此推算的话,吉妃可能是清远的长女。④

【入宫背景】

根据档案记载,吉妃为"正黄旗维翰佐领下园户清远之女"⑤,可知其家

---

① 谨按,关于王家的情况,这里只根据王文普原文进行整理。王氏是否真的如其所述出过这样高的官员,并未进行考证,不过从已知的信息来推断,不排除是后世夸张渲染的可能。
② 王文普:《慈禧早年轶事》,文安主编:《清宫轶事》,第9、10页。
③ 《奏为本年应选女子内园户清远之女系吉嫔胞妹另一班事》,同治二年正月二十二日,档案号:05-0818-009,中国第一历史档案馆藏。
④ 此段王氏谱系,整理自中国第一历史档案馆编:《清代谱牒档案(缩微胶卷)》A1-A37。
⑤ 《么么妈妈里女子口分档》,中国第一历史档案馆藏,转引自王佩环:《清宫后妃》,第36—37页。

族属于内务府正黄旗包衣佐领下人。吉妃是在哪一届参加的内务府选秀，目前并不清楚。咸丰八年五月十五日，"敬事房传旨：皇后下女子一名，系正黄旗维翰佐领下园户清远之女，上封赏为吉贵人，次序在玉贵人之次"。①可知吉妃作为官女子时，原在钟粹宫孝钦显皇后位下当差，在咸丰八年被文宗纳为后宫主位。这一年她十九岁，进宫应该已经有数年。

【宫廷生活】

吉妃是文宗咸丰朝晚期的几位后宫主位之一。晚清野史中提及，文宗咸丰朝晚期，后宫中有"四春"娘娘，是四位称呼带"春"字的后宫，文宗沉迷于与这"四春"游乐，以至于国事渐废。关于这所谓的"四春"娘娘，野史中渲染颇多，如说四人皆为小脚汉女，又说其中有一位是寡妇再嫁，等等。目前根据档案，已知文宗晚年所纳的禧妃的确曾称"海棠春"，不过她姓察哈拉氏，不是小脚汉女，更不是寡妇再嫁。但是也可以看出，"四春"娘娘之说大概有其原型存在。吉妃作为咸丰朝晚期所纳的后宫主位，可能即是"四春"娘娘的原型之一。

吉妃跻身后宫主位之列之后，相关的档案记载并不丰富。目前已知，吉妃在咸丰十年时曾经住在承乾宫，②当时承乾宫的首领主位是祺嫔，也就是后来的端恪皇贵妃。咸丰十一年七月，文宗崩逝，吉妃便开始了寡居生活。在同治初年，她依然住在承乾宫。③同治八年八九月间，因为穆宗准备大婚，先朝后宫逐渐搬往寿康宫，吉妃则搬往寿东宫居住，④最后在光绪三十一年薨逝。

顺便一提，根据吉妃的同族侄孙王文普所记录："咸丰帝有点点脚儿（即是个瘸子），我这姑祖与纳喇氏一并被封为'御拐棍儿'。咸丰帝步行时总是扶着这两个爱妃，那时这两个人都是十六七岁，按现在的情况应当还是个在校的学生，免不了有淘气的时候。此后，吉妃与纳喇氏先后怀孕，一次在御

---

① 《么么妈妈里女子口分档》，中国第一历史档案馆藏，转引自王佩环：《清宫后妃》，第36—37页。
② 《奏为承乾宫交出女子实系因病事》，咸丰十年二月二十九日，档案号：05-0803-037，中国第一历史档案馆藏。
③ 《奏为承乾宫交出女子因病情形事》，同治六年三月十四日，档案号：05-0838-086，中国第一历史档案馆藏。
④ 《为查验寿东宫因病交出女子事的呈文》，光绪十五年三月，档案号：05-0968-024，中国第一历史档案馆藏。

花园假山旁捉迷藏时,纳喇氏却故意推了吉妃一把。吉妃当即倒地,并因此而小产,产后才发现是个男孩。因此,先父说:西太后小时就这样狠毒!如不然,吉妃会成为西太后的。"①王文普虽然是吉妃的同族侄孙,但是血缘关系极远,所记录的故事也是相当令人吃惊。由档案可知,吉妃比孝钦显皇后小五岁,并非"都是十六七岁"。而且吉妃直到咸丰八年才由皇后位下的宫女封为贵人,是文宗咸丰朝晚期的后宫,孝钦显皇后生育穆宗则是在咸丰六年的事情。何况以清宫家法之严格,玫贵妃跟宫内太监谈笑都要被降位,更不用提是有关皇嗣的大事。

【封谥释义】

吉妃的封号为"吉",是其作为贵人位分的时候便已经拥有的称呼。关于这个称呼在当时是封号还是称号,目前尚不得而知。在晋升为嫔位之后,她依然继承了这个称呼,被作为正式的封号使用,满文作"sabingga"②,意为"祥瑞的""灵秀的"。

七、禧妃

【简介】

文宗禧妃,正黄旗包衣察哈拉氏,厨役常顺之女。道光二十二年九月初一日生。以内务府秀女的身份被选入宫中为官女子,在长春宫当差,号海棠春。咸丰九年四月十一日,封为禧贵人。咸丰十一年七月,文宗崩逝,穆宗即位,尊封为禧嫔。同治十三年十一月十六日,尊封为禧妃。光绪三年五月十六日薨,年三十六岁。同年九月初八日,奉安定陵妃园寝。

【家族背景】

文宗禧妃出身内务府正黄旗包衣察哈拉氏。清代察哈拉氏亦作察哈尔氏,源自蒙古察哈尔部,此姓内最为知名的即是清中后期内务府的名门"文索"家。不过,禧妃的家族虽然与"文索"家同为正黄旗包衣管领察哈拉氏,却不在同一个管领下,也并非同族。

---

① 王文普:《慈禧早年轶事》,文安主编:《清宫轶事》,第9、10页。
② 《为吉妃神牌清汉文字样速写送部事致内务府》,光绪三十三年八月二十七日,档案号:05-13-002-000357-0190,中国第一历史档案馆藏。

根据档案,禧妃为"正黄旗瑞溥管领下常顺之女"①。以此信息查询内务府档案,查得所谓"瑞溥管领"即正黄旗包衣第三参领第六管领。进一步查询此管领下户籍档案,发现禧妃所出身的家族是此管领内的食口粮人,即是辛者库人。故而,禧妃是清中后期目前已知的少数出身辛者库旗籍的后宫主位。

根据户籍档案记载,禧妃的父亲名常顺,是内务府厨役,在光绪初年病故。所谓厨役,是一种内务府杂差,月饷一两或二两不等。禧妃的祖父名二达塞,是内务府的披甲人。曾祖父名为黑子,也是内务府的披甲人。禧妃的几位伯叔父,分别叫常海、常兴、常禄,也大多为内务府的披甲人。

禧妃一族没有出任职官之人,均属于旗内兵丁、杂差,但是补缺的情况还比较可观,七成男丁都能补上差事,虽然是辛者库出身,家庭条件也不至过于贫困。②

【入宫背景】

禧妃是内务府正黄旗管领下人,所以应该是由内务府选秀入宫的。禧妃是在哪一届参加的内务府选秀,目前并不清楚。咸丰九年四月十一日,"敬事房传旨:长春宫女子海棠春,封为禧贵人,次序在吉贵人之次"。③ 可知禧妃作为官女子时,原在长春宫当差,被称为"海棠春",在咸丰九年被文宗纳为后宫主位。这一年她十八岁,进宫应该已经有数年。

【宫廷生活】

禧妃是文宗咸丰朝晚期的几位后宫主位之一。晚清野史中提及,文宗咸丰朝晚期,后宫中有"四春"娘娘,是四位称呼带"春"字的后宫,文宗沉迷于与这"四春"游乐,以至于国事渐废。关于这所谓的"四春"娘娘,野史中渲染颇多,如说四人皆为小脚汉女,又说其中有一位是寡妇再嫁,等等。目前根据档案,已知文宗晚年所纳的禧妃的确曾称"海棠春",不过她姓察哈拉氏,不是小脚汉女,更不是寡妇再嫁。但是也可以看出,"四春"娘娘之说大

---

① 《奏为封禧贵人代其家属谢恩事》,咸丰九年四月十二日,档案号:05-0800-072,中国第一历史档案馆藏。
② 此段察哈拉氏谱系,整理自中国第一历史档案馆编:《清代谱牒档案(缩微胶卷)》A1-A37。
③ 《么么妈妈里女子口分档》,转引自王佩环:《清宫后妃》,第37页。

概有其原型存在。

咸丰十一年七月,文宗崩逝,禧妃便开始了寡居生活。在同治初年,她住在承乾宫。① 同治八年八九月间,因为穆宗准备大婚,先朝后宫逐渐搬往寿康宫,禧妃则搬往寿二所居住,②最后在光绪三年薨逝。

【封谥释义】

禧妃的封号为"禧",是其作为贵人位分的时候便已经拥有的称呼。关于这个称呼在当时是封号还是称号,目前尚不得而知。在晋升为嫔位之后,她依然继承了这个称呼,被作为正式的封号使用,满文作"sebjengge"③,意为"快乐的"。

八、庆妃

【简介】

文宗庆妃,正白旗包衣张氏(张佳氏),园丁立寿之女。道光二十年十月初一日生。以内务府秀女的身份被选入宫中为官女子,在长春宫当差。咸丰九年九月初九日,封为庆贵人。咸丰十一年七月,文宗崩逝,穆宗即位,尊封为庆嫔。同治十三年十一月十六日,尊封为庆妃。光绪十一年(1885年)五月初三日辰时薨,年四十六岁,诏以嫔例治丧。光绪十五年,奉安定陵妃园寝。

【家族背景】

文宗庆妃出身内务府正白旗包衣张氏,根据档案提及,庆嫔的胞兄园户恩常,为"正白旗赓音布佐领下"人。④以此信息查询内务府户口档案,查得其家族信息,为正白旗包衣旗鼓佐领下张氏,是入旗的汉人。庆妃的曾祖父名为得喜,是内务府闲散人。祖父名为观音保,是内务府的苑户。父亲名为立寿,是内务府的园丁。其家族里没有任何一位有官员身份,属于标准的内

---

① 《奏为敬事房领出宫女子6名系永和宫景仁宫承乾宫庆嫔等位下当差均因笨退出为此报堂事》,同治四年二月初八日,档案号:05-0828-046,中国第一历史档案馆藏。
② 《奏为寿二所交出女子因病情形事》,同治十年十二月十二日,档案号:05-0860-033,中国第一历史档案馆藏。
③ 《为传知禧妃逝了暂移吉安所事》,光绪三年五月十六日,档案号:05-13-002-000257-0105,中国第一历史档案馆藏。
④ 《为尊封庆贵人代奏谢恩事呈文》,咸丰十一年十月,档案号:05-0809-070,中国第一历史档案馆藏。

务府兵丁、差事阶层。庆妃有三位兄弟,兄长名为恩常,比庆妃只大一岁,是内务府园户;二弟名为恩福,比庆妃小三岁,是内务府闲散人;三弟名为恩惠,比庆妃小九岁,也是内务府闲散人。在庆妃入宫之后,其家族也并没有得到什么优待,依然是差事和闲散的身份。①

庆妃的出身相当普通,其家族均为在皇家御园、御苑当差的内务府人丁,而且多数没能补上差事,更不要说担任官员了。从已知的信息来看,庆妃可能是文宗后宫之中出身最为普通的一位主位。②

【入宫背景】

庆妃是内务府正白旗包衣佐领下人,所以应该是由内务府选秀入宫的。庆妃是在哪一届参加的内务府选秀,目前并不清楚。咸丰九年九月初九日,"敬事房传旨:长春宫女子一名,封为庆贵人,次序在禧贵人之次"。③ 可知庆妃作为官女子时,也是在长春宫当差,在咸丰八年被文宗纳为后宫主位。这一年她二十岁,进宫应该已经有数年。

【宫廷生活】

庆妃是文宗咸丰朝晚期的几位后宫主位之一。晚清野史中提及,文宗咸丰朝晚期,后宫中有"四春"娘娘,是四位称呼带"春"字的后宫,文宗沉迷于与这"四春"游乐,以致使国事渐废。关于这所谓的"四春"娘娘,野史中渲染颇多,如说四人皆为小脚汉女,又说其中有一位是寡妇再嫁,等等。目前根据档案,已知文宗晚年所纳的禧妃的确曾称"海棠春",不过她姓察哈拉氏,不是小脚汉女,更不是寡妇再嫁。但是也可以看出,"四春"娘娘之说大概有其原型存在。庆妃作为咸丰朝晚期所纳的后宫主位,可能即是"四春"娘娘的原型之一。

庆妃跻身后宫主位之列之后,相关的档案记载并不多。目前已知,吉妃

---

① 此段张氏谱系,整理自中国第一历史档案馆编:《清代谱牒档案(缩微胶卷)》A1 - A37。
② 谨按,单从理论上的旗分来讲,包衣旗分内,佐领下人地位优于管领下人;管领下人内,不食口粮的非辛者库人地位优于食口粮的辛者库人。庆妃出身佐领下人,禧妃出身管领下食口粮人,从旗分上来讲庆妃比禧妃出身要好。但是在实际上,庆妃和禧妃家虽然都是兵丁、杂差阶层,庆妃家基本都是闲散,等于没有收入,禧妃家虽然是辛者库人,却全家基本都能补缺,而且都是二三两的缺,每月收入不少,所以庆妃的家庭的情况要比禧妃家差不少。
③ 《么么妈妈里女子口分档》,中国第一历史档案馆藏,转引自王佩环:《清宫后妃》,第37页。

在咸丰九年被封为贵人之后,住在储秀宫,①当时储秀宫的首领主位是懿贵妃,也就是后来的孝钦显皇后。咸丰十一年七月,文宗崩逝,庆妃便开始了寡居生活。同治八年八九月间,因为穆宗准备大婚,先朝后宫逐渐搬往寿康宫,庆妃则搬往寿东宫居住,②最后在光绪十一年五月薨逝,按照嫔例治丧。③

【封谥释义】

庆妃的封号为"庆",是其作为贵人位分的时候便已经拥有的称呼。关于这个称呼在当时是封号还是称号,目前尚不得而知。在晋升为嫔位之后,她依然继承了这个称呼,被作为正式的封号使用,满文作"urgungge"④,意为"喜庆"。

---

① 《为领取挪运玉贵人庆贵人储秀宫什物等项往返圆明园用过雇觅人夫车辆各项钱文事》,咸丰九年十月十三日,档案号:05-08-009-000386-0010,中国第一历史档案馆藏。
② 《奏为寿东宫交出女子因笨情形事》,同治十年三月初五日,档案号:05-0857-086,中国第一历史档案馆藏。
③ 《为庆妃薨逝所有应行应办事宜俱照嫔例预备事》,光绪朝,档案号:05-08-030-000570-0080,中国第一历史档案馆藏。
④ 《为庆妃金棺在田村暂安应行漆饰所有缮写西番字转行钦天监届期书写并转传喇嘛缮写定于何日前往事致内务府》,光绪十一年八月十一日,档案号:05-13-002-000279-0034,中国第一历史档案馆藏。

第十六章　清穆宗同治帝的后宫

清穆宗继天开运受中居正保大定功圣智诚孝信敏恭宽明肃毅皇帝,名载淳,满文作"dzai šūn"①。作为文宗显皇帝的第一子,生于咸丰六年三月二十三日未时,生母为孝钦显皇后叶赫纳喇氏。咸丰十一年七月十六日,文宗病危,召御前大臣、军机大臣为赞襄政务王大臣,谕立穆宗为皇太子。次日,文宗崩逝。同年十月初九日,穆宗即位,改元祺祥,以赞襄政务王大臣执政。十一月,孝贞显皇后、孝钦显皇后两宫废赞襄政务王大臣,改元同治,垂帘听政。同治三年,"太平天国""天京"陷落,之后捻军亦渐平。同治十二年正月,穆宗亲政。同治十三年十二月初五日酉时崩,年十九岁,在位十三年。光绪元年三月,恭上尊谥曰继天开运受中居正保大定功圣智诚孝信敏恭宽毅皇帝,庙号穆宗。同年十一月,升祔奉先殿。光绪五年(1879 年)二月二十六日,奉安惠陵。同年闰三月,升祔太庙。光绪三十四年十二月,加上明肃两字。

根据目前资料,清穆宗一生中有五位妻妾,在同治帝一朝,一共挑选过两届八旗秀女,这五位妻妾均是在第一届内挑选出来的。因同治朝挑选八旗秀女的情况比较特殊,谨先将挑选的情况整理之后,再将其后宫分类综述如下。

第一节　清穆宗同治帝时期的挑选八旗秀女

清代挑选八旗秀女的年届在乾隆朝之后基本稳定下来,到了咸丰年间,最后一次选秀年届是咸丰十一年。所以在同治一朝,其挑选八旗秀女的第一届应该是同治三年,并且依次推算,为同治六年、同治九年、同治十二年。

而在实际操作中则有一些变化。首先,同治三年一届,因为穆宗年纪尚

---

① 《清汉对音字式》,光绪十六年聚珍堂刻本,第 20 页 a。

小,并未正式挑选。同治六年本应挑选,但是当年二月宫廷下达旨意,指出第一届挑选的时间定在同治七年进行,于是同治朝实际上第一届八旗选秀就是在同治七年。后来在同治十二年又选了一届,前后一共只有两届。

穆宗一朝第一届选秀极为复杂,从同治七年一直挑选到同治十一年,其中大小选看一共二十次,和之前的一周内解决的选秀相比很不一样。选看的过程也与之前很不一样,如:发生了已经被撂牌子的秀女被召回宫中再次选看;发生过将记名秀女留在宫廷住宿;另外还有十二名记名秀女被选看之后"原封不动"继续记名;等等。这些差异应该都是因为主导者由皇帝变为了两宫太后所导致的,也成为穆宗一朝以及后来德宗一朝挑选八旗秀女的主要特点。

一、第一届选秀

同治七年至同治十一年是同治朝挑选的第一届秀女,因为要决定皇帝大婚和最初后宫的对象,所以时间较长,挑选的次数也较多。以目前的资料来看,这届秀女前后至少挑选了二十次。第一次是同治七年二月初四日,第二次是同治七年二月初十日,第三次是同治七年四月初十日,第四次是同治七年十月二十九日,第五次是同治八年二月初九日,第六次是同治八年二月二十二日,第七次是同治八年四月十三日,第八次是同治八年八月初六日,第九次是同治八年八月十二日,第十次是同治八年九月十六日,第十一次是同治九年二月十二日,第十二次是同治九年二月二十四日,第十三次是同治九年九月初六日,第十四次是同治九年九月二十一日,第十五次是同治九年九月底,第十六次是同治九年十月初三日,第十七次是同治十年二月初九日,第十八次是同治十年八月二十二日,第十九次是同治十年十二月二十六日,第二十次是同治十一年二月初三日。整体算下来,同治七年选过四次,同治八年选过六次,同治九年选过六次,同治十年选过三次,同治十一年选过一次。

同治六年二月,清廷行文京旗以及各地旗人官员之女准备在第二年选秀。在京旗人之女先于同治七年二月挑选,外任旗人之女则要求在同治七年十月之前将备选秀女送到京城挑选。

同治七年二月初四日"午未间"[①],穆宗与两宫皇太后在御花园第一次

---

① 《翁同龢日记》,同治七年二月初四日条,第2册,第588页。

挑选了八旗秀女。这次一共挑选了秀女一百零八名,①其中有二十名秀女被记名。当日传下旨意:"本月初十日卯正,覆(复)看记名秀女。"②初十日,帝后复看二十名记名的秀女,将其中的八名撩了牌子,剩余的十二名则定于同年四月初十日再行复看。③ 四月初十日,十二名记名秀女在卯正进苍震门参加复看。但是复看之后并没有任何变化,十二名秀女继续被记名。④后来帝后又在十月二十九日复看了一次,⑤这次选看可能将记名秀女从十二名筛选到了五名,其中即包括崇绮的妹妹和女儿,也就是后来的孝哲毅皇后和珣嫔(恭肃皇贵妃),剩下的三位里有一位是后来慧妃(淑慎皇贵妃)的嫡堂姐。⑥

  同治八年,新的及岁秀女报上,一共有六十五名,定于同治八年二月初九日挑选。⑦ 在二月初九日进行挑选了之后,又在二月二十二日复看。⑧ 二月的这两次选看淘汰的人数并不多,一共只淘汰了八名,还剩有五十七名,于是在四月十三日与去年记名的五名秀女一起复看,结果是这六十名秀女里记名了十六名。⑨ 七月,外省八旗新及岁秀女陆续到京,一共有一百六十一名,奉旨在八月初六日挑选。⑩ 八月初六日(或初五日⑪)挑选之后,又在同月十二日复看了一次,一共记名七十七名。之后,宫中传出旨意,将之前记名的秀女十六名以及这次记名的秀女七十七名一共九十三名都在九月十

---

① 《为咨行挑选秀女日期应行预备事宜照例办理并知会敬事房先行预备事致内务府》,同治七年正月十三日,档案号:05-13-002-000802-0012,中国第一历史档案馆藏。
② 《为咨行复看秀女日期至日早为预备事致内务府》,同治七年二月初七日,档案号:05-13-002-000802-0040,中国第一历史档案馆藏。
③ 《为咨行记名秀女进苍震门引看日期请复看之期早为预备事致内务府》,同治七年四月初二日,档案号:05-13-002-000802-0151,中国第一历史档案馆藏。
④ 《翁同龢日记》,同治七年四月初十日条,第2册,第601页。
⑤ 《为复看记名秀女改于同治七年十月二十九日事》,同治七年十月二十五日,档案号:05-13-002-000804-0200,中国第一历史档案馆藏。
⑥ 《翁同龢日记》,同治八年四月十三日条,第2册,第691页。
⑦ 《为知会同治八年二月初九日选看秀女更定数目应办事宜转知敬事房照例办理事致内务府》,同治八年正月二十九日,档案号:05-13-002-000806-0020,中国第一历史档案馆藏。
⑧ 《翁同龢日记》,同治八年二月二十二日条,第2册,第680、681页。
⑨ 《翁同龢日记》记为廿六名,根据折档修正。
⑩ 《为挑选秀女转知会敬事房照例预备应办事宜事致内务府》,同治八年七月二十二日,档案号:05-13-002-000808-0039,中国第一历史档案馆藏。
⑪ 《翁同龢日记》记为初五日。

六日复看。① 九月十六日（或十五日②）选看的情况不是很清楚，根据后来数据显示，这次一共记名了一百二十四名，不知道多出来的三十余名是从何而来？有可能是有些外省秀女路途耽搁或生病而延误了。

同治九年正月，累计有外省补报到京秀女十五名，与之前记名的一共一百二十四名秀女一起被安排在二月十二日选看。③ 这次选看之后，只有四名被撂牌子，剩下的一百三十五名除了同治七年记名的五位之外，其余的均在同月二十四日复看。④ 复看的结果是："留二十人于宫中……连前共留牌一百余人。此次去十四人，三月初陆续放出八九人。"⑤同年八月，又有三名秀女到京，在九月初六日进行了选看。⑥ 之后清廷下达旨意，除了同治七年记名的四位之外［原为五位，其中慧妃（淑慎皇贵妃）的嫡堂姐在五月二十八日病故⑦］，其余的一百二十名记名秀女均在九月二十一日进宫复看。这一百二十名记名秀女内，含有"现在留宫住宿三名，又曾经留宫住宿秀女十六名，又记名秀女一百零二名内除镶红旗满洲叶尔羌帮办大臣常绩之女一名业经病故外，其余记名秀女一百零一名，连现在留宫及曾经留宫秀女统共一百二十名"。⑧ 九月二十一日复看之后，数日之后又复看了一次，然后在十月初三日再次复看，最终记名了"四十余人"⑨。

同治十年二月初九日，清廷复看秀女，一共有"上记名秀女连留宫住宿三名计十二名，又记名秀女四十名，共五十二名，现在外省续行到京秀女一

---

① 《为上记名秀女等于期进神武门顺贞门伺候复看请照例预备应行事宜事致内务府》，同治八年九月十三日，档案号：05－13－002－000808－0126，中国第一历史档案馆藏。
② 谨按，《翁同龢日记》记为十五日。
③ 《为外省补报到京秀女并同治八年记名各项秀女一并选看预备应行应办事宜事致内务府》，同治九年正月二十四日，档案号：05－13－002－000810－0036，中国第一历史档案馆藏。
④ 《为传知复看八旗秀女日期并不必传旧记名五名届期进顺贞门事》，同治九年二月十四日，档案号：05－13－002－000810－0181，中国第一历史档案馆藏。
⑤ 《翁同龢日记》，同治九年二月二十四日条，第 2 册，第 756 页。
⑥ 《为新来秀女正黄满知府豫山之女原任参将爱兴之女定期进顺贞门咨行应办事件照例预备事致内务府》，同治九年八月二十九日，档案号：05－13－002－000812－0105，中国第一历史档案馆藏。
⑦ 《为镶黄旗满洲耀奎佐领下记名秀女原任郎中麟秀之女病故事致内务府》，同治九年五月三十日，档案号：05－13－002－000811－0124，中国第一历史档案馆藏。
⑧ 《为咨行记名秀女于期进顺贞门预备复看旧记名秀女毋庸进内转知敬事房照例办理事致内务府》，同治九年九月十二日，档案号：05－13－002－000812－0164，中国第一历史档案馆藏。
⑨ 《翁同龢日记》，同治九年十月初三日条，第 2 册，第 805 页。

名,共五十三名。"复看结果是:"凡留十人,备六人。"①但是随后发生了一件有趣的事情。八月初二日,两宫下达懿旨,"前经摆牌原任侯爵崇恩之女、福州将军文煜之女、原任员外郎锡璋之女,著于八月二十二日预备覆(复)看。"②八月二十二日复看之后,传旨:"文煜之女指与载澂之夫人。其崇恩之女、锡璋之女二名,均著摆牌子。"③这可能是清代少有的追回已经摆牌子的秀女的事件。当年十二月二十日,敬事房传旨:"上记名秀女裕诚之女、长善之女、赛尚阿之女、崇绮之女、德馨之女、福善之女、萨善之女,十二月二十六日覆(复)看。"④由此可知,在二月那次"留十人,备六人"里肯定包括这七位。

最终,在同治十一年二月初三日,清廷下达上谕,崇绮之女阿鲁特氏立为皇后,凤秀之女富察氏封为慧妃,崇龄之女赫舍里氏封为瑜嫔,赛尚阿之女阿鲁特氏封为珣嫔,罗霖之女西林觉罗氏封为瑨贵人,结束了同治朝第一次选秀。

另外,根据《大婚典礼档》:"同治十一年正月十五日,和硕恭亲王、户部尚书宝鋆,面奉慈安皇太后、慈禧皇太后懿旨:二月初三日指立皇后出宫时,出顺贞门、神武门,走东栅栏,出地安门,走宽街,进邸第东阿思哈门,钦此。"⑤这里宽街的皇后邸第,就是孝哲毅皇后在板厂胡同的家。由此可以知道,虽然孝哲毅皇后选定的消息是在二月初三日才公布,但是其实早在正月十五日之前就已经确定为皇后了。

第一次选完之后,同治朝挑选八旗秀女的行动并没有停止,而且很有可能同治十一年二月初三日那次选秀女时仍然有记名的秀女,如当年十一月初四日敬事房传旨:"候补知府徵霖之女,指为载治之夫人。其候补道容贵之女等五名,均着摆牌子,钦此。"⑥这六位秀女可能就是年初仍然记名的秀女。

---

① 《翁同龢日记》,同治十年二月初九日条,第2册,第836页。
② 《为前经摆牌原任侯爵崇恩之女等预备复看转行敬事房将应办各事宜照例预备事致内务府》,同治十年八月初三日,档案号:05-13-002-000816-0068,第一历史档案馆藏。
③ 《为复看秀女内文煜之女指与载澂之夫人崇恩之女锡璋之女均摆牌子速饬各该参佐领等办理一切事宜事致内务府》,同治十年八月二十四日,档案号:05-13-002-000816-0099,中国第一历史档案馆藏。
④ 《为上记名秀女裕诚之女等共七名共二排转行敬事房照例预备事致内务府》,同治十年十二月二十三日,档案号:05-13-002-000817-0130,第一历史档案馆藏。
⑤ 《筹办大婚典礼册》,晚清内务府铅印本,国家图书馆藏,第1册,第16页a。
⑥ 《为候补知府征霖之女指为载治之夫人其候补道容贵之女等均摆牌子速饬各该参佐领等查照办理各事宜事致内务府》,同治十一年十一月初五日,档案号:05-13-002-000821-0063,中国第一历史档案馆藏。

二、第二届秀女

同治十二年,清廷进行了同治朝的第二届选秀,这次是在同治十二年二月初二日进行挑选的,一共有秀女六十七名。① 经过挑选,将其中的两位,即镶黄旗满洲原任道书龄之女、正黄旗蒙古副护军参领博勒郭春之女记名,其余均撂牌子。对于这两位秀女,帝后似乎原有将她们补入后宫的想法,所以一直记名。直到第二年底穆宗崩逝,才在同治十三年十二月十一日下旨撂牌子。②

第二节 清穆宗同治帝的皇后

孝哲毅皇后
【简介】

孝哲嘉顺淑慎贤明恭端宪天彰圣毅皇后,原正蓝旗蒙古后抬镶黄旗满洲阿鲁特氏,承恩公、户部尚书、都统崇绮第三女。咸丰四年七月初一日生。在同治七年参加八旗选秀,于同治十一年二月初三日,被指立为皇后。同治十一年九月十四日,以惇亲王奕誴为正使,贝勒奕劻为副使,册立为皇后,次日子时入宫。同治十三年十二月初五日,穆宗崩逝,德宗即位,尊为嘉顺皇后。光绪元年二月二十日寅时,崩于储秀宫,年二十二岁。同年五月,恭上尊谥曰孝哲嘉顺淑慎贤明宪天彰圣毅皇后。同年十一月,升祔奉先殿。光绪五年三月二十六日,奉安惠陵。同年闰三月,升祔太庙。光绪三十四年十二月,加上恭端两字。

【家族背景】

孝哲毅皇后出身正蓝旗蒙古阿鲁特氏。阿鲁特氏是蒙古的一个姓氏,其渊源可能与蒙古阿鲁剌惕部有关。根据其谱牒显示,其家族入旗的始祖名为伯尔特依,由喀喇沁投入八旗,被编入正蓝旗蒙古,后来因为孝哲毅皇后的缘故抬入镶黄旗满洲。从伯尔特依往下五代仕宦上均不甚得意,到了

---

① 《为知会八旗秀女进顺贞门备选日期事》,同治十二年正月二十八日,档案号:05-13-002-000822-0059,中国第一历史档案馆藏。
② 《为知照记名秀女之镶黄旗满洲原任道书龄之女并正黄旗蒙古副护军参领博勒郭春之女均著撂牌子事致内务府》,同治十三年十二月十四日,档案号:05-13-002-000830-0114,中国第一历史档案馆藏。

第七代中有一位名为景辉,在嘉庆七年考中翻译举人,仕至四品道员,跻身中级官宦人家之列。

景辉生有二子一女,两位儿子都是翻译举人,分别是嘉庆二十一年和道光五年的翻译解元。通过对满蒙文字的熟悉和较深的文化素养,这支阿鲁特氏开始跻身科举世家之列。特别是景辉的第一子赛尚阿,让家族走向了第一个高峰。

赛尚阿,字鹤汀,嘉庆三年生人,在嘉庆二十一年由翻译解元挑补理藩院笔帖式入仕,道光年间历任理藩院侍郎、理藩院尚书、工部尚书、户部尚书,入军机处。后来在第一次鸦片战争中受到重视,升任协办大学士,是当时的中枢重臣,十分得势。可惜好景不长。咸丰元年赛尚阿升任文华殿大学士,受命镇压太平军,却在咸丰二年失败而归。文宗大怒,将赛尚阿革职抄家,本人发往军台效力,三子均褫职。一朝宰相突然倒台,阿鲁特氏家族第一个高峰就这样短暂结束。咸丰六年,文宗咸丰帝赦免了赛尚阿的罪,咸丰十年时给予其五品顶戴,之后任其为副都统,但在第二年就因老病而免职。此时已经六十四岁的赛尚阿归家颐养天年,后来在光绪元年去世,享年七十八岁。

赛尚阿生有八子五女。第一子崇绪仕至云麾使;第二子崇熙仕至伊犁领队大臣,后来殉于国难;第四子崇绚仕至道员;第五子崇纲仕至驻藏帮办大臣;最为知名的是第三子崇绮。崇绮,字蔚霞、叔皓,号丽如、文山,生于道光九年,在道光二十九年考中文举人入仕,原已做到六品主事之职,却因其父赛尚阿在咸丰二年获罪而被褫职。这段时间内,崇绮努力攻读,在同治四年竟然考中了状元,破了满汉同科时"满不点元"的旧例,①成了"二百年来第一人"。在清代那种推崇"状元公"的社会环境下,这对于家族门第而言是个非同一般的提升,便成就了阿鲁特氏的第二个高峰。

孝哲毅皇后即是"状元公"崇绮之女,在孝哲毅皇后被立为皇后之时,崇绮一家住在安定门板厂胡同。根据资料显示,崇绮先后共有三位嫡妻,第一位是和硕郑亲王端华的第二女;第二位是理王府城守尉载耀的女儿,她是侍郎奕灏的孙女;第三位则是正白旗满洲瓜尔佳氏总兵长瑞的第二女,她是晚

---

① 谨按,这里的"满"指的是旗人,而不仅仅指满洲旗人。

清名臣荣禄的堂姐。这三位嫡妻一共为崇绮生育了一子五女,其中独子名为葆初,后来承袭了公爵。女儿里,孝哲毅皇后是崇绮的第三女,生母为崇绮的第一任嫡妻,即和硕郑亲王端华的第二女。孝哲毅皇后最小妹妹后来被指婚给仁宗的孙子多罗惠敬郡王奕详为继妻。

整体来说,孝哲毅皇后的家族属于嘉道时期才形成的新贵,门第上升速度极快。其联姻的对象除了宫廷、王府之外,主要就是科举世家,这也凸显了其家以科举立身的门风。①

【入宫背景】

穆宗一朝的后宫,除了穆宗本人的意志之外,还明显有着孝贞显皇后、孝钦显皇后东西两宫的意志,在穆宗挑选皇后和后宫的问题上,也可以看出两宫太后之间的暗自角力。

孝哲毅皇后是在同治朝第一届选秀中被选中指立为皇后的。这一届选秀从同治七年选到了同治十一年,一共挑选了二十次。孝哲毅皇后是在同治七年二月初四日第一次挑选的时候就已经参加,并且一直坚持到最后一次。

根据通说,在这届的挑选八旗秀女之中,孝哲毅皇后得到了孝贞显皇后的支持。究其原因,孝哲毅皇后的生母是崇绮的第一任嫡妻,即和硕郑亲王端华的第二女。和硕郑亲王端华是文宗留下的"赞襄政务王大臣",即所谓"顾命八大臣"之一,在辛酉政变中被赐死,他的嫡福晋钮祜禄氏是孝贞显皇后的亲姑姑。所以孝哲毅皇后的生母即是孝贞显皇后的姑表姐妹,孝哲毅皇后也即是孝贞显皇后的姑表外甥女。与之相对的,孝钦显皇后所支持的则是富察氏,即后来的淑慎皇贵妃。这种通说虽然没有直接记录作为证据来证明,但是从后来娶入时朝廷对淑慎皇贵妃的种种特殊待遇来看,应该确有所本。

【宫廷生活】

孝哲毅皇后入宫之后,住在储秀宫。② 只度过了两年多的宫廷生活,穆

---

① 此段阿鲁特氏谱系,整理自《清代谱牒档案(缩微胶卷)》《外家纪闻——启功先生外祖家的事》《同治四年会试同年齿录》《清代朱卷集成》《恩赐荫生同官齿录》《爱新觉罗宗谱》。
② 《为敬事房接出储秀宫皇后位下女子二名系镶黄旗胡图龄阿之女正黄旗牧丁克什布之女俱因笨现今退出事的堂报》,同治十二年闰六月十二日,档案号:05-0870-064,中国第一历史档案馆藏。

宗便在同治十三年年底突发天花,并于同年十二月初五日崩逝。之后未满百日,孝哲毅皇后也随之崩逝。这短短两年多的时间内到底发生了什么,目前已知的档案提及的并不多。

几乎所有可查的旗人世家后裔的口述或所写的文史资料中,都提到孝哲毅皇后在宫廷的生活并不顺遂,特别是与孝钦显皇后的矛盾较大。如果通说之中所说选秀时两位太后的矛盾是事实的话,那么孝哲毅皇后入宫后的生活应该是夹在两宫太后之间,其压力可想而知。同样出身八旗蒙古世家的崇彝在其《道咸以来朝野杂记》内称:"穆宗后阿鲁特氏,尚书崇绮女。被选入宫,不得孝钦太后欢,孝贞从中敷衍之。某年,以事欲废立,诏惇王奕誴欲发表焉。召对之际,惇王对曰:'欲废后,非由大清门入者不能废大清门入之人,奴才不敢奉命。'盖讥两后皆由妃正位者。"①如果崇彝所记的情况属实的话,那么孝哲毅皇后与孝钦显皇后的矛盾相当激烈。

光绪元年二月二十日寅时,孝哲毅皇后在储秀宫崩逝,距离穆宗崩逝只有七十四天。帝后接连崩逝,这种"重丧"的情况在当时被认为是十分不吉的。关于孝哲毅皇后的崩逝,官方的说法是:"痛经大行皇帝龙驭上宾,毁伤过甚,遂抱沉疴。"②而其背后的原因一般有两种解释:一是一些野史以及民间的推论,认为孝哲毅皇后是被孝钦显皇后毒死;二是一些史料以及孝哲毅皇后本家后裔所流传的说法,认为是孝哲毅皇后绝食自杀。此处认为,孝哲毅皇后和孝钦显皇后之间存在矛盾应是事实,但是参考当时的情况以及时代背景,孝钦显皇后不会逼迫孝哲毅皇后致死,更不会下毒杀害孝哲毅皇后,孝哲毅皇后应该是因为处境尴尬而自杀。

首先开列《德宗景皇帝实录》内光绪元年二月前后孝哲毅皇后崩逝之前关于她的记录:

正月二十日,德宗在太和殿即位后,先前往两宫皇太后处行礼,又"至储秀宫嘉顺皇后前行礼"③。

二月十八日,"上侍慈安端裕康庆皇太后、慈禧端佑康颐皇太后幸储秀

---

① 崇彝:《道咸以来朝野杂记》,第106页。
② 《德宗景皇帝实录》卷4,光绪元年二月戊子条,《清实录》,第52册,第133页。
③ 《德宗景皇帝实录》卷3,光绪元年正月戊午条,《清实录》,第52册,第114页。

宫,视嘉顺皇后疾"。①

二月十九日,"上侍慈安端俗康庆皇太后、慈禧端佑康颐皇太后幸储秀宫,视嘉顺皇后疾。申刻,复侍慈禧端佑康颐皇太后视嘉顺皇后疾"。②

二月二十日,"寅时,嘉顺皇后崩于储秀宫"。③

由此可见,在正月二十日的时候,孝哲毅皇后尚没有太大问题。而到了二月十八日已经到了需要"视疾"的地步,说明这时候孝哲毅皇后已经病得相当重了。在"视疾"的时候,德宗和孝贞显皇后多数都在场,而且孝哲毅皇后病危有两天多的时间,翁同龢的日记中也提到"嘉顺皇后卧疾已久,今益剧矣"④,可知孝哲毅皇后的去世是一个阶段性的结果,不大可能是被下毒而亡。而且当时孝贞显皇后尚在宫内,是"两宫"之一,与孝钦显皇后互为敌体,无论是派人下毒还是逐步逼迫,孝贞显皇后绝无坐视不管之理。

至于孝哲毅皇后决定自杀的原因,按照其本家后裔所流传的说法:"等到同治帝死后,慈禧越发刁难她,抱来了光绪,小叔子做了皇帝,寡嫂居宫中,没有了活路。同治后想死,于是把父亲找来商量怎样死。……后来同治后绝食,慈禧还让宫女给她灌了杏仁粥,又多活了两天,惨啊!关于皇后死时已怀孕之说,家里人没有说过,应该不是史实。唉,惨啊!都贵为皇后了,最终还是殉了夫。"⑤出身旗人世家的敦崇在其年谱中提到:"后自穆宗宾天后,即以死自誓,盖痛慈禧之不为穆宗立后也。至是百日将满,遂绝粒而崩。"⑥宫中太监信修明也记录称:"同治皇后以弟继兄位,感觉自己在宫中无位置,遣太监问计于父。其父崇绮进一加封食盒,开启之后乃是空盒,于是同治皇后绝食殉节。后人赞说真不愧是状元之女。"⑦这里所谓"小叔子做了皇帝,寡嫂居宫中,没有了活路""不为穆宗立后""弟继兄位,感觉自己在宫中无位置",作为现代人可能难以理解,实际上这与清代民间宗法制度以及皇室宗法制度之间的矛盾有关。

---

① 《德宗景皇帝实录》卷4,光绪元年二月丙戌条,《清实录》,第52册,第132页。
② 《德宗景皇帝实录》卷4,光绪元年二月丁亥条,《清实录》,第52册,第132页。
③ 《德宗景皇帝实录》卷4,光绪元年二月戊子条,《清实录》,第52册,第132页。
④ 《翁同龢日记》,光绪元年二月十九日条,第3册,第1111页。
⑤ 允丽:《外家纪闻——启功先生外祖家的事》,第200页。
⑥ 敦崇:《思恩太守年谱》,第45页。
⑦ 信修明:《老太监的回忆》,第25页。

按照当时普遍的宗法观念看来,一个人如果在死后"绝嗣",得不到后代香火祭祀,便会成为"孤魂野鬼",十分悲惨。所以当有支系"绝嗣"的话,同族一般会在族内选择辈分合适的人去"承继",也叫"承嗣""承祀",以延续香火。身份地位越高,这种延续香火的想法就越强。孝哲毅皇后必然也希望为亡夫穆宗立嗣,以延续穆宗的香火和宗统。

但是,清代皇室有自己的宗法规则。清廷将皇族爱新觉罗氏内部分成"宗室"和"觉罗","宗室"内部还分成"近支宗室"和"远支宗室","近支宗室"内部除普通的"近支宗室"之外还有和皇帝血统关系最近的"近派宗支"。当时"近派宗支"的范围是仁宗嘉庆帝和宣宗道光帝两系。按照清代皇室自己的宗法习惯,当帝位断绝时,要尽可能地从"近派宗支"内挑选承继大统者,而且禁止错辈承继。也就是说,如果要给穆宗立嗣,则必须从"近派宗支"内选择出"溥"字辈的男性过继给穆宗。当时的"近派宗支"内只有一位"溥"字辈男性在世,即宣宗第一子隐志郡王奕纬的嗣孙溥伦。但是溥伦生于同治十三年十月初二日午时,当时只有三个月大,在当时的医疗条件下很容易夭折,所以无法被承继给穆宗为嗣,这才让"载"字辈的德宗作为文宗的承继子入继大统。

孝哲毅皇后为亡夫穆宗立嗣的期待落空,又因为德宗入继,她成了寡嫂身份,政治上毫无发言权,未来十分堪忧。同时,明清时期尤其推崇"节妇","守节"或"殉节"都是当时社会所普遍赞赏的。孝哲毅皇后本家阿鲁特氏一门以科举知名,饱读经典,对于"节烈"似乎更为推崇。孝哲毅皇后的姑祖母以及大姑母都是节妇,可知孝哲毅皇后家族的门风本身便有刚烈的一面。①

顺带一提,有一些野史认为穆宗崩逝的时候孝哲毅皇后已经怀有身孕,所以孝钦显皇后才迫不及待地想要逼死她云云。一来前面所引孝哲毅皇后本家后裔的说法里明确说"家里人没有说过";二来,根据清宫制度,一旦后宫主位被确认怀孕,马上会增设各种人员妥善保护孕妇,在档案上必然有所

---

① 谨按,庚子之乱中,联军进京之后专门寻找支持义和团的大臣之家进行杀戮。孝哲毅皇后的父亲崇绮在政策上支持义和团,当时只身出京。其家人遵循"主辱臣死"的理念,由崇绮的继妻瓜尔佳氏率领,"先于京师陷时,预掘深坑,率子散秩大臣葆初及孙员外郎廉定,笔帖式廉容、廉密,监生廉宏,分别男女入坑生瘗,阖门死难"。根据记录,崇绮一家"阖门死难"一共有十三口人,六男七女。由此也可见阿鲁特氏一门门风之刚烈。

反映。而目前无论是档案还是医案上,均未发现有孝哲毅皇后怀孕的记录。

孝哲毅皇后崩逝之后,孝贞显皇后、孝钦显皇后评价她为"孝敬性成,温恭夙著";"淑慎柔嘉,壸仪足式,侍奉两宫,孝敬无违",①并为其上了"哲"的谥号。后来在光绪二年五月,御史潘敦俨上了一道奏折,说现在国内气候干旱是因为皇后的谥号有问题,请求更改皇后的谥号,并且提到"后崩在穆宗升遐百日内,道路传闻,或称伤悲致疾,或云绝粒霣生,奇节不彰,何以慰在天之灵?何以副兆民之望?"按照潘敦俨的想法,孝哲毅皇后既然是自杀殉节,自然是节妇的表率,需要和平民一样大为旌表一番才能公平,才能"风调雨顺"。两宫太后看了之后表示"深堪诧异",下懿旨道:"本朝恭上列后谥号,均系恪遵成宪,敬谨举行。孝哲毅皇后已加谥号,岂可轻议更张。该御史逞其臆见,率行奏请,已属糊涂。并敢以传闻无据之词,登诸奏牍,尤属谬妄。潘敦俨著交部严加议处。"②换言之,内廷之事不是御史凭借坊间传言能够讨论的,结果潘敦俨被革职。

【封谥释义】

内阁为孝哲毅皇后拟出两种谥号,其一为"孝哲嘉顺淑慎贤明宪天彰圣毅皇后",其二为"孝质嘉顺敬恪敦仁仪天钦圣毅皇后"③,最终选定了前者作为孝哲毅皇后的谥号。其主谥为"哲",满文作"sultungga"④,意为"明哲"。

第三节 清穆宗同治帝的四位后宫

一、淑慎皇贵妃

【简介】

穆宗淑慎皇贵妃,镶黄旗满洲富察氏,盛京工部侍郎凤秀之女。咸丰九年十二月初一日生。在同治九年前后参加八旗选秀,于同治十一年二月初三日,被指定为慧妃。同年九月十四日,以大学士文祥为正使,礼部尚书灵桂为副使,册封为慧妃,当日入宫。同治十三年十一月十五日,因穆宗天花

---

① 《德宗景皇帝实录》卷4,光绪元年二月戊子条,《清实录》,第52册,第133页。
② 《德宗景皇帝实录》卷32,光绪五年二月戊子条,《清实录》,第52册,第133页。
③ 《呈恭拟大行嘉顺皇后尊谥单》,光绪元年,档案号:03-5522-111,中国第一历史档案馆藏。
④ 綦中明:《满语名号研究》,第81页。

之喜,诏晋为皇贵妃。同年十二月初五日,穆宗崩逝,德宗即位,尊封为敦宜皇贵妃。光绪二十年正月,因孝钦显皇后六旬慈庆,尊封为敦宜荣庆皇贵妃。光绪三十年正月二十八日薨,年四十六岁,谥曰淑慎皇贵妃。光绪三十一年九月二十一日,奉安惠陵妃园寝。

【家族背景】

淑慎皇贵妃出身檀都系富察氏,是太祖继妃、孝贤纯皇后的同族,高宗晋妃的族曾孙女,宣宗恬嫔的族孙女。其家世可以参考太祖继妃、孝贤纯皇后、高宗晋妃、宣宗恬嫔条。淑慎皇贵妃虽然是孝贤纯皇后的族亲,但是早就出了五服,所以和宫廷亲缘并不近。淑慎皇贵妃的直系祖先是米思翰的第二子二等伯、大学士马齐,在血缘上与高宗晋妃、宣宗恬嫔较为接近。马齐生有十二子,形成了十二房后裔,高宗晋妃是第五房傅广的孙女,宣宗恬嫔是第十一房傅良的曾孙女,淑慎皇贵妃则是第四房傅德的四世孙女。这样算来,她与高宗晋妃和宣宗恬嫔也都出了五服。

在马齐后代的十二房中,门第的高低并不一致,其中作为大宗承袭二等伯爵位的是第十一房,无疑是八旗内的一等世家,其余的房头就要差一些。淑慎皇贵妃出身第四房,这个支系的祖先傅德只仕至员外郎,其子官登仕至知府,有沦落为中级官员的趋势。但是官登的第一子恭泰是当时有一定名望的诗人,又肯于读书,在乾隆四十三年考中文进士,由吏部员外郎入仕,乾隆朝晚期任内阁学士,嘉庆朝初期任盛京兵部侍郎,回归了高级官员的行列。这位恭泰便是淑慎皇贵妃的曾祖父。

淑慎皇贵妃的祖父是恭泰的第二子惠吉,其由荫生出身,嘉庆年间任员外郎、郎中,道光元年外任知府,在道光十三年升任广西巡抚,其后历任热河都统、漕运总督、陕西、福建、云南巡抚、陕甘总督等职,是道光中后期的著名督抚。惠吉生有三子,第一子名为钟秀,仕宦情况不明;第二子名为麟秀,仕至户部郎中;第三子名为凤秀,便是淑慎皇贵妃的父亲。凤秀,号辉堂,以监生的身份纳赀出仕,同治年间任员外郎,后来因为女儿淑慎皇贵妃被孝钦显皇后喜爱的缘故成为"后党"的一员,得以在光绪朝屡屡晋升,仕至盛京工部侍郎,在光绪二十二年七月病故。已知的资料显示,凤秀并没有留下男性后裔,淑慎皇贵妃有可能是他的第一女。另外,凤秀还至少有一个小女儿,生于光绪元年,比淑慎皇贵妃小了十六岁,后来参加了光绪朝第一届的选秀,成功进入最后决选,但是最终没能被挑选入宫。

姻亲方面,淑慎皇贵妃至少有两位姑母,一位嫁给鸿胪寺卿绵善作为三继妻,绵善是圣祖第二十四子和硕诚恪亲王允祕的曾孙,也是同治元年的举人;另外一位嫁给正红旗满洲瓜尔佳氏闽浙总督怡良的独子笔帖式吉昌为妻。

总体而言,淑慎皇贵妃家族属于是满洲一等世家的分支,本支内并没有爵位或者世管佐领承袭,但是通过自己的努力,保持在高级官员的行列里,依然与世家进行联姻。①

【入宫背景】

目前已知淑慎皇贵妃是在同治朝第一届选秀中被选中指定为慧妃的。这一届选秀从同治七年选到了同治十一年,一共挑选了二十次。在同治七年的时候,淑慎皇贵妃只有十岁,不属于挑选范围,应该没有参加挑选。但是因为同治朝选秀经常更改秀女参加年龄,同治八年之后几次挑选的要求不明,所以淑慎皇贵妃具体是在哪次开始参加挑选的目前并不清楚,推测她可能是在同治九年十二岁左右开始参加挑选的。

根据通说,在这届秀女之中,孝贞显皇后支持孝哲毅皇后,而孝钦显皇后支持淑慎皇贵妃。前文提到过,孝贞显皇后支持孝哲毅皇后的一个原因是孝哲毅皇后与孝钦显皇后有亲属关系,故而有人以此猜测孝钦显皇后支持淑慎皇贵妃也是因为亲属关系的缘故。特别是根据资料得知孝钦显皇后的母亲是富察氏,便认为孝钦显皇后的母亲是淑慎皇贵妃的同族。实际上,孝钦显皇后的母亲富察氏是归化城副都统惠显的女儿,惠显虽然与淑慎皇贵妃的祖父惠吉名字很像兄弟,而且两人都是镶黄旗满洲人,但是惠显和惠吉不仅不是兄弟,而且惠显也并非檀都系富察氏出身,惠显之子所用的行辈也与惠吉家族完全不同,属于典型的"同姓各宗"。

总之,以目前的资料来看,并没有发现孝钦显皇后与淑慎皇贵妃有亲属关系。孝钦显皇后可能只是因为淑慎皇贵妃家世尚好,而且符合自己的喜好,才会支持淑慎皇贵妃。另外,在档案中发现,淑慎皇贵妃亲伯父麟秀的

---

① 此段富察氏谱系,整理自《八旗满洲氏族通谱》《清代谱牒档案(缩微胶卷)》《沙济富察氏宗谱》《思恩太守年谱》《八旗通志初集》《钦定八旗通志》《爱新觉罗宗谱》。

女儿也参加了当届选秀,并且一直记名,可惜在同治九年五月二十八日以记名秀女的身份病故,①而淑慎皇贵妃也应该是在此年前后参加挑选的。

从结果来看,在五位被选中的秀女之中,除了孝哲毅皇后指立为皇后之外,只有淑慎皇贵妃独占妃位,并且在事实上是以贵妃的待遇入宫的,入宫的时间也与众不同,俨然有"副后"的待遇,似乎也证明了淑慎皇贵妃在原选秀中被看好的情况。

【宫廷生活】

根据《筹办大婚典礼册》内记录的后宫主位入宫典礼,在一般情况下,指立的皇后应该在行大婚礼的前一日,于自家邸第被册封为皇后,并于第二天凌晨入宫行合卺大婚礼。而指定的妃嫔贵人等后宫主位则是在皇后册封的那一天便由内务府迎接入宫,并于第二日皇后大婚礼上作为后宫行礼朝贺。至于这些后宫主位们的册封礼,则惯例安排在大婚礼之后。与之相对,淑慎皇贵妃则与众不同。根据两宫的懿旨,她"于本年九月十四日册封皇后礼成后,即日册封慧妃"。② 也就是淑慎皇贵妃是与皇后在同一天在邸第被册封,先于皇后入宫,③而且在册封的当天"命委散秩大臣三等承恩公崇绮以内阁学士候补,员外郎凤秀以四品京堂候补"。④ 不仅将皇后的父亲升官,还同时升了淑慎皇贵妃父亲的官职,待遇显然与其他三位后宫不同。

入宫之后,淑慎皇贵妃住在永和宫。⑤ 根据两宫太后的懿旨,"慧妃分例著照贵妃分例预备"⑥,在事实上享受贵妃的待遇。另外,淑慎皇贵妃还代替孝哲毅皇后主持了先蚕坛的祭祀。清代先蚕坛的祭祀是由皇后主持的祭祀活动,一般每年都要进行,或由皇后亲自主持祭祀,或派一位后宫代祭,或派官员、命妇代祭。在皇后在位的情况之下,一般不派人代祭,除非皇后

---

① 《为镶黄旗满洲耀奎佐领下记名秀女原任郎中麟秀之女病故事致内务府》,同治九年五月三十日,档案号:05-13-002-000811-0124,中国第一历史档案馆藏。
② 《穆宗毅皇帝实录》卷330,同治十一年三月己丑条,《清实录》,第51册,第364页。
③ 于善浦:《清代帝后的归宿》,第215页。
④ 《穆宗毅皇帝实录》卷340,同治十一年九月乙未条,《清实录》,第51册,第486页。
⑤ 《为敬事房接出永和宫慧妃位下女子一名系正白旗披甲人祥永之女因笨现令退出事的堂报》,同治十二年二月十一日,档案号:05-0867-047,中国第一历史档案馆藏。
⑥ 《奏为拣派皇后妃嫔位下专奉内管领等预备分例事》,同治十一年二月二十三日,档案号:05-0861-035,中国第一历史档案馆藏。

有孕在身,或者国丧以及皇后本家有丧事。① 而同治朝两次祭祀先蚕坛,均是派淑慎皇贵妃代祭的,当时孝哲毅皇后似乎不在丧期之内,也并未怀孕,出现这种情况或许是孝哲毅皇后身体不适造成的,也可能是两宫皇太后对淑慎皇贵妃的一种优待。

虽然淑慎皇贵妃得到了两宫皇太后的特殊优待,但是穆宗天寿不永,过早崩逝,让淑慎皇贵妃以十六岁的年纪开始寡居。在光绪二年,淑慎皇贵妃作为穆宗的遗孀,与其他三位后宫一起移居到"西内"慈宁宫②,并且在此了却残生。

【封谥释义】

淑慎皇贵妃原本的封号为"慧",满文作"ulhisungge"③,意为"聪慧""伶俐"。作为皇贵妃的封号为"敦宜荣庆",满文作"jiramin acabungge derengge urgun"④,意为"敦厚相宜荣华喜庆"。最后的谥号为"淑慎",满文作"nemgiyen olhoba"⑤,意为"温和谨慎"。

二、献哲皇贵妃

【简介】

穆宗献哲皇贵妃,正蓝旗满洲赫舍里氏,知府崇龄之女。咸丰六年六月初一日未时生。⑥ 在同治七年参加八旗选秀,于同治十一年二月初三日,被指定为瑜嫔。同年九月十三日入宫。同年十月二十八日,以大学士文祥为正使,礼部尚书万青藜为副使,册封为瑜嫔。同治十三年十一月十五日,因穆宗天花之喜,诏晋为瑜妃。光绪二十年正月,因孝钦显皇后六旬慈庆,诏

---

① 如嘉庆九年(1804年),孝和睿皇后之母病故,因此由诚妃代祭。见《著为祭蚕坛遵旨改遣诚妃致祭事》,嘉庆九年三月初四日,档案号:05-0508-070,中国第一历史档案馆藏。
② 谨按,此处"慈宁宫"泛指宫廷内慈宁宫本宫以及其北部和东部的六个"所"。
③ 《为片查慧妃照皇贵妃例赏给何项事致内务府》,同治十二年二月二十八日,档案号:05-13-002-000242-0138,中国第一历史档案馆藏。
④ 《为发给恭办敦宜荣庆皇贵妃等位镀金银册等项核用头等赤金事致内务府》,光绪二十年四月二十一日,档案号:05-13-002-000307-0068,中国第一历史档案馆藏。
⑤ 《为淑慎皇贵妃神牌开工事宜一折抄录原奏致内务府等》,光绪三十一年八月二十七日,档案号:05-13-002-000349-0034,中国第一历史档案馆藏。
⑥ 谨按,自献哲皇贵妃入宫时,即以六月初一日为生辰。至民国小朝廷时期,则主动将生辰改为七月十九日,其理由目前尚不明确。可参见《内务府口传醇王爷交谕敬懿皇贵妃改七月十九日千秋单》,无朝年,档案号:06-02-004-000013-0202,中国第一历史档案馆藏。

晋为瑜贵妃。光绪三十四年十月二十一日，德宗崩逝，宣统帝即位，尊封为瑜皇贵妃。民国二年二月初五日，尊封为敬懿皇贵妃。民国十一年（1922年）九月十五日，尊封为敬懿皇贵太妃。民国十三年（1924年）十月二十五日，与敦惠皇贵妃一同出宫，前往宽街荣寿固伦公主府居住，后又迁居麒麟碑胡同。民国二十年（1931年）十二月二十七日亥时薨，年七十七岁。民国二十一年（1932年）正月，谥曰献哲皇贵妃，暂安柏林寺。民国二十四年（1935年）二月，奉安惠陵妃园寝。

【家族背景】

穆宗献哲皇贵妃出身的赫舍里氏所属大系不明，属于西安驻防正蓝旗满洲赫舍里氏。在清代，凡是被拨往驻防并且入当地驻防旗籍的，多数是没有世爵世职也没有出任中高级职官的中下层旗人，以兵丁阶层为主。不过根据献哲皇贵妃家族部分谱牒显示，献哲皇贵妃的祖父名为成明，仕至杭州将军，已经成功跻身高级官员阶级，为脱离驻防旗籍做了准备。成明的第二子名为舒兴阿，字叔起，号云溪，是道光十二年的进士，在道光年间历任内阁学士、兵部、工部侍郎，咸丰年间成为军机大臣，历任户部左侍郎、陕甘总督、云南巡抚，在咸丰八年病故。献哲皇贵妃的家族因为其祖父舒兴阿位至高官，得以被调入京旗。以这个角度而言，虽然祖父等均是西安驻防出身，但是在献哲皇贵妃出生的时候其家族已经是京旗的旗人了。

舒兴阿共有五子数女。第一子熙龄仕至陕西候补同知；第二子崇龄仕至广东雷州府知府；第三子松龄仕至礼部员外郎；第四子惠龄仕至吏部郎中；第五子益龄仕至工部笔贴式。舒兴阿的女儿里，有一位嫁给老恭王府①出身的尚书延煦作为二继妻。可以看出，由于舒兴阿在仕宦上的得势，其家族也进入了京旗世家的婚姻圈。

献哲皇贵妃的父亲为舒兴阿的第二子崇龄，母亲的资料则不明。献哲皇贵妃有可能是崇龄的第一女，并且至少有一位亲妹妹，后来被指婚给和硕恭忠亲王奕䜣的第二子多罗贝勒载滢作为嫡妻。

另外，献哲皇贵妃的好几位嫡堂姐妹也嫁给高等宗室，如其伯父熙龄之

---

① 谨按，老恭王府指的是世祖第五子和硕恭亲王常宁一门，用以区别宣宗第六子和硕恭忠亲王奕䜣一门。

女嫁给和硕睿恭亲王淳颖的孙子,还有一女嫁给宗室大学士耆英的弟弟。叔父松龄的女儿嫁给履王府的奉恩镇国公溥楸,另外一位叔父益龄的女儿则嫁给和王府的小宗典礼院学士毓隆。由此可见,献哲皇贵妃一家虽然刚被调入京旗,但是和京旗世家的联姻已经很普遍,特别是和高等宗室的联姻尤为密切,可见其门第。

十分有趣的是,根据档案显示,舒兴阿一家被调入京城之后,住在板厂胡同。同年被选为皇后的孝哲毅皇后以及恭肃皇贵妃阿鲁特氏,她们家族的邸第也是在板厂胡同。所以献哲皇贵妃与孝哲毅皇后和恭肃皇贵妃是邻居的关系。①

【入宫背景】

目前已知献哲皇贵妃是在同治朝第一届选秀中被选中指定为瑜嫔的。这一届选秀从同治七年选到了同治十一年,一共挑选了二十次。献哲皇贵妃是在同治七年二月初四日第一次挑选的时候就已经参加,并且一直坚持到最后一次选秀。

【宫廷生活】

献哲皇贵妃入宫之后,住在景仁宫。② 度过了两年多的宫廷生活,在同治十三年十二月初五日穆宗崩逝之后,以十九岁的年纪开始寡居。在光绪二年,作为穆宗的遗孀与其他三位后宫一起移居到"西内"慈宁宫,与敦惠皇贵妃一起住在寿头所。③ 后来淑慎皇贵妃在光绪三十年正月薨逝,献哲皇贵妃成了穆宗遗孀们的首领。

光绪三十四年十月二十一日,德宗崩逝,宣统帝即位。因为宣统帝在宗法上是承继穆宗为嗣,兼祧德宗,故而以献哲皇贵妃为首的穆宗遗孀们对宣统帝的"母权"提出要求,却被德宗的嫡后孝定景皇后所压制,在其过程之中,献哲皇贵妃与孝定景皇后的矛盾极其严重,以至于民国二年正月孝定景皇后崩逝的时候,据说献哲皇贵妃曾经对着孝定景皇后的尸身说:"你也有

---

① 此段赫舍里氏谱系,整理自《爱新觉罗宗谱》《恩赐荫生同官齿录》《会试同年齿录》。
② 《为敬事房接出景仁宫瑜嫔位下女子系正白旗匠役宝英之女因笨现令退出事的堂报》,同治十二年二月初七日,档案号:05-0867-044,中国第一历史档案馆藏。
③ 《为查验寿头所交出女子二名分别在瑜妃瑨嫔位下当差素无过失并无别情属实事的呈文》,光绪二年十一月十三日,档案号:05-0894-064,中国第一历史档案馆藏。

了今日！"①以表达自己的愤恨。

最大的对手孝定景皇后崩逝之后，以献哲皇贵妃为首的穆宗遗孀们再次发难，最终与德宗的遗孀温靖皇贵妃共享宣统帝的"母权"，也因此得以搬离慈宁宫。其中，献哲皇贵妃搬入太极殿（启祥宫），②并且继续与温靖皇贵妃争夺"母权"。关于这一点，宣统帝的记录中提到："敬懿太妃因为我幼时曾住在和她的'太极殿'相衔接的'长春宫'的关系，所以我幼时对于她的感情，总比和那三位太妃要亲近些，就是她对于我也是在无言之中，似乎更关切些。她对于端康的骄傲跋扈的平日行动，也颇为不满，只不过是面和心不和地过着表面平静的生活罢了。"③宣统帝的本生亲弟溥杰也记录说："那时，瑜妃住在太极殿，溥仪住在长春宫，二人相距最近。瑜妃很想利用这种'地利'之便，逐渐影响溥仪，来加强自己在其他三宫中的地位，于是就提出让我祖母、母亲和我及长妹韫媖，进宫去会见溥仪。"④"瑜妃看来待人和气，但很有笼络人的手腕。……可是到我十三岁的时候，瑾妃也忽然派人来，宣我们进宫去会亲了。……当我们于次日到太极殿给瑜妃请安时，她的脸上就露出不悦之色。"⑤由此可见，在这场关于"母权"的争斗当中，以民国八年（1919年）为界限。民国八年之前，献哲皇贵妃占据上风，民国八年之后，温靖皇贵妃占据上风。

在当时，其他太妃均称呼献哲皇贵妃为"三姐"⑥，这大概是因为她原本在娘家行三的缘故。关于献哲皇贵妃的性格，一些当事人留下了记录。溥佳回忆说："我曾听母亲说过，敬懿的文化很高，西太后对她很器重。……她的言谈举止处处仿效慈禧，见她时可千万不要错了规矩，否则她会当面呵斥的。确实如我母亲所说，我每次去见她，她总是端坐在宝座之上，我给她叩

---

① 溥仪：《我的前半生（灰皮本）》，北京：群众出版社，2011年，第48页。
② 溥佳：《清宫回忆》，中国人民政治协商会议全国委员会文史资料研究委员会编：《晚清宫廷生活见闻》，第15、16页。
③ 溥仪：《我的前半生（灰皮本）》，第104页。
④ 溥杰：《清宫会亲见闻》，中国人民政治协商会议全国委员会文史资料研究委员会编：《晚清宫廷生活见闻》，第37页。
⑤ 溥杰：《清宫会亲见闻》，中国人民政治协商会议全国委员会文史资料研究委员会编：《晚清宫廷生活见闻》，第45页。
⑥ 溥杰：《清宫会亲见闻》，中国人民政治协商会议全国委员会文史资料研究委员会编：《晚清宫廷生活见闻》，第44页。

了头,她才叫人临时放一把椅子叫我坐,可我又得给她谢恩。有时她还给我一杯茶喝,我还得给她谢恩。总之在她那里要不断地谢恩就是了。她面部表情严肃,说话总带着教训人的口气,而且一说起来就没个完,直到她说声'你下去吧',我才敢退出来。"①可见献哲皇贵妃是一位规矩很大、比较严肃的人。

与此同时,献哲皇贵妃和温靖皇贵妃的"母权"之争还在继续。民国十一年为宣统帝挑选"皇后",两位太妃也明争暗斗起来,献哲皇贵妃支持额尔德特氏,温靖皇贵妃支持郭布罗氏,最终温靖皇贵妃所支持的郭布罗氏成了"皇后",而献哲皇贵妃所支持的额尔德特氏成了"淑妃",似乎献哲皇贵妃又输了一阵。也正是在同年九月十五日,小朝廷下达"上谕",称:"恭维敬懿皇贵妃、荣惠皇贵妃恭侍皇考穆宗毅皇帝,敬慎素著。端康皇贵妃恭侍兼祧皇考德宗景皇帝,温顺孔昭。现届举行大婚典礼,允宜加崇位号,以表尊荣。敬懿皇贵妃尊封为敬懿皇贵太妃,荣惠皇贵妃尊封为荣惠皇贵太妃,端康皇贵妃尊封为端康皇贵太妃。"②将三位太妃均正式尊为"皇贵太妃"。

民国十三年九月二十二日,与献哲皇贵妃争斗了十年的温靖皇贵妃薨逝,献哲皇贵妃终于没有了敌手,然而在十六天之后的十月初九日,冯玉祥命鹿钟麟率军进入紫禁城,将宣统帝驱逐出宫。献哲皇贵妃与敦惠皇贵妃则借故逗留在宫内,之后于十月二十五日与敦惠皇贵妃一同出宫,前往宽街荣寿固伦公主府居住。后来荣寿固伦公主在当年十一月十八日薨逝,过了一段时间,献哲皇贵妃与敦惠皇贵妃又迁居麒麟碑胡同,度过了最后的晚年时光。③

【封谥释义】

献哲皇贵妃原本的封号为"瑜",满文作"fiyangga"④,意为"鲜亮的""有

---

① 溥佳:《清宫回忆》,中国人民政治协商会议全国委员会文史资料研究委员会编:《晚清宫廷生活见闻》,第14、15页。
② 中国国家图书馆编:《中国国家图书馆藏清宫升平署档案集成》,第49册,第26416、26417页。
③ 谨按,关于献哲皇贵妃与敦惠皇贵妃迁居麒麟碑胡同的原因,有学者通过访问调查,认为是因为荣寿固伦公主的承继子麟光经常请人来公主府打牌娱乐,来宾所乘汽车的喇叭声很吵,敦惠皇贵妃与献哲皇贵妃不堪其扰,故而迁居。实际上,荣寿固伦公主的承继子麟光在1921年病故,献哲皇贵妃与敦惠皇贵妃入住公主府时,他已经去世近三年了。
④ 《为知照册封瑜嫔珣嫔应用捧节册入宫之内监及赞引并宣读册接授各女官及执彩仗人等查照原奏办理事致内务府》,同治十一年十月十三日,档案号:05-13-002-000241-0018,中国第一历史档案馆藏。

光彩的"。

三、恭肃皇贵妃

【简介】

穆宗恭肃皇贵妃,原正蓝旗蒙古后抬镶黄旗满洲阿鲁特氏,大学士赛尚阿之女。咸丰七年八月初三日未时生。在同治七年参加八旗选秀,于同治十一年二月初三日,被指定为珣嫔。同年九月十三日入宫。同年十月二十八日,以大学士单懋谦为正使,协办大学士、刑部尚书全庆为副使,册封为珣嫔。同治十三年十一月十五日,因穆宗天花之喜,诏晋为珣妃。光绪二十年正月,因孝钦显皇后六旬慈庆,尊封为珣贵妃。光绪三十四年二十一日,德宗崩逝,宣统帝即位,尊封为珣皇贵妃。民国二年二月初五日,尊封为庄和皇贵妃。民国十年(1921年)三月初七日亥时薨,年六十五岁,谥曰恭肃皇贵妃。同年四月十一日,由慈宁宫奉移至惠陵妃园寝享殿暂安。同年十二月初七日,奉安惠陵妃园寝。

【家族背景】

恭肃皇贵妃出身正蓝旗蒙古阿鲁特氏,是孝哲毅皇后的姑母,其家世可参考孝哲毅皇后条。恭肃皇贵妃是孝哲毅皇后的祖父赛尚阿的女儿,根据其本家后裔的说法,为赛尚阿与侍妾所生。按赛尚阿为嘉庆三年生人,生下恭肃皇贵妃的时候已经六十岁,当时赛尚阿的嫡室富察氏如果在世,年纪也应该很大了,的确不大可能生育子女。赛尚阿至少有六个女儿,恭肃皇贵妃很有可能是最小的女儿。与侄女孝哲毅皇后相比,作为"老来子"的恭肃皇贵妃受到的教育环境可能更为宽松。[①]

【入宫背景】

目前已知恭肃皇贵妃是与侄女孝哲毅皇后一起在同治朝第一届选秀中被选中指定为珣嫔的。这一届选秀从同治七年选到了同治十一年,一共挑选了二十次。恭肃皇贵妃是在同治七年二月初四日第一次挑选的时候就已经参加,并且一直坚持到最后一次。

---

① 此段阿鲁特氏谱系,整理自《清代谱牒档案(缩微胶卷)》《外家纪闻——启功先生外祖家的事》《同治四年会试同年齿录》《清代朱卷集成》《恩赐荫生同官齿录》《爱新觉罗宗谱》。

【宫廷生活】

恭肃皇贵妃入宫之后，住在景仁宫。① 度过了两年多的宫廷生活，在同治十三年十二月初五日穆宗崩逝之后，以十八岁的年纪开始寡居。在光绪二年，作为穆宗的遗孀与其他三位后宫一起移居到"西内"慈宁宫。

在三十多年寡居生活之后，光绪三十四年十月二十一日，德宗崩逝，宣统帝即位。因为宣统帝在宗法上是承继穆宗为嗣，兼祧德宗，所以以献哲皇贵妃为首的穆宗遗孀们对宣统帝的"母权"提出要求，却被德宗的嫡后孝定景皇后所压制。在民国二年正月孝定景皇后崩逝之后，以献哲皇贵妃为首的穆宗遗孀们再次发难，最终与德宗的遗孀温靖皇贵妃共享宣统帝的"母权"，也因此得以搬离慈宁宫。其中恭肃皇贵妃搬入储秀宫，②这也是她的侄女孝哲毅皇后当年居住的地方。

在民国年间的小朝廷里，以献哲皇贵妃为首的穆宗遗孀和孝定景皇后、温靖皇贵妃这两位德宗遗孀的争斗一直存在着。在这种争斗之中，恭肃皇贵妃作为穆宗遗孀的一员理所应当地与献哲皇贵妃一党。不过实际上恭肃皇贵妃更像是置身事外的样子。

在当时，其他太妃均称呼恭肃皇贵妃为"姑姑"③，这是从孝哲毅皇后那里论的辈分。关于恭肃皇贵妃的性格，一些当事人留下了记录。溥佳回忆说："（恭肃皇贵妃与敦惠皇贵妃）她二人的言谈举止极为相似，而且都笃信佛教。她们都体弱多病，每次我到她们那里，都见到她们那枯瘦而苍白的脸上，总带着一种无限忧伤的神气，没有一丝笑容，说话的声音细得几乎听不出来。"④宣统帝则回忆说："荣惠和庄和两太妃，平日也是很老实和蔼的。不过她们二位都有着不少迷信和忌讳。……庄和太妃那里的忌讳尤多。如不许人说'吃梨'，因为'梨'字和'离'字同音，须说吃'平安果'。还有'完了'

---

① 《奏为景仁宫交出女子一名系在珣嫔位下当差素无过失令家属领去事》，同治十一年十二月十一日，档案号：05-0866-042，中国第一历史档案馆藏。
② 溥佳：《清宫回忆》，中国人民政治协商会议全国委员会文史资料研究委员会编：《晚清宫廷生活见闻》，第15、16页。
③ 溥杰：《清宫会亲见闻》，中国人民政治协商会议全国委员会文史资料研究委员会编：《晚清宫廷生活见闻》，第44页。
④ 溥佳：《清宫回忆》，中国人民政治协商会议全国委员会文史资料研究委员会编：《晚清宫廷生活见闻》，第15、16页。

二字,也是在忌讳之列的。如果问您吃完了么的时候,须说您吃得了么。"①

【封谥释义】

恭肃皇贵妃原本的封号为"珣",满文作"nemeyengge"②,意为"温柔的""温婉的"。

四、敦惠皇贵妃

【简介】

穆宗敦惠皇贵妃,镶蓝旗满洲西林觉罗氏,主事罗霖之女。咸丰六年八月初九日巳时生。在同治七年参加八旗选秀,于同治十一年二月初三日,被指定为瑨贵人。同年九月十三日入宫。同治十三年十一月十五日,因穆宗天花之喜,诏晋为瑨嫔。光绪二十年正月,因孝钦显皇后六旬慈庆,尊封为瑨妃。光绪三十四年二十一日,德宗崩逝,宣统帝即位,尊封为瑨贵妃。民国二年二月初五日,尊封为荣惠皇贵妃。民国十一年九月十五日,尊封为荣惠皇贵太妃。民国十三年十月二十五日,与献哲皇贵妃一同出宫,前往宽街荣寿固伦公主府居住,后又迁居麒麟碑胡同。民国二十二年(1933年)四月二十三日戌时薨,年七十八岁。同年五月,谥曰敦惠皇贵妃。民国二十四年二月,奉安惠陵妃园寝。

【家族背景】

穆宗敦惠皇贵妃出身屯台系西林觉罗氏,与高宗鄂贵人同族,是清代西林觉罗一姓里最庞大也是最著名的一系。高宗鄂贵人也出自这个系,但鄂贵人是屯台本支的后代,而敦惠皇贵妃是屯台的同族西楞格的后代,两者仅仅是同一远祖的关系而已。

敦惠皇贵妃一支的入旗始祖名叫西楞格,世居汪秦地方,入旗之后归入镶蓝旗满洲,其家族拥有镶蓝旗满洲第五参领第十五佐领作为世管,并且在乾隆十年的时候增加了第十六、第十七两个佐领世管,最后因故只留下了第十五佐领。西楞格之孙罗奇,因为通晓书籍被赐号巴克什,仕至副都统,敦

---

① 溥仪:《我的前半生(灰皮本)》,第104页。
② 《为知册封瑜嫔珣嫔应用捧节册入宫之内监及赞引并宣读册接授册各女官及执彩仗人等查照原奏办理事致内务府》,同治十一年十月十三日,档案号:05-13-002-000241-0018,中国第一历史档案馆藏。

惠皇贵妃即是罗奇的后代。

　　罗奇独子名为苏柱,仕至头等护卫。苏柱独子名为色伯礼,仕至佐领。色伯礼生有三子,第一子名为苍,仕至佐领;第二子名为察馨,承袭一等轻车都尉;第三子名为赛福,也仕至佐领。三兄弟中察馨绝嗣,赛福后裔后来沦为小宗,世管佐领由苍的后代继承。苍生有六子,形成了六房后代,其中世管佐领由其第一、二、三房后裔交替承袭,敦惠皇贵妃的高祖父则是第五房的创始人,名为五黑,仕至佐领。从五黑之后,因为基本失去了世管佐领的承袭权,这一支后裔沦为小宗,敦惠皇贵妃的曾祖父罗定是五黑的幼子,仕至游击。祖父吉卿,在谱牒上作"吉祥",是罗定的第一子,仕至笔帖式。吉祥生有二子,第一子名为罗纳,第二子名为罗霖,仕至主事,家住西单牌楼秤钩胡同,①罗霖即是敦惠皇贵妃的父亲。

　　整体来看,敦惠皇贵妃家族属于八旗中下层世家的庶流,已经没落,沦为中低级官员。这种出身,与同期入宫的另外几位后宫主位相比有相当的差距,这可能是她初位只得到贵人位分的原因之一。②

【入宫背景】

　　目前已知敦惠皇贵妃是在同治朝第一届选秀中被选中指定为瑨贵人的。这一届选秀从同治七年选到了同治十一年,一共挑选了二十次。敦惠皇贵妃是在同治七年二月初四日第一次挑选的时候就已经参加,并且一直坚持到最后一次。

【宫廷生活】

　　敦惠皇贵妃入宫之后,被安排住在永和宫。③ 当时永和宫的首领主位是淑慎皇贵妃,敦惠皇贵妃只能居于偏殿。度过了两年多的宫廷生活,在同治十三年十二月初五日穆宗崩逝之后,以十九岁的年纪开始寡居,并且在此前后移居到景仁宫。④ 在光绪二年,作为穆宗的遗孀与其他三位后宫一起

---

① 谨按,清末时,敦惠皇贵妃的同父兄弟爵善、爵信搬至榆钱胡同居住。
② 此段西林觉罗氏谱系,整理自《八旗满洲氏族通谱》《清代谱牒档案(缩微胶卷)》《西楞格世袭佐领家谱》《八旗通志初集》《钦定八旗通志》《爱新觉罗宗谱》。
③ 《为敬事房接出永和宫慧妃位下女子一名系正白旗披甲人祥永之女因笨现令退出事的堂报》,同治十二年二月十一日,档案号:05-0867-047,中国第一历史档案馆藏。
④ 《为景仁宫瑨嫔位下退出女子系正白旗校尉仓和园户文徵之女因笨令退出事的堂交》,光绪元年九月初八日,档案号:05-0887-023,中国第一历史档案馆藏。

移居到"西内"慈宁宫,与献哲皇贵妃一起住在寿头所。①

在三十多年寡居生活之后,光绪三十四年十月二十一日,德宗崩逝,宣统帝即位。因为宣统帝在宗法上是承继穆宗为嗣,兼祧德宗,故而以献哲皇贵妃为首的穆宗遗孀们对宣统帝的"母权"提出要求,却被德宗的嫡后孝定景皇后所压制。在民国二年正月孝定景皇后崩逝之后,以献哲皇贵妃为首的穆宗遗孀们再次发难,最终与德宗的遗孀温靖皇贵妃共享宣统帝的"母权",也因此得以搬离慈宁宫。其中敦惠皇贵妃搬入重华宫。②

在民国年间的小朝廷里,以献哲皇贵妃为首的穆宗遗孀和孝定景皇后、温靖皇贵妃这两位德宗遗孀的争斗一直存在着。在这种争斗之中,敦惠皇贵妃作为穆宗遗孀的一员理所应当地与献哲皇贵妃一党。不过实际上敦惠皇贵妃更像是置身事外的样子。民国十一年九月十五日,小朝廷下达"上谕",称:"恭维敬懿皇贵妃、荣惠皇贵妃恭侍皇考穆宗毅皇帝,敬慎素著。端康皇贵妃恭侍兼祧皇考德宗景皇帝,温顺孔昭。现届举行大婚典礼,允宜加崇位号,以表尊荣。敬懿皇贵妃尊封为敬懿皇贵太妃,荣惠皇贵妃尊封为荣惠皇贵太妃,端康皇贵妃尊封为端康皇贵太妃。"③被正式尊为"皇贵太妃"。

在当时,其他太妃均称呼敦惠皇贵妃为"九姐"④,这大概是因为她原本在娘家行九的缘故。关于敦惠皇贵妃的性格,一些当事人留下了记录。溥佳回忆说:"(敦惠皇贵妃与恭肃皇贵妃)她二人的言谈举止极为相似,而且都笃信佛教。她们都体弱多病,每次我到她们那里,都见到她们那枯瘦而苍白的脸上,总带着一种无限忧伤的神气,没有一丝笑容,说话的声音细得几乎听不出来。……荣惠太妃除了整日太妃诵经念佛以外,还配制了几种药丸,供在菩萨像前诵经多日,才拿回来施舍给人,据说这样更增加了药的'神效'。凡王公大臣求她要药的她都给,我也代人向她要过两次,一次要的是一粒'金丹',专治跌打损伤;另一次要的是'观音丹',专治妇科病。据服用

---

① 《为查验寿头所交出女子二名分别在瑜妃瑨嫔位下当差素无过失并无别情属实事的呈文》,光绪二年十一月十三日,档案号:05-0894-064,中国第一历史档案馆藏。
② 溥佳:《清宫回忆》,中国人民政治协商会议全国委员会文史资料研究委员会编:《晚清宫廷生活见闻》,第15、16页。
③ 中国国家图书馆编:《中国国家图书馆藏清宫升平署档案集成》,第49册,第26416、26417页。
④ 溥杰:《清宫会亲见闻》,中国人民政治协商会议全国委员会文史资料研究委员会编:《晚清宫廷生活见闻》,第44页。

的人说,的确很有效。但这并不是因为烧香念佛的关系,而是宫里确实有许多秘方,又用了上等好药的缘故。"①宣统帝则回忆说:"荣惠和庄和两太妃,平日也是很老实和蔼的。不过她们二位都有着不少迷信和忌讳。……荣惠太妃最忌讳说'醋'字,在吃饭的时候,她那里的太监都不能说出'醋'字来,而只能给它起个代名词,把'醋'叫做'忌讳'。"②

民国十三年十月初九日,冯玉祥命鹿钟麟率军进入紫禁城,将宣统帝驱逐出宫。敦惠皇贵妃与献哲皇贵妃则借故逗留在宫内,之后于十月二十五日,与献哲皇贵妃一同出宫,前往宽街荣寿固伦公主府居住。后来荣寿固伦公主在当年十一月十八日薨逝,过了一段时间,献哲皇贵妃与敦惠皇贵妃又迁居麒麟碑胡同,度过了最后的晚年时光。

【封谥释义】

敦惠皇贵妃原本的封号为"瑨",满文作"saingge"③,意为"好的""善的"。

---

① 溥佳:《清宫回忆》,中国人民政治协商会议全国委员会文史资料研究委员会编:《晚清宫廷生活见闻》,第15、16页。
② 溥仪:《我的前半生(灰皮本)》,第104页。
③ 《为主事罗霖之女西林觉罗氏著封为瑨贵人事致内务府》,同治十一年二月初四日,档案号:05-13-002-000818-0041,中国第一历史档案馆藏。

第十七章　清德宗光绪帝的后宫

　　清德宗同天崇运大中至正经文纬武仁孝睿智端俭宽勤景皇帝,名载湉,满文作"dzai tiyan"①。作为和硕醇贤亲王奕譞的第二子,生于同治十年八月二十日子时,生母为和硕醇贤亲王嫡福晋叶赫纳喇氏。同治十一年九月,因穆宗大婚,加恩近派,赏给头品顶戴。同治十二年十二月,因次年孝钦显皇后四旬庆典,加恩近派,赏戴花翎。同治十三年十一月,因穆宗天花之喜,加恩近派,赏食辅国公俸。同年十二月初五日,穆宗崩逝,未有储贰。奉孝贞显皇后、孝钦显皇后两宫懿旨,过继与文宗为子,入承大统为嗣皇帝。光绪元年正月二十日即位,改元光绪。初以孝贞显皇后、孝钦显皇后两宫垂帘听政,光绪七年,孝贞显皇后崩逝,改以孝钦显皇后独自垂帘听政。光绪十三年(1887年)正月,德宗亲政,以孝钦显皇后训政。光绪十五年二月,孝钦显皇后归政,由德宗独自秉政。光绪二十年,甲午战争爆发。光绪二十四年四月,德宗变法,施行新政。同年八月,孝钦显皇后废新政,临朝训政。光绪二十六年七月,庚子国变,德宗及孝钦显皇后等西行。光绪二十七年十一月,德宗回銮,开始新政。光绪三十四年十月二十一日酉时崩,年三十八岁,在位三十四年。宣统元年正月,恭上尊谥曰同天崇运大中至正经文纬武仁孝睿智端俭宽勤景皇帝,庙号德宗。民国二年十一月,奉安崇陵,升祔太庙、奉先殿。

　　根据目前资料,清德宗一生中只有三位妻妾。在光绪帝一朝,一共挑选过三届八旗秀女,这三位妻妾均是在第一届内挑选出来的。因光绪朝挑选八旗秀女的情况比较特殊,谨先将挑选的情况整理之后,再将其后宫分类综述如下。

---

① 《清汉对音字式》,光绪十六年聚珍堂刻本,第47页a。

第一节　清德宗光绪帝时期的挑选八旗秀女

根据档案,户部称光绪十一年为"例应选秀"①之年。由此可知,光绪朝挑选八旗秀女,是以光绪二年为第一届计算的。以此计推算,光绪一朝的选秀年应该为光绪二年、光绪五年、光绪八年(1882年)。但是当时德宗年纪尚轻,没有进行选秀。接下来的选秀年应该为光绪十一年,又因为一些缘故被推迟到光绪十二年。这次选秀由于涉及德宗大婚,所以与穆宗大婚选秀相同,都持续挑选了数年,一直持续到光绪十四年才结束。之后在光绪十七年、光绪二十年,均按例进行了选秀,其中光绪二十年的选秀持续到了光绪二十一年。之后的光绪二十三年、光绪二十六年、光绪二十九年,可能是因时局动荡或政治问题没能继续挑选。后来在光绪三十二年原定再行挑选,因响应寥寥、人数不敷,也最终停止选看。总而言之,光绪朝一共挑选了三届八旗秀女,第一届是光绪十二年至光绪十四年,第二届是光绪十七年,第三届是光绪二十年至光绪二十一年。

一、第一届选秀

光绪十二年至光绪十四年是光绪朝挑选的第一届秀女,因为要决定皇帝大婚和最初后宫的对象,所以时间较长,挑选的次数也较多。以目前的资料来看,这届秀女一共挑选了六次,第一次是光绪十二年二月十九日,第二次是光绪十二年八月二十一日,第三次是光绪十三年二月十七日,第四次是光绪十四年九月二十四日,第五次是光绪十四年九月二十八日,第六次是光绪十四年十月初五日。

光绪十一年的档案中提及:"光绪十一年三月初八日,军机大臣面奉慈禧端佑康颐昭豫庄诚皇太后懿旨:本年系选看八旗秀女之期,上年经户部奏请,曾经降旨停其查办,余依议。现定于光绪十二年举行选看,着户部行知八旗都统,除此次奉旨以前业经许配者不计外,凡文职六品以上、武职五

---

① 《八旗都统衙门全宗档》第39号《户部、镶红旗满洲、汉都统为挑选、复选、备选秀女及入选秀女谢赏等事的咨文保结之一》,转引自许妍:《清代"选秀女"制度研究》,硕士学位论文,中央民族大学历史文化学院,2009年,第11页。

品以上官员应行备选之秀女于十二年选看时,年届十三岁至十九岁者,一体造册送部办理。钦此。"①同年四月初九日,又将秀女范围扩大为"文职六品以上、武职六品以上原任官员之女,一体造册,送部备选。"②光绪十二年正月,"查各旗陆续册报应选秀女,除报残疾事故例不送选外,其年届十三岁至十九岁者共一百名,内各省随任秀女,原系十七名,现在报到者十一名,尚未到京者六名"。③

光绪十二年二月十九日,帝后对这一百名备选秀女里的九十三名进行了第一次选看(其中有六名未到京、一名患病),其结果是"三等侍卫惠春之女等三十六名均著记名,三等侍卫恩禧之女等五十七名均著撂牌子"。④ 即九十三位秀女内,记名三十六位,撂牌子五十七位。目前已知记名的秀女中,有镶黄旗满洲桂祥之女(后来的孝定景皇后)、镶红旗满洲原任户部右侍郎长叙十二岁之女(后来的温靖皇贵妃)、镶红旗满洲江西巡抚德馨十五岁之女、镶红旗满洲帮办大臣常绩十七岁之女。同年七月,清廷下达旨意:"所有记名秀女于八月二十一日卯时覆(复)看。"⑤八月二十一日,复看了三十六名记名秀女之后,仍然记名的秀女有十四名,其中镶黄旗满洲桂祥之女(后来的孝定景皇后)、镶红旗满洲原任户部右侍郎长叙十二岁之女(后来的温靖皇贵妃)、镶红旗满洲江西巡抚德馨十五岁之女、镶红旗满洲帮办大臣常绩十七岁之女依然记名。同年十二月,清廷再次要求报上秀女,"再将明年年届十二岁、十三岁在京秀女、随任在外秀女一律查明,听候选看"。⑥

光绪十三年二月十七日,新一批秀女二十五名入宫被帝后挑选,其结果是二十五名之中,记名十五名,撂牌子十。目前已知记名的秀女中,有镶

---

① 《八旗都统衙门全宗档》第39号《户部、镶红旗满洲、汉都统为挑选、复选、备选秀女及入选秀女谢赏等事的咨文保结之一》,转引自许妍:《清代"选秀女"制度研究》,第11页。
② 《八旗都统衙门全宗档》第39号《户部、镶红旗满洲、汉都统为挑选、复选、备选秀女及入选秀女谢赏等事的咨文保结之一》,转引自许妍:《清代"选秀女"制度研究》,第11页。
③ 《八旗都统衙门全宗档》第39号《户部、镶红旗满洲、汉都统为挑选、复选、备选秀女及入选秀女谢赏等事的咨文保结之一》,转引自许妍:《清代"选秀女"制度研究》,第12页。
④ 《八旗都统衙门全宗档》第39号《户部、镶红旗满洲、汉都统为挑选、复选、备选秀女及入选秀女谢赏等事的咨文保结之一》,转引自许妍:《清代"选秀女"制度研究》,第13页。
⑤ 《为复看记名秀女知照员外郎铁龄之女患病给假一个月俟假满后再行查核办理事致内务府》,光绪十二年八月二十日,档案号:05-13-002-000890-0063,中国第一历史档案馆藏。
⑥ 《八旗都统衙门全宗档》第39号《户部、镶红旗满洲、汉都统为挑选、复选、备选秀女及入选秀女谢赏等事的咨文保结之一》,转引自许妍:《清代"选秀女"制度研究》,第14页。

黄旗满洲头等侍卫佛佑之女(孝定景皇后的堂妹、后来的溥伦夫人)、镶红旗满洲原任户部右侍郎长叙十二岁之女(后来的恪顺皇贵妃)、镶红旗满洲江西巡抚德馨的另外一位女儿。

光绪十四年,前年记名的十四名秀女、去年记名的十五名秀女与两名新到京的秀女,一共三十一名,于九月二十四日丑时进蕉园门进行复看。① 这次选秀的秀女排单被学者们发现并记录了下来,开列于下:

第一排(这一排都是和后宫主位有亲缘关系的)②

第一名秀女。镶黄旗满洲副都统桂祥之女。辰年,二十一岁。嵩昆佐领。叶赫纳喇氏。原任郎中景瑞之曾孙女、原任道员惠征之孙女、慈禧端佑康颐昭豫庄诚皇太后胞弟之女。(这位是后来的孝定景皇后)

第二名秀女。镶黄旗满洲头等侍卫佛佑之女。子年,十三岁。嵩昆佐领。叶赫纳喇氏。(这位是孝定景皇后的堂妹)

第三名秀女。镶黄旗满洲凤秀之女。亥年,十四岁。嵩昆佐领。富察氏。原任侍郎恭泰之曾孙女、原任总督惠吉之孙女、敦宜皇贵妃之父凤秀之女。(这位是穆宗淑慎皇贵妃的妹妹,此条目疑似佐领等信息抄录有误)

第四名秀女。正白旗满洲员外郎铭彝之女。午年,十九岁。柏臣佐领。叶赫纳喇氏。原任员外郎全志曾孙女、原候补知府桂祥之孙女。玉嫔胞兄之女。(这位是文宗璹嫔、玉嫔的侄女)

第二排

第一名秀女。镶黄旗汉军道员绍荣之女。酉年,十六岁。崇清佐领,马佳氏。

第二名秀女。镶黄旗汉军侯爵英俊之女。午年,十九岁。奎昌佐领。马佳氏。

第三名秀女。正黄旗满洲云骑尉阿尔绷阿之女。酉年,十六岁。柏通佐领。伊尔根觉罗氏。

---

① 《为传看记名秀女于光绪十四年九月二十四日进蕉园门三十一名共六排转知会敬事房将应办事宜照例预备事致内务府》,光绪十四年九月十八日,档案号:05-13-002-000899-0052,中国第一历史档案馆藏。

② 括号内为笔者自注。

第四名秀女。正黄旗满洲员外郎钟英之女。未年，十八岁。瑞兴佐领。乌雅氏。

第五名秀女。正白旗满洲府尹裕长之女。酉年，十六岁。成福佐领。喜塔腊氏。

第六名秀女。正白旗满洲原候补道荫禄之女。申年，十七岁。锡龄佐领。瓜尔佳氏。

第三排

第一名秀女。正白旗蒙古参领桂芳之女。亥年，十四岁。富和佐领。霍拉霍忒恩氏。

第二名秀女。正红旗汉军参领德山之女。子年，十三岁。郑玉琛佐领。郑氏。

第三名秀女。镶白旗满洲参领恩福之女。亥年，十四岁。吉恒佐领。徐佳氏。

第四名秀女。镶白旗汉军候选知府联若之女。子年，十三岁。毓文佐领。胡氏。

第五名秀女。镶红旗满洲帮办大臣常绩之女。子年，十三岁。隆岳佐领。钮祜禄氏。

第六名秀女。镶红旗满洲原任侍郎长叙之女。子年，十三岁。惠昆佐领。他他拉氏。原任主事萨郎阿之曾孙女、原任总督裕泰之孙女。

第四排

第一名秀女。镶红旗满洲帮办大臣常绩之女。亥年，十四岁。隆岳佐领。钮祜禄氏。

第二名秀女。镶红旗满洲原侍郎长叙之女。原主事萨郎阿之曾孙女、原任总督裕泰之孙女。戌年，十五岁。惠昆佐领。他他拉氏。

第三名秀女。镶红旗满洲巡抚德馨之女。申年，十七岁。富森布佐领。富察氏。

第四名秀女。镶红旗满洲巡抚德馨之女。未年，十八岁。富森布佐领。富察氏。

第五名秀女。镶红旗蒙古印务章京定福之女。子年，十三岁。德廉佐领。巴林氏。

第五排

第一名秀女。镶红旗汉军佐领德江之女。子年,十三岁。恩荣佐领。潘佳氏。

第二名秀女。镶红旗汉军副参领承芳之女。亥年,十四岁。承恩佐领。郎佳氏。

第三名秀女。镶红旗汉军佐领德江之女。亥年,十四岁。恩荣佐领。潘佳氏。

第四名秀女。正蓝旗满洲原大学士文煜之女。酉年,十六岁。斌启佐领。费莫氏。

第五名秀女,正蓝旗满洲原大学士文煜之女。未年,十八岁。斌启佐领。费莫氏。

第六排

第一名秀女。正蓝旗满洲原大学士文煜之女。午年,十九岁。斌启佐领。费莫氏。

第二名秀女。正蓝旗满洲副使志颜之女、原任副都统富兆文之曾孙女、原任大学士文煜之孙女。午年,十九岁。斌启佐领。费莫氏。

第三名秀女。镶蓝旗汉军参领德顺之女,原马甲五十一之曾孙女,原马甲王国泰之孙女。亥年,十四岁。常海佐领。王佳氏。

第四名秀女。镶蓝旗汉军原任二等侍卫尚昌谨之女、原任佐领尚政琦之曾孙女、原任参领尚宗煜之孙女。亥年,十四岁。尚昌安佐领。尚佳氏。

第五名秀女。镶蓝旗汉军员外郎长绵之女,原任参领继昌之曾孙女,原任主事胡庆芳之孙女。申年,十七岁。刘奎澄佐领。胡佳氏。①

这次复看的结果,三十一名秀女中,十六位被撂牌子,十五位继续记名。② 根据之前的排单和撂牌子后颁发的赏赐分析③,继续记名的这十五位秀

---

① 《记名秀女排单》,光绪十四年九月二十四日《宫中杂件》礼仪类,中国第一历史档案馆藏,转引自于善浦:《光绪皇帝的珍妃》,第10—14页。
② 《八旗都统衙门全宗档》第39号《户部、镶红旗满洲、汉都统为挑选、复选、备选秀女及入选秀女谢赏等事的咨文保结之一》,转引自许妍:《清代"选秀女"制度研究》,第15页。
③ 赏赐名单见《八旗都统衙门全宗档》第39号《户部、镶红旗满洲、汉都统为挑选、复选、备选秀女及入选秀女谢赏等事的咨文保结之一》,转引自许妍:《清代"选秀女"制度研究》,第15页。

第十七章　清德宗光绪帝的后宫

女是：

> 镶黄旗满洲副都统桂祥之女。辰年，二十一岁。叶赫纳喇氏。（后来的孝定景皇后）
>
> 镶黄旗满洲头等侍卫佛佑之女。子年，十三岁。叶赫纳喇氏。（孝定景皇后的堂妹）
>
> 镶黄旗满洲凤秀之女。亥年，十四岁。富察氏。（淑慎皇贵妃的妹妹）
>
> 正白旗满洲员外郎铭葊之女。午年，十九岁。叶赫纳喇氏。（瑾嫔、玉嫔的侄女）
>
> 镶黄旗汉军道员绍荣之女。酉年，十六岁。马佳氏。
>
> 镶黄旗汉军侯爵英俊之女。午年，十九岁。马佳氏。
>
> 正白旗满洲原候补道荫禄之女。申年，十七岁。瓜尔佳氏。
>
> 正红旗汉军参领德山之女。子年，十三岁。郑氏。
>
> 镶红旗满洲帮办大臣常绩之女。亥年，十四岁。钮祜禄氏。
>
> 镶红旗满洲帮办大臣常绩之女。子年，十三岁。钮祜禄氏。
>
> 镶红旗满洲原侍郎长叙之女。戌年，十五岁。他他拉氏。（后来的温靖皇贵妃）
>
> 镶红旗满洲原任侍郎长叙之女。子年，十三岁。他他拉氏。（后来的恪顺皇贵妃）
>
> 镶红旗满洲巡抚德馨之女。申年，十七岁。富察氏。
>
> 镶红旗满洲巡抚德馨之女。未年，十八岁。富察氏。
>
> 正蓝旗满洲副使志颜之女。午年，十九岁。费莫氏。

这十五名秀女在数日后的九月二十八日进行复看，结果是，十五名秀女中，八位继续记名，被留在宫中住宿，七名被撂牌子。[①] 撂牌子的秀女中其中一名被指婚。根据目前的资料来看，这八位留在宫内住宿的秀女为：

---

① 《翁同龢日记》，光绪十四年九月二十八日条，第4册，第2229页。

镶黄旗满洲副都统桂祥之女。辰年,二十一岁。叶赫纳喇氏。(后来的孝定景皇后)

镶黄旗满洲头等侍卫佛佑之女。子年,十三岁。叶赫纳喇氏。(孝定景皇后的堂妹)

镶黄旗满洲凤秀之女。亥年,十四岁。富察氏。(淑慎皇贵妃的妹妹)

镶红旗满洲原侍郎长叙之女。戌年,十五岁。他他拉氏。(后来的温靖皇贵妃)

镶红旗满洲原任侍郎长叙之女。子年,十三岁。他他拉氏。(后来的恪顺皇贵妃)

镶红旗满洲巡抚德馨之女。申年,十七岁。富察氏。

镶红旗满洲巡抚德馨之女。未年,十八岁。富察氏。

正蓝旗满洲副使志颜之女。午年,十九岁。费莫氏。

最终,在同年的十月初五日,这八位秀女进行了最后的挑选。其结果,选出桂祥之女叶赫纳喇氏立为皇后,长叙十五岁之女他塔喇氏封为瑾嫔,十三岁之女他塔喇氏封为珍嫔。① 其余五位秀女均撂牌子,其中佛佑之女被指婚给溥伦为嫡妻。②

值得注意的是,根据目前档案来看,在光绪朝第一届选秀的计划内,原定是要选出一位皇后、两位嫔位和一位贵人的,所以当时的各项迎娶准备也均按照这个计划置办。光绪十四年七月初五日,内务府衙门呈递的《呈内务府各司处恭备大婚典礼各项差务价值清单》,便明确指出:"皇后铺宫一分,嫔例铺宫二分,贵人铺宫一分。"③《大婚典礼档》内七月二十八日交出的办事二十单中,也有"皇帝大婚前三日,进嫔位、贵人妆奁。其每分妆奁,著派

---

① 《为慈禧皇太后懿旨副都统桂祥之女叶赫纳喇氏著立为皇后等恭录懿旨通行各衙门事致内务府》,光绪十四年十月初七日,档案号:05-13-002-000899-0101,中国第一历史档案馆藏。
② 《为佛佑之女著赏给大卷等物并指为溥伦夫人奏派指婚查得镶红旗并无年至五十岁以上结发大臣事致总管内务府》,光绪十四年十月,档案号:05-13-002-000288-0150,中国第一历史档案馆藏。
③ 《呈内务府各司处恭备大婚典礼各项差务价值清单》,光绪十四年七月初五日,档案号:05-0961-021,中国第一历史档案馆藏。

内务府大臣一员或三院卿前往照料,进神武门、顺贞门,安设永和宫、景仁宫并东配殿,著本宫首领太监接收"。① 可见当时两位嫔位准备入住永和宫和景仁宫,贵人准备入住景仁宫东配殿。但是后来不知为何并未选出贵人,只选出来了一后二嫔。

二、第二届选秀

光绪十七年,清廷进行了光绪朝的第二届选秀,此届秀女的要求是:"在京文职五品以上,武职四品以上官员之女,年十五岁至十九岁者。"②或许是因为要求变高的缘故,所以只有十二名秀女参选。这十二名秀女为:

> 镶黄旗满洲前锋统领三等承恩公侍郎桂祥之女。年十五岁。叶赫纳喇氏。(孝定景皇后的妹妹)
> 正黄旗满洲佐领文溥之女。年十六岁。赫舍里氏。
> 正黄旗满洲子爵多隆武之女。年十八岁。董鄂氏。
> 正黄旗汉军佐领福煊之女。年十五岁。张佳氏。
> 正黄旗汉军佐领福煊之女。年十八岁。张佳氏。
> 正黄旗汉军印务章京乐亨之女。年十五岁。周佳氏。
> 正红旗汉军副参领景瑞之女。年十五岁。张佳氏。
> 镶红旗满洲佐领成秀之女。年十五岁。董鄂氏。
> 镶红旗满洲轻车都尉凌通之女。年十五岁。完颜氏。
> 镶红旗满洲佐领瑞芳之女。年十五岁。瓜尔佳氏。
> 镶红旗汉军参领施宝成之女。年十五岁。施佳氏。
> 镶红旗汉军副参领承芳之女。年十五岁。郎佳氏。③

在光绪十七年二月十三日入宫挑选之后,这十二名秀女全部被摺

---

① 《筹办大婚典礼册》,晚清内务府铅印本,国家图书馆藏,第9册,第16页a。
② 《八旗都统衙门全宗档》第39号《户部、镶红旗满洲、汉都统为挑选、复选、备选秀女及入选秀女谢赏等事的咨文保结之一》,转引自许妍:《清代"选秀女"制度研究》,第20页。
③ 《呈应行备选秀女大概数目年岁暨三代衔名单》,光绪十六年十一月二十五日,档案号:03-5553-165,中国第一历史档案馆藏。

牌子。①

三、第三届选秀

光绪二十年,清廷进行了光绪朝的第三届选秀,此届秀女的要求是:"在京文职六品以上,武职五品以上官员之女,年十三岁至十八岁者。"②呈报上去的秀女一共有十二名,在光绪二十年二月初四日选看。③选看当日,十二名秀女里面善庆之女、安祥之女报病,所以只选看了十名。选看之后,十名秀女之中,乐亨十三岁之女、英治十八岁之女,这两名秀女被记名,定于初六日复看,其余八名撂牌子。④同月初六日复看秀女,这时善庆之女已经病痊,与乐亨十三岁之女、英治十八岁之女一起复看,结果是这三名秀女继续记名。⑤同月二十三日,再行复看,安祥之女也已经病痊,四位秀女一起参加复看,只留下了善庆之女既然记名,其余三位均撂牌子。⑥

这次选秀延续到了光绪二十一年,当年十一月,外省秀女到京,继续选看,记名的善庆之女也参加。一共有五位秀女,分别为善庆之女、嵩昆之女、长澍之女、长立之女、英俊之女。选看结果是五位均撂牌子,⑦最终没有选入宫中。

第二节　清德宗光绪帝的皇后

孝定景皇后

【简介】

孝定隆裕宽惠慎哲协天保圣景皇后,原镶蓝旗满洲后抬镶黄旗满洲叶赫纳喇氏,一等承恩公、都统桂祥第一女,幼名喜格(一作"喜子")。同治七

---

① 北京市档案馆编:《那桐日记》,北京:新华出版社,2006年,上册,第47页。
② 《八旗都统衙门全宗档》第39号《户部、镶红旗满洲、汉都统为挑选、复选、备选秀女及入选秀女谢赏等事的咨文保结之一》,转引自许妍:《清代"选秀女"制度研究》,第20页。
③ 《为光绪二十年二月选看秀女咨行敬事房照例预备事致内务府》,光绪二十年正月二十三日,档案号:05-13-002-000924-0059,中国第一历史档案馆藏。
④ 北京市档案馆编:《那桐日记》,上册,第137、138页。
⑤ 北京市档案馆编:《那桐日记》,上册,第138页。
⑥ 北京市档案馆编:《那桐日记》,上册,第139、140页。
⑦ 北京市档案馆编:《那桐日记》,上册,第194页。

年正月初十日生。在光绪十二年参加八旗选秀,于光绪十四年十月初五日,指立为皇后。光绪十五年正月二十六日,以大学士额勒和布为正使,礼部尚书奎润为副使,册立为皇后,次日入宫。光绪二十六年七月,扈从德宗及孝钦显皇后西行。光绪二十七年十一月回銮。光绪三十四年十月二十一日,德宗崩逝,宣统帝承继穆宗为嗣,兼祧德宗,被尊为皇太后,尊称为兼祧母后。同年十一月二十五日,尊上徽号曰隆裕皇太后。宣统元年十一月初三日,恭上徽号。宣统三年十二月二十五日,下达懿旨,颁诏逊位。民国二年正月十七日丑时崩,年四十六岁。同月,恭上尊谥曰孝定隆裕宽惠慎哲协天保圣景皇后。同年二月二十七日,奉移梁各庄。十一月十六日,奉安崇陵,升祔太庙、奉先殿。

【家族背景】

孝定景皇后出身喀山系叶赫纳喇氏,是孝钦显皇后的亲侄女。其家世可以参考孝钦显皇后条。孝定景皇后的父亲桂祥是惠徵的第二子,比孝钦显皇后小九岁,在孝定景皇后崩逝之后他才去世。孝定景皇后的母亲则是桂祥的嫡妻爱新觉罗氏,①在光绪三十年去世。不过目前并不清楚这位爱新觉罗氏是宗室还是觉罗。

桂祥一共生有二子四女,其中第三女夭折。一般认为孝定景皇后是他的第一女,乳名为"喜格"②,可能也是六位子女中年纪最长的。桂祥的两位儿子,第一子名为德恒,娶了和硕庆密亲王奕劻的第三女,和硕庆密亲王奕劻是晚清的重要宗室亲王之一;第二子名为德祺,娶了"出洋考察五大臣"之一尚其亨的女儿。尚其亨为尚可喜的后代,其家族一直是汉军的名门,尚家和惠徵家族有复杂的姻亲关系,德祺嫡妻尚氏的堂姑是德祺三叔佛佑的嫡妻。四位女儿里,除去第一女成为皇后以及第三女夭折之外,第二女比孝定景皇后小四岁,也参加了光绪朝第一届的选秀,在光绪十二年二月十九日第一次挑选的时候被撂牌子,指婚给奉恩镇国公载泽为嫡妻;第四女比孝定景皇后小八岁,参加了光绪朝第二届的选秀,在光绪十七年二月十三日的挑选

---

① 《奏为大征礼赐后父母等人服物银两事》,光绪十四年十月二十八日,档案号:05-0964-034,中国第一历史档案馆藏。
② 谨按,孝定景皇后绿头牌,正面书写"桂祥之女,年二十一岁,立为皇后",背面书写"喜格",中国第一历史档案馆藏,转引自于善浦:《光绪皇帝的珍妃》,第15页。

中被撂牌子,后来嫁给多罗顺承质郡王讷勒赫为嫡妻。

孝定景皇后的堂房亲属里,伯父名为照祥,恩封三等承恩公,曾任护军统领,在光绪七年去世,留下了一子一女。儿子名为德善,承袭公爵。女儿是孝定景皇后的堂妹,也参加了光绪朝第一届的选秀,在光绪十二年二月十九日第一次挑选的时候被撂牌子,指婚给多罗贝勒载澍为嫡妻。孝定景皇后还有一位叔父名为佛佑,他的女儿比孝定景皇后小八岁,与孝定景皇后一起参加了光绪朝第一届的选秀,并且和孝定景皇后一起记名到最后,在光绪十四年十月初五日的最终角逐中被撂牌子,指婚给固山贝子溥伦为嫡妻。另外,孝定景皇后还有三位姑姑,其中:一位即是她的婆母孝钦显皇后;一位嫁给和硕庆密亲王奕劻本生的二弟奕勋;还有一位嫁给和硕醇贤亲王奕譞,也就是德宗的生母,所以她与德宗是姑表亲的关系。

如果说,在孝钦显皇后入宫的时候,喀山系叶赫纳喇氏吉郎阿这一支还只是军功世家的支流小宗的身份,门第不过是中等官宦人家的话。那么在孝定景皇后入宫的时候,其家不仅已经抬旗,而且随着承恩公爵位的获封,门第也随之变化,列身一等世家,开始跟同等级的世家进行联姻。①

【入宫背景】

在互为敌体的孝贞显皇后于光绪七年崩逝之后,孝钦显皇后成了宫廷里唯一有决定权的大长辈。在此背景之下,孝定景皇后的入宫,显然是孝钦显皇后意志的体现。以后世的角度进行分析的话,孝钦显皇后让自己的五位侄女都嫁给皇族宗室,除了孝定景皇后和嫁给多罗顺承质郡王讷勒赫为嫡妻的两位之外,其余三位所嫁的多罗贝勒载澍、奉恩镇国公载泽、固山贝子溥伦都是宗室内"近派宗支"②的一员。从孝钦显皇后对自己本家的婚姻安排上就可以看出,她通过各种方法进行保证,如果有朝一日德宗乏嗣,依

---

① 此段叶赫纳喇氏谱系,整理自《八旗满洲氏族通谱》《清代谱牒档案(缩微胶卷)》《慈禧太后家世新证——〈德贺讷世管佐领接袭家谱〉研究》《那根正先世考查》《八旗通志初集》《钦定八旗通志》《爱新觉罗宗谱》。

② 谨按,清代皇族内分成"宗室"和"觉罗"。"宗室"内还分"近支宗室"和"远支宗室"。"近支宗室"内部还将当时皇帝的五服近亲称为"近派宗支"。"近派宗支"的命名、婚姻等均由宫廷指给,在帝位出缺的时候,由他们作为五服近亲承继。晚清的"近派宗支"是仁宗嘉庆帝和宣宗道光帝的后代。多罗贝勒载澍是宣宗脉下第七子孚敬亲王奕譞的承继子;奉恩镇国公载泽是仁宗脉下第五子惠亲王一支奉恩镇国公奕询的承继子,固山贝子溥伦则是宣宗脉下第一子隐志郡王奕纬之孙。

然可以从近派宗支之中找到有本家（喀山系叶赫纳喇氏）血脉的后裔来继承皇位。

孝定景皇后是在光绪朝第一届选秀中被选中指立为皇后的。这一届选秀从光绪十二年选到了光绪十四年，一共挑选了六次。孝定景皇后是在光绪十二年二月十九日第一次挑选的时候就已经参加，并且一直坚持到最后一次。在这届选秀的过程之中，孝定景皇后的妹妹（桂祥之女）、堂妹（照祥之女）、堂姑（惠春之女）均参加了光绪十二年的挑选，也均在此年被撂牌子。另一位堂妹（佛佑之女），则参加了光绪十三年二月十七日的第三次选秀，并且一起坚持到了最后一选。很有可能这位堂妹（佛佑之女）原本也要入宫，或甚至就曾经与孝定景皇后争夺皇后的桂冠。最终在光绪十四年十月初五日的决定性挑选中，孝定景皇后在八位秀女里被指立为皇后。

关于最后一次选看时的具体情况，清宫老太监唐冠卿这样回忆道：

> 光绪十三年冬，慈禧太后为德宗选后，在体和殿召备选之各大臣少女进内，依次排列，与选者五人。首列纳喇氏，都督桂祥女，慈禧之侄女也。次为江西巡抚德馨之二女，末列为礼部左侍郎长叙之二女。当时太后上座，德宗侍立，荣寿固伦公主及福晋、命妇立于座后。前设长桌一，上置镶玉如意一柄，红绿花荷包二对，为定选证物（清例，选后中者，以如意予之。选妃中者，以荷包予之）。太后手指诸女语德宗曰："皇帝，谁堪中选，汝自裁之。合意者，即授以如意可也。"言时即将如意授与德宗。德宗对曰："此大事，当由皇爸爸主之，子臣不能自主。"太后坚令其自选，德宗乃持如意趋德馨女前。方欲授之，太后大声曰："皇帝！"并以口暗示其首列者。德宗愕然，既乃悟其意，不得已乃将如意授首列者。太后以德宗意在德氏女，即选入妃嫔，亦必有夺宠之忧，遂不容其续选，匆匆命公主各授荷包一与末列者二女，此珍妃姊妹之所以获选也。嗣后，德宗偏宠珍妃，与隆裕感情日恶，其端实肇于此。[①]

这件资料虽然只是口述资料，对时间和人物的描述也有一些出入，但是

---

① 《故宫周刊》第30期《珍妃专号》，民国十九年五月三日，第3版。

尚属正常记忆出入的范围内,有一定的取信度,至少其所反映德宗本人意愿和孝钦显皇后的意愿有异这一点应该是事实。

【宫廷生活·皇后时期】

孝定景皇后入宫之后,住在钟粹宫,①虽然有着皇后的尊位,但是其生活相当不如意。孝定景皇后本身的性格就是"仁懦"的类型,曾经侍奉过她的太监信修明这样形容她:"不仅未受光绪的恩宠,就是慈禧太后也对她没有特恩。在宫廷里名有六宫之权,其实上既受制于太后和皇帝,对下不能管治二妃,尤不敢多言,就是对太监,也不敢骄傲自尊。每日必至两宫,早晚请安。请安完毕,只有闭宫自守,心中惴惴,惟忧郁而已。……如一日未得太后之加罪,尤以为知足。"②同时,晚清由于各种陋规积习很深,所以内廷的开支也变得十分复杂。孝定景皇后作为内廷名义上的"女主人",似乎也不能很好地解决这个问题。对此,信修明记述道:"我所及见者,光绪之皇后在庚子前因宫费不足,年年月月以典当顶当度日。皇后有时自己诉苦,每季节所得的宫费,怎么节省也不够开支的。每年三节两寿,老佛爷、万岁爷的两份供总不能少,虽然老佛爷、万岁爷有赏赐,但总抵不住两份供花费的银子多。对于各王府王妃、命妇之交往,也是正当的一笔花销。下屋女子以做针线为主要工作,买针线、条带及锦匣等东西都得用银子。一位主子爵不论大小,对于皇上殿内的太监、太后宫的太监、小角色的无须赏赐,高级的太监,每到节令,一位皇后国母不赏赐些东西,是自觉着下不去的,因此颇感用度不足。司房的统计,对于太后、皇上须月有月积、年有年总,按时奏报上去。皇上见奏无所谓,太后见奏一定有说辞,嗔其用度太费。于是再奏月积时,明明不足,尚要虚报盈余,月积年累,账上反假存了巨万的银两。皇后为此常忧虑太后查账。幸喜庚子变乱,皇后的一笔糊涂账随时代勾销了。"③难怪乎信修明在后来感慨说,"(孝定景皇后)真是当了二十年之久的窝囊媳妇"④。

到了光绪朝后期,随着以孝钦显皇后为核心的"内廷外交"的展开,孝定

---

① 《奏为钟粹宫因病出宫女子一名事》,光绪十五年七月二十六日,档案号:05-0969-071,中国第一历史档案馆藏。
② 信修明:《老太监的回忆》,第50、51页。
③ 信修明:《宫廷琐记》,信修明等:《太监谈往录》,第57页。
④ 信修明:《老太监的回忆》,第51页。

景皇后经常陪同孝钦显皇后接待外宾,这也让其留下了更多的侧面记录,让今人丰富了对她的认知。如光绪二十九年、光绪三十年曾在宫内为孝钦显皇后画像的美国女画师凯瑟琳·卡尔便记载道:"皇后是一位很有魅力的女人……她身高不足五英尺,手足纤秀,属于典型的贵族类型。长脸型,鼻子细而隆起……下颌较长而结实,嘴型略大而十分敏感。目光和善,表情亲切,举止优雅。她算得上端庄漂亮,高贵得体,有着与生俱来的魅力。不过,她的目光中有时却流露出某种无奈和顺从,使人不由心生怜悯。"①光绪二十四年作为德国公使夫人入宫的海靖夫人则说:"(孝定景皇后)显得非常胆怯"。② 而曾经短期在宫内服役的容龄则形容她,"性情忠厚,不很聪明,平常除谈一些客套的应酬话以外,从不流露真感情,因而看不出她的真脾气。在政治上,她没有说话的余地,她既不做针线活,又不读书,爱吸一种廉价的香烟"。③ 当时的大臣则记载其"赋性纯孝,淑慎贤明,兼工书法绘事"。④

在当时的后宫之中,孝定景皇后与同为德宗后宫的瑾妃(温靖皇贵妃)关系较好,据说是因为两人有"同命相怜之感"⑤,与穆宗后宫的瑜妃(献哲皇贵妃)关系较差,以至两人的矛盾在孝钦显皇后和德宗崩逝之后发作。至于和德宗的关系,根据信修明的记载,在光绪三十四年十月二十日,德宗崩逝的前夕,孝定景皇后听从李莲英的建议,偷偷地去看望德宗。"当时光绪皇帝尚是清醒,相对哭泣,算是说了一席贴心话。"⑥

【宫廷生活·太后时期】

光绪三十四年十月,德宗和孝钦显皇后先后崩逝,作为德宗的元娶嫡后,孝定景皇后一下子成为拥有后宫第一决定权的大长辈,移居到了长春宫,被尊称为"老佛爷"⑦。根据载涛所说,孝钦显皇后对自己这位侄女的性格心中也有数,"(孝钦显皇后)明白光绪的皇后亦是庸懦无能、听人摆布之人,决不可能叫她来重演'垂帘'的故事,所以既决定立载沣之子为嗣皇帝,

---

① [美]凯瑟琳·卡尔著,王和平译:《美国女画师的清宫回忆》,第 33 页。
② [德]海靖夫人著,秦俊峰译:《德国公使夫人日记》,第 187 页。
③ 容龄:《清宫琐记》,《在太后身边的日子》,北京:紫禁城出版社,2009 年,第 254、255 页。
④ 绍英:《大清孝定景皇后事略》,民国仁和吴氏刻本,国家图书馆藏,第 1 页 a。
⑤ 信修明:《老太监的回忆》,1987 年,第 80 页。
⑥ 信修明:《老太监的回忆》,1987 年,第 51 页。
⑦ 陈可冀主编:《清宫医案研究》,第 4 册,第 1696 页。

又叫载沣来摄政"。①而在孝定景皇后自己的立场,虽然力有未逮,但是她自己是想要效仿孝钦显皇后进行垂帘的。所以,对宣统帝即位之后由其生父和硕醇亲王载沣摄政一事,孝定景皇后十分不满。

孝定景皇后在政治上的表现,载润是这样评价的:"光绪故后,隆裕一心想仿效慈禧'垂帘听政'。迨奕劻传慈禧遗命立溥仪为帝,载沣为监国摄政王之旨既出,则隆裕想借以取得政权的美梦,顿成泡影,心中不快,以致迁怒于载沣。因此,后来常因事与之发生龃龉。宣统既立,隆裕皇后自然抑郁不乐,后受太监张兰德的怂恿,在宫中东部大兴土木,修建'水晶宫',以为娱乐之所。按清代制度,在'国服'期间,不得兴修宫殿,然而隆裕对此并不顾忌;尤其当时清廷正在兴建新军(海、陆两军),所需甚巨,国库本已空虚,建军之用尚感不足,而隆裕乃不计及此,竟命由度支部拨出巨款来兴修宫殿,以为个人娱乐之举。后虽因革命军起而不得不停止,然此亦可见其无识之一斑。宣统二年五月,载沣命毓朗、徐世昌为军机大臣。不数日,隆裕即迫令载沣将此二人撤去。载沣始则婉言请稍从缓;隆裕复以言语相逼。载沣不得已,以太后不应干预用人行政之权为对,隆裕始无可如何。其对载沣无理取闹,颇多类此。"②

在外朝与和硕醇亲王载沣争夺政权的同时,宫廷之内也有不小的矛盾,主要集中在穆宗后宫的瑜妃(献哲皇贵妃)上。当时,穆宗的几位遗孀内,原本居首的敦宜荣庆皇贵妃(淑慎皇贵妃)已经薨逝,改以瑜妃(献哲皇贵妃)居首。据说"西太后对她(献哲皇贵妃)很器重。西太后死后,隆裕太后秉政,由于她过去对隆裕不免有些仗势欺人,因而在隆裕生前很不得意"。③宣统帝承继了大统,在宗法上,他是承继穆宗,兼祧德宗,所以瑜妃(献哲皇贵妃)认为,自己作为穆宗的遗孀,与孝定景皇后一样拥有"母权"。故而"多次召王大臣,进行争夺活动。王大臣借慈禧之遗旨进行解释,瑜妃不服,但她口锋锐利,时常进内,语带讥诮,不把隆裕放在眼里,隆裕忠厚无能,又处

---

① 载涛:《载沣与袁世凯的矛盾》,中国人民政治协商会议全国委员会文史资料研究委员会编:《晚清宫廷生活见闻》,第79页。
② 载润:《隆裕与载沣之矛盾》,中国人民政治协商会议全国委员会文史资料研究委员会编:《晚清宫廷生活见闻》,第76、77页。
③ 溥佳:《清宫回忆》,中国人民政治协商会议全国委员会文史资料研究委员会编:《晚清宫廷生活见闻》,第14页。

第十七章　清德宗光绪帝的后宫

此时势,不忍施展六宫之权,忍辱不与其计短长。"①不过毕竟孝定景皇后是德宗的元娶嫡后,而瑜妃(献哲皇贵妃)只不过是穆宗的一位后宫,身份差异过大,所以在孝定景皇后在世时,瑜妃(献哲皇贵妃)一直被其压制着,以至于后来孝定景皇后崩逝的时候,据说瑜妃(献哲皇贵妃)曾经对着孝定景皇后的尸身说:"你也有了今日!"②

宣统三年八月,武昌起义爆发,作为拥有宫廷决定权的大长辈,孝定景皇后的态度直接促成了最后宣统帝的退位。据载润记载:"隆裕闻革命军起,惟恐失去太后之地位与享受,初意亦在主战。后因张兰德受了袁世凯之贿,乃劝隆裕共和,谓共和仅是去掉摄政王之职权,太后之尊严与享受依然如故。隆裕信之,遂有逊位之举。载沣无可如何,只好辞职。……其实,隆裕对共和之意义并不了解,只不过认为是把载沣之政权,移交给袁世凯而已,而在逊位诏中仍有'即由袁世凯以全权组织临时共和政府'之语。其后发现民国优待条件与张兰德所言完全不符,遂终日抑郁,逾年而殁。"③孝定景皇后身边的太监信修明也写道:"隆裕皇太后不知共和为何事,误认袁世凯是一个忠臣。民国议定每年给皇室四百万圆,隆裕皇太后很是满意,次晨照例,梳洗整冠临朝,不料等到十点钟,还不见袁等上来,便传奏事处问话:'今天军机大臣等怎么还不上来?'奏事处回答说:'袁世凯临行时说,从此不来了。'隆裕太后闻言,口呆目瞪多时,急说:'难道大清国,我把它断送了!'由此饮食减少,疾病缠身。"④

晚清参与核心政治的载润、载涛等人批评孝定景皇后,说其"庸碌无识,较之慈禧,则远远不如。例如慈禧对于政治虽然残暴自私,但尚有个人的见解;对于王公大臣,亦有一定的笼络手段。而隆裕则一切皆为其宠监张兰德所操纵,个人毫无主见"。⑤"隆裕与载沣皆无治国之才。"⑥"隆裕太后之为

---

① 信修明:《老太监的回忆》,第80、81页。
② 溥仪:《我的前半生(灰皮本)》,第48页。
③ 载润:《隆裕与载沣之矛盾》,中国人民政治协商会议全国委员会文史资料研究委员会编:《晚清宫廷生活见闻》,第76、77页。
④ 信修明:《老太监的回忆》,第52页。
⑤ 载润:《隆裕与载沣之矛盾》,中国人民政治协商会议全国委员会文史资料研究委员会编:《晚清宫廷生活见闻》,第76页。
⑥ 载润:《隆裕与载沣之矛盾》,中国人民政治协商会议全国委员会文史资料研究委员会编:《晚清宫廷生活见闻》,第78页。

人,其优柔寡断更甚于载沣,遇着极为难之事,只有向人痛哭。"①如果以政治人物的标准来衡量孝定景皇后的话,她显然是不合格的。

【宫廷生活·病亡与身后】

自从逊位之后,孝定景皇后便一直闷闷不乐。根据清宫医案可知,孝定景皇后在光绪朝便有肝胃不和的旧疾,②到了宣统朝则脾胃不健,肝气不舒。③民国元年(1912年)十二月中旬,"既患水肿肝郁之疾,时见清减,时复反覆。"④民国二年正月初十日是其四十六岁千秋,在这一天,孝定景皇后"御殿受贺,略受劳碌,加以伤感,入夜病遂增剧。自是中日悲伤,不进饮食"。⑤根据当时的医案来看,正月初六日这日,太医表示"证势丛杂,殊形棘手"⑥,到了巳时,已经"势欲脱败,证势危险万分,殊形棘手"⑦,午时则"证势垂危"⑧,最终于民国二年正月十七日丑时在长春宫太极殿崩逝,⑨停灵在宁寿宫皇极殿。

因为孝定景皇后有"让国之贤",民国总统袁世凯下令全国下半旗致哀三日,文武官员穿孝二十七日。各地政要也纷纷吊唁,民国副总统黎元洪称其为"德至功高,女中尧舜"。民国参议会议长吴景濂还发起"国民哀悼会",认为"隆裕太后以尧舜禅让之心,赞周召共和之美,值中国帝运之末,开东亚民主之基。顺天应人,超今迈古。……金谓美利坚之独立,受战祸者或七八年;法兰西之革命,演惨剧者将数十载,虽伸民气,实苦生灵。前清隆裕皇太后,默审潮流,深鉴大势,见机独早,宸断无疑。诏书一下,化干戈为坛坫,合五族为一家,大道为公,纷争立解。盖宁可以敝屣天下,断不忍涂炭生民,所谓能以私让国。"建议在太和殿开全国国民哀悼大会。⑩之后民国政府便在

---

① 载涛:《载沣与袁世凯的矛盾》,中国人民政治协商会议全国委员会文史资料研究委员会编:《晚清宫廷生活见闻》,第83页。
② 陈可冀主编:《清宫医案研究》,第4册,第1677页。
③ 陈可冀主编:《清宫医案研究》,第4册,第1677页。
④ 富察敦崇:《隆裕皇太后大事记》,民国写本,国家图书馆藏,第5页a。
⑤ 富察敦崇:《隆裕皇太后大事记》,第5页a。
⑥ 富察敦崇:《隆裕皇太后大事记》,第6页a。
⑦ 富察敦崇:《隆裕皇太后大事记》,第6页a。
⑧ 富察敦崇:《隆裕皇太后大事记》,第6页b。
⑨ 升平署档案则记载为"子初"。见中国国家图书馆编:《中国国家图书馆藏清宫升平署档案集成》,第49册,第25872页。
⑩ 秦国经:《逊清皇室轶事》,第123页。

第十七章 清德宗光绪帝的后宫

太和殿设立灵堂，殿内正中悬挂"女中尧舜"大匾，供案前立一大镜框，内陈《退位诏书》，规格不可谓不高。

【封谥释义】

民国二年正月二十二日，宣统小朝廷下令王大臣敬拟大行隆裕皇太后谥号。当日，恭办丧礼官蒙古亲王那彦图等人拟出六种主谥、两种全谥，并缮写谥法开列上奏：

> 孝简　约己恕物曰简
> 孝明　懿行宣著曰明
> 孝敦　温仁忠厚曰敦
> 孝愨　诚心中孚曰愨
> 孝顺　慈和偏服曰顺
> 孝定　大应慈仁曰定
> 宽惠慎哲协天保圣
> 端慈顺懿秉天牖圣①

最终，小朝廷决定的谥号为"孝定宽惠慎哲协天保圣景皇后"。从词汇的选用上，也可以看出当时小朝廷对于孝定景皇后的评价。

第三节　清德宗光绪帝的两位后宫

一、温靖皇贵妃

【简介】

德宗温靖皇贵妃，镶红旗满洲他塔喇氏，户部右侍郎长叙第四女。同治十三年八月二十二日生（一说八月十五日）。在光绪十二年参加八旗选秀，于光绪十四年十月初五日，被指定为瑾嫔。光绪十五年正月二十六日入宫。同年二月十八日，以协办大学士、户部尚书福锟为正使，礼部左侍郎续昌为副使，册封为瑾嫔。光绪二十年正月初三日，因孝钦显皇后六旬庆典，诏晋

---

① 富察敦崇：《隆裕皇太后大事记》，第 31 页 b、第 32 页 ab。

为瑾妃,未及封。同年十月二十九日,因屡有乞请,降为瑾贵人。光绪二十一年十月十五日,赏还妃位。同年十一月十二日,以礼部右侍郎溥善为正使,内阁学士堃岫为副使,册封为瑾妃。光绪二十六年七月,扈从德宗及孝钦显皇后、孝定景皇后西行。光绪二十七年十一月回銮。光绪三十四年十月二十一日,德宗崩逝,宣统帝即位,尊封为瑾贵妃。民国二年二月初五日,尊封为端康皇贵妃。民国十一年九月十五日,尊封为端康皇贵太妃。民国十三年九月二十二日丑时薨,年五十一岁。同年十月二十三日,由慈宁宫奉移广化寺暂安。十二月初十日,奉安崇陵妃园寝。民国十四年(1925年)九月,谥曰温靖皇贵妃。

【家族背景】

温靖皇贵妃出身岱图库哈里系他塔喇氏,这是清代他塔喇氏一姓内最大也是最为知名的一个支系。此系的祖先名讳不详,但是其族内门第最高的是岱图库哈里一脉,所以本书内以其岱图库哈里之名命名此系。岱图库哈里系他塔喇氏在八旗内一共拥有二十余个世管佐领,清初著名将领英俄尔岱即是岱图库哈里之孙,家族门第非同寻常。不过,这种门第与温靖皇贵妃的家族无甚关系,因为温靖皇贵妃家族一支只是岱图库哈里的同族远亲而已。温靖皇贵妃的家族隶属镶红旗满洲第一参领第十三佐领,这个佐领的世管家族是同属岱图库哈里系的朗格一脉,而温靖皇贵妃一支只是这个佐领内的普通属民。

根据温靖皇贵妃家族谱牒,其家族入旗始祖名为额尔古岱,世居扎库木地方,是岱图库哈里的同族远亲。自额尔古岱归入八旗之后,下数五代均为白身,直到第六代才有位名为五达色的人担任了骁骑校的职官。骁骑校虽然只是个六品武职,却已经是温靖皇贵妃家族第一位有官员品级的人。五达色的孙子名为萨郎阿,他是乾隆五十七年的翻译举人,仕至吏部主事,从此额尔古岱这一支他塔喇氏的门第开始由白身转变为中低级官员。

萨郎阿生有三子,第一子名为成泰,仕至笔帖式;第二子名为新泰,仕至泰陵主事,都没能提升家族的门第;而第三子裕泰,由官学生出身,考取内阁中书出仕之后不断升迁,在嘉庆朝末期出任道员,跻身中级官员的行列。道光年间升任按察使、布政使,直至巡抚、总督,不仅成了高级官员,而且是道光朝的著名地方大员,得谥庄毅。裕泰在宦场上的成功,使得这支他塔喇氏的门第从中下级官员提升为高级官员。

在裕泰得势之前,其曾祖母伊尔根觉罗氏、祖母李佳氏、母李氏均为普通旗人家的女儿。而在裕泰得势之后,这种情况为之一变。裕泰生有四子四女。第一子长启,娶正黄旗蒙古伍弥特氏一等继勇侯苏崇阿之女为妻;第二子长善,娶正红旗满洲瓜尔佳氏大学士桂良之女为妻;第三子长敬,娶镶蓝旗满洲赫舍里氏理藩院侍郎书元之女为妻;第四子长叙最为特殊,先后娶了四位嫡妻,第一位是宗室大学士宝兴之女,第二位是和硕惠端亲王绵愉之女,第三位是不入八分辅国公大学士载龄之女,第四位是宗室副都统奕贵之女。其中第二位嫡妻是仁宗嘉庆帝的孙女,出自宫中指婚。由此可见,经历了裕泰的一代显贵之后,这支他塔喇氏的门第已经成功跻身一等世家之列。不过裕泰一门跻身世家的时代较短,在当时尚属于"新贵"范畴,故而其接受新鲜事物也远比传统的世家要快,这点在二妃身上似乎也能看到影子。

温靖皇贵妃的祖父是裕泰,父亲则是婚姻对象最为复杂的长叙。根据他塔喇氏谱牒的记载,长叙仕至户部右侍郎,生有一子五女,其中有一子二女均是妾室赵氏所生。赵氏所生的一子二女内,独子名为志锜,生于同治十年,大女儿为长叙第四女,大排行行十,即是温靖皇贵妃,小女儿为长叙第五女,大排行行十一,即是恪顺皇贵妃。至于二妃的三位姐姐生母则不明,只知道长叙的第二女大排行行八,在光绪六年十一月嫁给博尔济吉特氏山西布政使葆亨之子为妻。结果因为婚礼选在十一月十三日,这一天正好是圣祖的忌辰,按照当时的礼法不应该办喜事,所以长叙因"婚嫁违制"被革职。顺便一提,布政使葆亨一支博尔济吉特氏和长叙有着特殊的亲缘,长叙的第三任嫡妻是不入八分辅国公大学士载龄之女,而载龄的嫡妻就是葆亨堂兄花良阿的女儿。这样看来,这位嫁回"姥姥家"的长叙的第二女有可能是其第三任嫡妻所出。

根据光绪年间第一届选秀的档案所显示,温靖皇贵妃家原住白庙胡同,后来在选秀的光绪十二年至光绪十四年中搬到粉子胡同,温靖皇贵妃和其妹恪顺皇贵妃即是从粉子胡同的宅邸内入宫的。[①] 而在温靖皇贵妃和恪顺

[①] 《八旗都统衙门全宗档》第39号《户部、镶红旗满洲、汉都统为挑选、复选、备选秀女及入选秀女谢赏等事的咨文保结之一》,转引自许妍:《清代"选秀女"制度研究》,第14页。

皇贵妃入宫之后，志锜一支又搬到了中老胡同居住。①

【入宫背景】

目前已知温靖皇贵妃是在光绪朝第一届选秀中被选中指定为瑾嫔的。这一届选秀从光绪十二年选到了光绪十四年，一共挑选了六次。温靖皇贵妃是在光绪十二年二月十九日第一次挑选的时候就已经参加，并且一直坚持到最后一次。

根据之前所引的清宫老太监唐冠卿的说法，温敬皇贵妃和恪顺皇贵妃只是"匆匆命公主各授荷包一与末列者二女，此珍妃姊妹之所以获选也"。②不过这种说法无法在其他资料上得到确认，只能聊备一说。而以目前所知的资料来看，在光绪十四年十月初五日的决定性挑选中的八位秀女，出身门第都不俗。八位秀女中，两位姓叶赫纳喇氏者分别是桂祥之女和佛佑之女，都是孝钦显皇后的侄女，和宫廷的关系不言而喻。镶黄旗满洲的富察氏秀女是穆宗淑慎皇贵妃的妹妹，而淑慎皇贵妃为孝钦显皇后所喜，有了宫廷内的这层关系，且作为名臣马齐的后代，门第自然也不一般。费莫氏秀女是正蓝旗满洲武英殿大学士文煜的孙女，是当时炙手可热的一等世家之一，她的姑姑由宫廷指婚成了和硕恭忠亲王奕訢的儿媳妇，母亲则是宗室尚书嵩森的女儿，门第也无可挑剔。至于温靖皇贵妃姐妹二人，虽然属于"新贵"，但是她们的伯父长善与和硕恭忠亲王奕訢是连襟，第二位嫡母则是由宫中指婚的仁宗的孙女，③体现了她们与宫廷的间接关系。八位秀女之中门第不如其他几位的恰恰是镶红旗满洲富察氏巡抚德馨的两位女儿。德馨出自穆当阿系讷殷地方富察氏，其祖先名叫哈山，曾任刑部尚书、议政大臣，之后逐渐没落。德馨的曾祖父、祖父以及父亲均已经沦落到中下级官员的身份。到了德馨这一代才通过德馨自己的努力成功升到高级官员阶层，属于刚刚"中兴"的门第。以此角度进行分析，或许德馨的两位女儿可以坚持到最后

---

① 此段他塔喇氏氏谱系，整理自《八旗满洲氏族通谱》《清代谱牒档案（缩微胶卷）》《珍妃和她的娘家》《东岩府君年谱》《北京图书馆藏珍本年谱丛刊》《清代朱卷集成》《光绪九年癸未科会试同年齿录》《恩赐荫生同官齿录》《我的两位姑母——珍妃、瑾妃》《八旗通志初集》《钦定八旗通志》《爱新觉罗宗谱》。

② 《故宫周刊》第30期《珍妃专号》，民国十九年五月三日，第3版。

③ 谨按，长善的第一女，也就是温靖皇贵妃、恪顺皇贵妃的堂姐，嫁给和硕惠端亲王绵愉的第六子固山贝子奕谟。这里的联姻辈分是错乱的，奕谟的同父姐妹是温靖皇贵妃、恪顺皇贵妃的嫡母。

环节的确是受到了德宗相当的关注。

【宫廷生活·光绪朝】

温靖皇贵妃以瑾嫔的身份入宫之后,住在永和宫。① 以目前的资料来看,温靖皇贵妃入宫之初时比较受孝钦显皇后的喜爱,懿旨中称她"向称淑慎"②。光绪二十年,因孝钦显皇后六十寿辰而晋封后宫,温靖皇贵妃也列位其中,由瑾嫔诏晋为瑾妃,但是同年十月,便和妹妹恪顺皇贵妃一起遭遇了降位处分。关于这次降位,懿旨之中明确指出:"本朝家法严明,凡在宫闱,从不准干预朝政。瑾妃、珍妃承侍掖廷,向称淑慎,是以优加恩眷,洊陟崇封。乃近来习尚浮华,屡有乞请之事……若不量予儆戒,恐左右近侍,藉为夤缘蒙蔽之阶,患有不可胜防者。瑾妃、珍妃均著降为贵人以示薄惩,而肃内政。"③可见,温靖皇贵妃降位的理由是她和妹妹恪顺皇贵妃作为后宫干预朝政,跟皇帝表示了相关的私人请求。在懿旨下达的数日后,十一月初一日宫中另有两道懿旨发下,这两道旨意特别写在两个长方形的牌子上,悬挂在内廷里,被称为"则例"或"禁牌"来警示后宫。第一道的内容是:"瑾贵人、珍贵人着恩准其上殿当差随侍,谨言慎行,改过自新,平日装饰衣服俱按宫内规矩穿戴,并一切使用物件,不准违例。皇帝前,遇年节,照例准其呈递食物,其余新巧希奇物件及穿戴等项,不准私自呈递。如有不遵者,重责不贷。特谕。"第二道是:"皇后有统辖六宫之责,俟后妃嫔等,如有不遵家法,在皇帝前干预国政,颠倒是非,着皇后严加访查,据实陈奏,从重惩办,决不宽贷。"④从这里可以看出,温靖皇贵妃姐妹除了干预国政、"屡有乞请"之外,还不按照宫中的规矩穿戴服饰,并呈进给德宗一些"新巧希奇物件",对于这种情况,后宫名义上的领导者孝定景皇后并没有进行处理。但是,这次降位的处罚并没有持续太久,一年之后的光绪二十一年十月十五日,便赏还了温靖皇贵妃及其妹恪顺皇贵妃的妃位。

关于这次降位,当时的军机大臣翁同龢在其日记内也有所记录。十月二十九日的日记内称:"皇太后召见枢臣于仪鸾殿,先问旅顺事,次及宫闱

---

① 《奏为永和宫因病出宫女子一名事》,光绪十五年二月二十三日,档案号:05-0967-060,中国第一历史档案馆藏。
② 《德宗景皇帝实录》卷352,光绪二十年十月壬申条,《清实录》,第56册,第565页。
③ 《德宗景皇帝实录》卷352,光绪二十年十月壬申条,《清实录》,第56册,第565页。
④ 谕旨牌两道,中国第一历史档案馆藏,转引自于善浦:《光绪皇帝的珍妃》,第21页。

事。谓瑾、珍二妃有祈请干预种种劣迹，即着缮旨降为贵人等因。（下注：鲁伯阳、玉铭、宜麟皆从中官乞请，河南抚裕宽欲营福州将军未果。内监永禄、常泰、高姓皆发，又一名忘之，皆西边人也。）臣再三请缓办，圣意不谓然。是日上未在座，因请问上知之否。谕云：皇帝意正尔。"①十一月初一日的日记内称："诣瀛台，上语昨事，意极坦坦。"②十一月初二日的日记内称："午初三刻传太后见起，午正二刻入见于仪鸾殿，论兵事……次及二妃，语极多，谓种种骄纵，肆无忌惮，因及珍妃位下内监高万枝诸多不法，若再审问，恐兴大狱，于政体有伤，应写明发，饬交刑部即日正法等因。臣奏言明发即有伤政体，若果无可贷，宜交内务府扑杀之。圣意以为大是，遂定议退。退写懿旨，封固呈览，发下交内务府大臣即日办理。"③仅从其内容进行分析，干预国政、"屡有乞请"，可能主要是恪顺皇贵妃一方所为。④

经过了光绪二十年那次降位处分之后，温靖皇贵妃变得谨小慎微，循规蹈矩，没有继续干涉政治。对于这种变化，有些通说认为是因为温靖皇贵妃性格"老实"，而其内侄唐海炘则认为"（瑾妃）能委曲求全，是个有心计的女子"。⑤至于其妹恪顺皇贵妃则未改作风，导致被迁居幽禁，以至于在光绪二十六年七月殉死宫中。曾经侍奉过孝定景皇后和温靖皇贵妃的清宫太监信修明记录称："（温靖皇贵妃）鉴于珍妃的过失，一生持守惟谨。"⑥可知恪顺皇贵妃的结局对温靖皇贵妃有着颇深的影响。

到了光绪朝后期，随着以孝钦显皇后为核心的"内廷外交"的展开，温靖皇贵妃也偶尔陪同孝钦显皇后接待外宾，这也让其留下了一些侧面记录，让今人丰富了对她的认知。如光绪二十九年、光绪三十年在宫内为孝钦显皇后画像的美国女画师凯瑟琳·卡尔便记载道："我见到她（温靖皇贵妃）时，她虽然只有二十八岁，但已经变成了身材矮胖的女人，原有的美丽几乎无存，只有那双大而圆的棕色眼睛，还保留着些许往日的清澈。她的鼻子扁平，嘴巴很大，胖胖的脸庞显得有些臃肿，额头上也看不出什么智慧的痕迹。

---

① 《翁同龢日记》，光绪二十年十月二十九日条，第5册，第2754页。
② 《翁同龢日记》，光绪二十年十一月初一日条，第5册，第2754页。
③ 《翁同龢日记》，光绪二十年十一月初二日条，第5册，第2755页。
④ 关于光绪二十年（1894年）降位的情况以及干预国政的具体问题，可以参见恪顺皇贵妃条。
⑤ 唐海炘：《我的两位姑母——珍妃、瑾妃》，文安主编：《清宫轶事》，第152页。
⑥ 信修明：《老太监的回忆》，第79、80页。

总之,她的整个外表与高贵的身份很不相称。脾气似乎还好,但既不聪明又不善于待人接物,宫里的女人一般都不怎么喜欢她,更谈不上具有皇后(孝定景皇后)那样的魅力。"①曾经短期在宫内服役的容龄则形容她:"平日总不说话,有时只是笑笑而已。虽然她在名义上是一位皇贵妃,可是我看来大家对她很不恭敬。我在宫里多年,从来没有见慈禧对她说过一句话。"②信修明则说,因为"同命相怜之感"③,温靖皇贵妃和孝定景皇后的关系处得不错。

【宫廷生活·宣统及小朝廷时期】

光绪三十四年十月,德宗和孝钦显皇后先后崩逝,宣统帝即位,外由其生父和硕醇亲王载沣主政,内则由孝定景皇后主掌,温靖皇贵妃则过着平静的寡居生活。民国二年正月,孝定景皇后崩逝,导致小朝廷内后宫的势力矛盾发生变化。

当时的后宫中分为以献哲皇贵妃居首的穆宗遗孀和以孝定景皇后居首的德宗遗孀两派,宣统帝承继了大统,在宗法上,他是承继穆宗,兼祧德宗,所以两派在法理上均有"母权"。但是穆宗的嫡后孝哲毅皇后已故,德宗的嫡后孝定景皇后仍在,在嫡庶的明确区分之下,德宗遗孀一派占据了绝对的上风。因为温靖皇贵妃性格比较温和,所以与穆宗遗孀三位太妃的关系还算不错,她们称呼温靖皇贵妃为"胖妹妹"④。而在民国二年正月孝定景皇后崩逝之后,两派的名分一下子势均力敌,便展开了以宣统帝"母权"为目标的争斗,各种拉拢宣统帝以及遗老大臣们,并且积极将与自己有关系的闺秀嫁给宣统帝为"皇后"。

在这场争斗之中,最开始是以献哲皇贵妃一派领先的,毕竟献哲皇贵妃"很有笼络人的手腕"⑤。但是从民国八年开始,情势为之一转,温靖皇贵妃开始占据上风,这主要是因为她成功拉拢了宣统帝本生父和硕醇亲王载沣

---

① [美]凯瑟琳·卡尔著,王和平译:《美国女画师的清宫回忆》,第34页。
② 容龄:《清宫琐记》,《在太后身边的日子》,第255页。
③ 信修明:《老太监的回忆》,第80页。
④ 溥杰:《清宫会亲见闻》,中国人民政治协商会议全国委员会文史资料研究委员会编:《晚清宫廷生活见闻》,第44页。
⑤ 溥杰:《清宫会亲见闻》,中国人民政治协商会议全国委员会文史资料研究委员会编:《晚清宫廷生活见闻》,第44页。

一家,特别是宣统帝的本生母和硕醇亲王嫡福晋瓜尔佳氏,具体的方法即是以太妃的身份帮助她一起联系复辟事宜。溥杰这样记录道:"从此她(温靖皇贵妃)不仅和我母亲的关系一天天密切起来,就连她的大总管刘承平和我母亲的亲信太监张金,也搞得火热。原来,她们是通过这两个太监,利用步军统领衙门左翼总兵袁得亮,曾是我外祖父荣禄的旧部的关系,竟和奉系的一些人勾结起来,想借用奉系的力量来搞复辟,以便自己独占'母权',坐上太后'宝座'。当时因我年幼,虽不知道他们勾结的具体情况,但也看出一些蛛丝马迹来。如从张金同我母亲的谈话中,经常听到奉天、张作霖等等这样一些名字,我母亲也经常同瑾妃密谈到深夜。有一次,听说奉系于冲汉的儿子于静远,还曾悄悄地到宫中来过,由刘承平负责接待,并在刘的住所吃到了瑾妃赏的丰盛佳肴,临走时瑾妃还有赏赐。也是在他们的策划下,张勋的女儿还几乎和我定亲,只是因为'命相不合'才作罢;但瑾妃就立将自己最宠爱的二侄女和我配了婚。有一次,我因看到瑾妃与我母亲的来往异乎寻常,曾问我母亲:'您和端康主子商议什么秘密事?'她说:'现在你还小,等你长大了就会明白的。'言罢颇露得意之色。"①

对于这一时期的温靖皇贵妃,一些当事人留下的记录依然记载她性格和蔼,待人亲切。如溥佳记录称,温靖皇贵妃"开通一些",说话比较亲切,其特别喜好美食,有专门雇用的名厨,"不但果桌做得最好,烹饪也颇出色。每逢她的生日,王公旧臣都喜欢吃她赏的那一顿饭。据太监说,这样的好饭她还不满意,经常派人到'天福号'买酱肘子供她吃早点"。②温靖皇贵妃的本家侄子唐海炘也记录她和蔼,且"最爱喝青果茶""踢毽子的姿势很好看"③。当然,所谓的"开通"和"亲切"都是相对的。在外籍教师庄士敦发现宣统帝视力不好,建议宣统帝配眼镜的时候,温靖皇贵妃就极力反对,"认为外国医生只会为皇帝配眼镜,而皇帝戴眼镜是绝对不可以的"。④ 在宣统帝的记录中,温靖皇贵妃也全无"亲切"的形象,而是"在有意无意之中,模仿起西太

---

① 溥杰:《清宫会亲见闻》,中国人民政治协商会议全国委员会文史资料研究委员会编:《晚清宫廷生活见闻》,第46页。
② 溥佳:《清宫回忆》,中国人民政治协商会议全国委员会文史资料研究委员会编:《晚清宫廷生活见闻》,第16页。
③ 唐海炘:《我的两位姑母——珍妃、瑾妃》,文安主编:《清宫轶事》,第149页。
④ [英]庄士敦著,张昌丽译:《紫禁城的黄昏》,武汉:武汉大学出版社,2018年,第155页。

后、隆裕太后来……骄傲跋扈"。① 出现这种印象差异,其实是因为自从民国八年温靖皇贵妃在太妃斗争中逐渐得势以来,随着和醇亲王府的关系愈发紧密,其性格也发生了变化。尤其是对宣统帝,大有"母后"的架势,并且最终在民国十年间接逼死了宣统帝的生母和硕醇亲王嫡福晋瓜尔佳氏。关于这个事情,宣统帝和溥杰都留下了记录。

宣统帝的记录称:

> 在我十四五岁时,端康太妃由于我追逐时髦,狠狠地训斥了我一顿,并打了两个太监每人二百大板。自从发生了这件事之后,她便效仿起西太后对待光绪的老办法,每天派她宫中的六七名太监,轮流地来"服侍"我,其实就是派他们来做监视我的"特务"。我当时敢怒而不敢言,直到有一天,我真觉得有些按捺不住了,便借机和太监大闹起来。太妃知道……便知趣地把"特务太监"撤走了。
>
> 有一天,端康下了一道命令,把太医院的御医范一梅开除了。我听到此事后非常气愤,当然这也和我平日对于她的种种不满有关……我于是就给她下了个结论:她本是一个妾的身份,而不是妻的身份,并不能算是我的母亲。现在她既这样对我毫不客气,我为什么要怕她呢?于是我愈想愈可气。但是在那家长制度凛然不可侵犯的宫廷中,我还不敢下定决心,当面去质问她,便把此事告诉了陈宝琛,并和他作了一番商量,而他居然赞成了我这样做。于是,我就鼓足了勇气,到她那里质问她为什么开除了范一梅。当然她是不会向我让步的,于是我们母子便闹翻了脸争吵起来。我粗暴地扬言不承认她是我的母亲。我表明了这种决裂态度之后,便愤愤地回去了。端康太妃盛怒之下,把我的祖母刘佳氏和我的生母瓜尔佳氏叫到宫里来,并迁怒于她们,对她们作了严厉的斥责。她们在这种情形下,也只得向太妃赔礼,但太妃还不甘心,把我父亲载沣和各王公大臣全都叫进宫来……最后,我还是在我祖母和母亲的努力说服下,才勉强地到端康面前下了一跪,并且认了错,这场风波才算平息下来。

---

① 溥仪:《我的前半生(灰皮本)》,第104页。

可怜我的母亲在她临回家去的头一天,还来看我,并谆谆嘱咐我尔后千万不要再做这样鲁莽的事,我也对她表示了今后一定不再如此。我却万万没想到。我的母亲在回家之后的第二天就吞服鸦片自杀了。①

溥杰的记录则说:

溥仪十五岁那年,因受他的英语教师庄溥仪庄士敦的影响,很想买些舶来品装饰时髦,就命李延年、李长安两个御前小太监给他买了些洋袜子之类的东西。不料瑾妃闻知,却认为违犯了"祖宗家法",立命我父亲载沣进宫,大加申斥。那时,我们恰好又在那里会亲,亲眼看到父亲被申斥后面色苍白、颓然退出去的情景;还听到那两个小太监挨打时的竹板声和号叫声。接着,瑾妃又把溥仪叫来,亲自训诫了一通;我母亲则在一旁敲边鼓,使这时的溥仪,确有当年光绪的狼狈处境。瑾妃为了控制溥仪,每日还将自己的亲信太监派去"伺候"他。其实,这与其说是去"当差",倒不如说去"监视"更合乎事实。……就这样大约过了一年的"风云酝酿"时期,溥仪终于在帝师陈宝琛的支持下,借着瑾妃斥革太医范一梅为借口,到瑾妃处大吵大闹。瑾妃召集了王公近臣来压制溥仪……结果这次"宫中会议",只好在王公近臣的抹稀泥和溥仪针锋相对地还击之下,草草收场,毫无结果。不仅如此,听说溥仪事后也把这班人马找来,大喊大叫了一通。在这种情况下,瑾妃深感自己力薄势单,终于从"太后梦"中醒来,从此消沉下去了。而我母亲也在这种情况下,觉得既对不起瑾妃,又认为已无法再使溥仪就范,就给我写了一封遗书,吞生鸦片、白酒自杀了。②

实际上,温靖皇贵妃并没有像溥杰所说的"从此消沉下去",依然和另外几位太妃围绕着"母权"进行争夺,特别是在民国十一年为宣统帝挑选"皇

---

① 溥仪:《我的前半生(灰皮本)》,第104、105页。
② 溥杰:《清宫会亲见闻》,中国人民政治协商会议全国委员会文史资料研究委员会编:《晚清宫廷生活见闻》,第47页。

后",其背后即是以献哲皇贵妃为首的穆宗遗孀与温靖皇贵妃的争斗,最终温靖皇贵妃所支持的郭布罗氏成了"皇后",而献哲皇贵妃所支持的额尔德特氏成了"淑妃"。也正是在同年九月十五日,小朝廷下达"上谕",称:"恭维敬懿皇贵妃、荣惠皇贵妃恭侍皇考穆宗毅皇帝,敬慎素著。端康皇贵妃恭侍兼祧皇考德宗景皇帝,温顺孔昭。现届举行大婚典礼,允宜加崇位号,以表尊荣。敬懿皇贵妃尊封为敬懿皇贵太妃,荣惠皇贵妃尊封为荣惠皇贵太妃,端康皇贵妃尊封为端康皇贵太妃。"①将三位太妃均正式尊为"皇贵太妃"。

据清宫医案可知,早在入宫伊始,温靖皇贵妃便患有肝病,还染上了劳嗽症。② 光绪二十一年曾染疟疾。③ 升到妃位之后,因其肝病影响,屡有神志不清、抽搐等病症。④ 到了宣统年间,肝病依然持续,并有血虚经停、经脉制痛等症。⑤ 到民国八年时,已经形成了胀症。⑥ 根据其内侄唐海炘的记载,在民国十一年,温靖皇贵妃"身体已经很虚弱了,并得了甲状腺肥大病,眼珠往外努着"。⑦ 在这种情况下,温靖皇贵妃更加思念自己的家人,于是在民国十三年五月十七日,温靖皇贵妃的母亲七十整寿时,温靖皇贵妃特地回中老胡同邸第"省亲"和家人团聚,虽然当天早晨"回邸",下午四五点钟就"回宫",也好歹是回家"省亲"了一次,以清宫的规矩而言,已经是"破天荒"之举。温靖皇贵妃"省亲"之后,病情逐渐加重,最终于当年九月二十二日丑时,因胀症在永和宫崩逝,停灵在慈宁宫。十六天之后的十月初九日,鹿钟麟率军进入紫禁城,将宣统帝驱逐出宫。同月二十三日,温靖皇贵妃的金棺才从紫禁城移往广化寺暂安。

【封谥释义】

温靖皇贵妃原本的封号为"瑾",满文作"gincihiyangga"⑧,意为"华丽的""秀美的"。不过在光绪朝,后妃的封号一般都是以汉语为核心选定的,

---

① 中国国家图书馆编:《中国国家图书馆藏清宫升平署档案集成》,第 49 册,第 26416、26417 页。
② 陈可冀主编:《清宫医案研究》,第 4 册,第 1706 页。
③ 陈可冀主编:《清宫医案研究》,第 4 册,第 1697 页。
④ 陈可冀主编:《清宫医案研究》,第 4 册,第 1702 页。
⑤ 陈可冀主编:《清宫医案研究》,第 4 册,第 1717 页。
⑥ 陈可冀主编:《清宫医案研究》,第 4 册,第 1750 页。
⑦ 唐海炘:《我的两位姑母——珍妃、瑾妃》,文安主编:《清宫轶事》,第 149 页。
⑧ 《为原任侍郎长叙之十五岁女他他喇氏封为瑾嫔并十三岁女他他喇氏封为珍嫔事》,光绪十四年十月初五日,档案号:05-13-002-000288-0101,中国第一历史档案馆藏。

满文词义的意义不大。

【考证·生辰】

关于温靖皇贵妃的生辰，不同史料有不同的记载，且有互相矛盾的地方。目前来看有三种说法。

第一种，"八月十五日"说。光绪朝中后期曾经短期在宫内服役的容龄记载："瑾妃的生日是农历八月十五日……有一次，我送她一些水果，还放了些毛豆。因为毛豆是八月十五日供兔儿爷的，招得大家都笑了。瑾妃不但没有生气，反而也笑了。"①温靖皇贵妃的内侄唐海炘也记录道："1922年农历八月十五日是瑾妃的五十整寿。"②根据宫内档案，从光绪二十三年到宣统二年，温靖皇贵妃均是在八月十四日获得千秋恩赏。这种行为可能是为了区别于八月十五日中秋节的恩赏。

第二种，"八月二十日"说。唐邦治在《清皇室四谱》"温靖皇贵妃"一条中写："同治十三年甲戌八月二十日生。"③1937年所修《星源集庆》也记为："同治十三年甲戌八月二十日生。"④但是对于这个日期未见有档案反映。

第三种，"八月二十二日"说。根据升平署的档案，民国二年孝定景皇后崩逝之后，四大太妃开始由宫廷正式负责操办各自的生日，温靖皇贵妃作为其中之一，其过生日也就是"千秋"的记载也开始被档案记录。从民国二年到民国十二年（1923年）这十年，温靖皇贵妃均是在农历八月二十二日过千秋。⑤ 至于侧面记载，如1920年《小公报》有"千秋誌盛"一条："清室端康瑾贵妃，昨旧历八月二十二日寿辰。"⑥《那桐日记》1923年9月28日条也记载："即阴历八月十八日……八月二十二日为端康皇太贵妃五旬千秋，今日呈进元青四则织金花纬成缎马褂料成件、翠蓝四则闪银花纬成缎衣料成件、果品、饽饽各四盒，蒙赏收。回赏酱色江绸蟒袍一件。"⑦均记载温靖皇贵妃是在八月二十二日过生日。

---

① 容龄：《清宫琐记》，《在太后身边的日子》，第255页。
② 唐海炘：《我的两位姑母——珍妃、瑾妃》，文安主编：《清宫轶事》，第151页。
③ 唐邦治：《清皇室四谱》，沈云龙主编：《近代中国史料丛刊（第八辑）》，第108页。
④ 《星源集庆》，季羡林主编：《中国少数民族古籍集成》，第64册，第280页。
⑤ 中国国家图书馆编：《中国国家图书馆藏清宫升平署档案集成》，第49、50册。
⑥ 《千秋誌盛》，《小公报》1920年10月13日，第3版。
⑦ 北京市档案馆编：《那桐日记》，下册，第1031页。

综上可知，除"八月二十日"一说来源不明之外，温靖皇贵妃在民国之前基本是在八月十五日过寿，而在进入民国之后则因故改为八月二十二日过寿。清代宫中主位的生日有可能因为节日而挪动日子，也可能是与忌辰冲突而变更。目前尚不知道温靖皇贵妃改变生日日期的原因为何，还需要进一步发现资料来确认。

【考证·南方长大说】

很多文章以及小说中均提到温靖皇贵妃和恪顺皇贵妃姐妹二人从小跟着伯父长善在南方长大，有的还很准确地描述她们十岁才回京，几乎成了定说。但是这种"南方长大说"一般以其父长叙早逝的背景为立论基础，而此与史实并不符合。

温靖皇贵妃一家是京旗旗人，"旧宅"即在北京。其父长叙在同治四年时任郎中，后升为大理寺少卿。同治十二年十二月升为光禄寺卿，同治十三年八月女儿温靖皇贵妃出生。光绪元年二月转任太常寺卿，三月升任内阁学士兼礼部侍郎衔。光绪二年二月女儿恪顺皇贵妃出生，十月署理兵部左侍郎。光绪三年正月正式升任礼部右侍郎，十一月调任刑部右侍郎。光绪四年（1878年）五月兼任镶白旗蒙古副都统。光绪五年二月转刑部左侍郎，八月兼署户部右侍郎，十一月正式调为户部右侍郎。光绪六年十一月因违例婚嫁革职。之后光绪十年十月，因孝钦显皇后五旬万寿，长叙作为革职之员还随班行礼。[①] 以这些履历来看，从温靖皇贵妃出生，一直到温靖皇贵妃十一岁为止，其父长叙均任京官或者住在京城。温靖皇贵妃和恪顺皇贵妃原本住家即在北京，亲生父母也均在北京生活，在旧时代交通不便利且医疗不发达的状态下，似乎没有理由作为幼儿被长途跋涉送到伯父长善所在的广州去。

二、恪顺皇贵妃

【简介】

德宗恪顺皇贵妃，镶红旗满洲他塔喇氏，户部右侍郎长叙第五女。光绪二年二月初三日生。在光绪十三年参加八旗选秀，于光绪十四年十月初五

---

① 谨按，长叙履历整理自《穆宗毅皇帝实录》《德宗景皇帝实录》。

日,被指定为珍嫔。光绪十五年正月二十六日入宫。同年二月十八日,以礼部尚书李鸿藻为正使,礼部右侍郎文兴为副使,册封为珍嫔。光绪二十年正月初三日,因孝钦显皇后六旬庆典,诏晋为珍妃,未及封。同年十月二十九日,因屡有乞请,降为珍贵人。光绪二十一年十月十五日,赏还妃位。同年十一月十二日,以内阁学士宗室寿耆为正使,内阁学士宗室溥颋为副使,册封为珍妃。光绪二十四年之后,迁居幽禁。光绪二十六年七月,因联军进京,殉死宫中,年二十五岁。光绪二十七年七月初四日,葬恩济庄。同年十一月二十九日,追晋为珍贵妃。民国二年三月初三日,奉移梁各庄暂安。同年十一月十六日,奉安崇陵妃园寝。民国十年三月十七日,追晋为皇贵妃,谥曰恪顺皇贵妃。

【家族背景】

恪顺皇贵妃出身岱图库哈里系他塔喇氏,是温靖皇贵妃的妹妹。其家世可以参考温靖皇贵妃条。温靖皇贵妃是长叙的第四女,生母是长叙之妾赵氏,恪顺皇贵妃则是长叙的第五女,与温靖皇贵妃同母。在排行上,温靖皇贵妃行四又行十,恪顺皇贵妃行五又行十一。从大排行和小排行两方面来讲,恪顺皇贵妃都是最小的女儿。①

【入宫背景】

目前已知恪顺皇贵妃是与姐姐温靖皇贵妃一起在光绪朝第一届选秀中被选中指定为珍嫔的。这一届选秀从光绪十二年选到了光绪十四年,一共挑选了六次。恪顺皇贵妃是在光绪十三年二月十七日的第三次挑选时才参加,并且一直坚持到最后一次。

【宫廷生活】

恪顺皇贵妃以珍嫔的身份入宫之后,住在景仁宫。② 与姐姐温靖皇贵妃一样,恪顺皇贵妃入宫之初,还是比较受孝钦显皇后喜爱的。在光绪二十年十月,因为干预国政,"屡有乞请",且不按照宫中的规矩穿戴服饰,呈进给

---

① 此段他塔喇氏氏谱系,整理自《八旗满洲氏族通谱》《清代谱牒档案(缩微胶卷)》《珍妃和她的娘家》《东岩府君年谱》《北京图书馆藏珍本年谱丛刊》《清代朱卷集成》《光绪九年癸未科会试同年齿录》《恩赐荫生同官齿录》《我的两位姑母——珍妃、瑾妃》《八旗通志初集》《钦定八旗通志》《爱新觉罗宗谱》。
② 《为查验景仁宫因笨出宫女子一名事的呈文》,光绪十五年三月二十六日,档案号:05-0968-032,中国第一历史档案馆藏。

德宗一些"新巧希奇物件",而被降为贵人。这次降位的处罚并没有持续太久,一年之后的光绪二十一年十月十五日,便赏还了姐妹二人的妃位。

对于这次降位,虽然最终是与姐姐温靖皇贵妃一起降位,但是当时的记录都认为恪顺皇贵妃应该承担主要责任。根据清宫太监信修明的描述①:"珍妃独得皇上的恩宠,是因为她的装饰不施脂粉,不喜女服,不挽发髻,不穿秀履,而以男子服为尚。每侍皇上,大辫后垂,头戴头品顶花翎,身穿剑袖马褂,足登青缎朝靴,完全是一美少年的卫官打扮。帝甚喜欢。"②这是不按照宫中规矩穿戴服饰。关于干预国政,信修明则称:"妃嫔在宫,无不艰窘。珍妃很好用钱,又常施惠于群监。近之者无不称道主子之大方。钱不足用,即想开源之道。当时外官通过她的胞兄志锜的门路,伙同内廷不守规矩的太监,介绍卖官收钱……光绪二十年,有鲁伯阳和玉铭两人,众论纷纷。后召见,果然此两人言语粗鄙,识字不多。追究根源,始知由太监从中过付银钱,珍妃作主放卖之官。当时光绪再三不肯,但也对珍妃没有办法。"③这与翁同龢在日记中说的"鲁伯阳、玉铭、宜麟皆从中官乞请,河南抚裕宽欲营福州将军未果"④基本相符。可见干预国政,卖官鬻爵之事,主要是恪顺皇贵妃所为。

不过,信修明还称,在卖官一事曝光之后,"太后顾全宫廷之面子,未将珍妃之罪状公布,只幽于老苑(地在百子门之西空宫、咸福宫之后)"。⑤ 这可能并非事实。虽然其中"顾全宫廷面子"与翁同龢日记内所称"于政体有伤"相符,⑥但是考察当时的档案,光绪二十年被降位时,恪顺皇贵妃正在患病,直到光绪二十一年还落有病根。⑦ 而且当年恢复了妃位之后,光绪二十二年恪顺皇贵妃作为妃位参加了元旦庆典,四月还随帝后前往颐和园住宿,⑧

---

① 谨按,根据信修明的自述,他是在光绪二十八年入宫,1924 年出宫的。所以关于恪顺皇贵妃的事情,他是听其他老太监以及孝定景皇后、温靖皇贵妃等主位描述的。
② 信修明:《老太监的回忆》,第 23 页。
③ 信修明:《老太监的回忆》,第 24 页。
④ 《翁同龢日记》,光绪二十年十月二十九日条,第 5 册,第 2754 页。
⑤ 信修明:《老太监的回忆》,第 24、25 页。
⑥ 关于光绪二十年降位的情况以及干预国政的具体问题,可以参见恪顺皇贵妃条。
⑦ 《珍妃进药零用药味底簿》《珍贵人用药底簿》,中国第一历史档案馆藏,转引自于善浦:《光绪皇帝的珍妃》,第 30—35 页。
⑧ 于善浦:《光绪皇帝的珍妃》,第 50 页。

同年七月,档案中还提及其所住景仁宫内宫女因病出宫等事,①完全没有被幽禁别宫的迹象。

经过这次降位之后,温靖皇贵妃变得谨小慎微,循规蹈矩起来,而恪顺皇贵妃则不然,她直接参与了光绪二十四年的变法运动,并且通过胞兄志锜以及太监与宫外传递信息。根据当时宫内"白姓宫女"的说法:"(降位之后)又二三年,始因戊戌政事,因妃于钟粹宫后北三所,窘苦备至。"②"刘姓宫女"则称:"光绪二十四年戊戌之变,幽妃于建福宫,继迁北五所。"③"小德张"之孙张仲忱则听其祖父说:"光绪皇上变法时,珍主儿曾参与出谋划策,而变法失败后派出太监聂八十、寇莲才出宫送信的真正主使人是珍主儿。老祖宗查明后,对她恨之入骨,同时也把珍主儿的住处圈了高墙,即北京故宫内,西路北三所,是一座小院,仅有三间房子。"④由此可见,恪顺皇贵妃的确是因为参与变法而被孝钦显皇后处罚,迁居到"冷宫"幽禁。不过关于恪顺皇贵妃究竟是在什么时候被迁居到"冷宫",其所处"冷宫"到底在哪里,目前尚有疑问。

另外,据清宫医案可知,早在入宫伊始,恪顺皇贵妃身体就不是很好,本身便患有肝病,⑤又染上了劳嗽症,⑥一直调理到光绪十六年。光绪十七年正月患胃痛,⑦光绪二十年患上风湿痹症,逐渐加剧。⑧ 光绪二十一年七月患上痰泻之症,⑨再发风湿痹症⑩。光绪二十四年或二十五年(1899年),还

---

① 《为景仁宫因病出宫女子一名事堂交》,光绪二十二年七月二十日,档案号:05-1008-061,中国第一历史档案馆藏。
② 《故宫周刊》第30期《珍妃专号》,中华民国十九年五月三日,第3版。
③ 《故宫周刊》第30期《珍妃专号》,中华民国十九年五月三日,第4版。
④ 张仲忱:《一个太监的经历——回忆我的祖父"小德张"》,中国人民政治协商会议天津市委员会文史资料研究委员会:《天津文史资料选辑第十六辑》,天津:天津人民出版社,1981年,第173页。
⑤ 《珍嫔进药底簿》,中国第一历史档案馆藏,转引自于善浦:《光绪皇帝的珍妃》,第28、29页。
⑥ 陈可冀主编:《清宫医案研究》,第4册,第1706页。因为温靖皇贵妃和恪顺皇贵妃刚入宫便双双患上劳嗽症,又因为德宗光绪帝有多系统结核病,所以陈可冀推测两位后宫的劳嗽症可能是由德宗所传染。
⑦ 《珍嫔进药底簿》,中国第一历史档案馆藏,转引自于善浦:《光绪皇帝的珍妃》,第30页。
⑧ 《珍妃进药零用药味底簿》《珍贵人用药底簿》,中国第一历史档案馆藏,转引自于善浦:《光绪皇帝的珍妃》,第30—35页。
⑨ 陈可冀主编:《清宫医案研究》,第4册,第1808页。
⑩ 陈可冀主编:《清宫医案研究》,第4册,第1811页。

患上了阴痒之症。①

这些病症之中，尤以风湿痹症最为严重。光绪二十年四月，风湿痹症曾经严重发作，五月时愈发沉重，到了神志不清、严重抽搐的情况，几乎不治。经过努力治疗抢救过来之后，十月中下旬再次发病，后来又在次年光绪二十一年七月再次发作。由此可见，恪顺皇贵妃的身体是比较弱的。

【封谥释义】

恪顺皇贵妃原本的封号为"珍"，满文作"ujengge"②，意为"端重""稳重"。不过在光绪朝，后妃的封号一般都是以汉语为核心选定的，满文词义的意义不大。

【考证·迁居"冷宫"】

当时宫内"白姓宫女""刘姓宫女"以及"小德张"之孙张仲忱的说法，都提到恪顺皇贵妃在光绪二十四年七月德宗变法失败之后，被迁居"冷宫"，直到在光绪二十六年七月殉死。实际上根据目前已知的档案来看，恪顺皇贵妃究竟是否被迁居过"冷宫"？如果迁居了，迁居多久？都是有疑问的。

谨根据档案将已知事实情况梳理如下：

光绪二十四年四月，德宗变法，恪顺皇贵妃参与其中。

光绪二十四年七月，孝钦显皇后废新政，临朝训政。

光绪二十四年十一月，为后宫主位们准备第二年的宫分，其中恪顺皇贵妃作为珍妃，还是领妃位的宫分，并且位下有六位官女子。③

光绪二十五年十一月，为后宫主位们准备第二年的宫分，其中恪顺皇贵妃作为珍妃，依然领妃位的宫分，但是位下的官女子变为了三位。④

光绪二十六年六月初六日，"总管宋进禄等为珍妃下官女子三名，系正黄旗扎拉芬佐领下苏拉林铣之女三妞、镶黄旗延照佐领下苏拉广连之女大妞、镶黄旗延祥管领下苏拉长兴之女二妞，此三名俱给永和宫瑾妃下当差，

---

① 陈可冀主编：《清宫医案研究》，第 4 册，第 1818 页。
② 《为原任侍郎长叙之十五岁女他他喇氏封为瑾嫔并十三岁女他他喇氏封为珍嫔事》，光绪十四年十月初五日，档案号：05-13-002-000288-0101，中国第一历史档案馆藏。
③ 《奏为恭进内廷宫分缎绸布匹等事折》，光绪二十四年十一月二十日，档案号：奏销档 866-045，中国第一历史档案馆藏。
④ 《奏为恭进内廷宫分缎绸布匹等事折》，光绪二十五年十一月二十二日，档案号：奏销档 869-051，中国第一历史档案馆藏。

每名每月所食口分各一分,仍照常得给,差首领张文财传"。①

光绪二十六年七月二十日前后,恪顺皇贵妃投井殉死。

可见,在德宗变法失败的当年,恪顺皇贵妃似乎完全没有受到波及。到了第二年,其手下的官女子的数量从六名减少为三名,相当于从妃位待遇降为了常在待遇,但是所领的宫分却依然是妃位的。以这两条档案的情况来看,很难说当时恪顺皇贵妃已经被迁居到"冷宫"了。到了光绪二十六年六月,最后的三名官女子也被转赐给温靖皇贵妃,这时候距离恪顺皇贵妃殉死只有一个半月的时间。目前对于这三名官女子的转赐有两种解释:一种解释是认为这代表着恪顺皇贵妃被正式迁居"冷宫",三名官女子一起被迁居"冷宫"就是这一个半月的时间;另一种解释则认为当时恪顺皇贵妃患了天花,三名官女子被转赐是因为避疫,那么恪顺皇贵妃就没有被迁居到"冷宫"过,只是在别宫养病而已。关于这个问题,还有待对档案进一步发掘。

【考证·薨逝情形】

因为恪顺皇贵妃胞兄志锜在被革职之后逃往上海,"暗操报馆生涯,极力宣传珍妃之冤枉,世人不知宫内之秘密,也随声附和,多为抱屈"。② 同时也因为随着民国以来各种影视改编的影响,造成民间野史之中关于恪顺皇贵妃的经历以及薨逝的情形愈发"绘声绘色"起来。正如清史学者于善浦在其《光绪皇帝的珍妃》一书中所说:"珍妃实不过是光绪帝的一位普通妃子而已,她的生前、死后都被后人赋以了戏剧情节。"③

在本书中,关于恪顺皇贵妃薨逝的情形,选取几条尚属可信的资料进行整理分析。

第一条是清宫太监信修明的说法。信修明是在光绪二十八年入宫的,未曾亲眼见过恪顺皇贵妃薨逝的情形,他所描述的是他从老太监以及主位那里听到的说法:"义和团事起,都城不保。太后命皇上、皇后、珍、瑾二妃及大阿哥溥儁一起聚住宁寿宫,预备西巡。在出宫之前夕,惟虑珍妃,留守宫

---

① 《为珍妃下官女子三姐等俱给永和宫瑾妃下当差每名每月所食口分仍照常得给事》,光绪二十六年六月初九日,档案号:奏销档 05-13-002-000956-0094,中国第一历史档案馆藏。
② 信修明:《老太监的回忆》,第 24 页。
③ 于善浦:《光绪皇帝的珍妃》后记。

中不妥,带走也不妥。因而传令将珍妃投入乐寿堂后西所井中。诸老太监闻言均已回避。小太监崔玉贵不敢远离,太后生气说:'玉贵把她推下去,你们都该杀。'崔玉贵不敢违抗,竟将珍妃推落井中。"①

第二条是曾经侍奉过恪顺皇贵妃的白姓宫女所说:"至光绪二十六年庚子,拳匪之变,慈禧乃令崔玉贵推珍妃入宁寿宫后井中,从之者尚有一宫女及一太监。时珍妃已迁于景祺阁小屋,入井前一夕,慈禧尚召妃朝见,谓:'现今江山已失大半,皆汝所致,吾必令汝死。'妃愤曰:'随便办好了。'翌日,即推之入井。"②

第三条是太监唐冠卿所说:"庚子七月十九日,联军入京……时甫过午,予在后门休憩。突觇慈禧后自内出,身后并无人随侍,私揣将赴颐和轩,遂趋前扶持。迤至乐寿堂右,后竟循西廊行,予颇惊愕,启曰:'老佛爷何处去?'曰:'汝勿须问,随余行可也。'及抵角门转湾处,遽曰:'汝可在颐和轩廊上守候,如有人窥视,枪击毋恤。'予方骇异间,崔玉桂来,扶后出角门西去,窃意将或殉难也,然亦未敢启问。少顷,闻珍妃至,请安毕,并祝老祖宗吉祥。后曰:'现在还成话么,义和拳捣乱,洋人进京,怎么办呢?'继语音渐微,哝哝莫辨,忽闻大声曰:'我们娘儿们跳井吧!'妃哭求恩典,且云,未犯重大罪名。后曰:'不管有无罪名,难道留我们遭洋人毒手么? 你先下去,我也下去。'妃叩首哀恳。旋闻后呼玉桂。桂谓妃曰:'请主儿遵旨吧!'妃曰:'汝何亦逼迫我耶!'桂曰:'主儿下去,我还下去呢!'妃怒曰:'汝不配!'予聆至此,已木立神痴,不知所措。忽闻后疾呼曰:'把他扔下去吧!'遂有挣扭之声,继而砰然一响,想珍妃已坠井矣。斯时光绪帝居养心殿,尚未之知也。"③

第四条是太监戴寿臣转述亲眼看见恪顺皇贵妃投井的太监王祥的说法:"庚子年七月二十日,宫里乱七八糟的西太后和光绪皇上都改变了装束,就要逃出宫了。就在这个当儿,她亲自率领瑾妃和御前首领太监崔玉贵、王德环到了宁寿宫,把珍妃从三所(囚禁珍妃的处所)里提出来。珍妃在这里不知道已经受了多少折磨。她被提到西太后跟前,我们从门缝里看到她,战战兢兢,憔悴的样儿。西太后究竟同她说了些什么,王祥没有听见。后来在

---

① 信修明:《老太监的回忆》,第 24、25 页。
② 《故宫周刊》第 30 期《珍妃专号》,民国十九年五月三日,第 3 版。
③ 《故宫周刊》第 30 期《珍妃专号》,民国十九年五月三日,第 4 版。

场的太监们传说,西太后对她说,现在太后同皇上就要离京了,本来想带她走,但是兵荒马乱的年月,万一出了什么事,丢了皇家的体面,就对不住祖宗了,让她赶快自尽。还听太监们传说,珍妃对西太后说,皇上应该留在北京,但是还没等珍妃说明道理,西太后就冷笑了一声,抢白她说,'你死在眼前,还胡主张什么。'这些传说是不是实情,王祥说不能判断。当时王祥从门缝里只看到珍妃跪在西太后面前,哀求留她一条活命,口里不断呼叫'皇爸爸,皇爸爸,饶恕奴才吧!以后不再作错事了……'西太后气狠狠地呼喝:'你死去吧!'……西太后怕时间耽搁久了,就接连着喊叫快点动手。崔玉贵走上前去,把珍妃扯过去,连挟带提地把她丢到井里去。珍妃临危前,王祥还听到她呼唤'李安达!李安达!''安达'是对太监的尊称。这是珍妃呼唤李莲英,求他搭救她。"①

第五条是晚清太监"小德张"的养孙张仲忱,其记录称:"各宫妃、嫔陆续到来,光绪皇上也由瀛台过来,换上了青衣小帽。在这时候,老祖宗叫二总管崔玉贵到北三所把珍主儿叫来,让她换好衣服也一齐走。不大一会儿珍主儿披散着头发,穿着旗袍来啦。老祖宗当时大怒说:'到这时候了,你还装模作样,洋人进来你活得了吗?赶紧换衣服走!'珍主儿说:'皇阿玛,子妃面出天花,身染重病,两腿酸软实在走不了,让我出宫回娘家避难去吧!'老祖宗仍叫她走,珍主儿跪在地上还是不走。老祖宗回过身来大喊一声,叫二总管崔玉贵把她掐在井里,崔玉贵立即把珍主儿挟起来,不几步就是那口井,头朝下就给'床'下去啦!当时并把井口堵上。"②在张仲忱的著作中,特别指出:"以上这一大段经过,是听我祖父亲口讲的,事隔多年虽然不能铭记全面,主要事实没大出入,至于稗史上所描绘珍妃的事迹和与慈禧太后当面顶撞,没有听到我的祖父讲过。"③

以上几种说法究竟哪种是事实,目前尚不能准确得知。清史学者于善浦在其《光绪皇帝的珍妃》一书中认为,以情理综合分析,"小德张"的养孙张

---

① 马德清等述、周春晖记:《清宫太监回忆录》,信修明等:《太监谈往录》,第231—233页。
② 张仲忱:《一个太监的经历——回忆我的祖父"小德张"》,中国人民政治协商会议天津市委员会文史资料研究委员会:《天津文史资料选辑第十六辑》,第178页。
③ 张仲忱:《一个太监的经历——回忆我的祖父"小德张"》,中国人民政治协商会议天津市委员会文史资料研究委员会:《天津文史资料选辑第十六辑》,第179页。

仲忱之说最为合理。①

无论如何，在官方档案上，只有在光绪二十七年十一月二十八日，孝钦显皇后一行人回宫的第二天，下达了一道懿旨，提到："上年京师之变，仓猝之中，珍妃扈从不及，即于宫内殉难，洵属节烈可嘉。加恩著追赠贵妃位号，以示哀恤。"②

【考证·关于"褫衣廷杖"】

很多小说都提到恪顺皇贵妃在光绪二十年被降位处罚时受了"褫衣廷杖"，一些文章则言之凿凿地说："根据清宫档案记载，证实珍妃在十月二十八日这天遭到了褫衣廷杖。"而考察已知的清宫档案，似乎并不存在"褫衣廷杖"的记录。

根据《珍妃进药零用药味底簿》《珍贵人用药底簿》记载，光绪二十年：

> 十月二十八日，御医张仲元请得珍妃脉息，六脉沉浮不见，系道挽结，痰热壅遏，感肝风之症，所以抽搐气闭，牙关紧急，周身筋脉颤动刻间。暂用"琥珀抱龙丸"一丸，姜汁化服，用"调肝顺气化痰汤"调理。
>
> 十月二十九日，珍妃脉息，左寸关沉弦，抽搐随作随止，胸膈堵闷，两胁串疼，有时恶寒发热，热后即爵口渴思凉，谷食不香，周身筋脉酸痛。用"调肝清热代茶饮"。
>
> 十一月初一日子刻，御医张仲元请得珍贵人脉息，左关沉伏，右寸沉滑，抽搐又作，牙关紧急，人事不省，周身筋脉颤动刻间。暂用"琥珀抱龙丸"一丸，姜汤化服。
>
> 十一月初五日，珍贵人头闷，早间吐痰带有黑血，膈间槽热，两胁串疼，有时筋惕，谷食不香，腿膝酸麻胀痛，用原方调理。至十五日，服"调胃和脉温化饮""调肝和脉温化饮"。③

由此可见，在光绪二十年十月二十九日被降位前后，恪顺皇贵妃当时正

---

① 于善浦：《光绪皇帝的珍妃》，第58页。
② 《德宗景皇帝实录》卷490，光绪二十七年十一月辛卯条，《清实录》，第58册，第484页。
③ 《珍妃进药零用药味底簿》《珍贵人用药底簿》，中国第一历史档案馆藏，转引自于善浦：《光绪皇帝的珍妃》，第34、35页。

处于风湿痹症发作的重病之中。有人解释恪顺皇贵妃在十月二十八日"抽搐气闭,牙关紧急,周身筋脉颤动刻间"是"褫衣廷杖"所致,实际上早在同年的五月十二日,恪顺皇贵妃就曾经因风湿痹症"神昏不语,牙关紧急,四肢抽搐,胸堵痰涎,身肢发热,症热沉重。"① 和十月二十八日的病症如出一辙,可见这只是风湿痹症的症状而已。

当然,没有经历过"褫衣廷杖"并不代表恪顺皇贵妃没有受到过皮肉之罚。虽然目前没有档案明确记载恪顺皇贵妃受过体罚,但是在白姓宫女和刘姓宫女的回忆中,都称恪顺皇贵妃受到过体罚。白姓宫女称:"慈禧盛怒之余,更命太监掌责之(恪顺皇贵妃),令自陈。"② 刘姓宫女则称:"慈禧大怒,并珍、瑾二妃均板责之。"③ 至于所谓"褫衣廷杖",则很有可能是后世小说家根据当时处罚相关太监的记录"嫁接"而成。

【考证·关于照片】

清宫正式开始接受照相技术,是在光绪二十七年两宫回銮,展开新政之后。随着以孝钦显皇后为核心的"内廷外交"的发展,宫廷内的女眷们才留下比较丰富的照片资料。恪顺皇贵妃在入宫之时,宫廷还相当守旧,对照相技术十分排斥,而恪顺皇贵妃"研究摄影术,慈禧则以为宫嫔所不应为"。④ 这也是孝钦显皇后批评她们崇尚"新巧希奇物件"的一个缘故。

按说恪顺皇贵妃喜欢照相,应该存有不少照片,但是能够见到的两种所谓"珍妃照片",应该均不是恪顺皇贵妃的真实照片。

第一种照片,出自 1930 年 5 月 3 日的《故宫周刊》。照片中有一位站立的旗人妇人,梳着两把头,戴"大拉翅",身穿滚边的花氅衣,上身穿琵琶襟紧身。照片最上方写着"珍妃遗像",旁边注释为"刘宫女言照于南海"。⑤ 但是据清史学者单士元和朱家溍讲,照片中人并非是恪顺皇贵妃,而是宣统帝皇后婉容的母亲。⑥ 实际参考定王府和荣公府后裔所存老照片来看,照片

---

① 《珍妃进药零用药味底簿》,中国第一历史档案馆藏,转引自于善浦:《光绪皇帝的珍妃》,第 32 页。
② 《故宫周刊》第 30 期《珍妃专号》,民国十九年五月三日,第 3 版。
③ 《故宫周刊》第 30 期《珍妃专号》,民国十九年五月三日,第 4 版。
④ 《故宫周刊》第 30 期《珍妃专号》,民国十九年五月三日,第 3 版。
⑤ 《故宫周刊》第 30 期《珍妃专号》,民国十九年五月三日,第 1 版。
⑥ 于善浦:《光绪皇帝的珍妃》,第 80 页。

中的人应该是定王府奉恩将军毓长的第三女,也就是宣统帝皇后婉容的三姨。

第二种照片,即是现在最为流行的半身照,最早出自《紫禁城》杂志1982年第1期,题名为《贞贵妃遗像》。据说这是用故宫博物院旧藏的底片洗印出来的。同年,中国第一历史档案馆编印的《清代帝王陵寝》一书也用了这张照片,直接命名为"光绪皇帝的珍妃像",从此之后遂成定说,也被大众引用至今。但是这张照片也一样并不是恪顺皇贵妃。首先,这张照片的完整版,在原照片之上还有一行通过暗房合成的"贞贵妃肖像"几个字,这种方法属于明胶银盐纸基工艺,是到了1910年左右才开始在中国流行开来,恪顺皇贵妃并未能赶上那个时代。① 再者,照片中"珍妃"的发型和实际上旗人贵族的很不一样。清代旗人女性发式,凡是已婚的女性,额前均不留刘海,而照片里"珍妃"前额有一排小刘海,这在清代是典型民籍汉人之女的发式。另外,照片里的两把头也"似是而非",正式的两把头需要有"头座"作为底座,大拉翅则是固定在这个"头座"之上的,而照片里的"珍妃"两把头完全看不到"底座",大拉翅的形状也十分诡异。这都说明照片中的人并非恪顺皇贵妃。

---

① 徐家宁:《光绪珍妃传世照片多为误认?》,《北京日报》2017年4月11日,第16版。

第十八章　清宣统帝的后宫

清宣统帝,名溥仪,满文作"pu i"①。作为和硕醇亲王载沣的第一子,生于光绪三十二年正月十四日午时,生母为和硕醇亲王嫡福晋瓜尔佳氏。光绪三十四年十月二十一日,德宗崩逝,以孝钦显皇后懿旨,命和硕醇亲王载沣第一子溥仪过继与穆宗毅皇帝为嗣,兼祧德宗景皇帝,由本生父和硕醇亲王载沣为监国摄政王。十一月初九日,于太和殿即位,改元宣统。宣统三年八月,武昌起义爆发。九月初九日,清廷下四诏罪己。十月十六日,以孝定景皇后懿旨,令监国摄政王和硕醇亲王载沣归藩,不再预政。十二月二十五日,清室接受《清室优待条件》,正式逊位。

宣统一朝只有短暂的三年,而且当时宣统帝年幼,没有形成他的后宫。在退位之后,依照《清室优待条件》,他以"小朝廷"的形态继续着宫廷生活,并且在小朝廷的末期,以"皇帝"的身份"大婚",娶了"皇后"婉容和"淑妃"文绣。"大婚"之后,"皇后"婉容住在储秀宫,②"淑妃"文绣则住在长春宫,③形成了某种特殊意义上的清代最后的后宫。

无论是宣统帝还是婉容和文绣,他们作为近现代的重要人物,已经有不少相关的文史资料或研究文章。在本书中,主要对她们嫁入小朝廷的背景以及家世、人物关系进行说明。从中,一方面可以看到她们各自的成长环境、门第、婚姻圈,另一方面也可以发现虽然当时已经是小朝廷时期,但是婉容和文绣的入宫依然和清末的后宫势力有着复杂的关系。

第一节　清宣统帝"选妃"的情况与背景

虽然宣统帝已经"退位",但是根据《清室优待条件》,他依然居住在宫

---

① 溥伟:《皇清帝典简明册》,民国写本,国家图书馆藏。
② 中国国家图书馆编:《中国国家图书馆藏清宫升平署档案集成》,第50册,第26519页。
③ 中国国家图书馆编:《中国国家图书馆藏清宫升平署档案集成》,第50册,第26525页。

中,以小朝廷的身份延续宫廷的运作。对于小朝廷而言,"皇帝"的婚姻势必是相当重要的事务。

1920年,中华民国大总统徐世昌对时年十五岁的宣统帝提出了婚事的请求。当时,徐世昌膝下有两位女儿,第一女十七岁,为嫡室夫人所出;第二女十六岁,为庶出。徐世昌通过当时的内务府大臣世续,向小朝廷表示了"欲许婚清帝"的意愿,并且将两位女儿的照片交入小朝廷中。① 数日之后,清室的长辈敬懿太妃(献哲皇贵妃)和端康太妃(温敬皇贵妃)表示:"清帝年岁尚幼,正在求学之际。拟援照穆宗、德宗两皇帝之先例,于清帝年十七岁之时,再行举行大婚。"②

虽然徐世昌的议婚被两位太妃应付了过去,但是这件事情也使得小朝廷把宣统帝的婚姻提上了日程。在1921年,近派宗支的和硕醇亲王载沣、郡王衔多罗贝勒载洵、郡王衔多罗贝勒载涛以及内务府大臣世续、"帝师"陈宝琛、朱益藩等开始讨论"大婚"事宜。最终在咨询过宣统帝以及太妃们的意见之后,开始着手办理"选后"事宜。"选后"的核心条件,即"必须是蒙古王公或满蒙旧臣家的女儿"③。

已知的史料显示,在1921年和1922年两年中,对于宣统帝大婚的对象有过两次重要的变化。根据时任内务府大臣绍英的记载,1921年2月时,清廷是准备与那王府联姻的。④ 所谓那王府,即蒙古赛音诺颜旗札萨克和硕亲王那彦图,其姓博尔济吉特氏,是清末民初最知名的蒙古王公之一。⑤ 但是,这个想法没有持续太久就遭到了改易。同年6月1日,小朝廷的王公大臣将四位闺秀的照片交入宫中,这四位分别是蒙古喀喇沁右旗札萨克多罗杜稜郡王贡桑诺尔布之女乌梁海济尔莫特氏、正白旗满洲云骑尉员外郎良说之女瓜尔佳氏、镶黄旗蒙古候选同知端恭之女额尔德特氏、镶黄旗蒙古

---

① 《清帝议婚》,《小公报》1920年11月20日,第3版。
② 《议婚消息》,《小公报》1920年11月25日,第3版。
③ 溥佳:《溥仪大婚纪实》,文安主编《清宫轶事》,第158页。
④ 绍英著、张剑整理:《绍英日记》,北京:中华书局,2018年,第505页。
⑤ 谨按,喀尔喀赛音诺颜旗札萨克和硕亲王那彦图生有五子三女(另有子女夭折)。其长女称"三格格",光绪年间嫁入肃王府。次女称"四格格",宣统初年嫁入睿王府。幼女称"五格格",民国初年嫁入蒙古哲里木盟郭尔罗斯前旗齐公府。据笔者所知,这三位格格的年纪应该均年长宣统帝不少,所以原拟嫁与宣统帝的有可能是那彦图的孙女。

文绣之女额尔德特氏。① 当时宫中对这四位闺秀似乎还算满意,但是在6月23日,宣统帝的本生父和硕醇亲王载沣表示:"端恭之女在教养局织袜,常在街上行走,似不甚恰当。"②所以"奉主位谕,此次所进相片均可发还,即作罢论。"③第一次"挑选"也就这样结束。④

到了1922年,开始了新的挑选。根据溥佳⑤的说法,经过几轮初选,最终只剩下了四家的闺秀,分别是蒙古科尔沁左翼中旗札萨克和硕温都尔亲王阳仓扎布之女博尔济吉特氏、正白旗满洲候选道轻车都尉荣源之女郭布罗氏、镶黄旗蒙古候选同知端恭之女额尔德特氏和镶黄旗包衣都统衡永之女完颜氏。

这四位闺秀的照片被呈给宣统帝,由宣统帝"钦选"。根据宣统帝自己后来的回忆:"我把这个符号,画在文绣的照片上了。可是我在当时所认为的这个'良缘',却被某一太妃的'母权'所给冲散。她不满的理由是:文绣家既贫寒,相貌又不怎么样。于是……我也就得放弃成见,重新另挑一次。这次我的铅笔则是落在郭布罗·婉容的相片上了。论家底,论容貌,这位太妃满意了,可是却又有一位太妃提出了一个'公平合理'的折衷新方案来。那就是:'文绣既是一度中选,岂能遗弃,可纳她为妃!'于是……婉容当上了皇后,文绣做了淑妃。"⑥而根据《我的前半生》定本的描写,前一位"太妃"就是端康太妃(温敬皇贵妃),后一位"太妃"则是敬懿太妃(献哲皇贵妃)。⑦

从宣统帝的回忆中可以看出,婉容是端康太妃(温敬皇贵妃)所中意的,

---

① 绍英著、张剑整理:《绍英日记》,第516页。
② 绍英著、张剑整理:《绍英日记》,第520页。
③ 绍英著、张剑整理:《绍英日记》,第521页。
④ 谨按,这四位闺秀之中,第一位乌梁海济尔莫特氏,其父贡桑诺尔布与那彦图一样,是清末民初炙手可热的蒙古王公之一。第二位瓜尔佳氏,其父良说是清末大学士荣禄的堂侄,亦即是宣统帝的生母和硕醇亲王载沣嫡福晋瓜尔佳氏的从堂侄女,从血统上讲,是宣统帝的远房表姐妹。第三位即后来的"淑妃"文绣。第四位额尔德特氏则是四川川东道锡珮的曾孙女,也就是文绣的远房堂侄女。关于这四位闺秀,在当时是四位均被选中,还是只选中了额尔德特氏姑侄两人,目前不得而知。
⑤ 溥佳(1908—1979),爱新觉罗氏,汉名金智元。为郡王衔多罗贝勒载涛的第二子。宣统帝"大婚"从挑选皇后到举办婚礼,都有郡王衔多罗贝勒载涛参与。其举办婚礼时,还特地允许溥佳拍照。新中国成立之后,溥佳曾撰写过《清宫回忆》《溥仪大婚纪实》《溥仪出宫前后琐记》等珍贵文史资料。
⑥ 溥仪:《我的前半生(灰皮本)》,第95、96页。另,溥佳《溥仪大婚纪实》一文中的叙述与宣统帝的回忆有不小差异。这里采取的是当事人宣统帝的说法。
⑦ 溥仪:《我的前半生(定本)》,北京:东方出版社,1999年,第133—135页。

文绣是敬懿太妃（献哲皇贵妃）所中意的。溥佳也进一步阐明："端恭的女儿文绣是由我六伯载洵和六伯母推荐，并得到了敬懿太妃的大力支持。荣源之女婉容是由我父亲推荐，并得到了端康太妃的支持。双方各不相让，于是形成僵局。我六伯与我父亲之间、敬懿与端康之间的矛盾也越来越激化了。"①

所以，宣统帝在小朝廷时期的婚姻，实际上是以敬懿太妃（献哲皇贵妃）赫舍里氏为首的穆宗遗孀与德宗的遗孀端康太妃（温敬皇贵妃）他塔喇氏之间的"太妃矛盾"，以及郡王衔多罗贝勒载洵与郡王衔多罗贝勒载涛的"本生皇叔矛盾"的综合反映。

最终，矛盾的双方在荣惠太妃（敦惠皇贵妃）的调和之下，达成了折中的方案。小朝廷在1922年3月10日下达"上谕"："候选道轻车都尉荣源之女郭佳氏立为皇后，候选同知端恭之女额尔德特氏着封为淑妃。"②在精心准备了半年之后，1922年10月21日，举行了"纳彩礼"。11月12日，举行了"大征礼"。11月29日，"淑妃"文绣被册封，并于30日黎明入宫，住进长春宫；也是在30日，"皇后"婉容被册封，于12月1日凌晨三点入宫举行大婚礼，③住进储秀宫。开始了她们的宫廷生活。

第二节 "皇后"婉容

【家族背景】

婉容的家族为达斡尔郭布罗氏，④作为达斡尔人，在清初被编入布特哈八旗，隶属布特哈正黄旗。所谓布特哈八旗，是清代以八旗制度为基础，对东北其他少数民族进行编旗而形成的特殊八旗。布特哈为满文"buteha"，意为"渔猎的""捕捉的"，有时也意译为"打牲"。布特哈这个称呼的由来，是

---

① 溥佳：《溥仪大婚纪实》，文安主编：《清宫轶事》，第158页。
② 北京市档案馆编：《那桐日记》，下册，第978、979页。
③ 《溥仪昨天娶亲盛况》，《晨报》1922年12月2日。
④ 谨按，根据郭布罗谱牒的说法，各支郭布罗氏拥有共同祖先，但是祖先的名字失考。所以这里并未给这个郭布罗系取名，只称为"达斡尔郭布罗氏"。

因为这些少数民族被编旗后,主要义务是向朝廷纳贡捕猎所得的物品。①

根据郭布罗氏谱牒的说法,他们是契丹大贺氏的后代,"郭布罗"一词则是黑龙江右岸的村落名称,后来按照以地为氏的习惯,便改称为郭布罗氏。郭布罗氏在达斡尔人中是比较大的一个姓氏,在布特哈八旗内有相当大的势力。其家族在清代形成了许多支流,谱牒中分别记录有黑河支、讷河支、京兆支、呼伦支等九支,其中以黑河、讷河、京兆、呼伦四支最为显赫。

婉容家族一支出自讷河支。其家族原为布特哈正黄旗人,一直在黑龙江驻防。到了婉容的高祖父阿勒锦一代,从黑龙江调进北京,改隶正白旗满洲,成了"京旗"的一员,也因此开创了特殊的门第。

【家庭情况】

婉容家族调入京旗之后,第一代即婉容的高祖父阿勒锦,曾任副都统。阿勒锦的独子名为长顺,以蓝翎侍卫入仕,历任乌苏里台将军、吉林将军等封疆大任,立下不少战功,去世之后追封为一等轻车都尉,入祀贤良祠。不仅个人成了一代名臣,也让刚刚调入京旗的郭布罗氏一家得以往京旗世家的门第发展。长顺的独子名为西林布,从阿勒锦到西林布这三代人,婚姻对象都是布特哈旗人,可见他们还并未融入京旗世家的婚姻圈。而到了西林布之子荣源一代,则发生了变化。

荣源是西林布的第三子,生于光绪十年。光绪三十年时,其祖父长顺病逝,荣源作为其承重孙得到特殊关照,由一品荫生直接以郎中出仕。作为封疆大吏、一代名臣之孙,而且是调入京旗的第四代人,荣源已经明显融入了京旗世家的婚姻圈,其前后共有四位夫人,均出身京旗世家名门。第一位嫡妻是正黄旗满洲博尔济吉特氏办事大臣瑞洵之女,也就是大学士琦善的曾孙女。这位原配夫人没有生育便去世了;继娶进来的第二位嫡妻是定王府奉恩将军毓长的第四女,人称"四格格"。这位继配夫人先生下一子名为润良,又生下一女,即后来的"皇后"婉容,"四格格"则因产褥热病逝;接下来继娶的第三位嫡妻是和硕睿敬亲王魁斌的第一

---

① 关于布特哈八旗,可参见韩狄:《清代八旗索伦部研究——以东北地区为中心》,北京:中国社会科学出版社,2011年。

女,人称"大格格",但是这位夫人身体不好,刚过门没多久便故去;最后继娶的第四位嫡妻是定王府多罗敏达贝勒毓朗的第二女,名恒香,字仲馨,人称"二格格",她是第二任夫人"四格格"的嫡堂妹,为荣源生下了幼子润麒。①

【入宫背景与性格】

多罗敏达贝勒毓朗是晚清"二王三贝勒"之一,也是晚清的"开明王公"之一。他的七个女儿中有数位均在清末民初积极参与女性沙龙,以"开明"且"西化"而知名。同时,荣源自己的性格也比较"开明""新潮",又处于清末的大环境中,这也可以解释为什么婉容会有比较西化的生活方式。

同时,多罗敏达贝勒毓朗与郡王衔多罗贝勒载涛关系极好,这应该是载涛支持婉容的直接原因。至于端康太妃(温敬皇贵妃),其家族与婉容家族也有姻亲。荣源的第一位嫡妻博尔济吉特氏是大学士琦善的曾孙女,她的祖父叫恭镗,而祖母就是端康太妃(温敬皇贵妃)的三姑母。这样算来,婉容是端康太妃(温敬皇贵妃)亲姑姑的外曾孙女,这可能也是端康太妃(温敬皇贵妃)支持婉容的一个原因。

【其他】

根据郭布罗氏谱牒的记载,婉容的高祖父阿勒锦的嫡妻为布特哈正白旗倭勒氏高喀鼐之女,阿勒锦的嫡母则是高喀鼐之妹,阿勒锦之子即婉容的曾祖父长顺的两任嫡妻,则都是高喀鼐的曾孙女。这样连续三代与同一家庭联姻,或许是边疆少数民族高层的普遍现象,但是这也无疑增加了后裔继承遗传病的概率。根据当时人的记录,荣源本人即有轻微的精神疾病,②这似乎也是后来婉容患上精神疾病的远因。

---

① 此段郭布罗氏谱系,整理自《清代谱牒档案(缩微胶卷)》《黑水郭氏世系录(外十四种)》《郭氏家乘六种》《爱新觉罗宗谱》。
② 谨按,关于荣源的精神疾病问题,溥佳曾在《溥仪出宫前后琐记》中提到:"荣源平素有些轻微的精神病。"见文安主编:《清宫轶事》,北京:中国文史出版社,2001年,第210页。另外,"皇后"婉容的精神疾病其实在天津静园时期已经显露,只是当时病情较轻而已。如孟克布音在《蒙古那王府邸历史生活纪实》一文中提到:"(那王的长孙女)由那王主持嫁与荣源之子润良为妻,并赴天津就亲……后来因长期伺候婉容皇后的精神病,不能回家,终因抑郁而亡。"可参见孟克布音:《蒙古那王府邸历史生活纪实》,《内蒙古大学学报(哲学社会科学版)》1991年第4期。

第三节 "淑妃"文绣

【家族背景】

文绣出身廷弼系额尔德特氏,此系的入旗始祖名为廷弼,原为蒙古喀喇沁部人,归入八旗后被编入镶黄旗蒙古,其家族在乾隆年间因廷弼的玄孙和瑛而发迹。和瑛,号太菴,为乾隆三十六年进士,历任主事、按察使、布政使、侍郎、巡抚、尚书等职,最后以兵部尚书授军机大臣、领侍卫内大臣、上书房总谙达,得谥简勤,是一代名臣。和瑛第三子名为璧昌,仕至两江总督、内大臣,得谥勤襄。璧昌之子恒福,仕至直隶总督,得谥恭勤。璧昌之孙、恒福之侄锡珍,为同治七年进士,仕至吏部尚书、都统。这种四世一品的门第,使得这一支额尔德特氏成为清中后期的名门之一,与旗人世家有着复杂的姻亲关系。例如,恒福的两位女儿嫁给肃王府的小宗,其中一位的夫君就是知名文人盛昱;恒福之弟同福的女儿则嫁给荣王府的奉恩镇国公溥楣;锡珍的女儿则嫁给庄王府的不入八分辅国公溥纲。这几位嫁到王公之家的女性都颇有文化,诗词字画样样精通,由此可见额尔德特氏一门的门风教养。①

【家庭情况】

与家族整体的门第相比,文绣本支的情况则有些微妙。首先需要注意的是,根据通说,文绣是同福之子吏部尚书锡珍的孙女,而实际上,根据大量额尔德特氏的《齿录》证明,文绣并不是锡珍的孙女,而是锡珍的嫡堂弟理藩院员外郎锡璋的孙女。富察敦崇在《皇室见闻录》内也提到:"淑妃乃司员锡璋之孙女,尚书锡珍之侄孙女。锡璋、锡珍乃同祖兄弟,皆总督璧良之孙也。"②

锡璋,为直隶总督恒福的第二子,监生出身,仕至理藩院员外郎,生有二子一女,第一子名为端恭,第二子名为端敬,独女则嫁给正蓝旗觉罗候补通判成翔。文绣即是端恭的女儿。

---

① 本段额尔德特氏谱系,整理自《清代谱牒档案(缩微胶卷)》《乙未科会试同年齿录》《同治庚午科直省乡试同年齿录》《光绪八年壬午科顺天乡试同年齿录》《同治七年会试同年齿录》《末代皇妃文绣的一生》《爱新觉罗宗谱》。
② 富察敦崇:《皇室见闻录》,民国写本,首都图书馆藏。

根据额尔德特氏后裔的说法，文绣的父亲端恭性格比较懦弱，安分守己，"年未花甲即死"，只仕至主事。其原配博尔济吉特氏生有一女，这个女儿因生得又黑又胖，人称"黑大姐"。继配是民人蒋氏，生有两个女儿，大女儿乳名大秀，即文绣；二女儿乳名二秀，即文绣的妹妹文珊。①

【入宫背景与性格】

文珊生下来没几年，端恭就病故了。根据额尔德特氏后裔所说，端恭自己一家和几个堂房，除了个别家之外，都是声色犬马，饱食终日，无所事事之徒。仕宦上不如意，家族里房头多，又与豪门望族有复杂的姻亲，这使得其一支逐渐入不敷出，特别是在清帝退位之后，更是每况愈下。端恭去世后没几年，家族正式分家，蒋氏作为一位寡妇带着三个女儿度日，本来就已经很艰难，又被自己的娘家兄弟骗走了相当一部分钱财，面临"山穷水尽"的地步，蒋氏只能带着三个女儿做"挑花活"来维持生计。1916年7月，文绣在蒋氏的支持下，开始在北京花市私立敦本小学上学。这种截然不同的家境与成长环境，也形成了婉容和文绣完全不同的性格。②

文绣得以被郡王衔多罗贝勒载洵推荐入宫，实际上主要是其福晋的缘故。郡王衔多罗贝勒载洵载洵的嫡福晋是碧鲁氏长霖的二孙女，而文绣嫡堂叔祖锡珍的夫人则是长霖的第三女。当时的遗老胡嗣瑗曾在其日记中

---

① 谨按，关于文绣自己小家庭的情况，最为翔实的记录即是傅嫱：《末代皇妃文绣的一生》（载于中国人民政治协商会议天津市委员会文史资料研究委员会编：《天津文史资料选辑·第三十五辑》，天津：天津人民出版社，1986年。）作者傅嫱是文绣的本家侄女，所以对于文绣家庭的记载十分丰富。但是，其中也有不少错误。比如，文中将端恭记为锡珍之子，并说锡珍的幼子华堪是端恭的亲弟弟。实际上，根据锡珍的遗折，锡珍有子仲椮、华堪，端恭只是他的嫡堂侄而已。只不过当时流行家族大排行，端恭和华堪作为堂兄弟一起入行，所以被误认为是亲兄弟。另外，文中还说华堪是清代最后一位吏部尚书。其实清代最后的一位吏部尚书是山西人李殿林。根据《贵胄学堂同学录》的记录，华堪生于光绪壬午年，即光绪八年。清帝退位的时候他只有三十一岁，以这个资历而言不大可能担任尚书。何况贵胄学堂是光宣时期创立的，那时候华堪的职官只是"民政部候补员外郎"而已，基本不可能短期内升为尚书。这种错误应该是其家后裔将华堪和锡珍的信息串记所致。
② 谨按，端恭一家的具体情况可能远比已知的要复杂。按照傅嫱的说法，文绣的母亲蒋氏出身民籍汉人，是端恭的续弦。从习惯上讲，旗人世家并不歧视继妻，世家子的继妻经常依然出自名门世家，而且与原配一样，继妻的娘家也会与新郎的家庭深入往来，互相维系。但是，文绣的母亲蒋氏的娘家一直缺乏存在感，似乎与文绣一家也不太来往。这至少说明蒋氏的娘家可能门第极其普通，甚至有可能蒋氏根本就是端恭的妾室。总之，文绣的母亲蒋氏的这种特殊情况，或许是文绣幼年生活困苦的一个重要因素。

说:"淑妃未入宫前,曾住洵邸内颇久。"①也证明了他们之间的亲密关系。

【其他】

文绣的伯祖父锡珮有一子名为端谨,端谨的女儿嫁给和王府的末代大宗奉恩镇国公毓璋,所生的长女名为玉芬,这位玉芬在后来成了文绣离婚事件的幕后推手。也恰恰是这位端谨有一子名为文绮,字侠先,清末时曾任头等侍卫,清帝退位之后曾经做过民国的县官,甚至和阎锡山还拜过把子,是额尔德特氏家族里少数进入民国之后依然在政治上得势的成员。这位文绮,即是后来在文绣离婚时登报批评文绣,认为文绣不应与宣统帝离异的那位"族兄"。

---

① 胡嗣瑗:《直庐日记》,《中国文献珍本丛书》,北京:中华全国图书馆文献缩微复制中心,1994年,第350页。

参考文献

档案

中国第一历史档案馆藏内阁全宗,满文实录。
中国第一历史档案馆藏军机处全宗,录副奏折。
中国第一历史档案馆藏军机处全宗,满文录副奏折。
中国第一历史档案馆藏宫中各处档案全宗,朱批奏折。
中国第一历史档案馆藏宫中各处档案全宗,满文朱批奏折。
中国第一历史档案馆藏内务府全宗,内务府奏案。
中国第一历史档案馆藏内务府全宗,内务府呈稿。
中国第一历史档案馆藏内务府全宗,内务府来文。
中国第一历史档案馆藏宗人府全宗,旧整宗人府。
中国第一历史档案馆藏宗人府全宗,新整宗人府。
台湾"中央研究院"近代史研究所藏内阁大库档案。

已出版档案

《宫中档乾隆朝奏折》,台北:台北"故宫博物院",1985年。
《国家图书馆藏清代孤本内阁六部档案续编》,北京:全国图书馆文献缩微复制中心,2005年。
《汉译〈满文旧档〉》,沈阳:辽宁大学历史系,1979年。
《满文原档》,台北:台北"故宫博物院",2006年。
大连图书馆编:《大连图书馆藏清代内务府档案》,北京:国家图书馆出版社,2010年。
秦国经主编:《清代官员履历档案全编》,上海:华东师范大学出版社,1997年。

原北平故宫博物院文献馆编：《清代历史资料丛刊——清代文字狱档》，上海：上海书店，1986年。

中国第一历史档案馆、承德市文物局合编：《清宫热河档案》，北京：中国档案出版社，2003年。

中国第一历史档案馆、故宫博物院编：《清宫内务府奏销档》，北京：故宫出版社，2014年。

中国第一历史档案馆编：《嘉庆朝上谕档》，桂林：广西师范大学出版社，2000年。

中国第一历史档案馆编：《康熙朝汉文朱批奏折汇编》，北京：档案出版社，1984年。

中国第一历史档案馆编：《康熙朝满文朱批奏折全译》，北京：中国社会科学出版社，1996年。

中国第一历史档案馆编：《内阁藏本满文老档》，沈阳：辽宁民族出版社，2009年。

中国第一历史档案馆编：《乾隆上谕档》，北京：档案出版社，1991年。

中国第一历史档案馆编：《清初内国史院满文档案译编》，北京：光明日报出版社，1989年。

中国第一历史档案馆编：《清宫御膳》，杭州：华宝斋书社，2001年。

中国第一历史档案馆编：《雍正朝汉文谕旨汇编》，桂林：广西师范大学出版社，1999年。

中国第一历史档案馆编：《雍正朝满文朱批奏折全译》，合肥：黄山书社，1998年。

古籍

《八旗通志初集》，清满文刻本，中央民族大学藏。

《筹办大婚典礼册》，晚清内务府铅印本，国家图书馆藏。

《皇朝文典》，清刻本，国家图书馆藏。

《瑾妃年总开除、瑾妃年总新收、瑾妃月总奏单》，清写本，美国国会图书馆藏。

《近支名册》，乾隆四十九年写本，国家图书馆藏。

《钦定礼部则例》，嘉庆二十五年江宁藩司刻本，日本早稻田大学图书馆藏。

《清汉对音字式》，光绪十六年聚珍堂刻本。

《世宗宪皇帝上谕八旗》，四库全书本。

《世祖章皇帝实录》，康熙初修本，日本京都大学藏。

《雍正泰州志》，清刻本，哈佛大学汉和图书馆藏。

《御制端敬皇后行状》，民国刻本，国家图书馆藏。

《御制增订清文鉴》，四库全书本。

富察敦崇：《隆裕皇太后大事记》，民国写本，国家图书馆藏。

弘旺：《皇清通志纲要》，清抄本，国家图书馆藏。

蒋良骐：《东华录》，乾隆刻本。

溥伟：《皇清帝典简明册》，民国写本，国家图书馆藏。

绍英：《大清孝定景皇后事略》，民国仁和吴氏刻本，国家图书馆藏。

王先谦：《东华续录》，清刻本。

张尔田：《清列朝后妃传稿》，民国绿樱花馆刻本。

［朝鲜］洪大容：《湛轩书·外集·燕记》，刻本，韩国古典翻译院在线古籍。

其他史料

《八旗通志（初集）》，长春：东北师范大学出版社，1985年点校本。

《国朝宫史》，北京：北京古籍出版社，1994年点校本。

《国朝宫史续编》，北京：北京古籍出版社，1994年点校本。

《康熙帝御制文集》，台北：学生书局，1966年影印本。

《乾隆御制诗文全集》，北京：中国人民大学出版社，2013年。

《钦定八旗通志》，长春：吉林文史出版社，2002年点校本。

《钦定宫中现行则例》，沈云龙主编：《近代中国史料丛刊续编第六十三辑》，台北：文海出版社，1979年影印本。

《清朝通志》，王云五总编：《万有文库》第二集，北京：商务印书馆，1936年。

《清朝文献通考》，王云五总编：《万有文库》第二集，北京：商务印书馆，

1936年。

《清实录》,北京:中华书局,1986年影印本。

《清史稿》,北京:中华书局,1977年点校本。

《翁同龢日记》,北京:中华书局,1989年整理本。

《中国地方志集成·江苏府县志辑》,南京:江苏古籍出版社,1991年。

北京市档案馆编:《那桐日记》,北京:新华出版社,2006年。

北京图书馆编:《北京图书馆藏珍本年谱丛刊》,北京:北京图书馆出版社,1999年。

陈可冀主编:《清宫医案研究》,北京:中医古籍出版社,2003年。

崇彝:《道咸以来朝野杂记》,北京:北京古籍出版社,1982年。

敦崇:《思恩太守年谱》,长春:吉林文史出版社,2015年。

顾廷龙主编:《清代朱卷集成》,台北:成文出版社,1992年。

光绪朝《钦定大清会典事例》,《续修四库全书》编纂委员会编:《续修四库全书》,上海:上海古籍出版社,2002年影印本。

胡嗣瑗:《直庐日记》,《中国文献珍本丛书》,北京:中华全国图书馆文献缩微复制中心,1994年。

辽宁省档案馆编:《满洲实录》,沈阳:辽宁教育出版社,2012年。

庐山编:《故宫藏清末老影像与陵寝舆图》,北京:线装书局,2014年。

马骕:《明季稗史初编》,王云五主编:《万有文库(第二集七百种)》,北京:商务印书馆,1936年。

潘喆、孙方明、李鸿彬编:《清入关前史料选辑》(第一辑),北京:中国人民大学出版社,1985年。

绍英著,张剑整理:《绍英日记》,北京:中华书局,2018年。

王士禛:《池北偶谈》,北京:中华书局,1982年点校本。

吴振棫:《养吉斋丛录》,北京:中华书局,2005年点校本。

萧奭:《永宪录》,北京:中华书局,1997年点校本。

薛福成:《庸盦笔记》,王云五总编:《万有文库》第二集,北京:商务印书馆,1936年。

奕绘著,金启孮校笺:《明善堂文集校笺》,天津:天津古籍出版社,1995年。

昭梿：《啸亭续录》，北京：中华书局，2006年。

国家图书馆编：《国家图书馆藏清宫升平署档案集成》，北京：中华书局，2011年。

中国科学院编：《明清史料》丁编，北京：国家图书馆出版社，2008年。

［朝鲜］麟坪大君李㴭：《燕途纪行》，林基中编：《燕行录全集》，韩国：东国大学校出版部。

专著

"清光绪帝死因研究"课题组编：《清光绪帝死因鉴证》，北京：北京出版社，2017年。

北京市民族古籍整理出版规划小组办公室满文编辑部编：《北京地区满文图书总目》，沈阳：辽宁民族出版社，2008年。

定宜庄：《满族的妇女生活与婚姻制度研究》，北京：北京大学出版社，1999年。

杜家骥：《八旗与清朝政治论稿》，北京：人民出版社，2008年。

杜家骥：《清皇族与国政关系研究》，台北：五南图书出版公司，1998年。

故宫博物院编：《天朝衣冠：故宫博物院藏清代宫廷服饰精品展》，北京：紫禁城出版社，2008年。

台北"故宫博物院"编：《清代服饰展览图录》，台北：台北"故宫博物院"，1986年。

韩狄：《清代八旗索伦部研究——以东北地区为中心》，北京：中国社会科学出版社，2011年。

黄一农：《红学与清史的对话》，北京：中华书局，2015年。

金海、齐木德道尔吉、胡日查、哈斯巴根：《清代蒙古志》，呼和浩特：内蒙古人民出版社，2013年。

景爱：《皇裔沉浮》，北京：学苑出版社，2002年。

李治亭等编：《爱新觉罗家族全书》，长春：吉林人民出版社，1997年。

毛立平：《清代嫁妆研究》，北京：中国人民大学出版社，2007年。

孟森：《清初三大疑案考实》，桂林：广西师范大学出版社，2010年。

彭信威：《中国货币史》，上海：上海人民出版社，1958年。

齐木德道尔吉、巴根那：《清朝太祖太宗世祖朝实录蒙古史史料抄——乾隆本康熙本比较》，呼和浩特：内蒙古大学出版社，2001年。

綦中明：《满语名号研究》，北京：中国社会科学出版社，2017年。

秦国经：《逊清皇室轶事》，北京：紫禁城出版社，1985年。

宋瞳：《清初理藩院研究——以顺治朝理藩院满文题本为中心》，上海：上海古籍出版社，2015年。

唐邦治：《清皇室四谱》，沈云龙主编：《近代中国史料丛刊（第八辑）》，台北：文海出版社，1966年。

王佩环：《清宫后妃》，沈阳：辽宁大学出版社，1993年。

杨启樵：《揭开雍正皇帝隐秘的面纱》，上海：上海书店，2002年。

杨珍：《康熙皇帝一家》，北京：学苑出版社，2009年。

于善浦：《光绪皇帝的珍妃》，北京：紫禁城出版社，2005年。

于善浦：《乾隆皇帝的香妃》，北京：中国人民大学出版社，2012年。

于善浦：《清代帝后的归宿》，北京：紫禁城出版社，2006年。

允丽：《外家纪闻——启功先生外祖家的事》，北京：文物出版社，2012年。

郑小悠：《年羹尧之死》，太原：山西人民出版社，2018年。

朱家溍、丁汝芹：《清代内廷演剧始末考》，北京：中国书店，2007年。

［德］海靖夫人著，秦俊峰译：《德国公使夫人日记》，福州：福建教育出版社，2012年。

［德］魏特撰，杨丙辰译：《汤若望传》，台北：商务印书馆，1960年。

［法］张诚著，陈霞飞译，陈泽宪校：《张诚日记》，北京：商务印书馆，1973年。

［美］凯瑟琳·卡尔著，王和平译：《美国女画师的清宫回忆》，北京：故宫出版社，2011年。

［英］庄士敦著，张昌丽译：《紫禁城的黄昏》，武汉：武汉大学出版社，2018年。

期刊论文

艾哈迈特·霍加：《"香妃"的传说——大小和卓木政权灭亡后被迁居

北京的维吾尔人的历史记忆》,《清史论丛》2009 年号,北京:中国广播电视出版社,2008 年。

定宜庄、胡鸿保:《清代内务府高佳世家的婚姻圈》,《清史研究》2005 年第 3 期。

杜家骥:《乾隆之生母及乾隆帝的汉人血统问题》,《清史研究》2016 年第 2 期。

杜家骥:《清朝满族的皇家宗法与其皇位继承制度》,《清史研究》2005 年第 1 期。

杜家骥:《清太宗出身考》,《史学月刊》1998 年第 5 期。

方行:《清代江南农民的消费》,《中国经济史研究》1996 年第 3 期。

冯其利:《那根正先世考查》,《北京档案史料》2005 年第 2 期。

关孝廉:《论〈满文老档〉》,1985 年作者单印本。

纪大椿:《喀什"香妃墓"辨误》,《新疆史学》1979 年第 1 期。

姜相顺:《清太宗的崇德五宫后妃及其他》,《故宫博物院院刊》1987 年第 4 期。

金国平、吴志良:《耶稣会传教士安文思手稿所记顺治晏驾与康熙继位》,《庆祝中国第一历史档案馆成立 80 周年——明清档案与历史研究学术讨论会论文集》2005 年。

李凤民、陆海英:《清太祖、太宗"奉安"福陵、昭陵地宫年代匡正》,《民族研究》1994 年第 2 期。

李凤民:《"大福晋为富察氏"考辨》,《辽宁大学学报》1982 年第 6 期。

刘庆华:《慈禧太后家世新证——〈德贺讷世管佐领接袭家谱〉研究》,《满族研究》2009 年第 2 期。

罗盛吉:《清朝满文避讳漫议》,《满语研究》2014 年第 2 期。

孟克布音:《蒙古那王府邸历史生活纪实》,《内蒙古大学学报(哲学社会科学版)》1991 年第 4 期。

佟永功、关嘉录:《盛京上三旗包衣佐领述略》,《历史档案》1992 年第 3 期。

王光尧:《清代后妃省亲与清宫客房》,《紫禁城》1991 年第 2 期。

徐凯:《满洲八旗中高丽士大夫家族》,《明清论丛》1999 年第 1 期。

杨珍：《董鄂妃的来历及董鄂妃之死》，《故宫博物院院刊》1994 年第 1 期。

杨珍：《关于清初后妃改嫁问题的考察》，《明清论丛》第 7 辑。

永莉娜：《明珠家族佐领承袭初探——以明珠二世孙瞻岱满文奏折为中心的考察》，《中央民族大学学报（哲学社会科学版）》2019 年第 4 期。

苑洪琪：《清宫后妃的"位分碗"》，《中国食品》1997 年第 3 期。

张杰：《皇太极"东宫妃"改嫁史事考》，《沈阳故宫博物院院刊》2007 年第 2 期。

赵殿坤：《额腾额〈叶赫纳兰氏八旗族谱〉试评》，《北方文物》1996 年第 2 期。

赵玉敏：《道光帝"玲常在"出身与名号考补》，《历史档案》2012 年第 4 期。

钟里满等：《清光绪帝死因研究工作报告》，《清史研究》2008 年第 4 期。

朱金甫：《再论光绪帝载湉之死》，《历史档案》2010 年第 4 期。

細谷良夫「歷史語言研究所所藏『已入滿州姓氏』檔案——包衣ニルをめぐって」，『滿族史研究』2002(1)。

学位论文

许妍：《清代"选秀女"制度研究》，硕士学位论文，中央民族大学，2009 年。

张小杰：《从乾隆后妃看乾隆的多民族联姻政策》，硕士学位论文，烟台大学，2018 年。

文史资料

《在太后身边的日子》，北京：紫禁城出版社，2009 年。

傅波等：《清永陵志》，沈阳：辽宁民族出版社，2008 年。

溥仪：《我的前半生（定本）》，北京：东方出版社，1999 年。

溥仪：《我的前半生（灰皮本）》，北京：群众出版社，2011 年。

沈阳一宫两陵志编纂委员会：《沈阳昭陵志》，沈阳：辽宁民族出版社，2006 年。

沈阳一宫两陵志编纂委员会编著：《沈阳福陵志》，沈阳：辽宁民族出版社，2006年。

唐小曼：《珍妃和她的娘家》，北京：中国文史出版社，2010年。

文安主编：《清宫轶事》，北京：中国文史出版社，2001年。

信修明：《老太监的回忆》，北京：北京燕山出版社，1987年。

信修明等：《太监谈往录》，北京：紫禁城出版社，2010年。

中国人民政治协商会议牡丹江市委员会文史资料研究委员会编：《牡丹江文史资料第七辑：宁古塔满族谈往录》，内部发行，1992年。

中国人民政治协商会议宁安县委员会文史资料研究委员会编：《宁安文史资料第一辑》，内部发行，1983年。

中国人民政治协商会议全国委员会文史资料研究委员会编：《晚清宫廷生活见闻》，北京：文史资料出版社，1983年。

中国人民政治协商会议天津市委员会文史资料研究委员会：《天津文史资料选辑第十六辑》，天津：天津人民出版社，1981年。

中国人民政治协商会议天津市委员会文史资料研究委员会编：《天津文史资料选辑·第三十五辑》，天津：天津人民出版社，1986年。

谱牒相关古籍、专著、论文、文史资料

《八旗满洲氏族通谱》，四库全书本。

《道光庚子恩科顺天乡试同年录》，清刻本，国家图书馆藏。

《道光癸卯科直省同年全录》，清刻本，国家图书馆藏。

《道光甲午科直省同年录》，清刻本，国家图书馆藏。

《鄂尔泰年谱》，北京：中华书局，1993年。

《恩赐荫生同官齿录》，清刻本，国家图书馆藏。

《光绪八年壬午科顺天乡试同年齿录》，清刻本，国家图书馆藏。

《光绪八年壬午科顺天乡试同年齿录》（另一种），清刻本，国家图书馆藏。

《光绪九年癸未科会试同年齿录》，清刻本，国家图书馆藏。

《郭络罗氏家谱家传并老八旗通谱》，清写本，山西省社会科学院藏。

《辉发纳喇氏次房三房宗谱正册》，清写本，国家图书馆藏。

《会试同年齿录》,清刻本,国家图书馆藏。

《嘉庆丙子科齿录》,清刻本,国家图书馆藏。

《嘉庆戊辰顺天乡试录》,清刻本,国家图书馆藏。

《嘉庆戊寅恩科顺天乡试题名录》,清刻本,国家图书馆藏。

《开国佐运功臣弘毅公家谱》,清抄本,国家图书馆藏。

《蒙古博尔济吉忒氏族谱》,清写本,国家图书馆藏。

《纳喇氏宗谱》,清写本,国家图书馆藏。

《纳丹珠承袭世管佐领家谱》,清写本,国家图书馆藏。

《乾隆二十五年庚辰恩科顺天乡试同年齿录》,清刻本,国家图书馆藏。

《乾隆庚子科顺天乡试同年齿录》,清刻本,国家图书馆藏。

《沙济富察氏宗谱》,清抄本,国家图书馆藏。

《石氏家谱》,清写本,国家图书馆藏。

《顺天乡试齿录》,清刻本,国家图书馆藏。

《同治庚午科直省乡试同年齿录》,清刻本,国家图书馆藏。

《同治四年会试同年齿录》,清刻本,自藏。

《乌雅氏族谱》,清写本,山西省社会科学院藏。

《西楞格世袭佐领家谱》,清写本,国家图书馆藏。

《锡祉朱卷》,清写本,国家图书馆藏。

《镶黄正黄镶白三旗苏完瓜尔佳氏家谱》,清写本,国家图书馆藏。

《叶赫那兰氏八旗族谱》,清写本,国家图书馆藏。

《乙未科会试同年齿录》,清刻本,国家图书馆藏。

《乙未科会试同年齿录》(另一种),清刻本,国家图书馆藏。

《长白佛满洲完颜氏东归本支统系表》,民国写本,完颜氏后裔藏。

《长白山本支完颜氏宗谱》,民国写本,完颜氏后裔藏。

《正黄旗满洲已故世管佐领文普接袭宗谱》,清写本,国家图书馆藏。

北京图书馆编:《北京图书馆藏家谱丛刊·民族卷》,北京:北京图书馆出版社,2003年影印本。

杜家骥:《清朝满蒙联姻研究》,北京:故宫出版社,2013年。

高文德、蔡志纯:《蒙古世系》,北京:中国社会科学出版社,1979年。

何晓芳主编:《清代满族家谱选辑》,沈阳:辽宁民族出版社,2016年。

侯寿昌：《辽东佟氏族属旗籍考辨》，《明清档案与历史研究·中国第一历史档案馆六十周年纪念论文集》。

季羡林主编：《中国少数民族古籍集成》，成都：四川民族出版社，2002年。

李林主编：《满族家谱选编》，沈阳：辽宁民族出版社，1986年。

李兴盛等：《黑水郭氏世系录（外十四种）》，哈尔滨：黑龙江人民出版社，2003年。

吕萍主编：《佛满洲家谱精选·辽宁卷》，北京：人民出版社，2017年。

马熙运：《马佳氏宗谱文献汇编》，内部发行，1995年。

滕绍箴：《佟图赖支系族属旗籍考辨》，《满学论丛》第3辑。

佟明宽、李德进编：《满族佟氏史略》，抚顺：抚顺市新闻出版局，1999年。

席长庚编：《董鄂氏族史料集》，北京：北京满学会，1998年。

杨原：《诗书继世长——叶赫颜扎氏家族口述历史》及内引北京大学图书馆藏《叶赫颜扎氏家谱》，北京：北京出版社，2014年。

报纸

《北京日报》

《晨报》

《故宫周刊》

《小公报》

缩微胶卷

中国第一历史档案馆编：《清代谱牒档案》。

中国第一历史档案馆编：《内务府奏销档》。

中国第一历史档案馆编：《顺治朝满文国史档》。

台北"中央研究院"近代史研究所编：《内务府奏销档案》。

实物资料

《清人画慧妃常服像轴》，文物号：故00006630，故宫博物院藏。

《十五阿哥请安折》(两件),南京博物院藏,见于 2017 年《走进养心殿——大清的家国天下》展。

皇清诰授光禄大夫议政内大臣前太子太师礼部尚书武英殿大学士明公墓志铭,首都博物馆藏。

皇清和硕荣亲王圹志(碑),天津市蓟县文物保管所藏。

附录：清代后妃一览表

帝系	名号与姓名	出　身	生卒及享年	生育子女	附　注
兴祖直皇帝位下	兴祖直皇后 喜塔腊氏	都理吉都督之女	不详	不详	
显祖宣皇帝位下	显祖宣皇后 喜塔腊氏 厄墨气	阿古都督之女	生年不详 隆庆二年卒	第一子太祖高皇帝弩尔哈齐 第三子和硕庄亲王舒尔哈齐 第四子多罗通达郡王雅尔哈齐 第一女和硕公主嫩哲（温哲）	
	继妃 哈达纳喇氏 恳哲	女真哈达部 哈达汗汗万养女	不详	第五子多罗笃义刚果贝勒巴雅喇	
	庶妃 李佳氏	古鲁礼之女	不详	第二子多罗诚毅勇壮贝勒穆尔哈齐	

（续表）

帝系	名号与姓名	出　身	生卒及享年	生育子女	附　注
太祖高皇帝位下	元妃 佟佳氏 哈哈纳札清	塔木巴晏之女	生年不详 约万历十三年卒	第一子广略贝勒褚英 第二子和硕礼烈亲王代善 第一女端庄固伦公主	
	继妃 富察氏 衮代	莽塞杜诸祜之女	不详	第五子莽古尔泰 第十子德格类 第三女莽古济	原嫁太祖堂兄弟威准 被杀子莽古尔泰所弒杀
	孝慈高皇后 叶赫纳喇氏 孟古哲哲	女真叶赫部 叶赫贝勒杨吉砮之女	万历三年生 万历三十一年卒 二十九岁	第八子太宗文皇帝皇太极	
	大妃 乌喇纳喇氏 阿巴亥	女真乌喇部 乌喇贝勒满泰之女	万历十八年生 天命十一年 八月十一日辰时卒 三十七岁	第十二子阿济格 第十四子和硕睿忠亲王多尔衮 第十五子和硕豫通亲王多铎	殉太祖 曾追谥为 "孝烈武皇后"
	寿康妃 博尔济吉特氏 浩善	蒙古科尔沁部 冰图郡王孔果尔之女	生年不详 康熙四年十二月 二十五日卒	无出	
	侧妃 伊尔根觉罗氏	扎亲巴晏之女	不详	第七子和硕饶余敏亲王阿巴泰 第二女和硕公主颜哲	

附录：清代后妃一览表　　663

（续表）

帝系	名号与姓名	出　身	生卒及享年	生育子女	附　注
太祖高皇帝位下	侧妃 叶赫纳喇氏 绰奇	女真叶赫部 叶赫贝勒杨吉砮之女	不详	第八女和硕公主松古图	
	侧妃 博尔济吉特氏	蒙古科尔沁部 贝勒明安之女	不详	无出	
	侧妃 哈达纳喇氏 阿敏哲哲 （明安姐）	女真哈达部 哈达贝勒扈尔翰之女	不详	无出	
	庶妃 兆佳氏	喇克达之女	不详	第三子奉恩辅国勤敏公阿拜	
	庶妃 钮祜禄氏	博克瞻之女	不详	第四子奉恩辅国克洁将军汤古代 第六子奉恩辅国悫厚公塔拜	
	庶妃 嘉穆瑚觉罗氏 真奇	贝浑巴晏之女	不详	第九子奉恩镇国格僖公巴布泰 第十一子奉恩镇国将军巴布海 第五女 第六女	

664　　清代后妃杂识

（续表）

帝系	名号与姓名	出身	生卒及享年	生育子女	附注
太祖高皇帝位下	庶妃 伊尔根觉罗氏	察弼之女	不详	第七女乡君品级	
	庶妃 西林觉罗氏	奋杜里哈斯祜之女	不详	第十三子奉恩辅国介直公赖慕布	
	庶妃 姓氏不详	不详	不详	第十六子费扬古	
	元妃 钮祜禄氏	弘毅公巴图鲁额亦都之女	不详	第三子洛博会	因轻慢无礼遭太宗遗弃
	继妃 乌喇纳喇氏	女真乌喇部乌喇贝勒博克铎之女	不详	第一子和硕武肃亲王豪格 第二子洛格 第一女固伦公主	
太宗文皇帝位下	孝端文皇后 博尔济吉特氏 哲哲	蒙古科尔沁部贝勒莽古斯之女	万历二十八年四月十九日生顺治六年四月十七日申时卒 五十一岁	第二女温庄固伦公主马喀塔 第三女端靖固伦公主达哲 第八女端贞固伦公主费扬古	
	孝庄文皇后 博尔济吉特氏 本布泰	蒙古科尔沁部贝勒寨桑之女	万历四十一年二月初八日生康熙二十六年十二月二十五日子时卒 七十五岁	第九子世祖章皇帝福临 第四女雍穆固伦公主雅图 第五女淑慧固伦公主阿图 第七女端献固伦公主淑哲	

附录：清代后妃一览表　　665

（续表）

帝系	名号与姓名	出身	生卒及享年	生育子女	附注
太宗文皇帝位下	敏惠恭和元妃 博尔济吉特氏 海兰珠	蒙古科尔沁部 贝勒寨桑之女	万历三十七年生 崇德六年九月十八日卒 三十三岁	第八子	
	懿靖大贵妃 博尔济吉特氏 娜木钟	蒙古阿巴垓部 额齐克诺颜之女	万历四十年生 康熙十三年十一月二十日辰时卒 六十三岁	第十一子和硕襄昭亲王博穆博果尔 第十一女端顺固伦公主	原嫁蒙古察哈尔部林丹汗
	康惠淑妃 姓氏不详 巴特玛璪	蒙古阿巴垓部 塔布囊博第塞楚祜尔之女	生年不详 康熙六年六月初十日卒	无出	原嫁蒙古察哈尔部林丹汗
	侧妃 叶赫纳喇氏	女真叶赫部 叶赫贝勒阿纳领布之女	不详	第五子和硕承泽裕亲王硕塞	原嫁喀尔喀玛 生育皇子后改嫁詹土谢图 后又改嫁达尔瑚
	侧妃 博尔济吉特氏	蒙古扎鲁特部 巴雅尔图戴清之女	不详	第六女固伦公主 第九女	生育皇女后改嫁南褚
	庶妃 纳喇氏	英格布之女	生年不详 顺治十一年七月卒	第六子辅国悫厚公高塞 第十女县君 第十三女	

(续表)

帝系	名号与姓名	出身	生卒及享年	生育子女	附注
太宗文皇帝位下	庶妃 奇垒氏 德恩	蒙古蒙哈尔部 赛桑额尔济 图固英之女	生年不详 康熙三十年 三月十三日寅时卒	第十四女格纯和硕公主阿济格	
	庶妃 颜扎氏	布颜之女	不详	第四子奉恩辅国公叶布舒	
	庶妃 伊尔根觉罗氏	安塔锡之女	不详	第七子奉恩辅国公级常舒	
	庶妃 姓氏不详	拜枯之女	不详	第十子奉恩辅国公韬塞	
	庶妃 姓氏不详	不详	不详	第十二女乡君品级	
世祖章皇帝位下	废皇后（静妃） 博尔济吉特氏 额尔德尼布木巴	蒙古科尔沁部 和硕卓里克图亲王 吴克善之女	不详	无出	废位后返回蒙古本家
	孝惠章皇后 博尔济吉特氏	蒙古科尔沁部 多罗贝勒绰尔济之女	崇德六年十月初三日生 康熙五十六年 十二月初六日酉时卒 七十七岁	无出	

附录：清代后妃一览表

（续表）

帝系	名号与姓名	出　身	生卒及享年	生育子女	附　注
	孝献皇后董鄂氏	正白旗满洲三等伯、内大臣鄂硕之女	生年不详顺治十七年八月十九日卒	第四子和硕荣亲王	原嫁某氏未系帝谥未祔太庙
	孝康章皇后佟佳氏	镶黄旗满洲（原正蓝旗汉军）承恩公、都统图赖之女	崇德五年生康熙二年二月十一日亥时卒二十四岁	第三子圣祖仁皇帝玄烨	
世祖章皇帝位下	恪妃石氏尼思哈（赐名）	直隶滦州石氏总督仓场户部侍郎石申之女	生年不详康熙六年十一月三十日卒	无出	
	恭靖妃博尔济吉特氏阿格	蒙古浩齐特部多罗鄂尔特尼郡王博罗特之女	生年不详康熙二十八年四月初三日卒	无出	
	端顺妃博尔济吉特氏恩绰	蒙古阿巴垓部一等台吉布达希布之女	生年不详康熙四十八年六月二十六日卒	无出	
	淑惠妃博尔济吉特氏博翁阔	蒙古科尔沁部多罗贝勒ні镇国济济之女	生年不详康熙五十二年十月三十日卒	无出	

(续表)

帝系	名号与姓名	出身	生卒及享年	生育子女	附注
世祖章皇帝位下	宁悫妃董鄂氏	正红旗满洲长史喀济海之女	生年不详 康熙二十三年六月二十一日卒	第二子和硕裕亲王福全	
	悼妃博尔济吉特氏	蒙古科尔沁部达尔汉亲王满珠习礼之女	生年不详 顺治十五年三月初五日卒	无出	
	贞妃董鄂氏	正白旗满洲轻车都尉巴度之女	生年不详 顺治十八年正月卒	无出	疑殉世祖
	庶妃穆克图氏塞穆肯	正白旗包衣云骑尉、内管领伍喀之女	不详	第八子永幹	
	庶妃巴氏	不详	不详	第一子牛钮 第三女 第五女	
	庶妃陈氏	不详	不详	第五子和硕恭亲王常宁 第一女	
	庶妃唐氏绥赫	不详	生年不详 康熙三十六年四月卒	第六子奇授	

附录：清代后妃一览表　　669

（续表）

帝系	名号与姓名	出身	生卒及享年	生育子女	附注
世祖章皇帝位下	庶妃 钮氏（牛氏）	不详	生年不详 康熙元年卒	第七子和硕纯靖亲王隆禧	
	庶妃 杨氏	不详	生年不详 疑康熙九年卒	第二女恭愨和硕公主	
	庶妃 乌苏氏	不详	不详	第四女	
	庶妃 纳喇氏	不详	不详	第六女	
	庶妃 笔什赫	不详	不详	无出	
	庶妃 京及	不详	不详	无出	
	庶妃 捏及呢	不详	不详	无出	
	庶妃 塞宝（彩宝）	不详	生年不详 康熙七年四月初四日卒	无出	
	庶妃 迈及呢	不详	不详	无出	

（续表）

帝系	名号与姓名	出身	生卒及享年	生育子女	附注
世祖章皇帝位下	庶妃 厄音珠	不详	不详	无出	
	庶妃 额伦珠	不详	生年不详 康熙五年卒	无出	
	庶妃 兰	不详	不详	无出	
	庶妃 名明珠	不详	生年不详 康熙七年三月初七日卒	无出	
	庶妃 芦耶	不详	不详	无出	
	庶妃 布三珠	不详	不详	无出	
	庶妃 偏五 （阿穆巴偏五）	不详	不详	无出	
	庶妃 偏五 （阿几格偏五）	不详	生年不详 顺治十八年 十一月二十八日卒	无出	

附录：清代后妃一览表　　671

(续表)

帝系	名号与姓名	出身	生卒及享年	生育子女	附注
世祖章皇帝位下	庶妃丹姐	不详	不详	无出	
	庶妃秋	不详	不详	无出	
	庶妃瑞	不详	不详	无出	
	庶妃朱乃	不详	不详	无出	
	庶妃梅	不详	不详	无出	
	庶妃察尔禅	不详	生年不详 康熙三年十二月十三日卒	无出	
	庶妃阿吉根	不详	不详	无出	疑未葬入皇陵
	庶妃伊莱	不详	不详	无出	疑未葬入皇陵

(续表)

帝系	名号与姓名	出 身	生卒及享年	生育子女	附 注
圣祖仁皇帝位下	孝诚仁皇后赫舍里氏	正黄旗满洲承恩公、领侍卫内大臣噶布喇之女	顺治十年十二月十七日生康熙十三年五月初三日申时卒二十二岁	第二子承祜第七子和硕理密亲王允礽	
	孝昭仁皇后钮祜禄氏	镶黄旗满洲果毅公、领侍卫内大臣遏必隆第二女	顺治十七年生康熙十七年二月二十六日巳时卒二十岁	无出	
	孝懿仁皇后佟佳氏	镶黄旗满洲（原正蓝旗汉军）承恩公、领侍卫内大臣佟国维之女	生年不详康熙二十八年七月初十日申时卒	第八女	
	孝恭仁皇后乌雅氏玛琭	正黄旗满洲（原正黄旗包衣）承恩公、护军参领威武之女	顺治十七年三月十九日生雍正元年五月二十三日丑时卒六十四岁	第十一子世宗宪皇帝胤禛第十四子多罗恂勤郡王允禵第七女第九女温宪固伦公主第十二女	
	敬敏皇贵妃章佳氏	镶黄旗满洲（原镶黄旗包衣）二等侍卫海宽之女	生年不详康熙三十八年七月二十五日卒	第二十二子和硕怡贤亲王允祥第十三女温恪和硕公主第十五女敦恪和硕公主	

附录：清代后妃一览表

(续表)

帝系	名号与姓名	出　身	生卒及享年	生育子女	附　注
圣祖仁皇帝位下	悫惠皇贵妃 佟佳氏	镶黄旗满洲（原正蓝旗汉军）承恩公、领侍卫内大臣佟国维之女	康熙七年七月十四日生 乾隆八年四月初一日卒 七十六岁	无出	
	惇怡皇贵妃 瓜尔佳氏	镶红旗满洲 三品协领祜满之女	康熙二十二年十月十六日生 乾隆三十三年三月十四日卒 八十六岁	第十八女	
	温僖贵妃 钮祜禄氏	镶黄旗满洲 果毅公、领侍卫内大臣遏必隆第三女	生年不详 康熙三十三年十一月初三日辰时卒	第十八子固山贝子品级允祹 第十一女	
	慧妃 博尔济吉特氏	蒙古科尔沁部 三等台吉阿郁锡之女	生年不详 康熙九年四月十二日卒	无出	
	宣妃 博尔济吉特氏	蒙古科尔沁部 和硕达尔汉亲王和塔之女	生年不详 乾隆元年八月初八日寅时卒	无出	
	平妃 赫舍里氏	正黄旗满洲 承恩公、领侍卫内大臣噶布喇之女	生年不详 康熙三十五年六月二十日卒	第二十四子允祕	

674　　清代后妃杂识

(续表)

帝系	名号与姓名	出身	生卒及享年	生育子女	附注
圣祖仁皇帝位下	惠妃 乌喇纳喇氏	正黄旗包衣 郎中索尔和之女	生年不详 雍正十年四月初七日卒	第三子承庆 第五子固山贝子品级允禔	
	荣妃 马佳氏 吉蒲	正黄旗包衣 员外郎盖山之女	生年不详 雍正五年闰三月初七日卒	第一子承瑞 第四子赛音察浑 第六子长华 第八子长生 第十子多罗诚隐郡王允祉 第三女荣宪固伦公主	
	宜妃 郭络罗氏 纳兰珠	镶黄旗满洲 （原正黄旗包衣） 佐领三官保之女	顺治十七年生 雍正十一年八月二十五日卒 七十四岁	第十三子和硕恒温亲王允祺 第十七子允禧 第二十子允禨	
	良妃 觉禅氏 （卫氏,魏氏） 双姐	正黄旗包衣 内管领阿布鼐之女	康熙元年生 康熙五十年十一月二十日卒 五十岁	第十六子允禄	
	成妃 戴佳氏	镶黄旗满洲 （原镶黄旗包衣） 司库阜奇之女	生年不详 乾隆五年十月三十日卒	第十五子和硕淳度亲王允祐	

(续表)

帝系	名号与姓名	出身	生卒及享年	生育子女	附注
圣祖仁皇帝位下	定妃 万琉哈氏 (谢氏) 妞妞	正黄旗满洲 (原正黄旗包衣) 郎中拖尔弼之女	顺治十八年正月初三日生 乾隆二十二年四月初七日卒 九十七岁	第二十一子和硕履懿亲王允祹	
	顺懿密妃 王氏	苏州民籍 知县王国正之女	生年不详 乾隆九年四月十八日卒	第二十五子多罗愉格郡王允禑 第二十六子和硕庄格亲王允祿 第二十八子允祄	
	纯裕勤妃 陈氏(陈佳氏)	镶黄旗满洲 (原镶黄旗包衣) 浙江巡抚陈秉直之女	生年不详 乾隆十八年 十二月二十日卒	第二十七子和硕果毅王允礼	
	端嫔 董氏(董佳氏) 乌鼎	正黄旗包衣 员外郎董德启之女	生年不详 康熙五十九年 四月二十八日卒	第二女	
	僖嫔 赫舍里氏	费山之女	生年不详 康熙四十一年 九月十一日卒	无出	
	安嫔 李氏(李佳氏)	正蓝旗汉军 官府总兵官 刚阿泰之女	不详	无出	疑于康熙朝中叶出宫返回本家

（续表）

帝系	名号与姓名	出身	生卒及享年	生育子女	附注
圣祖仁皇帝位下	敬嫔 完颜氏（王佳氏）	镶红旗满洲护军参领华善之女	不详	无出	疑于康熙朝中叶出宫返回本家
	通嫔 乌喇纳喇氏 翟济迈	正黄旗包衣七品监生常素保之女	康熙三年生 乾隆九年六月二十三日卒 八十一岁	第十女纯悫固伦公主	
	襄嫔 高氏	正定府民籍 高廷秀之女	生年不详 乾隆十一年六月二十八日卒	第二十子多罗简靖贝勒允祎 第十九女 第三十二子多罗恭勤贝勒允祜	
	谨嫔 色赫图氏	员外郎多尔济之女	生年不详 乾隆四年三月十六日卒	第二十二子多罗恭勤贝勒允祜	
	静嫔 石氏	陕西宁夏民籍 石怀玉之女	生年不详 乾隆二十三年六月初六日卒	第二十三子诚贝勒王品级多罗诚贝勒允祕	
	熙嫔 陈氏	陈玉卿之女	生年不详 乾隆二年正月初二日卒	第三十一子多罗慎靖郡王允禧	
	穆嫔 陈氏	陈岐山之女	生年不详 雍正四年正月初五日卒	第三十四子和硕諴恪亲王允祕	

附录：清代后妃一览表　　677

（续表）

帝系	名号与姓名	出身	生卒及享年	生育子女	附注
圣祖仁皇帝位下	布贵人 兆佳氏	正白旗包衣 参领塞兑赫之女	生年不详 康熙五十六年 正月十一日亥时卒	第五女端静和硕公主	
	伊贵人 姓氏不详	不详	生年不详 雍正六年四月卒	无出	
	蓝贵人 姓氏不详	不详	不详	无出	
	马贵人 姓氏不详	不详	生年不详 康熙四十二年卒	无出	
	袁贵人 姓氏不详	不详	生年不详 康熙五十八年 八月十二日戌时卒	第十四女慜靖和硕公主	
	文贵人 姓氏不详	不详	不详	无出	
	尹贵人 姓氏不详	不详	生年不详 乾隆四年七月二十七日卒	无出	
	新贵人 姓氏不详	不详	生年不详 康熙五十五年十月初五日卒	无出	

（续表）

帝系	名号与姓名	出身	生卒及享年	生育子女	附注
圣祖仁皇帝位下	常贵人姓氏不详	不详	不详	无出	
	勤贵人姓氏不详	不详	生年不详 乾隆二十年五月初十日卒	无出	
	贵人郭络罗氏布音珠	镶黄旗满洲（原正黄旗包衣）佐领三官保之女	顺治十年生 卒年不详	第十九子允禝 第六女格格靖固伦公主	原嫁某氏
	贵人纳喇氏姐姐	正白旗包衣骁骑校昭格之女	不详	第九子万黼 第十二子允禨	
	贵人纳喇氏	那丹珠之女	不详	无出	疑即老贵人
	贵人陈氏	陈秀之女	不详	第二十五子允㺩	
	庶妃钮祜禄氏萨尔丹	内务府包衣员外郎噶宝之女	不详	第二十女	

附录：清代后妃一览表

（续表）

帝系	名号与姓名	出身	生卒及享年	生育子女	附注
圣祖仁皇帝位下	庶妃 张氏 桂姐	不详	不详	第一女 第四女	
	庶妃 王氏	不详	不详	第十六女	
	庶妃 刘氏	不详	不详	第十七女	
	贵常在 姓氏不详	不详	不详	无出	
	瑞常在 姓氏不详	不详	不详	无出	
	常常在 姓氏不详	不详	不详	无出	
	徐常在（徐佳氏）	内务府包衣	生年不详 康熙四十一年十月十四日卒	无出	
	尹常在 姓氏不详	不详	不详	无出	

680　清代后妃杂识

(续表)

帝系	名号与姓名	出身	生卒及享年	生育子女	附注
圣祖仁皇帝位下	禄常在 姓氏不详	不详	不详	无出	
	石常在 姓氏不详	不详	不详	无出	
	寿常在 姓氏不详	不详	不详	无出	
	色常在 姓氏不详	不详	不详	无出	
	妙答应 姓氏不详	不详	不详	无出	
	秀答应 姓氏不详	不详	不详	无出	
	庆答应 姓氏不详	不详	生年不详 乾隆五年卒	无出	
	灵答应 姓氏不详	不详	不详	无出	
	春答应 姓氏不详	不详	不详	无出	

（续表）

帝系	名号与姓名	出　身	生卒及享年	生育子女	附　注
圣祖仁皇帝位下	晓答应 姓氏不详	不详	不详	无出	
	洽答应 姓氏不详	不详	不详	无出	
	牛答应 姓氏不详	不详	不详	无出	
	双答应 姓氏不详	不详	不详	无出	
	老贵人 姓氏不详	不详	生年不详 乾隆元年四月二十六日午时卒	无出	疑即贵人纳喇氏那丹珠之女
	庶妃 博尔济吉特氏	蒙古扎鲁特部四等台吉多尔济之侄女	不详	无出	入宫八年后返回蒙古本家
	庶妃 佟佳氏	镶红旗汉军广东廉州总兵官佟国玺之女	不详	无出	入宫六年后返回本家

682　　清代后妃杂识

（续表）

帝系	名号与姓名	出　身	生卒及享年	生育子女	附　注
圣祖仁皇帝位下	庶妃 扎斯瑚里氏	正白旗满洲 三等男，副都统 瓦尔达之女	不详	无出	疑于康熙朝中前叶出宫返回本家
圣祖仁皇帝位下	庶妃 钮祜禄氏	镶黄旗满洲 果毅公，领侍卫内大臣 遏必隆之女	不详	无出	疑于康熙朝中前叶出宫返回本家
圣祖仁皇帝位下	庶妃 叶赫纳喇氏	正黄旗满洲 武英殿大学士 明珠之女	不详	无出	疑于康熙朝中前叶出宫返回本家
世宗宪皇帝位下	孝敬宪皇后 乌喇纳喇氏	正黄旗满洲 承恩公，内大臣 费扬古之女	康熙二十年五月十三日生 雍正九年 九月二十九日未时卒 五十一岁	第一子和硕端亲王弘晖	
世宗宪皇帝位下	孝圣宪皇后 钮祜禄氏	镶黄旗满洲 （原镶白旗满洲） 承恩公，四品典仪 凌柱第一女	康熙三十一年 十一月二十五日生 乾隆四十二年 正月二十三日丑时卒 八十六岁	第四子高宗纯皇帝弘历	

附录：清代后妃一览表　　683

（续表）

帝系	名号姓名	出身	生卒及享年	生育子女	附注
世宗宪皇帝位下	敦肃皇贵妃年氏(年佳氏)	镶黄旗汉军（镶白旗汉军）一等公、巡抚年遐龄之女	生年不详 雍正三年十一月二十三日卒	第七子福宜 第八子和硕怀亲王福惠 第九子福沛 第四女	
	纯懿皇贵妃耿氏(耿佳氏)	镶黄旗包衣（原镶白旗包衣）管领耿德金之女	康熙二十八年十月二十八日生 乾隆四十九年十二月十七日卒 九十六岁	第六子和硕恭亲王弘昼	
	齐妃李氏(李佳氏)	镶白旗包衣 知府李文煜之女	生年不详 乾隆二年四月初八日卒	第二子弘盼 第三子弘昀 第四子弘时 第二女怀恪和硕公主	
	宁妃武氏(武佳氏)	镶黄旗汉军 知州武柱国之女	生年不详 雍正十二年五月二十四日卒	无出	
	谦妃刘氏(刘佳氏)	内务府包衣 管领刘茂之女	康熙五十三年生 乾隆三十二年五月二十一日卒 五十四岁	第十子多罗果恭郡王弘曕	

(续表)

帝系	名号与姓名	出身	生卒及享年	生育子女	附注
世宗宪皇帝位下	懋嫔宋氏(宋佳氏)	内务府包衣主事金柱之女	生年不详 雍正八年卒	第一女 第三女	
	海贵人 姓氏不详	不详	生年不详 乾隆二十六年十二月卒	无出	
	安贵人 姓氏不详	不详	生年不详 乾隆十四年卒	无出	
	郭贵人 姓氏不详	不详	生年不详 乾隆五十一年正月十一日巳时卒	无出	
	李贵人 姓氏不详	不详	生年不详 乾隆二十五年四月二十八日卒	无出	
	张贵人 姓氏不详	不详	生年不详 雍正十三年四月二十一日卒	无出	
	那常在 姓氏不详	不详	不详	无出	

附录：清代后妃一览表　　685

(续表)

帝系	名号与姓名	出身	生卒及享年	生育子女	附注
世宗宪皇帝位下	李常在 姓氏不详	不详	不详	无出	
	春常在 姓氏不详	不详	不详	无出	
	常常在 姓氏不详	不详	不详	无出	
	高常在 姓氏不详	不详	不详	无出	
	顾常在 姓氏不详	不详	生年不详 雍正七年九月卒	无出	
	马常在 姓氏不详	不详	生年不详 乾隆三十三年四月十一日卒	无出	
	苏答应 姓氏不详	不详	不详	无出	
	伊格格 姓氏不详	不详	不详	无出	
	张格格 姓氏不详	不详	不详	无出	

（续表）

帝系	名号与姓名	出身	生卒及享年	生育子女	附注
世宗宪皇帝位下	张格格 姓氏不详	不详	不详	无出	疑未葬入皇陵
	吉常在 姓氏不详	不详	不详	无出	
高宗纯皇帝位下	孝贤纯皇后 富察氏	镶黄旗满洲 承恩公、察哈尔总管 李荣保之女	康熙五十一年 二月二十二日生 乾隆十三年 三月十一日亥时卒 三十七岁	第二子端慧皇太子永琏 第七子和硕哲亲王永琮 第一女 第三女和敬固伦公主	
	继皇后 辉发那喇氏	镶蓝旗满洲 佐领讷尔布之女	康熙五十七年 二月初十日生 乾隆三十一年 七月十四日未时卒 四十九岁	第十二子多罗贝勒永璂 第十三子永璟 第五女	
	孝仪纯皇后（魏佳氏） 魏氏	镶黄旗满洲 （原正黄旗包衣） 承恩公、内管领 清泰之女	雍正五年九月初九日生 乾隆四十年 正月二十九日卒 四十九岁	第十四子永璐 第十五子仁宗睿皇帝永琰 第十六子 第十七子和硕庆僖亲王永璘 第七女和硕静固伦公主 第九女和硕和公主	

(续表)

帝系	名号与姓名	出身	生卒及享年	生育子女	附注
高宗纯皇帝位下	慧贤皇贵妃（高佳氏）	镶黄旗满洲（原镶黄旗包衣）大学士高斌之女	生年不详 乾隆十年正月二十五日卒	无出	
	哲悯皇贵妃 富察氏	正黄旗包衣 佐领翁果图之女	生年不详 雍正十三年七月初三日卒	第一子和硕定安亲王永璜 第二女	
	淑嘉皇贵妃 朝鲜金氏（金佳氏）	正黄旗满洲（原正黄旗包衣）上驷院卿三保第一女	康熙五十二年七月二十五日生 乾隆二十年十一月十五日卒 四十三岁	第四子和硕履端亲王永珹 第八子和硕仪慎亲王永璇 第十一子和硕成哲亲王永瑆 第九子	
	纯惠皇贵妃 苏氏（苏佳氏）	民籍（后入正白旗包衣）苏召南之女	康熙五十二年五月二十一日生 乾隆二十五年四月十九日巳时卒 四十八岁	第三子多罗循郡王永璋 第六子和硕质庄亲王永瑢 第四女和硕和嘉公主	
	庆恭皇贵妃（陆佳氏）	民籍（后入镶黄旗包衣）陆士隆之女	雍正二年六月二十四日生 乾隆三十九年七月十五日卒 五十岁	无出	

688　清代后妃杂识

(续表)

帝系	名号与姓名	出身	生卒及享年	生育子女	附注
高宗纯皇帝位下	愉贵妃 珂里叶特氏 （海氏、海佳氏）	内务府包衣 员外郎额尔吉图之女	康熙五十三年 五月初四日生 乾隆五十七年 五月二十一日卒 七十九岁	第五子和硕荣纯亲王永琪	
	婉贵妃 陈氏	民籍 陈廷璋之女	康熙五十五年 十二月二十日生 嘉庆十二年 二月初二日卒 九十二岁	无出	
	颖贵妃 巴林氏	镶红旗蒙古 轻车都尉、 都统纳亲之女	雍正九年正月二十九日生 嘉庆五年二月十九日卒 七十岁	无出	
	忻贵妃 戴佳氏	镶黄旗满洲 （原镶黄旗包衣） 直隶总督那苏图之女	生年不详 乾隆二十九年 四月二十八日卒	第六女 第八女	
	循贵妃 伊尔根觉罗氏	镶蓝旗满洲 两广总督桂林之女	乾隆二十三年九月十八日生 嘉庆二年十一月二十四日卒 四十岁	无出	

附录：清代后妃一览表 689

(续表)

帝系	名号姓名	出身	生卒及享年	生育子女	附注
高宗纯皇帝位下	舒妃 叶赫纳喇氏 (叶赫勒氏)	正黄旗满洲 兵部左侍郎、副都统永寿之女	雍正六年六月初一日生 乾隆四十二年五月三十日未时卒 五十岁	第十子	
	晋妃 富察氏	镶黄旗满洲 郇州德克精额之女	生年不详 道光二年十二月初八日卒	无出	
	惇妃 汪氏(汪佳氏)	正白旗包衣 总管内务府大臣、都统四格之女	乾隆十一年三月初六日生 嘉庆十一年正月十七日卒 六十一岁	第十女和孝固伦公主	
	豫妃 博尔济吉特氏	蒙古噶勒杂特部 寨桑根敦之女	雍正七年十二月十五日生 乾隆三十八年十二月二十日卒 四十五岁	无出	
	容妃 和卓氏	回部 阿里和卓之女	雍正十二年九月十五日生 乾隆五十三年四月十九日卒 五十五岁	无出	

(续表)

帝系	名号与姓名	出身	生卒及享年	生育子女	附注
高宗纯皇帝位下	芳妃 陈氏（陈佳氏）	江南民籍 （后入镶黄旗包衣） 陈廷纶之女	乾隆十五年九月二十四日生 嘉庆六年八月三十日卒 五十二岁	无出	
	仪嫔（黄佳氏） 黄氏	内务府包衣 七品官戴敏之女	生年不详 雍正十三年九月卒	无出	
	诚嫔 钮祜禄氏	镶黄旗满洲 二等侍卫、 佐领穆克登独女	生年不详 乾隆四十九年 三月二十五日卒	无出	
	恭嫔（林佳氏） 林氏	内务府包衣 柏唐阿佛保之女	雍正十一年 十二月二十六日生 嘉庆十年 十一月二十七日卒 七十三岁	无出	
	恂嫔 博尔济吉特氏	蒙古和硕特部 台吉乌巴什之女	生年不详 乾隆二十六年 八月二十六日辰时卒	无出	
	慎嫔 拜尔噶斯氏	蒙古准噶尔部 德穆齐赛音察克之女	生年不详 乾隆二十九年 六月初四日卒	无出	

附录：清代后妃一览表

(续表)

帝系	名号与姓名	出身	生卒及享年	生育子女	附注
高宗纯皇帝位下	怡嫔 柏氏（柏佳氏）	民籍 （后入正黄旗包衣） 柏士彩之女	生年不详 乾隆二十一年 五月十五日卒	无出	
	鄂贵人 西林觉罗氏	镶蓝旗满洲 安徽巡抚鄂乐舜之女	雍正十一年 三月二十四日生 嘉庆二十三年 四月二十五日卒 七十六岁	无出	
	顺贵人 钮祜禄氏	镶黄旗满洲 湖广总督 爱必达第五女	乾隆十三年 十一月二十五日生 乾隆五十五年 七月三十日卒 四十三岁	无出	
	瑞贵人 索绰络氏	正白旗包衣 礼部尚书德保第一女	生年不详 乾隆三十年六月初九日卒	无出	
	白贵人 柏氏（柏佳氏）	民籍 （后入正黄旗包衣） 柏士彩之女	雍正八年六月十七日生 嘉庆八年卒 七十四岁	无出	

(续表)

帝系	名号与姓名	出身	生卒及享年	生育子女	附注
高宗纯皇帝位下	禄贵人 陆氏	江南民籍	生年不详 乾隆五十四年闰五月初五日丑时卒	无出	
	秀贵人 姓氏不详	不详	生年不详 乾隆十年十月十四日卒	无出	
	慎贵人 姓氏不详	不详	生年不详 乾隆四十二年九月初九日申时卒	无出	
	新贵人 姓氏不详	不详	生年不详 乾隆四十年六月十三日卯时卒	无出	
	福贵人 姓氏不详	不详	生年不详 乾隆二十九年八月初五日卒	无出	
	武贵人 姓氏不详	不详	生年不详 乾隆四十五年十二月初七日卒	无出	

（续表）

帝系	名号与姓名	出　身	生卒及享年	生育子女	附　注
高宗纯皇帝位下	寿贵人 姓氏不详	不详	生年不详 嘉庆十四年 二月二十一日卒	无出	
	金贵人 姓氏不详	不详	生年不详 乾隆四十三年四月卒	无出	
	张常在 姓氏不详	不详	生年不详 乾隆十年十月十八日卒	无出	
	揆常在 姓氏不详	不详	生年不详 乾隆二十一年 五月二十六日卒	无出	
	宁常在 姓氏不详	不详	不详	无出	
	平常在 姓氏不详	不详	不详	无出	
	祥答应 姓氏不详	不详	生年不详 乾隆三十八年 三月二十八日卒	无出	未葬入皇陵
	那答应 姓氏不详	不详	不详	无出	未葬入皇陵

(续表)

帝系	名号与姓名	出身	生卒及享年	生育子女	附注
仁宗睿皇帝位下	孝淑睿皇后喜塔腊氏	正白旗满洲（原正白旗包衣）承恩公、总管内务府大臣和尔经额第二女	乾隆二十五年八月二十四日辰时生嘉庆二年二月初七日未时卒三十八岁	第二子宣宗成皇帝绵宁第二女第四女庄静固伦公主	
	孝和睿皇后钮祜禄氏	镶黄旗满洲承恩公、礼部尚书恭阿拉第一女	乾隆四十一年十月初十日生道光二十九年十二月十一日申时卒七十四岁	第三子和硕惇恪亲王绵恺第四子和硕端怀亲王绵忻第七女	
	和裕皇贵妃刘氏（刘佳氏）	内务府包衣柏唐阿刘福明之女	乾隆二十六年正月二十一日生道光十三年十二月卒七十三岁	第一子多罗穆郡王第三女庄敬和硕公主	
	恭顺皇贵妃钮祜禄氏	镶黄旗满洲主事善庆第一女	乾隆五十二年四月初十日生咸丰十年闰三月初三日卒七十四岁	第五子和硕惠端亲王绵愉第八女第九女慧愍固伦公主	
	恩妃完颜氏	镶红旗满洲，山西汾州轻车都尉参将哈丰阿之女	不详	无出	

附录：清代后妃一览表

(续表)

帝系	名号姓名	出身	生卒及享年	生育子女	附注
仁宗睿皇帝位下	华妃（侯佳氏）六姐	镶黄旗包衣总管内务府大臣衔上驷院卿讨柱之女	生年不详嘉庆九年六月二十八日卒	第六女	
	庄妃王佳氏	内务府包衣举人伊里布之女	乾隆四十六年六月十五日生嘉庆十六年二月十五日卯时卒三十一岁	无出	
	信妃刘佳氏	镶白旗蒙古（原镶白旗汉军）轻车都尉、江宁将军本智之女	乾隆四十八年三月二十五日生道光二年十月十三日卒四十岁	无出	
	简嫔苏完瓜尔佳氏（关佳氏）	镶黄旗包衣柏唐阿德成之女	不详	第一女	
	逊嫔（沈佳氏）沈氏	正黄旗包衣总管内务府大臣、热河总管永和之女	不详	第五女慧安和硕公主	

(续表)

帝系	名号与姓名	出身	生卒及享年	生育子女	附注
仁宗睿皇帝位下	荣嫔 梁氏（梁佳氏）	内务府包衣 员外郎先保之女	生年不详 道光六年五月初十日辰时卒	无出	
	安嫔 苏完瓜尔佳氏	镶黄旗满洲 信勇公、二等侍卫 安英之女	乾隆五十年 正月二十一日生 道光十七年 六月二十七日丑时卒 五十三岁	无出	
	恩嫔 乌雅氏	正黄旗满洲 左副都御使万明之女	生年不详 道光二十六年 十二月初十日卒	无出	
	淳嫔 董氏（董佳氏）	内务府包衣 委署库长时泰之女	乾隆四十九年 五月二十四日生 嘉庆二十四年 十月十三日巳时卒 三十六岁	无出	
	芸贵人 姓氏不详	不详	生年不详 嘉庆十年七月十九日卒	无出	
	玉贵人 姓氏不详	不详	生年不详 嘉庆十九年十月初七日卒	无出	

(续表)

帝系	名号与姓名	出身	生卒及享年	生育子女	附注
宣宗成皇帝位下	孝穆成皇后钮祜禄氏	镶黄旗满洲承恩公、户部尚书布彦达赉之女	乾隆四十六年生嘉庆十三年正月二十一日卒二十八岁	无出	
	孝慎成皇后佟佳氏	镶黄旗满洲（原正蓝旗汉军）承恩公、一等侍卫舒明阿之女	乾隆五十五年五月十七日生道光十三年四月二十九日申时卒四十四岁	第一女端悯固伦公主	
	孝全成皇后钮祜禄氏	镶黄旗满洲（原正红旗满洲）承恩侯、二等侍卫颐龄之女	嘉庆十三年二月二十八日生道光二十年正月十一日丑时卒三十三岁	第四子文宗显皇帝奕詝第三女端顺固伦公主第四女寿安固伦公主	
	孝静成皇后博尔济吉特氏	正黄旗满洲（原正蓝旗满洲）承恩公、刑部员外郎花郎阿之女	嘉庆十七年五月十一日生咸丰五年七月初九日巳时卒四十四岁	第二子多罗顺和郡王奕纲第三子多罗慧质郡王奕继第六子恭忠亲王奕䜣第七女寿恩固伦公主	
	庄顺皇贵妃乌雅氏	正黄旗满洲笔帖式灵寿之女	道光二年十月十六日寅时生同治五年十一月初七日卒四十五岁	第七子和硕醇贤亲王奕譞第八子多罗钟端郡王奕詥第九子多罗孚敬郡王奕譓	

(续表)

帝系	名号与姓名	出身	生卒及享年	生育子女	附注
宣宗成皇帝位下	彤贵妃 舒穆禄氏	正黄旗满洲 吏部郎中玉彰之女	嘉庆二十二年 四月十九日卯时生 光绪元年十月十二日卒 五十九岁	第七女 第八女寿禧和硕公主 第十女	
	成贵妃 钮祜禄氏	正红旗满洲 三等轻车都尉、 侍卫丰绅宜绵之女	嘉庆十八年 二月初八日丑时生 光绪十四年三月三十日卒 七十六岁	无出	
	佳贵妃(郭佳氏) 郭氏 三姐	正黄旗包衣 内务府卿内官 保儿之女	嘉庆二十一年 十二月初三日子时生 光绪十六年 四月初六日亥时卒 七十五岁	无出	
	和妃 辉发纳喇氏	正白旗包衣 三品卿衔内务府 郎中成文之女	生年不详 道光十六年 四月初四日亥时卒	第一子多罗隐志郡王奕纬	
	常妃 赫舍里氏	镶蓝旗满洲 广东按察使 容海第三女	嘉庆十三年 十一月十五日巳时生 咸丰十年八月二十三日卒 五十三岁	无出	

附录：清代后妃一览表

(续表)

帝系	名号与姓名	出身	生卒及享年	生育子女	附注
宣宗成皇帝位下	祥妃 钮枯禄氏	镶黄旗满洲 郎中久福第二女	嘉庆十三年 正月十三日辰时生 咸丰十一年 正月初六日申时卒 五十四岁	第五子和硕惇勤亲王奕誴 第二女 第五女寿臧和硕公主	
	恬嫔 富察氏	镶黄旗满洲 盐运使查清阿第一女	生年不详 道光二十五年 七月十五日戌时卒	无出	
	恒嫔 蔡佳氏	不详	生年不详 光绪二年 闰五月初六日辰时卒	无出	
	豫嫔 尚氏（尚佳氏）	正白旗包衣 柏唐阿如庆之女	嘉庆二十一年 十一月初二日卯时生 光绪二十三年 八月二十八日卒 八十二岁	无出	
	顺嫔 辉发纳喇氏	正白旗包衣 内务府员外郎 延崇之女	嘉庆十四年 二月初六日子时生 同治七年 三月十九日巳时卒 六十岁	无出	

(续表)

帝系	名号与姓名	出身	生卒及享年	生育子女	附注
宣宗成皇帝位下	平贵人 赵氏(赵佳氏)	镶黄旗包衣	生年不详 道光三年 三月二十五日午时卒	无出	
	定贵人 孙氏(孙佳氏)	内务府包衣	生年不详 道光二十二年 十二月十四日子时卒	无出	
	李贵人(李佳氏)	镶黄旗包衣 奉宸苑卿善保之女	道光七年 十月初七日酉时生 同治十一年 二月十八日巳时卒 四十六岁	无出	
	那贵人 辉发那拉氏	正白旗包衣 蓝翎长那俊第二女	道光五年 六月二十一日辰时生 同治四年 七月二十日午时卒 四十一岁	无出	
	曼常在 刘氏(刘佳氏)	正白旗包衣 二等侍卫官明第一女	生年不详 道光二十二年 六月十二日酉时卒	无出	

附录：清代后妃一览表

(续表)

帝系	名号姓名	出身	生卒及享年	生育子女	附注
宣宗成皇帝位下	睦答应赫舍里氏	正黄旗满洲子爵奎善之女	生年不详道光十二年四月初五日卒	无出	
文宗显皇帝位下	孝德显皇后萨克达氏	镶黄旗满洲（原镶蓝旗满洲）承恩公、太仆寺少卿富泰之女	生年不详道光二十九年十二月十二日巳时卒	无出	
	孝贞显皇后钮祜禄氏	镶黄旗满洲承恩公、广西右江道穆扬阿之女	道光十七年七月十二日卯时生光绪七年三月初十日戌时卒四十五岁	无出	
	孝钦显皇后叶赫纳喇氏	镶黄旗满洲（原镶蓝旗满洲）承恩公、安徽徽宁池太广道惠徵之女	道光十五年十月初十日生光绪三十四年十月二十二日未时卒七十四岁	第一子穆宗毅皇帝载淳	
	庄静皇贵妃他塔喇氏	主事庆海之女	道光十七年二月二十七日生光绪十六年十一月十五日卒五十四岁	第一女荣安固伦公主	

702　　清代后妃杂识

(续表)

帝系	名号与姓名	出身	生卒及享年	生育子女	附注
文宗显皇帝位下	端恪皇贵妃 佟佳氏	镶黄旗满洲（原正蓝旗汉军）头等侍卫裕祥之女	道光二十四年十月二十四日生 宣统二年三月二十八日卒 六十七岁	无出	
	婉贵妃 索绰络氏 治格（乳名）	正白旗包衣 左都御史奎照第六女	道光十五年九月二十七日生 光绪二十年五月十七日卒 六十岁	无出	
	玫贵妃（徐佳氏） 徐氏 四妞	正白旗包衣 领催诚意奎第四女	道光十八年八月初五日生 光绪十六年十一月初八日酉时卒 五十三岁	第二子多罗悯郡王	
	璷妃 纳喇氏	正黄旗满洲 主事全如之女	道光二十一年二月十二日巳时生 光绪二十一年四月二十一日酉时卒 五十五岁	无出	
	吉妃（王佳氏） 王氏	正黄旗包衣 园户清远之女	道光二十年六月初十日生 光绪三十一年十月十六日卒 六十六岁	无出	

（续表）

帝系	名号与姓名	出身	生卒及享年	生育子女	附注
文宗显皇帝位下	禧妃 察哈拉氏	正黄旗包衣 厨役常顺之女	道光二十二年九月初一日生 光绪三年五月十六日卒 三十六岁	无出	
	庆妃（张佳氏） 张氏	正白旗包衣 园丁立寿之女	道光二十年十月初一日生 光绪十一年 五月初三日辰时卒 四十六岁	无出	
	英嫔 伊尔根觉罗氏	正黄旗满洲 国子监祭酒彦昌之女	生年不详 咸丰六年 七月十五日寅时卒	无出	
	璷嫔 叶赫纳喇氏	正白旗满洲 员外郎桂祥之女	道光二十年 二月二十四日子时生 同治十三年 三月二十日卒 三十五岁	无出	
	玉嫔 叶赫纳喇氏	正白旗满洲 员外郎桂祥之女	道光二十二年七月十九日生 同治元年十一月十六日卒 二十岁	无出	

(续表)

帝系	名号与姓名	出 身	生卒及享年	生育子女	附 注
文宗显皇帝位下	云嫔 武氏(武佳氏) 四姐	镶黄旗包衣 领催五德之女	生年不详 咸丰五年 正月初四日巳时卒	无出	
	容嫔 伊尔根觉罗氏	镶黄旗包衣 六品教习 萨尔杭阿之女	道光十七年六月初四日生 同治八年五月十二日卒 三十三岁	无出	
	春贵人 明安氏	镶黄旗满洲 总兵官德明之女	生年不详 咸丰九年正月初四日卒	无出	
	鑫常在 戴氏(戴佳氏)	正白旗包衣 披甲人吉禄之女	生年不详 咸丰九年五月初六日卒	无出	
穆宗毅皇帝位下	孝哲毅皇后 阿鲁特氏	镶黄旗满洲 (原正蓝旗蒙古) 承恩公、户部尚书 崇绮第三女	咸丰四年七月初一日生 光绪元年二月二十日寅时卒 二十二岁	无出	
	淑慎皇贵妃 富察氏	镶黄旗满洲 盛京工部侍郎 凤秀之女	咸丰九年十二月初一日生 光绪三十年正月二十八日卒 四十六岁	无出	

附录：清代后妃一览表　　705

（续表）

帝系	名号与姓名	出身	生卒及享年	生育子女	附注
穆宗毅皇帝位下	献哲皇贵妃赫舍里氏	正蓝旗满洲知府崇龄之女	咸丰六年六月初一日未时生 民国二十年十二月二十七日亥时卒 七十七岁	无出	
穆宗毅皇帝位下	恭肃皇贵妃阿鲁特氏	镶黄旗满洲（原正蓝旗蒙古）大学士赛尚阿之女	咸丰七年八月初三日未时生 民国十年三月初七日亥时卒 六十五岁	无出	
穆宗毅皇帝位下	敦惠皇贵妃西林觉罗氏	镶蓝旗满洲主事罗霖之女	咸丰六年八月初九日巳时生 民国二十年四月二十三日戌时卒 七十八岁	无出	
德宗景皇帝位下	孝定景皇后叶赫纳喇氏喜格（乳名）	镶黄旗满洲（原镶蓝旗满洲）一等承恩公、都统桂祥第一女	同治七年正月初十日生 民国二年正月十七日丑时卒 四十六岁	无出	
德宗景皇帝位下	温靖皇贵妃他塔喇氏	镶红旗满洲户部右侍郎长叙第四女	同治十三年八月二十二日生 民国十三年九月二十二日丑时卒 五十一岁	无出	

706　清代后妃杂识

(续表)

帝系	名号与姓名	出身	生卒及享年	生育子女	附注
德宗景皇帝位下	格顺皇贵妃 他塔喇氏	镶红旗满洲户部右侍郎长叙第五女	光绪二年二月初三日生 光绪二十六年七月卒 二十五岁	无出	
宣统帝位下	"皇后" 达斡尔郭布罗氏（郭佳氏）婉容	正白旗满洲（原布特哈正黄旗）轻车都尉，候选道荣源独女	光绪三十二年九月二十七日生 1946年卒 四十一岁	无出	
	"淑妃" 额尔德特氏 文绣	镶黄旗蒙古候选同知端恭之女	宣统元年十一月初八日生 1953年卒 四十五岁	无出	后与宣统帝离婚

附录：清代后妃一览表　　707

图书在版编目(CIP)数据

清代后妃杂识 / 王冕森著 . — 上海：上海社会科学院出版社，2022
 ISBN 978 - 7 - 5520 - 3820 - 0

Ⅰ.①清… Ⅱ.①王… Ⅲ.①后妃—研究—中国—清代 Ⅳ.①D691

中国版本图书馆 CIP 数据核字(2022)第 012691 号

清代后妃杂识

著　　者：王冕森
责任编辑：刘欢欣
封面设计：周清华
出版发行：上海社会科学院出版社
　　　　　上海顺昌路 622 号　邮编 200025
　　　　　电话总机 021 - 63315947　销售热线 021 - 53063735
　　　　　http://www.sassp.cn　E-mail:sassp@sassp.cn
排　　版：南京展望文化发展有限公司
印　　刷：上海雅昌艺术印刷有限公司
开　　本：710 毫米×960 毫米　1/16
印　　张：45
插　　页：4
字　　数：710 千
版　　次：2022 年 9 月第 1 版　2023 年 7 月第 2 次印刷

ISBN 978 - 7 - 5520 - 3820 - 0/D · 646　　　　定价：158.00 元

版权所有　翻印必究